U0512127

本书出版得到
东方历史研究出版基金
资 助

东方历史学术文库

宾礼到礼宾

——外使觐见与晚清涉外体制的变化

FROM *BIN-LI* TO PROTOCOL:

Change of Foreign-Related System in the

Late Qing Dynasty

尤淑君 ◇ 著

社会科学文献出版社
SOCIAL SCIENCES ACADEMIC PRESS (CHINA)

《东方历史学术文库》
学术评审委员会

主任委员　齐世荣

副主任委员　金冲及

委　　员　（以姓名汉语拼音为序）

陈东林　陈铁健　邓小南　郭松义

经君健　李世安　刘桂生　刘家和

阮芳纪（常务）　王思治　王小甫

谢寿光　徐思彦　阎步克　于　沛

张椿年　张振鹍

干　　事　杨　群　宋月华

《东方历史学术文库》 书目

1996 年度

《明清时期山东商品经济的发展》，许檀著

《清代地方政府的司法职能研究》，吴吉远著

《近代诸子学与文化思潮》，罗检秋著

《南通现代化：1895～1938》，常宗虎著

《张东荪文化思想研究》，左玉河著

1997 年度

《〈尚书〉周初八诰研究》，杜勇著

《五六世纪北方民众佛教信仰——以造像记为中心的考察》，侯
　　旭东著

《世家大族与北朝政治》，陈爽著

《西域和卓家族研究》，刘正寅、魏良弢著

《清代赋税政策研究：1644～1840 年》，何平著

《边界与民族——清代勘分中俄西北边界大臣的察哈台、满、汉
　　五件文书研究》，何星亮著

《中东和谈史（1913～1995 年）》，徐向群、宫少朋主编

1998 年度

《古典书学浅探》，郑晓华著

《辽金农业地理》，韩茂莉著

《元代书院研究》，徐勇著

《明代高利贷资本研究》，刘秋根著

《学人游幕与清代学术》，尚小明著

《晚清保守思想原型——倭仁研究》，李细珠著

1999 年度

《唐代翰林学士》，毛雷著

《唐宋茶叶经济》，孙洪升著

《七七事变前的日本对华政策》，臧运祜著

《改良的命运——俄国地方自治改革史》，邵丽英著

2000 年度

《黄河中下游地区东周墓葬制度研究》，印群著

《中国地名学史考论》，华林甫著

《宋代海外贸易》，黄纯艳著

《元代史学思想研究》，周少川著

《清代前期海防：思想与制度》，王宏斌著

《清代私盐问题研究》，张小也著

《清代中期婚姻冲突透析》，王跃生著

《农民经济的历史变迁——中英乡村社会区域发展比较》，徐浩著

《农民、市场与社会变迁——冀中 11 村透视并与英国农村之比较》，侯建新著

《儒学近代之境——章太炎儒学思想研究》，张昭君著

《一个半世纪以来的上海犹太人——犹太民族史上的东方一页》，潘光、王健著

《俄国东正教会改革（1861～1917）》，戴桂菊著

《伊朗危机与冷战的起源（1941～1947 年)》，李春放著

2001 年度

《〈礼仪·丧服〉考论》，丁鼎著

《南北朝时期淮汉迤北的边境豪族》，韩树峰著

《两宋货币史》，汪圣铎著

《明代充军研究》，吴艳红著

《明代史学的历程》，钱茂伟著

《清代台湾的海防》，许毓良著

《清代科举家族》，张杰著

《清末民初无政府派的文化思想》，曹世铉著

2002 年度

《唐代玄宗肃宗之际的中枢政局》，任士英著

《王学与晚明师道复兴运动》，邓志峰著

《混合与发展——江南地区传统社会经济的现代演变（1900 ~
　　1950)》，马俊亚著

《敌对与危机的年代——1954 ~ 1958 年的中美关系》，戴超武著

2003 年度

《西周封国考疑》，任伟著

《〈四库全书总目〉研究》，司马朝军著

《部落联盟与酋邦》，易建平著

《1500 ~ 1700 年英国商业与商人研究》，赵秀荣著

2004 年度

《后稷传说与祭祀文化》，曹书杰著

《明代南直隶方志研究》，张英聘著

《西方历史叙述学》，陈新著

2005 年度

《汉代城市社会》，张继海著

《唐代武官选任制度》，刘琴丽著

《北宋西北战区粮食补给地理》，程龙著

《明代海外贸易制度》，李庆新著

《明朝嘉靖时期国家祭礼改制》，赵克生著

《明清之际藏传佛教在蒙古地区的传播》，金成修著

2006 年度

　　《出土文献与文子公案》，张丰乾著

　　《"大礼议"与明廷人事变局》，胡吉勋著

　　《清代的死刑监候》，孙家红著

　　《〈独立评论〉与 20 世纪 30 年代的政治思潮》，张太原著

　　《德国 1920 年〈企业代表会法〉发生史》，孟钟捷著

2007 年度

　　《中原地区文明化进程的考古学研究》，高江涛著

　　《秦代政区地理》，后晓荣著

　　《北京城图史探》，朱竞梅著

　　《中山陵：一个现代政治符号的诞生》，李恭忠著

　　《古希腊节制思想》，祝宏俊著

　　《第一次世界大战后美国对德国的政策（1918～1929）》，王宠
　　　　波著

2008 年度

　　《古代城市形态研究方法新探》，成一农著

　　《政治决策与明代海运》，樊铧著

　　《〈四库全书〉与十八世纪的中国知识分子》，陈晓华著

　　《魏晋南北朝考课制度研究》，王东洋著

　　《初进大城市》，李国芳著

2009 年度

　　《知识分子的救亡努力——〈今日评论〉与抗战时期中国政策的
　　　　抉择》，谢慧著

2010 年度

　　《冷战与"民族国家建构"——韩国政治经济发展中的美国因素

（1945～1987）》，梁志著

《清末考察政治大臣出洋研究》，陈丹著

2011 年度

《周道：封建时代的官道》，雷晋豪著

《民族主义政治口号史研究（1921～1928）》，王建伟著

2012 年度

《现代中国的公共舆论——以〈大公报〉"星期论文"和〈申
报〉"自由谈"为例》，唐小兵著

《卜子夏考论》，高培华著

《东方历史学术文库》
改版弁言

从 1998 年起，文库改由社会科学文献出版社出版。

设立文库的初衷，"出版前言"都讲了，这是历史记录，改版后仍保留，这也表明改版并不改变初衷，而且要不断改进，做得更好。

1994 年，面对学术著作出书难，由于中国社会科学出版社的毅然支持，文库得以顺利面世，迄 1997 年，已出版专著 25 部。1998 年，当资助文库的东方历史研究出版基金面临调息困难时，社会科学文献出版社又慨然接过接力棒，并于当年又出了改版后专著 6 部。5 年草创，文库在史学园地立了起来，应征书稿逐年增多，质量总体在提高，读者面日益扩大，听到了肯定的声音，这些得来不易，是要诚挚感谢大家的；而需要格外关注的是，我们的工作还有许多缺点、不足和遗憾，必须认真不断加以改进。

如何改进？把这几年想的集中到一点，就是要全力以赴出精品。

文库创立伊始就定下资助出版的专著，无例外要作者提供完成的书稿，由专家推荐，采取匿名审稿，经编委初审、评委终审并无记名投票通过，从制度上保证选优原则；评委们对专家推荐的书稿，是既充分尊重又认真评选，主张"宁肯少些，但要好些"；前后两家出版社也都希望出的是一套好书。这些证明，从主观上大家都要求出精品。从客观来说，有限的资助只能用在刀刃上；而读者对文库的要求更是在不断提高，这些也要求非出精品不可。总之，只有出精品才能永葆文库的活力。

出精品，作者提供好书稿是基础。如"出版前言"所指出的，开辟研究的新领域、采用科学的研究新方法、提出新的学术见解，持之有故，言之成理，达到或基本达到这些条件的，都是好书。当然，取法乎上，希望"上不封顶"；自然，也要合格有"底"，初步设想相当于经过进一步研究、修改的优秀博士论文的水平，是合格的"底"。有了好书稿、合格的书稿，还需推荐专家和评委的慧眼，推荐和评审都要出以推进学术的公心，以公平竞争为准则。最后，还要精心做好编辑、校对、设计、印装等每一道工序，不然也会功亏一篑。

5周岁，在文库成长路上，还只是起步阶段，前面的路还长，需要的是有足够耐力的远行者。

《东方历史学术文库》编辑委员会

1998年9月

《东方历史学术文库》
出版前言

在当前改革大潮中，我国经济发展迅猛，人民生活有较大提高，思想观念随之逐步改变，全国热气腾腾，呈现出一派勃勃生机，举国公认，世界瞩目。社会主义市场经济在发展而尚待完善的过程中，不可避免地也会产生一定的负面效应，那就是在社会各个角落弥漫着"利之所在，虽千仞之山，无所不止；深渊之下，无所不入"的浊流。出版界也难遗世而独立、不受影响，突出表现为迎合市民心理的读物汗牛充栋，而高品位的学术著作，由于印数少、赔本多，则寥若晨星。尚无一定知名度的中青年学者，往往求出书而无门，感受尤深。这种情况虽然不会永远如此，但已使莘莘学子扼腕叹息。

历史科学的责任，是研究过去，总结经验，探索规律，指导现实。我国历来有重视历史的传统，中华民族立于世界之林数千年者，与此关系匪浅。中国是东方大国，探索东方社会本身的发展规律，能更加直接为当前建设有中国特色的社会主义所借鉴。

新中国成立以来，国家对历史学科十分关心，但限于财力尚未充裕，资助项目难以面面俱到。我们是一群有志于东方史研究的中青年学人，有鉴于此，几年前自筹资金设立了一个民间研究机构，现为中国史学会东方历史研究中心。创业伊始，主要是切磋研究。但感到自己研究能力毕竟有限，于是决定利用自筹资金设立"东方历史研究出版基金"，资助有关东方历史的优秀研究成果出版。凡入选的著作，均以《东方历史学术文库》作为丛书的总名。

我们这一举措，得到了老一辈史学家的鼓励、中青年同行的关注。胡绳同志为基金题词，在京的多位著名史学专家慨然应邀组成学术评审委员会，复蒙中国社会科学出版社允承出版，全国不少中青年学者纷纷应征，投赐稿件。来稿不乏佳作——或是开辟了新的研究领域；或在深度和广度上超过同类著作；或采用了新的研究方法；或提出了新的学术见解，皆持之有故，言之成理。百花齐放，绚丽多彩。这些给了我们巨大的鼓舞，也增强了我们办好此事的信心。

资助出版每年评选一次。凡提出申请的著作，首先需专家书面推荐，再经编辑委员会初审筛选，最后由学术评审委员会评审论证，投票通过。但由于基金为数有限，目前每年仅能资助若干种著作的出版，致使有些佳著不能入选，这是一大遗憾，也是我们歉疚的。

大厦之成，非一木能擎。史学的繁荣，出版的困难，远非我们这点绵薄之力能解决其万一。我们此举，意在抛砖引玉，期望海内外企业界，或给予我们财务支持，使我们得以扩大资助的数量；或另创学术著作基金，为共同繁荣历史学而努力。

《东方历史学术文库》编辑委员会
1994 年 9 月

目　　录

Contents

绪　论

一　研究动机

先秦儒家的王道思想，主张周天子位居"天下"的中心，四裔诸侯皆为周天子的臣属，用以屏障周王室。[①] 汉代独尊儒术后，儒家学说成为中国的主流学术，而"天下秩序"、"华夷之辨"、"君臣之分"等概念，也成为传统政治文化的核心意识。[②] 美国学者费正清（John K. Fairbank, 1907~1991）提出"中华世界秩序"的论点后，[③] 大大影响了国际学界的研究动向，相关论述甚多，但这些研究成果都针对中华世界秩序的"现象"进行讨论。[④] 1990年代以后，针对中

---

① 黄有汉：《西周专制主义的萌芽》，李玉洁主编《中国早期国家性质》，云龙出版社，2003，第165、176~182页；萧公权：《中国政治思想史》上册，联经出版事业公司，1982，第59~61、76~78页；张端穗：《天与人归——中国思想中政治权威合法性的观念》，黄俊傑编《理想与现实——中国文化新论（思想篇）》，联经出版事业公司，1982，第108页。

② 萧公权：《中国政治思想史》，第59~61、105~109、314~320页；葛兆光：《中国思想史》第一卷，复旦大学出版社，1998，第370~371、374、383~385、391~392页；伊东贵之：《思想としての中国近世》，东京大学出版会，2005，第22~34页。

③ John K. Fairbank, *The Chinese World Order: Traditional China's Foreign Relations* (Cambridge: Harvard University Press, 1968). 中译本为费正清编《中国的世界秩序：传统中国的对外关系》，杜继东译，中国社会科学出版社，2010。

④ 相关论述甚多，列举一二，如西嶋定生《东アジア世界と册封体制》，岩波书店，2002；张存武：《清韩宗藩贸易（1637~1894）》，中研院近代史研究所，1978；皮瑞洛莫夫、马尔提诺夫：《霸权的华夏帝国：朝贡制度下中国的世界观

华世界秩序"原理"的研究成果，逐渐取代这些只讨论"现象"的先行研究，让"中华世界秩序"的研究又进入一个新的阶段。① 如张启雄教授首先提出规范"中华世界帝国"的"中华世界秩序原理"，并将儒家伦理观分为多项概念，说明天下就是中华世界帝国，天子就是中华世界帝国皇帝。中国全土是为王畿，即为"华"，皇帝直接管辖臣民；中国以外的周边诸国为屏藩，即为"夷"，皇帝可通过属国国王，间接管辖属国臣民。② 当有外来者要求与中国往来时，中国政府安排册封、上表、纳贡、赏赐等仪式，确认皇帝与外来者的君臣身份，③ 彰显双方的尊卑位阶，并将这些外来者定位为藩属，纳入中国与周边国家共构的"中华世界秩序"。④ 据此，中国与周边诸国的往来，多以"礼"为媒介，而这些礼仪仪式都带有政治文化的隐喻，从这些仪式的安排，可观察往来双方的政治从属、经济交换及文化交流等种种面相。

和外交策略》，林毅夫、林健一译，前卫出版社，2006；付百臣：《中朝历代朝贡制度研究》，吉林人民出版社，2008。

① 如张启雄指出华为王畿，夷为藩属，二者构成中华世界帝国。中国居天下之中心，全土即王畿，视为内臣，由皇帝直管臣民。中国周边诸属国即诸侯之国，视为外臣，作为王畿的屏藩。张启雄：《"中华世界帝国"与琉球王国的地位——中西国际秩序原理的冲突》，《第三届中琉历史关系国际学术会议论文集》，中琉文化经济协会，1991，第 424～425 页。何芳川指出华夷秩序乃以中华帝国为核心的古代类型的国际关系体系。何芳川：《华夷秩序论》，《北京大学学报》（哲学社会科学版）1998 年第 6 期，第 30～45 页。白永瑞则提出东亚共同体的概念，虽将华夷秩序贬为中国民族中心主义，却指出华夷秩序实具有文化普遍主义的形式。白永瑞：《东亚地域秩序：超越帝国，走向东亚共同体》，《开放时代》2008 年第 3 期，第 7～17 页。

② 张启雄：《国际秩序原理の葛藤—中韓宗藩關係をめぐる袁世凱の名分秩序觀》，山室信一编《日本・中国・朝鮮間の相互認識と誤解の表象》，京都大学人文科学研究所，1998，第 40～42 页。

③ 钱实甫：《中国的外交机关》，生活·读书·新知三联书店，1959，第 3、5、8、11～13 页；坂野正高：《近代中国政治外交史》，陈鹏仁等译，台湾商务印书馆，2005，第 63～66 页。

④ 高明士：《天下秩序与文化圈的探索：以东亚古代的政治与教育为中心》，上海古籍出版社，2008，第 18～20、22、24～25 页；张启雄：《中華世界秩序原理の起源—先秦古典の文化的価值》，伊东贵之译，《中国—社会と文化》第 24 期，2009 年 7 月，第 2～4、8～9、12～14 页。

"宾礼"即款接宾客的相关礼仪。根据主客身份的不同，"宾礼"又分为两大类型：一是君臣之间的"朝贡礼"，[1] 强调不对等位阶；二是臣属之间的"聘礼"，强调对等位阶。[2] 而中国款接外来者的礼仪仪式，皆归入"宾礼"的范畴，并依据外来者的身份，安排相应的款接仪式，彰显往来双方的政治关系。[3] 由此可知，若要探讨清代的对外关系，不能套用欧洲诸国的主权观念（Sovereignty），必须分析"宾礼"的仪礼次序，方能理解清帝国与周边诸国的往来方式。[4]

自签订《江宁条约》、《天津条约》后，清政府因战败，不得不同意平行往来、公使驻京、亲递国书等款，无法再将英、法、美、俄四国视为"夷"，也无法再以"朝贡礼"规范这些国家的交涉仪节。[5] 为了维护"天下秩序"的正当性，清政府必须另辟蹊径，将

---

① 台湾开明书店：《断句十三经·周礼》，台湾开明书店，1991，《大宗伯》，第29~30页。

② 聘礼是各国诸侯间对等的交聘关系及往来礼仪，可说是客礼概念的礼意根据之一。聘礼的讨论可见《周礼·大行人》和《仪礼·聘礼》。台湾开明书店：《断句十三经·仪礼》，台湾开明书店，1991，《聘礼》，第34~41页；台湾开明书店：《十三经注疏·礼记注疏》卷六三，台湾开明书店，1991，《聘义》，第1~3页；台湾开明书店：《断句十三经·周礼》，《大行人》，第62页。

③ 李无未：《中国历代宾礼》，北京图书馆出版社，1998；何伟亚：《怀柔远人：马嘎尔尼使华的中英礼仪冲突》，邓常春译，社会科学文献出版社，2002，第121~122页；中砂明德：《荷蘭国的朝贡》，夫马进编《中國東アジア外交交流史の研究》，京都大学学术出版会，2007，第407~409页。荷兰虽在康熙朝被列入属国，获得两年一贡的许可，但根据中砂明德的研究，可知当时礼部将荷兰使节分别处理，不完全依照"朝贡礼"的款接礼仪。关于荷兰朝贡问题，魏尔斯也重新讨论了17世纪的中荷关系，批评费正清"朝贡体系"过于简化，未能了解清初对外关系的弹性政策。John E. Wills, *Pepper, Guns, and Parleys: The Dutch East India Company and China, 1622 – 1681* (Cambridge, Mass.: Harvard University Press, 1974), p. 204.

④ 赵尔巽：《清史稿》卷九一，中华书局，1998，《礼十》，第2673页："无论属国、与国，要之，来者皆宾也。我为主人，凡所以将事，皆宾礼也"。李恩涵：《中国外交史的研究》，《六十年来的中国近代史研究》（上），中研院近代史研究所，1988，第47~72页；蒋廷黻：《中国近代史大纲》，江苏教育出版社，2006，第4~6页。

⑤ 坂野正高：《近代中国政治外交史》，第63~75页。坂野正高指出，自签订《中英江宁条约》后，传统朝贡体系开始动摇，逐渐被西方式的条约体系取代。《（乾

这些国家纳入“宾礼体制”的规范，并借由不同的款接仪节，重新“正名”这些外来者，建构中国皇帝、各国君长、外国驻京公使的等差位阶。① 尤其是礼制本身，便可衍生多种层次的权力关系，如行礼方式、服装穿着、公文用词、座位安排、入门登阶的位置，皆显示权力关系的变化。② 因此，外国公使如何觐见皇帝的礼仪问题，便成为中外双方争执的焦点之一。

对清政府来说，“外国公使觐见礼”问题实涉及整个政权的正当性基础。从咸丰朝、同治朝、光绪朝的交涉过程，可知清政府为了“外国公使觐见礼”的问题，做了各种的努力，尽量将外国公使定位为皇帝的臣属。③ 即使八国联军占领北京，甚至强迫清政府签订《辛丑和约》，光绪君臣仍汲汲于“外国公使觐见礼”问题，④不愿轻言放弃皇帝的至尊地位，也不愿彻底抛弃“宾礼体制”。清政府对“外国公使觐见礼”的坚持，或可解释为清朝君臣对“天下秩序”崩解、“以夷变华”的焦虑感，同时也是他们解决正当性危机的

隆）清朝通志》卷四六，新兴书局，1963，《宾礼》，第 7019 页；王尔敏：《近代史上的东西南北洋》，《中央研究院近代史研究所集刊》第 15 期上册，1986 年 6 月，第 101~114 页。“西洋”一词，指派使到北京的欧洲国家，即葡萄牙、罗马教廷、英国。值得注意的是，荷兰与西洋在《（光绪）大清会典》中已不在属国之列。

① 赵尔巽：《清史稿》卷一五六《邦交四》，第 4582~4583 页。凡遇对外交涉之时，晚清官方档案、官员奏疏及私人文集多提及“国体”。笔者以为有两种意义，一指“国家体面”，二指“国家体制”。例如蒲安臣代表中国出使欧美各国时，总理衙门以中外仪节不同为由，要求蒲安臣以中国国体为重，不需向各国元首呈递国书，并解释中国国家体制与欧美不同，希望欧美各国不要执着觐礼问题。石之瑜：《近代中国对外关系新论：政治文化与心理分析》，五南图书出版公司，1995，第 40 页。

② Catherine M. Bell, *Ritual: Perspectives and Dimensions* (New York: Oxford University Press, 1997), pp. 193-196.

③ 赵尔巽：《清史稿》卷九一《礼十》，第 2679~2681 页；郭鸣鼎：《海通后鸦片战争前欧洲各国来华之使节及其觐见清帝礼仪问题》，《国际关系学报》第 1 期，1978 年 2 月，第 112~137 页；曹雯：《清末外国公使の謁見問題に関する一考察―咸豊・同治期を中心に》，《社会文化史学》第 44 期，2003 年 1 月，第 49~72 页。

④ 赵尔巽：《清史稿》卷四四三《孙家鼐》，第 12440 页。

自强之道。①

 过去学界受到现代化理论的影响，多以为清代的对外关系封闭守旧，并批评清政府执着无谓的觐见仪式，无视国际法的外交惯例，遂引起中外双方的觐礼之争，使中国自绝于国际社会。② 在外交史的研究框架之中，这样的论述或有道理，但不免有过度简化之虞，③ 未曾深究下列问题：第一，"宾礼"的内涵是什么？第二，"宾礼体制"是否等于朝贡贸易？与清代涉外体制有何关联？第三，为何清政府执着于"外国公使觐见礼"的仪式？第四，当外国公使坚持行"鞠躬礼"时，清政府如何变通拟订"外国公使觐见礼"方案？又如何解释觐礼更定的现况，让中国官民和外国公使都能接受这样的改变？第五，"宾礼"如何落实到中外双方的地方交涉？又如何制定中外往来的仪节，规范外国领事、洋商及传教士的行动？第六，"外国公使觐见礼"的更定，将如何影响清帝国的涉外体制、权力分配及"天下秩序"的理念？第七，"宾礼体制"如何过渡到西式外交礼仪（礼宾），并接受国际法为中心的国际秩序原理？本书将考察这些问题，观察清代对外交涉体制的变化，了解中西礼制的冲突根源，并探讨"天下秩序"与中国近代政治文化的关联。

----

① 余英时：《历史与思想》，联经出版事业公司，1978，第 52~53 页；孙广德：《晚清传统与西化的争论》，台湾商务印书馆，1982，第 160~172 页。

② 蒋廷黻：《中国近代史研究》，里仁书局，1982，第 180~201 页；坂野正高：《近代中国外交史研究》，岩波书店，1970，第 271~277 页。虽有许多学者以为明清对外政策僵化，但张彬村考察明清两代的海外贸易政策后，指出明清的海外贸易政策非常有弹性，批评中国闭关自守的说法实际上是种错误的刻板印象。参见张彬村《明清两朝的海外贸易政策：闭关自守？》，吴剑雄编《中国海洋发展史论文集》第四辑，中研院中山人文社会科学研究所，1993，第 1~16 页。

③ 滨下武志和冈本隆司皆指出，当时主张变法者，对中外关系的认识仍立基于天下一元观。可惜，两人未提及礼制更定的实际运作、阻碍及其影响。详见冈本隆司《马建忠の中国近代》，京都大学学术出版会，2007；滨下武志：《近代中国的国际契机——朝贡贸易体系与近代亚洲经济圈》，高淑娟等译，中国社会科学出版社，1999，第 282~284 页。

二 研究回顾

过去有关中外互动的研究，指出中外礼仪的差异常变成中外交
涉失败的导火线，尤其是外国使者觐见皇帝的礼仪问题，往往让中
外双方不欢而散，如乾隆、嘉庆年间，英国马戛尔尼（George
Macartney，1733~1806）、阿美士德（William Pitt Amherst，1773~1857）使
节团的案例。① 就传统中国涉外体制而言，或册封外藩，或朝觐贡
献，或上表祝贺，皆属"宾礼"的范畴。② 与"宾礼"相涉的封贡
关系，只有不对等位阶的主从关系。③ 美国学者费正清将之称为"朝
贡体系"，日本学者滨下武志则着眼朝贡使团的交易行为，称之为
"朝贡贸易"。④ 若干外交史学者则将总理各国事务衙门、外务部的
成立，视作中国接受"条约体制"的象征。⑤ 过去对晚清涉外体制
的研究成果丰硕，但多偏重外交史，未能考究礼仪意义，也未论及
当时的民间舆论和外国公使的感受。幸好，近年新出史料甚多，可

① 何伟亚：《怀柔远人：马嘎尔尼使华的中英礼仪冲突》，第229~232页；王开玺：
《清代外交礼仪的交涉与论争》，人民出版社，2009，第170~238页。
② 昆冈：《（光绪）钦定大清会典事例》卷五〇二，中华书局，1991，《朝贡一》，
第808~818页。清代宾礼与明代宾礼的不同之处，即采取实际态度，属国明显
地减少，其他国家被列为互市国。岩井茂树：《清代の互市と"沈默外交"》，夫
马进编《中國東アジア外交交流史の研究》，第380~382页；廖敏淑：《清代对
外通商制度》，王建朗、栾景河编《近代中国、东亚与世界》下卷，社会科学文
献出版社，2008，第449~464页。
③ 西嶋定生：《東アジア世界と冊封体制》，岩波书店，2002，第78页；张启雄：
《琉球弃明投清的认同转换》，张启雄编《琉球认同与归属论争》，中研院东北亚
区域研究，2001，第11~12页；高明士：《天下秩序与文化圈的探索：以东亚古
代的政治与教育为中心》，第7页。
④ John King Fairbanks & Ssü-yu Têng, "On the Ch'ing Tributary System", *Harvard Journal
of Asiatic Studies*, 6：2（Cambridge：Harvard，1941），pp. 135 – 246. 滨下武志：
《朝貢システムと近代アジア》，岩波书店，1997。
⑤ 持相似意见者众，仅列一二，如卫藤沈吉《近代東アジア国際關係史》，东京大
学出版会，2004；川島真：《中國近代外交の形成》，名古屋大学出版会，2004，
第31~33页；吴福环：《清季总理衙门研究》，新疆大学出版社，1995，第173~
176页。

借此重新检讨过去未曾注意到的面向，如黄一农利用大量的图像，重新检讨马戛尔尼使节团访华之事，具体呈现中西文化的差异，也让礼仪与政治的互动更加清楚。① 以下将过去的研究成果，整理出三种看法，并概引一二经典成果，检讨利弊，提供本书发展的方向。

（一）朝贡体系论

过去学界着重讨论清代宾礼之下的朝贡制度，如美国学者费正清指出，传统中国没有外交制度，但有融合政治、外交、贸易、文化于一体的朝贡制度，控制中国周边国家政治、外交、贸易的工具，称之为"朝贡体系"（Tributary State System）。② 费正清将"朝贡体系"的概念，作为传统中国对外关系的特殊性，并以为"朝贡体系"让中国产生优越感（中国中心主义，Sino-centrism），妨碍中国政治、社会的理性化，进而建构了"冲击—反应"的理论模式，强调中国对外关系是保守封闭，将其视作阻碍中国往现代化发展的不利因素。③ 费正清将清代政治、外交、经济合于一体的"朝贡体系"论，影响极大，至今仍有其参考价值，但犯了西方中心主义的错误，过度贬低了中国自身的政治体制和思想文化。④

---

① 张顺洪：《〈每季评论〉与英国对华舆论》，《近代史研究》1993 年第 6 期，第 66 ~ 79 页；黄一农：《龙与狮对望的世界：以马戛尔尼使团访华后的出版物为例》，《故宫学术季刊》第 21 卷第 2 期，2003 年 12 月，第 265 ~ 297 页；黄一农：《印象与真相——清朝中英两国的觐礼之争》，《中央研究院历史语言研究所集刊》第 78 卷第 1 期，2007 年 3 月，第 35 ~ 106 页。

② John K. Fairbank, *Trade and Diplomacy on the China Coast: the Opening of the Treaty Ports 1842 – 1854* (Cambridge: Harvard University Press, 1953), pp. 31 – 33, 130 – 135; John K. Fairbank, *The Chinese World Order: Traditional China's Foreign Relations* (Cambridge: Harvard University Press, 1968), pp. 137 – 139; John K. Fairbank, *The United States and China* (Cambridge, Mass.: Harvard University Press, 1979), pp. 158 – 161.

③ John K. Fairbank & Ssü-yu Têng, *Ch'ing Administration: Three Studies* (Cambridge: Harvard University Press, 1960).

④ 1970 年代以来，美国学界批评费正清的"冲击—反应"模式，参看柯文《在中国发现历史——中国中心观在美国的兴起》，林同奇译，中华书局，1989，第 1 ~ 8 页；何伟亚：《从朝贡体制到殖民研究》，《读书》1998 年第 8 期，第 62 ~ 63 页。

　　对此，美国学界已有自省，批评费正清的"朝贡体系"过度简化，或合理化帝国主义的侵略行为。[①] 例如，谭中（Tan Chung）批评费正清太强调文化因素的结果，反而忽略了鸦片战争的真正原因，并指出明清中国不像费正清说的那样排斥海外贸易，"朝贡体系"只是抽离历史事实的概念，不能当作明清两代的涉外体制。[②] 何伟亚（James Louis Hevia）也归纳了学界对"朝贡体系"的质疑，如朝贡体系的形成时间、中国向外国赠予的利益、对外关系的刻板单一以及朝贡体系主要用于朝鲜、越南、琉球等周边国家等问题。[③]

　　中国、日本、韩国学者也有类似的质疑，开始提出"册封体制"、"华夷秩序"、"礼治体系"、"中华世界秩序原理"等论点，证明东亚诸国的传统国际关系是多面向的互动关系，并不像费正清指出的那样，全归因于中国单方面的影响。例如，坂野正高认为，东亚诸国不但有重叠的朝贡关系，也有双重的朝贡关系，不只有以中国为中心的表现。[④] 张存武、全海宗也指出每个时代、每个国家的对外关系，取决于各国政治、经济或文化上的需求，[⑤] 不能全归因于中国单方面的影响。张启雄考察儒家经典的解释，提出"中华世界秩序原理"的论点，并以"名分秩序"、"封贡体制"、"奉正朔论"等

---

① 陈君静：《大洋彼岸的回声：美国中国史研究历史考察》，中国社会科学出版社，2003，第120～121页。譬如，柯文指出文化因素虽可发现本质性，但只有从本身历史着手，才能了解过去和现在的力量。因此，柯文主张应从中国社会内部去分析，不应把中国所有现象过度简化成"冲击—反应论"。

② Chung Tan, *China and the Brave New World: A Study of the Origins of the Opium War (1840 - 1842)* (Durham: Carolina Academic Press, 1978), pp. 21, 25 - 30, 222 - 223.

③ 何伟亚：《怀柔远人：马嘎尔尼使华的中英礼仪冲突》，第12～16页。

④ 坂野正高：《近代中国政治外交史》，第63～68页。坂野正高虽未明指费正清，但在第76页注4中说："朝贡关系常以英文写成tribute system，但这是研究人员所创造的操作性概念，是否为历史上实际存在的一个整体体系之朝贡关系，则为另一个问题"，可见坂野对"朝贡体系"有吸收，亦有批判。

⑤ 张存武：《清韩宗藩贸易（1637～1894）》，中研院近代史研究所，1978，第143～154页；全海宗：《中韩关系史论集》，全善姬译，中国社会科学出版社，1997，第210～212页。

多重概念，解释周边诸国愿意维持主从关系的原因，进而建构以中国为中心的"中华世界秩序原理"。[①]

除了费正清的"朝贡体系论"之外，滨下武志的"朝贡贸易体系论"也常被学人引用，有必要简单回顾。滨下武志从"区域经济"的角度，注意到中国和东亚诸国的贸易活动皆以自身利益为动机，实具有主动性。并主张"朝贡贸易体系"的论点，指出中国借"进贡—回赐"的方式，让东亚诸国以中国为中心，不但形成了相应的商业网络，也发展为东亚世界的区域经济圈。[②] 同时，通过对白银流通、贸易结构、外商资本、改革派思想等的考察，滨下武志反对费正清的"冲击—反应论"，认为西方国家为了获得他们想要的货品，必须先加入以中国为中心的东亚区域经济圈，故不能把近代亚洲的历史简单解释为朝贡体系转向条约体系的过程。[③]

滨下武志"朝贡贸易体系论"虽从经济史的角度，提供另一种研究途径，但也有人提出不同的意见，或以为西方列强加入"朝贡贸易体系"的说法颇为牵强，或指摘"朝贡贸易体系"的图式仍陷入费正清的距离迷思，仍以为东亚诸国离中国越近者，越容易受到中国的控制与影响。[④] 例如，高明士认为，滨下武志将朝贡关系解释为商业行为，并未回归历史脉络去处理贸易与朝贡的关联，并指出朝贡行为只是一个现象，应从"天下秩序"去考虑中国与邻近各国

① 张启雄：《外蒙主权归属交涉（1911～1916）》，中研院近代史研究所，1995，第9～19页。"中华世界秩序原理"分为天朝定制论、君臣关系论、邦交关系论、封贡体制论、奉正朔论、兴灭继绝论、名分秩序论、秩序主体论、王道政治论、争天下论、华夷分治论、重层认同论等12项概念，近年又再增加正统原则论、大一统论、重层政体论、华夷可变论及王化论。

② 滨下武志：《近代中国的国际契机——朝贡贸易体系与近代亚洲经济圈》，第5、8～9、11～12、31、38～39、263～265页。

③ 滨下武志：《近代中国的国际契机——朝贡贸易体系与近代亚洲经济圈》，第51、278～288、290～292、328～330页；滨下武志：《中国、东亚与全球经济：区域与历史的视角》，王玉茹等译，社会科学文献出版社，2009，第16～34页。

④ 关于国际学界批评滨下武志"朝贡贸易体系"的研究回顾，见陈威志、石之瑜《从亚洲认识中国：滨下武志研究"朝贡体系"的启示》，《政治科学论丛》第39期，2009年3月，第66～68页。

的关系。① 祁美琴认为，清代朝贡体制与明代朝贡体制的性质不同，不能混一处理，② 并指出明代是典型的朝贡贸易，先有朝贡关系，才允许贸易，严禁民间与外国通商；清代的朝贡贸易，乃以经济性手段，追求政治目的的实现，但仍允许民间与互市国通商。③ 濮德培（Peter C. Perdue）考察清帝国对西北边患的军事策略后，指出滨下武志只偏重中国东南沿岸的贸易因素，却忽略了外交、权力、军事等因素都会影响经济圈的范围。④ 中村哲、川胜守等人则据明清两代的海禁政策，批评滨下武志的"朝贡贸易体系论"缺乏实证，也质疑16 世纪以降东亚贸易圈的连续性，指出朝贡贸易未必是东亚近代化的单一动力。⑤ 近年日本学界重新检讨清代的通商制度，更注意到行商、边境关市、互市国等问题，强调"互市制度"的重要性。如岩井茂树、廖敏淑都指出"朝贡贸易"并不是清帝国唯一的通商办法，"互市制度"才是传统中国的主要通商模式，并借由"通商制度"，清帝国更能弹性调节与周边诸国的关系。⑥

　　此外，某些学者也批评费正清只以西方经验为圭臬，忽略了中

---

① 高明士：《天下秩序与文化圈的探索》，第 5～6、10～12、18～20、24 页；邢义田：《天下一家——中国人的天下观》，刘岱主编《中国文化新论·根源篇：永恒的巨流》，生活·读书·新知三联书店，1991，第 454～455 页。

② 祁美琴指出的问题，参见滨下武志《近代中国的国际契机——朝贡贸易体系与近代亚洲经济圈》，第 34、38 页。

③ 祁美琴：《对清代朝贡体制地位的再认识》，《中国边疆史地研究》2006 年第 1 期，第 50～58 页。祁美琴指出，清代虽延续了明代的朝贡制度，但在实质上清帝国与边疆民族、西洋诸国的关系已有改变，贸易性质也有别于明朝的通商制度。

④ Peter C. Perdue, "A Frontier View of Chineseness", Giovanni Arrighi, Takeshi Hamashita & Mark Selden, ed., *The Resurgence of East Asia*, *500*, *150 and 50 Years Perspectives* (London; New York: Routledge, 2003), pp. 60－66.

⑤ 中村哲：《东亚近代史理论的再探讨》，商务印书馆，2002，第 15～16 页；川胜守：《日本近世と東アジア世界》，吉川弘文馆，2000。

⑥ 岩井茂树：《十六世紀中国における交易秩序の摸索——互市の現実とその認識》，岩井茂树编《中国近世社会の秩序形成》，京都大学人文科学研究所，2004，第 97～142 页；廖敏淑：《清代对外通商制度》，第 443～466 页；廖敏淑：《清代の通商秩序と互市——清初から両次アヘン戦争へ》，冈本隆司、川岛真编《中国近代外交の胎動》，东京大学出版会，2009，第 23～43 页。

国的历史发展，开始注重朝贡制度与中国传统政治文化的关系。如李云泉考察历代朝贡体制的制度变化，并指出"华夏中心论"是中国学者对政治空间的思想资源，[①] 可谓研究朝贡制度的重要著作。不过，该书虽整理朝贡制度的运作，却未分析朝贡制度的思想资源、存续条件及变化因素。例如，李云泉避谈俄罗斯、荷兰、大西洋国（葡萄牙）的特殊性，更未区分清代的属国、藩部、与国的区别。[②] 况且，对中国涉外体制，笼统用"朝贡制度"概括，实有再商榷的必要。[③] 因此，本书将考察清代涉外体制，并讨论宾礼仪节与涉外体制的关联，兼叙宾礼体制的变化原因、过程及影响，呈现中西礼制的纠葛将对清帝国政治、外交、文化产生何种影响。

（二）　天朝中心论

"天朝"一词是清帝国的自称，如乾隆皇帝（1711～1799，1735～1795在位）回复英国国王乔治三世（George Ⅲ，1738～1820，1760～1820在位）的谕旨中，便使用"天朝"一词，或以自称，或用于代称"中国"。[④] 费

---

① 李云泉：《朝贡制度史论：中国古代对外关系体制研究》，新华出版社，2004，第1～13、189～194页。

② 李云泉：《朝贡制度史论：中国古代对外关系体制研究》，第161、272～288页。李云泉将朝贡国视同属国，但根据《大清会典》的规定，可知属国必有朝贡行为，但有朝贡行为的国家则未必是属国。两者身份的区别在于册封与否。属国奏请清帝册封，接受清帝的册封诏书、赐印及赏赐。《清史稿》记载朝鲜、琉球、安南、暹罗、缅甸、南掌六国，皆受清帝册封，可称为属国。但《大清会典事例》所列出的荷兰、西洋、英吉利等国家，未有请封、册封的政治关系，只可称为互市国。昆冈：《（光绪朝）大清会典事例》卷五〇二《朝贡一》，第807～816页。

③ Jing-shen Tao, *Two Sons of Heaven: Studies in Sung-Liao Relations* (Tucson: University of Arizona Press, 1988), pp. 1–9. 陶晋生指出，中国传统的对外政策相当有弹性，不像费正清主张的"天朝外交论"那般僵化。例如汉武帝虽远征匈奴，但两汉与匈奴的长期往来，实建立在平等外交的基础之上，并利用和亲政策巩固政治关系，避免战争的发生。史称强盛的唐代，亦长期与突厥和吐蕃处于平等关系。历来被史家贬为积弱的宋代，亦通过各种手段，尽量与辽保持对等关系。

④ 植田捷雄编《中国外交文书辞典（清末编）》，国书刊行会，1985，第84页。中国第一历史档案馆编《英使马戛尔尼访华档案史料汇编》，国际文化出版公司，1996，第165页。

正清的"朝贡体系论"，刻意强调"天朝"、"优越感"、"排拒西方"等因素，遂有清帝国为了维持天朝体面，不愿接受平等外交的说法。[①] 后来，受到"现代化理论"的影响，研究者往往将"天朝"二字用作专制王朝的代称，或当作清帝国不解外情的原因，更多是等同于中国闭关自守的保守主义。[②] 因此，对马戛尔尼、阿美士德使节团受阻之事，中国学界大多批判清朝君臣为了维护天朝体制，才会坚持"跪拜礼"的方案，拒绝西欧文明的输入，遂让中国陷入近百年的衰弱局势。[③]

　　随着"现代化理论"的修正，学界重省"天朝"的定义，欲了解中国自称"天朝"的原因。[④] 例如，坂野正高认为，"天朝定制"即保守派注重的华夷思想及支配他国的模式。[⑤] 刘纪曜指出"天朝意像"乃基于"天命观"与"夷夏之防"的思想基础，逐渐发展成中国独特的对外态度，未必是中国自以为是的优越感。[⑥] 黄枝连则提出"天朝礼治体系"的论点，强调中国礼治文化在东亚诸国的影响，主

---

① 费正清：《中国：传统与变迁》，张沛等译，世界知识出版社，2001，第 204~205 页；川岛真：《从天朝到中国》，复旦大学历史系《近代中国的国家形象与国家认同》，上海古籍出版社，2003，第 268 页。川岛真举出黄枝连、张启雄、坂野正高等人的研究成果，指出这些研究大部分将天朝作为与"近代"相对立的传统象征，或是贯穿清朝两百余年的概念，但川岛真认为"天朝"和"中国"一词相同，有时作为叙述名词，或作为史料专用名词，未必是与近代对立的传统概念。

② 对中国学界有意无意贬抑"天朝"二字，罗志田曾撰文评论《天朝的崩溃》一书，反思研究者早存有价值判断，一味批评中国保守落后的研究态度，只能堆积史料，无法真正超出前人的成果，详见罗志田《"天朝"怎样开始"崩溃"——鸦片战争的现代诠释》，《近代史研究》1999 年第 3 期，第 13~28 页。

③ 朱雍：《不愿打开的中国大门——乾隆时期的中英关系》，江西人民出版社，1989，第 280~282、304~305 页；戴逸：《乾隆帝及其时代》，中国人民大学出版社，1992，第 434~460 页；王开玺：《清代外交礼仪的交涉与论争》，第 170~237 页。

④ 吴晓钧：《阿美士德使节团探析——以天朝观之实践为中心》，硕士学位论文，新竹"清华大学"历史研究所，2008；川岛真：《从天朝到中国》，复旦大学历史系编《近代中国的国家形象与国家认同》，第 271~276 页。

⑤ 坂野正高：《外交交涉における清末官人の行動様式——1854 年の条約改正交涉を中心として》，《近代中国外交史研究》，第 94~96 页。

⑥ 刘纪曜：《鸦片战争期间中国朝野的天朝意像及其衍生的观念、态度与行动（1839~1842）》，《台湾师范大学历史学报》第 4 期，1976 年 4 月，第 241~263 页。

张 19 世纪以前的中国凭借"礼治主义",不但成为东亚世界的文化中心,也维护了东亚诸国的国际秩序。① 张启雄的"天朝定制论"着眼于"上天—天下—天子—天命—天朝—子民"的"天命论",发展出天朝对海内外实施"法秩序论"与"礼秩序论",并强调中国对外关系不可用欧美传入的国际法概念去诠释,否则有"以西非东"、"以今非古"的偏颇。② 佐藤慎一指出"天朝"是清朝确立的制度,而"天朝观"是中国传统知识分子(士大夫)对中华文明的自信心,更是他们重新认识世界的自我解剖和精神纠葛。③

(三) 礼仪冲突

关于中外礼仪冲突的研究,中外学界集中讨论马戛尔尼使华事件,不只召开纪念中英通使的学术研讨会,④ 也有数本专著、学位论文及大量的专文讨论,⑤ 可见其重要性。由于该议题的专著、论文众

① 黄枝连:《亚洲的华夏秩序:中国与亚洲国家关系形态论》,中国人民大学出版社,1992;《东亚的礼义世界:中国封建王朝与朝鲜半岛关系形态论》,中国人民大学出版社,1994;《朝鲜的儒化情境构造:朝鲜王朝与满清王朝的关系形态论》,中国人民大学出版社,1995。

② 张启雄:《两岸关系理论之建构——"名分秩序论"的研究途径》,包宗和、吴玉山主编《重新检视争辩中的两岸关系理论》,五南图书出版公司,2009,第120~121页。张启雄:《中華世界秩序原理の起源—先秦古典の文化の价值》,伊东贵之译,第9页。

③ 佐藤慎一:《近代中国の知識人と文明》,东京大学出版会,1996,第i~ii、11~16、48~56页。

④ 中国学界为纪念马戛尔尼访华两百周年,特地在北京举行学术研讨会,详见张芝联主编《中英通使二百周年学术讨论会论文集》,中国社会科学出版社,1996;英国汉学研究会也在1992年举办国际研究会,以纪念马戛尔尼访华,详见 Robert A. Bickers, ed., *Ritual and Diplomacy: The Macartney Mission to China, 1792 - 1794* (London: Wellsweep, 1993)。

⑤ 专著如《停滞的帝国——两个世界的撞击》、《不愿打开的中国大门》及《怀柔远人:马嘎尔尼使华的中英礼仪冲突》。另外,以马戛尔尼使团访华为课题的学位论文如 Zhang Shunhong, "British Views on China During the Time of Embassies of Lord Macartney and Lord Amherst 1790 - 1820" (Ph. D. diss., University of London, 1990); Zemg Jingmin, "Scientific Aspects of the Macartney Embassy to China 1792 - 1794: A Comparative Study of English and Chinese Conceptions of Science and Technology in the Seventeenth and Eighteenth Centuries" (Ph. D. diss., University of

多，本书将利用这些丰硕成果，不另讨论马戛尔尼使节团，只做研究回顾而已。对马戛尔尼是否向乾隆皇帝行三跪九叩礼，中外学界各有见解，并以为"觐礼之争"隐含中、英两国不同的世界秩序观。

例如，佩雷菲特（Alain Peyrefitte）探讨中英双方之间的价值观及文化差异，并强调清帝国的文化背景和政治观念，指出马戛尔尼是否下跪的问题，实为中国与欧洲世界的文明冲击让中英双方越行越远，甚至互相误解，引发日后不可避免的冲突。① 朱雍《不愿打开的中国大门》最早利用中国第一历史档案馆的清代档案，史料丰富，但可惜的是，该书以"现代化主义"立论，批评乾隆皇帝的对外政策是"限关自守"，而觐见礼问题也被视作天朝的自大表现。② 何伟亚正视"宾礼"的重要概念（沿中线而行，Clanneling along a centering

---

Newcastle，1998）。专文研究众多，仅列举重要成果。Earl H. Pritchard，"The Kotow in the Macartney Embassy to China in 1793"，*The Far Eastern Quarterly*，2：2 (1943)，pp. 163 – 203；王曾才：《马嘎尔尼使团评述》，《屈万里先生七秩荣庆论文集》，联经出版事业公司，1978，第 235～248 页；刘家驹：《英使马戛尔尼觐见乾隆皇帝的礼仪问题》，《近代中国初期历史研讨会论文集》，中研院近代史研究所，1989，第 27～49 页；秦国经：《从清宫档案看英使马戛尔尼访华历史事实》，中国第一历史档案馆编《英使马戛尔尼访华档案史料汇编》，第 23～88 页；毕可思、张顺洪：《通商口岸与马戛尔尼使团》，《近代史研究》1995 年第 1 期，第 44～61 页；王开玺：《马戛尔尼跪谒乾隆帝考析》，《历史档案》1999 年第 5 期，第 90～94 页；黄一农：《龙与狮对望的世界：以马戛尔尼使团访华后的出版物为例》，《故宫学术季刊》第 21 卷第 2 期，2003 年 12 月，第 265～297 页；汪荣祖：《英使马戛尔尼来访》，《追寻失落的圆明园》，江苏教育出版社，2005，第 111～125 页；黄一农：《印象与真相——清朝中英两国的觐礼之争》，《中央研究院历史语言研究所集刊》第 78 卷第 1 期，2007 年 3 月，第 35～106 页。其中，黄一农《印象与真相——清朝中英两国的觐礼之争》一文，可说是近年最能兼顾中外论述又有新意的成果。

① 佩雷菲特：《停滞的帝国——两个世界的撞击》，王国卿等译，三联书店，1995，第 1～2、226～228、238、255～263、383～385、521～525 页。

② 朱雍：《不愿打开的中国大门——乾隆时期的中英关系》，第 280～281 页。朱雍与佩雷菲特在写作时互相分享史料，两人对清帝国的观点亦有呼应，认为中国闭关的原因出于天朝意识。事过 20 年之久，朱雍已成当今中国经济专家，但对清帝国的批判观点仍未改变。这点可从朱雍新出版著书的书名一窥究竟。朱雍：《大国病》，中国海关出版社，2009。《大国病》一书，主要探讨 18 世纪时中国的封闭体系，批评中、英面对封闭体系的政策、态度及其引发的冲突。

path），并运用后现代主义的概念，欲修正费正清"冲击—反应"的理论模式，说明朝贡体系的构成，立基于"多主制"（multitude of lords）的帝国想象（imagining of empire），从而推论中英两国的觐礼之争，实为两个多种族帝国的霸权之争。①

何伟亚以"宾礼"作为该书的核心观念，提到"宾礼"的可变性，实触及"宾礼"与现实政治的关联。可惜，何伟亚未再多阐述，便转而强调藏蒙政策，欲建构以清皇室为最高君主的"多主制"，引起许多学者的质疑。有些学者批评"后现代史学"的史料可信度，②或批评"多主制"过于主观，夸大了满汉之间的紧张度，也忽略满、蒙两族特有文化的发展，③ 更模糊了理藩院与礼部的不同职能，忽略"宾礼"的施行对象、礼仪仪式及其文化意义。④ 综观上述的评语，可知何伟亚最受争议的问题，在于"多主制"的解释。因为清帝国的"宾礼"实源于"天下秩序"的儒家理论。经过乾隆、嘉庆两朝

---

① 何伟亚：《怀柔远人：马嘎尔尼使华的中英礼仪冲突》，第 16～30、37、57、139～168、189～191、226～227、229～232 页。

② 学界对《怀柔远人：马戛尔尼使华的中英礼仪冲突》的褒贬不一，评论两极，尤针对何伟亚运用后现代主义史学的研究方法，解读马戛尔尼使华的觐礼问题，多有论述。最为激烈的论战，乃在《二十一世纪》里，周锡瑞（J. W. Esherick）、艾尔曼（Benjamin Elman）、胡志德（Theadore Huters）、张隆溪、葛剑雄、罗志田相继发文探讨。周锡瑞、罗志田多有批判，艾尔曼、胡志德为何伟亚辩驳。周锡瑞：《后现代式研究：望文生义，方为妥善》，尚杨译，《二十一世纪》第 44 期，1997 年 12 月，第 105～117 页；艾尔曼：《马戛尔尼使团、后现代主义与近代中国史：评周锡瑞对何伟亚著作的批评》，赵刚等译，《二十一世纪》第 44 期，1997 年 12 月，第 118～130 页；张隆溪：《甚么是"怀柔远人"？正名、考证与后现代式史学》，《二十一世纪》第 45 期，1998 年 2 月，第 56～63 页；罗志田：《夷夏之辨与"怀柔远人"的字义》，《二十一世纪》第 49 期，1998 年 10 月，第 138～145 页。

③ 林士铉：《清代蒙古与满洲政治文化》，台湾政治大学历史系，2009。过去学界多强调汉化，着重探讨满族贵族受儒家文化的影响。事实上，满族文化多元，不只受儒家经典的规范，也接受藏传佛教信仰的洗礼，融合了蒙、藏佛教文化。

④ 清代的藩部与属国有本质上的差异。清帝国对藩部具有主权关系，可直接派官统治，但对属国则不具有主权，仅止于松散的宗藩关系。杨正孝：《清代理藩院之研究》，硕士学位论文，"中国文化学院"民族与华侨研究所，1974；吕士朋：《清代的理藩院——兼论清代对蒙藏回诸族的统治》，《东海大学历史学报》1977 年第 1 期，第 61～98 页。

的礼学考证，儒家经典的名分、华夷、封贡等概念，多已自成一说，何伟亚没必要再引入"多主制"的概念，让"宾礼"的讨论模糊焦点。正如罗志田指出的那样，"如果要强调宾礼的重要性，就只能多关注具体的'满清'与一般意义上的'中国'之同，而不是其异"。①

相对于马戛尔尼使团访华的研究风潮，咸丰朝（1850～1861）以降的礼仪冲突问题，就显得冷清许多。② 过去学界讨论觐礼之争时，往往简化为叩头问题，未曾区分"跪拜礼"的象征意义，也不曾考虑中外双方边谈判边妥协的微妙互动，有必要重新探讨。目前对中外礼仪冲突的问题，唯有王开玺的成果最为丰硕，尤其是 2009 年出版的《清代外交礼仪的交涉与论争》为王开玺累积多年成果之集成之作。《清代外交礼仪的交涉与论争》讨论范围甚大，不限于一国一事，篇幅浩大，史料丰富，几乎讨论了清代礼仪冲突的所有事件。然而，该书仍沿袭"现代化理论"的论调，同样将中外礼仪冲突的问题，当作清帝国维持天朝体面的手段，并批评清朝君臣的自以为是，不愿采用西式的平等外交礼仪，才会与世界失之交臂。③

王开玺的说法，显然是另一种"西方中心主义"，无视"宾礼"与西方外交礼仪的不同本质，相当可惜。有必要说明的是，王开玺《清代外交礼仪的交涉与论争》第五、六、七章集中于咸丰至光绪朝的礼仪冲突，给笔者提供了许多启发与刺激。本书与此虽有议题重复之嫌，但本书的研究动机、研究方法及使用资料，皆不同于王开玺及其论点。首先，本书首重"宾礼"与政治的关系，及"宾礼"的自发性转化，与王开玺关注的重点，实为不同的讨论层次。其次，

---

① 罗志田：《译序》，收入何伟亚《怀柔远人：马嘎尔尼使华的中英礼仪冲突》，第22 页。

② 郭鸣鼎：《海通后鸦片战争前欧洲各国来华之使节及其觐见清帝礼仪问题》，《国际关系学报》第 1 期，1978 年 2 月，第 112～137 页；曹雯：《清末外国公使的觐见问题に关する一考察——咸豊同治期を中心に》，《社会文化史学》第 44 期，2003 年 1 月，第 49～72 页。

③ 王开玺：《清代外交礼仪的交涉与论争》，第 722～732 页。

本书将利用新政治史的研究方法，分析"宾礼"与传统中国政治文化的关联，绝不同于"现代化理论"的论点。再次，本书以外交史的多档案对照法，利用原始档案、多国档案及近年新出版的报纸汇编、日记、笔记等资料，进行研究，应有突破旧说之处。

从上述的研究回顾，可见过去的成果多受到"朝贡体系论"的影响，将"宾礼"当作政治、文化的混合体，以为是中国控制周边各国的软实力；或套用"现代化理论"的解释，将"宾礼"贬为阻碍中国接受西洋文化的礼仪制度。这些前人成果并未深入分析清代的"宾礼"究竟如何运作，清政府为何与外国公使发生礼仪冲突，觐礼之争又衍生出哪些问题。为了探讨这些问题，本书将从咸丰、同治、光绪三朝的觐礼之争，观察清政府与外国公使的互动，了解清政府的觐礼原则、内部讨论及"宾礼"的变化，进而分析礼仪与政治的关联，探讨觐礼、宾礼及中国对外交涉体制的关系。

三　研究取径与资料说明

政治制度的解构与重构，不全是被动的妥协，更多时候是当局者的理性选择。事实上，人们面对新事物时，往往试着从历史先例找寻其思想资源及其对应方式。因此，所谓的"保守"或"改革"等词语，不能简单等同为"传统"或"现代"的概念。对清朝君臣而言，尝试"旧瓶装新酒"与"新瓶装旧酒"的努力后，发现无法再调节体制，应付危机，原有的机制才能退场，并建立新的体制，接纳新的事物。"外国公使觐见礼"的制订，亦是同样的道理。因此，本书将讨论咸丰到光绪朝的觐礼之争、"外国公使觐见礼"的拟订及晚清政治文化的变化，厘清觐礼更定后的不变之处，方可了解近代中国政治文化的转变。

在咸丰、同治、光绪三朝，清帝国内政、外交问题相互纠结，又有保守、变法、革命思潮互为交错，各种势力此消彼长，让晚清政治、外交、文化史的研究仍有许多课题有待探讨。而"外国公使觐见礼"的更定，直接牵涉到皇权的正当性基础，有可能动摇以"天下秩序"为核心的传统政治文化。因此，为了分析皇帝、总理衙门、各地督抚及地方士绅的立场，有必要利用"政治文化"（political culture）的研究方法，注意不同人群的政治主张及其对觐见礼问题的态度，方能理解"外国公使觐见礼"问题对晚清政治文化的冲击。①

本书有必要先说明"政治文化"的定义，表示本书的定义不同于政治学上的定义，避免有"以西非东"之弊。"政治文化"是政治学的重要领域，约在1960年代开始风行，意指某一政治群体普遍接受的政治取向。② 由于"政治文化"强调政治取向，故在政治学研究上，多偏重心理分析和民意调查的资料测量，借以说明该群体的"政治文化"的模式、变量及其预测结果。③ 直到1980年代末期"政治文化"的概念才被历史学家所用，但偏重于个人心理的分析，并囿于传统与现代的模式，简单地将中国现代化发展的不稳定因素全归咎于中国传统文化。④ 若干学者也批评这样的观点，认为"政治文化"用于历史研究上，可能会太过简化儒家思想，也可能抽离传统中国的历史经验。⑤

---

① Peter Burke, *What is Cultural History*? （Cambridge, U. K.；Malden, Mass.：Polity Press, 2008）, pp. 105 – 106.

② Gabriel A. Alomond, "Comparative Political System", *Journal of Politics*, 18：3（1956）, pp. 391 – 409.

③ 罗森邦：《政治文化》，陈鸿瑜译，桂冠文化有限公司，1991，第2、4～12、147～165页；石之瑜：《近代中国对外关系新论：政治文化与心理分析》，五南图书有限公司，1995，第17～60页；马庆钰：《近五十年来政治文化研究的回顾》，《北京行政学院学报》2002年第6期，第25～30页。

④ Lucian W. Pye, *The Spirit of Chinese Politics：A Psychocultural Study of the Authority Crisis in Political Development*（Cambridge, MA：Harvard University Press, 1992）；马庆钰：《告别西西佛斯——中国政治文化分析与展望》，中国社会科学出版社，2002，第1～15页。白鲁恂（Lucian W. Pye）最先将"政治文化"的概念引入中国现代史的研究，并进行比较研究，检讨中国传统文化对中国政权的影响。

⑤ Shmuel N. Eisenstadt, *The Political System of Empire*（New York：Free Press, 1963）；Thomas A. Metzger, *Escape from Predicament：Neo-Confucianism and China's*

　　根据前人对"政治文化"的讨论，本书定义的"政治文化"，乃指一个政治体系的成员共同具有的政治理想与行为规范，并成为维持该政治体系运行的必要条件。"礼"是传统中国政治和文化的核心，也是中国人安身立命的原则。而"宾礼"是中国与周边诸国建立政治关系的表现仪式，通过册封、朝觐、纳贡等仪式，可实现以德服人、教化四夷的"中华世界秩序原理"。① 据此，本书拟采"政治文化"的概念，融合政治史、制度史、外交史及思想史四种视野，综合讨论咸丰、同治、光绪君臣及地方士绅对"外国公使觐见礼"的立场与态度，重新厘清"外国公使觐见礼"对"宾礼体制"的影响，观察近代中国从"宾礼"到"礼宾"的转变。

　　依据上述的立场，本书欲处理的问题如下：第一，过去多以为礼仪是当权者的工具，但笔者认为，礼仪不只单方面为权力服务，反过来说，权力同样也为礼仪折节。"宾礼"的仪式呈现，让皇帝、官员、外藩王公、属国贡使等人，都成了表演者。"宾礼"如何借由肢体表现、言谈话语、游宴活动，让每位表演者重新体认自身的身份，也使君臣关系具体化，不再是抽象的权力游戏。第二，传统中国"宾礼"与近代欧洲礼仪的性质截然不同，但在两者转换之际，反对与赞成的声音同时存在，对"宾礼"也出现不同的认知。此时，清帝国的政治体制如何调整，让臣民接受这些改变，免除皇权动摇的危机。第三，从清朝君臣讨论觐礼方案的过程，可见"宾礼"不

　　Evolving Political Culture (New York：Columbia University Press，1977)．关于白鲁恂的研究转向，本书不赘述，可参见张英魁《中国传统政治文化及其现代价值：以白鲁恂的研究为考察中心》，中央编译出版社，2009。张英魁指出，白鲁恂的修正可见于1992年再版的 *The Spirit of Chinese Politics* 的修订版。在修订版中，白鲁恂修正了原本对"政治文化"的定义，并删去一篇旧作，另收入两篇新文，讨论中国传统文化如何影响社会结构的形成，以及国家与社会互动关系的地位，不再偏重政治心理的分析，让政治文化理论的文化概念更能深入研究。

① 张启雄：《中華世界秩序原理の起源—先秦古典の文化の価値》，伊东贵之译，第2~6、19~21、24页。

是一成不变，而是根据现实需求，自作调整，出现"宾礼"的礼意转化，解决内政与外交的冲突。面对"宾礼"的调整，总理衙门如何自圆其说，士人能否接受这些说法，各国公使是否遵从宾礼体制的规范。

　　在资料运用上，本书特别重视原始档案，补充《清史稿》、《筹办夷务始末》及《清季外交史料》的不足，更能了解清政府与各国公使的互动，以及总理衙门与地方督抚各自立场的表述。因此，本书主要利用台北"故宫博物院"典藏的起居注、宫中档及军机档，中研院近代史研究所典藏的《清季总理各国事务衙门档案》和《外务部档案》，[①] 中国第一历史档案馆收藏的部分档案，[②] 以及国家图书馆馆藏的清代资料。[③] 除了上述档案资料外，晚清士人的日记、时论、笔记、报纸，如《翁同龢日记》、《薛福成日记》、《退想斋日记》、《申报》等资料，不只记录了公使请觐之事，也多有评论，或写下个人感想。若能参照官方档案、私人日记及报纸评论，研究视角便不再限于上层阶级，亦能了解清朝官员、地方士绅的真正想法。除了分析清朝君臣的想法之外，本书也会讨论各国公使议礼的动机，将利用英国外交档案，还有驻

---

①　中研院近代史研究所已出版的史料汇编《四国新档 (1850～1863)》、《筹办夷务始末补遗》、《清季中日韩关系史料 (1864～1911)》、《近代中国对西方列强认识资料汇编 (1820～1911)》及近史所学人的研究著述，值得参考。大陆方面的资料，除了中国第一历史档案馆的清代档案外，还有中国社会科学院近代史研究所收藏的大量电稿、手稿、日记、信札，如《荣禄档案》、《杨儒档案》等件，皆值得利用。

②　如《军机处全宗》、《礼部全宗》、《总税务司和税务处档案》、《会同四译馆档案》、《醇亲王府档案》、《理藩院全宗》、《总理各国事务衙门及外务部档案》等。参见中国第一历史档案馆藏档案：http://www.lsdag.com/docc/qzml.asp，2010年2月26日访问。

③　如中国第一历史档案馆编《光绪宣统两朝上谕档》，广西师范大学出版社，1996；中国第一历史档案馆《咸丰同治两朝上谕档》，广西师范大学出版社，1998；孙学雷、刘家平主编《国家图书馆藏清代孤本外交档案》，全国图书馆文献缩微复制中心，2003；经莉主编《国家图书馆藏清代孤本外交档案续编》，全国图书馆文献缩微复制中心，2005。

华公使、传教士回报的报告、日记及书信。① 日本外务省的《日本外交文书》、中研院近代史研究所编《中美关系史料》、中国第一历史档案馆编《外务部中外关系档案史料丛编》、国家图书馆编《清代孤本外交档案》等资料，皆可参照比对，不再限于一国一人之论。

四　章节架构与论述

绪论即说明本书的问题意识、研究方法、使用史料，结论则总结各章的论点，整合本书的主要观点，故绪论、结论不计入章节。为了解决上述各项问题，本书分排章节如下，并说明每一章欲阐述的议题。

第一章讨论清代宾礼的理论基础、现实运作及清初诸帝款待俄国使节团的仪式。首先，探讨清帝国如何建构"宾礼体制"，并通过宾礼仪式的实践，将清政府、地方督抚、藩部、属国结合为一个政治文化共同体。其次，从清代宾礼的实际运作，分析清代宾礼的礼学依据，清朝君臣看待"天下秩序"的态度将如何影响清政府的对外政策。再次，讨论清初诸帝与俄国使节团的互动过程，观察顺治、康熙、雍正、乾隆君臣对俄国的态度，分析清代"宾礼体制"的异同之处。

第二章先说明咸丰君臣面对《天津条约》之"公使驻京"条款的态度，并讨论清政府不遵《天津条约》的原因。其次，分析英、法与美、俄两者对清政府的换约方案，为何有不同的处理态

---

① F. O. 17、F. O. 228、F. O. 405 等件之外，相关著作甚多，概列一二。如陈霞飞主编《中国海关密档：赫德、金登干函电汇编（1874～1907）》，中华书局，1990；莱恩普尔：《巴夏礼在中国》，金莹译，广西师范大学出版社，2008；James Bruce, *Scenes and Sights in the East*（London：Smith, Elder, & Co., Cornhill, 1856）；赫德：《这些从秦国来：中国问题论集》，叶凤美译，天津古籍出版社，2005；瓦德西：《瓦德西拳乱笔记》，王光祈译，中华书局，2009。

度。再次，分析《北京条约》签订后，清政府不得不同意"公使驻京"一款，但为何咸丰皇帝仍不允"亲递国书"一款。最后，分析咸丰皇帝为何限制总理各国事务衙门的权限，又为何坚持总理衙门及南、北洋通商大臣的对外交涉模式只是通商事务的另一种形式，并检讨地方督抚的交涉权限是否源自"宾礼体制"的旧体制。

　　第三章讨论总理衙门如何处理"公使请觐"的问题，又如何制造舆论，说服反对者接受外国公使行"鞠躬礼"之事。再从斌椿、蒲安臣出使欧美诸国的尝试，将如何影响"外国公使觐见礼"的制订，而总理衙门与各国公使又如何解释"中外仪节不同"一语的意义。最后，分析各国公使、总理衙门、地方督抚、言官主张的觐见礼方案，并探讨总理衙门的觐见礼方案，如何能取得各国公使和保守派人士的谅解，成为另一种形式的宾礼仪式。

　　第四章先从《申报》对"公使请觐"的报道与评论，说明中国官民如何看待"公使请觐"之事，并观察地方士绅能否接受总理衙门的解释。其次，从《中外往来仪式节略》的拟订过程，探讨总理衙门、地方督抚、各国公使、领事如何处理中外官员的相见仪式、公文规范、接待仪节等问题，并观察《中外往来仪式节略》是否有利于中外关系。再次，从俄、法两国公使的抗议，说明公使团亟欲改变同治十二年（1873）的觐见礼方案，而总理衙门如何应对公使团的要求，公使团又会做出哪些妥协，让总理衙门同意更改觐见礼仪。最后，甲午战争后，"天下秩序"不再有具体的属国存在，其概念如何调适、转化，光绪皇帝又如何借觐礼的更定，解决"天下秩序"的失序问题。

　　第五章先从《和议大纲》的"外国公使觐见礼"问题，说明清政府虽被迫接受外国公使的方案，但光绪君臣通过交涉，让新制订的"外国公使觐见礼"仍保留了"宾礼"的等差原则。其次，从醇亲王载沣出使德国之事，分析德国外部、吕海寰（1842～1927）及外务部①如何交涉载沣使节团的觐见礼问题。再次，讨论《辛丑和约》签订后，慈禧太后为何屡邀各国公使、公使夫人及外宾入宫觐见。外务部如何在"宾礼"的基础上，采用西式礼仪，规范公使、公使夫人觐见太后、皇帝的相关仪式，又如何通过《申报》、《外交报》向中国官民解释"西礼中用"的礼制更定。最后，从中国官民对西式礼仪的看法，探讨他们如何看待"外国公使觐见礼"的改变，又是否接受清政府改行西式礼仪，与外国交际，接待外宾，进而分析"宾礼"如何过渡到"礼宾"，探讨清末的"宾礼体制"是否崩解的问题。

---

① 《总理各国事务衙门档案·辛丑议约》，档案号：01-14-027-02-013，《择于本月初十日开用木质关防》，光绪二十七年五月初十日醇亲王致总署文，中研院近史所藏；《外务部档·驻美使馆保存档案》，档案号：02-23-001-01；《总理衙门改外务部》，光绪二十七年六月初九日，中研院近史所藏；蔡振丰：《晚清外务部之研究》，硕士学位论文，中兴大学历史研究所，2004，第39~41页。载沣正式担任出使德国专使，乃在光绪二十七年五月初十日（1901年6月25日）。此时，尚未设立外务部。外务部正式设立时间应为光绪二十七年六月初九日（1901年7月24日）。载沣赴德后，由外务部负责交涉觐见礼问题。

第一章
清代前期的宾礼体制

　　根据《周礼》所记，"宾礼"是周天子与四方诸侯往来的礼仪，并借由朝觐、聘问、会盟、巡狩等仪式，明定君臣名分，规范尊卑位阶，凝结各邦国的向心力，建构一个以周天子为中心，四方宾服的礼治社会。[①] 随着周王室衰微，以周天子为核心的封建社会不再延续，但"宾礼"用以正名分、亲邦国的精神仍留存下来，成为历代宾礼的主要概念。[②] 中国历代王朝实践"宾礼"的仪式未必相同，如明清两代的宾礼仪式便与宋代不同，将"朝见礼"分成对外的"蕃王朝贡礼"及对内的"朝会仪"。[③] 从宾礼仪式的安排，便可观

---

① 台湾开明书店编《断句十三经·周礼》，《大宗伯》，第 29 ~ 30 页；陈成国：《先秦礼制研究》，湖南教育出版社，1991，第 5 ~ 16、26 ~ 31 页；周世辅、周文湘：《周礼的政治思想》，东大图书公司，1981，第 90 页。近有学者质疑《周礼》描述的历史图像可能是战国学者的想象，以实现大一统理想，持此论者为平势隆郎。《战国时代的天下与其下的中国、夏等特别领域》，甘怀真编《东亚历史上的天下与中国概念》，台湾大学出版中心，2007，第 61 ~ 63、74 ~ 75 页。

② 李无未：《中国历代宾礼》，北京图书馆出版社，1998，第 1 ~ 3 页；张启雄：《中華世界秩序原理的起源—先秦古典の文化の価值》，伊东贵之译，《中国—社会と文化》第 24 期，2009 年 7 月，第 16 ~ 21 页。

③ 脱脱编《宋史》卷一一六《礼志十九》，鼎文书局，1980，第 2743 页。北宋徽宗政和年间详定五礼，认为君臣体统虽严格，但皇帝既为天子，需以仁义接待诸侯，摄以威仪，以尽宾主之道，故将诸侯朝觐皇帝的朝会仪归入宾礼。但明清两代将朝会仪列入嘉礼。张廷玉编《明史》卷五三《礼志七》，中华书局，1997，第 1348 ~ 1352 页。

察政治与权力互动的结果，进而了解仪式背后的政治文化意义。

　　"蕃王朝贡礼"用于宗室藩王和外国君长，作为"宾礼"的主体；"朝会仪"用于百官朝贺皇帝，改归"嘉礼"。明清两代虽将"朝会仪"归入"嘉礼"，但当蕃王或使者来朝时，"蕃王朝贡礼"则搭配"朝会仪"，借以确定皇帝与蕃王的君臣名分。① 例如，依据洪武二年（1369）拟订的"蕃王来朝仪"，可见洪武皇帝（1328～1398，1368～1398 在位）借由陈方物案、宣方物状、蕃王称贺致辞、皇帝颁赐制旨等仪式，② 强调蕃王与皇帝的君臣关系，并将蕃王视为皇帝的外臣，与诸王和文武官员一同行礼。③ 换言之，明清两代宾礼适用的范围虽广，但用在皇帝、蕃王之间的主要仪式是"朝贡礼"，并通过"朝贡礼"的习仪节、赐宴劳、陈表文、行跪拜、进方物等仪式之实践，再次确定皇帝与蕃王的主从关系。④

　　"礼"是文化的表征，也是权力的表现，具有矫正行为、管理权

---

① 张廷玉编《明史》卷五三《礼志七》，第 1348～1352 页；《明史》卷五六《礼志十》，第 1422～1424 页；赵尔巽：《清史稿》卷八八《礼志七》，第 2621～2622 页；《清史稿》卷九一《礼志十》，第 2674～2677 页。

② 申时行修《大明会典》卷五八《蕃国礼·蕃王来朝仪》，广陵书社，2007，第 2 页 b～4 页 a。蕃王朝觐皇帝时，先让礼部陈方物于午门外，引蕃王及从官在午门外等候，待文武官员具朝服入朝后，蕃王及从官再由西门入奉天殿前丹墀西边侍立；皇帝具礼服升殿后，执事官以方物案置于蕃王拜位前，蕃王及从官四拜，再进入奉天殿向皇帝再拜，跪称贺词。方物官跪于御前西边，宣状。皇帝则赐制旨，由承制官跪承，再宣制旨。宣旨后，蕃王俯伏，兴，再拜。

③ 申时行修《大明会典》卷四三《朝贺·正旦冬至百官朝贺仪》，第 1 页 b～4 页 b；卷四四《朝仪·诸王朝见仪》，第 12 页 b～13 页 a。明制，举行大朝贺时，文武百官行"五拜三叩礼"，蕃王行"四拜一叩礼"，诸王行"四拜礼"。退殿时，文武官员在奉天门外行"五拜三跪礼"，蕃王在奉天殿外行"四拜礼"，诸王行"四拜礼"。但诸王在便殿时，与皇帝行家人礼，若诸王为皇帝的伯叔父，坐东面西，坐受天子行"四拜礼"，存亲亲尊尊之意。

④ 《大清国礼志·宾礼志》，台北"故宫博物院"藏清国史馆本，档案号：206000218；台北"故宫博物院"藏清国史馆本，档案号：206000309，第 22～23、30～31 页。从乾隆五十四年（1789）安南国王阮安平进京祝寿的仪节，可知安南国王过省时，与督抚行宾主之礼，督抚需派从官至辕门接待，迎至大堂上座，宾主各行"一跪三叩礼"。安南国王朝觐皇帝时，与文武官员同行"三跪九叩礼"，但皇帝特赐金黄鞸带，以示宠荣。

力、预防冲突的社会功能。从履行礼仪的过程中，人们逐渐接受社会既有的信息、价值及文化观。①"宾礼"背后的政治文化观，即围绕于"天下"衍生的政治秩序原理。关于"天下秩序"的讨论很多，先有王国维（1877～1927）、顾颉刚（1893～1980）、杨联陞（1914～1990）指出"天下"与三代政治的关系，②后有高明士、甘怀真等人探讨"天下"与政治体系的关系，再依照帝国的控制力的强弱，将中国周边地区分成内臣、外臣、暂不臣地区，共同组成"天下秩序"的政治体系。③张启雄则从更大的观察视角，提出"中华世界秩序原理"，以为"天下"是华、夷，王畿、属国，宗主国、属国等复合概念的组成，而"中华世界秩序原理"比起国际法原理，更能解释东方传统的古典文化价值，且能避免"以西非东"的弊病。④另外，还有罗志田、葛兆光等人从思想史角度，讨论天下观的思想流变，着眼于明末清初、清末民初新旧政权交替之期，解释传统士人和新式知识分子对"天下"的解释。⑤

　　根据前人的成果，可知以天子为中心的"天下秩序"或"中华世

① 杨志刚：《中国礼仪制度》，华东师范大学出版社，2001，第4～6、18～20页；甘怀真：《西汉郊祀礼的成立》，《皇权、礼仪与经典诠释：中国古代政治史研究》，喜玛拉雅基金会，2003，第42页；Roy A. Rappaport, *Ritual and Religion in the Making of Humanity* (Cambridge; New York: Cambridge University Press, 1999), pp. 169 – 170. "仪礼次序"为人类学的专业用语，指仪式进行的顺序、话语及行为。

② 王国维：《殷周制度考》，《观堂集林》第二册，卷一〇，中华书局，1961，第453～454页；顾颉刚：《史林杂识初编》，中华书局，1963，第1～2、4、6、12页；杨联陞：《中国制度史研究》，彭刚、程钢译，江苏人民出版社，1998，第2～6页。

③ 高明士：《天下秩序与文化圈的探索：以东亚古代的政治与教育为中心》，上海古籍出版社，2008，第18～23页；甘怀真：《重新思考东亚王权与世界观——以"天下"与中国为关键词》，甘怀真编《东亚历史上的天下与中国概念》，第9～30页。

④ 张启雄：《外蒙主权归属交涉（1911～1916）》，中研院近代史研究所，1995，第16～19页；张启雄：《中华世界秩序原理的源起：近代中国外交纷争中的古典文化价值》，吴志攀等编《东亚的价值》，北京大学出版社，2010，第105～107、111～116、129～133、144～146页。

⑤ Zhitian Luo, "From 'Tianxia' (all under heaven) to 'the world': Changes in Late Qing Intellectuals Conceptions of Human Society," *Social Sciences in China*, 2008: 2 (Peking, 2008), pp. 94 – 106；葛兆光：《中国思想史》第二卷，复旦大学出版社，2000，第441～442页。

界秩序"大大影响了中国传统政治文化的发展，而"宾礼"正是建构"天下秩序"或"中华世界秩序"的媒介。张启雄则指出，中国通过礼仪，划分各种权力关系的界限，再通过册封仪式，赐给爵位，确定皇帝与属国国王的君臣名分，进而建构"中华世界帝国"及"中华世界秩序原理"。① 何伟亚同样注意到"宾礼"与帝国建构的关系，指出清帝通过册封、觐见、赏赐等仪式，构建了天下之主的统治权，让清帝国成为具有多元中心的多主制帝国。② 何伟亚多主制帝国的说法颇有问题。根据过去的研究成果可知，当中国处理对外关系时，只有四夷来朝的思想，没有万国平等的概念，并通过宾礼的运作，建构以中国为中心、诸藩属为屏障的"宗藩体制"。③ 可是，清帝国的情况有异，不能与汉人政权一概而论。从"华夷之辨"的角度来看，清帝显然是"蛮夷之君"，没有资格作为天下共主。④ 在这样的情况下，清帝如何看待"天下秩序"的理念？清代宾礼又有何不同之处？围绕这些问题，本章要处理的议题如下：一是从清代宾礼的运作，整理清代宾礼的仪礼次序，观察地方到中央的负责机关如何执行宾礼；二是清帝国如何认定"天下"的范围，对"华"、"夷"、"内"、"外"有否新的解释，"天下秩序"的不对等关系有否例外；三是清初诸帝对待外洋之国有没有不同之处，为何在"天下秩序"的大义下，清初诸帝会允许变更宾礼仪式，这样对清代宾礼的发展又有何意义。

---

① 张启雄：《国际秩序原理の葛藤—中韩宗藩關係をめぐる袁世凱の名分秩序觀》，山室信一编《日本·中國·朝鮮間の相互認識と誤解の表象》，第40~42页；张启雄：《琉球弃明投清的认同转换》，张启雄编《琉球认同与归属论争》，中研院东北亚区域研究会论文集，2001，第11~18页。
② 何伟亚：《怀柔远人：马嘎尔尼使华的中英礼仪冲突》，第31~57、127~137页。何伟亚指出，宾礼将宇宙原则（cosmological principles）和帝国统治（imperial rulership）联系在一起。
③ 王立诚：《中国近代外交制度史》，甘肃人民出版社，1991，第2、7~9页。
④ 伊东贵之：《明清交替与王权论——在东亚视野中考察》，徐洪兴、小岛毅等编《东亚的王权与政治思想》，复旦大学出版社，2009，第80~100页；孙卫国：《大明旗与小中华意识——朝鲜王朝尊周思明问题研究（1637~1800）》，商务印书馆，2007，第77~98、226~255页。

一　清代宾礼的运作

根据《周礼》"以宾礼亲邦国"，① 可知《周礼》定义的"宾礼"即周天子、诸侯、使者三方互动的礼仪，并细分为巡狩、朝觐、聘问、会盟、庆吊等仪式。② 为了适应社会的需求，"宾礼"逐渐演成多种形式。例如，清代集礼学大成的《五礼通考》，便将"宾礼"详分为 11 种仪式。③《周礼》虽规范了"宾礼"的原则，但没有说明这些仪式的细节。④"宾礼"的仪礼次序，乃根据《仪礼》及《春秋左氏传》逐步建构。《仪礼·觐礼》规范诸侯百官觐见天子的礼仪，⑤《春秋左氏传》则规范百官士庶相见礼。⑥ 可以说，《周礼》是"宾礼"的制礼依据，《仪礼》和《春秋左氏传》是"宾礼"的仪式来源，三者共同建构了"宾礼"的精神与形式。清代宾礼的册封、朝觐、进贡等仪式，同样根据《周礼》的制礼原则，⑦ 而《仪礼·

---

① 台湾开明书店：《断句十三经·周礼》，《大宗伯》，第 29 页。

② 李云泉：《朝贡制度史论：中国古代对外关系体制研究》，第 4～10 页。

③ 秦蕙田：《五礼通考》第七册，卷二二〇至二三二，圣环图书出版公司，1994 年味经窝初刻试印本；林存阳：《秦蕙田与〈五礼通考〉》，《北京联合大学学报》（人文社会科学版）2005 年第 4 期，第 26～31 页。秦蕙田将"宾礼"分为天子受诸侯朝、天子受诸侯觐、天子受诸侯蕃国朝觐、会同之礼、三恪二王后、诸侯聘于天子、天子遣使诸侯国、诸侯相朝、诸侯会盟遇、诸侯遣使交聘、相见礼等 11 类。

④ 李无未：《周代朝聘制度研究》，吉林人民出版社，2005，第 85～93 页。巡狩，天子巡行视察诸侯。朝觐，诸侯定期觐见天子礼。聘问，诸侯间互派使者问聘。会盟，天子会合诸侯，有事则会，不协则盟。庆吊，凡有喜庆或丧患，天子与诸侯互遣使庆吊。

⑤ 韩碧琴：《仪礼觐礼仪节研究》，《兴大中文学报》第 17 期，2005 年 6 月，第 23～69 页。

⑥ 宋鼎宗：《〈春秋左氏传〉宾礼嘉礼考》，花木兰文化出版公司，2009，第 3～6、14、19～21 页。《春秋左氏传》的"宾礼"分为觐礼、聘礼、会礼、盟礼、遇礼、如至之礼、锡命来求七种仪式，但只有"觐礼"是规范诸侯与周天子之间的礼仪，其他都是诸侯、大夫间的往来礼仪。

⑦ 吴十洲：《两周礼器制度研究》，五南图书有限公司，2004，第 205～207 页；来保编《钦定大清通礼》卷四三，台湾商务印书馆，1983 年台北"故宫博物院"藏文渊阁四库全书影印本，《宾礼》，第 4 页 b～5 页 a。

觐礼》不只影响了清代宾礼的仪礼次序，甚至还作为同治朝（1862～1875）拟订"外国公使觐见礼"的原则。"宾礼"的仪礼次序，包含站立、下跪、揖拜、趋行等动作，都代表了不同的礼仪意义，因而必须先了解清代宾礼的仪礼次序，方能理解清代宾礼的制礼原则及其文化意义。

（一）理藩院与藩国通礼

"藩部"一词，乃清代首创，其范围"自松花、黑龙诸江，迆逦而西，绝大漠，亘金山，疆丁零、鲜卑之域，南尽昆仑、析支、渠搜，三危既宅，至于黑水，皆为藩部"，并以理藩院作为管理少数民族的行政单位。① 后金初起时，努尔哈赤（1559～1626）、皇太极（1592～1643）为了扩充实力，积极拉拢蒙古各部，与之修约联姻，遣使通好，并设置蒙古衙门，管理蒙古事务，建立"满蒙一体"的政治体制。② 崇德三年（1638）设置理藩院前，由蒙古衙门负责漠南蒙古部落的军政、民政事务，由礼部办理漠南蒙古与朝鲜的朝贡事务。③ 理藩院设置后，漠南蒙古的朝贡事务才移交理藩院办理。清帝国的对外体制逐渐成型，遂由礼部管属国事务，理藩院管藩部事务。④

顺治皇帝（1638～1661，1643～1661在位）入主中原（1644）后，厉行"满蒙一体"的政策，沿用藩部、属国分管的体制，分封爵位，修约联姻，与漠南蒙古的贵族们建立拟君、拟亲的双重关系。⑤ 由此可见，清帝国一开始就视藩部如兄弟盟友，特别注意军事同盟、文化共享的意义。藩部王公可自行管理内部事务，但藩部各部落、盟

① 赵尔巽：《清史稿》卷五一八《藩部一》，第14319页；张永江：《论清代的藩部与行省》，《中国边疆史地研究》2001年第2期，第32～36页。
② 叶高树：《清朝前期的文化政策》，稻乡出版社，2002，第30～32页。
③ 张永江：《清代藩部研究：以政治变迁为中心》，黑龙江教育出版社，2001，第38页。
④ 茂木敏夫：《変容する近代東アジアの国際秩序》，山川出版社，2007，第15～18页。
⑤ 张永江：《清代藩部研究：以政治变迁为中心》，第38页。

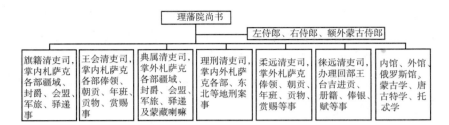

图1-1　1860年前的理藩院各司职掌

资料来源：《清史稿》卷一一五《职官二》，第3297～3298页；上海大学法学院编《钦定理藩院则例》，第1、19～21页；边疆政教制度研究会编《清代边政通考》，"蒙藏委员会"，1959，第1～66页。

旗、寺庙、喇嘛等事务，需向理藩院报告，记录在案。① 除此之外，藩部王公须遵行年班制度，定期前往北京，朝觐皇帝，或参加围猎。继承爵位者也需要经过皇帝承认，正式封爵受诏，方可享有权力和俸禄。② 后来，陆续归附清帝国的喀尔喀蒙古、厄鲁特蒙古、回部、西藏等地，同样作为藩部，纳入清帝国的版图，皆由理藩院管理。③ 甚至因俄国紧邻蒙古，同样由理藩院派出的库伦办事大臣，负责处理中俄交涉事务。④ 同时，理藩院的徕远清吏司，管理附牧于回城、西藏的部落，如布鲁特、哈萨克、霍罕、博罗尔、巴达克山、塔什罕、爱乌罕、廓尔喀等部。这些部族多位于中亚，来朝无定期，贡亦无定物，但仍被归为属国之列。⑤ 这些中亚属国贡使，往往在哈密会合，再与参加年班、围班的回部伯克一同由嘉峪关入关，前往北京，并比照回部伯克得享受的待遇。⑥

① 上海大学法学院等编《钦定理藩院则例》（光绪十六年本），天津古籍出版社，1998，第2～13页；张永江：《清代藩部研究：以政治变迁为中心》，第30～32页。
② 张双智：《清代朝觐制度研究》，学苑出版社，2010，第17～70页。
③ 张永江：《清代藩部研究：以政治变迁为中心》，第112～165页。
④ 李鹏年等：《清代中央国家机关概述》，紫禁城出版社，1989，第233页。
⑤ 赵云田点校《理藩院则例（乾隆朝）》，中国藏学出版社，2006年乾隆朝内务府抄本，第395～397页。
⑥ 何新华：《威仪天下——清代外交礼仪及其变革》，上海社会科学院出版社，2011，第20～21页。

不过，蒙古、青海、西藏等地归附清帝国的过程，往往不是一蹴而成，多有反复的状况，使理藩院管理蒙古、西藏、回部等的模式，不同于礼部管理属国。例如，《清史稿》或《大清会典》记载的外藩册封仪式，其中的"外藩"是指内札萨克的蒙古诸部，不适用于所有的蒙古部落。① 由表1-1的整理可知，清朝建国之初，喀尔喀蒙古、厄鲁特蒙古等部只通使问好，尚未真正称臣、纳入版图。② 正因为清帝国与喀尔喀蒙古尚未确立君臣关系，才会允许喀尔喀汗等人对敕使只行"蒙古礼"，不行三跪九叩礼。③ 甚至这些部落还向顺治皇帝埋怨赏赐太少，价值不高，不愿再向清政府遣使进贡。④

表1-1 历史叙述与清、喀关系的变化

时间	《理藩院则例（乾隆朝）》	清、喀关系的变化
天聪八年	车臣汗遣使来聘	"聘"字表示车臣汗与后金为同盟关系，双方居于平等地位，可见车臣汗无归属之意。但《清朝文献通考》、《清史稿》中用"贡"字，与"聘"的意义大不同。
崇德三年	三汗并遣使来朝	据《清朝藩部要略稿本》在崇德三年的七条记载，可知喀尔喀三汗部遣使只是通使交好。三汗来朝虽视为三汗部纳入清朝版图的证据，但皇太极亲征喀尔喀，并命蒙古各部率兵来会，赐宴较射，特赐车臣汗号札尔固齐等事，正可说明喀尔喀的情况尚不稳定，否则皇太极无须一边笼络，一边派大兵压制喀尔喀各部，亦无须威胁宣大诸镇不得阻挠察哈尔归附后金政权。

① 赵尔巽：《清史稿》卷九一《礼志十》，第2674页。
② 《清太宗实录》卷二七，中华书局，1986，第349页b，天聪十年二月丁丑。
③ 《清圣祖实录》卷一〇三，中华书局，1986，第43页a，康熙二十一年七月乙卯。
④ 《清世祖实录》卷七〇，中华书局，1986，第550页a～550页b，顺治九年十一月甲申："谕喀尔喀部落土谢图汗、车臣汗、伊思丹津喇嘛等曰：尔等为四九牲畜来奏，辄言从前赏例太薄，我等再不来贡。"

时间	《理藩院则例（乾隆朝）》	清、喀关系的变化
康熙二十八年	被噶尔丹所侵,款塞内附	准噶尔汗噶尔丹率兵侵入喀尔喀,夺其牧地,喀尔喀各部溃乱,逃往内地,投靠清帝国,通好内附。康熙皇帝谕廷臣曰:"朕统御天下,穷者救,绝者继,离散者使之完聚,交恶者使之和协"。因此,康熙皇帝先饬令准噶尔与喀尔喀议和,再安抚喀尔喀游民,同时准备发兵征伐准噶尔。
康熙三十年	平定噶尔丹,大会于多伦诺尔,编审旗分,安辑其众。封策旺札卜为札萨克图汗,封察浑多尔济为土谢图汗,封乌墨克为车臣汗	康熙皇帝亲征,准噶尔大败,噶尔丹认罪立誓,上书请降。喀尔喀全部内附,在多伦举行会阅礼,将喀尔喀三汗及诸部长,随四十九旗札萨克,定赏九等,收取诸部残众,置附界内,给予赡养。

　　资料来源:赵云田点校《理藩院则例（乾隆朝）》,第96页。《清朝文献通考》卷二九二,台湾商务印书馆,1987年影印本,第7405页c~7406页a。中国第一历史档案馆编《清初内国史院满文档案译编》上册,光明日报出版社,1989,第49~129、217页。包文汉编《清朝藩部要略稿本》卷二,黑龙江教育出版社,1997,第26~32页;卷三,第49~55页。

　　根据表1-1对喀尔喀蒙古归附始末的整理,清政府看似在天聪八年（1634）已收服喀尔喀蒙古,但从表述文字的不同,可见清、喀双方的关系实有曲折变化,或臣服,或叛逃,或和亲。后来喀尔喀蒙古遭准噶尔东侵,不得不向清帝国求援。[①]直到康熙皇帝（1654~1722,1661~1722在位）大败准噶尔,喀尔喀各部才全数内附。多伦会盟的举行（康熙三十年,1691）,即喀尔喀蒙古正式内附清帝国的标志。因此,外藩身份的真正确立,不在进表文、贡方物,而是接受皇帝赐下的爵位,确立君臣名分,并在君臣名分的基础上,发展出中国与外藩的封贡关系。

　　如同清帝国管理藩部的制度更定,款待外藩的仪式也随之变化。清帝与外藩王公的互动及相关礼仪,包括册封、受敕、钦赐及赍送的"宾礼",以及朝贺的"吉礼"、燕享的"嘉礼"。以下先介绍外

---

　　①　孟森:《清史讲义》,广西师范大学出版社,2005,第141页。

藩册封仪式，再讨论其仪式的特殊之处。

　　册封外藩的仪式如下：崇德年间（1636~1643），清政府多礼遇蒙古诸部，保持满蒙同盟的关系。蒙古诸部凡有功勋者，遣使持信约，册封和硕亲王，或多罗郡王，或多罗贝勒。[①]　敕使入境后，贝勒出迎五里之外，众皆下马，立于道路右侧，跪候敕使。等敕使持册封诏书抵达后，贝勒随后乘马行，敕使在左，贝勒在右，一同赴府。至此，是为"迎送礼"。敕使抵府后，贝勒在正堂中设香案，敕使奉册封诏书，将诏书置案上，敕使再退立香案左旁。贝勒行一跪三叩礼，礼毕站立。敕使再将案上的诏书，交笔帖式宣读。宣读结束后，敕使再将诏书放置案上，贝勒再行一跪三叩礼。最后，敕使转授诏书给贝勒，贝勒跪受诏书，再交给王府属官，贝勒再行一跪三叩礼。至此，为"册封礼"。[②]　结束册封仪式后，贝勒设宴款待敕使。敕使为宾客，座次居左，贝勒为主人，座次居右，两者互行二跪二叩礼。[③]　款待敕使结束后，贝勒恭送使者至原迎处。[④]

　　崇德三年拟订的迎诏仪，仪式略同于册封仪。当敕使奉有诏敕至外藩，外藩亲王、贝勒等人，迎奉敕使如册封仪式，向皇帝的诏敕行三跪九叩礼。[⑤]　凡有皇帝钦赏、赍送赏赐，外藩亲王、贝勒跪受

① 《大清国礼志·宾礼志》，台北"故宫博物院"藏清国史馆本，档案号：206000219，第 1 页 a；赵尔巽：《清史稿》卷一一五《职官二》，第 3298 页。
② 《大清国礼志·宾礼志》，档案号：206000219，第 1 页 b~2 页 a；来保编《钦定大清通礼》卷四四《宾礼》，第 1 页 a；伊桑阿等修《大清会典（康熙朝）》卷四三，沈云龙主编《近代中国史料丛刊三编》第七一一至七三〇册，文海出版社，1992~1993 年据清康熙二十九年刊本，第 25 页 a~27 页 b。外藩贝勒册封有册无印，外藩亲王册封有册有印。
③ 伊桑阿等修《大清会典（康熙朝）》卷四六，第 19 页 b、20 页 b；允禄等修《大清会典（雍正朝）》卷七〇，沈云龙主编《近代中国史料丛刊三编》第七七册，文海出版社，1993，第 25 页 a~25 页 b；赵云田点校《理藩院则例（乾隆朝）》，第 32 页。《大清会典（康熙朝）》、《大清会典（雍正朝）》及《理藩院则例（乾隆朝）》皆记为二跪二叩礼；《清史稿》、《大清国礼志·宾礼志》记为二跪六叩礼。
④ 《大清国礼志·宾礼志》，档案号：206000219，第 2 页 a。
⑤ 伊桑阿等修《大清会典（康熙朝）》卷四六，第 20 页 a~21 页 a；允禄等修《大清会典（雍正朝）》卷七一，第 24 页 a~25 页 b；赵云田点校《理藩院则例（乾隆朝）》，第 67 页。

后，望阙行二跪六叩礼。礼毕，再依“宗室与外藩贝勒相见礼”，与敕使对行一跪一叩礼。①若外藩王公遣使赴北京朝觐，使者再携回皇帝的赏赐时，外藩亲王、贝勒等王公皆出迎使者，并跪受皇帝的赏赐，再望阙行二跪六叩礼。若遇元旦、冬至、万寿三大节，未赴年班的外藩王公，仍须着朝服，按品秩高低，排列班次，望阙行三跪九叩礼，表示向皇帝朝贺。②又，应赴年班的外藩王公，俱着朝服，与文武官员一同参加朝会，向皇帝行三跪九叩礼。③朝贺结束后，皇帝宴请内外王公、各国贡使、外藩使臣，宴赉各有差。④

册封外藩王公的仪式，有三项特别之处。一是崇德皇帝（1626～1643，1636～1643 在位）的使者先持信约，再持制册，进行册封。信约是满蒙合作的盟约，表示清政府与漠南蒙古诸部共生共荣，互不背弃。二是举行册封或颁发敕诏时，蒙古王公依使者的引导，分三次行一跪三叩礼，共三跪九叩礼，⑤可知崇德皇帝与蒙古王公的君臣关系实已确立。但当皇帝钦赏、赉送时，蒙古王公只望阙行二跪六叩礼，可见清帝与蒙古王公不只是君臣关系，也有“家人礼”的亲亲

---

① 来保编《钦定大清通礼》卷四四《宾礼》，第 3 页 b；《大清国礼志·宾礼志》，档案号：206000219，第 2 页 a～2 页 b。

② 《大清国礼志·宾礼志》，档案号：206000219，第 2 页 b；赵云田点校《理藩院则例（乾隆朝）》，第 67 页。

③ 伊桑阿等修《大清会典（康熙朝）》卷四〇，第 10 页 a～10 页 b、13 页 a～13 页 b、16 页 a～16 页 b。崇德年间的元旦朝贺仪，捧表次序为内亲王、贝勒、八旗统领率本旗各官、朝鲜王世子、外藩王贝勒，各行三跪九叩礼。顺治八年再改朝贺仪，位次排列同样也改变为内亲王、外藩亲王、贝勒、外藩贝勒、贝子、外藩贝子、公……文武百官、朝鲜使臣、外藩使臣，以次行三跪九叩礼。康熙八年朝贺仪则为内外王公、文武百官、鸿胪寺引朝鲜使臣、理藩院引蒙古使臣各行三跪九叩礼。

④ 来保编《钦定大清通礼》卷三七《嘉礼》，第 23 页 a～26 页 b。

⑤ 明代官员行“五拜三叩礼”朝觐皇帝，但到了清代，改采拜天之礼，诸王、文官行“三跪九叩礼”。申时行修《大明会典》卷四三《朝贺·正旦冬至百官朝贺仪》，第 1 页 b～4 页 b；寿宜校跋《满洲祭礼》（下），《清代掌故缀录》，三人行出版社，1974，第 10 页；陈康祺：《郎潜纪闻·四笔》卷一〇，中华书局，1997，《任兰枝出使安南》，第 165～166 页。从安南国王阮安平的抗议，可知明代藩王拜皇帝诏时，行五拜三叩礼，但清代属国国王拜诏时，行三跪九叩礼。

之意。① 顺治皇帝入关后，仍延续崇德定制，但当使者册封、宣诏时，蒙古王公行三跪九叩礼，不再分次进行。② 三是历代"相见礼"，其表示位阶的方式是"东向为尊，西向为卑"。③ 身份最尊、地位最高者居西席，面向东方，而外藩王公为主人、居右方，敕使为宾客、居左方（以左为尊），以宾主礼相见，可见两者行礼所站的方位，实有主人谦让宾客的意义。当举行册封或颁发敕诏时，外藩王公与使者互行二跪二叩礼。当钦赏、赍送赏赐时，外藩王公与使者互行一跪一叩礼。

同样归入"宾礼"的会盟、年班、围班制度，其仪式的内容如何？首先是会盟仪式。会盟仪式虽被归为"宾礼"，却不归礼部管辖，而是归理藩院管辖，故有学者批评何伟亚的"多主制"是不了解清代典制的错误。例如，罗志田以为，藩部属中国内地，归理藩院管理，会盟、围猎仪式非属礼部的范畴，亦非"宾礼"的范围。④罗志田的说法，等于将"宾礼"视为礼部拟订的各项仪式，但根据《大清国礼志》、《礼志·宾礼》及《清史稿》皆将"内外札萨克会盟"一条归入"宾礼"的范畴，而《五礼通考》同样将会盟仪式归入"宾礼"的"会同之礼"内，⑤ 可知政制的职分未必尽合礼仪的分类，两者不可混同而论。

"会盟礼"源于春秋时期的诸侯会盟，其主要仪式为会期相见、

---

① 织田万：《清国行政法泛论》，华世出版社，1979 年据清宣统元年版，第 170～171 页。织田万指出，为了怀柔外藩，清帝对内外蒙古王公未有夺封地、去汗号之事，不像对宗室觉罗可擅行予夺。

② 赵云田点校《理藩院则例（乾隆朝）》，第 275 页。

③ 周文柏编《中国礼仪大辞典》，中国人民大学出版社，1992，第 710 页；杨志刚：《中国礼仪制度研究》，华东师范大学出版社，2001，第 416、418 页；欧阳璜：《国际礼节与外交礼节》，幼狮文化事业股份有限公司，1997，第 109～111、352～363 页。西式礼仪的座位排列，与中国"相见礼"不同，即面门为上，居中为上，以右为上。

④ 罗志田：《译序》，收入何伟亚《怀柔远人：马嘎尔尼使华的中英礼仪冲突》，第 22 页。

⑤ 秦蕙田：《五礼通考》卷二二〇至二三二；赵尔巽：《清史稿》卷九一《礼志十》，第 2674 页。

登坛相揖、摈者转告、歃血结盟、盟辞载书、享宴归饩、盟后朝聘。① 但《清史稿》及《理藩院则例》对会盟仪式的描写十分简略，② 主要借由皇帝遣使，颁发制书用宝给赴会的蒙古王公、贝勒。颁授制书的过程，大略如册封仪式，很难了解会盟仪式的实际面貌。清政府对最先归顺的内札萨克（漠南蒙古等部）虽称"外藩"，实比于内臣，与内八旗无异，各部朝集、贡献、宴赉、编户、比丁、刑罚事务，由理藩院王会司管辖。③ 清帝派遣敕使，携带制书前往，如同上述的迎送礼，并规定每会设盟长一人，各旗皆有所属的会盟，每三年举行会盟一次。④ 会盟未至，或传召不到，或逾期者，管旗章京以下分别罚马、牛等物；出征围猎、不候众先回者，外藩亲王以下分别罚俸数月，无俸者罚马数匹，以示惩处。⑤

康熙三十年（1691）举行的多伦会盟，如同由盟长召开的会盟之扩大。康熙三十年举行的会阅礼，特殊之处有三：一是康熙皇帝先令理藩院调集内蒙古各部旗的王贝勒、台吉，预屯多伦诺尔的百里之外，准备举行会阅礼。皇帝亲率上三旗官兵随行，由张家口出关，下五旗官兵由独石口出关，在会阅地布营设哨。⑥ 二是喀尔喀汗放弃"蒙古礼"，向皇帝行三跪九叩礼，表示臣服。再由理藩院官员引导内外亲王、贝勒、台吉等列右，喀尔喀汗列左，依序习舞表演。⑦ 随后，皇

① 刘伯骥：《春秋会盟政治》，中华丛书编审委员会，1962，第 3~7、234~266 页。
② 赵云田点校《理藩院则例（乾隆朝）》，第 32 页；赵尔巽：《清史稿》卷九一《礼志十》，第 2674 页。
③ 伊桑阿等修《大清会典（康熙朝）》卷一四四，第 1 页 a："外藩四十九，虽各异其名，视内八旗无异也。蒙古诸部有喇嘛、厄鲁忒、喀尔喀，视四十九旗又为外矣"；《清朝通志》卷四六，台湾商务印书馆，1987，第 7021 页 c~7022 页 a："漠南蒙古诸部落，或谊属戚畹，或著有勋绩，或率先归附，咸奉其土地人民，比于内臣。设官分职，与内八旗无异，每岁分班从觐，修贡唯谨。秋月扈从行围，各依班次，朝见燕飨，赐予舍馆饔饩之礼，成典煌昭，咸隶于理藩院王会司"。
④ 边疆政教制度研究会编《清代边政通考》，第 230~234 页；张永江：《清代藩部研究：以政治变迁为中心》，第 174~189 页。
⑤ 边疆政教制度研究会编《清代边政通考》，第 230~231 页。
⑥ 边疆政教制度研究会编《清代边政通考》，第 232~233 页。
⑦ 赵尔巽：《清史稿》卷九〇《礼九》，第 2667 页。

帝大设筵宴，准许喀尔喀汗、济农、诺颜诸人靠近御座，由皇帝亲自赐酒，表示恩宠。[1] 每进茶、进酒，行一跪一叩礼。撤宴时，王台吉及众喀尔喀行一跪三叩礼，向皇帝谢恩。[2] 三是御宴结束的次日，满洲八旗、汉军八旗火器营官兵排列火炮，皇帝亲阅大军，[3] 宣训谕、颁恩旨，免除图什业图汗（土谢图汗）的失土之罪，并仿内蒙古盟旗制，将喀尔喀各部编设各盟旗。因此，康熙皇帝先举行会盟礼，再举行大阅礼的目的，即借由燕赏进食，化解旧怨，加强蒙古各部落的感情，并借大阅兵、列火炮、颁恩旨等仪式，威吓市恩，向蒙古诸部展现清帝国的实力，让新附的喀尔喀心悦诚服，成为清帝国内附的臣属。[4]

至于年班和围班制度，亦称朝觐，属于理藩院的重要职事之一。[5] 所谓年班，即每逢年节，规定内外札萨克、西藏喇嘛、回部伯克、青海番子携带贡物，分班轮流来京，朝觐皇帝，并接受皇帝的回赏和宴请款待，参加理藩院举行的各种活动。[6] 围班即木兰行围，乃年班的补充。[7] 在围猎的过程中，皇帝会按照从围者的爵位高低，赏赐银两、腰刀、缎袍、缎褂等物，用以弥补无法来京者的遗憾，[8] 并借由木兰随围的秋狩活动与赐宴游乐，互相交流，加强各部落对清帝国的向心力。[9] 康熙五十九年（1720）规定朝觐年例，外藩五十

---

① 《清圣祖实录》卷一五一，第 673 页 b～674 页 a，康熙三十年五月丁亥。
② 边疆政教制度研究会编《清代边政通考》，第 232 页。
③ 赵尔巽：《清史稿》卷九〇《礼九》，第 2665 页。
④ 边疆政教制度研究会编《清代边政通考》，第 232 页。
⑤ 边疆政教制度研究会编《清代边政通考》，第 235～242、248～256 页。
⑥ 张双智：《清代朝觐制度研究》，第 33～218 页；赵云田：《清代的年班制度》，《故宫博物院院刊》1984 年第 1 期，第 32～35 页；苏红彦：《清代蒙古王公年班的特点与作用》，《内蒙古社会科学》（汉文版）2007 年第 1 期，第 65～68 页；张双智：《论清代前后藏朝觐年班制度》，《西藏研究》2009 年第 5 期，第 16～24 页。
⑦ 赵尔巽：《清史稿》卷九〇《礼九》，第 2668～2670 页。
⑧ 上海大学法学院编《钦定理藩院则例》，第 171、204 页。《理藩院则例》规定未及 18 岁与未出痘者免其来京赴年班，木兰围班则没有限制。
⑨ 张双智：《清代朝觐制度研究》，第 55～57 页；赵云田：《清代的围班制度》，《首都师范大学学报》（社会科学版）1984 年第 3 期，第 68～71 页；于艳红：《木兰秋狩的祭祀活动》，《承德民族师专学报》2003 年第 3 期，第 92～94 页。

旗为两班，两年一班，喀尔喀札萨克等部分为四班，四年一班。雍正四年（1726），将年班分为三班，两年一班。[1] 雍正朝订定的年班制度行之有年，直到咸丰八年（1858），命令御前行走的内札萨克王贝勒等，可照常分班，其余内外札萨克王、贝勒、贝子等皆停止来京，不须再赴年班。[2] 外藩亲王、贝勒等人赴年班朝觐的活动甚繁，如表1-2所示。

表1-2　外藩亲王赴年班朝觐的各种活动

日程	朝觐仪式	备注
入界	外藩各部由规定的贡道入关赴京（《清朝通志》卷四六，第7022页）	科尔沁由山海关，土默特、喀尔喀左翼由喜峰口，喀尔喀右翼由张家口，归化城土默特由杀虎口，青海蒙古由西宁入
到驿	王公先至理藩院报到，查收贡物，再赴礼部交与贡物，入住会同馆南馆（《清代边政通考》，第248~252页）	顺治六年定蒙古朝觐之期，每年定于阴历十二月十五日以后二十五日前到达
习见朝仪	赴鸿胪寺学习朝会仪（《清史稿》卷九一，第2675~2676页）	
除夕筵宴	十二月三十日，赐外藩蒙古筵宴于保和殿（《大清通礼》卷三七，第23页a~24页b）	属国使臣参加保和殿筵宴
元旦朝贺	正月初一日，王、贝勒等具朝服，先齐集太和门，未入八分公及文武大臣集午门。礼部捧表文入门，置太和殿黄案上。王贝勒由太和门入，至太和殿丹陛上序立。文武百官与朝鲜使臣由左右掖门入，至太和殿丹墀内分翼序立。礼部宣读表文，丹陛乐作，王以下众行三跪九叩礼，乐止，各复原位（《大清会典（康熙朝）》卷四〇，第9页a，12页a~14页b）	注意蒙古王公被安排在丹陛上，朝鲜使臣、各外藩使臣被安排在丹墀内，可见在空间上蒙古王公位近于皇帝，地位也远高于文武百官与各属国使臣

---

[1]　《大清国礼志·宾礼志》，档案号：206000219，第3页a。
[2]　《礼志·宾礼》，台北"故宫博物院"藏清史馆本，档案号：206000243，第2页a~2页b。

日程	朝觐仪式	备注
赐坐赐茶	赐王以下坐，诸王贝勒贝子至内大臣侍卫在殿内。未入八分公以下文武各官在丹墀内。各外藩使臣、朝鲜使臣在丹墀西末班。赐坐、赐茶俱行一跪一叩礼（《大清会典（康熙朝）》卷七五，第 2 页 b）	
举行御宴	赐外藩筵宴于太和殿（《大清会典（康熙朝）》卷七五，第 2 页 b～4 页 b）	属国使臣亦参加筵宴
王府设宴	下五旗王府各设宴一次，自王贝勒以下至长史护卫等官，咸参与宴饮（《清朝通志》卷四六，第 7022 页 b）	外藩王公见宗室王公相见礼（《大清通礼》卷四四，第 1 页 a～3 页 b）
紫光阁宴	正月初四日，赐外藩筵宴于紫光阁（《国朝宫史》卷七，第 135～137 页）	属国使臣亦参加筵宴
上元节宴	赐外藩筵宴于圆明园正大光明殿。宴毕后，在山高水长楼观看烟火（《大清通礼》卷三七，第 25 页 a～26 页 b；《清宫述闻》卷四，第 45 页）	上元节宴于正月十四日、十五日。属国使臣亦参加筵宴
辞别谢恩	如遇常朝，王公在太和殿外丹墀内谢恩；如不遇常朝，王公赴午门辞别谢恩，行三跪九叩礼（《大清会典（康熙朝）》卷四一，第 10 页 a；《大清通礼》卷四三，第 12 页 a～12 页 b）	

资料来源：《钦定大清通礼》卷三七，第 23 页 a～26 页 b；《清朝文献通考》卷一二五，第 5937 页 c～5938 页 c；《清朝通志》卷四六，第 7022 页 a～7022 页 c；边疆政教制度研究会编《清代边政通考》，第 235～247 页。

从表 1－2 可见外藩王公赴年班朝觐时，在北京接受清政府款待的情况。值得注意者有二。一是外藩贡献之礼，如乳、酒、汤、羊、猪、藏香等物，交由理藩院查收后，再交与礼部，并由理藩院的柔远清吏司负责赏赐来朝的蒙古诸部，西藏喇嘛、厄鲁特、喀尔喀蒙古等部落。[1] 但因蒙古各部一年数次进贡，还得馈赠宗室王公、官员及亲朋

———————

[1] 《大清国礼志·宾礼志》，档案号：206000243，第 3 页 a。

好友，负担颇大，故清帝屡减少贡品数额，并令内务府广储司照例折赏，补贴外藩王公的支出。① 二是除了赏赐之外，清政府也会举行御宴，近支亲王也会设宴款待来朝的外藩王公、喇嘛，达到君臣同欢、同枝连气的目的。从御宴的举行情况可知，这些宴会不单纯是应酬性质，其规模甚大，次数亦多，可见清政府重视外藩王公的程度。清政府不只在太和殿设宴，还在十二月三十日设宴于保和殿，正月初四日设宴于紫光阁，上元节设宴于圆明园正大光明殿。② 每次设宴、款待外藩时，皆由满汉大学士、上三旗都统、副都统、理藩院尚书、理藩院侍郎等一、二品文武大臣入座侍宴，吟诗作对，互相唱和，而皇帝也恩准外藩王公进至御座前，亲赐御酒，一同欢饮。③因此，这些筵宴不只是皇帝的恩典，更像家人聚餐，具有"亲亲"的功能。

（二）礼部与山海诸国朝贡礼

中国传统政治文化以"天下秩序"为主要的思想资源，强调华夷之分，只有四夷来朝的思想，没有万国平等的概念。在这样的政治文化下，中国通过"宾礼"的运作，建构以中国为中心、诸藩属为屏障的"宗藩体制"。④ 因此，清政府以《仪礼·觐礼》为制礼原则，并参考明代宾礼"蕃使朝贡礼"的仪式，规范清政府与属国的往来仪节。⑤ 例如，外国君长受皇帝册封后，就成为中国臣

---

① 张双智：《清代朝觐制度研究》，第 59 ~ 63 页。据张双智指出，顺治、康熙、乾隆、嘉庆、同治诸帝皆曾免贡，或令内务府广储司将马匹、氆氇、藏香等物折给赏项，并提供王公台吉朝觐所需钱粮、草料、路费、用具、柴炭，或照部价，减十分之一折银支给。

② 昭梿：《啸亭杂录·续录》卷一，中华书局，1997，第 375 页。

③ 鄂尔泰、张廷玉等编《国朝宫史》，北京古籍出版社，1987，第 207 页；中国第一历史档案馆整理《康熙起居注》第一册，中华书局，1984，第 71 页。

④ 张启雄：《外蒙主权归属交涉（1911 ~ 1916）》，第 9 ~ 19 页；王立诚：《中国近代外交制度史》，甘肃人民出版社，1991，第 2、7 ~ 9 页。

⑤ 《大清国礼志·宾礼志》，档案号：206000219，第 3 页 b；檀上宽：《明朝の对外政策と東アジアの国际秩序——朝貢体制の构造の理解に向けて》，《史林》第 92 卷第 4 期，2009 年 7 月，第 635 ~ 669 页。

属，须尽进贡的义务，如遇有圣节、元旦、冬至三大节，属国必须遣使，携带表文，进贡方物。^① 或借由文书格式、公文称谓、往来文书的转呈手续，表明皇帝与属国国王的君臣关系，及宗主国与属国的主从关系。^②正如张启雄所指出，通过册封、进表、纳贡等仪式，建构皇帝与属国国王的君臣名分，而清政府与属国也随之建立统属关系，产生与君臣名分相应的各种义务，便能以"名分秩序"作为双方往来的原则，维持中华世界的秩序。^③ 主管"宾礼"的礼部，充当皇帝与属国国王的中介者，如同实践了《仪礼·聘礼》的摈者之制。^④ 礼部不只负责礼仪的制订与执行，也负责转呈属国国王的奏疏，办理属国的册封、修贡、进贺、告丧等事务。^⑤ 礼部下辖机构及其职掌，可见图 1-2，明此方能理解礼部接待贡使的办法。

　　会同馆始设于元代 (1276)，隶属礼部，负责接引诸蕃蛮夷。^⑥ 明代先后在南京、北京也设置会同馆，负责招待各王府公差及诸蕃国来朝贡使。明帝国也设四夷馆，隶属翰林院，培养翻译人才。^⑦ 清政

① 李光涛：《记明季朝鲜之"丁卯虏祸"与"丙子虏祸"》，中研院历史语言研究所，1972，第 1~22 页；国史编纂委员会编《仁祖实录》卷三四，《朝鲜王朝实录》第三四册，国史编纂委员会，1981，第 23 页 a~24 页 a，仁祖十五年正月三十日。张存武：《清韩宗藩贸易》，中研院近代史研究所，1985，第 6~10 页；付百臣：《中朝历代朝贡制度研究》，吉林人民出版社，2008，第 140~179 页。据张存武、付百臣等人的研究成果，可知 1637~1894 年期间，朝鲜称中国为上国，称中国使节为敕使。外交文书的名称上，中国称诏，属国称表。凡中国遣使，属国国主亲自郊迎使者，跪拜接受诏书；属国国主与中国使者同为皇帝臣属，以宾主礼相接。朝鲜遣使有两种形式。一为三节年贡使，进贡正月、冬至、万寿三节方物，缴纳岁币。另一种不定期使行，称为别使。如谢恩、进贺、陈慰、进香、问安、陈奏、奏请、告讣、参核等临时差遣。
② 张存武：《清代封贡关系之制度性分析》，《清代中韩关系论文集》，台湾商务印书馆，1987，第 72~80 页。
③ 张启雄：《琉球弃明投清的认同转换》，第 11~18 页。
④ 李学勤主编《仪礼注疏》，北京大学出版社，1999，第 521~522 页。
⑤ 郭松义等：《清朝典制》，吉林文史出版社，1994，第 196~197 页。
⑥ 曹子西：《北京通史》卷五，中国书店，1994，第 323 页。
⑦ 申时行修《大明会典》卷一〇九《宾客·会同馆》，第 1 页 a~2 页 b。

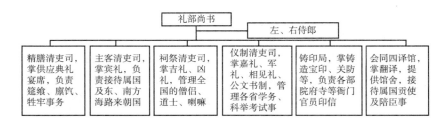

图 1 - 2　1895 年前的礼部职掌

资料来源：参考李鹏年《清代中央国家机关概述》，第 182～185 页。

府延续明制，仍设会同馆和四译馆。会同馆隶于礼部，分为北馆与南馆，掌管朝贡、提供食宿、接待贡使之事。[1] 四译馆原隶于翰林院，负责翻译，并收存属国文书和书籍。[2] 但因会同馆自行训练翻译人才，渐侵四译馆职权，故乾隆十三年（1748）二者合并为"会同四译馆"。会同四译馆由礼部郎中兼鸿胪寺少卿一人统管，下设大使、序班、通事等官，负责接待贡使，[3] 并翻译外国表文，监督使团的在京贸易（如不准购买违禁品，亦禁止诈骗赊买），可说是贡使团在京活动的监护人。[4]

　　属国派遣的贡使团到达北京前，由礼部先知会工部、户部，修缮会同四译馆的房舍，并由光禄寺准备薪炭、粟米、蔬果等廪给，供贡使团享用。贡使到达北京后，礼部行文崇文门税务御史，先验明行李，逐一登记免税，再将贡使迎入会同四译馆，由馆员负责接

①　清高宗：《清朝通典》卷二五，台湾商务印书馆，1987，第 2170 页 a；于敏中等编《钦定日下旧闻考》第四册，北京古籍出版社，1983，第 1034 页；左芙蓉：《北京对外文化交流史》，四川出版社，2008，第 117～120 页。

②　江繁：《四译馆考》，《四库全书存目丛书·史部政书类》第二七二册，庄严文化出版公司，1996。

③　特登额等纂《（道光）钦定礼部则例》卷一八四，成文出版社，1966 年据清道光间刊本景印，第 1 页 b～2 页 a。

④　钱实甫：《清代的外交机关》，生活·读书·新知三联书店，1959，第 25～26 页；王静：《中国古代中央客馆制度研究》，黑龙江教育出版社，2002，第 218～222 页。

待，监督在馆贸易。① 内务府负责收纳贡物，并经理贡使团所有的照料，礼部亦派两名司官，帮同照应。确定朝觐时间后，贡使须赴鸿胪寺预先演练，务令贡使熟习朝贺礼仪。② 至于贡使团抵达北京后的活动，详见表 1-3，本书只谈仪式的象征意义，不再赘述仪式的安排。

表 1-3　属国贡使在北京的礼仪活动

日程	仪式	备注
入住馆舍	贡使入京，先至会同四译馆馆舍入住，举行下马宴。贡物由会同四译馆查收，呈报礼部，司官赴馆查验，将贡物交进内务府，其余按类收交（《大清通礼》卷四三，第 1 页 b~2 页 a）	
礼部进表	会同四译馆卿服朝服率贡使暨从官，各服本国朝服，赴礼部进表。礼部预设表案于堂正中，侍郎立案左，仪制司官分立于左右楹。通事和序班官员引贡使升阶立，皆跪。正使奉表举授馆卿，馆卿转授礼部堂官。礼部堂官受表，陈于案正中。正使以下行三跪九叩礼。兴。序班引贡使退。馆卿率贡使从官皆出，回馆。仪制司官奉表退（《大清会典事例》卷五〇五，第 1 页 a）	礼部官员扮演摈者的角色，鸿胪寺指导演礼
安排觐见	表文送交内阁，择期觐见。若遇三大节及常朝举行时，贡使可参加朝贺。若不遇期期，由礼部奏请觐见日期（《大清会典事例》卷五〇五，第 1 页 b）	觐礼分为朝贺、请奏
大朝朝觐	元旦朝贺、赐宴、看烟火等仪式，不赘述，见表 1-2 的朝觐仪式栏	
常朝朝觐	主客司官暨馆卿大使等率贡使至午门前朝房坐班等候，由贞度门进。皇帝着龙袍衮服，御太和殿，待百官行礼毕。序班引贡使暨从官诣丹墀西班末，听赞行三跪九叩礼（《礼部则例》卷七，第 5 页 b；《大清会典事例》卷五〇五，第 1 页 b~2 页 a）	

---

① 来保编《钦定大清通礼》卷四三《宾礼》，第 2 页 a。
② 张忠绂：《清廷办理外交之机关与手续》，李定一、包遵彭等编《中国近代史论丛》第一辑第五册《自强运动》，正中书局，1981，第 3 页；赵尔巽：《清史稿》卷九一《礼志十》，第 2675~2676 页。

续表

日程	仪式	备注
便殿召见	方案一：礼部堂官、通事着朝服，率贡使着本国朝服，在宫门外祗候。皇帝着常服御便殿，御前大臣、侍卫等左右侍立。礼部堂官引贡使入，至丹墀西，行三跪九叩礼毕，引由西阶升，至殿门外跪。皇帝降旨慰问。礼部堂官承旨传知通事，转谕贡使。贡使奏对，通事译言。礼部堂官代奏，礼毕，引出（《大清会典事例》卷五〇五，第2页a~2页b） 方案二：由入班会集满汉大臣侍立。礼部堂官引贡使至丹墀行礼毕，引由西阶升，入殿右门。贡使立右翼大臣末班。皇帝降旨赐坐，众臣一叩头，依次序坐。贡使随跪一叩头，坐，赐茶，咸跪受，一叩头。皇帝降旨慰问。礼部堂官承旨俱如前仪。礼毕。礼部堂官引贡使出，退至朝房赐宴。饮食讫，馆卿率以退（《大清会典事例》卷五〇五，第2页b~3页a）	若不遇朝贺，皇帝在便殿或圆明园接见贡使两种方案
游览	使臣在馆时，有请出寺庙游览等事，由礼部先行奏闻，所行路线知会步军统领（《礼部则例》卷一七一，第7页b）	
颁赏	颁赏之日，预设案于午门外道左，陈赐物于案。馆卿着朝服，率贡使暨从官各服本国朝服，至西朝房前东面序立。礼部堂官立案北西面。主客司官等俱立案南西面。监礼御史及鸿胪寺鸣赞官分立御道左右，东西面。序班立贡使之北东面，均朝服。序班引贡使至西丹墀内序立，北面东上，行三跪九叩礼。主客司官先颁给国王赐物，授贡使跪受，贡使转授从人。再颁贡使从人赐物。复行三跪九叩礼。馆卿率贡使及从官从人皆出（《大清会典事例》卷五〇五，第3页a~4页a）	颁赏由主客司主导，先赏国王，由贡使跪受。再赏贡使暨从人，皆行三跪九叩礼
赐宴	赐宴贡使三次，分别在礼部赐宴一次，在会同四译馆赐宴两次（《大清会典（雍正朝）》卷一〇四，第7页a；《大清通礼》卷三七，第6页b~7页a） 礼部筵宴仪式不赘述，见《大清会典事例》卷五一九，第1页a~1页b。	琉球在部宴两次，回至福建宴一次
辞别谢恩	不遇常朝日，贡使在午门外谢恩。遇常朝日，鸿胪寺传赞序班，由序班引贡使就丹墀西北面，行三跪九叩礼（《大清会典（康熙朝）》卷四一，第10页a；《大清会典事例》卷五〇五，第3页a）	

资料来源：《钦定大清通礼》卷四三，第1页b~7页b；卷三七，第6页b~7页a。《清朝文献通考》卷二九三，第7413页a~7413页b。《（道光）钦定礼部则例》卷二，第4页b~5页b；卷三，第3页a~4页a；卷七，第5页a；卷一七一，第1页a~15页a。《钦定大清会典事例》卷五〇五，第1页a~4页a。《清史稿》卷九一《礼志十》，第2675页。张忠绂：《清廷办理外交之机关与手续》，第3~4页。

从表 1 - 3 可知贡使团在京活动的情况，其值得注意者有五点。一是会同四译馆的功能。贡使团入京后，皆由会同四译馆安排食宿，查验贡使团的贡物，送往内务府，贡物清单呈报礼部，[①]并率领贡使团，各着本国官服，携带表文、方物，赴礼部报到。

二是贡使奉表至礼部的过程。为了转呈表文，礼部隆重安排侍郎主持仪式，并将用来安放表文的表案，设置在礼部的大堂正中央，可见表文的重要性，建构了皇帝与国王的君臣名分。[②]借由贡使上呈表文、侍郎恭奉表文的仪式，表文不再只是文书，而是宣示该国臣服中国的象征。

三是贡使不可随意外出，严禁收买中国史书、兵器及各式违禁品。贡使及从人若要出外活动，必须先通知礼部、步军统领，派兵保护。[③]

四是贡使遵守"人臣无外交之义"的禁令，不可与中国官员往来，或有私赠礼物、私递文书之事，违者严惩。[④]

五是贡使朝觐皇帝的三种方案，各有不同，必须分开说明，有助于理解各种觐礼仪式。第一方案是遇有大朝、常朝之期，[⑤]各贡使由西掖门入宫，被安排在太和殿外的丹墀内，由朝鲜使臣领班，立西班末位（武官列西班），[⑥]再由鸿胪寺官带领，登丹墀内拜位，行三跪九叩礼。

---

① 《大清国礼志·宾礼志》，档案号：206000219，第 4 页 a。

② 琉球贡使的请封表文，参考边土名朝有《琉球の朝贡贸易》，校仓书房，1998，第 218～219 页。

③ 昆冈编《钦定大清会典事例》卷五一一，第 3 页 b、17 页 b；张忠绂：《清廷办理外交之机关与手续》，第 3 页。

④ 《清仁宗实录》卷五三，中华书局，1986，第 681 页 a～681 页 b，嘉庆四年十月癸巳。

⑤ 遇元旦、冬至、万寿三大节及登基、颁诏、皇帝大婚时，召集内外亲王贝勒、文武京官、各省进表官，集于太和殿，举行大朝会。每月初五、十五、二十五日为常朝之期，四品以上京官在太和殿例行常朝会。

⑥ 特登额等纂《（道光）钦定礼部则例》卷二，第 4 页 b～5 页 a。朝会时在西边站班的官员，唐代为武官，宋代为内阁官员。陈康祺：《郎潜纪闻·初笔》卷六，第 137 页："太和殿墀品级山，镌正一品至九品，文左武右"。

　　第二方案是不遇朝会之期，皇帝在便殿（正殿以外的别殿）或在圆明园接见贡使。① 礼部先奏请贡使请觐，择定日期。觐见当日，皇帝着常服，御便殿，殿内只有少数内大臣侍立。礼部尚书引贡使入宫，通事随行，贡使在便殿前、丹墀西侧，行三跪九叩礼。② 贡使再由西阶登殿，但不入殿内，只在殿门外跪候皇帝的谕旨。③ 当皇帝表达慰问，或贡使回话时，皇帝与贡使不直接对谈，皆由礼部尚书转述，再由通事代译，重现《仪礼·觐礼》"天子—摈者—诸侯"的模式。

　　第三方案是皇帝欲待以优礼，准许贡使入殿、赐坐、赐茶、赏食。贡使在丹墀行三跪九叩礼毕，由西阶升殿，准入便殿右门，立武官班位之末。皇帝每赐坐、赐茶，贡使随众臣行一跪一叩礼。④ 朝觐礼毕，礼部尚书引贡使出殿，退至朝房时，承旨赐尚方饮食，供贡使食用。贡使食毕后，随会同四译馆卿，回馆休息。次日再赴午门谢恩，向北面行三跪九叩礼。⑤

　　第三方案的仪礼次序，大致与第二方案相同，但差异在于：一是使者可入殿，亲睹皇帝容颜。二是在殿内侍立的官员皆着蟒袍补服，入殿侍立，表示隆重。⑥ 后来，同治皇帝（1856～1875，1861～1875在位）召见各国公使时，觐见方案即以第三方案为底本，再予变化。"外国公使觐见礼"的制订过程，可见本书第三章第三节，但从外国公使觐见同治皇帝的相关仪节，便可理解外国公使虽行"五鞠躬礼"，但其他的款接仪节，皆如同贡使入觐的第三方案，借以区别皇帝与外国公使的君臣名分。

（三）钦差大臣与各省督抚

　　清帝国对外交涉的权责，分由中央和地方来进行。理论上，对

---

① 昆冈等编《钦定大清会典事例》卷五〇五，第2页a～3页b。
② 《礼志·宾礼》，档案号：206000243，第3页b。
③ 《礼志·宾礼》，档案号：206000243，第3页b。
④ 《礼志·宾礼》，档案号：206000243，第3页b。
⑤ 《礼志·宾礼》，档案号：206000243，第4页a。
⑥ 来保编《钦定大清通礼》卷四三《宾礼》，第4页a～4页b。

外交涉应没有中央、地方之分，只有皇帝有权决策。实际上，皇帝无法处理这么多的事务，必须交由臣僚代为统筹，推动政务。因此，在中央层级，由理藩院、礼部协同各部门，接待贡使，确保皇帝与藩部、属国的君臣名分及其相应的礼仪。[①] 在地方层级，由各省督抚、驻防将军、办事大臣作为媒介，管理外国来华朝觐者，并检查贡船、贡物、表文，确认贡使身份，再派官护送贡使至北京。[②] 康熙二十三年（1684）解除海禁后，清政府在广东广州、福建福州、浙江宁波、江南云台山（今江苏连云港），分设粤海关、闽海关、浙海关、江海关，由皇帝派遣海关监督，直接征收关税及船钞，管理通商事务，并由地方督抚暗中监视海关税务，互相节制，防弊堵漏。海关监督不与外国商人往来，外国商人亦不得径与海关监督接洽。如有要事，必须由特许公行（如广东十三行）居中代理，通事也由公行代雇。[③]

　　凡有对外交涉之事，地方督抚等必须奏报皇帝，由皇帝决策，再由军机处发出廷寄，地方督抚再行处置。藩部遇有纷争时，由驻防将军、办事大臣衙署内的理藩院司官，先向理藩院奏报，再由理藩院转奏皇帝裁定。[④] 也就是说，中国边境的地方督抚、驻防将军、办事大臣是第一线对外交涉的代表，负责接待属国、藩部派出的使臣，还查核表文、贡物，再抄录贡使奏本，咨送礼部，并可通过密折上奏，直接与皇帝联系，不受礼部、理藩院管辖。[⑤] 若遇紧急之事，皇帝多赐"钦差大臣"之衔，让地方督抚如同皇帝的代理人，有独断专行之权，可先行处置，再奏报皇帝，也可调动在地的绿营

① 李兆祥：《近代中国的外交转型研究》，中国社会科学出版社，2008，第 26～30页。
② 织田万：《清国行政法泛论》，第 434～436、441～442 页。
③ 陈诗启：《中国近代海关史问题初探》，中国展望出版社，1987，第 1～2 页。海关监督多由满洲亲贵担任，与督抚平行，班次略低。马士：《中华帝国对外关系史》卷一，张汇文等译，上海书店出版社，2000，第 72～74、76～80 页。
④ 吕士朋：《清代的理藩院：兼论清代对蒙藏回诸族的统治》，《东海大学历史学报》第 1 期，1977 年 4 月，第 61～98 页。
⑤ 织田万：《清国行政法泛论》，第 442 页。

或驻防八旗，跨省指挥官员，权力甚大。[①]

《礼记·郊特牲》中的"为人臣者无外交"，[②] 意指只有皇帝可行使对外交涉之权，为人臣者不得私办外交，否则就是僭越，侵夺皇权。清帝虽允许属国政教自主，但属国国王同样受限于"人臣无外交"的禁令，[③] 属国必须先得到皇帝的允许，方得与外国往来。[④]由于地方督抚、将军、办事大臣是对外交涉的第一线，与外国往来频繁，故清初诸帝限制地方督抚对外交涉的权力，明定督抚不得私交贡使或属国国王，也不可擅自移文外国，更不可私收外国馈赠、与外人谈论国事，防止督抚私交外国。[⑤] 换言之，在"人臣无外交"的禁令下，只有皇帝有权决定是否与外国交往。

《大清会典》主要记载贡使在北京的朝觐活动，较少记载地方督抚接待贡使的情况。笔者根据清人周煌（1714～1785）《琉球国志略》、琉球人赤崎桢幹（1739～1802）《琉客谭记》及近人的研究成果，整理琉球贡使的行程，制成表1-4，以便了解贡使团与地方督抚的互动情况。

表1-4　地方督抚与属国贡使的互动（以琉球使团为例）

日程	主要活动	参加者	备注
入境福州	贡船由闽安镇入境，泊亭头怡山江边，准备验关检查（《礼部则例》卷一七一，第1页a）	闽安巡检负责验关检查	每年三月左右出发，顺风七八日，到达福州五虎门（《琉客谭记》，第3～4页）

---

① 傅宗懋：《清代督抚制度》，台湾政治大学，1963，第140～141、178页；张晶晶：《清代钦差大臣存在原因探析》，《河南大学学报》（社会科学版）2002年第3期，第68～70页。

② 台湾开明书店：《断句十三经·礼记》，《郊特牲》，第50页。

③ 昆冈编《钦定大清会典事例》卷五一一，第12页a。

④ 张启雄：《国际秩序原理の葛藤—中韩宗藩関係をめぐる袁世凯の名分秩序観》，第49～50页。

⑤ 王开玺：《清代外交礼仪的交涉与论争》，第332～333页。例如安南国王阮安平向福康安送礼，福康安退回并上奏报告。《清高宗实录》卷一三八四，中华书局，1986，第582页b，乾隆五十六年八月丁巳。

日程	主要活动	参加者	备注
验关检查	检查执照、贡物、土产、银两、官伴人数(《礼部则例》卷一七一,第1页a)	福州海防同知、福州将官及海关委员登船检查	未携表文者,饬回,地方官不接待
到驿入住	贡使团入住柔远驿。硫黄、铜、锡等贡物先缴给督抚,并与督抚行相见礼,交换名帖,督抚宴请贡使团(《大清会典(康熙朝)》卷七二,第11页b;《清代琉球使臣在华行程与活动略考》)	市舶司检验贡品、装卸、储藏	柔远驿位于福州城外七里,即现今福州台江区琯后街,专用于接待琉使,又称琉馆(《中琉交涉史における福州琉球館の諸相》)
出发赴京	贡使留在琉馆七八个月;在阴历九十月出发,按固定的水陆路线,不得由海路直航大沽(《礼部则例》卷一七一,第1页b、4页a;《琉客谭记》,第8页)	督抚委派二三名伴送官,率领正、副贡使及随行十余人	使团赴京者不超过二十名,余者留柔远驿,从事买卖或学习技艺。通事须记录交易客商姓名及买卖货物,报布政司查核,避免赊欠之事
行经各省	贡使北上经延平、建宁、衢州、严州、杭州、嘉兴、苏州、镇江、扬州、济南各府。各府派兵护送,另备乐队迎送,并由布政使准备驿站,支付费用(《琉客谭记》,第4页)	路经各省派道员、游击各官护送,贡使入他省后,即解除任务	自建宁至衢州走陆路,自严州至扬州走水路。凡行陆路,贡使乘轿,随员骑马。凡过关卡,守关官兵鸣锣击炮,以军礼迎接(《琉客谭记》,第6~7页)
贡使抵京	阴历十一月或十二月抵京,最迟不逾十二月二十日。行下马宴,入住会同四译馆,不得随意闲逛(《琉客谭记》,第12页;《礼部则例》卷一七一,第1页b)	由会同四译馆卿负责接待	若贡使逾期,伴送官受罚。贡使在京相关活动,见表1-3

续表

日程	主要活动	参加者	备注
出京护送	序班给勘合，由驿递伴送，不许停留及交易违禁货物，交督抚即还。礼部将起程日期知照各该处督抚（《大清会典（康熙朝）》卷七二，第 3 页 a；《礼部则例》卷一七一，第 10 页 b）	兵部换给勘合，由原伴送官护送，行经各省派员护送（《礼部则例》卷一七一，第 10 页 b）	出京辞别，见表 1-3。琉使出京时间，约在阴历二月（《琉客谭记》，第 4 页）
回闽出境	贡使将出境，督抚设宴款待。贡使出境日期，题报礼部（《大清会典（康熙朝）》卷七二，第 3 页 b；《礼部则例》卷一七一，第 10 页 b）		雍正四年准琉球贡使在部宴两次，回至福建宴一次（《大清会典事例》卷五一九，第 2 页 b）

资料来源：赤崎桢幹：《琉客谭记》，日本早稻田大学图书馆藏，档案号：ル0501250；周煌辑《琉球国志略》，中华书局，1985 年影印本，第 38～48 页；《大清会典（康熙朝）》卷七二，第 10 页 b；《大清会典（雍正朝）》卷一〇四，第 22 页 a；《（道光）钦定礼部则例》卷一七一，第 1 页 b、10 页 b；松浦章：《明清时代东亚海域的文化交流》，郑洁西等译，江苏人民出版社，2009，第 161～163 页；陈捷先：《清代琉球使臣在华行程与活动略考》，《第二届中琉历史关系国际学术会议论文集》，中琉文化经济协会，1990，第 49～96 页；西里喜行：《中琉交涉史における福州琉球館の諸相》，《琉球大学教育学部纪要》第 68 期，2006 年 3 月，第 309～321 页。

从表 1-4 可知地方督抚接待琉球贡使团的大致情况，其中有几个特点：第一，贡使团以表文、方物为凭据。一旦有外国船只登陆，督抚必须先检查来人是否携有表文、方物，确认身份。未携带表文者，督抚可强制驱逐。来者被确认为贡使团后，方能享有贡使团的食宿待遇和通商优惠，督抚也会设宴款待，行迎劳之礼。① 第二，地方督抚必须管理贡使、外国使者的出入境，并负责安置随行的仆从，限制赴京人数（不得超过 20 人）。使团的其他人员留在福州，从事买卖，或学习技艺。凡与贡使团买卖者，通事必须记录与使团买卖

---

① 特登额等纂《（道光）钦定礼部则例》卷一七一，第 1 页 b。

的客商姓名，以及买卖商品种类、数量及价格，避免非法交易，或有赊欠之弊。① 第三，若属国国王有事陈请，其奏疏不得由使臣自行带来北京，直陈皇帝。地方督抚必须收缴使团携来的奏疏，并得拆阅审查，再译出汉字副本，令其符合表文格式，再咨行礼部、代呈皇帝。由此可知，地方督抚对外交涉的功能之一，正是担任中央与属国之间的中介者，负责管理来华使者，过滤间谍，也避免发生外国使者随意赴京，直接向皇帝陈情的情况。② 第四，贡使团来京的路线与抵京时间皆有规定，督抚必须派人护送使团，务求在规定的时间内抵达北京；若有延误时限者，护送使团的伴送官必须受到惩处。③ 第五，使团行经之省份，各省督抚必派兵护送，使团出境即罢，而使团路过关卡，守关官兵必须以"军礼"迎接。第六，若贡使团中有人中途病故，礼部准备祭文，遣官致祭，并由贡使团所在地的布政使司备祭品、置坟茔、厚祭葬，或允许使团自行携回遗骸，将棺木运回本国。④

从表 1-2、1-3、1-4 的整理，可知地方督抚到中央政府执行"宾礼"的方式，大致以《仪礼·觐礼》为原则，遵守《仪礼·觐礼》六项程序：郊劳、赐舍、朝见、享献、请罪、赐车服饔饩，⑤ 并由中央、地方各自执礼，如"郊劳"、"赐舍"由地方督抚处理，"赐舍"、"朝见"、"享献"等仪式由理藩院、礼部处理。因此，从理藩院、礼部、地方督抚接待的模式，可知根据政治控制和文化本

---

① 伊桑阿等修《大清会典（康熙朝）》卷七二，第 2 页 a；特登额等纂《（道光）钦定礼部则例》卷一七一，第 4 页 a；陈捷先：《清代琉球使臣在华行程与活动略考》，《第二届中琉历史关系国际学术会议论文集》，第 49～96 页。

② 允禄等修《大清会典（雍正朝）》卷一〇四，第 1 页 b～2 页 a；张忠绂：《清廷办理外交之机关与手续》，第 3 页。

③ 特登额等纂《（道光）钦定礼部则例》卷一七一，第 1 页 a～1 页 b。

④ 允禄等修《大清会典（雍正朝）》卷一〇四，第 3 页 a；松浦章：《清代琉球国使节·随員·官生的客死》，《第八回琉中历史关系国际学术会议论文集》，琉球中国关系国际学术会议，2001，第 91～117 页。

⑤ 韩碧琴：《仪礼觐礼仪节研究》，《兴大中文学报》第 17 期，2005 年 6 月，第 23～69 页。

质的差异，清政府将与清帝国有政治关系者，分为直辖的郡县、内服的藩部及外服的属国。① 清政府虽无法完全控制藩部和属国，但可借由"宾礼"的册封、朝觐、进表、纳贡、赏赐仪式，强调君臣名分，维系"天子—诸侯"的共主模式。

（四）遣使属国

清初政府对待属国，沿用明代颁敕诏、赐爵位、授印宝的办法，凡外邦效顺，须先收缴明朝封诰、敕书、王印，切断这些属国与明帝国的宗藩关系，并派遣敕使，赍敕持诏，重颁册宝、赐封爵，建立与清帝国的宗藩关系。② 同时，清政府借迎奉仪、奉诏仪、跪拜礼的演示，③ 重申中国皇帝与属国国王的君臣名分，再要求属国上呈皇帝的文书格式，须称臣、用印、抬写、署大清国年号，以示奉正朔，彰显清政府、藩部、属国的主从关系。④ 在清帝国的诸属国中，唯有朝鲜、琉球、越南三国请求袭封时，清帝国必遣正、副使，持节赍敕，前往册封，但对其他属国，多由礼部设案，将谕旨、敕书、王印交由属国派来的请封使携回，转交属国国王，即完成册封仪式。⑤

根据《钦定礼部则例》，清政府的任命文书有册、诰、敕数种，任命信物有宝、印、铜条等类。从这些任命的文书和印信，可了解

---

① 张启雄：《中华世界秩序原理的源起：近代中国外交纷争中的古典文化价值》，第131～133、144 页。张启雄指出，根据"服事观"，中国对王畿（化内）、属国（化外）、绝域（化外）可施与程度不同的直接或间接统治或不治之治，并根据"王化思想"，"化内"与"化外"是流动的，可以夏变夷，让化外转变成化内。与此相似的看法，还有甘怀真《重新思考东亚王权与世界观——以"天下"与"中国"为关键词》，第31～32 页。

② 边土名朝有：《琉球の朝贡贸易》，第196～197、204 页；张存武：《清代封贡关系之制度性分析》，《清代中韩关系论文集》，第72～80 页。

③ 特登额等纂《（道光）钦定礼部则例》卷四六，第1 页 b～2 页 a；卷一六八，第1 页 a～5 页 a；卷一七五，第2 页 a～6 页 b。

④ 织田万：《清国行政法泛论》，第158～159 页。

⑤ 特登额等纂《（道光）钦定礼部则例》卷一八一，第1 页 a～7 页 b；卷一八二，第1 页 a～5 页 a；卷一八三，第1 页 a～2 页 b。

属国国王的品秩，也可了解各属国在清帝国的位阶。在册书方面，
册封宗室亲王用"金册"，宗室郡王用"镀金银册"，但对属国国王
只用"敕书"，① 可见属国国王与内亲王、内郡王不同，只是"拟亲
王"或"拟郡王"，是外臣。在印信方面，皇帝用"玺"，和硕亲王
赐"金宝龟钮"，多罗郡王赐"镀金银印麒麟钮"。② 赐给属国国王
的印信同样有等级之分：朝鲜国王印用"金印龟钮"；琉球国王、
越南国王、南掌国王、暹罗国王、缅甸国王皆用"镀金银印驼
钮"。③ 比较这些印信的等级后，可见在诸属国之列，朝鲜国王的地
位最高，虽低于内亲王，但高于内郡王，其余属国国王地位皆低于
内郡王。至于册封仪式，琉球、越南遣使册封皆仿朝鲜例，故将册
封使赴朝鲜的活动，制表1–5，从中可了解中国册封使与朝鲜君臣
的互动过程。

表1–5　遣使赴朝鲜册封的仪式

日程	主要活动	备注
命使	凡朝贡之国世子袭封，遣陪臣请命于朝，得旨报可，工部制节，内阁撰敕，礼部奏遣正副使，特赐一品麒麟服，仪从皆视一品，以重其行（《礼志·宾礼》，第5页b；《大清通礼》卷四三，第8页a~8页b）	朝鲜册封使皆满臣
入境	入境朝鲜后，边吏供备驿馆等。义州、定州等六处郡守需派出迎慰使，在沿途驿站伺迎。敕使所经之地，文武官皆出郊跪迎，如迎诏书之仪，行三跪九叩礼。陪臣见正副使，行一跪三叩礼。朝鲜王室派遣问安使，前往开城、平壤、义州三处，向敕使问安，议政府、礼曹、内侍府也轮流问安（《大清通礼》卷四三，第9页a~9页b；《大清会典事例》卷五〇二，第1页a；《奥箓朝鲜三种》卷二，第48~49页）	向皇帝颁布的敕书行三跪九叩礼

① 特登额等纂《（道光）钦定礼部则例》卷一八一，第1页a。
② 允禄等修《大清会典（雍正朝）》卷六八，第6页b。皇太后、皇后、皇贵妃、贵妃、和硕亲王皆用"金宝"，但皇太后用"交龙钮"；皇后、皇贵妃、贵妃用"蹲龙钮"；和硕亲王用"龟钮"。
③ 特登额等纂《（道光）钦定礼部则例》卷四四，第1页b~2页a；允禄等修《大清会典（雍正朝）》卷六八，第6页b。

续表

日程	主要活动	备注
郊迎	将至都城，世子遣其陪臣朝服出郊，至迎恩门，迎接敕书，慰劳使者，修饰慕华馆，供张于国门之外，备龙亭、香亭、旗仗、鼓乐恭候于馆（《大清通礼》卷四三，第9页b） 使者既至国，迎接官至馆，恭设节、敕于龙亭内，驰报世子。世子率陪臣朝服郊迎。迎接官以龙亭、行香亭、旗仗、鼓乐为前导，使者乘马。从世子以下咸跪候，待龙亭过（《大清通礼》卷四三，第10页a；《大清会典事例》卷五〇二，第1页b；《增补文献备考》卷一七七，第5页b）	郊迎有两道手续：先遣朝鲜官员迎接敕使与敕书；敕使将至汉城，朝鲜王世子率众臣郊迎
入馆	奉诏敕及颁赐器币，安于使馆。属国陪臣入谒使者，俱一跪三叩（《大清会典事例》卷五〇二，第1页b）	朝鲜慕华馆专接待敕使
迎敕	择日宣读诏敕，世子率陪臣至馆肃迎，奉诏敕于龙亭。行礼毕，世子先回宫，诏敕于龙亭及颁赐器币乃舁行，鼓乐仪仗前导，正副使随行。由中门入，正副使从。奉诏敕升殿，置正中黄案上。使者陈节、敕于中案（《礼志·宾礼》，第6页a；《礼部则例》卷一八一，第6页a~6页b；《大清会典事例》卷五〇二，第1页b）	
谕祭	先行事于该国先王庙。设应祭之神位于庙中之东西向。奉安谕祭文于正中。正副使左右立。列所赐银绢于神位案上。世子率陪臣行三跪九叩礼毕。退立于神位案左。乃宣谕祭文。世子等皆俯伏。宣毕兴。奉诣焚帛所。焚毕。世子就拜位。率陪臣行礼（《大清会典事例》卷五〇二，第2页a）	先行谕祭，再行册封，以示孝道
册封	诏敕、龙亭及颁赐器币，乃以舁行。鼓乐、仪仗前导。正副使随行。由王宫中门入。正使奉节，副使奉诏，升正殿，置敕诏正中黄案上。奉颁赐器币，陈旁案。王世子就拜位，率陪臣行三跪九叩礼，再就受诏敕位跪，使者乃宣敕诏。宣毕，奉敕诏置于案。世子俯伏行三跪九叩礼。正副使出。世子率属跪送。正副使返馆（《礼志·宾礼》，第6页a；《大清通礼》卷四三，第10页a；《大清会典事例》卷五〇二，第1页b~2页a）	谕祭结束后，王世子先回王宫，册封使护送龙亭至王宫
朝贺	册封礼毕，世子始称国王。先告宗庙，再受朝鲜百官朝贺（《礼部则例》卷一八一，第7页a）	未册封前，不可称国王
燕劳	朝罢，国王改易常服，亲诣使馆谢封，设茶宴，宴劳正副使。（《礼部则例》卷一八一，第7页a~7页b；《敕使誊录》卷一二，第155~158页）	

续表

日程	主要活动	备注
辞别	册封事竣，使者还朝复命。国王率陪臣跪送节于国门外，如初迎礼(《大清通礼》卷四三，第 12 页 a)	
表谢	使者既还朝，国王修表文、具方物，遣其陪臣，担任谢恩使，赴北京谢恩(《大清通礼》卷四三,第 12 页 b)	

资料来源:《礼志·宾礼》，档案号：206000243，第 5 页 b~6 页 a；《钦定大清通礼》卷四三，第 8 页 a~12 页 b；《（道光）钦定礼部则例》卷一八一，第 6 页 a~7 页 b；《钦定大清会典事例》卷五○二，第 1 页 a~2 页 b；周家禄：《奥籍朝鲜三种》卷二，第 48~49 页；朴容大：《增补文献备考》卷一七七《交聘考七》，第 5 页 b；国史编纂委员会编《敕使誊录》卷一二，第 155~158 页，正祖二十三年己未正月。

　　表 1－5 的属国册封仪式有几个重点：第一，当属国国王薨逝、王位更替时，必须先遣请封使，向清政府报告。获得皇帝允许后，再由清政府派遣册封使，并视出使的属国，派遣的使者也有满、汉之分，如朝鲜册封使由满臣担任，安南、琉球册封使由汉臣担任。册封使作为皇帝的代表，清政府特赐蟒缎披领、麒麟补服、一品顶戴，以重其行，与国王地位对等，互为敌体。但册封使完成使命后，回国途中必须穿回原品顶戴、服饰，不得再着使服。[1]第二，以朝鲜为例，从敕使一进入朝鲜境内，朝鲜官员皆派迎慰使，在驿站候迎，朝鲜王室也会派问安使，向敕使问安。敕使所过之处，当地文武官员皆跪迎，向皇帝的诏敕行三跪九叩礼。[2]第三，当敕使将至汉城时，朝鲜先遣官员郊迎，再由朝鲜王世子率众官，在迎恩门跪迎敕书，并慰劳使者。[3]敕使被安排在慕华馆，朝鲜官员依序

---

[1]　《礼志·宾礼》，档号：206000243，第 5 页 b；来保编《钦定大清通礼》卷四三《宾礼》，第 8 页 a~8 页 b；萧奭：《永宪录》卷一，中华书局，1997，第 14 页。

[2]　来保编《钦定大清会典事例》卷四三《宾礼》，第 9 页 a~9 页 b；昆冈编《钦定大清会典事例》卷五○二，第 1 页 a~1 页 b；周家禄：《奥籍朝鲜三种》卷二，沈云龙编《近代中国史料丛刊》第四一八册，文海出版社，1969，第 48~49 页。

[3]　朴容大：《增补文献备考》卷一七七，古典刊行会，1958，《交聘考七》，第 5 页 b；来保编《钦定大清通礼》卷四三《宾礼》，第 10 页 a。1536 年，红门改为延诏门。1539 年，再改为迎恩门。迎恩门是朝鲜国王亲迎敕使之处。

入谒敕使，皆依属官见上司之礼，行一跪三叩礼。①第四，朝鲜王世子、官员行三跪九叩礼的对象，乃是皇帝的诏敕、赏赐及使节信物，而非敕使本身。只有当敕使手持敕诏时，才视同皇帝亲临，由中门进宫，世子与官员须行三跪九叩礼。②第五，经敕使宣诏、转授诏书后，便结束册封仪式，世子方可称国王，受群臣朝贺，正式登位。朝鲜官员朝贺国王结束后，新国王应亲诣慕华馆，宴劳使者。待使者欲回国，朝鲜国王再派谢恩使，与敕使同赴北京，向皇帝上表谢恩。③

二　清代宾礼的特殊性

根据《周礼》，"天下"是抽象的政治空间，分配天子、诸侯间的权力，也规范他们履行不同程度的义务，即"天下秩序"。④ "王畿"与"九服"共构成"天下"的政治空间，以天子所在的"畿"为核心，各诸侯、蛮夷所在的"服"环绕于外，由核心向边缘延伸，层层外推。⑤ 当统治者是有德者，上天赋予天命，也授予统治天下的权力；当统治者失德，天命将转移给有德者，让"天下秩序"能顺

---

① 慕华馆位于西大门会贤坊，其前身是庆贞公主住所，1583 年改为南别宫。仁祖撤太平馆后，以南别宫作为中国使臣的行馆，取"仰慕中华"之意，改为慕华馆。

② 《礼志·宾礼》，档案号：206000243，第 6 页 a；来保编《钦定大清通礼》卷四三《宾礼》，第 10 页 a；昆冈编《钦定大清会典事例》卷五○二，第 1 页 b~2 页 a。

③ 国史编纂委员会编《敕使誊录》卷一二《各司誊录》第九一册，国史编纂委员会，1997，第 155~158 页，正祖二十三年己未正月；特登额等纂《（道光）钦定礼部则例》卷一八一，第 7 页 a~7 页 b；来保编《钦定大清通礼》卷四三《宾礼》，第 8 页 a~12 页 b。

④ 台湾开明书店：《断句十三经·礼记》，台湾开明书店，1991，《郊特牲》，第 50 页；郑玄注，孔颖达疏《礼记注疏》卷五，《重刊宋本十三经注疏》，艺文印书馆，1965，《曲礼下》，第 91 页 a。

⑤ 顾颉刚：《史林杂识初编》，第 1~12 页；张启雄：《中华世界秩序原理的源起：近代中国外交纷争中的古典文化价值》，第 120~125 页；甘怀真：《重新思考东亚王权与世界观》，第 31~32 页；佩雷拉蒙夫、马尔提诺夫：《霸权的华夏帝国：朝贡制度下中国的世界观和外交策略》，林毅夫、林健一合译，前卫出版社，2006，第 17~26 页。

利运作，即"天命观"。① 换言之，"天下秩序"再搭配"天命观"的政治文化观，形塑出皇权的正当性基础，也决定了中国历代王朝对外交往的基本政策。②

在"天下"的范围内，清帝国施以"宾礼"，并通过册封、朝觐、会盟、请谥等仪式，确定君臣名分，且以"名分秩序"为原则，规范属国国王的行动，建构双方不对等的主从关系。③ 如前文所述，清帝国对内地、边疆、属国的控制，即以清朝皇帝为核心，中央政府、地方行省、藩部、属国层层外推，纳入"天下秩序"的体系内，构成清帝国的"天下"。然而，随着中外往来渐多，清初诸帝已知在"天下"之外，还有不称臣纳贡的外洋之国，如何将之安排入"天下"之内，却不损及天子德化四夷的权威？只有厘清这个问题，方能讨论清代宾礼发展的主线与分流。

（一）清代宾礼的适用对象

清代礼制大致完成在乾隆朝（1735～1795），其中以乾隆二十四年（1759）编纂的《大清通礼》最为完备。④《大清通礼》依据《周礼》和《仪礼》的体例，刻意将"宾礼"排在"军礼"之后，并以"缘人情制礼"为原则，只留下与《大清会典》相符的礼仪。⑤ 根据

---

① 孔安国传，孔颖达疏《尚书注疏》卷八，《重刊宋本十三经注疏》，《汤誓第一》，第 108 页 a～109 页 a；张启雄：《中华世界秩序原理的源起：近代中国外交纷争中的古典文化价值》，第 112～114、119～125、131～133 页。

② 刘纪曜：《鸦片战争期间中国朝野的天朝意像及其衍生的观念、态度与行动（1839～1842）》，《台湾师范大学历史学报》第 4 期，1976 年 4 月，第 242～243 页。

③ 特登额等纂《（道光）钦定礼部则例》卷一七一，第 11 页 b～15 页 a。最能确定君臣关系的礼仪，即三跪九叩礼的仪式：先双膝下跪，俯身以两手撑地，将前额叩地，再直起身体，再俯首，以前额叩地，三俯首，再以前额叩地后，起立。接着将上述动作重复三次，即三跪九叩礼。小仓和夫：《中国的威信·日本的矜持》，陈鹏仁译，星定石文化，2002，第 259～265 页。

④ 林存阳：《清初的三礼学》，社会科学文献出版社，2002，第 302 页；林存阳：《三礼馆：清代学术与政治互动的链环》，社会科学文献出版社，2008，第 51～69、150～155 页。

⑤ 来保编《钦定大清通礼》卷四三《宾礼》，第 1 页 a；永瑢等编《四库全书总目提要》卷八二，商务印书馆，1933，第 1723～1724 页。

《大清通礼》的解释，"宾礼"是规定外藩朝贡的仪式，亦是清政府处理对外关系的原则，以实现"天下秩序"的理想。[①] 再比较《清史稿》与《大清通礼》对"宾礼"的诠释，可知两书最大的差异有三，分别是对"宾礼"的定义、清代宾礼的适用对象以及对"天下"的认定范围。

首先，《大清通礼》一开篇就引用《周礼·大行人》："九州岛之外，谓之蕃国，各以其所贵宝为挚"，[②] 作为蕃国朝贡的理论根据，并说明"宾礼"即"朝贡之礼"，只有属国是"宾礼"的施行对象。[③]《清史稿》则引用《诗经》和《公羊传》，指出属国、与国皆是"宾礼"的施行对象。[④]

其次，按《大清通礼》的"朝贡之礼"，即属国按贡期、遣陪臣、赍表文、贡方物，向清帝朝觐，并由礼部主持参朝、谒见、册封、赐谥、宴饮、赏赐等典礼。[⑤]《清史稿》则依管辖机关，将"藩服"分为内服的藩部、外服的属国，并强调"属"的字眼，指出藩部和属国皆为天子的臣属，必须遵行"宾礼"。而且，《大清通礼》列出的属国，包括朝鲜、安南、琉球、缅甸、暹罗、荷兰、苏禄、南掌、西洋国，[⑥]但《清史稿》未列有西洋国。[⑦] 由此可见，清代宾礼具有多重指向，

---

① 来保编《钦定大清通礼》卷四三《宾礼》，第 1 页 a；西嶋定生：《東アジア世界と冊封体制》，岩波书店，2002，第 78 页；高明士：《天下秩序与文化圈的探索》，第 7 页。

② 来保编《钦定大清通礼》卷四三《宾礼》，第 1 页 a；台湾开明书店：《断句十三经·周礼》，《大行人》，第 62 页。

③ 来保编《钦定大清通礼》卷四三《宾礼》，第 1 页 b。

④ 赵尔巽：《清史稿》卷九一《礼志十》，第 2673 页。

⑤ 来保编《钦定大清通礼》卷四三《宾礼》，第 1 页 b。

⑥ 来保编《钦定大清通礼》卷四三《宾礼》，第 1 页 b ~ 2 页 a。朝鲜即今朝鲜和韩国，安南即今越南，琉球即今日本冲绳县，暹罗即今泰国，苏禄即今菲律宾的苏禄群岛，南掌即今老挝，西洋国即今葡萄牙。

⑦ 赵尔巽：《清史稿》卷九一《礼志十》，第 2673 页："清初藩服有二类，分隶理藩院、主客司。隶院者，蒙古喀尔喀、西藏、青海、廓尔喀是也；隶司者，曰朝鲜，曰越南，曰南掌，曰缅甸，曰苏禄，曰荷兰，曰暹罗，曰琉球。亲疏略判，于礼同为属也。"

不只适用于属国，蒙古、西藏、回部等藩部也同样适用"宾礼"。尤其是藩部的册封、朝觐、秋狩制度，亦可归入广义的"宾礼"。

再次，《大清通礼》指出，"四夷"必须具备两项资格，一是膺服国家声教，二是作为"徼外"的山海诸国，才适用"宾礼"。[①]相对《大清通礼》强调天子教化的说法，《清史稿》却未设限，以为来者皆是宾客。[②]《大清通礼》特别强调"教化"的必要性。[③]若"徼外"的山海诸国，被天子的德行感化，愿意受敕封、奉表文、贡方物、领赏赐，即成"蕃国"。[④]换言之，一旦接受皇帝的敕封，确立君臣名分，即意味着接受了天子的教化，山海诸国也会变为《周礼·大行人》指的"蕃国"，由"徼外"纳入"天下秩序"之内。

从上述三项比较可知，《大清通礼》强调天子教化的意义，并以该国是否接受皇帝册封，判别该国是否接受天子教化，进而判别是"徼外"还是"蕃国"。《清史稿》强调我为主人，来者皆宾，[⑤]属国、与国皆用"宾礼"。由此可知，对"天下"的政治空间及其"宾礼"的施行对象，《大清通礼》和《清史稿》的看法不同。尤其《清史稿》因编于民初，此时"与国"的概念已经形成，承认有与中国平起平坐的国家，更不同于《周礼》对"天下"的看法。事实上，两书诠释"宾礼"的差异，乃因清帝国对外观念的改变，可见

① 来保编《钦定大清通礼》卷四三《宾礼》，第 1 页 b。
② 赵尔巽：《清史稿》卷九一《礼志十》，第 2673 页。
③ 毛亨传，孔颖达疏《毛诗注疏》卷一，《重刊宋本十三经注疏》，第 19 页 b："化南土以成王业，是王化之基也。"张启雄指出，王化思想即用夏变夷，教化乃华夷趋同的必要手段，也让有心向化的夷狄成为"化内"之民。由此可知，《钦定大清通礼》所称"国家声教"，着重教化之意，即通过天子德治，教化蛮夷，使之同化为"华"。张启雄：《中华世界秩序原理的源起：近代中国外交纷争中的古典文化价值》，第 130~132 页。
④ 熊义民：《略论先秦畿服制与华夷秩序的形成》，《东南亚纵横》2002 年第 3 期，第 120~123 页。
⑤ 赵尔巽：《清史稿》卷九一《礼志十》，第 2673 页："无论属国、与国，要之，来者皆宾也。我为主人，凡所以将事，皆宾礼也。"

清政府的"天下观"不是一成不变的，反而因应政治上的需求，随之调整"宾礼"的施行范围和适用对象。

"天下"一词首见于《尚书》，但《尚书》只笼统地使用"天下"、"四海"、"畿服"等概念，并未有明确的解释。① 比起《尚书》，《周礼·职方氏》提出的"九服"已相当完整，明确了邦国的对象、范围及功用。② 而《周礼·大行人》更为具体，提出了"畿服"、"朝觐"、"进贡"等概念，规定了各邦国范围、朝觐时间及贡物类别等义务。③ 换言之，《周礼·大行人》首次提出"蕃国"的说法，正是承认在"华夏"之外地区，尚有周天子管辖不及的"蛮夷"，即是将"九服"最为外围的夷服、镇服、藩服，合并称为"蕃国"。而儒家学者判别"华"、"夷"的标准，即是否接受中国的礼制、服章。④ 因此，华夏、蛮夷之间，虽各自对立，但只要"夷"接受天子的教化，便可转换为"华"，融入华夏世界，即"以夏变夷"。⑤ 对此，张启雄指出，华、夷是互变的机制（mechanism），"化外"的蛮夷只要得到教化，便可转为"化内"的华夏，就有得"天命"的资格，与汉人相争天下，入主中国。⑥

---

① 台湾开明书店：《断句十三经·尚书》，《禹贡》，第 7 页；何新华：《试析古代中国的天下观》，《东南亚研究》2006 年第 1 期，第 52～56 页；张文：《论古代中国的国家观与天下观——边境与边界形成的历史坐标》，《中国边疆史地研究》2007 年第 3 期，第 19～26、151 页。

② 台湾开明书店：《断句十三经·周礼》，《职方氏》，第 51 页；顾颉刚：《浪口村随笔》卷二，辽宁教育出版社，1998，第 35～36 页。顾颉刚怀疑"畿服"的存在。

③ 台湾开明书店：《断句十三经·周礼》，《大行人》，第 62 页。

④ 杜预注，孔颖达疏《春秋左传注疏》卷五六《定公十年》，第 976 页 b；王瑞杰：《西周礼治文化探论》，花木兰文化出版社，2009，第 75～110 页；黄枝连：《亚洲的华夏秩序：中国与亚洲国家关系形态论》，中国人民大学出版社，1992。黄枝连指出，礼治文化的基础是正名定分，即相应于身份的尊卑贵贱，决定权力和义务，并层层推展，建构天下的名分秩序。

⑤ 张启雄：《中华世界秩序原理的源起：近代中国外交纷争中的古典文化价值》，第 107～112 页。

⑥ 张启雄：《中华世界帝国与近代中日纷争》，蒋永敬编《近百年中日关系论文集》，"中华民国"史料研究中心，1992，第 20～26 页。在王化思想下，夷狄可通过"华夷可变论"的机制，从"化外"转成"化内"。

为了突破满汉种族之别，清初诸帝致力于模糊"华"、"夷"的判别标准，大量重编官方经学，并借由"宾礼"的朝觐、燕饮、赏赐等仪式，建立以儒家文化为主，却能兼容各部族的清帝国。萧敏如经过考证，指出雍正皇帝（1678～1735，1722～1735 在位）强调君臣大义，并引用韩愈（768～824）"诸侯用夷礼则夷之；进于中国则中国之"一语，① 将"夷"解释为不尊王者，让"攘夷"失去目标，也淡化"夷夏之防"的种族色彩。②另外，伊东贵之也指出，雍正皇帝通过《大义觉迷录》，强调清帝得天下的正当性，并利用儒家经典的"以德服人"、"天命思想"及"王化思想"，驳斥狭隘的种族观念，也能将蒙古、西藏、回部等地区收拢入中华世界帝国。③

由此可知，对清初诸帝而言，只要用"教化"来判断华夏、蛮夷，便能避开汉人、满人的种族问题，还能证明清帝获天命、成天子、得天下的正当性基础，并让清帝国的边界变得模糊，华夷界限也有了伸缩的变动空间。④ 若有外来者与清政府交涉，却不愿接受皇帝的册封时，等于拒绝天子的教化，清政府便以"化外"视之为"外夷"。因此，当清初诸帝重新解释"华"、"夷"的定义时，帝国的"边界"不再是汉族与非汉族的绝对界线，而是变成相对的文化

---

① 韩愈：《原道》卷五五八，董诰等编《全唐文》，中华书局，1987，第5649 页 b。

② 萧敏如：《从华夷到中西：清代〈春秋〉学华夷观研究》，花木兰文化出版社，2009，第 77～90、129～133、174～185、187～191 页。萧敏如指出，清政府重编经书时，往往以"中外"替代"华夷"的字句，以"外藩"或"藩部"替代"夷狄"的字句，达到模糊华夷之分的目的。

③ 伊东贵之：《思想としての中国近世》，东京大学出版会，2005，第 137～222 页。伊东贵之指出，从政治史的立场去观察吕留良案、戴名世案、年羹尧案、曾静案等事件，未必能解释文字狱的真正问题，从大义名分与华夷秩序讨论，方能分析观察文字狱、思想统制及皇权专制的关系。

④ 平野聪：《清帝国とチベット问题：多民族统合の成立と瓦解》，名古屋大学出版社，2004，第 36～47、139～175 页。平野聪指出"中华世界"本身就是思想化的概念，让"中国"至少有四种用法，可见清帝国领域是变动的，其边界也有伸缩性。

概念，并连带调整外藩、属国、外夷的身份认定，逐渐强调“内外有别”的等差礼秩。①

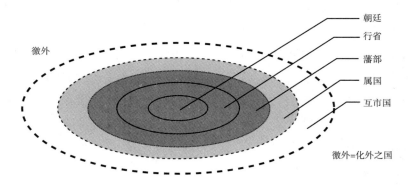

图 1 – 3   清代宾礼的施行范围

说明：帝国的“内”用深灰色，界线用实线表示，分别为朝廷、行省、藩部。帝国的“外”则用浅灰、白色，界线用虚线表示，分别是属国、互市国。虚线间距越宽，表示清帝国的控制力越低。在互市国之外区域，则为文教未及的徼外，表示化外之国不施行宾礼。

笔者根据清代编成的五部《大清会典》、②《钦定大清通礼》及民国初年编的《清史稿》的属国清单，整理成表 1 – 6。

所谓内外之间的“边界”，乃是中国想象自身与周边诸国的关系，而不是指实质意义上的国界或疆土界限。从表 1 – 6 的整理可知，清代各朝划定“边界”的标准，乃随着清帝国的力量强弱随时改动。一旦改变“边界”的界定，藩部、属国也会有身份上的变化。清帝国视对象的不同，不拘旧制，或据双方势力消长，变动属国的认定标准。

———————————

① 王健文：《帝国秩序与族群想象：帝制中国初期的华夏意识》，第 159 ~ 162、169 页；王尔敏：《中国近代思想史论》，华世出版社，1977，第 210 页；拉铁摩尔：《中国的亚洲内陆边疆》，唐晓峰译，江苏人民出版社，2005，第 157 ~ 159 页；理查德兹：《差异的面纱：文学、人类学及艺术中的文化表现》，如一译，辽宁教育出版社，2003，第 10 页。

② 五部《大清会典》分别在康熙二十九年、雍正十年、乾隆二十九年、嘉庆二十三年、光绪二十五年编成。关于五部《大清会典》修纂过程、增减内容及特色，详见李国蓉《〈大清会典〉纂修之研究》，硕士学位论文，台北大学人文学院古典文献研究所，2006。

表 1－6　清代诸政书及《清史稿》列出的属国清单

政　书	礼部所辖属国	理藩院所辖属国	理藩院所辖藩部	互市之国
康熙会典（1690）	朝鲜、土鲁番、琉球、荷兰、安南、暹罗、西洋国（卷七二，第 3 页 b～18 页 a）、西番各寺（乌斯藏）、洮岷番寺、河州番寺、西宁番寺、西纳番寺、金川寺番僧（卷七三，第 1 页 a～12 页 a）	喀尔喀、厄鲁特（卷一四四，第 1 页 a）	外藩蒙古四十九旗（卷一四三，第 1 页 a）	无此分类
雍正会典（1732）	朝鲜、琉球、荷兰、安南、暹罗、西洋诸国、苏禄、土鲁番（卷一〇四，第 4 页 a～38 页 a）、西番各寺（乌斯藏）、陕西边地番寺（洮岷、河州、庄浪、西宁、肃州诸番寺、西纳番寺）、四川省边地番寺（金川寺番僧）（卷一〇五，第 1 页 a～15 页 a）	无此分类	外藩蒙古四十九旗（《理藩院则例（乾隆朝）》，第 233 页）	无此分类
大清通礼（1759）	朝鲜、安南、琉球、缅甸、暹罗、荷兰、苏禄、南掌、西洋国（卷四三，第 1 页 b～2 页 a）	无此分类	外藩（卷四四，第 1 页 b～2 页 a）	无此分类
乾隆会典（1764）	朝鲜、琉球、苏禄、安南、暹罗、西洋、缅甸、南掌（卷五六，第 1 页 a～11 页 a）	哈萨克、布鲁特、安集延、玛尔噶朗、霍罕、那木干、塔什木、拔达克山、博罗尔、爱乌罕、奇齐玉斯、乌尔根齐（卷八〇，第 14 页 b）	漠南蒙古（卷七九，第 19 页 b）、喀尔喀蒙古、青海、厄鲁特、西藏、准噶尔（卷八〇，第 1 页 a）	俄罗斯（卷八〇，第 7 页 b）

续表

政　书	礼部所辖属国	理藩院所辖属国	理藩院所辖藩部	互市之国
嘉庆会典（1818）	朝鲜、琉球、越南、南掌、暹罗、苏禄、荷兰、缅甸、西洋诸国（卷三一，第 1 页 a～12 页 a）	布鲁特、哈萨克、霍罕、博罗尔、巴达克山、塔什罕、爱乌罕（卷五三，第 18 页 a～19 页 a）	内蒙古（四十九旗）、外蒙古（喀尔喀）、青海蒙古、西套额鲁特、额济纳土尔扈特、杜尔伯特、土尔扈特、和硕特、回部（卷四九，第 1 页 a～14 页 a）	日本国、港口国、柬埔寨、宋居劳国、柔佛国、亚齐国、吕宋国、莽均达老国、噶喇吧国、千绵腊国、法兰西国、啴国、咥国（卷三一，第 12 页 a～14 页 a）、俄国（卷五二，第 22 页 b～24 页 a）
光绪会典（1899）	朝鲜、琉球、越南、南掌、暹罗、苏禄、缅甸（卷三九，第 2 页 a～3 页 a）	布鲁特、哈萨克、霍罕、博罗尔、巴达克山、塔什罕、爱乌罕（卷六七，第 7 页 a～8 页 a）	喀尔喀、杜尔伯特、土尔扈特、和硕特、辉特、绰啰斯、额鲁特、和托辉特、哈柳沁、托斯、奢集鲁特、古罗格沁（卷六六，第 1 页 a～2 页 a）	余国则互通市焉（卷三九，第 3 页 a）
清史稿（1927）	朝鲜、越南、南掌、缅甸、苏禄、荷兰、暹罗、琉球（卷九一，第 2673 页）	廓尔喀（卷九一，第 2677 页）、布鲁特、哈萨克、浩罕、博罗尔、巴达克山、塔什罕、爱乌罕（卷一一五，第 3299 页）	蒙古、喀尔喀、西藏、青海（卷九一，第 2673 页）、回部（卷一一五，第 3298 页）	西洋诸国（卷九一，第 2673 页）

资料来源：《大清会典（康熙朝）》卷七二、七三、一四四；《大清会典（雍正朝）》卷一○四、一○五；《钦定大清会典（乾隆朝）》卷五六、八○；《钦定大清会典（嘉庆朝）》卷三一、五二、五三；《钦定大清会典（光绪朝）》卷三九，启文出版社，1963 年影印本；《清史稿》卷九一、一一五；赵云田点校《理藩院则例（乾隆朝）》，第 233 页。

尤其当"属国"的身份转为"外藩"时，表示这些国家被归在"化内"，成为清帝国的藩部；当身份由"属国"变成"互市国"时，也表示这些国家被归于"化外"，成为清帝国的"不臣之国"。对这些"不臣之国"，清帝国承认既有事实，不再设法将之变为属国，只存留通商关系，断绝与这些国家的政治关系，将之归入"互市国"的行列。①

清帝国的内、外边界具有流动性，共有四项变化，分述如下：第一，《康熙会典》对"藩服"的对象，不只是礼部主客清吏司管理的属国、西番各寺、西纳番寺，还包含理藩院管辖的漠南蒙古四十九旗及兵部统管的各番土司。② 原本在《康熙会典》中被列为属国的西番各寺、乌斯藏、洮岷番寺、河州番寺、西宁番寺、西纳番寺、金川寺番僧，在《雍正会典》中却附上省份名称，表示这些番寺、番僧整合入内地，遂归为"陕西边地番寺"或"四川省边地番寺"。

第二，乾隆朝是清帝国"边界"大为扩张的重要时期，喀尔喀、西藏、厄鲁特、回部已陆续纳入国家版图。③ 乾隆朝以前，这些被视为"属国"的地区，在《乾隆会典》里已归入"藩部"，表示清帝国再一次改变内、外的界限。《大清通礼》先将这些地区定位为"外藩"，更动"化内"与"化外"的界限。《乾隆会典》再将西番诸寺、金川寺番僧的进贡事宜，从"礼部·主客清吏司"挪到"理藩院"条，④ 等于由"属国"转化为"外藩"，改由理藩院管辖，不再

① 钱实甫：《清代的外交机关》，第 8 ~ 14 页。
② 伊桑阿等修《大清会典（康熙朝）》卷七二，第 1 页 a；卷七三，第 1 页 a ~ 12 页 a；卷七四，第 5 页 a、6 页 b、7 页 b、9 页 a ~ 11 页 b；卷八五，第 10 页 b ~ 22 页 b；卷一四二，第 1 页 a ~ 1 页 b；卷一四四，第 3 页 b ~ 5 页 b。
③ 庄吉发：《清高宗十全武功研究》，中华书局，1987，第 1 ~ 4、6 ~ 7 页。乾隆朝对准噶尔、回部、大小金川及西藏的控制，可参见该书第一章至第四章，本书不赘述。
④ 允裪等修《钦定大清会典（乾隆朝）》卷八〇，台湾商务印书馆，1983，第 10 页 a、12 页 b、13 页 b ~ 14 页 a、23 页 a、26 页 a ~ 26 页 b。在《钦定大清会典（乾隆朝）》里，西番、西宁、金川等番寺、番僧的进贡事宜，挪入《理藩院》篇目，但其内容不如《钦定大清会典（嘉庆朝）》详细。托津等修《钦定大清会典（嘉庆朝）》卷五二，沈云龙编《近代中国史料丛刊三编》第六四至六九册，文海出版社，1987，第 30 页 b ~ 31 页 a；卷五三，第 9 页 a；卷五四，第 16 页 b ~ 18 页 a。

由礼部管辖。①

　　第三，自乾隆朝后，"四夷"专指未称臣纳贡的"化外之国"，显示清帝国的内、外界限已建构完成，故强调"化内"与"化外"的区别，并以"中外"取代"华夷"，或将"夷"、"洋"混用，回避汉人对"夷"的多重想象。② 乾隆皇帝更自居中华正统，要求地方督抚严守"中外之防"，作为与洋人交涉的原则，禁止地方督抚与洋人交往。③

　　第四，《嘉庆会典》有别康熙、雍正、乾隆三朝的会典，首次出现"互市诸国"的专栏。④ 例如，在《雍正会典》中被列入《理藩院·朝贡》栏目的俄国，在《乾隆会典》、《嘉庆会典》中特别强调"互市"的面向，⑤ 更将这些通商事务归入《嘉庆会典事例》中的《理藩院·边务》，⑥ 可见"互市"已正式纳入清朝典制之内。也就是说，从乾隆、嘉庆朝开始，"互市"正式出现在官方政书中，专指中国开市，与他国通商，或与周边部族交易。这些与外国交易的事务，由地方官管理，户部总其成，脱离礼部、理藩院的管理。⑦

---

① 张永江：《清代藩部研究：以政治变迁为中心》，第 33～36 页。与明朝相比，清帝国的统治更为多元、灵活。例如西番诸寺、金川番僧内附为藩部后，清政府分别制定军府制、札萨克制、伯克制、政教合一制等管理方式。

② 萧敏如：《从华夷到中西：清代〈春秋〉学华夷观研究》，第 187～191 页。

③ 中国第一历史档案馆编《英使马戛尔尼访华档案史料汇编》，国际文化出版公司，1996，166 条，《军机处档案》，第 118 页下。

④ 托津等修《钦定大清会典（嘉庆朝）》卷三一，第 12 页 a。《清朝通典》比《钦定大清会典（嘉庆朝）》更早出现"互市"一词，但《清朝通典》列出朝献列国、互市群番、革心面内部落三类，却只按东南西北分类，未按其身份分类，难以分析。清高宗修《清朝通典》卷九七，第 2792 页 b。

⑤ 允裪等修《钦定大清会典（乾隆朝）》卷八〇，第 7 页 b；托津等修《钦定大清会典（嘉庆朝）》卷五二，第 22 页 b～24 页 b。

⑥ 托津等修《钦定大清会典事例（嘉庆朝）》卷七四六，沈云龙编《近代中国史料丛刊三编》第七〇册，文海出版社，1991，第 3 页 a～10 页 a。

⑦ 梁廷枏编《粤海关志》卷七，沈云龙编《近代中国史料丛刊续编》第一九册，文海出版社，1975，第 20 页 a～51 页 a；卷八，第 6 页 b、15 页 a～18 页 a。海关直属户部，不受地方行政管辖，向户部和内务府报解税饷。海关监督由皇帝从内务府中简点，直接向皇帝、户部、内务府负责，拥有极大的权力，督抚以下官员无权干预关务。海关监督直接向皇帝和户部奏报每年的贸易和关税收支情况。从

《皇朝通考》讫乾隆五十年，我为上国，率土皆臣，无所谓外交也，理藩而已。外洋各国向慕庆祝，而至者各修朝贡，略具互市，故未列外交一门。①

清政府的互市制度，即依据宋、明两代边地开市的先例，② 在康熙二十三年（1684）设置江、浙、闽、粤海关，征收关税，并管理外洋通商事务，让"朝贡"与"互市"并存。不愿入贡称臣的欧洲国家，只能在设有海关的正港，与中国行商进行贸易，无法与清政府建立政治关系，亦不存在平行往来的可能。③ 公行行商领有执照，获得清政府的特许权，方可与外洋商人交易。地方督抚监控行商，严防行商私通外国，并依据《防范外夷规条》管理外国商人在中国的活动，也使"互市"成为控制外商的手段。④ 一旦有外国商人犯禁走私，或不遵守官府的规定，地方督抚则禁止行商与之往来，切断其贸易的渠道。

互市的制度化表示清帝国划出了内、外的范围，承认在"天下秩序"的范围外，尚有"化外之国"的存在。⑤ 在《北京条约》签订（1860）之前，清帝国的对外关系只承认称臣纳贡的封贡体制，但通过互市制度，清帝国就不需与这些"化外之国"建立政治关系，

　　粤海关的职官表可知，粤海关由海关监督管理，但两广总督亦可兼理，所有海关正课税收与杂项规银皆需登记进项和支出，海关与督抚衙门皆有卷册查核，避免吏员私扣暗加，漏税贪污。

① 刘锦藻：《清朝续文献通考》卷三三七，台湾商务印书馆，1987，《外交考一》，第 10781 页 a。

② 岩井茂树：《十六と十七世紀の中国辺境社会》，小野和子编《明末清初の社会と文化》，京都大学人文科学研究所，1996，第 625～660 页。

③ 冈本隆司：《"朝贡"と"互市"と海関》，《史林》2007 年第 5 期，第 749～771 页；廖敏淑：《清代对外通商制度》，王建朗、栾景河主编《近代中国、东亚与世界》（下卷），社会科学文献出版社，2008，第 459～461 页。

④ 梁嘉彬：《广东十三行考》，商务印书馆，1937，第 365～367、388～389、395 页；梁廷枏编《粤海关志》卷二八《部覆两广总督李侍尧议（乾隆二十四年）》，第 22 页 b～28 页 a。

⑤ 钱实甫：《清代的外交机关》，第 11～13 页。

并通过通商禁令，将不称臣纳贡的日本、柬埔寨、法兰西等国家归入"互市国"的行列。① 如此一来，既不会动摇皇帝的天子权威，也回避了外洋诸国是否称臣的难题，为不受"宾礼"约束的国家预留了转圜的空间。② 是故，西洋诸国在《嘉庆会典》中，先由"属国"转为"互市国"，确定其"化外"的属性，再通过互市制度，厘清"进贡"与"通商"的模糊性。这样，作为不受天子教化的外洋诸国，不必向皇帝称臣纳贡，并可用"夷"的身份，进入"天下秩序"之中。

（二）敌体与客礼

"宾礼"的制礼原则，不只有不对等的君臣关系，还有讲究对等的宾主关系，如规范人们往来的"相见礼"即是一例。③ "客礼"称主客礼，或宾客礼，或敌国礼，被归入"宾礼"之内。④ "客礼"与"朝贡礼"的不同之处在于：一是只论主客，不论尊卑；二是敌体相对，可分庭抗礼，平起平坐，多用于降人，取"不臣"之意。⑤ "不臣"即意谓这些国家、人民非皇帝臣属，往来双方是对等位阶。在"客礼"的对等原则下，敌国若与中国相交，两国互送的文书，概称为"书"；敌国派遣的使者是"客臣"，而敌国使者觐见皇帝时，如同见本国国主，虽有尊卑之分，但不向皇帝行臣属之礼；两国官员相交往时，依主客之分，互行"相见礼"。⑥

---

① 昆冈等编《钦定大清会典事例》卷五一一，第13页a～14页a、15页a。这些禁令，如外洋商人不准登岸定居，不得结交内地华商，不得私贩丝、绵、绢、缎等物。
② 岩井茂树：《清代の互市と"沈黙外交"》，夫马进编《中国東アジア外交交流史の研究》，京都大学学术出版会，2007，第380～382页。
③ 李无未：《中国历代宾礼》，第3页。
④ 郑玄注，孔颖达疏《礼记注疏》卷六三《聘义》，第1～3页。
⑤ 徐美莉：《中国古代的客礼》，《孔子研究》2008年第4期，第97～104页；蔡幸娟：《北魏时期南北朝降人待遇——客礼研究》，《成功大学历史学报》第15期，1989年3月，第351～408页。
⑥ 蔡宗宪：《中古前期的交聘与南北互动》，稻乡出版社，2009，第60～61页。蔡宗宪指出，南北朝时期，南北双方在势均力敌的情况下，互相承认是抗敌之国，两国遣使采对等性的交聘形式，非宗藩关系下的封贡形式。

如前所述，《周礼·大行人》合并"九服"最为外围的夷服、镇服、藩服，改称"蕃国"。《周礼·大行人》不再称"服"的做法，等于承认"蕃国"自成一体，未必膺服周天子的权威，天下不全是周天子的臣属。历代儒家学者虽引用"普天之下，莫非王土；率土之滨，莫非王臣"[1] 来解释皇权与天下秩序的关系，但从现实政治来看，皇帝的权力有其限制，天下之内未必皆是王臣。对不服天子权威者，称为"敌"，取其"不臣"之意,[2] 并视同蛮夷，周天子有征伐之权，轻则贬爵削地，重则派军征讨，达到明君臣之义、亲尊卑之序的目的。[3] 如《礼记·郊特牲》主张天子为天下秩序的顶点，批评鲁国三桓（季孙氏、叔孙氏、孟孙氏）只是卿大夫身份，竟自尊为主人，在家设宴，招待鲁国国君，是为失礼。

> 大夫而飨君，非礼也。大夫强而君杀之，义也；由三桓始也。天子无客礼，莫敢为主焉。君适其臣，升自阼阶，不敢有其室也。觐礼，天子不下堂而见诸侯。下堂而见诸侯，天子之失礼也，由夷王以下。[4]

三桓招待鲁君的故事，正是说明主客之礼不可用于君臣之间，只可用于身份相对等者，并依其品阶不同，接待的方式亦有差异。

---

[1] "普天之下，莫非王土；率土之滨，莫非王臣"一语，原出于《诗经·小雅》，但其原文"溥天之下，莫非王土；率土之滨，莫非王臣。大夫不均，我从事独贤"，乃指大夫抱怨劳逸不均，王事繁重。《孟子》一书已指明其错谬，但后世仍错引《春秋》："封略之内，何非君土，食土之毛，谁非君臣。故诗曰，普天之下，莫非王土，率土之滨，莫非王臣"，用以彰显周天子权威，甚至演为皇权的正当性基础之一。

[2] 何晏集解，邢昺疏《论语注疏》，《重刊宋本十三经注疏》，《季氏第十六》，第147页 b。

[3] 邵懿辰：《礼经通论》，《皇清经解续编》第一八册，复兴书局，1972 年据南菁书院刊本影印。清代学者邵懿辰指出："冠、昏、丧、祭、射、乡、朝、聘八者，礼之经也……聘食以睦邦交，朝觐以辨上下。"

[4] 台湾开明书店：《断句十三经·礼记》，《郊特牲》，第 50 页。

若天子以"客礼"款待臣属，即天子失礼，无异承认臣属与天子地位对等，将造成君臣逆位的危机。

正因为君臣尊卑有严格的界限，款待仪节同样也依其身份，在仪式上规定各种细节。如从《通典》对入门仪的解释，便可知根据入门方向的左右，同样也能判断主人、宾客的身份及位阶，借以彰显君臣的等差位阶及宾主的对等位阶。

> 入门而右，执臣道，不敢由宾客之位。卑者见尊，奠贽而不授。摈者谒。谒犹告也。上摈告以天子前辞，欲亲受之如宾客也。①

从门左侧入是客礼，宾客要从左侧门进，主人则从右侧门进，要让主人先进门。从门右侧入是臣礼，臣属觐见皇帝，应从右门入殿，臣子不能以宾客的身份自居，自然不能由左侧门入。因此，入门方向的细节不容混淆。一旦混淆，不只是身份的逾越，也意味着"名分秩序"的破坏。

主客之礼也可用于天子接待蛮夷。蛮夷者，即未曾接受天子的教化，也没有接受皇帝册封，双方不具有君臣名分。因此，当蛮夷来朝时，天子不必责其行"臣礼"，一概视为宾客，格外优容。最可说明"客礼"用于蛮夷的例子，即汉宣帝（91B.C.~49B.C.，74B.C.~49B.C.在位）时期，匈奴呼韩邪单于（？~31B.C.）欲归附汉帝国，故召开廷议讨论单于归附的礼仪。当时，丞相等人皆主张单于为天子之臣，以诸侯见天子之礼，位次在诸侯王之下。② 可是，太子太傅萧望之（？~47B.C.）却提出反论，主张单于本为敌体，其封号也不是皇帝赐予，应待以"不臣之礼"，以示羁縻。

---

① 杜佑：《通典》卷七四，王文锦点校，中华书局，1988，第2017页。

② 班固：《汉书》卷七八，鼎文书局，1981，《萧望之传》，第3282页："圣王之制，施德行礼，先京师而后诸夏，先诸夏而后夷狄。"

单于非正朔所加，故称敌国，宜待以不臣之礼，位在诸侯王上。外夷稽首称藩，中国让而不臣，此则羁縻之谊，谦亨之福也。《书》曰："戎狄荒服"，言其来［服］，荒忽亡常。如使匈奴后嗣，卒有鸟窜鼠伏，阙于朝享，不为畔臣。①

萧望之指的"不臣之礼"，即汉帝国以高于款待诸侯王的仪节，款待单于，以示优礼。根据保科季子的研究，可知汉帝国开国之初，汉帝国不敌匈奴的武力，只好与匈奴对等往来，皇帝与单于结盟为兄弟关系。为了扭转过去与匈奴的屈辱外交，汉武帝（156B. C. ～87B. C.，141B. C.～87B. C. 在位）征伐匈奴，并引用《公羊传》的攘夷思想，证明中国征讨匈奴的正当性。到了汉宣帝时期，匈奴内乱，汉帝国在与匈奴的较量中已居于优势。② 因此，萧望之提出"夷狄不臣"的论点，指出汉帝国只要按"不臣之礼"接待单于，表示优待，汉、匈关系便有转圜的空间。一旦单于不再来朝，汉帝国不用视其为叛臣，出兵征讨，增加汉帝国的负担。最后，汉宣帝采用了萧望之的建议，并引用三王五帝教化之义，说明自身才德不足以感化匈奴，故以"客礼"待之，令单于位次在诸侯王之上，赞谒称臣而不直呼其名，以示优礼。③

对呼韩邪单于归汉之事，东汉学者视为"王者不臣"的特例。秉承汉章帝（58～88，75～88 在位）意志，集儒家学者编写的《白虎通义》便针对这个特例，提出"王者不臣"的论点。④《白虎通义》以为不需向皇帝称臣者有三类：一是前代王室的后裔，二是嫡妻的父母，三是与中国异俗的夷狄。

① 班固：《汉书》卷七八《萧望之传》，第 3282 页。
② 保科季子：《漢儒の外交構想——"夷狄不臣"論を中心に》，夫马进编《中国東アジア外交交流史の研究》，第 33～43 页。
③ 班固：《汉书》卷七八《萧望之传》，第 3283 页。
④ 班固：《白虎通义》卷三，宋联奎辑《关中丛书》第 2 集，通志馆，1934～1936，《王者不臣》，第 10 页 a～12 页 b。

　　王者所以不臣三，何也？谓二王之后，妻之父母，夷狄
也……夷狄者，与中国绝域异俗，非中和气所生，非礼义所能
化，故不臣也。《春秋传》曰："夷狄相诱，君子不疾"。《尚
书·大传》曰："正朔所不加，即君子所不臣也"。①

《白虎通义》也指出，由于夷狄位居"绝域"，与中国风俗文化
迥异，中国礼义之道无法教化，故夷狄不需称臣、奉正朔。对这些
不需向皇帝称臣的夷狄，皇帝应尊重其统治权，允许其列土封王，
南面而治；接待夷狄的礼仪，采用主客之礼，与天子之臣相异，明
显高于诸侯王的规格。

　　王者不纯臣诸侯何？尊重之，以其列土传子孙，世世称君，
南面而治。凡不臣，异。朝，则迎之于著；觐，则待之于阼阶，
升阶自西阶。为庭燎，设九宾，享礼而后归。是异于众臣也。②

对此，保科季子也指出，《白虎通义》延续今文经学派的基本原
则，并采用萧望之的"不臣"说法，同意"天子不治夷狄"之论，
将夷狄置于"化外"，汉帝国可视为"客臣"，待以"客礼"。③

对《王者不臣》一篇，清代学者陈立（1809~1869）根据《公羊
传》"王者不治夷狄，录戎者，来者勿拒，去者勿追"，④并引用萧
望之的说法，指出夷狄与中国风俗、章服、饮食、语言各异，中国
政教本不及于夷狄，无法教化夷狄。在这样的情况下，夷狄无礼是
当然之事，不必责以君臣之礼。⑤陈立解释，所谓纯臣，乃天子藩卫
的诸侯；不纯臣者则"彼人为臣，非己德所及"。⑥也就是说，若诸

---

① 班固：《白虎通义》卷三《王者不臣》，第9页b~10页a。
② 班固：《白虎通义》卷三《王者不臣》，第10页b。
③ 保科季子：《漢儒の外交構想——"夷狄不臣"論を中心に》，夫马进编《中国
東アジア外交交流史の研究》，京都大学学术出版会，2007，第43~49页。
④ 何休：《春秋公羊注疏》隐公卷二《隐公二年》，《重刊宋本十三经注疏》，第24页a。
⑤ 陈立：《白虎通义疏证》卷七《三不臣》，中华书局，1994，第318页。
⑥ 陈立：《白虎通义疏证》卷七《诸侯不纯臣》，第320页。

侯的统治权非天子所赐予的话，天子应同意该诸侯列土、称君、治民的权力。是故，接待不纯臣者的礼仪，不应与纯臣相同。天子应以主人身份接待，视其为宾客，而接待不纯臣者的礼仪，采主客之礼，所以天子在东阶迎接，诸侯自西阶登阶，并由九宾陪侍，召开燕会。

《公羊传》与《白虎通义》的"王者不治夷狄"之论，说明政教与行礼的关系，即政教不及者，可行"客礼"。不臣者无须以臣属身份视之，而是按"客礼"接待，即天子与外国君长只着重"主人—宾客"的关系，采对等地位，安排相见礼。到了唐代，国力强盛，多国来朝，但"客礼"仍允施行，不全采用君臣之礼。例如，开元二年（714），大食使者觐见唐玄宗（685～762，712～756在位）时，采"平立不拜"的方式。[1] 当时有官员欲问罪大食使者，但中书令张说（667～730）却主张大食与中国异风殊俗，属于"化外"，故大食使者可站立不拜，不行君臣之礼。从这个故事可知"客礼"与"王者不治夷狄"的观念又有新变化。不同于呼韩邪单于归汉的案例，张说主张大食使者不必行君臣之礼，并以慕义、远人的理由，为大食使者开脱不拜皇帝之罪，也平息了可能会发生的礼仪冲突。

后来，唐帝国势衰，对夷狄的态度渐趋强硬。唐代韩愈的《原道》一文，强调中国之礼与夷礼的差异："孔子之作《春秋》也，诸侯用夷礼则夷之；进于中国则中国之"，[2] 使北宋学者开始质疑《公羊传》与《白虎通义》的"王者不臣"说法，并对夷狄不受中国之治的解释开始有不同的诠释，连带也影响了他们对"客礼"的看法。例如，苏轼（1037～1101）的《王者不治夷狄论》主张中国以不治之治以治夷狄，这一论点屡被官方政书或后世学者引用，尤其是其"不治治之"的主张，对后来的中国对外政策影响甚大。[3] 苏

---

① 刘昫等撰《旧唐书》卷一九八《大食国》，鼎文书局，1981，第5316页："开元初，遣使来朝，进马及宝钿带等方物。其使谒见，唯平立不拜，宪司欲纠之。中书令张说奏曰：大食殊俗，慕义远来，不可置罪。上特许之。"
② 韩愈：《原道》，董诰等编《全唐文》卷五五八，第5649页b。
③ "以不治治之论"的理论，见张启雄《中华世界秩序原理的源起》，第120～125页。

轼指出，夷狄的本质为"乱"，中国的本质为"治"，故不可以中国之治治之。若中国强以中国礼义之道，加于夷狄，容易让夷狄不满，将招致大乱。因此，苏轼主张中国以不治之治以治夷狄。

同时，苏轼也重新解释"不纯臣者"的意义，反驳《春秋》对春秋五霸的评论。苏轼指出《春秋》虽重褒贬，但宽容齐、晋，严责秦、楚，可见《春秋》对春秋五霸有双重标准。《春秋》之所以有双重标准，乃因《春秋》以为齐、晋为华夏，秦、楚为夷狄。对此，苏轼反驳说，齐、晋虽主张尊王攘夷，但其动机不纯，并不是真正的"华"；相反的，秦、楚虽贪冒无耻，却有仁义之君，也不是全然的"夷"。

> 是非独私于齐、晋，而偏疾于秦、楚也。以见中国之不可以一日背，而夷狄之不可以一日向也。其不纯者，足以寄其褒贬，则其纯者可知矣。[1]

秦、楚虽有秉道之君，却与犬戎、南蛮交往，实违反了"王者不治夷狄"之义。因此，苏轼以为，《春秋》苛责秦、楚的原因，不是夷狄用夷礼，而是抨击秦、楚以中国之礼，强加夷狄。夷狄用夷礼，不可用中国之礼治之，否则将导致大乱。

> 夫以戎狄之不可以化诲怀服也……不然，将深责其礼，彼将有所不堪，而发其愤怒，则其祸大矣。仲尼深忧之，故因其来而书之以"会"，曰："若是足矣"。是将以不治深治之也。由是观之，《春秋》之疾戎狄者，非疾纯戎狄者，疾夫以中国而流入于戎狄者也。[2]

由上文可知，苏轼主张王者"以不治深治之"。所谓"以不治深

---

[1] 苏轼：《苏轼文集》卷二《王者不治夷狄论》，孔凡礼点校，中华书局，1986，第43页。

[2] 苏轼：《苏轼文集》卷二《王者不治夷狄论》，第44页。

治之"即因夷狄的文化低下,不足以受天子教化,故中国以不治之治,治理夷狄,不强纳为臣民,亦无须强行中国礼教。① 至此,"客礼"又多了一层意味,即夷狄不可化海怀服,中国用中国之礼,夷狄用夷礼,以示优礼。

洪武二年(1369),洪武皇帝引据《仪礼·觐礼》制定宾礼,不再沿用宋代宾礼,并将"朝会礼"从"宾礼"范畴改划到"嘉礼"范畴。② 对"蕃王礼",则以"客礼"为标准,刻意优待蕃王,不直视为臣属。可是,洪武二十七年(1394),洪武皇帝更定新礼,从"蕃王礼"与"蕃使朝贡"的仪式中,删去了"郊劳"、"享献"两项。③ 尤其是座位安排、拜礼次数及答拜方式的更定,使外国蕃王不再与本国亲王平起平坐,反而低于亲王的位阶,明定内、外亲王的高低位阶,彰显皇帝为天下之主。④ 由此可知,洪武二年的宾礼一开始引据《仪礼·觐礼》,以"客礼"接待蕃王,刻意笼络,以增加他们对明帝国的认同感。但洪武二十七年更定礼制时,却删去最具宾主之道的"郊劳"、"享献"仪式,等于否定"客礼"的存在,不再具有宾主对等的精神。从明初礼制更定的情况可知,当明帝国未完全稳定时,采用"客礼",优礼外国蕃王,但当政治稳定后,洪武皇帝便借由礼制更定,采用"朝贡礼",明定君臣名分,确立尊卑位阶,让外国蕃王作为明帝国的外亲王,位阶在内亲王之下。

清帝国初起时,也有同样的情况,可从喀尔喀归降之事,发现清帝国对外政策相当灵活。如清宗室昭梿(1776~1833)以喀尔喀、

---

① Jing-shen Tao, *Two Sons of Heaven*: *Studies in Sung-Liao Relations* (Tucson: University of Arizona Press, 1988), pp. 34 – 52.

② 张廷玉编《明史》卷五六《礼志十》,第 1421 页。

③ 申时行修《大明会典》卷五八《蕃国礼·蕃王来朝仪》,第 1 页 a ~9 页 b。

④ 申时行修《大明会典》卷五八《蕃国礼·蕃王来朝仪》,第 4 页 b ~6 页 b。洪武二年的亲王见蕃王礼:座位东西相向;蕃王拜礼,亲王需降级、答揖,可见亲王为主人,蕃王为宾客,而亲王座稍北,可知亲王略高蕃王,但地位差别并不明显。但洪武二十七年的亲王见蕃王礼已改变。从宴会座位安排,蕃王居侯、伯之下,可知亲王地位明显高于蕃王。

杜尔伯特、土尔扈特等部归降清帝国为例，赞许清帝不去其汗名，保留名号，以礼怀柔，可谓驭民有方。

> 喀尔喀四部落及杜尔伯特、土尔扈特等归降时，皆不去其汗名。盖以其地处遐荒，不足与较。今既仍其名号，异日即稍有梗化，亦不有伤国体。所谓蛮夷相攻，王者不治，较诸前代，争款市之名，受吾祖之绐者，其得失信何如也。①

昭梿也指出，正因为清帝允许这些外藩王公保留"汗"的名位，一旦这些部族反叛的话，清政府亦可据萧望之的先例，预留退路，不需发兵征讨，亦不会损伤国家体面。

昭梿更以俄国为例，证明清帝识驭夷大体，着眼现实利益，不像宋代富弼（1004～1082）与辽使争礼，使宋、辽两国徒争名分，终究兵戎相见。

> 又俄罗斯国未通贡表，故彼此关会不用诏旨，惟令理藩院行文于其玛玉斯衙门［俄国枢密院］，如有司咨牒之状，实得中国驭夷大体，胜于富郑公之争多矣。使宋室于契丹早行此制，乌有燕云连兵之祸哉！②

昭梿解释说，清帝国与俄国的往来，没有依循属国朝觐进贡的模式，并避开清帝、沙皇地位孰高的问题，由理藩院与俄国枢密院行文知照，特用咨、牒等平行文书，等于中、俄两国位阶对等，避免皇帝与沙皇的名分之争，也不必为了礼仪问题，徒开战祸。

对清帝国而言，外洋之国既被摒除在天子教化的范围之外，自不具皇帝臣属的资格。因此，清帝国可视外洋之国为敌体，以"客礼"

---

① 昭梿：《啸亭杂录·续录》卷二《本朝待外国得体》，第431页。
② 昭梿：《啸亭杂录·续录》卷二《本朝待外国得体》，第431页。

待之，甚至接受通商关系的存在，主动把这些欧洲国家列为互市之国，可知清帝国的对外政策相当灵活。值得注意的是，昭梿对"客礼"与俄国之例，尚视为驭夷特例。但同治朝以降，"客礼"的礼意解释又有转化，反而被晚清士人用作维护国体的手段。如陈康祺（1840~?，同治十年进士）援引中俄往来之事例，指出"客礼"用在对外交涉上的弹性空间。

> 国初与俄罗斯立约往来，不强之修表纳贡。彼此关会不用诏旨，惟理藩院行文于其玛玉斯衙门［俄国枢密院］，如有司咨牒状。盖早恐后日梗化，不至有伤国体也。①

由此可知，晚清士人面对中国不得不与西洋诸国平行往来的变局，同样也引用清初与俄国往来的先例，说明"客礼"的适用对象，并称赞清初诸帝的思虑长远，一开始就与俄国对等往来，不必为了觐见问题或两国位阶问题，徒增困扰，有伤国家体面。

三　清初款接俄使之异

对中国汉、唐、明三代的对外关系，外国学界着重东亚诸国的朝贡活动，或强调以中国为中心的天下秩序观，称之为名义性附庸（Vassal State）或朝贡体系（Tributary State System）。② 不过，汉、唐两代虽称盛世，却着眼现实利益，长期与匈奴、突厥对等往来。由此可知，中国传统的对外政策相当有弹性，不但有朝贡制度，要求外国遣使朝

---

① 陈康祺：《郎潜纪闻·初笔》卷一〇《国初与俄罗斯立约不强之修表纳贡》，第222页。

② John K. Fairbank & Ssü-yu Têng, *Ch'ing Administration: Three Studies* (Cambridge: Harvard University Press, 1960), pp. 107 – 218; Gunwu Wang, "Early Ming Relations with South East Asia", in John K. Fairbank ed., *The Chinese World Order: Traditional China's Foreign Relations* (Cambridge: Harvard University Press, 1968), pp. 34 – 44. "名义性附庸"一词出于 A. A. Bokshchanin 对中国与南海诸国的研究，转引自佩雷拉蒙夫、马尔提诺夫《霸权的华夏帝国：朝贡制度下中国的世界观和外交策略》，第 174~175 页。

觐，也有像汉与匈奴、唐与突厥、宋与辽的对等关系。① 明帝国建立后，为了维持国内秩序，防止奸细混入，限制海外贸易，禁绝市舶，建立朝贡、贸易合一的交涉体制。② 于是葡萄牙、荷兰等国商人无法循互市的途径，与中国进行贸易，只好伪装成贡使团，明帝国也不愿穷究，将这些国家作为属国，纳入明帝国的"天下秩序"之中。③

随着中外往来渐多，清帝国对西洋诸国的认识日深。清初诸帝已知"天下"之外还有许多不称臣纳贡的"化外之国"，不可尽纳入"天下秩序"。④ 为了妥善处置这些外来的宾客，清初诸帝吸取与传教士交往的经验，款以特殊礼节，或站立，或握手，或屈膝不叩首。⑤ 同时，清帝国视往来国家的动机与实力，调整其定位，不再一概视为属国，改分为藩部、属国、互市之国，再安排负责的机构与

① 李云泉：《汉唐中外朝贡制度述论》，《东方论坛》2002 年第 6 期，第 84~85 页；吴晓萍：《宋代外交制度研究》，安徽人民出版社，2006，第 50~58 页；Jing-shen Tao, *Two Sons of Heaven*: *Studies in Sung-Liao Relations*, pp. 4-5, 8-9。

② 关于明太祖朱元璋的对外政策、宗藩关系及朝贡贸易的发展，可参考陈文石《明洪武嘉靖间的海禁政策》，台大文学院，1966；Yi-tung Wang, *Official Relations between China and Japan 1368-1549* (Cambridge: Harvard University Press, 1953)；黄枝连：《东亚的礼义世界：中国封建王朝与朝鲜半岛关系形态论》，中国人民大学出版社，1994，第 60~80 页。

③ 李云泉：《朝贡制度史论：中国古代对外关系体制研究》，第 61~66 页；郑永常：《明太祖朝贡贸易体制的建构与挫折》，《新亚学报》2003 年第 22 期，第 457~498 页；万明：《中葡早期关系史》，社会科学文献出版社，2001，第 24~36 页；曹秀丽：《朝贡制度与清前期的中荷关系》，硕士学位论文，山东师范大学历史学系，2008，第 15~20 页；中砂明德：《荷蘭国の朝貢》，夫马进编《中国東アジア外交交流史の研究》，第 391~423 页。

④ John K. Fairbank & Ssü-yu Têng, *Ch'ing Administration*: *Three Studies*, pp. 107-112. 比较西洋国家的朝贡史料后，费正清认为清帝国对欧洲各国的认识多有错谬，经常混淆葡萄牙、西班牙、意大利及法国来使，或统称西洋国。据此，费正清也指出"天朝观"与"朝贡体制"维持的原因，可能是清帝国不了解欧洲各国的实况，故视欧洲各国为属国。

⑤ 赵尔巽：《清史稿》卷九一《礼志十》，第 2679 页："南怀仁官钦天监，赠工部侍郎。凡内廷召见，并许侍立，不行拜跪礼。雍正间，罗马教皇遣使来京，世宗许行西礼，且与握手。"该文出自《薛福成日记》，其考订见本书第四章第三节。薛福成：《薛福成日记》下册，吉林文史出版社，2004，第 562 页，光绪十六年七月初六日。

接待礼仪。可以说，清初的对外政策相当有弹性。康熙、雍正皇帝为何准行西礼，又视俄国为"敌体"，主张以"客礼"相待，与俄国平起平坐？这与过去学界主张的"天朝观"似有矛盾，[1] 有必要考察康熙、雍正皇帝与俄国使者的互动，了解"以客礼待之"的政治文化意义。

所谓"觐礼之争"，即因中西礼仪不同，外国使者不愿被当作中国皇帝的臣属，故不愿接受中国政府安排的觐见礼仪。[2] 过去的研究多指出冲突的起因不只是中外觐见礼仪的差异，更多是外人感受到不平等的歧视，故礼仪问题还隐有中外双方对国际秩序原理的不同看法。[3] 对西洋诸国的政治身份，《清史稿》虽失之简略，却概括了清政府对外交涉的观念转变。[4] 《清史稿》指出，咸丰、同治朝以前，清政府本视西洋诸国如同属国，但咸丰、同治朝以降，清政府不得不将西洋诸国视同"敌体"，待以"客礼"，与之遣使缔约。事

---

[1] John K. Fairbank, *Trade and Diplomacy on the China Coast: The Opening of the Treaty Ports, 1842 – 1854* (Cambridge, Mass.: Harvard University Press, 1953). 费正清认为，中国远居亚洲，与世界主要文化中心隔阂，自成一文化体系，发展独特的中国中心观，以"天朝上国"自居，其余外国人皆蛮夷之辈。因此，当西洋各国使者来华时，中国视同朝鲜、琉球等属国派出的贡使，为倾心王化而来。

[2] 王开玺：《清代外交礼仪的交涉与论争》，第 42～45 页。觐礼之争，也包含中国使节觐见外国君王的礼仪争议。但中国若遣使外国，皆是敕使，不会与属国国王发生觐礼问题，相关仪节可见表 1–5。直到同治朝派使游历，方有中国使者觐见外国君长的觐礼问题。

[3] 蒋廷黻：《中国近代史大纲》，江苏教育出版社，2006，第 4～7 页；佩雷菲特：《停滞的帝国——两个世界的撞击》，王国卿等译，三联书店，1995，第 2～3、5、10 页；黄一农：《印象与真相——清朝中英两国的觐礼之争》，《中央研究院历史语言研究所集刊》第 78 卷第 1 期，2007 年 3 月，第 35～106 页；吴晓钧：《阿美士德使节团探析——以天朝观之实践为中心》，第 49～56 页；斯当东：《英使谒见乾隆纪实》，叶笃义译，上海书店，1997，第 338～351 页；George Thomas Staunton, *Notes of Proceedings and Occurrences During the British Embassy to Pekin in 1816*, selected and with a new introduction by Patrick Tuck, *Britain and the China Trade 1635 – 1842* (London; New York: Routledge, 2000), p. 118。

[4] 赵尔巽：《清史稿》卷九一《礼志十》，第 2673 页："西洋诸国，始亦属于藩部。逮咸、同以降，欧风亚雨，咄咄逼人，觐聘往来，缔结齐等，而于礼则又为敌。"

实上，俄国是第一个与清帝国通过缔结条约建立正式外交关系的国家，① 可见《清史稿》的说法并不完整，有待商榷。

本节将讨论顺治、康熙、雍正、乾隆四朝的对俄政策及其款待俄国使者的礼仪问题，说明顺治朝的对俄政策，到了康熙中期已有转变，康熙、雍正皇帝皆采取对俄亲善的政策，故视俄国为敌体之国，优待俄国使者，不完全依照"朝贡礼"的方案，强迫俄使行"跪拜礼"。② 不过，中俄关系的对等往来，在官方文书上仍强调这些妥协办法只是皇帝优礼俄使的恩德，保持皇帝的体面，也回避俄国是否为属国的问题。③ 准噶尔问题解决后，乾隆中期对俄政策又为之一变，乾隆皇帝、嘉庆皇帝（1760～1820，1796～1820 在位）皆否认曾优待俄使的先例，并调整与俄国的对外关系，对外政策重回"朝贡礼"的路线，再搭配互市制度，将这些不称臣纳贡者归入"天下秩序"之中。④

与其他西方国家相比，中、俄两国的往来可谓密切，并留下大量的官方档案、文书及信札。⑤ 从这些资料可知，俄国曾提出平行国交的要求，始终坚持与清帝国平起平坐，也发生过俄国使者觐见清帝

① 赵尔巽：《清史稿》卷一五三《邦交一》，第 4482～4484 页；钱实甫：《清代的外交机关》，第 15～19 页。钱实甫指出，中国对俄国显然与对其他属国不同，尽管在礼仪方面不肯稍失天朝体制，但曾多次与俄国订立对等性的条约，故俄国不归礼部管辖。

② 李齐芳：《清雍正皇帝两次遣使赴俄之谜——十八世纪中叶中俄关系之一幕》，《中央研究院近代史研究所集刊》第 13 期，1984 年 6 月，第 55、57～58 页；王开玺：《清代外交礼仪的交涉与论争》，第 122～123 页。

③ 陈维新：《清代对俄外交礼仪体制及藩属归属交涉（1644～1861）》，博士学位论文，"中国文化大学"政治学研究所，2005，第 2～4、116 页。陈维新认为，在康熙、雍正时期，清政府仍认为俄国是属国，俄使是贡使。但笔者的看法不同，若清帝国只抱持天朝观，坚持封贡体制，便不会与俄国展开谈判，立约互市，也不会在觐礼问题上对俄使让步，更不会允许两国文书平行，由理藩院咨行俄国枢密院。

④ 曹雯：《清朝对外体制研究》，社会科学文献出版社，2010，第 59 页。曹雯认为中俄关系的升降，几乎取决于清帝国，并引用《钦定大清会典（嘉庆朝）》的资料，主张清帝国曾试图将俄国纳入属国的行列，但因俄国抵制，只好将俄国纳入互市国之列。

⑤ 中俄往来的实况反映在大量的官方档案、条约文书及传教士的日记里，如《张诚日记》、《俄国使团使华笔记》、《俄中条约集（1689～1881）》、《俄中通使与通商关系》、《俄罗斯馆纪事》、《俄国驻北京传道团史料》、《1860 年北京条约》及苏联科学院编《十七世纪俄中关系》等书，可供利用。

的礼仪冲突。早在顺治十二年（1655），俄国已派遣使者巴伊科夫
（Ivanovitch Baikov）带着沙皇米哈伊洛维奇（Алексéй Михáйлович Тишáйший，
1629～1676，1645～1676 在位）的国书，欲与清帝国建立外交关系。[①]
使节团出发前，俄国政府已听说中国礼仪烦琐，还会要求外国使者
下跪，履行丢脸的仪式。[②] 为了避免俄使受辱、维护俄国的体面，沙
皇颁下训令，命令俄使巴伊科夫觐见中国皇帝时，必须按照欧洲各国
通行的礼仪，其他如亲吻礼仪、递交国书、呈送礼物等细节，也详列
办法，不愿接受中国安排的礼仪。[③] 据陈维新的研究，可知俄国使员
须遵照俄国政府的训令，并注意外交礼仪的问题，确保沙皇尊号的荣
耀，保护沙皇的地位。一旦有折辱沙皇的礼仪问题，俄国使者宁可放
弃觐见，也不可行损害沙皇荣誉的礼仪。[④] 因此，巴伊科夫遵守俄皇训
令，不愿先交俄国国书，坚持觐见顺治皇帝，再向皇帝面交国书，并声
明自己是沙皇的代表，只能站立递书，绝对不行"跪拜礼"。[⑤]

　　中俄双方就缴交国书、觐见礼仪的问题争执不下，反复谈判 6
个月，仍无法解决问题。[⑥] 经诸王大臣部议后，理藩院只好驱逐巴伊
科夫使节团。[⑦] 后来，巴伊科夫派人赴北京求情，并答应行"跪拜

① 陈复光：《有清一代之中俄关系》，《民国丛书》第二编二八集，上海书店，1990
　年据国立云南大学文法学院 1947 年版影印，第 17 页。
② 米·约·斯拉德科夫斯基：《俄国各民族与中国贸易经济关系史（1917 年以
　前）》，宿丰林译，社会科学文献出版社，2008，第 89 页。
③ 刘民声等编《十七世纪沙俄侵略黑龙江流域史资料》，黑龙江教育出版社，1992，
　第 200～202 页。
④ 陈维新：《清代对俄外交礼仪体制及藩属归属交涉（1644～1861）》，第 9～13 页。
⑤ 尼古拉·班蒂什－卡缅斯基编著《俄中两国外交文献汇编（1619～1792 年）》，
　中国人民大学俄语教研室译，商务印书馆，1982，第 23 页。
⑥ 苏联科学院编《十七世纪俄中关系》卷一，厦门大学外文组译，商务印书馆，
　1975～1978，第 74 件，第 177～178 页。
⑦ John F. Baddeley, Russia, Mongolia, China（London：Macmillan and Company,
　1919），vol. 2, p. 153. 雅科夫列娃：《1689 年第一个俄中条约》，贝璋衡译，商务
　印书馆，1973，第 97 页。俄国使团进入北京前，清政府派员出迎，并以皇帝的
　名义敬以奶茶，却被俄使当场拒绝，退回奶茶。进城后，俄使拒绝转递国书，要
　求当面向顺治皇帝递交国书，但理藩院不许。双方僵持不下，谈判半年，毫无结
　果，只好通知俄使离京回国。

礼"，请求俄国使团能返回北京，觐见皇帝。① 顺治皇帝虽不同意巴伊科夫重返北京的要求，但仍让巴伊科夫携回致沙皇的诏书。

> 谕鄂罗斯国察幹汗曰：尔国远处西北，从未一达中华。今尔诚心向化，遣使进贡方物，朕甚嘉之，特颁恩赐，即俾尔使人赍回，昭朕柔远至意。尔其钦承，永效忠顺，以副恩宠。②

顺治皇帝的诏书，乃以上对下的书写方式，对俄国沙皇只称"察幹汗"，③ 要求俄国永远效忠，可知顺治皇帝认为俄国是归化中国的外夷，而俄国遣使递书的行动只是进贡方物。既然俄国已纳表归化，即是皇帝臣属，应视同属国，俄使自然为贡使，故理藩院以"朝贡礼"相待。但俄使要求觐见、面递国书，已逾越属国陪臣的分际。因此，理藩院若接受俄使的要求，等于让顺治皇帝自降身份，与沙皇平起平坐，因此才有驱逐俄使的举动。

由于巴伊科夫使节团迟迟未归，俄国沙皇担心中国扣留俄使，再次遣阿勃龄（Serkur Ablin）来华递书，并准备承诺今后俄国不再骚扰达斡尔地区，以换回巴伊科夫等人。④ 可是，当巴伊科夫等人回国后，俄皇立刻改换新国书，删去原先的承诺。⑤ 或许是鉴于巴伊科夫的失败，俄使阿勃龄不再坚持亲递国书，同意先将国书呈交理藩院，

① 娜·费·杰米多娃、弗·斯·米雅斯尼科夫：《在华俄国外交使者（1618～1658）》，黄玫译，社会科学文献出版社，2010，第89页；王开玺：《清代外交礼仪的交涉与论争》，第100～102页。根据俄国学者与王开玺的研究，可知巴伊科夫不愿无功而返，曾瞒着使团的其他成员，暗中派印度商人返回北京，向理藩院传话，表示自己愿意行"跪拜礼"，希望顺治皇帝能允许俄国使团重返北京。
② 《清世祖实录》卷九一，第720页a，顺治十二年五月乙巳。
③ 何秋涛：《朔方备乘》卷一《圣训·顺治十二年》，文海出版社，1964，第3页a。《清世祖实录》有时记"察幹汗"，或记"察罕汗"，《朔方备乘》记为"察罕汗"。
④ 苏联科学院编《十七世纪俄中关系》卷一，第86件，第217页；第93件，第229页。
⑤ 苏联科学院编《十七世纪俄中关系》卷一，第96件，第231～232页。

再觐见皇帝。可是，阿勃龄提出中俄应建立平等国交的要求，并指出中国既允许信奉耶稣教的国家来华传教，俄国也希望与中国建立国交，互换使节，让中俄两国商人可自由通商，希望清政府豁免俄国货物的出口税。

> 若干耶教国家已与中国发生外交关系，余甚愿与殿下永固友好，交换使节……甚盼殿下，准中国商人携各项货物到俄贸易，俄国货物中如有中意者，亦可自由输入中国，勿庸纳出口税。①

顺治君臣在意的是俄使的请觐与国书内容，不愿讨论俄国欲自由通商的要求。对顺治君臣来说，只有皇帝有权决定俄使能否觐见，觐见之事怎可出于俄使的请求。② 而俄国国书日期采俄历纪年，违反"奉正朔"的原则。更糟的是，俄国沙皇竟自称大汗，对顺治皇帝只称"殿下"，而不是"陛下"。这些要求，让顺治皇帝大感不悦。③ 最后，诸王大臣会议以俄国国书不符合表文格式为由，建议皇帝驱逐俄使，退回贡物。

> 察罕汗复遣使赍表进贡，途经三载，至是始至。表内不遵正朔，称一千一百六十五年，又自称大汗，语多不逊。下诸王大臣议，金谓宜逐其使，却其贡物。④

顺治皇帝虽不满意俄国国书，但不迁怒俄使，仍视同贡使，命理藩院设宴款待、查收贡物。⑤ 由此可见，俄方与中方的心态相同，

---

① *Le Monde Economique*，March 8，1902，转引自陈复光《有清一代之中俄关系》，第 17 页。
② 陈维新：《清代对俄外交礼仪体制及藩属归属交涉（1644～1861）》，第 72～74 页。
③ 王和平：《从中俄外交文书看清前期中俄关系》，《历史档案》2008 年第 3 期，第 51 页。
④ 《清世祖实录》卷一三五，第 1042 页 a，顺治十七年五月丁巳。
⑤ 《清世祖实录》卷一三五，第 1042 页 b，顺治十七年五月丁巳。

皆视对方为臣属。但俄国分庭抗礼的心态，使顺治君臣相当不满，明令理藩院向俄使说明皇帝拒见的原因，并要求俄国不必再遣使递书，主动切断与俄交涉的通道。

经此挫折，俄国暂时不再派使来华，但沙皇仍有收服中国的野心，[①]先后占领雅克萨（Albazin）、尼布楚（Nerchinsk）等地，甚至收容了叛逃的通古斯部酋长根忒木尔（Gantimur），威胁清帝国在黑龙江上游的统治地位。[②]俄国步步逼近，康熙皇帝不得不派兵赴黑龙江一带，并向俄国抗议，要求交还根忒木尔，不许哥萨克人再骚扰边境。[③]但俄国尼布楚总督不但不遣回根忒木尔，反而派使者密洛瓦诺甫（Ignati Milovanov）前往北京，宣达俄皇密谕，要求清帝国向俄国纳贡，成为俄国的保护国。[④]

尼布楚总督的使者密洛瓦诺甫抵达北京后，似不敢拿出俄皇密谕，也没有向清政府说明俄人占领尼布楚的事实，甚至还向康熙皇帝行"跪拜礼"。[⑤]密洛瓦诺甫的恭顺态度，让康熙皇帝误以为与俄国的边界冲突，不是出自俄国政府的主导，只是少数哥萨克边民闹事而已。于是康熙皇帝致信俄国沙皇，要求俄国约束哥萨克边民，不要再侵犯中国边境。[⑥]俄国政府虽未能解读这封信件的内容，[⑦]但

① 故宫博物院编《故宫俄文史料》，王之相、刘泽荣译，历史研究编辑部编印，1964，第 1 件，《俄皇密谕》，第 1 页。历史研究编辑部版本只印 300 份，与 1936 年版的《故宫俄文史料》不同，多收入 21 件原档，收档年代也不限于康熙、乾隆朝，扩至道光朝，故本书用 1964 年版本。

② 巴赫鲁申：《哥萨克在黑龙江上》，郝建恒、高文风译，商务印书馆，1975，第 6、12～15、19～22、28 页。

③ 郭廷以：《近代中国史纲》上册，晓园出版社，1994，第 25 页。

④ 故宫博物院文献馆编《故宫俄文史料》，第 1 件，《俄皇密谕》，第 1 页。

⑤ 苏联科学院编《十七世纪俄中关系》卷一，第 141 件，第 283～287 页；陈维新：《清代对俄外交礼仪体制及藩属归属交涉（1644～1861）》，第 75～79 页。据陈维新的看法，密洛瓦诺甫可能修改了训令内容，删除了对康熙皇帝的不敬字眼，或可能是理藩院未将训令内容禀报皇帝，或耶稣会士故意不翻译那些不敬字眼。

⑥ 苏联科学院编《十七世纪俄中关系》卷一，第 183 件，第 380～381 页。

⑦ 郝建恒等译《历史文献补编：十七世纪中俄关系档选译》卷六，商务印书馆，1989 年据大英帝国博物馆藏书译，第 6 件Ⅱ，第 42 页。

因当时俄国正与波兰作战，又有贵族引发的内乱，不愿再与中国开衅。因此，俄国再次遣使来华，欲解决边境问题，但对清帝国引渡根忒木尔的要求多有推托。①

康熙十二年（1673），俄国沙皇派遣尼果赖（Nikolai G. Spathary Milescu）率团来华，并指示尼果赖搜集沿途所见的各种情报，建立一条由西伯利亚到达北京的快捷通道。② 康熙十五年（1676），尼果赖使节团抵达卜魁（今黑龙江齐齐哈尔），由礼部侍郎马喇（1632～1692，满洲镶白旗，另名玛拉）迎接使团，尼果赖却提出接待礼仪的问题，让马喇难以接受。③ 若按照"朝贡礼"的方案，尼果赖等人自然被当作贡使，而贡使入境，应拿出国书、表文，证明其使节身份。尼果赖却表明自己是沙皇全权代表，只愿与中国皇帝对话，并认为中国官员位阶太低，无权索取俄国国书。④ 尼果赖也要求马喇先来拜会，否则不接受中方的邀请。⑤ 马喇虽未能得到俄国国书，但康熙皇帝仍允许尼果赖进京谈判，希望解决哥萨克侵入边界的问题。⑥

尼果赖进入北京后，理藩院要求尼果赖先交出俄国国书，并要求尼果赖觐见皇帝时行"跪拜礼"。然而，尼果赖仍坚持向康熙皇帝面递国书，还要求觐见皇帝时，康熙皇帝必须站立，向俄国沙皇问安，表示两国平等。⑦ 就这样，因递交国书的仪式问题，中俄双方相持不下。⑧ 最后，理藩院采取折中的办法，在午门特设一张铺着黄绸

① 陈复光：《有清一代之中俄关系》，第 18～19 页。
② John F. Baddeley, *Russia*, *Mongolia*, *China*, vol. 2, p. 243.
③ 北京师范大学清史研究小组：《一六八九年的中俄尼布楚条约》，人民出版社，1977，第 138 页。
④ 尼古拉·班蒂什-卡缅斯基编著《俄中两国外交文献汇编（1619～1792 年）》，第 45～46 页。
⑤ 雅科夫列娃：《1689 年第一个俄中条约》，第 114～115 页。
⑥ 刘民声等编《十七世纪沙俄侵略黑龙江流域史资料》，第 244～247 页。
⑦ 北京师范大学清史研究小组：《一六八九年的中俄尼布楚条约》，第 139 页。
⑧ John F. Baddeley, *Russia*, *Mongolia*, *China*, vol. 2, pp. 330–337. 关于俄国训令内容及尼果赖的说法，可见陈维新《清代对俄外交礼仪体制及藩属归属交涉（1644～1861）》，第 80～84 页。

的桌子（黄案），让尼果赖将俄国国书放在黄案上，由内阁大学士转
交皇帝。[①] 对觐见礼的争执，尼果赖也有让步，同意向康熙皇帝行
"跪拜礼"，[②] 却提出 12 项要求。其中与中俄往来仪节有关的是，中
俄往来文书以满文和拉丁文书写，并以双方对等的方式，中俄往来
文书皆须写上双方君主正式的完整称号，还要求中国遣使俄国报
聘。[③] 对尼果赖的 12 项要求，康熙皇帝酌量接受，[④] 并先后在太和
殿、保和殿接见尼果赖，赐宴赏物，表示礼遇。不同于康熙皇帝的
优容态度，理藩院仍提出引渡根忒木尔、俄使遵守中国礼法、俄国
须约束边民等条件，尼果赖以为有损俄国尊严，无法答允，只好离
京回国。[⑤]

　　围绕"宾礼"引起的纷争，最后以俄使尼果赖行"跪拜礼"收
场，但康熙皇帝已察觉"宾礼"不可行于俄国的端倪，[⑥] 并清楚俄
国已有与中国互抗互争的实力，因此，尽快拉拢喀尔喀诸部，稳定
漠南蒙古的秩序，并与俄国订立《尼布楚条约》后，划定了中俄东

---

① 北京师范大学清史研究小组：《一六八九年的中俄尼布楚条约》，第 140 页。
② 王开玺认为尼果赖行三跪九叩礼，但李齐芳认为尼果赖只行鞠躬礼。王开玺：
　《清代外交礼仪的交涉与论争》，第 121 ~ 126 页；李齐芳：《清雍正皇帝两次遣使
　赴俄之谜——十八世纪中叶中俄关系之一幕》，第 56 ~ 57 页。笔者根据中俄两国
　档案，以为尼果赖应行三跪九叩礼，但态度傲慢，故意缓慢进殿，引起康熙君臣
　不满。详见尼古拉·班蒂什 - 卡缅斯基编著《俄中两国外交文献汇编（1619 ~
　1792 年）》，第 48 ~ 49 页。
③ 尼古拉·班蒂什 - 卡缅斯基编著《俄中两国外交文献汇编（1619 ~ 1792
　年）》，第 47 ~ 48 页。关于尼果赖对国书书写的要求，不赘述，可见陈维
　新《清代对俄外交礼仪体制及藩属归属交涉（1644 ~ 1861）》，第 88 ~ 89
　页。
④ 北京师范大学清史研究小组：《一六八九年的中俄尼布楚条约》，第 141 ~ 142 页。
　该书写有尼果赖提出的 12 条要求，亦附有康熙皇帝的答复，从中可见康熙皇帝
　对 12 条要求，直接拒绝者有 4 条，令部再议者有 4 条。关于康熙皇帝的回应与拒
　绝理由，不赘述，可见陈维新《清代对俄外交礼仪体制及藩属归属交涉（1644 ~
　1861）》，第 89 ~ 95 页。
⑤ John F. Baddeley, *Russia, Mongolia, China*, vol. 2, p. 406；米·约·斯拉德科夫
　斯基：《俄国各民族与中国贸易经济关系史（1917 年以前）》，第 110 页。
⑥ 赵尔巽：《清史稿》卷一五三《邦交一》，第 4483 页："外藩朝贡，虽属盛事，
　恐传至后世，未必不因此反生事端。"

段边境，中俄关系暂时获得稳定。[1] 可是，在准噶尔未平定的情况下，蒙古诸部多有观望者。[2] 为了削减准噶尔的势力，防止俄国支持准噶尔，康熙皇帝认识到武力不可久恃，"抚绥外国，在使之心服，不在震之以威"，[3] 故倾向与俄国友善，比照敌国的地位，与之对等往来。[4]《尼布楚条约》签订后，俄国仍与准噶尔暗中往来，多有边民叛逃之事。[5] 理藩院曾对俄使伊台斯（Eberhard Isbrand Ides，1657～1708）提出抗议，要求俄国遵照条约，惩处边民，遣送逃人，并希望与俄国举行谈判，议定喀尔喀与俄国的边界，解决边民越境的纠纷。[6]

　　从俄使伊台斯的日记里，可见理藩院仍按接待贡使的模式，要求伊台斯交出国书、入住会同馆、觐见皇帝时行"跪拜礼"，并质问伊台斯呈交的国书不符格式的原因，甚至威胁伊台斯若不修改国书或收回国书，就要将使团驱逐出境。[7] 伊台斯虽遭到理藩院的刁难，但因同意行"跪拜礼"，遂获得康熙皇帝的召见，并提出俄国训令的6项要求。[8] 对沙皇的6项要求，理藩院只同意遣回俘虏，但驳回遣

---

[1] 齐米特道尔吉耶夫：《蒙古诸部与俄罗斯》，范丽君译，内蒙古人民出版社，2008，第77、83～86、89页；雅科夫列娃：《1689年第一个俄中条约》，第193～206页。关于划定边界之事，不赘述，可见陈维新《清代对俄外交礼仪体制及藩属归属交涉（1644～1861）》，第102～105页。

[2] 庄吉发译《清代准噶尔史料初编》，文史哲出版社，1983，第13页。

[3] 《清圣祖实录》卷一二〇，第275页b，康熙二十四年六月癸巳。

[4] 吴相湘：《清宫秘谭》，远东图书公司，1961，第44～45页。

[5] 包文汉整理《清朝藩部要略稿本》卷一〇，黑龙江教育出版社，1997，第154～155、164～166页。

[6] 尼古拉·班蒂什－卡缅斯基编著《俄中两国外交文献汇编（1619～1792年）》，第93～95页。

[7] 伊兹勃兰特·伊台斯、亚当·勃兰德：《俄国使团使华笔记（1692～1695）》，北京师范学院俄语翻译组译，商务印书馆，1980，第188～195、211～215页。关于伊台斯与索额图的争执，主要围绕国书格式与礼品收受的方式，本书不赘述，详见陈维新《清代对俄外交礼仪体制及藩属归属交涉（1644～1861）》，第106～110页。

[8] 尼古拉·班蒂什－卡缅斯基编著《俄中两国外交文献汇编（1619～1792年）》，第92页。

回逃人、互换使节、中国商人可出境通商等节。① 由此可知，康熙皇帝虽视俄国如敌体，但在觐见礼仪上仍不愿轻易退让。当边境有事时，理藩院对俄退让空间较大，可变通觐见礼仪，不坚持"跪拜礼"；边境无事时，理藩院便寸步不让，要求俄使行"跪拜礼"。

事涉中俄两国是否平等的礼仪问题，同样也出现在清帝国遣使俄国之时。康熙五十一年（1712），康熙皇帝特派图理琛（1667~1740，满洲正红旗）赴土尔扈特报聘，欲说服土尔扈特出兵，与清政府联手征讨准噶尔。② 由于图理琛等人将路经西伯利亚，不免要拜访俄国官员，因此会遭遇往来仪节的问题。与俄国沙皇颁布训令的心态相同，康熙皇帝也针对中俄往来仪节，逐一指示图理琛：一是坚持报聘的对象是土尔扈特。俄国若主动派人接待，图理琛可与相见；若俄国不派人接待，图理琛也无须拜访俄官。二是依照俄国的礼仪，与俄官相见。③ 三是向"察罕汗"说明中国的王道思想，绝不轻动干戈。④ 四是不可代俄国官员转奏陈情。五是不可收取俄国馈送的礼物；若无法推辞，可收取一二，再回送锦缎，不可让俄国官员轻视中国。⑤ 六是留意沿途所见的俄国人民生计、社会民情及地理形势。⑥

康熙皇帝的 6 项指示，反映出康熙皇帝对俄交涉的原则是不卑不亢，尤其在与俄国官员往来的"相见礼"问题上，明令图理琛以"入境随俗"的方式，采用俄国礼仪。⑦ 由于康熙皇帝不满俄使尼果赖的行径，批评尼果赖不尊重中国之礼，形同轻视中国，⑧ 又曾答应

---

① 尼古拉·班蒂什 - 卡缅斯基编著《俄中两国外交文献汇编（1619~1792 年）》，第 88~89、94 页。

② 李齐芳：《清雍正皇帝两次遣使赴俄之谜——十八世纪中叶中俄关系之一幕》，第 55 页。

③ 图理琛：《满汉异域录校注》，庄吉发译，文史哲出版社，1983，第 10~11 页。

④ 图理琛：《满汉异域录校注》，第 11 页。

⑤ 图理琛：《满汉异域录校注》，第 14~16 页。

⑥ 图理琛：《满汉异域录校注》，第 17 页。

⑦ 图理琛：《满汉异域录校注》，第 10~11 页。

⑧ 王开玺：《清代外交礼仪的交涉与论争》，第 120~126、139~140 页。

俄使伊台斯："日后中国使臣出使俄国，当脱帽立于俄皇前，且依莫斯科之礼俗而行"。① 因此，康熙皇帝才会告诫图理琛必须尊重俄国礼仪，不可像俄使尼果赖那样失礼。后来，图理琛虽未能谒见俄皇，但成功探查了中俄边境的民情、经济及地理形势，也从与西伯利亚总督加格林亲王（Prince Matthew Fedorovich Gagarin）的四次会谈里，大致了解了俄国的政治和文化，并趁机向加格林重申《尼布楚条约》的和议内容，要求俄国约束边民，不得私行越境。②

从《异域录》可知，图理琛与西伯利亚总督加格林的"相见礼"，其仪式有两项特点。一是图理琛与加格林见面时，加格林以"执手叩请中国至圣大皇帝安"，③ 但不见图理琛如何问候俄皇，只知图理琛未用中国敕使出使属国的礼仪。从加格林的"执手"举动来看，可能行"握手礼"，或蒙古式的"拉手礼"，绝不是下对上的"跪拜礼"，证明图理琛未将俄国当作中国属国。二是当图理琛欲差人馈送俄官礼物时，加格林认为差人馈送不合于礼，希望图理琛亲自送礼。可是，图理琛认为亲送礼物之举同样有碍中国之礼。最后，中俄双方以两国大体为重，决定互不送礼，避开馈送礼物可能造成的误会以及馈赠者的身份问题。④ 由此可知，图理琛与加格林皆坚持"名分秩序"，不愿触碰中俄两国孰尊孰卑的问题，故有互不送礼的共识，避免争执。

由于青海蒙古新定，西藏、准噶尔又私下往来，时时蠢动，似有复起之势，⑤ 为了稳定中国西北的局势，雍正皇帝同样延续康熙朝的对俄政策，积极拉拢俄国，优礼俄国使者，甚至比康熙朝更进一步，同意遣使赴俄，觐见俄国女皇。⑥雍正四年十月初八

① 朱杰勤编译《中外关系史译丛》第一辑，海洋出版社，1984，第 177 页。
② 图理琛：《满汉异域录校注》，第 71~72 页。
③ 图理琛：《满汉异域录校注》，第 65~66 页。
④ 图理琛：《满汉异域录校注》，第 84 页。
⑤ 袁森坡：《康雍乾经营与开发北疆》，中国社会科学出版社，1991，第 152~155 页。
⑥ 《清世宗实录》卷六〇，第 921 页 b~922 页 a，雍正五年八月乙巳。

日（1726 年 11 月 1 日），俄使萨瓦（Sava L. Vladislavitch）抵达北京，借
祝贺雍正即位为名，实欲解决中俄边境的边界、通商、逃人等问
题。①同时，雍正君臣也殷勤款待萨瓦，希望俄国能保持中立，不
再暗地支持准噶尔部，以便讨伐策妄阿拉布坦（1663 ~ 1727）。② 正
是在这样的背景下，雍正皇帝对萨瓦相当亲切，虽令萨瓦行"跪
拜礼"，但特以"客礼"相待，以示优待。雍正皇帝不但亲手接过
萨瓦呈递的国书，设宴款待，也向萨瓦保证中国与俄国的邦交，遂
为中俄边界会议的召开提供了契机。③清政府虽以"朝贡礼"的方
案接待俄国使者，但为了拉拢俄国，在仪式上也有变通之处，如俄
国国书不再放在黄案上进呈，而由雍正皇帝亲接国书。由此可知，
"宾礼体制"实有变通，即借优待俄使，施以"客礼"，表示皇帝
施恩外夷，一视同仁。④

　　很快，中俄双方签订了《恰克图条约》，⑤ 划定了蒙古与俄国间
的疆界，也解决了逃人追拿、公文往来等问题，同时允许俄国商人
每三年至北京贸易，中俄两国商人可到恰克图交易。⑥ 雍正皇帝以

① 柳泽明：《キャフタ条約への道程——清の通商停止政策とイズマイロフ使節
团》，《東洋学報》第 69 卷第 1 + 2 期，1988 年 1 月，第 133 ~ 158 页。
② 中国第一历史档案馆编《雍正朝满文朱批奏折全译》下册，黄山书社，
1998，第 1344 页，雍正四年五月二十五日喀尔喀副将军策凌奏报新归顺乌
梁海人等逃入俄罗斯折。第 1354 页，雍正四年六月十四日都统查克旦奏报
策妄阿喇布坦派兵三路来犯折。袁森坡：《康雍乾经营与开发北疆》，第
159 ~ 161 页。
③ 清高宗：《皇朝文献通考》卷三〇〇《四裔考八》，台湾商务印书馆，1987，第
7485 页 c；李齐芳：《清雍正皇帝两次遣使赴俄之谜——十八世纪中叶中俄关系
之一幕》，第 58 页；陈维新：《清代对俄外交礼仪体制及藩属归属交涉（1644 ~
1861）》，第 119 ~ 137 页。关于隆科多、图理琛与萨瓦的礼仪争论，可见陈维新
的论文，不赘述。
④ 中国第一历史档案馆编《雍正朝满文朱批奏折全译》下册，第 1487 ~ 1489
页，雍正五年七月十八日兵部右侍郎图理琛等奏报与俄罗斯使者议界折；第
1494 页，雍正五年七月二十二日喀尔喀副将军策凌奏报俄罗斯商对先行备马
折之朱批。
⑤ 吴相湘：《俄帝侵略中国史》，"国立编译馆"，1976，第 17 ~ 19 页。
⑥ 米镇波：《清代中俄恰克图边境贸易》，南开大学出版社，2003，第 13 ~ 14 页。

为，俄国既享受通商优惠，应承诺保持中立，遂以俄国新帝即位为理由，遣托时（？～1760，满洲正黄旗）出使俄国，让俄皇亲授承诺，不再支持准噶尔，亦不可收容逃亡者。① 托时使团出发前，雍正皇帝特别指示托时，俄国乃中国的邻国，故出使俄国不应依循敕使出使属国的方式，使团也不必奉有皇帝敕谕，只须带理藩院致俄国枢密院的咨文。

> 按我大中国之例，凡派使外国均降敕谕。因我国与尔俄罗斯国原为邻国，今不再降旨，而仅派使臣前往。②

继托时使节团之后，雍正皇帝又派德新（康熙五十四年进士，满洲镶黄旗）另组使节团赴俄，指示若俄国不提觐见之事，就不用主动拜见俄国女皇。若不得不拜见，必须向俄国官员说明中国使节觐见俄皇的为难之处，并命令德新觐见俄皇时，应行"内外王公相见礼"，只行一跪三叩礼。③

> 拜见俄罗斯察罕汗一事至关重大……俄罗斯等若不提及拜见其汗之事，则我使臣亦无须提及拜见察罕汗一事。一俟事毕，即行索覆〔按：索取俄国的回信〕返回。设俄罗斯察罕汗差人来告知欲会见我使臣，则可告之……贵汗欲以会见，本使臣并非不愿拜见，惟我中国使臣无论出使于何国，从无跪拜之例，故此于拜见贵汗之仪有所为难等语。设察罕汗差人来称务必会见，该使臣则可告以：按本国之礼，除叩拜我皇上之外，其次可拜

---

① 李齐芳：《清雍正皇帝两次遣使赴俄之谜——十八世纪中叶中俄关系之一幕》，第43～44页。
② 故宫明清档案部编《清代中俄关系档案史料选编》第一编下册，中华书局，1981，第224号，第528页，雍正七年五月十八日。
③ 李齐芳：《清雍正皇帝两次遣使赴俄之谜——十八世纪中叶中俄关系之一幕》，第51页；野见山温：《清雍正朝对露遣使考》，《福冈大学法学论丛》第6卷第1+2期，1961年12月，第33～77页。

见王爷等。我两国自相和好已有多年，实不与他国相比，贵汗
既然务必会见，则本使臣等可按拜见我王爷等之礼［按：一跪三
叩礼］拜见贵汗等语。①

从雍正皇帝的训令，可知雍正皇帝已考虑到觐见礼仪的问题，
遂命令德新向俄国女皇行"内外王公相见礼"中的"宗室外藩贝勒
相见礼"。② 雍正皇帝虽未承认与俄国女皇平起平坐，仍保持天子的
至尊地位，但从两次派遣使团赴俄之事，可见雍正皇帝考虑北疆未
平的现实，遂待以"客臣"，积极拉拢俄国，也不再坚持将中俄关系
纳入宗藩体制的框架之中。

雍正七年五月十八日（1729 年 6 月 14 日），中国首次出访俄国
的托时使节团出发了。1731 年 1 月 14 日，托时使节团终于抵达莫
斯科，并受到俄国政府隆重的款待，很快地与俄国枢密院官员确
定了觐见俄国女皇的时间、地点及相关礼仪。③1731 年 1 月 26
日，托时使节团在克里姆林宫觐见俄国女皇安娜一世（Анна
Ивановна，1693～1740，1730～1740 在位），并分别在宫门外、宫门、
谒见宫殿的入口受到欢迎的仪式。进入宫殿后，托时等人先将以
理藩院名义拟定的清朝国书递交俄国国务大臣，国务大臣再呈放
在女皇面前的案上，与此同时，托时用满语说明出使目的。俄国

---

① 故宫明清档案部编《清代中俄关系档案史料选编》第一编下册，第 238 号，第
550 页，雍正九年六月。限于史料，未见雍正皇帝指示托时应用何种礼仪谒见俄
国女皇，但雍正皇帝对德新使节团则有清楚训令，要求德新使节团见俄国女皇
时，应用拜见我王爷之礼拜见俄国女皇。而托时亦对俄国女皇行一跪三叩礼，可
推测托时出发前也得到类似的训令。

② 来保编《钦定大清通礼》卷四四《宾礼》，第 2 页 b～3 页 a。

③ Mark Mancall， "China's First Missions to Russia, 1729 – 1731," *Papers on China*
（Cambridge, Mass.: East Asian Research Center, Harvard University, 1955），
vol. 9，pp. 86 – 87；陈维新：《清代对俄外交礼仪体制及藩属归属交涉（1644～
1861)》，第 144 页。陈维新指出，托时使节团很可能没有向俄国政府解释一跪三
叩礼的意义，也就是说，俄国并不了解一跪三叩礼乃外藩亲王拜见宗室贝勒的相
见礼，而不是觐见皇帝的三跪九叩礼。

女皇答词后，托时等人行一跪三叩礼，又退回递书之处，再次祝贺女皇，重行一跪三叩礼，才退出宫殿，返回驻节的官邸，与俄国官员共同参与赐宴。①

继托时使节团之后，德新使节团在 1732 年进入俄国。为了让使节团参加俄国女皇的加冕典礼，俄国安排使节团前往圣彼得堡。德新使节团同样受到俄国隆重的接待，并与托时使节团一样，德新等人也以一跪三叩礼觐见女皇。根据何秋涛（1824～1862）《朔方备乘》的考订，可知俄国风俗不习跪拜，只以指扣眉，即如同叩首礼，而俄国人对国君、尊长的敬礼，则是脱帽去袜，立地而叩。② 然而，托时等人的行礼方式，很明显不是依照俄国脱帽鞠躬的敬礼，而是以《礼记·聘义》诸侯交聘的原则，③ 兼采"宗室外藩贝勒相见礼"。由此可见，为了歼灭准噶尔的势力，雍正皇帝的对俄政策比康熙皇帝更为现实，不惜开创新例，将俄国视为敌体，对等往来，以"客礼"相待，故两次派遣使节团赴俄报聘，并准许中国使节团行一跪三叩礼觐见俄国女皇。

为了准噶尔问题，中俄之间再起冲突。清军大败准噶尔后，准噶尔汗阿睦尔撒纳（1723～1757）窜入俄境，寻求保护。④ 理藩院致函俄国枢密院，希望西伯利亚总督遣返阿睦尔撒纳，但俄国枢密院以准噶尔不受清帝国管辖为由，拒绝遣返，中俄关系变得紧张起来。⑤ 随着清帝国彻底平定准噶尔，长期困扰清帝国的西北边患终于解决，中俄势力开始正面交锋。因此，中俄边界的问题又浮上水面，

① Mark Mancall，"China's First Missions to Russia，1729－1731，" vol. 9，pp. 87－88；尼古拉·班蒂什-卡缅斯基编著《俄中两国外交文献汇编（1619～1792 年）》，第 204～205 页。
② 何秋涛：《朔方备乘》卷一二《俄罗斯馆考》，第 12 页 a～12 页 b、17 页 b～18 页 a。
③ 郑玄注，孔颖达疏《礼记注疏》卷六三《聘义》，第 1～3 页。
④ 包文汉整理《清朝藩部要略稿本》卷一三，第 209～217 页。
⑤ 赵尔巽：《清史稿》卷一五三《邦交一》，第 4484 页；森川哲雄：《アムルサナをめぐる露清交渉始末》，《九州大学教養部歴史学·地理学年報》1983 年第 7 期，第 75～105 页。

再加上恰克图征收关税的问题迟迟无法解决，① 乾隆皇帝决定惩戒俄国，遂关闭恰克图边市，改驻军队，撤回所有中国商人，中俄形同绝交。② 但恰克图边市的关闭让中俄双方都遭受了巨大的损失，必须赶紧谈判，解决闭市问题。③

为了重开恰克图贸易，俄国不得不再派遣克罗波托夫（И. И. Кропотов，1763 年曾赴北京谈判）使节团赴恰克图谈判，并主动向清政府示好，移走中俄边界的木栏，还同意清政府提出的惩戒卡伦首领等要求。④ 对俄国的让步，乾隆皇帝感到满意，遂允许库伦办事大臣展开谈判，并命令库伦办事大臣不得对俄国退让，尤其是不能更改对俄国女皇"哈屯汗"的称号。⑤ 事实上，出于北疆安全的考虑，乾隆皇帝不愿破坏中俄谈判，仍想保持与俄国的互市关系。因此，乾隆皇帝的议和底线并不像清政府官方文书宣称的那样强硬，仍保留某种程度的斡旋空间。事实上，只要能解决准噶尔逃人与俄国女皇的称号两项问题，乾隆皇帝就能得到下台的台阶，同意开放恰克图贸易。⑥ 是故，俄国女皇的称号问题，便成为《恰克图条约附款》的讨论重点之一。

据日本学者柳泽明的研究，可知乾隆朝对俄政策的灵活度，体现于《恰克图条约附款》议定的过程，尤其是中俄双方如何妥

---

① 《清高宗实录》卷六八〇，第 608 页 a，乾隆二十八年二月癸巳；卷七一〇，第 930 页 a~931 页 a，乾隆二十九年五月乙卯；卷七二五，第 1081 页 a，乾隆二十九年十二月戊戌。

② 《清高宗实录》卷七九七，第 758 页 a~758 页 b，乾隆三十二年十月庚辰；刘选民：《中俄早期贸易考》，包遵彭等编《中国近代史论丛》第一辑第三册《早期中外关系》，正中书局，1956，第 39~44 页。

③ 米·约·斯拉德科夫斯基：《俄国各民族与中国贸易经济关系史（1917 年以前）》，第 174~176 页。

④ 柳泽明：《1768 年の"キャフタ条約追加条項"をめぐる清とロシアの交渉について》，《東洋史研究》第 62 卷第 3 期，2003，第 1~33 页。

⑤ 《清高宗实录》卷八一四，第 1012 页 b，乾隆三十三年七月丁西。

⑥ 《清高宗实录》卷八一六，第 1065 页 a，乾隆三十三年八月丁卯。第九款："常遵旧约，不敢妄起争端，自应如所请。至所请称谓一事，查彼处哈屯汗，曩无别称，应毋庸议。"

协中俄草约上的用词和格式。①为了俄方、中方代表谁置于前，以及"中国"一词没有抬头顶格的"名分秩序"问题，中方代表瑚图灵阿（1757～1808，满洲正白旗）、庆桂（1737～1816，满洲镶黄旗）要求俄方改正，否则就离席回京，放弃谈判。②克罗波托夫不愿谈判破裂，赶紧修改草约，修改处有三：一是对中国皇帝的称呼，由"圣上"改为"皇帝陛下"，抬头顶格；二是对俄国女皇的称呼，由"女皇"改为"女皇陛下"，抬头顶格；三是将"中国"、"俄罗斯"皆抬头顶格。③可以说，克罗波托夫修改之处，正是乾隆皇帝最为在意的问题，否则清政府不可能同意签约，重开恰克图边市。④

　　克罗波托夫拟订的草约，俄、满文两种版本却有不同的写法。在俄文草约里，中俄双方在意的国名、君主称谓，皆称陛下，也将"中国"、"俄罗斯"二词皆抬头顶格。对俄文草约的写法，瑚图灵阿等人没有意见，似乎默许克罗波托夫的修改。但在瑚图灵阿交给俄方的满文草约里，"中国"、"皇帝陛下"、"侍郎"及"乾清门"等词皆抬头顶格，但"俄罗斯"和"女帝"等词却未抬头顶格，克罗波托夫同样默许满文草约的写法，也没有向瑚图灵阿等人提出抗议。⑤最后，比照俄、满两种版本的草约，可知清帝国不管俄文草约的写法，只要满文草约能按照中国的表文格式，便同意签署《恰克图条约附款》。⑥

　　从柳泽明、李齐芳的研究可知，乾隆朝的对俄政策虽有务实的

---

① 柳泽明：《1768 年の"キャフタ条約追加条項"をめぐる清とロシアの交涉について》，第 24～27 页。

② 《清高宗实录》卷八一七，第 1068 页 a～1068 页 b，乾隆三十三年八月壬申。

③ 柳泽明：《1768 年の"キャフタ条約追加条項"をめぐる清とロシアの交涉について》，第 24～25 页。

④ 何秋涛：《朔方备乘》卷三七《俄罗斯互市始末》，第 25 页 a～26 页 a。

⑤ 柳泽明：《1768 年の"キャフタ条約追加条項"をめぐる清とロシアの交涉について》，第 25～26 页。

⑥ 柳泽明：《1768 年の"キャフタ条約追加条項"をめぐる清とロシアの交涉について》，第 26～27 页。

一面，不与俄国交恶，重开恰克图边市，① 但也有形式的一面，乾隆皇帝强调"宾礼体制"，坚持中国尊于俄国，不再允许俄国的正式使团赴京谈判，② 并销毁了雍正朝两次遣使赴俄报聘的官方记录，欲掩盖康熙、雍正朝视俄国为"敌体"，待以"客礼"的事实。③ 由此可知，准噶尔问题解决后，乾隆皇帝没必要再拉拢俄国，所以否定俄国曾为"与国"的事实，对俄政策又重回"朝贡礼"的方案，并禁止俄国使团赴京谈判，中俄双方不必再为觐见礼问题争执。例如，嘉庆十年（1805），俄国派遣的戈洛夫金（Golovkin）使节团虽从库伦入境，前往北京，但中俄双方因觐见礼问题，僵持不下，嘉庆皇帝下令驱逐俄国使节团。④ 可见乾隆朝以后，清政府坚持"朝贡礼"的方案，不再优礼俄国使节团。不过，对俄国的记载，乾隆年间仍可见到中俄往来的实况。例如，清代学者赵翼（1727～1818）依据俄国不奉正朔、文书咨行等事，直白地指出俄国并非属国，实为"与国"之身份。

> 俄罗斯至今为我朝与国，不奉正朔，两国书问不直达宫廷。我朝有理藩院，彼亦有萨纳特，有事则两衙门行文相往来……其国历代皆女主，号察罕汗。康熙中，圣祖尝遣侍卫托硕至彼，定边界事。托硕美须眉，为女主所宠，凡三年始得归。所定十八条，皆从枕席上订盟，至今犹遵守不变。闻近日亦易男主矣。⑤

即便如此，为了贬抑俄国，凸显中国礼教的优越，赵翼竟听信

---

① 米·约·斯拉德科夫斯基：《俄国各民族与中国贸易经济关系史（1917年以前）》，第 177 页。
② 曹雯：《清朝对外体制研究》，第 78 页。
③ 李齐芳：《清雍正皇帝两次遣使赴俄之谜——十八世纪中叶中俄关系之一幕》，第 55 页。
④ 何新华：《威仪天下——清代外交礼仪及其变革》，第 22～23、208～216 页。
⑤ 赵翼：《檐曝杂记》卷一《俄罗斯》，中华书局，1997，第 19 页。

民间传言，污蔑俄国女皇迷恋托硕的男色，遂在床第上与中国订盟。殊为可哂！

小　结

　　由表1-2、1-3、1-4的整理，可知清政府款待外藩王公、属国国王、贡使的方式，实有内外之别、尊卑之分，尤其格外优待蒙古王公，不但位阶比同内亲王，高于属国国王，而且在接待仪节上，也凸显蒙古王公的身份不同于一般的臣属，多获清帝亲自举宴、赐酒、赐坐的优遇。而属国贡使一进入国境后，地方督抚先检查携来的表文、方物，确定贡使身份，并安排使团赴京的护送事宜及使团随员的在地贸易。贡使在北京期间，由礼部和会同四译馆负责贡使的食宿、演礼、引礼、游览、赐宴等事，并监督贡使是否私赠礼物、文书，或购入史书、兵书等违禁品。值得注意的是，贡使朝觐皇帝的方案有三种，其中第三种方案，即皇帝特予优礼，恩准贡使入殿、赐坐、赐茶、赏食的方案，日后被用作同治朝拟订"外国公使觐见礼"的依据。

　　从清帝国与喀尔喀双方关系的考察，可知清帝国一开始无法完全控制喀尔喀，故允许喀尔喀汗向敕使行"蒙古礼"，不行"跪拜礼"。直到举行多伦会盟时，喀尔喀各部接受皇帝册封的名号，喀尔喀才成为清帝国的"外藩"，并比照内札萨克部，向皇帝行"跪拜礼"，不再行"蒙古礼"。由此可知，随着清帝国的力量逐渐转强，中国周边诸国的政治身份随之改动，觐见仪式亦有更定。在比较《大清通礼》与《清史稿》对"宾礼"的解释后，可知清帝国界定"天下"的范围，往往随着力量的强弱有所变动。而且从《大清通礼》对"宾礼"的施行对象，可知清初诸帝重编儒家经典后，已重新定义"华"、"夷"的判别标准，不再以种族血缘来判别，而是看是否受天子教化。因此，不愿向清帝称臣纳贡的外洋之国，就是不受天子教化的"不臣之国"，被归入"夷"的行列。

　　由于清政府对"华"、"夷"的认定采文化上的定义，并据双方势力消长，变动藩部、属国的认定标准，故清帝国的"边界"实有伸缩的空间，不是固定不变的。根据《大清会典（嘉庆朝）》"互市国"一类的出现，可知乾隆、嘉庆皇帝又重新调整对外关系，与中国有往来的部落或国家，被分成藩部、属国、互市国三类。当"属国"的身份转为"外藩"时，表示这些国家被归在"化内"，成为清帝国的藩部；当身份由"属国"变成"互市国"时，也表示这些国家被归于"化外"，成为清帝国的"不臣之国"。

　　比较儒家学者对"宾礼"的解释后，可知"宾礼"的制礼原则不只有不对等位阶的"朝贡礼"，还有讲究对等位阶的"客礼"。从汉宣帝对待呼韩邪单于的例子，可知天子权力有其限制，天下之内未必皆是王臣，故萧望之指出，匈奴本为"敌体之国"，故主张将单于视为"客臣"，以"客礼"待之。对此，东汉学者主张"王者不治夷狄"，认为中国政教不及者，与中国无君臣关系，故可行"客礼"，不必尽行君臣之礼。但苏轼提出"王者不治夷狄论"后，"客礼"的意义又为之一变。苏轼认为，夷狄用夷礼的原因，乃因夷狄与中国异风殊俗，故中国不可用中国之治，强加于夷狄。因此，苏轼主张的"以不治深治之"，[①] 已不再提到"敌体"，而原本讲求对等位阶的"客礼"，却变成天子德化蛮夷的表现，更强化了皇帝作为"天子"的正当性。

　　对清帝国来说，外洋之国既是"化外"，未接受天子教化，自不具有天子之臣的资格，中国可视其为敌体，以客礼待之。因此，清帝国接待外洋之国，不同于对待藩部或属国，往往考虑敌我力量的强弱，决定行"朝贡礼"，彰显其君臣名分；或行"客礼"，承认外洋作为敌体之国，得与中国对等往来。由此可见，清代宾礼的制礼

---

　　① 苏轼：《苏轼文集》卷二《王者不治夷狄论》，第44页："夫以戎狄之不可以化诲怀服也……是将以不治深治之也。由是观之，《春秋》之疾戎狄者，非疾纯戎狄者，疾夫以中国而流入于戎狄者也。"

原则有二：不但有适用藩部、属国的"朝贡礼"，也有适用敌体之国的"客礼"。尤其从清帝国与俄国的往来，可知顺治皇帝本依据"朝贡礼"方案，视俄国使者为贡使，故要求俄国使者行"跪拜礼"。但俄国坚持中俄平行，使中俄双方发生多次礼仪之争。清政府虽成功让俄国使者向清帝行"跪拜礼"，但因准噶尔骚扰和边界问题，康熙、雍正皇帝已了解到俄国不比属国，无法强加"朝贡礼"，只能行"客礼"，与俄国对等往来，订约互市，让俄国不再支持准噶尔。当准噶尔彻底平定后，乾隆皇帝重新调整对俄关系，要求俄国遵守"朝贡礼"的规范，并销毁了雍正朝两次遣使赴俄报聘的官方记录，掩盖康熙、雍正皇帝曾视俄国为敌体，待以客礼的事实。

从乾隆朝对俄政策的转变，可知清政府不再承认有"敌体"的存在，也摒弃了讲求对等位阶的"客礼"，"宾礼体制"只剩"朝贡礼"这一单一方案。同时，根据《大清会典（嘉庆朝）》"互市国"一类的出现，可知清政府借互市制度，将不称臣纳贡者归入"互市之国"，作为"朝贡礼"的补充方案，借以弥补"天下秩序"的缺憾。也就是说，乾隆、嘉庆朝以后，当有外来者入华，清政府一开始会要求这些国家进表文、贡方物，将其使者视为贡使，试着让这些国家接受"属国"的政治身份，成为清帝国的"外臣"。但当这些国家不愿称臣、进表、纳贡时，清政府便承认既有事实，不再设法将之变为属国，但只允许通商，断绝与这些国家的政治关系，将之归入"互市国"的行列。若有互市国要求与清政府交涉，必须先向清政府称臣纳贡，变成"属国"，方能得到清政府的允许，以贡使的身份前往北京与清政府"交涉"，否则只能与粤海关交涉。

由此可知，当有外洋诸国不愿称臣纳贡时，清政府只要设定外洋诸国是不受天子教化的"夷狄"，便不需改动"宾礼体制"，解决外洋诸国不称臣纳贡的问题，也可通过"互市国"的规范，将外洋之国归入"天下秩序"之中。值得注意的是，康熙、雍正皇帝虽视俄国为"敌体"，对等往来，但通过理藩院处理对俄事务，与俄国枢密院交涉，回避中国皇帝与俄国沙皇的位阶问题，并借"优礼"、"柔远"的说法，可解释康熙、雍正皇帝变通觐见礼仪之事，也让"客礼"被视为清政府优待俄使的权宜之计，无损于"宾礼体制"的根本原则。同治年间，总理衙门又重提康熙、雍正皇帝优待俄使之事，并援引为中国款待"与国"的历史先例，让"客礼"再次受到晚清士人的重视，甚至被当作维护中国国体的手段。

第二章
宾礼体制的延续

从第一章的考察，可知"宾礼体制"的主线是不对等位阶的"朝贡礼"，也有对等位阶的"客礼"作为"宾礼"的变通方案。再以康熙、雍正、乾隆三朝对俄关系为例，可知康熙、雍正皇帝为了拉拢俄国，曾视俄国如敌体，对等往来。但乾隆皇帝重新调整对外关系后，"宾礼体制"又重回"朝贡礼"的主线，摒弃了"客礼"的方案，并将不愿称臣纳贡者，归入"互市国"，避免与之建立政治关系。① 直到《江宁条约》签订后，② 表面上虽打破清帝国涉外体制的惯例，但实际上清政府只当作"互市"的延续，不承认英、美、法三国是"与国"，仍命令地方督抚与这些国家交涉，并将对外交涉之事，视为中国沿海省份的地方事务。③

议定条约的过程里，英、美、法国代表曾要求进京觐见道光皇

---

① 钱实甫：《清代的外交机关》，第 29 ~ 32 页。
② 田涛主编《清朝条约全集》卷一，黑龙江人民出版社，1999，第 56 ~ 57 页。《中英江宁条约》俗称《南京条约》，共有 13 条。道光二十二年七月二十四日（1842年 8 月 29 日）签订，道光二十三年六月二十九日（1843 年 7 月 26 日）互换，主要内容为：割让香港；开放广州、福州、厦门、宁波、上海五处口岸通商；英人可在港口自由贸易，不经行商；赔偿 2100 万元；进出口税秉公议定则例；两国官员用照会往来。
③ 茅海建：《天朝的崩溃：鸦片战争再研究》，第 483 ~ 498 页；曹雯：《清朝对外体制研究》，第 196 ~ 205 页；王尔敏：《晚清外交思想的形成》，《中央研究院近代史研究所集刊》第 1 期，1969 年 8 月，第 34 页。

帝（1782～1850，1820～1850 在位），但道光皇帝不愿改动"朝贡礼"
的成例，示意耆英（？～1858，满洲正蓝旗）设法回避，不愿让这些
不称臣、不纳贡的"夷人"进京觐见。① 当《江宁条约》届满 12
年换约之期，清政府同样因"公使请觐"的问题，与英、法、美国
又有论战，甚至不惜兵戎相见，间接给了英、法两国出兵的借口。②
为何道光皇帝、咸丰皇帝（1831～1861，1850～1861 在位）坚持"朝贡
礼"的成例，视公使请觐、公使驻京为祸事？ 对此，茅海建指出，
清帝拒绝外使进京觐见，乃为了维持清帝国的礼乐纲纪。③ 王开玺指
出，咸丰皇帝出于天朝大国的心态，不愿承认这些国家与中国平起
平坐。④ 何伟亚则认为英国坚持驻使觐见，乃为了改变中国人对世界
的看法。⑤ 三位学者的观察角度虽有不同，但都强调咸丰一朝中外
关系的"变化"。诚如诸位学者的观察，英法联军入侵的肇因、过
程及结果，都围绕着一个关键的问题，即中国传统交涉体制的改变
与否。

　　为此，本章讨论重点有三：一是讨论清政府对驻京条款的交涉，
说明咸丰君臣坚拒公使驻京的原因。二是美使华若翰（John Eliot
Ward，1814～1902）进京换约，却因觐礼问题无法进京。为何觐见礼
问题会影响中美双方的态度？ 中美双方不欢而散的结局，将如何发
展？ 对英、法两国有何影响？ 三是《北京条约》签订后，清政府虽
允诺英、法等国"公使驻京"等要求，但"宾礼体制"真的改变了
吗？ 或只是换汤不换药？ 因此，本章主要从"公使驻京"条款讨论
清帝国"宾礼体制"的变化，并分析总理各国事务衙门、三口通商

---

① 茅海建：《天朝的崩溃：鸦片战争再研究》，第 515～525、534～537 页。
② 茅海建：《近代的尺度：两次鸦片战争军事与外交》（增订本），生活·读书·新
　　知三联书店，2011，第 174～194 页；王尔敏：《道咸两朝中国朝野之外交知识》，
　　《大陆杂志》第 22 卷第 10 期，1961 年 5 月，第 8～12 页。
③ 茅海建：《近代的尺度：两次鸦片战争军事与外交》，第 175～177 页。
④ 王开玺：《清代外交礼仪的交涉与论争》，第 377 页。
⑤ 何伟亚：《英国的课业：19 世纪中国的帝国主义教程》，刘天路、邓红风译，社
　　会科学文献出版社，2007，第 74 页。

大臣、五口通商大臣的交涉体制及其权力结构的变化，从而了解
"宾礼体制"在"变"之余，更多的是"不变"的面向。

一　公使驻京之款的交涉

签订《江宁条约》后，英国要求清政府与之建立平等的政治关
系，并在五口口岸派驻英国领事，可与中国地方官平行往来。[①] 随
后，清政府又与英、美、法三国陆续签订《虎门条约》、《望厦条
约》、《黄埔条约》，[②] 允许关税协定、领事裁判权、片面最惠国待
遇、军舰出入口岸及基督教弛禁等款。[③] 对清政府而言，所谓"不平
等条约"的通商条款，并不影响帝国的运作，未见官员反对。[④] 可
是，对"平行往来"之款，许多官员都表示不满，如李星沅（1797～
1851）获知《江宁条约》的内容后，哀痛"夷妇与大皇帝并书"，[⑤]
大损天朝体制，可见时人无法接受"平行往来"的反应。

在议定条约的过程里，英、美、法全权代表要求赴京觐见。尤
其是英国代表璞鼎查（Henry Pottinger, 1789～1856）还特别言明，清政
府必须遵守"平行往来"之条款，不可视英国公使为属国贡使，而
英国公使也不向皇帝行"跪拜礼"，只愿行"鞠躬礼"，如同见英国
国王之礼。

---

① 田涛主编《清朝条约全集》卷一，第 56～57 页。
② 田涛主编《清朝条约全集》卷一，第 83～86、93～97、101～106 页。《虎门条
约》、《望厦条约》、《黄埔条约》皆是后人为了方便称呼而定的名称。三份条约
的原名分别为《中英五口通商附粘善后条款》、《中美五口通商章程》、《中法五
口通商章程》。
③ 茅海建：《天朝的崩溃：鸦片战争再研究》，第 512～517、525～528、536～542
页。
④ 廖敏淑：《清代对外通商制度》，王建朗、栾景河主编《近代中国、东亚与世界》
下卷，第 461 页。
⑤ 李星沅：《李星沅日记》上册，袁英光、童浩整理，中华书局，1987，第 428 页，
道光二十二年八月初八日："至局阅江南钞寄合同，令人气短，我朝金瓯无缺，
忽有此蹉跌，至夷妇与大皇帝并书，且约中如赎城、给烟价、官员平行、汉奸免
罪，公然大书特书，千秋万世何以善后，不得为在事者宽矣。"

因君主怀与大清友和之至意，即大皇帝准允本国特派钦使赴京，亦未属难。然先言明，此公使之往，系按照平行之例，不准挂进贡之旗，又不服叩头之礼，而准大英钦使在御前行礼，与本帝君之礼者无异，即大皇帝派命钦差赴到，则本君帝〔帝君〕待之如欧罗巴大国之公使者等言。非本大臣奉命而说者，乃抒其意而已矣。〔中方〕答云：此系应俟届期再议。①

道光皇帝不愿让"夷人"进京谒见，命令耆英设法说服英使，并愿意在其他条件上让步，换取英使不再提觐见之事。② 对道光皇帝来说，一旦允许外使觐见，势必议及觐见礼的问题，将重蹈乾隆、嘉庆朝（1796～1820）的觐礼之争。③ 但清政府若坚持"跪拜礼"，可能让英使找到开战的借口，中英两国将再起战端。若同意英使行"鞠躬礼"，等于改变了"朝贡礼"的成例，言官们将群起反对，和局势必破裂。④ 幸好，当时英使不愿为了觐见之事激起战火，引发英国国内的反对舆论。正因为有这些顾虑，中英双方都各退一步，暂时搁置"公使请觐"之事。

对国书呈递的问题，《江宁条约》未明白规定如何呈递，只提及"英国住中国之总管大员与中国大臣，无论京内京外者，有文书来往，用照会字样"。⑤ 不过，在《望厦条约》里，中美双方首次讨论过国书呈递的问题，清政府同意美国公使递交国书，表示友好之意，

---

① 佐佐木正哉：《鸦片战争之研究（资料篇）》，沈云龙编《近代中国史料丛刊续编》第九四一册，文海出版社，1983，第 209 号，《前后面论各条》，第 216 页。

② 茅海建：《天朝的崩溃：鸦片战争再研究》，第 515～525、534～537 页。

③ 黄一农：《印象与真相——清朝中英两国的觐礼之争》，《中央研究院历史语言研究所集刊》第 78 卷第 1 期，2007 年 3 月，第 35～106 页；吴晓钧：《阿美士德使节团探析——以天朝观之实践为中心》，第 39、75 页。

④ 张启雄：《中华世界秩序原理的源起：近代中国外交纷争中的古典文化价值》，第 108、129～133 页。根据张启雄的论点，可知道光皇帝一旦同意英使行"鞠躬礼"，言官反对的理由可能是中国用外夷之礼，违反"名分秩序"，甚至有"用夷变夏"的疑虑，将动摇皇权的正当性基础。

⑤ 田涛主编《清朝条约全集》卷一，第 57 页。

但美国公使不得亲递国书，只能由钦差大臣或两广、闽浙、两江总督代奏，仍延续贡使携有奏疏时，由地方督抚代奏的惯例。

> 合众国日后若有国书递达中国朝廷者，应由中国办理外国事务之钦差大臣，或两广、闽浙、两江总督等大臣将原书代奏。①

《望厦条约》虽议定国书由钦差大臣或地方督抚代奏，但当时美国代表再三请求觐见，希望能将美国国书亲手递交给道光皇帝。道光皇帝明谕军机处，以清政府没有通事（会同四译馆翻译官）为由，阻止美使北行。② 法国代表也提出觐见的要求，道光皇帝重申不接见外夷的原则，拒绝法方的要求。

> 至所请进京朝见一节，着谕以天朝体制，大皇帝从不接见外夷，徒劳跋涉。即如英咭唎、咪唎坚，亦未进京朝觐。中朝抚驭外夷，一视同仁，岂肯稍分彼此。该国自当与英、咪两国，共遵条约，不得于例外妄有干求。③

从道光皇帝的上谕，可知清政府虽与英、美、法三国签订条约，但仍视其为"外夷"，并以这些条约皆未规定"公使觐见"的条文为由，回绝三国代表的觐见要求。④

咸丰皇帝即位后，马上惩处过去主张议和的穆彰阿（1782～1856，满洲镶蓝旗）、耆英等人，可见咸丰朝的对外态度更趋保守。⑤ 围绕着广州进城问题，中英双方争执不下。英国代表更借题发挥，认为

① 田涛主编《清朝条约全集》卷一，第96页。
② 《清宣宗实录》卷四〇六，中华书局，1986，第80页b，道光二十四年六月戊戌。
③ 《清宣宗实录》卷四〇九，第134页a，道光二十四年九月壬午。
④ 茅海建：《近代的尺度：两次鸦片战争军事与外交》，第175～176页。
⑤ 姚延芳：《新闭关时期与英法联军》，三民书局，1982，第54～57、63～66页。

"平行往来"的条款有名无实，外国公使只能通过地方督抚，层层上奏，仍无法与清政府直接交往。① 因此，当《江宁条约》届满12年时，英国全权公使包令（John Bowring）重申广州入城之事，并要求赴京觐见，重新修约，让外国公使入驻北京。② 英国要求公使驻京的目的，即可经常与清帝国的达官贵人接触，加强对中国的影响力，还可监视俄罗斯馆的俄国教士、学生的活动，防止俄国扩大势力。③

咸丰六年（1856），英、美、法要求修约。对三国的修约要求，两广总督叶名琛（1807~1859）在内外压力下，只好被动应对，准备与包令洽谈。④ 但包令不愿在广州城外谈判，也不想再与地方督抚洽谈，希望直接与清政府会谈，并觐见咸丰皇帝，落实中英两国的平行往来。咸丰皇帝认为，由两广总督负责谈判事宜已是惯例，英国代表包令怎可越级谈判，遂不同意包令赴京，只能与叶名琛洽谈。⑤ 叶名琛虽愿意与包令交涉，但因太平军随时可能包围广州城，再加上广州进城问题一直无法解决，故叶名琛希望英方同意变更谈判地点，改在广州以外之处进行交涉。包令却坚持在广州城谈判，也无视广州的危局，竟以叶名琛不愿谈判为由，要求咸丰皇帝另派钦差大臣，并接受英国驻广州领事巴夏礼（Harry Smith Parkes，1825~1885）的建议，准备调动军舰，直接以武力施压。⑥

---

① 黄宇和：《两广总督叶名琛》，上海书店出版社，2004，第19~22、169页；马士：《中华帝国对外关系史》卷一，第446~449页。
② 姚廷芳：《新闭关时期与英法联军》，第84~85页。事实上，《江宁条约》未有12年修约，但中美签订的《望厦条约》第34条规定12年修约，故英国全权公使包令根据《虎门条约》的"最惠国待遇"条款，认为英国与美国同样享有12年后修约的权利，故在咸丰四年向叶名琛提出修约的要求。
③ 郭廷以：《近代中国史纲》上册，第139~140页。
④ 黄宇和：《两广总督叶名琛》，第167~168页。
⑤ 黄宇和：《两广总督叶名琛》，第170页。
⑥ 斯坦利·莱恩普尔、弗雷德里克·维克多·狄更斯：《巴夏礼在中国》，金莹译，广西师范大学出版社，2008，第157~167页；黄宇和：《两广总督叶名琛》，第170~173页。

为了达成修约的愿望，英、法、美都有了武力干涉的准备。此时，又发生"西林教案"与"亚罗号事件"，让英、法两国有了出兵攻城的理由。① 包令坚持在广州城谈判，否则无以表示中国维护条约的诚意。事实上，进城问题只是中英冲突的导火线，真正让包令不满的是英国官员无法与中国官员自由往来，故决定使用武力，逼迫中国官民让步。如巴夏礼指出：

> 其实我们所要的很简单，只是希望在我们今后的交往中，不再出现误解和不快，而外事官员可以进城去和中国当局的官员交往……我们的胜利将建立在人民的恐惧中，只有让他们感到害怕，他们才会让步，否则我们的在华利益就无法得到保障。我们所要求的只是和当局自由交往，如果叶名琛愿意，要做到这一步很简单，可是他太高傲自大，不愿意屈从。②

因此，英国军队先袭击广州新城，攻占虎门要塞，③ 并邀请美国和俄国联合行动，但美国不愿派兵，只给予外交支持。④ 而俄国专使普提雅廷（E. V. Putiatine）要求进京，却遭理藩院驳回，不允所请。⑤

---

① 郭廷以：《近代中国史事日志》，中华书局，1987，第243页，1856年7月1日条；第244页，1856年7月25日条；第244页，1856年8月2日条；第247页，1856年9月27日条；第248页，1856年10月12日条；第252页，1856年12月10日条。佐佐木正哉编《鸦片戰爭後の中英抗爭（資料篇稿）》，近代中国研究委员会，1964，第254号，第212~213页，《英国水师提督西批示》；第255号，第213~214页，《包令批示》。
② 1856年11月14日巴夏礼信件，转引自《巴夏礼在中国》，第159页。
③ 佐佐木正哉编《鸦片戰爭後の中英抗爭（資料篇稿）》，第258号，第218页，《英国水师提督西照会》；第259号，第219页，《包令照覆》。
④ 郭廷以：《近代中国史事日志》，第253页，1856年12月26日条；第255页，1857年2月2日条；第255~256页，1857年2月27日条；第257页，1857年4月10日条。伯驾本欲同英、法共同对华作战，但美国国务卿训令伯驾不得参与英国对华的军事行动，婉拒英国的邀请，只允许美国代表与英、法共同提出修约及赔偿的要求。
⑤ 中研院近代史研究所编《四国新档（俄国档）》，中研院近代史研究所，1986，第429号，第275页，咸丰七年七月初九日俄使普提雅廷致理藩院咨文；第437号，

普提雅廷见清政府不领情，遂由天津转往香港，与英、法、美使联络，建议英国军舰直赴天津海口示威，以便让清政府乖乖就范。

平定印度兵变后，英国专使额尔金（James Bruce Elgin，1811～1863）再无后顾之忧，可专心对付中国。[1] 抵达香港后，英国专使额尔金、法国专使葛罗（Baron Gros）发出最后通牒，要求叶名琛履行条约义务，赔偿损失，并允许英、法军进驻广州附近，代管炮台。[2] 但叶名琛拒绝额尔金的条件，双方已无法和平谈判。[3] 因此，英、法两国决心诉诸武力，遂攻陷广州，俘虏叶名琛，还收缴两广总督署的官方档案，交由英国翻译官李泰国（Horatio Nelson Lay，1832～1898）、威妥玛（Thomas Francis Wade，1818～1895）解读，欲了解清政府对外交涉的最低底线，作为日后对华谈判的依据。[4] 占领广州后，英、法、美、俄四国专使前往上海，并照会清政府派全权大臣赴上海开议，否则将准备开战。[5]

这时，英、俄兵舰停泊在吴淞口外，情势危急，但咸丰皇帝不愿受人挟制，命令两江总督何桂清（1816～1862）向英、法、美三国专使交涉，要求三国专使返回广东，与两广总督黄宗汉（？～1864）

第 281 页，咸丰七年七月十四日理藩院致俄使普提雅廷咨文。郭廷以：《近代中国史纲》，第 147 页；肖玉秋：《俄国传教团与清代中俄文化交流》，天津人民出版社，2009，第 64～65 页。

[1] 额尔金、沃尔龙德编《额尔金书信和日记选》，汪洪章等译，中西书局，2011，第 36 页。

[2] 中研院近史所编《四国新档（法国档）》，第 5 号，咸丰八年正月二十五日法使葛罗致叶名琛照会，第 8 页；第 9 号，咸丰八年正月二十五日法使葛罗行裕诚文，第 15～16 页。据茅海建研究，叶名琛并不了解额尔金、葛罗照会的真意，竟以为这份照会是英法两国索赔求和之举动。茅海建：《近代的尺度：两次鸦片战争军事与外交》，第 166～167 页。

[3] 额尔金、沃尔龙德编《额尔金书信和日记选》，第 45～46 页。

[4] 额尔金、沃尔龙德编《额尔金书信和日记选》，第 53～54、57～58 页；茅海建：《近代的尺度：两次鸦片战争军事与外交》，第 166～169 页；何伟亚：《英国的课业：19 世纪中国的帝国主义教程》，第 39、62～65 页。

[5] 中研院近史所编《四国新档（英国档）》上册，第 362 号，咸丰八年正月二十五日英使额尔金致裕诚照会，第 318 页。

开议,① 并要求俄国专使回到北京,与理藩院交涉,不要与英、法、美联合行动。② 英、法、美国专使见清政府拒派全权大臣,决定北上天津,欲与清政府直接对话,并准备陈兵白河口,不惜以武力解决问题。③ 因此,四国专使不再与两江总督会谈,径自离开上海,英国军舰也集结在白河口,并要求清政府在 6 天之内派出全权大臣,展开谈判。④

由于太平天国的内乱正炽,北京所需的漕粮也得依赖海运,咸丰皇帝不愿贸然开衅,阻断海路,决定派遣仓场侍郎崇纶(? ~1875,汉军正白旗)赴天津,与四国专使交涉,示意崇纶对专使开出的条件可稍稍让步,并定下亲善美、俄,孤立英、法的策略,由美、俄两国从中斡旋,逐一行羁縻之道。

> 俄夷与英夷虽未能遽离为二,而夷情反复,好争体面,若假以词色,使知中国相待,与英夷迥不相同,亦可用为驯服英夷地步。即如美夷既不助恶,即用以转圜。⑤

虽说咸丰皇帝的让步出自事有权宜的考虑,但咸丰皇帝仍命令崇纶,接见专使时必须注意位阶问题,区分俄国与其他三国的差异,

---

① 中研院近史所编《四国新档(英国档)》上册,第 366 号,第 323 页,咸丰八年正月二十六日上谕;姚廷芳:《新闭关时期与英法联军》,第 182 ~ 183 页。叶名琛被俘后,黄宗汉改任两广总督,欲赴广州。黄宗汉路经上海时,两江总督何桂清苦求黄宗汉在上海与洋人开议,但黄宗汉知道广东民气激昂,若在上海议和,必不为广东民众欢迎,故为了迎合民心,黄宗汉不顾情势危急,竟取道福建,前赴广州,接任两广总督。等他抵达广州时,英法联军已内犯天津,与桂良签订《天津条约》。
② 贾桢编《筹办夷务始末(咸丰朝)》卷一八,中华书局,1979,第 718 号,第 664 页,咸丰八年正月二十五日大学士裕诚为令转致各国拒绝在上海议事给两江总督等咨文。
③ 额尔金、沃尔龙德编《额尔金书信和日记选》,第 78 ~ 79 页。
④ 夏笠:《第二次鸦片战争史》,上海书店出版社,2007,第 172 ~ 310 页。
⑤ 中研院近史所编《四国新档(英国档)》上册,第 415 号,第 367 页,咸丰八年三月初八日上谕。

"不可同时相见，须有先后次第。俄夷与中国和好多年，自宜先行接晤，待以宾礼"。① 而且，咸丰皇帝也提醒崇纶，凡关涉中国体制之事，崇纶必须请旨办理，不得便宜行事，有损国家体面。

四国专使以崇纶的官阶太低为由，拒绝与崇纶交涉，要求清政府改派内阁大学士或钦差大臣。于是，咸丰皇帝改任直隶总督谭廷襄（？～1870）代为谈判。但四国专使仍以谭廷襄没有全权任命为由，拒绝与谭廷襄交涉，欲前往北京，与大学士直接面谈。② 直隶总督谭廷襄以"人臣无外交之义"为由，说明中国向来没有全权大臣，所有交涉之事皆须请示皇帝，希望四国专使能开始谈判，不再纠结全权任命之事。③ 对此，美国、俄国专使曾劝额尔金承认谭廷襄的资格，但额尔金坚持中方代表必须有全权任命，否则将中断谈判。④ 额尔金还说服其他公使，共同要求清政府改变现况，同意外国公使驻京建馆的要求，让公使不再通过地方督抚，可与清政府直接交涉。⑤

对四国专使的要求，直隶总督谭廷襄误以为英、法两使只是想进京陈情，向皇帝说明广东官员长期忽视外国官商的情况，并引据顺治皇帝、康熙皇帝曾允许外国传教士南怀仁（Ferdinand Verbiest，1623～1688）久居北京的先例，建议皇帝接受四国专使的要求，允许外国公使遇有要事，或每隔数年，可携少数从人，由陆路进京。⑥ 咸丰皇帝获报后，立刻驳斥谭廷襄的说法，指出传教士南怀仁的先例

---

① 贾桢编《筹办夷务始末（咸丰朝）》卷二〇，第 774 号，第 720 页，咸丰八年三月十三日廷寄。

② 贾桢编《筹办夷务始末（咸丰朝）》卷二〇，第 776 号，第 723～724 页，咸丰八年三月十五日谭廷襄等奏俄使来见要求进京及分界通商各事折。

③ 贾桢编《筹办夷务始末（咸丰朝）》卷二一，第 789 号，第 739 页，咸丰八年三月二十二日谭廷襄等奏探询俄使并接见美使情形折。关于"人臣无外交之义"，详见本书第一章第一节第三小节。

④ 卫三畏：《中国总论》，陈俱译，上海古籍出版社，2005，第 1046～1047 页。

⑤ 贾桢编《筹办夷务始末（咸丰朝）》卷二一，第 812 号，第 764～766 页，咸丰八年三月二十六日美国要求条款十一条。

⑥ 中国史学会主编《第二次鸦片战争》第三册，上海人民出版社，1978，第 306～307 页，咸丰八年四月初一日军机处录副直隶总督谭廷襄等奏俄使欲由陆路赴黑龙江并代英法要求进京片；第 307 页，咸丰八年四月初三日奉朱批。

不可用在今时今事，并说明俄、英、法三国皆心怀叵测，不同于昔日的传教士，一旦允许四国专使进京，终有隐忧。由此可知，咸丰皇帝仍坚持"朝贡礼"是"宾礼体制"的唯一原则，只有向中国称臣纳贡者，方可获准赴京，觐见皇帝。不称臣纳贡的外洋之国，只可在边界与地方官员交涉，不得与清政府直接谈判。

> 至于外国人进京，皆系朝贡陪臣，若通商各国，原因获利起见。近年海口事宜，均在广东定议。即康熙年间，与俄夷会议互市，亦均在边界定议，从无在京商办之例。该夷来京，无论人数多寡，中国有何畏惧，实因与体制不合。上年普酋［俄使普提雅廷］请许来京，尚且因接待礼节向无章程，令其停止，何况英、佛两夷称兵犯顺，尤非恭顺之国可比。此次准其接见大臣，已属格外，岂能再准进京……着谭廷襄等告以天朝体制，凡非朝贡之国，偶有国书往来，均有定式，从不加以傲慢。况今米国彼以礼来，我以礼往，尽可无庸疑惑。①

后来，谭廷襄向俄国专使普提雅廷转达咸丰皇帝的谕旨，正式拒绝四国专使的要求。对清政府的强硬态度，普提雅廷曾提出警告，指出清政府不肯妥协，将让英、法两国获得出兵的理由。一旦双方交战，清政府将不得不接受四国专使的条件。②

咸丰八年四月十四日（1858 年 5 月 26 日），英法联军攻下大沽口，直抵天津。额尔金要求清政府必须派全权大臣赴天津议和，或同意四国专使进京，面见皇帝，与大学士辩论，否则英法联军将不停战，挥师北京。③ 咸丰皇帝不愿四国公使进京交涉，只好任命大学士

---

① 中国第一历史档案馆编《咸丰同治两朝上谕档》第八册，广西师范大学出版社，2008，第 300 号，第 140～141 页，咸丰八年四月初三日。
② 夏笠：《第二次鸦片战争史》，第 316 页。
③ 额尔金、沃尔龙德编《额尔金书信和日记选》，第 90 页；夏笠：《第二次鸦片战争史》，第 318～324 页。

桂良（1785～1862）、吏部尚书花沙纳（1807～1859）为钦差大臣赴津议和，希望让英、法军队退出大沽，解除京津威胁。① 英、法专使再要求清政府必须允许外人入内地通商、传教、游历及公使驻京等条件，否则不愿在天津议约。② 大学士桂良虽不愿答应"公使驻京"一款，但急不暇择，只能建议皇帝同意这些要求，暂时敷衍，让英、法联军先行退兵，交还天津、广州。③

　　咸丰皇帝仍不愿同意"公使驻京"一款，但提出折中方案，要求英、法两国仿照俄罗斯馆的成例，外国使者不能有"钦差"的名目，并改换中国衣冠，听中国约束，不可与闻公事。同时，咸丰皇帝也指出，英、法公使若不想受中国管束，可三五年一次由陆路赴京，由中国派兵护送，并支付外使往返北京的所有开销。若外使有交涉之事，可由各省督抚代为转奏，或得到允许，自可来京面诉，不需留人驻京。④ 咸丰皇帝的折中方案，表示清政府仍试着将英、法两使定位为属国贡使，并要求英、法两使从陆路进京，有事则由督抚代奏，不可随意来京。若英、法两使坚持驻京，就比照俄罗斯馆的办法，将英、法两使当作传教使团，必须服从中国礼法，不可与清政府直接交涉。

　　对这样的折中方案，英、法两使自然不愿接受，中外双方只好继续谈判。但随着谈判时间渐长，英、法两使的态度越来越强硬。尤其是额尔金，不但对桂良等人神色俱厉，频频逼索议准书，还出示耆英在1844年密陈夷情的奏折，当场羞辱耆英，迫使耆英回京，

---

① 贾桢编《筹办夷务始末（咸丰朝）》卷二三，第 881 号，第 826 页，咸丰八年四月十六日廷寄。

② 中研院近史所编《四国新档（俄国档）》，第 591 号，第 387 页，咸丰八年四月二十六日上谕。

③ 贾桢编《筹办夷务始末（咸丰朝）》卷二五，第 1013 号，第 936 页，咸丰八年五月初十日桂良等奏英人坚欲驻京不可任其决裂请密授机宜折。

④ 贾桢编《筹办夷务始末（咸丰朝）》卷二五，第 1015 号，第 938 页，咸丰八年五月初十日廷寄。1861 年以前，俄国来华的使节只是特使、专使，不得长驻北京，只可宿于俄罗斯馆。

退出谈判。不久后，咸丰皇帝就以耆英擅自回京为由，将耆英移交宗人府处死。[①] 耆英之死，让英、法两使的条件公布于朝堂之上，更增加了议和的困难。主战派趁机大发议论，如周祖培（1793～1867）、钱宝清（？～1860，道光二十一年进士）等官员纷起上疏，列举外使驻京的弊害，并弹劾桂良、花沙纳不能力持大局，竟为外夷请命说情，斥为国贼，遂请求皇帝立刻罢斥桂良、花沙纳等人。[②]

　　四国专使的共同目标是与清政府直接交往，维持帝国的体面。但对如何维持体面的问题，四国专使的看法不一，尤以额尔金的态度最为强硬，往往没有与其他三国专使讨论，就直接否定桂良的提议。[③] 对咸丰皇帝的折中方案，额尔金同样不让步，仍坚持清政府必须同意"公使驻京"和"内江通商"两项条件，否则将不惜使用武力，强迫清政府就范。同时，桂良也通过俄、美专使，向额尔金表明清政府的立场。但额尔金仍不愿接受，并要求桂良立即签约，否则将结束谈判，直接挥师北京，向清政府索求更多的利权。

　　　星期五下午，葛罗男爵来访。他［葛罗］带来俄、美特使的口信，劝我［额尔金］放弃两项要求——一、驻外公使进驻北京；二、允许我国公民到中国内地进行贸易。俄、美特使说，中国特使［桂良］已把自己接到皇上圣旨的事告诉他们，并说自己要是在这两点上让步的话，肯定会掉脑袋……向北京派驻公使，我认为是签订的条约中所规定的最重要一项条款；到中国

① 何伟亚：《英国的课业：19 世纪中国的帝国主义教程》，第 63 页；茅海建：《近代的尺度：两次鸦片战争军事与外交》，第 185 页注 6。
② 贾桢编《筹办夷务始末（咸丰朝）》卷二六，第 1029 号，第 953～954 页，咸丰八年五月十三日周祖培等奏外使驻京八害折；第 1030 号，第 954～956 页，钱宝清奏桂良等如再请准外使驻京即立予罢斥折；第 1031 号，第 956～957 页，段晴川奏请严责驻津大臣；第 1032 号，第 957～959 页，许彭寿奏外人驻京隐忧难述不宜示弱折；第 1033 号，第 960～961 页，陈浚奏外人京之弊甚多请撤回桂良花沙纳另简员查办折。关于京官各自的主张，本书不细述，详见茅海建《近代的尺度：两次鸦片战争军事与外交》，第 188～189 页。
③ 额尔金、沃尔龙德编《额尔金书信和日记选》，第 93～94 页。

内地从事贸易的权利同样重要……中国人是那样愚蠢，假如我们在任何一项条款上让步的话，那么，很难说他们不会在所有其他条款的实施上设置重重障碍。①

桂良虽已竭尽全力，但中英双方的议和底线相去甚远，面临决裂。为了避免更大的损失，桂良只好自作主张，擅与英国签订《中英天津条约》，又与法国签订《中法天津条约》。② 同时，俄国、美国也在调解人的名义下，比英、法两国更早与清政府签订了《中俄天津条约》和《中美和好条约》，正如某位英国官员所指出的，"两个强权掐住中国的喉咙，另两个站在一旁怂恿，也能分沾赃物"。③ 对此，夏燮（1800～1875）批评咸丰君臣未提防俄国，遂使俄人妄播谣言，形成四国合纵谋我中国之危局。④ 总之，英、法、俄、美四国借由《天津条约》的签订，迫使清政府正视他们，务求与清政府缔结政治关系。

对擅订《天津条约》之事，桂良向皇帝解释与英、法专使缔约的必要性，并指出清政府久困太平天国的内乱，无力与英法联军作战，不如早和为是，暂且接受"公使驻京"一款，满足夷人的虚荣感。⑤ 桂良甚至还提议，皇帝若想背盟毁约，只要将自己拿问，与英、法签订的这些条约便可作废。桂良的建议虽被采纳，但咸丰皇帝对"公使驻京"的规格仍十分在意，遂命令桂良委托俄使，向英、法公使说情，希望他们能同意新方案：外使不得长期驻京，亦不可携带眷属，但可带20名以下的从人，在北京暂住若干时日；凡有觐

---

① 额尔金、沃尔龙德编《额尔金书信和日记选》，第95页。
② 茅海建：《近代的尺度：两次鸦片战争军事与外交》，第190～192页；夏笠：《第二次鸦片战争史》，第328～330页。
③ 卫三畏：《中国总论》，第1051页。
④ 夏燮：《中西纪事》卷一二，岳麓书社，1988，第164页。
⑤ 贾桢编《筹办夷务始末（咸丰朝）》卷二七，第1055号，第982页，咸丰八年五月十八日桂良等奏对外不可战者五端折。"夷人最恐中国看伊不起"，"夷人之欲驻京，一欲夸耀外国，一欲就近奏事"。

见，外使须遵行"跪拜礼"；外使进京时，先由礼部知照，不可乘兵船由天津海口进入，并由中国自由安排外使的住处；若外使欲长期驻留北京，必须改易中国衣冠，服从中国的管束。[①]

咸丰皇帝虽试图将"公使驻京"的规格比照属国贡使，但桂良以为《天津条约》已成定局，如今再向英、法两使提出"公使驻京"的规格问题，将另生枝节，破坏和局，不如以后再议。[②] 因此，咸丰皇帝只好批准《天津条约》，并由桂良等人前往上海，继续商议各口岸的通商办法。[③] 换言之，《天津条约》的议定，改变了清帝国与欧美各国的交涉惯例，无法再以"朝贡礼"约束外国公使：（1）允许英、法、美、俄四国派使驻京。（2）外国公使觐见皇帝时，不可行有碍国体之礼，亦可与内阁大学士、六部尚书、地方督抚会晤文移，皆平行往来。（3）两国官员交涉时，按品级高低，用平礼相待，如各口岸设立领事官、署领事官，与道台同品；副领事官、署副领事官及翻译官，与知府同品。（4）中外往来的相关公文，凡叙及外国官民不得称"夷"。（5）外人得入内地通商、游历、传教，中国官员须妥善保

---

① 中国第一历史档案馆编《咸丰同治两朝上谕档》第八册，第 562 号，第 242～243 页，咸丰八年五月十八日："哦、咪条约内均有进京一条，皆无久驻京城之说，则噗咈、两夷岂能偏准？桂良等既言不妨权允，亦当与之约定：来时只准带人若干；到京后只准暂住若干时；一切跪拜礼节，悉遵中国制度；不得携带眷属；如咪夷条约内所载，每年不得逾一次；到京不得耽延；或由陆路，或由海路，不得驾驶兵船进天津海口；小事不得援引轻请；从人不得过二十名；上京时先行知照礼部；公馆自由中国豫备。夷若能照此，亦有可允。若必欲住京，则前此业经谕及，必须更易中国衣冠，谅该夷亦所不愿。其人数、时日、及礼节事宜，总须照咪夷约定载入条款，方可允准。"

② 贾桢编《筹办夷务始末（咸丰朝）》卷二七，第 1071 号，第 1007～1008 页，咸丰八年五月二十一日桂良等奏与英法已定约其驻京三条无庸令俄挽回折。

③ 咸丰八年五月初三日（6 月 13 日）与俄国签订《中俄天津条约》，五月初八日（6 月 18 日）与美国签订《中美天津条约》，五月十六日（6 月 26 日）与英国签订《中英天津条约》，五月十七日（6 月 27 日）与法国签订《中法天津条约》，其中以《中英天津条约》为范本。英使额尔金担心中国毁约，照会桂良等人，欲索取咸丰皇帝"依议"的谕旨，并在白河列舰示威，咸丰皇帝只好在五月二十三日（7 月 3 日）寄谕桂良等人，给予"依议"的朱批谕旨。随后根据《中英天津条约》二十六款，中英双方在上海修改税则，陆续与英、美签订《通商章程善后条约》。茅海建：《近代的尺度：两次鸦片战争军事与外交》，第 191～193 页。

护。英人在华犯罪者，交由英国领事官惩办，中国官员不得干涉。[①]

《天津条约》签订后，英使额尔金前往上海，准备讨论税率问题。[②] 咸丰皇帝以免除关税为交换条件，命令桂良继续商议"公使驻京"的条款，希望再做补救，挽回体面。[③] 桂良、何桂清虽不以为然，反复劝奏，但咸丰皇帝仍要求桂良挽回"公使驻京"一款。[④] 因此，《通商章程》谈判期间，中英双方继续讨论"公使驻京"的议题。对此，桂良向额尔金说明"公使驻京"一款，不但对英国没有好处，还可能会危及清政府的政权，希望额尔金稍作让步，改择北京以外的任何一地，作为驻节之处。[⑤] 桂良也指出，清政府不是不遵《中英天津条约》，只是"公使驻京"的条文尚有解释空间，并刻意强调"或"字，表示英国公使有"在京师长行居住"或"随时往来"两种选择，不一定得常驻北京。[⑥]

经过桂良多次恳谈，额尔金终于理解清政府的难处，了解到"公使驻京"的条款虽是欧美各国的惯例，"但在中国政府看来，这些特权的让与，等于一种革命，它涉及到在帝国传统政策上的某些最宝贵原则的放弃"。[⑦] 于是，额尔金愿意考虑清政府的方案，并指

---

① 贾桢编《筹办夷务始末（咸丰朝）》卷二八，第 1076 号，第 1014~1024 页，咸丰八年五月二十三日中英天津条约；何伟亚：《英国的课业：19 世纪中国的帝国主义教程》，第 40~42 页；张忠绂：《清廷办理外交之机关与手续》，第 9~11页。

② 额尔金、沃尔龙德编《额尔金书信和日记选》，第 101 页。

③ 茅海建：《近代的尺度：两次鸦片战争军事与外交》，第 194~195 页。

④ 贾桢编《筹办夷务始末（咸丰朝）》卷三一，第 1216 号，第 1157 页，咸丰八年九月初七日廷寄；卷三二，第 1251 号，第 1190 页，咸丰八年十月初二日桂良等奏洋务办理棘手各国不肯罢弃条约折。

⑤ 贾桢编《筹办夷务始末（咸丰朝）》卷三一，第 1248 号，第 1184~1185 页，咸丰八年九月二十九日桂良等奏连日与各国会议条约万不能动折。

⑥ 田涛主编《清朝条约全集》卷一，第 198 页。中英天津条款之第三款节录："大英钦差各等大员及各眷属可在京师，或长行居住，或能随时往来，总候本国谕旨遵行，英国自主之邦与中国平等，大英钦差大臣作为代国秉权大臣，觐大清皇上时，遇有碍于国体之礼是不可行，惟大英君主每有派员前往泰西各与国拜国主之礼，亦拜大清皇帝，以昭画一肃敬。"

⑦ 马士：《中华帝国对外关系史》卷一，第 629~630 页。

出清政府只要愿意履行条约，保证条约的完整性，英国政府便同意公使不驻北京，改在他处常驻，而且英国公使有权前往北京，直接向清政府传达意见。① 可是，对额尔金的让步，咸丰皇帝仍不满意，要求桂良挽回公使进京及内地通商两款，并要求英军尽快撤军，归还广州城。② 由此可见，英、法等国虽通过《天津条约》得到了"公使驻京"的权利，但咸丰君臣并不愿接受这样的结果，甚至连"派使进京"的妥协方案都无法接受。所以，咸丰皇帝一直要求桂良等人说服英、法两使，改在上海换约，并指示桂良等人：若英、法两使坚持进京，只能带 10 名从人，不得携带军械；进京后，比照外国进京之例，不得坐轿摆队；换约后，英、法两使即行出京，不得久留。③ 由此可见，咸丰君臣的最后底线，就是比照贡使进京的"朝贡礼"方案，处理英、法两使进京换约之事。

二　英、美两国在换约问题上的不同看法

根据《中英天津条约》第五十六款："本约立定后，以一年为期，彼此大臣于大清京师会晤，互相交付"，④ 中外双方约定咸丰九

---

① Great Britain, F. O. 682/1991/120（1858.10.22），第 18 页，咸丰八年九月十六日；F. O. 682/1991/121（1858.10.25），第 10 页，咸丰八年九月十九日；F. O. 682/1991/123a（1858.10.29），第 10 页，咸丰八年九月二十三日。马士：《中华帝国对外关系史》卷一，第 603 页。茅海建：《近代的尺度：两次鸦片战争军事与外交》，第 200 页。

② 贾桢编《筹办夷务始末（咸丰朝）》卷三三，第 1286 号，第 1223 页，咸丰八年十一月十六日延寄。"前次准将钦差移至上海，原为阻其进京及赴天津之计，若仍准其随时进京，则进京之后，如何驱遣，岂不与驻京无异？又何必改钦差移上海，且何必派桂良等前往挽回耶？总之，进京一节，万不能允；内江通商，必须消弭；其余两事，亦当设法妥办。"

③ 中国第一历史档案馆编《咸丰同治两朝上谕档》第九册，第 249 号，第 92～93 页，咸丰九年二月二十五日军机大臣密寄钦差大臣大学士桂良吏部尚书花钦差大臣两江总督何。

④ 贾桢编《筹办夷务始末（咸丰朝）》卷二八，第 1076 号，第 1023 页，咸丰八年五月二十三日中英天津条约。

年（1859）在北京交换条约。为了换约事宜，英国政府任命普鲁斯（Frederick W. A. Bruce，1814 ~ 1867），法国政府任命布尔布隆（M. de Bourbaulon）为驻华公使，准备前往北京换约。咸丰皇帝不愿外使进京换约，命令桂良说服英、法两使，改在上海换约，并事先警告英、法两使不得驾兵船，由大沽进入天津，否则中国将开炮反击，并罢废咸丰八年所议的条约。① 因此，桂良力劝英、法、美三国的全权代表在上海换约。但英国公使普鲁斯、法国公使布尔布隆坚持按约办理，由大沽上岸，先至天津，再入北京换约。②

　　当英、法两使准备北行时，桂良已无法劝阻，只好奏请派员，赶赴天津，相机而行，以全抚局。③ 咸丰皇帝虽不满意《天津条约》，但无意挑起兵端，遂命令僧格林沁（1811 ~ 1865）只要严守大沽海口，防止英、法率兵直入天津，绝不可主动挑衅。④ 同时，咸丰皇帝也比照俄使进京的规则，⑤ 提出英、法、美三使进京换约的详细办法，命令直隶总督恒福（1808 ~ 1862，蒙古镶黄旗）照会英、法两使，表示清政府已同意进京换约之事，但请外国兵船勿入大沽海口，并要求英、法两使改由北塘上岸，从香河、通州一带的陆路进京换约。⑥ 由此可知，清政府并非想破坏条约，只是想让英、法两使由北塘登陆，避免重演咸丰八年大沽炮台被占、英法联军兵临天津的憾事。

---

① 贾桢编《筹办夷务始末（咸丰朝）》卷三四，第 1362 号，第 1291 页，咸丰九年正月二十七日廷寄二；马士：《中华帝国对外关系史》卷一，第 588 ~ 604 页。

② 贾桢编《筹办夷务始末（咸丰朝）》卷三八，第 1491 号，第 1406 页，咸丰九年五月初六日桂良等奏普鲁斯照会欲径赴津入都已派员阻止折。

③ 贾桢编《筹办夷务始末（咸丰朝）》卷三八，第 1506 号，第 1419 页，咸丰九年五月十八日桂良等奏英使不听劝阻决意北行进京换约折。

④ 贾桢编《筹办夷务始末（咸丰朝）》卷三六，第 1426 号，第 1353 页，咸丰九年三月初九日廷寄二。

⑤ 故宫博物院明清档案部编《清代中俄关系档案史料选编》第三编中册，中华书局，1979，第 534 号附件一，第 644 页，咸丰九年三月二十日钦派大臣肃顺等所拟中俄互换天津条约文稿。

⑥ 贾桢编《筹办夷务始末（咸丰朝）》卷三六，第 1430 号，第 1356 页，咸丰九年三月十二日廷寄；卷三八，第 1510 号，第 1422 ~ 1423 页，咸丰九年五月十八日廷寄二；第 1527 号，第 1435 ~ 1436 页，咸丰九年五月二十二日廷寄。

可是，英使普鲁斯欲彰显英国使节的体面，拒绝由北塘上岸，还将兵舰停泊在大沽口外，坚持由大沽口入白河，经水路直达天津，并挑剔中国照会的格式，圈出"钦差"字样，要求"英国钦差"与中国钦差一样，皆抬头书写。[1] 直隶总督恒福虽多次照会普鲁斯，请求普鲁斯改道上岸，但普鲁斯始终不妥协，坚持由大沽上岸，甚至开炮攻击，欲抢夺大沽炮台，让清政府认定英使普鲁斯有意挑衅，不得不做最坏打算，准备决裂。

> 该夷人照会不接，食物不收，北塘又不肯行走，是与奴才已成决裂之势，直使人无法理论，无从抚绥。况既云互换和约，何以又带兵船？即使不走北塘，亦未始不可另再缓议，又何以言欲接仗？其为骄傲猖狂，有意寻衅，已可概见。[2]

面对英使的强硬态度，咸丰皇帝已有决裂的准备，先命僧格林沁加强大沽的防御，阻止英舰进入海口，再说服美、法两使由北塘上岸，在天津暂住，由桂良办理换约之事。[3] 也就是说，中英两国虽同意在北京换约，但中英双方对接待方案的解释不同，使中英双方皆心有不满，最终不免决裂。咸丰君臣认为，英使普鲁斯存心挑衅，竟无视中国设防的权力，欲强行通过大沽炮台，直赴天津。反观英使普鲁斯则先入为主，误会清政府有意违约，才会加强大沽工事，阻碍英舰登岸，故发出最后通牒，开炮攻击。中英双方在大沽口发生炮战，英国船舰受创离去，英、法两使只好先赴上海，等待英国

---

① 贾桢编《筹办夷务始末（咸丰朝）》卷三八，第 1534 号，第 1443 页，咸丰九年五月二十五日桂良等奏起程后英人情形及对待之法折；第 1548 号，第 1456 页，咸丰九年五月二十九日恒福奏洋人骄傲寻衅请派大员办理折。夏笠：《第二次鸦片战争史》，第 365～366 页。
② 贾桢编《筹办夷务始末（咸丰朝）》卷三八，第 1548 号，第 1457 页，咸丰九年五月二十九日恒福奏洋人骄傲寻衅请派大员办理折。
③ 贾桢编《筹办夷务始末（咸丰朝）》卷三九，第 1555 号，第 1464 页，咸丰九年六月初一日廷寄。

政府的指示。①

对进京换约的问题，美国的态度不同于英、法两国，不愿与清政府决裂。早在上海讨论《通商章程》时，美国公使华若翰便同意桂良的要求，愿意在北京以外之处换约，以示对华亲善，并作为调解人，协助桂良等人劝说英、法两国专使重开谈判。② 因此，在大沽决裂之前，美使华若翰已到达大沽口外，表明美方愿遵照清政府的安排，由北塘上岸，进京换约。而且，当英法联军战败时，华若翰作壁上观，不愿卷入英、法两国引起的换约冲突，只协助落败的英军逃生，并接受直隶总督恒福的安排，由北塘上岸，改走陆路进京。③ 当时华若翰认为，清政府有诚意履行条约，也有布置国防的权力，保护自身的安全，但华若翰也担心清政府可能为了维持体面，让北京换约之事仍有变数。④ 由此可知，华若翰大概猜到清政府会如何处理换约问题。

美国军舰曾帮助英国官兵之事，一开始让清政府颇费猜疑，但直隶总督恒福仍隆重接待华若翰使节团，并向华若翰说明大沽事件的始末，表示清政府愿重修旧好，希望华若翰出面协调，与英、法两使谈判议和。⑤ 同时，对华若翰使节团，咸丰君臣以"暂为羁縻"为主调，遂准许华若翰携带少数从人，由直隶总督供应所需车马、

---

① 卫三畏：《中国总论》，第 1057～1058 页；夏笠：《第二次鸦片战争史》，第 366～370 页。

② 丁韪良：《花甲忆记：一位美国传教士眼中的晚清帝国》，沈弘等译，广西师范大学出版社，2004，第 128～132 页。

③ 贾桢编《筹办夷务始末（咸丰朝）》卷三九，第 1562 号，第 1470 页，咸丰九年六月初三日天津道孙治给美使华若翰照会；中研院近史所编《四国新档（美国档）》，第 108 号，第 157～158 页，咸丰九年六月十二日直隶总督恒福奏；夏笠：《第二次鸦片战争史》，第 370～371 页；王开玺：《清代外交礼仪的交涉与论争》，第 412～414 页。

④ 卫三畏：《中国总论》，第 1058 页。

⑤ 郭廷以：《近代中国史纲》上册，第 163 页；贾桢编《筹办夷务始末（咸丰朝）》卷三九，第 1563 号，第 1471 页，咸丰九年六月初三日恒福奏美国已投照会俟委弁旋回即赴北塘折；第 1573 号，第 1479 页，咸丰九年六月初四日恒福给美副使卫廉士照会；第 1579 号，第 1485～1486 页，咸丰九年六月初八日恒福奏美使照会即欲进京现拟暂为羁縻折。

人夫、馆驿，并派兵护送，尽快换约，避免节外生枝。[1] 华若翰使节团自北塘上岸后，便由陆路至军粮城，不进入天津城，再至北仓转水路至通州。不过，从清政府不许美使华若翰坐轿，只准乘骑之事来看，可知咸丰君臣对华若翰使节团的接待方案仍按"朝贡礼"的成例。[2] 而且，为了防范美使、俄使合流同谋，从中渔利，咸丰皇帝不准美使华若翰的书信直接寄送俄罗斯馆，必须先封咨军机处，再由理藩院转交俄国公使。[3]

对不让坐轿之事，美使华若翰提出抗议，认为清政府的安排等于把美国视同属国，有意折辱美使的尊严。直隶总督恒福解释，中国并未想矮化美国，只是比照俄国公使进京的方式，划一办理，以示公平。[4] 当时，随同华若翰使团的美国传教士丁韪良（William Alexander Parsons Martin，1827~1916）非常不满清政府的接待方式，认为咸丰君臣的态度根本是刻意贬低美国，视如朝鲜的属国地位。

> 华若翰先生同意乘车就是错误的。朝鲜的使节一般也是这样进京的，但在京师，高级官员乘坐的则是轿子。华若翰先生应当要求拥有同样的特权。他确实这样做了，但最终屈服于总督的峻拒。[5]

---

[1] 贾桢编《筹办夷务始末（咸丰朝）》卷三九，第 1580 号，第 1486~1487 页，咸丰九年六月初八日廷寄。

[2] 贾桢编《筹办夷务始末（咸丰朝）》卷三九，第 1588 号，第 1494 页，咸丰九年六月十二日恒福文煜奏接见美使情形拟缓期令其赴京折；昆冈等编《钦定大清会典事例》卷五一一，第 17 页 a。据礼部规定的朝贡禁令，清帝国本不准贡使坐车，但在乾隆二十九年朝鲜国王因贡使坐车之事，自请治罪。乾隆皇帝恩准朝鲜贡使坐车进京。由此可知，从清帝国的角度来看，华若翰由乘骑到坐车，已是优礼待之。

[3] 贾桢编《筹办夷务始末（咸丰朝）》卷三九，第 1590 号，第 1498 页，咸丰九年六月十二日廷寄；第 1593 号，第 1501 页，咸丰九年六月十五日廷寄；第 1603 号，第 1510 页，咸丰九年六月十八日恒福等奏已与美使议允坐车进京片。

[4] 贾桢编《筹办夷务始末（咸丰朝）》卷三九，第 1603 号，第 1510 页，咸丰九年六月十八日恒福等奏已与美使议允坐车进京片。

[5] 丁韪良：《花甲忆记：一位美国传教士眼中的晚清帝国》，第 132 页。

　　从丁韪良的批评来看，可知清政府根据"朝贡礼"制订的接待方案，未必能获得外国人的认同。再加上大沽决裂的影响，使英、法两国更加深了清政府野蛮无礼的印象，准备出兵，教训中国。① 因此，当华若翰使节团到达北京的消息传回欧美各国时，法国巴黎却流传着奇怪的谣言，描述华若翰等人如牲口般被中国官员装入大箱内，先让牛拖着走，又被放在木筏上，在大河上和御河上拖行，直达北京城门，甚至将这些过程配上了插图，无不竭尽丑化之能事。② 像这样的黑色幽默，透露出法国人想看好戏的心态，讽刺华若翰使团就算能进入北京，也未必能觐见咸丰皇帝，认定华若翰等人绝对无法得到外交使节应享有的礼遇。

　　果不其然，美使华若翰等人进入北京后，并未见到咸丰皇帝，也未能与清政府换约，反而为了"亲递国书"之事，开始与大学士桂良、花沙纳讨论觐见皇帝的礼仪问题。③ 在讨论觐见礼方案期间，清政府对华若翰等人的态度仍有戒备，不但不提供马匹或向导，也不允许华若翰会见新任的俄国公使伊格那提业幅（Nico Pavlovitch Ignatieff，1832～1908），所有往来的书信须经中国官员转送。④ 华若翰等人只好待在老君堂馆（位于朝阳门内大街），等待清政府决定觐见的日期。⑤ 咸丰皇帝认为，华若翰若想觐见皇帝、递交国书，就得依照"朝贡礼"的成例向皇帝行"跪拜礼"。因此，桂良等人要求华若翰行"跪拜礼"，并向华若翰解释"跪拜礼"只是表达敬意的仪式，并无贬低美国、侮辱华若翰之意。若要觐见皇帝，华若翰就得行"跪拜礼"，但因美国

① 额尔金、沃尔龙德编《额尔金书信和日记选》，第166、179、185页；何伟亚：《英国的课业：19世纪中国的帝国主义教程》，第68～70、72～75页。
② 卫三畏：《中国总论》，第1058～1059页。在巴黎流传的谣言，实出于卫三畏的叙述。不管卫三畏的记述是否真实，但至少知道卫三畏不满意清政府的接待方式。
③ 中研院近史所编《中美关系史料：嘉庆道光咸丰朝》，中研院近代史研究所，1968，第468号，第325页，咸丰九年七月初七日大学士桂良等致美使华若翰照会。
④ 贾桢编《筹办夷务始末（咸丰朝）》卷四一，第1639号，第1551页，咸丰九年七月初四日俄使伊格给军机处照会。从俄国公使的抗议，可知美使居住、行动、通信皆由中国官员控管的状况。
⑤ 郑曦原编《帝国的回忆：〈纽约时报〉晚清观察记》，三联书店，2002，第269页。

不是朝鲜、琉球等属国，可稍杀仪制，改行一跪三叩礼，表示礼遇。①

　　美使华若翰坚决不接受桂良的一跪三叩礼方案，并向桂良解释自己代表美国总统，只能向皇帝行"鞠躬礼"，甚至让丁韪良向桂良转译：他只向上帝和女人下跪。② 不过，为了能觐见咸丰皇帝，亲递国书，华若翰宣称只要不行"跪拜礼"，可稍作让步，或向皇帝深深鞠躬，甚至可鞠躬九次，或在呈递国书时，皇帝不必站立，可坐着接受国书。③ 桂良则以"礼宜从俗"为由，认为华若翰既然到了中国，应入境随俗，行中国之礼。华若翰若拒绝行"跪拜礼"，无法表示对皇帝的敬意，况且皇帝已允许简化觐礼，改行一跪三叩礼，华若翰若再拒绝的话，将被视为侮辱皇帝。④

　　中美双方陷入僵局，但因咸丰皇帝想召见华若翰，于是桂良再释出善意，答应华若翰免行一跪三叩礼，改以谒见美国总统的"鞠躬礼"，觐见皇帝，并带走了美国国书的副本，希望华若翰接受清政府的递书方案。礼部拟订的递书方案如下：一开始，礼部官员预先摆放一张桌子（黄案），用来放置美国国书。觐见皇帝时，华若翰须尽量低着头，向皇帝行"鞠躬礼"。这时，御座旁会出现两名侍卫，拉住华若翰，大声呼喊"免跪"等语。⑤ 最后，华若翰将国书放到桌上，再由另一名侍卫跪呈皇帝。⑥ 由此可见，礼部拟订的国书呈递方案，即根据"朝贡礼"的仪礼次序，只是将"跪拜礼"改换成

① 卫三畏：《中国总论》，第1059页；王开玺：《清代外交礼仪的交涉与论争》，第417～419页。
② 丁韪良：《中国觉醒：国家地理、历史与炮火硝烟中的变革》，沈弘译，世界图书出版公司，2010，第140页。
③ 郑曦原编《帝国的回忆：〈纽约时报〉晚清观察记》，第273页。此处与丁韪良的回忆不同。据丁韪良的记述，华若翰宁可让中国人砍头，也不行跪拜礼。丁韪良：《花甲忆记：一位美国传教士眼中的晚清帝国》，第133页。
④ 郑曦原编《帝国的回忆：〈纽约时报〉晚清观察记》，第274页。
⑤ 丁韪良：《花甲忆记：一位美国传教士眼中的晚清帝国》，第133页。丁韪良认为这些侍卫不但不会阻止华若翰下跪，反而是强迫他下跪。
⑥ 丁韪良：《花甲忆记：一位美国传教士眼中的晚清帝国》，第133页；郑曦原编《帝国的回忆：〈纽约时报〉晚清观察记》，第275页。

"鞠躬礼"，并通过侍卫拉住华若翰呼喊"免跪"的动作，表示华若翰行"鞠躬礼"之举乃出自皇帝的恩典。而且，华若翰不能直接呈递国书，只能放在黄案上，再由侍卫承当"摈者"的角色，将国书跪呈皇帝，这样便保全"朝贡礼"的形式，也回避了美国公使是否为皇帝臣属的问题。

对礼部拟订的国书呈递方案，华若翰显然不清楚这些仪式的差别及象征意义，以为只要能向皇帝行"鞠躬礼"，即实现了"平行往来"的目的，自然接受桂良的提议。可是，许多中国官员却反对这样的变通方案，认为美国公使不行"跪拜礼"，不得觐见皇帝，应立即出京，改在别处换约。[①] 同时，有人认为美国船舰有资助英军之嫌，不应让华若翰觐见，更不该为了礼遇华若翰，简化觐礼，使华若翰有轻视之心。[②] 至此，觐见之事又起波澜。咸丰皇帝以美国船舰涉嫌资敌为由，要求华若翰以单膝触地，或以手指触地的方式，向皇帝行礼，表示悔改。[③] 华若翰却以"中国朝觐之礼，难以照行"为由，拒绝桂良的建议，否则将遭美国总统惩责。[④]

与美使华若翰争议觐礼之前，清政府已和俄使彼罗夫斯基（P. N. Perofski）换约，并交涉《瑷珲条约》的有效性。[⑤] 从清政府与俄使交涉的过程里，可见清政府陷入和战不定的状况。一开始，咸丰皇帝虽授意桂良、花沙纳等人负责与俄国专使谈判，但桂良等人却被言官弹劾，不得不回避议和之事。后来，咸丰皇帝任命礼部尚书兼管理藩院事务的肃顺（1815～1861，满洲镶蓝旗）负责对俄交涉，维持理藩院与俄国枢密院交涉的旧通道，与俄使议定和约。[⑥] 可

---

① 卫三畏：《中国总论》，第 1059 页。
② 丁韪良：《花甲忆记：一位美国传教士眼中的晚清帝国》，第 133 页。
③ 郑曦原编《帝国的回忆：〈纽约时报〉晚清观察记》，第 275 页。
④ 中研院近史所编《中美关系史料：嘉庆道光咸丰朝》，第 471 号，第 326 页，咸丰九年七月初十日美使华若翰致大学士桂良等照会。
⑤ 李齐芳：《中俄关系史》，联经出版事业公司，2000，第 188 页；中国社会科学院近代史研究所编《沙俄侵华史》，人民出版社，1978，第 177～182 页。
⑥ 茅海建：《近代的尺度：两次鸦片战争军事与外交》，第 204～205 页。

是，肃顺主张对外强硬，维护"宾礼体制"，不但推翻先前桂良在上海议定的方案，还常有激烈言论，[1] 或刻意忽视俄国全权公使丕业罗幅斯启（即彼罗夫斯基，此为清官方汉译名）的要求，让俄使颇为不满，频频抗议，要求清政府另派官员办理交涉。俄使丕业罗幅斯启指出：

> 求看和约原底。大臣肃顺、瑞常派该官员答称，和约原底，皇帝收存，所以不得瞧看，我就饬令传诉要会合见面，以便说合此事。该大臣派官员转说，伊无与我见面之空，如此商事，已迁延数日。我怪钦差没空尽办皇帝之谕旨，我即于迭哈卜哩月［按：декабрь，俄国历法十二月］三十日咨行该大臣，提出伊办理不正之处，并求办理东锡毕尔总督，差遣委用官员聂克、刘多福，令其妥速，不耽搁由京城回往恰克图。[2]

对于俄使的抗议，肃顺不愿正面回应，反而推说是俄使的误会。[3] 从中俄交涉的冲突，可知肃顺等人有意推翻前议，并坚持"朝贡礼"的仪礼次序，亦不愿改变中俄交涉的惯例。因此，肃顺要求俄使退回恰克图，清政府才愿意展开交涉，让礼仪问题再次成为中俄议和的不确定因素。[4]

中、美双方在觐礼问题上各执一词，无法达成共识，双方都感

---

① 中研院近史所编《四国新档（俄国档）》，第 708 号，第 467 页，咸丰八年十一月十三日朱批。

② 中研院近史所编《四国新档（俄国档）》，第 730 号，第 481 页，咸丰八年十二月二十五日俄使丕业罗幅斯启咨文。

③ 中研院近史所编《四国新档（俄国档）》，第 731 号，第 483 页，咸丰八年十二月二十七日军机处致俄使丕业罗幅斯启咨文。肃顺指出，桂良与俄交涉的和约原本，已收存皇宫大内，不敢擅请，并非自己有意拖延，办理不正。

④ 中研院近史所编《四国新档（俄国档）》，第 750 号，第 495 页，咸丰九年二月初六日俄使丕业罗幅斯启致军机处咨文。

到为难。于是华若翰照会桂良，表示自己不愿再纠结觐见礼仪的问题，希望能取消请觐递书之事。① 对华若翰的请求，咸丰皇帝自然接受，遂取消觐见之事，改由大臣与美使递书换约，避开中美双方孰高孰低的位阶问题。因此，华若翰使节团先在嘉兴寺公所向桂良呈递美国国书，② 并按照原先约定的日期（8月11日）离开北京，前往北塘，与直隶总督恒福互换《天津条约》及《通商章程善后条款》。③ 换约事毕后，直隶总督恒福也归还俘虏蒋十波，华若翰等人遂转往上海。④

　　清政府与华若翰讨论觐见礼问题的资料几乎不见于清政府的档案，只知桂良与华若翰多次讨论觐见礼方案，却一直无法取得共识。⑤ 不过，《纽约时报》1859年11月16日的报道详记了桂良、华若翰两人的讨论过程，甚至连觐见仪式的争执焦点都分析得相当透彻。

　　　　仅就这次拜见来说，最大的障碍似乎是这些清国人深信华若翰公使阁下确实已经在欧洲宫廷中做过的事，但来到大清国

---

① 中研院近史所编《中美关系史料：嘉庆道光咸丰朝》，第469号，第325页，咸丰九年七月初八日美使华若翰致大学士桂良等照会；第470号，第326页，咸丰九年七月初八日大学士桂良等致美使华若翰照会。

② 中研院近史所编《中美关系史料：嘉庆道光咸丰朝》，第473号，第327页，咸丰九年七月十一日大学士桂良致美使华若翰照会；郑曦原编《帝国的回忆：〈纽约时报〉晚清观察记》，第276～277页；中研院近史所编《四国新档（美国档）》，第145号，第185页，咸丰九年八月初九日两江总督何桂清单。由此可知，华若翰虽在北塘递交国书，但桂良态度恭敬，并动用仪仗队，举行招待会，以高规格的礼遇，接受了美国国书。

③ 贾桢编《筹办夷务始末（咸丰朝）》卷四一，第1658号，第1567～1568页，咸丰九年七月十一日上谕；中研院近史所编《中美关系史料：嘉庆道光咸丰朝》，第473号，第327～328页，咸丰九年七月十一日附件上谕。

④ 中研院近史所编《四国新档（美国档）》，第139号，第180页，咸丰九年七月二十二日直隶总督恒福片奏；第145号，第185页，咸丰九年八月初九日两江总督何桂清单。蒋十波应为英人，但为求释放，故谎称为美人，得到释放，另一英人俘虏择时莫格甚仍暂羁留。

⑤ 中研院近史所编《中美关系史料：嘉庆道光咸丰朝》，第468号，第325页，咸丰九年七月初七日大学士桂良等致美使华若翰照会。

却不愿做。并且他们宣称英国驻清公使已经许诺明年进京时会遵从清国礼仪，也就是以他面对英国女皇陛下相同的礼节来觐见大清国皇帝陛下。①

《纽约时报》的消息来源很可能是华若翰向美国政府的报告，或由随行的丁韪良提供，不太可能是华若翰使节团捏造的谎言。因此，华若翰使节团确实与清政府发生过觐礼之争，而中国官方档案未有相关资料的原因，很有可能是清政府有意识地抹去痕迹，不愿承认咸丰皇帝曾同意华若翰行"鞠躬礼"的事实。

对美使华若翰未能觐见皇帝之事，《纽约时报》批评华若翰不够圆滑，才无法顺利觐见咸丰皇帝，并质疑华若翰为何能向英国女王下跪行礼，却厚此薄彼，不愿对中国皇帝行礼。是故，《纽约时报》认为华若翰使节团无法顺利觐见递书的原因，其咎不在清政府，而在于华若翰的不知变通。

料想美国总统也会因他的使节未能表示向清国皇帝陛下表现恰当的敬意而愤怒。在一些欧洲国家的宫廷，即使是在英国，当君主出现在人们面前时，人人都向他行下跪礼。而在此地这样做［向中国皇帝行跪拜礼］，并不比在彼地那样做［向英国女王行下跪礼］，会让人的尊严稍有贬损。②

相对于《纽约时报》的报导，英国《泰晤士报》却刻意强调"跪拜礼"的觐礼问题，并将华若翰使节团无法觐见递书之事归咎于清政府的野蛮无礼。《泰晤士报》以为，咸丰皇帝先拒见华若翰，又改至北塘换约等事，如同侮辱美国人，不顾美国的尊严，并耻笑华若翰使节团对华亲善，根本是自取其辱，遂受到囚犯般的待遇。

---

① 郑曦原编《帝国的回忆：〈纽约时报〉晚清观察记》，第 276 页。
② 郑曦原编《帝国的回忆：〈纽约时报〉晚清观察记》，第 274 页。

这个代表团在北京的遭遇几乎与囚犯相差无几……大清国皇帝陛下拒绝接见华若翰阁下，除非后者同意以一种特定礼节向他致敬，然而，因为华若翰公使阁下拒绝这样做，于是他被告知说条约不会在北京批准，而只能回到北塘去办理……看起来，这件事对美国人来说是一种侮辱，根本没有顾及到一个大国的尊严。这个结果证明法国公使和英国公使的策略多么正确，他们拒绝在上海会见大清国负责换约谈判的钦差大臣，并且拒绝接受清国人的建议方案，这个方案以清国本土居民的观点看，很明显是想把外国人引到蒙受侮辱的境地。[①]

同时，《泰晤士报》也赞扬英、法两国公使眼光深远，才会拒绝接见桂良等人，也拒绝接受清政府的换约方案，事先维护英、法两国的国家尊严。由此可知，《泰晤士报》的报导，不但与《纽约时报》的观察视角全然不同，而且暗示中国野蛮无知，让英、法两国无法通过外交渠道解决，只能用武力，间接合理化英、法两国出兵的举动。

英国公使普鲁斯修约失败、避走上海之事，让英国朝野一片哗然，欲重新检讨英国对华政策。英国国会议员批评普鲁斯太过鲁莽，随意动用武力，以致换约偾事。[②] 为了支持普鲁斯，英国首相巴麦尊（Henry John Temple Palmerston，1784～1865）主张炮舰外交，坚持用兵打通对华交涉的通道，维持英国的威望。[③] 法国虽与英国关系紧张，但在中国问题上，英、法两国决定合作，共同分享庞大的在华利益。[④]

---

① 郑曦原编《帝国的回忆：〈纽约时报〉晚清观察记》，第 281 页。
② 额尔金、沃尔龙德编《额尔金书信和日记选》，第 184～185 页。
③ 马士：《中华帝国对外关系史》卷一，第 658～662 页；郭廷以：《近代中国史纲》上册，第 163 页；夏笠：《第二次鸦片战争史》，第 387～390 页。
④ 加迪：《法帝国主义在东亚的根源》，中国史学会主编《第二次鸦片战争》第六册，第 234～235 页。

反观清政府方面，僧格林沁虽击退英舰，但因清军大营被太平军攻破，军情紧急，[1] 故咸丰皇帝不愿再对外开衅，命令两江总督何桂清继续与英、法两使谈判，并指示何桂清驳回咸丰八年所订的《中英天津条约》、《中法天津条约》，只能依照《中美天津条约》的模式，另订新约，还要求何桂清必须向英、法两使声明，清政府只允许英、法两使在上海换约，不得进京换约。[2] 咸丰皇帝的指示，不但否定"公使驻京"和"内地通商"两款，也将英、法两国的交涉事宜限制在地方层级，遂由两江总督负责交涉，试图一举解决议订新约及换约问题。

英使普鲁斯、法使布尔布隆志在报复，决心用武力解决换约问题，并要让清政府接受"公使驻京"一款，落实中英两国的平等往来。[3] 因此，英、法两使无视何桂清提出的条件，反而要求清帝国履行《天津条约》，赔偿兵费，并对大沽事件道歉，让英、法公使带领兵队，由大沽进京驻扎。[4] 对英、法两使带兵换约的要求，咸丰皇帝自然不能同意，并指出大沽事件的肇因乃英国先行挑衅，故清政府无须道歉、撤防、赔偿兵费。不过，咸丰皇帝也不再坚持在上海换约，同意援照华若翰的案例，改在北塘换约。[5]

---

① 中国人民大学清史研究所编《清史编年（咸丰朝）》卷九，中国人民大学出版社，2000，第 661 页，咸丰九年十月初七日。是日，陈玉成破六合红山窑清军大营，提督李若珠溃退扬州，清军被俘五千多人，损失甚重。

② 贾桢编《筹办夷务始末（咸丰朝）》卷四一，第 1636 号，第 1548～1549 页，咸丰九年七月初三日廷寄。

③ 《佩西尼伯爵致函华勒夫斯基伯爵》，1859 年 10 月 15 日，中国史学会主编《第二次鸦片战争》第六册，第 236～237 页；《华勒夫斯基伯爵上奏拿破仑三世》，1859 年 10 月 17 日，《第二次鸦片战争》第六册，第 237～238 页。

④ 中国史学会主编《第二次鸦片战争》第四册，第 307～310 页，咸丰十年二月二十一日军机处副录钦差大臣何桂清奏英法投递照会办理情形折。

⑤ 贾桢编《筹办夷务始末（咸丰朝）》卷四八，第 1880 号，第 1826～1827 页，咸丰十年二月二十四日何桂清奏中外各商力图转圜情形折；第 1881 号，第 1828 页，咸丰十年二月二十四日廷寄；卷四九，第 1890 号，第 1841～1842 页，咸丰十年三月初六日何桂清奏英法各递照会意存挟制折。夏笠：《第二次鸦片战争史》，第 396～397 页。

英使普鲁斯决定先占领舟山，以战胁和，迫使清政府接受其要求。① 咸丰皇帝虽摆出不惜与英、法开战的姿态，但因太平军再度攻破江南大营，只好命令何桂清等人尽快议和，重新谈判。但英使普鲁斯不理会何桂清的照会，坚持北上换约、带兵进京等条件。②

咸丰皇帝虽斥责何桂清擅自接见普鲁斯，但不再坚持开战，并命令江苏巡抚薛焕（1815~1880）设法转圜，不可让英、法两使带兵进京，也不可与英、法两使决裂。③英使额尔金、法使葛罗抵达上海后，却拒绝与薛焕会谈，坚持进京换约，向清政府施加压力。④薛焕只好奏请皇帝，改派大臣在天津与额尔金、葛罗会谈，否则无法阻止英、法两使带兵进京。⑤咸丰皇帝同意薛焕的提议，但要求英、法两使按照美使华若翰进京的办法，由北塘上岸，走陆路进京换约。⑥可是，英使额尔金坚持开战，法使葛罗也赞同额尔金的主张，遂展开军事行动，英法联军从北塘登陆，分赴大沽、天津。⑦未料，清军大败，塘沽、大沽相继陷落，英法联军进逼天津，清政

① 贾桢编《筹办夷务始末（咸丰朝）》卷五〇，第1921号，第1880页，咸丰十年闰三月二十三日何桂清奏英法兵船闯入定海分住寺院折；第1928号，第1888页，咸丰十年闰三月二十八日王有龄奏英法兵入居定海城内折。夏笠：《第二次鸦片战争史》，第397~399页。
② 贾桢编《筹办夷务始末（咸丰朝）》卷五二，第1978号，第1945页，咸丰十年五月初八日薛焕奏英法美联为一气决意北驶折。
③ 贾桢编《筹办夷务始末（咸丰朝）》卷五二，第1980号，第1949页，咸丰十年五月初八日廷寄。
④ 额尔金、沃尔龙德编《额尔金书信和日记选》，第189页。
⑤ 中国史学会主编《第二次鸦片战争》第四册，第410页，咸丰十年五月十七日军机处录副署理钦差大臣薛焕奏变通和局以其抚议有成请派大臣与英使等在津会商片；贾桢编《筹办夷务始末（咸丰朝）》卷五三，第2034号，第2012~2013页，咸丰十年五月二十九日薛焕奏额葛二人即日北驶美俄同去请派大员安抚折。
⑥ 贾桢编《筹办夷务始末（咸丰朝）》卷五五，第2067号，第2055页，咸丰十年六月十七日廷寄。
⑦ 贾桢编《筹办夷务始末（咸丰朝）》卷五五，第2091号，第2079页，咸丰十年六月二十六日英使额尔金给恒福照会；额尔金、沃尔龙德编《额尔金书信和日记选》，第193~195页；布立赛：《1860：圆明园大劫难》，高发明等译，浙江古籍出版社，2005，第4页。

府只能求和议约。① 法使葛罗要求清政府派全权大臣赴天津议和，并接受咸丰十年二月（1860年3月）普鲁斯拟的新约草案，英法联军才同意停战议和。② 因此，咸丰皇帝任命大学士桂良、直隶总督恒福为钦差大臣，与英、法两使展开谈判。③

中英开议之前，英国公使额尔金已推翻了咸丰八年议定的妥协方案（公使不驻北京，改驻他地，有事再进京商议），要求中国全权大臣同意普鲁斯的四项条款，并让英、法公使带兵进京，在北京交换《天津条约》和《通商章程善后条款》，否则不愿停战议和。④ 对此，咸丰皇帝只好同意"公使驻京"条款，但坚持英、法公使进京时，不可多带随从，而英、法两使从大沽登岸时，必须先照会清政府，由直隶总督派员护送。⑤ 但额尔金与葛罗仍拒见桂良等人，只派出巴夏礼与桂良谈判。巴夏礼要求先带人进京，安排换约事宜，并坚持开放天津为通商口岸，否则将占据天津官署。⑥ 巴夏礼的要求明显违

---

① 贾桢编《筹办夷务始末（咸丰朝）》卷五六，第2128号，第2108页，咸丰十年七月初三日廷寄四；第2129号，第2109页，文俊恒祺奏遵旨赴津照会英法两国折；第2151号，第2124页，咸丰十年七月初六日僧格林沁奏洋兵攻石缝炮台失守拟扼守通州以固京师折。

② 贾桢编《筹办夷务始末（咸丰朝）》卷五六，第2155号，第2127页，咸丰十年七月初六日文俊恒祺奏收到法国照覆呈览请简重臣挽回全局折。

③ 贾桢编《筹办夷务始末（咸丰朝）》卷五六，第2178号，第2145～2146页，咸丰十年七月初九日恒福奏洋船已至津郡请迅简重臣来津折；第2183号，第2149页，廷寄二。

④ 贾桢编《筹办夷务始末（咸丰朝）》卷五八，第2222号，第2182页，咸丰十年七月十四日桂良奏驻京及赔偿二款请旨遵行折；第2234号，第2194页，咸丰十年七月十六日法使葛罗给桂良照会。普鲁斯的四项条款是：对大沽事件道歉；进京换约，公使常驻北京；完全履行《天津条约》；赔偿兵费。

⑤ 贾桢编《筹办夷务始末（咸丰朝）》卷五八，第2223号，第2183页，咸丰十年七月十四日廷寄。

⑥ 夏笠：《第二次鸦片战争史》，第415～416页。贾桢编《筹办夷务始末（咸丰朝）》卷五九，第2245号，第2206～2207页，咸丰十年七月十九日桂良恒福奏和战急迫已概允所请通州军营应如何办理免致生疑折；第2252号，第2213～2215页，咸丰十年七月二十日桂良恒福恒祺奏接到英法照会并减议减赔款及派人进京折；卷六〇，第2261号，第2228页，咸丰十年七月二十一日桂良恒福恒祺奏沥陈急迫情形折。

反了咸丰皇帝的旨意，桂良不敢决定，只好请旨办理。

　　咸丰皇帝严斥桂良"双目已盲"，命令桂良不准巴夏礼先行进京，并要求桂良说服英、法两使先行撤军，也不准多带随从，方能进京换约。① 但英、法两使却援引外国公使的出使规格，要求随带护卫进京换约，并觐见咸丰皇帝，亲递国书，才算是尊重英、法两国的尊严。② 咸丰皇帝看英、法两国的照会时，了解到目前已和战两难，只好接受英方的条件，但不允许英、法两使带兵换约的要求，并怀疑英、法两使来意不善，还特别用朱笔圈出"随带护卫若干员弁"、"带领兵将"等字眼。③ 由此可见，咸丰皇帝非常在意"带兵换约"的要求，甚至说出处死桂良等人，也不惜决裂的气话。④ 为了消除皇帝的疑虑，桂良解释说，英、法两使带兵换约，只是安全上的考虑，一旦皇帝同意英、法两使带兵换约，便能停战议和，避免战事扩大。咸丰皇帝仍然拒绝接受，并斥责桂良等人愚昧无知，竟不知英、法两使心怀叵测，才会要求带兵进京，另有要挟。⑤

　　由于桂良事事请旨，又无权签署协定，额尔金认定清政府缺乏诚

---

① 曹雯：《清朝对外体制研究》，第 224～225 页；贾桢编《筹办夷务始末（咸丰朝）》卷五九，第 2252 号，第 2215 页，咸丰十年七月二十日桂良恒福恒祺奏接到英法照会并议减赔款及派人进京折；第 2253 号，第 2215 页，廷寄；第 2254号，第 2216 页，廷寄二。

② 贾桢编《筹办夷务始末（咸丰朝）》卷五九，第 2255 号，第 2217 页，咸丰十年七月二十日英使额尔金给桂良等照会；第 2256 号，第 2217 页，法使葛罗给桂良等照会。王开玺：《清代外交礼仪的交涉与论争》，第 425～426 页。王开玺以1961 年的《维也纳外交关系公约》11 条为依据，认为任何国家在他国设立使馆，必须先尊重他国的主权与意愿，因此咸丰皇帝抵拒英法公使入京，并不违反当时或以后的国际外交惯例。

③ 贾桢编《筹办夷务始末（咸丰朝）》卷五九，第 2255 号，第 2217 页，咸丰十年七月二十日英使额尔金给桂良等照会；第 2256 号，第 2217 页，法使葛罗给桂良等照会。

④ 贾桢编《筹办夷务始末（咸丰朝）》卷六○，第 2267 号，第 2233 页，咸丰十年七月二十二日朱谕："以上二条，若桂良等丧心病狂，擅自应许，不惟违旨畏夷，是直举国家而奉之。朕即将该大臣等立置典刑，以饬纲纪，再与该夷决战。"

⑤ 贾桢编《筹办夷务始末（咸丰朝）》卷六○，第 2275 号，第 2243 页，咸丰十年七月二十三日桂良等又奏和战危迫万分据实沥陈片。

意，企图拖延联军的行动，遂以桂良没有全权任命为由中止谈判，并要求清政府改派全权大臣重新谈判，否则将进军通州，直逼北京。[①]于是，咸丰皇帝召回桂良，改派怡亲王载垣（？~1861）、兵部尚书穆荫（？~1872，满洲正白旗）与英、法两使谈判，并命令僧格林沁重整部队，集结在通州，预备开战，甚至做好了出宫北狩的最坏打算。[②]清政府改换议和代表后，中英双方重新谈判。载垣要求英法联军退至天津，在天津重启谈判，但英、法两使不同意，最后双方同意联军暂不进兵（以河西务为界，联军驻扎五里地），并各派代表，赴通州开议。[③]

三　亲递国书条款的争执

咸丰皇帝虽不愿英、法两使带兵进京，但当英法联军已接近通州附近时，载垣不得不同意额尔金开出的所有条件，但要求英方尽量减少兵员人数，降低英、法两使趁机占领北京的风险。[④] 英、法两使却不愿会见载垣等人，命令巴夏礼、威妥玛先前往通州，与载垣会谈，等载垣同意所有条件后，英、法两使再赴通州。[⑤] 对此，咸丰

① 额尔金、沃尔龙德编《额尔金书信和日记选》，第 202~203 页；贾桢编《筹办夷务始末（咸丰朝）》卷六〇，第 2276 号，第 2243 页，咸丰十年七月二十三日桂良等又奏接英照会将赴通州片；第 2290 号，第 2256 页，咸丰十年七月二十四日桂良等奏接英照会声明赴通往阻二使坚拒不见折；第 2293 号，第 2257~2258 页，英使额尔金给桂良等照会。
② 贾桢编《筹办夷务始末（咸丰朝）》卷六〇，第 2272 号，第 2237~2238 页，咸丰十年七月二十三日朱谕："除面奉旨允许酌办几条外，如再有要求，可许则许，亦不必请旨。如万难允许之条，一面发报，一面知照僧格林沁督兵开仗。载垣等即赶紧撤回鸾驾。"
③ 额尔金、沃尔龙德编《额尔金书信和日记选》，第 205、208 页；马士：《中华帝国对外关系史》卷一，第 673~675 页；贾桢编《筹办夷务始末（咸丰朝）》卷六一，第 2314 号，第 2282 页，咸丰十年七月二十八日载垣穆荫给英使额尔金法使葛罗照会。
④ 贾桢编《筹办夷务始末（咸丰朝）》卷六一，第 2305 号，第 2271~2272 页，咸丰十年七月二十七日朱谕；第 2322 号，第 2288~2289 页，咸丰十年七月二十九日载垣穆荫给英使额尔金法使葛罗照会允来通州会晤。
⑤ 额尔金、沃尔龙德编《额尔金书信和日记选》，第 208 页；斯坦利·莱恩普尔等：《巴夏礼在中国》，第 249 页。

皇帝已考虑到谈判失败的可能性，遂向载垣发出三项指令：第一，命令僧格林沁、胜保（？～1863，满洲镶白旗）加强戒备，截击英法联军；第二，载垣不需与巴夏礼见面，另派委员与巴夏礼谈判，不可自降身份，以崇天朝体制；第三，若谈判失败，载垣可擒拿巴夏礼等人，等议和结束时，再将巴夏礼等人放回，或送至河西务，不得任其来去自如。

> 至巴夏礼等欲来求见，恐该夷以宾礼自居，长其骄傲，将来见额、葛等首，又将何以待之？即着该王大臣无庸接见，以崇天朝体制，仍遣委员与之辩驳，所请索要现银及带兵进城，万不能允。[①]

咸丰皇帝指的"宾礼"不是指属国朝贡的"朝贡礼"，而是指"宾主之礼"。咸丰皇帝担心巴夏礼自居"宾客"，将载垣当作"主人"，这样巴夏礼就等于与载垣对等，而英、法两国公使岂不是与皇帝对等！因此，为了维持"天下秩序"的正当性，咸丰皇帝饬令载垣不得面见巴夏礼，并另派官阶较低的委员与巴夏礼谈判。[②]

当时，英法联军已逼近通州，载垣等人明白情势危急，只好同意巴夏礼提出的条件，并在通州等候英使额尔金、法使葛罗，尽早画押盖印，避免中外交战的风险。争论许久的带兵换约问题，载垣也让步了，同意英、法两使可各带1000名士兵，进京换约。[③]　然而，

---

① 贾桢编《筹办夷务始末（咸丰朝）》卷六一，第2324号，第2290页，咸丰十年七月二十九日廷寄。
② 王开玺：《清代外交礼仪的交涉与论争》，第427页。
③ 贾桢编《筹办夷务始末（咸丰朝）》卷六一，第2322号，第2288页，咸丰十年七月二十九日载垣给英使额尔金等照会允来通州会晤；卷六二，第2336号，第2303～2304页，咸丰十年八月初一日载垣穆荫奏与巴夏礼等接晤给与照会折；第2338号，第2304页，载垣给英使额尔金照会。Great Britain, F. O. 682/1993/55a（1860.9.16），第10页，咸丰十年八月初二日。马士：《中华帝国对外关系史》卷一，第675页。

咸丰皇帝只同意让英、法两使各带 400 人，于是载垣希望能说服巴夏礼，减少兵员人数。① 未料，巴夏礼却重提"亲递国书"的问题，要求清政府同意英、法两使觐见皇帝、亲递国书，而皇帝玺书也必须交给英、法公使携回本国。载垣等人向巴夏礼反复说明，英、法公使若想觐见皇帝、亲递国书，必须按照"朝贡礼"的方案，向皇帝行"跪拜礼"；若英、法两使不愿行"跪拜礼"，可依照美使华若翰来京递书的模式，由钦差大臣代为接受国书，皇帝玺书同样由钦差大臣转交英、法两使。②

为了"亲递国书"之事，中英双方争执不下，载垣原本打算改日再议，但巴夏礼又要求载垣让僧格林沁撤走军队。而且，巴夏礼强调公使入觐时，应平等相待，立而不跪，并坚持清政府应同意"亲递国书"一款，否则就是没有诚意。③ 根据《庚申北略》的记载，载垣在东岳庙举行酒宴，招待巴夏礼等人，但巴夏礼立刻纠正酒宴席位的安排，还斥责"宾主岂容并列"，命人撤去主席旁的座位，可知巴夏礼对"宾礼"有某种程度的认识。

> 巴雅里［巴夏礼］曰："今日之和，我须面见尔主，却不能跪"，怡王曰："我国之礼，见皇上自王大臣以下无不跪"。巴曰："我非中国臣也，安得跪?"久之，穆荫商之怡王曰："事宜从权，远立不为皇上见，或亦可耳"。又久之，巴曰："我国奉天主是天子，我是天子之使，与尔中国主应以敌体礼见，面交和约"。王怫然，争之不决。④

① 贾桢编《筹办夷务始末（咸丰朝）》卷六二，第 2342 号，第 2308 页，咸丰十年八月初二日载垣穆荫奏巴夏礼所请如蒙允准即与画押否则开仗折。
② 贾桢编《筹办夷务始末（咸丰朝）》卷六二，第 2349 号，第 2314～2315 页，咸丰十年八月初四日载垣等奏巴夏礼照会须亲递国书折；第 2352 号，第 2316 页，廷寄。斯坦利·莱恩普尔等：《巴夏礼在中国》，第 250 页。
③ 贾桢编《筹办夷务始末（咸丰朝）》卷六二，第 2355 号，第 2319 页，咸丰十年八月初四日载垣等又奏巴夏礼复欲令僧王退兵已知照大营将其擒获折。
④ 不著撰人：《庚申北略》（北京图书馆藏钞本），中国史学会主编《第二次鸦片战争》第二册，第 29～30 页。

巴夏礼相当注意觐见礼仪、国书呈递的细节，还强调英国与中国平等，而自己是英国女皇的使节，不是中国皇帝的臣属，只能向皇帝行敌体之礼，[1] 故不需向皇帝行"跪拜礼"，还得面交和约、亲递国书。

巴夏礼坚持"亲递国书"一款，又不愿向皇帝行"跪拜礼"，让载垣认为巴夏礼有意刁难，而英、法两使不但不行"跪拜礼"，还打算行"敌体"之礼，等于违反了"朝贡礼"的根本原则（不对等位阶）。巴夏礼的要求，事关中国国体，让载垣忍无可忍，决定与英国决裂，并截拿巴夏礼等 39 人作为人质，增加交战的筹码。[2] 通州谈判的失败，让清政府重启战端。清军节节败退，京官们却还在争执如何处置巴夏礼的问题，要求处死巴夏礼，以绝后患。[3] 另外，英、法两使本以为和约可定，可顺利结束战事、觐见皇帝，但巴夏礼被俘之事，让他们以为清政府背信弃义，误会是僧格林沁故意挑衅，决心惩戒清政府。[4] 因此，额尔金等人以清政府违约为由拒绝谈判，并举兵攻陷通州，让北京面临兵临城下之势。[5]

见此情形，咸丰皇帝以"北狩"为名，带领宫眷和军机班子奔赴热河（承德）。临行前（9 月 22 日），咸丰皇帝授命恭亲王奕䜣（1833～1898，满洲镶白旗）为全权大臣，可便宜行事，负责议和事宜。[6] 若英、法拒绝议和，由奕䜣负责守城，但若无法阻挡联军攻势，不必死守北京，可退往热河避难。咸丰皇帝虽不放弃议和的可能性，但命令奕䜣留京，只是缓兵之计，用以掩护御驾，使大队人

---

① 夏燮：《中西纪事》卷一五，第 193 页。

② 夏燮：《中西纪事》卷一五，第 194 页。

③ 贾桢编《筹办夷务始末（咸丰朝）》卷六二，第 2380 号，第 2342 页，咸丰十年八月初七日焦佑瀛等又奏请将巴夏礼处死以绝后患片。

④ 额尔金、沃尔龙德编《额尔金书信和日记选》，第 209～210 页。

⑤ 布立赛：《1860：圆明园大劫难》，第 148～150 页。

⑥ 贾桢编《筹办夷务始末（咸丰朝）》卷六二，第 2371 号，第 2335 页，咸丰十年八月初七日上谕；卷六三，第 2389 号，第 2355 页，咸丰十年八月初九日上谕。为了防范恭亲王奕䜣，咸丰皇帝另指派像亲王义道、大学士桂良、户部尚书周祖培、吏部尚书全庆、军机大臣文祥担任留京办事大臣，可知奕䜣只负责抚局，没有节制留京王大臣之权。

马撤至热河。同时，咸丰皇帝也特别要求奕訢自重身份，不可屈尊与英、法公使相见，实际交涉事宜由恒祺、蓝蔚雯等人办理。① 由此可知，咸丰皇帝相当在意位阶问题，绝不能容许奕訢会晤额尔金、葛罗，出现恭亲王与英、法两国公使位阶相同的情况。

为了完成议和的任务，奕訢不惜违抗上谕，与英使额尔金、法使葛罗互相拜谒，却遭到言官的弹劾。由于"人臣无外交之义"的禁例，奕訢会晤额尔金等人之事很可能变成政敌攻击的口实，于是奕訢赶紧向皇帝解释，说明额尔金、葛罗只接受全权大臣的资格，才愿意谈判；若由恒祺、蓝蔚雯等人办理交涉，必然引起额尔金的猜疑，可能会中断谈判。而且，奕訢也指出自己若前往热河，可能会被联军追击，将危及皇帝的安全。② 从奕訢的解释，可见中国官员自重身份的心态，亦可知英、法公使坚持只与奕訢面谈的原因。但对咸丰君臣来说，由亲王直接与诸夷商谈，可谓"大伤国体"，让奕訢不得不顾及官僚体系的观感，特地解释自己接见英、法公使的原因，并保证自己一定会顾及亲王身份，保全中国国体。

英、法两使停战议和的前提，即要求清政府释放巴夏礼等人，否则不会展开谈判。③ 得到皇帝"不便遥为指示，只有相机而行"④

---

① 贾桢编《筹办夷务始末（咸丰朝）》卷六二，第 2370 号，第 2334 页，咸丰十年八月初七日朱谕："朱谕恭亲王：现在抚局难成，人所共晓，派汝出名与该夷照会，不过暂缓一步。将来往返面商，自有恒祺、蓝蔚雯等，汝不值与该夷见面。若抚仍不成，即在军营后路督剿；若实在不支，即全身而退，速赴行在。"

② 贾桢编《筹办夷务始末（咸丰朝）》卷六九，第 2643 号，第 2582 页，咸丰十年十月初一日奕訢等奏亲递国书已饬设法消弭折："伏念臣奕訢以天潢近胄，苟可设法推避，亦知自崇体制。惟该夷总以钦差为重，他人俱不信，设或托故不见，该夷必多疑虑……臣等不敢赴昌平一带者，正恐引其北向，是以未换约之先，其时夷情凶狡，势极危险。若不肯与该酋接见，其事不堪设想，此不得不接见而定要约之实情也。"

③ 额尔金、沃尔龙德编《额尔金书信和日记选》，第 212～213 页；葛罗：《黄皮书日记》，赵勤华译，中西书局，2011，第 80～82 页。

④ 中国第一历史档案馆、文化部恭王府管理中心编《清宫恭王府档案总汇：奕訢密档》第二册，国家图书馆出版社，2008，第 112～113 页，咸丰十年八月初九日恭亲王奕訢等奏折。原件档案号：4/195/1，明清档案馆藏。奕訢等人报告英、法两国照会，并婉转请请咸丰皇帝释放巴夏礼。对此，咸丰皇帝回复奕訢等人可相机行事。

的权限后，奕䜣、桂良等人建议先放还巴夏礼，再由巴夏礼致信英军，证明巴夏礼等俘虏的安全，说服英使额尔金暂时退兵大沽，再开议释俘。① 可是，额尔金收到巴夏礼的信件后，却以为巴夏礼被迫写信，才会乞求停战，故发出最后通牒，要求在 3 日内释放俘虏，才能办理签约、换约、递书等事，再退兵天津，否则英法联军将攻打北京。② 由于巴夏礼的释放问题尚未定议，英、法两使不愿举行和议，联军仍继续前进，甚至攻入北京近郊的圆明园，大肆劫掠。③ 由于英法联军的军纪不佳，英、法两使根本无法阻止军队劫掠，再加上被俘虏的数名人质不幸死去，故英军以清政府虐死俘虏为由，报复性焚烧了圆明园，希望惩戒皇帝，给中国人留下永恒的印记。④

---

① 贾桢编《筹办夷务始末（咸丰朝）》卷六三，第 2392 号，第 2357 页，咸丰十年八月初九日奕䜣等又奏派恒祺令巴夏礼致信英军未能办理片；卷六四，第 2461 号，第 2410 页，咸丰十年八月二十四日奕䜣桂良文祥奏巴夏礼俟议有头绪再放并义道等钞录奏折谕旨知照折；第 2478 号，第 2420 ~ 2422 页，咸丰十年八月二十九日奕䜣等奏所发照会未经递到以致园庭被据留京王大臣已将巴夏礼释放折。按八月二十九日奏折内容所述，可知巴夏礼早于八月二十四日（10 月 8 日）被放回德胜门外的英营。中国第一历史档案馆、文化部恭王府管理中心编《清宫恭王府档案总汇：奕䜣密档》第二册，第 137 ~ 138 页，咸丰十年八月二十二日恭亲王奕䜣等奏折。原件档案号：4/195/5，明清档案馆藏。从该朱批，可知咸丰皇帝仍不愿释放巴夏礼，担心释回巴夏礼后，无法再节制英、法军队。

② 贾桢编《筹办夷务始末（咸丰朝）》卷六三，第 2414 号，第 2375 页，咸丰十年八月十六日奕䜣桂良文祥奏京城防守情形洋兵已至朝阳门外折；额尔金、沃尔龙德编《额尔金书信和日记选》，第 212、214 页；斯坦利·莱恩普尔等：《巴夏礼在中国》，第 256 ~ 258 页；布立赛：《1860：圆明园大劫难》，第 169 ~ 170 页。

③ 布立赛：《1860：圆明园大劫难》，第 179、183、185、188、207 页。茅海建：《近代的尺度：两次鸦片战争军事与外交》，第 214 ~ 216 页。贾桢编《筹办夷务始末（咸丰朝）》卷六四，第 2478 号，第 2420 ~ 2422 页，咸丰十年八月二十九日奕䜣等奏所发照会未经递到以致园庭被据留京王大臣已将巴夏礼释放折；第 2479 号，第 2423 页，奕䜣等又奏探报洋人已退出园庭园中劫掠一空已派兵剿匪片；卷六五，第 2488 号，第 2432 页，咸丰十年九月初二日宝鋆奏洋人闯扰园庭情形折。

④ 额尔金、沃尔龙德编《额尔金书信和日记选》，第 215 ~ 216、220 页；Erik Ringmar, "Liberal Barbarism and the Oriental Sublime: The European Destruction of the Emperor's Summer Palace," *Millennium: Journal of International Studies*, 34: 3（London, 2006），pp. 917 – 933；茅海建：《近代的尺度：两次鸦片战争军事与外交》，第 216 页。

　　法使葛罗不愿作为英国的附庸，也不赞成英使额尔金焚烧圆明园，担心额尔金做得太过分，可能让奕䜣心生恐惧、逃往热河，以致议和失败。因此，葛罗秘密致信俄使，希望俄使出面斡旋，让奕䜣留在北京，议和签约。① 同时，英使额尔金也担心英国的国内舆论，想早日结束战事，遂威胁奕䜣尽快完成赔银、签约、换约、递书等事，否则联军将摧毁紫禁城。② 由于咸丰皇帝出逃热河，许多官员也纷纷逃离北京，让保守势力不能阻碍议和，再加上圆明园惨遭焚毁，紫禁城也可能沦为联军报复的目标，奕䜣只好答应英、法两使的所有条件，无条件送还人质。③ 甚至答应英国的要求，让英、法两使进城盖印画押，并在礼部大堂签订《北京条约》。④ 至此，英国终于如愿以偿，可在北京派驻公使，与清政府直接沟通，建立实质的政治关系。⑤

　　如第一章所言，礼部象征着天朝权威，是清政府管理属国的主

---

① 葛罗：《黄皮书日记》，第 91~93、95、105、107、115~116 页。

② Great Britain, F. O. 682/1993/75a（1860.10.16），第 13 页，咸丰十年九月初三日；丁韪良：《花甲忆记：一位美国传教士眼中的晚清帝国》，第 148 页；布立赛：《1860：圆明园大劫难》，第 288~290 页；贾桢编《筹办夷务始末（咸丰朝）》卷六六，第 2524 号，第 2470~2472 页，咸丰十年九月初九日奕䜣等奏接到英法照会欲赔恤银及拆毁圆明园又俄使请代说合已给照覆折。

③ 贾桢编《筹办夷务始末（咸丰朝）》卷六三，第 2423 号，第 2382 页，咸丰十年八月十八日奕䜣桂良文祥奏巴夏礼已提出住于高庙城内战守皆不足恃折；中国第一历史档案馆、文化部恭王府管理中心编《清宫恭王府档案总汇：奕䜣密档》第二册，第 148~154 页，咸丰十年八月二十六日恭亲王奕䜣等奏折，原件档号：4/195/7，明清档案馆藏；李扬帆：《走出晚清：涉外人物及中国的世界观念之研究》，北京大学出版社，2005，第 281 页。

④ 中国第一历史档案馆、文化部恭王府管理中心编《清宫恭王府档案总汇：奕䜣密档》第二册，第 173~179 页，咸丰十年八月二十九日恭亲王奕䜣等奏折，原件档号：4/200/3，明清档案馆藏；许指严：《十叶野闻》，中华书局，2007，第 19 页；钱实甫：《清代的外交机关》，第 137~138 页。

⑤ 贾桢编《筹办夷务始末（咸丰朝）》卷六七，第 2553 号，第 2496~2498 页，咸丰十年九月十五日奕䜣等奏英法续约已有删增限于十一十二日换约折；第 2563 号，第 2504~2507 页，咸丰十年九月十五日英吉利续增条约九款。《北京条约》规定公使常驻北京，增设口岸、租界，外国轮船得自由行驶长江，外人得进入内地通商、游历及传教等款。

要机构，负责制订"朝贡礼"的各种仪式。过去英国遣使交涉，皆由礼部负责。为了一洗过去马戛尔尼（George Macartney，1733~1806）、阿美士德（William Pitt Amherst，1773~1857）受到的屈辱，英使额尔金要求在礼部的大堂举行签约仪式，互换和约，[1] 又要求清政府颁布谕旨，并在全国范围内张贴盖有关防的条约译文，希望让中国官民见识大英帝国的权威。[2]

签约当日，额尔金故意迟到，让恭亲王奕䜣苦候多时，又违反禁例，乘坐八抬舆轿，还要求奕䜣到大堂门口迎接英使队伍，更要求双方同时落座，不同意奕䜣先行入座。[3] 这些仪式的安排，可说是额尔金为了挫败清政府的尊严，刻意而为，让清政府接受英国与中国"完全平等"的事实。相对额尔金的高傲态度，法使葛罗就显得友善许多。当葛罗与奕䜣签约时，不但不苛求礼仪的细节，还主动握手致敬，并表明法军未参与焚烧圆明园的行动，试图与奕䜣建立良好的关系，[4] 甚至后来还提出借兵助攻太平军的建议，欲拉近与清政府的距离，让法国势力在中国能顺利发展。[5]

为何英方处处讲究中英往来的礼仪细节？前文已知，巴夏礼相

---

① 中国第一历史档案馆、文化部恭王府管理中心编《清宫恭王府档案总汇：奕䜣密档》第二册，第 211 页，咸丰十年九月十二日恭亲王奕䜣等奏折，原件档号：4/200/4，明清档案馆藏。

② 中国第一历史档案馆、文化部恭王府管理中心编《清宫恭王府档案总汇：奕䜣密档》第二册，第 223 页，咸丰十年九月十三日恭亲王奕䜣等奏折，原件档号：4/200/6，明清档案馆藏；何伟亚：《英国的课业：19 世纪中国的帝国主义教程》，第 121~124、128 页；贾桢编《筹办夷务始末（咸丰朝）》卷六八，第 2606 号，第 2546 页，咸丰十年九月二十五日奕䜣桂良文祥奏法人请代中国攻太平军英人已定日退兵并请张贴条约住居府第折。

③ 中国第一历史档案馆、文化部恭王府管理中心编《清宫恭王府档案总汇：奕䜣密档》第二册，第 226~229 页，咸丰十年九月十五日恭亲王奕䜣等奏折，原件档号：4/200/7，明清档案馆藏；夏燮：《中西纪事》卷一五，第 198 页；葛罗：《黄皮书日记》，第 118 页；布立赛：《1860：圆明园大劫难》，第 292~295 页；贾桢编《筹办夷务始末（咸丰朝）》卷六七，第 2602 号，第 2542 页，咸丰十年九月二十三日奕䜣等又奏与英法互赠礼物并请求在天主堂超渡亡兵片。

④ 葛罗：《黄皮书日记》，第 118~120 页。

⑤ 布立赛：《1860：圆明园大劫难》，第 296~297、299 页。

当熟悉"宾礼"的种类、形式及制礼原则。何伟亚指出,巴夏礼、威妥玛等人认定清政府只重礼仪形式,无法区分现象与本质。

> 清朝贵族和政府官员所痴迷的是权力的影子,而非权力的实质;是表面现象,而非实实在在的政治现实;是礼仪形式,而不是权力的物质性体现。①

额尔金等人认为,对清政府而言,礼仪问题就是权力问题,唯有改变礼仪的形式,方能让清政府认清当前的局势,瓦解中国自我封闭的高墙。是故,在谈判过程、签约选址、签约仪式等方面,英方往往刻意凸显双方位阶对等的礼仪,也反复强调己方讲究礼仪即为了摆脱"互市国"的暧昧身份,实现"完全平等"的目标。因此,英方不惜以武力为手段,迫使清政府同意"公使驻京"一款,并摆出强硬的姿态,坚持礼仪问题,希望通过礼仪的重新安排,挑战清政府信奉的"天下秩序",彻底改变中国人的精神意识。②

《北京条约》签订后,英法联军允期退兵,清政府的"抚夷大局"算是结束。可是,额尔金却根据《天津条约》的条文,要求觐见咸丰皇帝,向皇帝亲自递交英国国书,使中英双方继续争论"亲递国书"的问题。依据欧美国家的外交惯例,"亲递国书"即一国新任公使出使他国时,必须拜访出使国的君主,亲自向出使国的君主呈递本国国书,证明新任公使的使节资格,也表现两国的友谊。③ 咸丰皇帝不解其意,以为英、法公使又借故生事,意在挟制,坚持先取消"亲递国书"的条款,否则不返回北京接见额尔金、葛罗等人。咸丰皇帝也批评奕䜣接见额尔金、葛罗之举已自贬身份,不成事体。若清政府再同意"亲递国书"的条款,岂不让额尔金等人更轻视中

---

① Great Britain, F. O. 17/748,第 8~9、77、134 页。

② 何伟亚:《英国的课业:19 世纪中国的帝国主义教程》,第 157~159 页。

③ 王曾才:《英国驻华使馆的设立》,《中国近代现代史论集》,台湾商务印书馆,1985,第 408~409 页。

国，说不定会借"亲递国书"一款，随意请觐，威胁清政府给他们更多的利权。①

对此，奕䜣解释英、法两使只坚持"公使驻京"一款，对"亲递国书"一款，可暂时不论。

> 亲递国书一层，据该夷声称：系两国真心和好之据，非此不足以昭美意，若不呈递，难于复命……复经恒祺、崇纶以臣奕䜣系特旨派办抚议，即可交出转递，该酋摇首不答，窥其意，似不递则可，断不肯由他人转呈……其屡求驻京者，总谓外省大吏不肯将实情代奏，其意欲中国以邻邦相待，不愿以属国自居，内则志在通商，外则力争体面。如果待以优礼，似觉渐形驯顺。且该夷前曾有言：并非争城夺地而来，实为彼此无欺起见。②

同时，奕䜣也说明英、法两使坚持"公使驻京"的原因：可与清政府直接沟通，不会再被地方官员欺骗，也能满足他们的虚荣感，不再被视为属国，维护英、法两国的体面。因此，奕䜣指出，只要中国同意英、法两使的要求，将英、法两国视为敌体，待以优礼，中外双方便可相安无事。

咸丰皇帝无法接受奕䜣的解释，担心一旦回京，或许会被额尔金等人挟制，到时不得不接受"亲递国书"的条件。于是咸丰皇帝驳回奕䜣请求回銮的奏折，并斥责奕䜣只图虚名，无视夷人的祸心，

---

① 贾桢编《筹办夷务始末（咸丰朝）》卷六八，第 2606 号，第 2547 页，咸丰十年九月二十五日奕䜣桂良文祥奏法人请代中国攻太平军英人已定日退兵并请张贴条约住居府第折："二夷虽已换约，难保其明春必不反复，若不能将亲递国书一层消弭，祸将未艾。即或暂时允许，作为罢论，回銮后，复自津至京，要挟无已，朕惟尔等是问。此次夷务步步不得手，致令夷酋面见朕弟，已属不成事体，若复任其肆行无忌，我大清尚有人耶？"
② 贾桢编《筹办夷务始末（咸丰朝）》卷六九，第 2643 号，第 2581～2582 页，咸丰十年十月初一日奕䜣等奏亲递国书已饬设法消弭揣英法词意亦属不欲启衅折。

遂命令奕䜣没有解决"亲递国书"一款前,不准再提回銮之事。[①]
正因为咸丰皇帝的严旨,奕䜣不敢答应"亲递国书"一款,也不敢
同意额尔金、葛罗觐见皇帝的请求,只能反复申明"跪拜礼"的必
要性,[②] 并提出但书,要求外国公使不得主动要求觐见、呈递国书,
除非皇帝自主赐旨,同意接见,方准外使觐见。[③]

　　新任法国公使布尔布隆体谅奕䜣的处境,不坚持"亲递国书"一
款,愿意尊重皇帝的意志,等日后再作商量。[④] 但新任英国公使普鲁
斯引据欧美国家的外交惯例,向奕䜣说明两国往来时,必遣使驻京,
而出使他国的公使,常奉本国国主的亲笔国书,转送他国国主。普鲁
斯还指出,国书不只是使者作为国主代表的凭证,也代表本国对他国
的友谊。若咸丰皇帝拒见外国公使,拒接国书,英国政府将会把它当
作清政府不友善的表现。[⑤] 此外,普鲁斯也注意中英往来的文书形式,
维护英使"平行往来"的权利。例如,普鲁斯以"大英钦差"字样没
有隔行抬头为由,竟退回奕䜣来信,要求重写,否则不接受奕䜣的信
件。[⑥] 由此可知,英国公使非常注意这些礼仪细节,不肯稍作退让。

---

① 中国第一历史档案馆、文化部恭王府管理中心编《清宫恭王府档案总汇:奕䜣密
　档》第二册,第 253 ~ 254 页,咸丰十年九月二十二日恭亲王奕䜣等奏折,原件
　档号:4/200/11,明清档案馆藏。从该奏折的朱批内容,可知咸丰皇帝命令奕䜣
　若不设法删去亲递国书一节,将不会回銮,并指责奕䜣失礼,竟敢面见英使、法
　使。中国第一历史档案馆编《咸丰同治两朝上谕档》第一〇册,第 1774 号,第
　611 页,咸丰十年十月初一日。
② 葛罗:《黄皮书日记》,第 133 页。
③ 贾桢编《筹办夷务始末(咸丰朝)》卷七〇,第 2708 号,第 2644 ~ 2645 页,咸丰
　十年十月初六日奕䜣等奏英使照覆亲递国书已可作罢片;台北"故宫博物院":
　《宫中档咸丰朝奏折》第二七辑,台北"故宫博物院"印制,1990,第 510 ~ 738
　号,第 790 页下 ~ 791 页下,咸丰十年十一月初四日奕䜣等奏报亲递国书设法消
　弭接有照会凭据并夷兵夷酋节次南回情形。
④ 贾桢编《筹办夷务始末(咸丰朝)》卷七〇,第 2717 号,第 2651 ~ 2652 页,咸
　丰十年十月初九日法使布尔布隆给奕䜣照会。
⑤ 贾桢编《筹办夷务始末(咸丰朝)》卷七〇,第 2710 号,第 2646 ~ 2647 页,咸
　丰十年十月初六日英使普鲁斯给奕䜣照会。
⑥ Great Britain, F. O. 682/1993/90(1860.11.26),第 6 页,咸丰十年十月十四日;
　F. O. 682/1993/98(1860.12.10),第 13 页,咸丰十年十月二十八日;F. O. 682/
　1993/100(1860.12.19),第 5 页,咸丰十年十一月初八日。

为了说服咸丰皇帝回銮，也为了取得英、法两国公使的谅解，奕䜣先代租使馆，安排公使驻扎北京的事宜，并设立总理各国事务衙门，专一经理外国事务，还迅速议定长江各口岸的《通商章程》，允给通商优惠，终获得英、法公使的信任。[①] 对英国政府来说，清政府同意"公使驻京"一款，中英双方建立正式的政治关系，达到远征中国的目的。而且，英、法两国国内舆论批评额尔金、葛罗未能考虑总体利益，竟主动发起战争，破坏谈判，也无法约束士兵，造成英法联军烧杀掳掠的恶行。[②] 例如，法兰西学院汉学家德埃尔韦（Marquis d'Hervey de Saint-Denys, 1823~1892）曾撰书批评英、法两国凭借暴力，强迫清政府接受欧洲外交惯例，只会让中国人怨恨，可能会让清政府倒台，不符合欧洲各国的长远利益。

　　　　欧洲人的许多设想说什么使节代表他的国君、和帝国大臣平起平坐的全权公使驻节首都是为了保护本国臣民的利益。所有这一切，中国政府都是永远不会理解的。这和它的习惯、传统都是不相符合的，而更严重的是，这和帝国的礼节根本相违背。皇帝本人会愿意、会理解要和我们打交道吗？我深信他是不会做到这一点的，更何况业已摇摇欲坠的满清皇朝也即将在众怒前倒台。就算我估计错了，他们接受了这史无前例的革新，那末一个欧洲公使所处的地位也是很不妙的，不要有这种地位倒反而会更好些。[③]

---

① 《总理各国事务衙门档案》，中研院近史所藏，档案号：01-01-013-01-082，咸丰十一年二月二十八日奕䜣等奏答拜英法两国公使情形由。

② 葛罗：《黄皮书日记》，第135页；郑曦原编《帝国的回忆：〈纽约时报〉晚清观察记》，第204~206页；维克多·雨果：《雨果文集》，第360~362页；中国史学会主编《第二次鸦片战争》第六册，第390~391页；德埃尔韦·圣德尼：《中国面临欧洲》，第140~143、150~151页；中国史学会主编《第二次鸦片战争》第六册，第394~395页。

③ 德埃尔韦·圣德尼：《中国面临欧洲》，第151~154页；中国史学会主编《第二次鸦片战争》第六册，第396页。

由此可见，当时法国学者已了解中国的"天下秩序"观不同于欧洲国家的平等外交，并指出欧洲国家如果无视中国的传统习惯，强迫清政府仿行欧美各国的外交体制，将破坏清政府的正当性基础，造成清政府的政权危机，终将损害欧洲人在中国的实质利益。

这些舆论压力让英国政府重新调整对华政策，并指示英国公使与清政府合作，尽量追求英国在华的商业利益，不必因递书问题去制造外交冲突，避免重陷接管印度的困境。[①] 因此，英国公使普鲁斯决定搁置"亲递国书"一款，暂不纠缠觐见礼的问题，并与清政府建立合作关系，协助清政府攻打太平军，尽量稳定中国国内的局势，追求英国在华的最大利益。[②] 就这样，英、法两国公使请觐递书的风波暂告结束，直到同治皇帝大婚亲政后，外国公使觐见礼的问题才再引发争议。[③]

四 涉外体制的变与不变

要了解清政府如何定位外国公使的政治身份，必须先探讨清政府如何因应"公使驻京"的涉外体制变化，故本节只讨论清政府涉外体制的变化，暂时不谈"外国公使觐见礼"问题。由于《天津条约》、《北京条约》的限制，清政府必须改变"宾礼体制"的交涉惯例，先后设置总理各国事务衙门（简称总理衙门，亦称总署）、五口通商大臣（1866 年改称南洋通商大臣，简称南洋大臣，由两江总督兼衔）、三口通商大臣（1870 年改称北洋通商大臣，简称北洋大臣，由直隶总督兼

---

① 芮玛丽：《同治中兴：中国保守主义的最后抵抗（1862～1874）》，房德龄等译，中国社会科学出版社，2002，第 326 页；霍布斯邦：《被发明的传统》，陈思文译，猫头鹰出版社，2002，第 216～228 页。

② 中国第一历史档案馆、文化部恭王府管理中心编《清宫恭王府档案总汇：奕訢密档》第二册，第 281 页，咸丰十年九月二十九日恭亲王奕訢等奏折，原件档号：4/200/14，明清档案馆藏；矢野仁一：《近世支那外交史》，弘文堂书房，1940，第 597～598 页；卫三畏：《中国总论》，第 1072～1073 页。

③ 王开玺：《清代外交礼仪的交涉与论争》，第 441 页。

衔）。因此，本节拟从总理各国事务衙门、南洋通商大臣、北洋通商大臣的职权、互动及运作问题，探讨"宾礼体制"接待贡使的成例如何影响清政府对外交涉的体制，可知清政府的改变只是表面，仍不脱过去"督抚外交"的旧框架，无法真正实现所谓的"平行往来"。①

（一）设立总理各国事务衙门

考虑到清政府面临的内外相逼的危局，奕䜣等人主张先平内乱，再治外患，并指出清政府只要遵守条约，便可与欧美各国和睦相处，清政府就能专心对付太平天国、捻匪的内乱。然而，清政府若要遵守条约，就得变通现状，改变原先对外交涉的模式，解决"公使驻京"可能出现的问题。② 于是，奕䜣等人拟定《通筹大局章程六条》（简称《章程六条》），先避免与这些国家摩擦，再调整清政府与英、法、美、俄四国的关系，防范俄国蚕食疆土的危机，也避免英国侵夺利权的风险。

奕䜣等人拟定的《章程六条》第一款最为重要，即在北京设立"总理各国事务衙门"，专办外国事务，并仿照军机处办理，③ 统合外省督抚的奏报，因应外国公使留驻北京的新局面。为了提高总理各国事务衙门的地位，奕䜣建议由亲王大臣领导，由军机大臣承书谕旨，并在内阁、六部、三院、军机处各司员章京中，满汉各挑取

---

① 钱实甫：《清代的外交机关》，第 139、148、152～156、173～174、187～193 页。
② 贾桢编《筹办夷务始末（咸丰朝）》卷七一，第 2740 号，第 2675 页，咸丰十年十二月初三日奕䜣桂良文祥奏请统计全局酌拟章程六条呈览请议遵行折："臣等就今日之势论之，发捻交乘，心腹之害也；俄国壤地相接，有蚕食上国之志，肘腋之忧也；英国志在通商，暴虐无人理，不为限制则无以自立，肢体之患也。故灭发捻为先，治俄次之，治英又次之……若就目前之计，按照条约，不使稍有侵越，外敦信睦，而隐示羁縻。"
③ 钱实甫：《清代的外交机关》，第 172 页。据钱实甫指出，军机处的体制灵活，直接受皇帝管辖，有利于皇帝集权。军机处的特点有三：一、不是正式政府机关，不受典制限制；二、打破满汉双轨制，不须受限满汉之分；三、人员没有定额，可随时增补，灵活运用。

八员章京，轮班入值。① 为了掌握各口商情，了解各国情形，《章程六条》第六款也规定各通商口岸的将军、府尹、督抚搜集各国新闻纸，按月咨报总理各国事务衙门，② 同时，仿照俄罗斯馆教习之例，另设专馆，招纳八旗学生，学习各国语言文字。③

从奕䜣对总理各国事务衙门的规划，可知奕䜣等人的用意，即在延续督抚交涉的前提下，在中央政府另设一专办外国事务的机构；该机构可比照军机处的权限，有权统合各省督抚的奏报，以专责成。而原有的军机处，专办中国国内各路军务，等平定内乱后，裁撤总理各国事务衙门，再将外国事务重归军机处办理。④ 对此，吴福环指出，奕䜣等人只是将总理各国事务衙门当作临时机构，未必被赋予这么大的权限。⑤ 吴福环的论点固然有理，但从奕䜣等人一开始就仿照军机处的规格，规划总理各国事务衙门，可知奕䜣等人视外国事务为军国大事，不再视作通商事务的延续。奕䜣指出：

> 臣等迎机开导，以释其疑，微露有设立总理外国事务衙门，专办各外国事务。该公使［咸妥玛］闻之，甚为欣悦，以为向来广东不办，推之上海，上海不办，不得已而来京。如能设立专办外国事处地方，则数十年求之不得，天朝既不漠视，外国断不敢另有枝节各等语。⑥

① 贾桢编《筹办夷务始末（咸丰朝）》卷七一，第2741号，第2675~2676页，咸丰十年十二月初三日章程六条。奕䜣奏折递达热河时间为咸丰十年十二月初三日（1861年1月13日），但据贾桢编《筹办夷务始末（咸丰朝）》卷七二，第2768号，第2710页，咸丰十年十二月十六日奕䜣等又奏请关防及行文不用通商二字片，由该折内容可知，恭亲王具奏时间应在十二月初一日（1月11日）。
② 贾桢编《筹办夷务始末（咸丰朝）》卷七一，第2741号，第2680页，咸丰十年十二月初三日章程六条。
③ 贾桢编《筹办夷务始末（咸丰朝）》卷七一，第2741号，第2679页，咸丰十年十二月初三日章程六条。
④ 贾桢编《筹办夷务始末（咸丰朝）》卷七一，第2741号，第2676页，咸丰十年十二月初三日章程六条。
⑤ 吴福环：《清季总理衙门研究》，新疆大学出版社，1995，第10~14页。
⑥ 贾桢编《筹办夷务始末（咸丰朝）》卷七一，第2745号，第2683页，咸丰十年十二月初三日奕䜣等又奏威妥玛来京探询片。

对奕䜣的提议，威妥玛也给予支持，并认为总理各国事务衙门的成立，表明清政府不再漠视外国事务，将有助中外关系的发展。

对《章程六条》，咸丰皇帝大致批准，但否定了总理衙门的名称、人员选用及行文流程。咸丰皇帝将"总理各国事务衙门"的名称，加入"通商"二字，表示皇帝将外国定位为"互市国"，并将中外往来当成通商关系，而不是政治关系。而且，咸丰皇帝不准选入总理衙门的内阁、部院司员、军机章京再兼军机处行走的差使，表示总理各国事务衙门不可比照军机处的职权。尤其是咸丰皇帝要求各国照会及其通商事务，必须先咨行礼部，再转咨总理衙门，并用朱笔，在"一面知照礼部转咨总理衙门"字旁加点，可见咸丰皇帝相当在意这项要求。① 咸丰皇帝的大幅修改让奕䜣等人的构想完全变调，不但降低总理衙门的层级，也限制了总理衙门的权限，只能在礼部的监督下，管理外国事务。尤其是咸丰皇帝增改"通商"之举，等于将这些国家认定为"互市国"，容易造成新一波的外交冲突。

对咸丰皇帝的谕旨，奕䜣请求删去"通商"字样，并指出英国虽志在通商，唯利是图，但总以"敌体"自居，要求平行往来，不愿被清政府轻视。若再加上"通商"二字，英国公使很可能以为该衙门只是专办通商，不愿与之交涉，届时必有争议，再生冲突。② 后来，咸丰皇帝虽同意删去"通商"字样，但仍不准内阁、部院司员、军机章京在总理衙门兼差。一旦该官员被选入总理衙门，本职必须出缺，也不准再兼军机处行走差使，这样总理衙门仍得通过军机处才能取得各部院的文书。同时，咸丰皇帝也坚持由礼部咨行总理衙

① 台北"故宫博物院"：《宫中档咸丰朝奏折》第二八辑，台北"故宫博物院"，1990，馆藏号：510-740，第400页下，咸丰十年十二月初十日；贾桢编《筹办夷务始末（咸丰朝）》卷七二，第2753号，第2692页，咸丰十年十二月初十日上谕。
② 贾桢编《筹办夷务始末（咸丰朝）》卷七二，第2768号，第2710页，咸丰十年十二月十六日奕䜣等又奏请关防及行文不用通商二字片。

门的规定。若总理衙门有事通知，不得径自咨行地方官员，必须由主管总理衙门的亲王大臣饬知礼部，再由礼部咨行各口岸督抚、将军、府尹，否决了总理衙门可发文咨照地方官的权力。[①] 由此可知，咸丰皇帝坚持由礼部转咨总理衙门的原因，即视外交事务为通商问题，不愿改变"宾礼"原有的运作机制，让礼部在名义上仍是清政府对外交涉的总管机构。[②]

对咸丰皇帝欲维持礼部地位的意图，奕訢等人以为不妥，但不敢正面反驳，也不能否定礼部的权力，只好再向皇帝解释。首先是文书转咨的问题，奕訢说明总理衙门本想设在礼部之下，但各有专司，容易泄露机密。因此，奕訢等人建议，对外交涉事务若无关机密者，仍由礼部咨照，但事涉机密者则由督抚、将军、府尹具奏军机处，并咨行总理衙门，确保对外交涉的机密。等到外国事务稳定后，再由礼部转咨总理衙门，重归原本由礼部管理"藩服"的旧制。[③] 其次是人员选用的问题，奕訢以俄国照会可专送军机处为例，指出各国照会若仿照俄国之例，全送至军机处，军机处负担太重，无法实时处理。[④] 但若由军机大臣文祥兼管总理衙门，便能用"总理衙门大臣"的身份，代收各国照会，间接符合《天津条约》的规定，外国公使也无法挑剔，借故生事。更重要的是，总理衙门对外交涉

---

① 贾桢编《筹办夷务始末（咸丰朝）》卷七二，第 2753 号，第 2691～2692 页，咸丰十年十二月初十日上谕；第 2754 号，第 2693 页，廷寄。
② 台北"故宫博物院"：《宫中档咸丰朝奏折》第二八辑，馆藏号：510－740，第 433 页下～435 页下，咸丰十年十二月十三日；李兆祥：《近代中国外交转型的初步展开（1861～1900）》，中国社会科学出版社，2008，第 90 页。
③ 贾桢编《筹办夷务始末（咸丰朝）》卷七二，第 2767 号，第 2708～2709 页，咸丰十年十二月十六日奕訢等奏各省新闻纸分别咨送章京司员请仍兼本衙门办事折；刘光华：《总理衙门设置之前清廷办理对外事务的机关》，《国立政治大学历史学报》第 3 期，1985 年 3 月，第 123～146 页；吴福环：《清季总理衙门研究》，第 28～37 页。
④ 田涛主编《清朝条约全集》卷一，第 163 页。《中俄天津条约》第二款的限制："议将从前使臣进京之例，酌要更正，嗣后两国不必由萨那特衙门及理藩院行文，由俄国总理各国事务大臣，或径行大清之军机大臣，或特派之大学士。往来照会，均按平等。"

时，往往牵涉到各部院的业务。清政府只要让军机章京仍兼军机处行走，各内阁部院的司员也兼本职，便能快速查核文书，提升效率，减少总理衙门行文各部院的麻烦。① 咸丰皇帝虽不认同奕䜣的说法，② 但为了不让军机大臣出面交涉，只好同意让军机大臣兼领总理衙门大臣，代收各国照会，也允许各部院司员和军机章京选入总理衙门后仍兼本职，让总理衙门能跨越部门的限制，直接查核相关文书。③

为了完善总理衙门的组织，奕䜣又拟定《总理衙门未尽事宜章程十条》（简称《章程十条》），具体建构总理衙门的人事编制、经费开支、文书往来、开建衙署等细节，并强调目前设立总理衙门的必要性，让各国公使再也没有理由批评清政府推诿外国事务。④

> 伏思臣等请设立总理各国事务衙门者，原以各国使臣驻京后，往来接晤，及一切奏咨事件，无公所以为汇总之地，不足以示羁縻。该夷从前每借口于中国遇有外夷事件，推诿不办，任情狂悖，今设立衙门，该夷以为欣喜非常，自应迅速建立，以驯其情。⑤

奕䜣等人指出，外国公使得驻北京后，清政府必须调整涉外体制，改由总理衙门负责涉外事务，并汇整各省的涉外信息，让外国

---

① 贾桢编《筹办夷务始末（咸丰朝）》卷七二，第 2767 号，第 2709 页，咸丰十年十二月十六日奕䜣等奏各省新闻纸分别咨送章京司员请仍兼本衙门办事折。
② 台北"故宫博物院"：《宫中档咸丰朝奏折》第二八辑，馆藏号：510 - 740，第 435 页下，咸丰十年十二月十三日。
③ 贾桢编《筹办夷务始末（咸丰朝）》卷七二，第 2767 号，第 2708、2710 页，咸丰十年十二月十六日奕䜣等奏各省新闻纸分别咨送章京司员请仍兼本衙门办事折。
④ 贾桢编《筹办夷务始末（咸丰朝）》卷七二，第 2773 号，第 2715～2719 页，咸丰十年十二月二十四日章程十条。
⑤ 台北"故宫博物院"：《宫中档咸丰朝奏折》第二八辑，馆藏号：510 - 740，第 580 页下～581 页下，咸丰十年十二月二十一日。

官民无法再借口生衅。值得注意的是，《章程十条》不同于过去《章程六条》的说法，奕訢等人极肯定礼部的重要性，还反复强调总理衙门的层级低于礼部，甚至说总理衙门的规模简陋，不过是比照会同四译馆而已。

> 臣等初拟于礼部设立公所，办理一切，惟礼部为考论典礼之地，体制较崇，该夷往来其间，殊于体制未协。且大堂为该部堂官办公之所，若臣等借用，则于大堂接见该夷，尤多窒碍，如仅用司堂，该夷必不心服。因别设衙门，在该夷视之，以为总理之所，名目甚尊，而在臣等则视同四译馆等衙门之例。是以议定司员官役及考察经费等事，一切规模因陋就简，较之各衙门旧制，格外裁减，暗寓不得比于旧有各衙门，以存轩轾中外之意。①

由此可知，为了让咸丰皇帝同意《章程十条》，奕訢刻意凸显礼部的位阶，并以礼部体制尊贵、不可与外夷接洽为由，应与总理衙门有所区隔，故总理衙门须另设衙署，不必同隶于礼部衙署之内，让总理衙门间接取得与各国公使交涉的正当性。此外，为了避免保守派的反对，奕訢也重新解释"一切仿造军机处办理"之语，指出总理衙门不是比照军机处的层级，只是采取军机处随到随办、分任其事的办法。若军机章京能兼总理衙门差使，便可直接核查军机处的机密文件，达到有效率又保密的目的。②

特别是奕訢等人提出"以存轩轾中外之意"的说辞，表示总理衙门外尊内卑，只是为了应付"外夷"的临时机构，并借由对总理衙门的贬低，区别中国与外国的地位高低。从《章程六条》到《章程十条》的改变，可知奕訢等人"轩轾中外"的说辞，主要是为了

---

① 台北"故宫博物院"：《宫中档咸丰朝奏折》第二八辑，馆藏号：510－740，第580页下～581页下，咸丰十年十二月二十一日。
② 台北"故宫博物院"：《宫中档咸丰朝奏折》第二八辑，馆藏号：510－740，第721页下～722页下，咸丰十一年正月初四日。

迎合咸丰皇帝维护"宾礼体制"的意图，减少保守派的阻力，才会刻意贬低总理衙门的层级，屈居礼部之下。至此，咸丰皇帝总算同意军机章京得兼总理衙门，但仍坚持由户部拨给经费，而各省督抚遇有涉外事务时，必须依照旧制，先奏军机处，再由军机处转咨总理衙门，不让总理衙门有机会扩大权力。①

总理衙门的设置，虽是清政府改变涉外体制的开始，② 但从前文的考证，可知总理衙门的设置方案，已不同于奕訢原先的构想。总理衙门的层级不明，只被当作"羁縻诸夷"的权宜之计。而且，总理衙门没有执行交涉事务的行政权，仍受到军机处、礼部及户部的制衡。③按照《章程十条》的设计，总理衙门势必面临几个问题，分析如下。

第一，为了维持"宾礼体制"，礼部主管属国事务，总理衙门不得干涉。当属国与欧美各国发生冲突时，属国咨报礼部，再由礼部奏报皇帝，后由皇帝命令地方督抚、将军办理，或由南、北洋大臣担任专使，代为处理。④

第二，根据《章程六条》的规划，总理衙门应管理清政府所有涉外事务，但在咸丰皇帝的裁抑下，总理衙门只有知情权，没有行

---

① 贾桢编《筹办夷务始末（咸丰朝）》卷七二，第 2775 号，第 2721 页，咸丰十年十二月二十四日廷寄；吴福环：《清季总理衙门研究》，第 34～35、41 页；钱实甫：《清代的外交机关》，第 158～160 页。

② 贾桢编《筹办夷务始末（咸丰朝）》卷七二，第 2787 号，第 2735 页，咸丰十一年正月初六日上谕。学者多以开用关防的 1861 年 3 月 11 日为设立总理衙门的日期。若按照董恂《还读我书室老人手订年谱》，可知总理衙门正式运作的时间，应为咸丰十一年十一月初一日（1861 年 12 月 2 日）。董恂：《还读我书室老人手订年谱》卷一，沈云龙编《近代中国史料丛刊》第二八二册，文海出版社，1968，第 78～79 页。

③ 陈体强：《中国外交行政》，商务印书馆，1945，第 15～17 页；钱实甫：《清代的外交机关》，第 139～141、191 页。

④ 钱实甫：《清代的外交机关》，第 191～192 页。钱实甫指出，南、北洋大臣的职权在特殊时期有特别的处置，可知该例并无明确规定，但可从朝鲜、越南对外交涉等过程，归结此一潜规则。《清穆宗实录》卷二七〇，中华书局，1986，第 744 页 b～745 页 a，同治八年十一月壬申。《清德宗实录》卷一五〇，中华书局，1986，第 126 页 a～127 页 a，光绪八年八月己巳；卷一五一，第 134 页 a～135 页 b，光绪八年九月甲申朔；卷一六八，第 354 页 a～354 页 b，光绪九年八月己未。

政权，无法命令各部院、地方督抚、驻防将军配合。[①]

第三，南北洋通商大臣、各省将军和督抚、驻外使节多具有钦差大臣头衔，可直接奏报皇帝，再由军机处转咨总理衙门。关于属国事务，地方督抚先行文礼部，再由礼部行文总理衙门。[②] 这些文书的传递程序，显示出总理衙门的权力相当有限。

第四，总理衙门人员多是兼差性质，不能专务于总理衙门的工作，未兼军机处差使的总理衙门大臣、章京，便无法查阅机密文件，只能抄写文件，无法发挥作用。

第五，总理衙门的法定权力不足，全赖领导总理衙门的王大臣，依其个人能力，决定其影响力的大小。当奕䜣主管总理衙门时，可凭亲王身份和个人威望，指挥军机处、六部、地方督抚，配合总理衙门，总理衙门便能发挥很大的作用。[③] 但慈禧太后（1835~1908）罢斥奕䜣后，[④] 接管总理衙门的王大臣不能兼领军机处，让总理衙门难有作用，[⑤] 也让清政府对外交涉的实权转移到直隶总督兼北洋通商大臣李鸿章（1823~1901）的手上。[⑥]

（二）延续督抚外交

根据《大清会典·宾礼》规定：凡有贡使来朝，必先由地方督

① 坂野正高：《總理衙門の設立過程》，近代中国研究委员会编《近代中国研究》第一辑，东京大学出版社，1958，第55~56页。
② 坂野正高：《總理衙門の設立過程》，第56、58页。
③ 吴相湘：《晚清宫廷实纪》，正中书局，1953，第226页："若恭亲王一发言，则各人轰然响应，亦莫非是言。"
④ 朱寿朋编《光绪朝东华录》第二册，中华书局，1958，第1675~1676页，光绪十年三月戊子条；第1677页，光绪十年三月己丑条。黄浚：《花随人圣庵摭忆》下册，《恭亲王之进退关系朝局》，第794页；林文仁：《南北之争与晚清政局：1861~1884——以军机处汉大臣为核心的探讨）》，中国社会科学出版社，2005，第156~178页。
⑤ 《清德宗实录》卷一八九，中华书局，1986，第663页b~664页a，光绪十年七月丙辰；吴福环：《清季总理衙门研究》，第66~70页。
⑥ 陈捷先：《慈禧写真》，远流出版公司，2010，第84~86页；林明德：《李鸿章对朝鲜的宗藩政策（1882~1894）》，刘广京、朱昌峻编《李鸿章评传》，上海古籍出版社，1995，第217~218页；朱昌峻：《李鸿章：一个评价》，《李鸿章评传》，第328~330页；丁韪良：《花甲忆记：一位美国传教士眼中的晚清帝国》，第229页。

抚代为安置，并负有监督之责，派人护送，按期抵京。① 《北京条约》签订前，对外交涉事务皆由地方督抚、将军出面交涉，再由清政府派调官员，以钦差大臣之衔，指挥该省督抚、将军、府尹等官员。② 《北京条约》签订后，开放天津为通商口岸，准许公使由大沽海口上岸，天津成为外国公使入京的必经之地。奕䜣等人认为，天津作为北京门户，必须派驻官员，办理商务，但直隶总督、布政使、按察使各有专职，无法兼顾，③ 遂建议仿照两淮盐政之例，增设办理三口通商大臣，不加钦差大臣衔，驻扎天津，管理天津、牛庄、登州三口通商事务。④ 由此可知，奕䜣等人一开始设置三口通商大臣的构想，即援引过去"与夷交涉"的旧例，由五口通商大臣、三口通商大臣充当第一线的交涉机制，保留双方协商的空间，并转移中外交涉的场合，维持不与外国直接交涉的惯例。⑤

　　总理衙门虽无法管辖三口通商大臣、五口通商大臣，但因三口通商大臣不兼钦差之衔，位阶较低，总理衙门可派出专使，协助三口通商大臣办理涉外事务。⑥ 例如，总理衙门曾任命崇纶，前赴天

① 伊桑阿等修《大清会典（康熙朝）》卷七二，沈云龙编《近代中国史料丛刊三编》第七二册，文海出版社，1992～1993年据清康熙二十九年序刊本景印，第2页a。地方督抚接待使臣，详见本书第一章表1-4。
② 张忠绂：《清廷办理外交之机关与手续》，第3页。
③ 贾桢编《筹办夷务始末（咸丰朝）》卷七一，第2741号，第2676页，咸丰十年十二月初三日章程六条。
④ 贾桢编《筹办夷务始末（咸丰朝）》卷七一，第2744号，第2682页，咸丰十年十一月初三日奕䜣等又奏恒祺请留京天津通商大臣请于崇厚崇纶内简放片；《清文宗实录》卷三三七，中华书局，1986，第1022页a～1022页b，咸丰十年十二月己巳；吴福环：《清季总理衙门研究》，第28～37页。三口通商大臣的人选，由侍郎衔候补京堂崇厚担任。
⑤ 贾桢编《筹办夷务始末（咸丰朝）》卷七六，第2861号，第2813页，咸丰十一年三月十一日奕䜣等奏崇纶赴津与布鲁西亚国商办请拟上谕交其赍往片；卷七九，第2945号，第2904页，咸丰十一年五月二十五日奕䜣等奏艾林波遣人来京；卷七九，第2947号，第2906页，咸丰十一年五月二十五日奕䜣又奏荷兰人来京传教已驱回津并行知各省督抚片。
⑥ 高玮：《晚清三口通商大臣研究——兼论满汉政治关系的变化》，硕士论文，中央民族大学，2005，第15～19页。

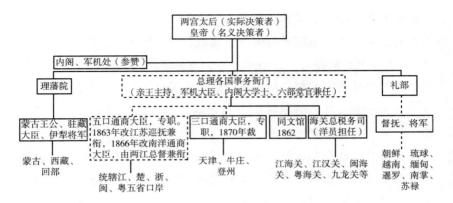

图 2 - 1　1861 年清帝国对外交涉体制

说明：实线框内是正式官署，虚线框内是临时衙门；直线表示二者有统属关系、对口往来，虚线表示二者无统属关系，但有协办之责。

资料来源：参考郭松义《清朝典制》，吉林文史出版社，1994，第 196、198～199、203～204 页；吴福环：《清季总理衙门研究》，第 20～28 页；钱实甫：《清代的外交机关》，第 136～195 页。

津，协助三口通商大臣崇厚（1826～1893，满洲镶黄旗）与普鲁士签订商约，并拒绝普鲁士公使赴京签约，不愿让普鲁士与英、法、美、俄四国同享"公使驻京"的待遇。奕訢指出：

> 臣等当即传知崇纶遵照，一俟迁爱伦布［普鲁士公使］有信到后，该侍郎即赶赴天津，会同崇厚速为办理……但恐该公使知由臣等办理，即借端希图入京，易滋流弊，亦不可不豫为防范。所有一切事宜，应由崇纶在津商办，臣等密为筹商，以杜其得步进步之心。①

由此可知，总理衙门虽不能指挥地方督抚、将军，却比附过去属国事务由礼部主管、地方督抚办理的模式（见第一章第一节），总理

---

① 贾桢编《筹办夷务始末（咸丰朝）》卷七六，第 2861 号，第 2813 页，咸丰十一年三月十一日奕訢等奏崇纶赴津与布鲁西亚国商办请拟上谕交其赍往片。

衙门得充当顾问，派员协助三口、五口通商大臣办理，间接干预地方涉外事务，形成总理衙门决策、通商大臣办理的涉外体制。[①] 换言之，《北京条约》签订后，清政府虽设立总理衙门，但新的涉外体制仍仿同过去皇帝、礼部、地方督抚的"宾礼体制"，等于延续"与夷交涉"的旧例，让言官不再批评总理衙门的权限，也间接抬高清政府的位阶，顾全国家体面。[②]

天津开港通商后，英、美、法国公使径赴天津，要求与总理衙门直接交涉，不愿再与五口通商大臣接洽，[③] 使三口通商大臣更显重要。天津是公使进京的必经之地，因此三口通商大臣不只管理天津的通商事宜，还得承担监管外人、紧扼北洋门户的任务。是故，清政府要求英、法两国官民若想前往北京，必须由英、法两国驻天津领事官填写咨照，写明人数、姓名、车辆、货物、前往何处等事项。然后，领事官再转咨三口通商大臣崇厚，查核入境事由。三口通商大臣查核无误后，札饬天津府知府盖印，并发文咨照北京崇文门监督，放行进城。[④] 英、法两国公使都同意这些规定，要求英、法两国官民必须领有天津府盖印的执照，权当签证，才可进入北京，或前往他处，否则清政府可拒绝这些外国官民入京。[⑤]

---

① 钱实甫：《清代的外交机关》，第 187 ~ 192 页；《清穆宗实录》卷二四，中华书局，1986，第 657 页 b ~ 658 页 a，同治元年四月己未。

② 李兆祥：《近代中国外交转型的初步展开（1861 ~ 1900）》，第 124 ~ 127 页。

③ 宝鋆编《筹办夷务始末（同治朝）》卷六，中华书局，2008，第 212 号，第 246 ~ 248 页，同治元年五月十七日薛焕奏南洋通商专设大臣鞭长莫及请即裁撤折。

④ 宝鋆编《筹办夷务始末（同治朝）》卷一，第 8 号，第 9 页，咸丰十一年七月十八日给英使卜鲁士照会；第 10 号，第 10 ~ 11 页，咸丰十一年七月十八日给法使布尔布隆照会。钱实甫：《清代的外交机关》，第 193 页。

⑤ 《总理各国事务衙门档案》，中研院近史所藏，档案号：01 - 21 - 009 - 02 - 004，同治三年三月十八日布使欲来驻京未届年限不应遽给护照；档案号：01 - 12 - 028 - 04 - 030，同治元年九月二十四日法司达尼一名前往正定护照盖印由；档案号：01 - 12 - 016 - 01，光绪十四年九月德人领他国护照经公使领事指明中国官仍不予盖印德义各国自发教士护照。从这些档案内容可知，由三口通商大臣核发护照，同治年间外人尚遵守这项规定，但至光绪年间，已有外国公使不理会中方规定，自行发给护照，让外国教士径入中国内地，却未事先知照中国地方官，成为教案频生的原因之一。

外国新公使来华，同样得在天津等候，先由外国驻天津领事官咨照三口通商大臣，再由三口通商大臣转咨总理衙门，总理衙门回复并安排接待事宜，代收国书副本。若外国公使擅自赴京，不咨照三口通商大臣的话，总理衙门就不承认新公使的资格。[①]换言之，三口通商大臣如同北京的看门人，不但管理北洋三口海关税务、商务，也审核外国来华者的身份与目的，再咨照总理衙门，由总理衙门决定是否交涉，减少总理衙门面对外使的压力，"如天津办理得宜，则虽有夷酋驻京，无事可办，久必废然思返"。[②]

若外国代表径赴北京，要求与总理衙门交涉，总理衙门可根据与普鲁士公使签订《中普商约》的先例，要求外国代表转往天津，与三口通商大臣崇厚接洽，并改在天津议定商约内容。[③]若总理衙门与外使已议定条约内容，便采取与比利时、大西洋（葡萄牙）订约的办法，外国代表仍须返回天津，与三口通商大臣崇厚签署条约。[④]根据坂野正高教授的研究，可知在 1861~1871 年间，清政府先后与普鲁士、葡萄牙、丹麦、荷兰、西班牙、比利时、意大利、奥地利、匈牙利、日本订立商约，皆由总理衙门在幕后指挥，

---

① 宝鋆编《筹办夷务始末（同治朝）》卷七七，第 2526 号，第 3121 页，同治九年九月十八日成林奏日本差官柳原前光来津递函折。

② 贾桢编《筹办夷务始末（咸丰朝）》卷七一，第 2741 号，第 2675~2679 页，咸丰十年十二月初三日章程六条；第 2744 号，第 2681 页，咸丰十年十二月初三日奕䜣等奏恒祺请留京天津通商大臣请于崇厚崇纶内简放片。

③ 坂野正高：《近代中国政治外交史》，第 229 页。

④ 宝鋆编《筹办夷务始末（同治朝）》卷八，第 273 号，第 324 页，同治元年七月十六日奕䜣等奏与大西洋订约情形折；《总理各国事务衙门档案》，中研院近史所藏，档案号：01-21-002-01，咸丰十一年三月大西洋派使请议约请派恒祺会同崇厚与议订五十四款在津画押。另一明显案例是同治四年与比利时的签约过程，详见茅海建《近代的尺度：两次鸦片战争军事与外交》，第 235 页。宝鋆编《筹办夷务始末（同治朝）》卷七，第 255 号，第 304~305 页，同治元年六月二十三日薛焕与比订约情形折；卷三四，第 1234 号，第 1451~1452 页，同治四年七月十一日奕䜣等奏议覆崇厚比使金德再求完约折；第 1235 号，第 1452 页，同治四年七月十一日上谕。

再由崇厚负责谈判、签约、换约等具体工作。①由此可知，三口通商大臣的功能，即负责交涉，避免由总理衙门出面，保留双方协商的空间，并避开言官的耳目，转移对外交涉的场合，让三口通商大臣成为总理衙门的实际执行者，也作为清政府与各国公使联系的通道。②

若按《章程六条》原先的构想，应由总理衙门负责所有涉外事务，并参与决策，再指挥五口通商大臣、三口通商大臣执行命令。但因咸丰皇帝限制总理衙门的权力，并延续"督抚外交"的旧例，各省督抚、将军可"奏而不咨"，③直接对皇帝负责，不必向总理衙门报告，甚至能直接办理，不受总理衙门管辖。对此，五口通商大臣薛焕也多有怨言，指出南方各省督抚不受五口通商大臣指挥，如同多头马车，遂建议裁撤五口通商大臣，长江各口交涉事宜归并本省督抚及将军经理。

> 盖各疆臣身膺重任，事权专一，呼应自灵，而就近指挥，亦易臻周密也。若专设大臣办理，统辖江、楚、苏、浙、闽、粤六省口岸，分为十余处地方，远隔数千里，殊有鞭长莫及之虞，而事势亦多格碍……臣与各国公使既已无可会商，领事等官更难遥为驾驭，是以各省与外国交涉，必由督抚诸臣遇事斟酌筹办……然驻扎一处，而其余各处之事仍属隔阂，则顾此不免失彼。即所移扎之处，亦未能骤悉情形。是臣虽职司通商，而于抚驭远人，稽查榷课，均系有名无实……臣愚以为宜将通商大臣一员裁撤，一切事务各归本省督抚及将

---

① 坂野正高：《近代中国政治外交史》，第 228～230 页；茅海建：《近代的尺度：两次鸦片战争军事与外交》，第 224～236 页。
② 《清穆宗实录》卷二四，第 657 页 b～658 页 a，同治元年四月己未。
③ 贾桢编《筹办夷务始末（咸丰朝）》卷七二，第 2774 号，第 2720 页，咸丰十年十二月二十四日奕䜣等又奏覆章京司员兼行走折。咸丰皇帝特地用朱笔加点："向例奏而不咨，此次亦应援照办理，未可悉行咨报。"

军经理。①

由此可知，遇有中外通商、交涉冲突时，五口通商大臣往往鞭长莫及，只能任凭本省督抚处置，或由海关道道员代为交涉。② 而且，当中外官民争执时，外国商民不向通商大臣陈情，反而直接向本国公使陈诉，让五口通商大臣的功能大打折扣。因此，总理衙门认为，中外交涉之事，仍归于地方督抚办理，遂由江苏巡抚李鸿章署五口通商大臣（1863 年 2 月 13 日），加钦差大臣衔（1866 年 12 月 7 日），以崇体制而重事权。③

比照五口通商大臣的情况，未获钦差大臣衔的三口通商大臣处境更为困难，无法要求地方官员配合行动。④ 尤其是同治九年

---

① 宝鋆编《筹办夷务始末（同治朝）》卷六，第 212 号，第 246～248 页，同治元年五月十七日薛焕奏南洋通商专设大臣鞭长莫及请即裁撤折。薛焕虽请裁五口通商大臣，清政府采纳薛焕的建议，但因太平天国尚未平定，两江总督曾国藩无暇处理，故中外交涉事件仍由五口通商大臣专管。

② 梁元生：《上海道台——转变社会中之联系人物，1843～1890》，陈同译，上海古籍出版社，2003，第 67～75 页。

③ 宝鋆编《筹办夷务始末（同治朝）》卷七，第 254 号，第 302～303 页，同治元年六月十八日曾国藩奏议覆薛焕请宜另设长江通商大臣折；卷一八，第 692 号，第 808～809 页，同治二年七月初十日奕䜣等奏议覆曾国藩南洋通商大臣应否裁撤折。《清穆宗实录》卷五三，第 1465 页 a，同治元年十二月癸卯；卷一八八，第 369 页 a，同治五年十一月丙辰朔。赵尔巽：《清史稿》卷一一六《职官三》，第 3336 页。道光二十四年（1844）设置五口通商大臣，由两广总督兼，特加钦差大臣衔，办理广州、厦门、福州、宁波、上海五口通商事务。后因上海取代广州，成为对外贸易的中心，五口通商大臣衙门移驻上海。同治五年（1866），五口通商大臣改名为南洋通商大臣，由两江总督兼任，移驻南京，负责管理长江以南各省及长江各口岸的通商、外交、海防、关税及洋务机构等事务。王尔敏：《南北洋大臣之建置及其权力之扩张》，《大陆杂志》第 20 卷第 5 期，1960 年 3 月，第 20 页。

④ 贾桢编《筹办夷务始末（咸丰朝）》卷七二，第 2753 号，第 2692 页，咸丰十年十二月初十日上谕；卷七三，第 2827 号，第 2776 页，咸丰十一年二月十九日奕䜣桂良文祥奏英法公使到京情形折。宝鋆编《筹办夷务始末（同治朝）》卷三，第 76 号，第 90～92 页，咸丰十一年十二月十七日奕䜣等奏崇厚咨登州口鞭长莫及请饬登莱青道作为税务监督折。除了通商事务外，可命令天津、牛庄、登州三口海关监督，负责核销天津关各项洋税与旧管关税，并负责统筹海防事务，监督三口练兵事宜，负责推动北方洋务。

（1870）的天津教案，更暴露出三口通商大臣位卑权轻的问题。①
由于天津绅民误信谣言，以为外国传教士买卖、虐杀婴儿，使天
津绅民仇视外国传教士。三口通商大臣崇厚虽知事态严重，却无
权命令直隶官员立刻处置，以致民教冲突越演越烈。为了抗议天
津知县刘杰（生卒年不详，监生出身）纵民诬告，法国驻天津领事
丰大业（Henry Fontanier，1830～1870）径赴三口通商衙门，开枪恐
吓崇厚，并误伤天津知县刘杰的随从，引起民众愤怒，竟殴毙丰
大业等人，还攻击外国官民，甚至烧毁法国领事署、育婴堂及各
国教堂。②

　　英、美、法等七国公使联衔向总理衙门抗议，法、英、美、意
四国军舰也集结天津、烟台一带，欲以武力报复中国，情势相当危
急。直隶总督曾国藩（1811～1872）问案缉凶，作为中法谈判的筹码，
并准备调兵，护卫京津，防止法国伺机报复。③ 但法国参赞署理公使
罗淑亚（Louis Jules Emillien de Rochechouart）却要求清政府戮官抵命，否
则不愿和谈。④ 对天津教案的问题，清政府内部形成主战、主和两
派，僵持不下。⑤ 以奕䜣、文祥为首的总理衙门大臣主张和谈，满足

---

① 高玮：《晚清三口通商大臣研究——兼论满汉政治关系的变化》，第39～41页。
② 佚名：《津案纪略》，《北京大学图书馆馆藏稿本丛书》第一四册，天津古籍出版社，1991，第2～5页；唐瑞裕：《清季天津教案研究》，文史哲出版社，1993；陈方中：《天津教案再探》，《辅仁历史学报》第11期，2000年6月，第137～160页。
③ 王之春：《清朝柔远记》卷一六，中华书局，1989，第322～326页。
④ 军机处：《天津各国教堂被毁案》，故宫博物院编《文献丛编》下册，台联国风出版社，1964，第923～924页，同治九年六月初四日法署理钦差罗淑亚请尽法严办凶杀法人之首从各犯照会；第924页，同治九年七月二十六日法署理钦差罗淑亚申述天津凶案各端照会。
⑤ 袁伟时：《晚清大变局中的思潮与人物》，海天出版社，1992，第221～227页。翁同龢：《翁同龢日记》第二册，陈义杰整理，中华书局，2006，第784～785页，同治九年六月二十五日；第798页，同治九年八月二十七日。以醇亲王奕譞（1840～1891）、大学士倭仁（1804～1871）为首的保守派，主张开战，不可对法国退让，并指责总理衙门惧外媚敌，有失国体。从翁同龢的日记可知当日召对的19人，保守派的人数占多数，只靠总理衙门大臣董恂、军机大臣宝鋆舌战群雄，始说服两宫太后，稳定局面。

罗淑亚的要求，避免重演英法联军进攻北京的悲剧。①

　　天津教案的发生，暴露了三口通商大臣位卑权轻的弊病。当时工部尚书毛昶熙（1817～1882）便指出三口通商大臣权轻责重，呼应不灵，无法推动洋务，也无法解决中外争端，更无法负起守门人的责任，遏阻外人进出京师门户。② 因此，清政府裁撤三口通商大臣，并仿南洋通商大臣之例，设立"办理北洋通商事务大臣"（简称北洋通商大臣或北洋大臣），改由直隶总督李鸿章兼管，还发给钦差大臣关防，③ 让北洋通商大臣如皇帝的代理人，可与各国公使斡旋，成为北京门户的守门人。李鸿章实力深厚，其部将、门生、师友、同乡遍布各省，互相呼应，得影响清政府的对外政策。尤其是李鸿章通过上海道台，仍控制江南制造局、轮船招商局等新式机构，暗夺南洋通商大臣的权限，逐渐形成可与总理衙门相抗衡的另一个外交中心。④

　　由直隶总督兼任北洋通商大臣的办法虽解决了三口通商大臣无法指挥地方官员的问题，⑤ 却让总理衙门、通商大臣的位阶问题更加暧昧。例如，同治十二年（1873）争议外使觐见问题时，同治皇帝命令北洋大臣李鸿章再议总理衙门的方案，等于否决了总理衙门的交

---

① 王之春：《清朝柔远记》卷一六，第318～321页；马士：《中华帝国对外关系史》卷二，第280～282页；唐瑞裕：《清季天津教案研究》，第142～146页；李细珠：《晚清保守思想的原型——倭仁研究》，社会科学文献出版社，2000，第188～193页。据唐瑞裕研究，可知天津教案的内情复杂，涉及醇亲王奕譞，无法深究。与罗淑亚议定赔偿后，曾国藩颇遭物议，不得不避位免祸，遂推荐湖广总督李鸿章就任直隶总督，议结津案。

② 宝鋆编《筹办夷务始末（同治朝）》卷七七，第2523号，第3117页，同治九年八月十六日毛昶熙奏敬陈管见请撤三口通商大臣折。

③ 《清穆宗实录》卷二九三，第1052页a，同治九年十月壬子："三口通商大臣一缺，即行裁撤。所有洋务海防各事宜，着归直隶总督经管，照南洋通商大臣之例，颁给钦差大臣关防，以昭信守。其山东登莱青道所管之东海关、奉天奉锦道所管之牛庄关，均归该大臣统辖。"

④ 坂野正高：《総理衙門の設立過程》，第76页；梁元生：《上海道台》，第101、103～108页。

⑤ 《清穆宗实录》卷二九三，第1059页a，同治九年十月庚申。

涉权，也显示出总理衙门无法再驾驭南、北洋通商大臣。① 由此可见，原本属于总理衙门的交涉权一分为二，北洋大臣与总理衙门互相制衡，两者并立。发生"甲申易枢"后，掌管总理衙门的王大臣不得再兼军机领班，总理衙门的影响力大为降低，② 使北洋大臣侵夺总理衙门的权力，开始主导晚清外交方向。③ 而且，北洋大臣也负责洋务建设，训练新式军队，筹办海防事务，还控制了长江以北各关道的任命权，插手各海关、钞关的业务运作，得截留关税、权税，渐侵户部所掌的财政权。④ 此后，直隶总督得以北洋通商大臣的身份，渐夺总理衙门的地位，成为清政府涉外事务的实际负责人。

南洋通商大臣无法与北洋通商大臣相匹敌的原因，最主要是外国公使不愿与之协商。如前所述，自天津开港后，英、法等国公使多径赴天津，要求与总理衙门直接交涉，连相继来华的欧洲国家代表亦不理会五口通商大臣，直接与三口通商大臣交涉，要求清政府签订商约。由此可知，五口通商大臣已不如过去重要，遂有薛焕请求裁撤五口通商大臣之事。⑤ 当直隶总督李鸿章兼北洋通商大臣后，北重南轻的情况更为严重。李鸿章位高权重，深获慈禧太后信任，又有权谋，刻意笼络外国公使。由于清政府和外国公使都相信李鸿

---

① 宝鋆编《筹办夷务始末（同治朝）》卷九〇，第 2923 号，第 3624 页，同治十二年四月初五日李鸿章奏请斟酌时势权宜变通以定洋人觐见礼仪折；王尔敏：《南、北洋大臣之建置及其权力之扩张》，第 20 ~ 27 页。
② 吴相湘：《晚清宫廷实纪》，第 142 ~ 144 页；E. V. G. Kiernan, *British Diplomacy in China 1880 to 1885* (Cambridge：Cambridge University Press，1939)，pp. 23 – 37，62，134 – 135.
③ 朱昌峻：《李鸿章：一个评价》，第 328 ~ 330 页；S. M. Mêng, *The Tsungli Yamen: It's Organization and Functions* (Cambridge，Mass.：Harvard University Press，1970)，pp. 52 – 54；林玉如：《清季总理衙门设置及其政治地位之研究》，硕士学位论文，成功大学历史研究所，2002，第 88 ~ 91、96 页。
④ 古鸿廷：《清代官制研究》，五南图书出版公司，1999，第 225 ~ 238 页。古鸿廷指出，咸丰十年以后，中央渐渐失去对各省军事与财政的控制力。两江总督兼南洋大臣、直隶总督兼北洋大臣后，职掌的范围大为扩张，也能截留洋税、厘金，甚至到了光绪朝后期，已出现中央令下不行的危机。
⑤ 宝鋆编《筹办夷务始末（同治朝）》卷六，第 212 号，第 246 ~ 248 页，同治元年五月十七日薛焕奏南洋通商专设大臣鞭长莫及请即裁撤折。

章的能力，让李鸿章可以北洋通商大臣的资格，作为清政府与外国公使之间的协调人。同样的，如果没有外国公使的认同，北洋大臣徒具空名，与一般的地方督抚无异。例如，直隶总督裕禄（？～1900，满洲正白旗）兼任北洋大臣时，没有公使团的支持，很难发挥其交涉功能。① 由此可知，北洋大臣势力坐大，不只因慈禧太后特别信任李鸿章的能力，还有外国公使的信任和支持，② 这些使北洋大臣成为清帝国对外交涉之枢纽。

外国公使本以为只要开馆驻京，便建立通道，可向清政府表达意见，后来却发现总理衙门只是统筹机构，没有任何的决策权。③ 而且，负责总理衙门的王大臣，其立场往往是清政府的最后底线，没有足够的议事空间。总理衙门大臣多是兼衔，遇事皆需请旨，无法负责实际业务，这让外国公使多有抱怨，颇感不耐。④ 反观北洋通商大臣，有权上奏朝廷，又有钦差大臣衔，得相机行事，要求地方官配合，让各国公使省去行政手续的麻烦，不需与各级官署打交道。而且，外国公使有事交涉时，往往由北洋通商大臣用官场习惯的词汇，表达公使的要求，居中斡旋，减少了言语上的冲突。⑤

① 刘凤翰：《武卫军》，中研院近代史研究所，1978，第 4～5、31 页；刘志强：《八国联军侵华时的直督裕禄》，衡志义主编《清代直隶总督研究》，中国文联出版社，1999，第 538～540 页。

② 蔡东杰：《李鸿章与清季中国外交》，文津出版社，2001，第 60、63～64 页；刘光勇：《李鸿章与西太后关系析略》，《北方论丛》1992 年第 1 期，后转刊中国人民大学复印资料《中国近代史》1992 年第 10 期，第 74～78 页。人民大学误植作者名为刘光永。

③ 马士：《中华帝国对外关系史》卷二，第 288～289 页。由第 289 页注 1 赫德致杜维德的信件可知，赫德早在 1872 年便认识到中国虽不排斥外国公使的意见，但更喜欢按照自己的日程，走自己的道路。对此，马士指出，赫德等人虽相信中国终将觉醒、不再封闭，但他们也清楚北京官员和各省督抚的自私自利，乃是一种难以动摇的障碍。是故，马士批评中国保守、被动，不愿自动改行欧美条约体系的外交模式。

④ 吴汝纶编《李文忠公全集·译署函稿》卷三，沈云龙编《近代中国史料丛刊续编》第六九六册，文海出版社，1968，《与英国威使问答节略》，第 37 页 a，光绪元年七月初十日。

⑤ 李国祁：《张之洞的外交思想》，中研院近代史研究所，1970，第 330 页。

对外国公使而言，与总理衙门交涉的情形并不理想，无法实现原先的构想，只好与北洋通商大臣交涉，不愿在总理衙门浪费时间。若考虑外国公使的立场，再比较总理衙门与北洋通商大臣的权限，这些外国公使不免有这样的想法：既然总理衙门的手续烦琐，往来费时，难以沟通，不如转赴天津，先与北洋大臣协商，再由北洋大臣出面，直接启奏，交由军机处讨论，反而能更快地解决问题。

> 在有些事情上，一个洋人厌倦于等待 [总理衙门] 会议召集到法定人数并在他们内部达成谅解，便跑到天津，在一小时之内从李鸿章总督那里，得到他想要的东西。后者 [李鸿章] 有专权，使地点的改变既可能又明智。①

曾任职同文馆的丁韪良也发现了总理衙门的问题，指出总理衙门排斥外国公使的建议，就算反复交涉，也无法解决实质问题。但通过北洋通商大臣李鸿章，外国公使不但能省去时间，也能解决问题，获得需要的东西。② 长久下来，清政府对外交涉的重心，逐渐由总理衙门转移到北洋大臣，形成"北京讨论，天津决定"的两元局面。③

根据《天津条约》，外人享有在中国内地通商、传教、游历的权利，④ 这让清政府对外交涉的范围不再限于沿海省份，乃扩大至全国各省，仍由地方督抚、将军负责交涉事务。可是，无论是总理衙门，或南、北洋通商大臣，皆无法命令各省督抚、将军配合行动，只能请旨办理，再由皇帝指示。当地方有对外交涉事件，皆由地方督抚

---

① William Alexander Parsons Martin, *A Cycle of Cathay: Or, China, South and North: with Personal Reminences* (New York: Fleming H. Revell Co., 1897), pp. 339 – 340.
② 丁韪良：《花甲忆记：一位美国传教士眼中的晚清帝国》，第 229 页。
③ 窦宗一：《李鸿章年谱》，友联书报，1968，第 95 页。
④ 田涛主编《清朝条约全集》卷一，第 199 页。

先行处置，再按月咨照总理衙门。① 若地方督抚不认同总理衙门的方案，可直接向皇帝请奏，甚至鼓动言官，反对总理衙门的方案。② 也就是说，总理衙门和南、北洋通商大臣虽是清政府对外交涉的窗口，但无法遍顾各省的交涉事务，这就使清政府的涉外体制出现了空白地带。曾担任中国政府顾问的威罗贝（Westel W. Willoughby, 1867 ~ 1945）便指出：

> 要查明中国的全部国际协定，至少一直到最近为止，是有着这样特殊困难的……许多对外承诺就是在中央政府并不知情时，由地方大吏作出的。当外国方面把这些承诺向中央政府提出时，中国人也跟我们一样地感到惊讶。③

由此可知，清政府虽增设总理衙门和南、北洋通商大臣，但三者之间互不统属，也无权指挥各省督抚、将军，使清政府的交涉机制如多头马车，各自为政，甚至互相牵制。可以说，这种多元中心的格局，显示出清帝国对外交涉的模式仍不脱过去"督抚外交"的模式。

小 结

自乾隆朝以降的"宾礼体制"，已舍弃"客礼"与"朝贡礼"并行的弹性路线，转为独行"朝贡礼"的对外政策。对不愿称臣纳贡者，清政府视为"化外"的不臣之国，④ 只允许互市通商，不承

---

① 吴福环：《清季总理衙门研究》，第33、109页。
② 朱寿朋：《光绪朝东华录》，中华书局，1958，第3877~3882、3907页；刘广京：《晚清督抚权力问题商榷》，中华文化复兴运动推行委员会主编《中国近代现代史论集》第六编，台湾商务印书馆，1985，第348页。
③ 威罗贝：《外人在华的特权和利益》，王绍坊译，生活·读书·新知三联书店，1957，第2~3页。
④ 化外、不臣之国的讨论，详见第一章第二节的说明，或见钱实甫《清代的外交机关》，第8~14页。

认有政治关系，借以完善"宾礼体制"的缺憾。自《江宁条约》签订后，英国虽打开中国门户，却未能改变"朝贡礼"独行的"宾礼体制"，无法落实"平行往来"的条款，使中英双方屡有龃龉，难以取得共识。后来的《天津条约》虽确定了"公使驻京"等条款，但清政府无意履行，不过是权宜之计。

"公使驻京"、"觐见君主"、"亲递国书"等事，原本是欧美各国通行的外交惯例，但对清政府来说，却变成无法接受的难题。清政府无法接受，乃因这些要求不符合"宾礼体制"。若清政府接受这些要求，等于承认"朝贡礼"无法用于欧美国家，将破坏"宾礼体制"的普遍性，也会动摇"天下秩序"的正当性基础。因此，《天津条约》签订后，桂良等人再三向英、法两国专使交涉，图谋转圜"公使驻京"一款，请求额尔金、葛罗同意公使不驻北京，改驻他地，有事再赴北京交涉。额尔金等人虽同意"公使驻京"可再作商议，但咸丰九年发生的换约冲突，却让中英双方坚持己见，"公使驻京"一款难以斡旋。

英国专使普鲁斯、法国专使布尔布隆欲从大沽上岸，再赴北京换约，但清政府坚不同意，要求英、法两使在北塘上岸，在天津换约。英、法两使无视中国国防设防的权力，坚持从大沽上岸，遂遭炮击，受创离去。英方以为清政府有意毁约，决心对华开战，用武力解决换约问题。相对于英使普鲁斯的强硬态度，美使华若翰选择接受清政府的安排，顺利进京，准备觐见咸丰皇帝。但因觐见礼问题，咸丰君臣和美使华若翰相持不下，华若翰不堪其扰，只好取消觐见皇帝之事，并改在北塘递书换约。对华若翰的遭遇，英、美两国的报纸各有不同评价。美国报纸批评华若翰不够圆融，才无法觐见皇帝、呈递国书；英国报纸却批评清政府毁约，英国必须派兵惩戒，才能维护英国的尊严。由此可知，英、美两国的对华政策各有不同的重点，美国着眼于对华贸易的商业利益，而英国着眼于政治目的，要求与清政府平等往来，并根据"国际法"，要求在北京派驻公使，得直接与清政府交涉。

与华若翰商议换约事宜之前，清政府已与俄国专使彼罗夫斯基在京换约。但当俄使提出桂良等人在上海议定的方案时，桂良等人却被撤职，改由礼部兼理藩院尚书肃顺负责对俄交涉事宜。肃顺接手交涉之事，可说是清政府坚持"朝贡礼"的标志。肃顺不但推翻先前桂良等人在上海议定的方案，还坚持中俄往来的旧例，要求俄使先撤回恰克图，与理藩院再行交涉。由此可知，肃顺等人不愿改变"宾礼体制"的旧制，仍坚持"朝贡礼"的制礼原则。肃顺的做法，即试图让俄国重归理藩院管理，不承认俄国有"平行往来"的权力。俄使虽有不满，却没有愤然离去，双方争论多日，才在1859年4月完成换约手续。

《北京条约》签订后，清政府不能再拒绝"公使驻京"的条款，必须同意英、法、美、俄四国公使开馆驻京。同时，英、法两使提出"亲递国书"的要求，欲觐见皇帝、呈递国书。为了避免觐礼之争，咸丰皇帝一直拖延回京日期，不愿接见英、法公使，并驳回奕䜣等人请求回銮的奏折，要求奕䜣等人先解决"亲递国书"的问题。由于英、法两国国内舆论批评额尔金等人的掠夺行径，英、法两国调整对华政策，要求公使尽量与清政府合作，不得制造外交冲突。而且，新任法国公使布尔布隆也愿意谅解奕䜣等人的处境，同意尊重皇帝的自主意志，不再要求清政府履行"亲递国书"一款，使英使普鲁斯不再纠缠觐礼问题，尽快与清政府修好，实现英国在华的最大利益。

为了调整中外交涉的新局面，奕䜣等人建议设立"总理各国事务衙门"，并仿照军机处的办法，专门处理对外交涉事务。但咸丰皇帝却驳回《章程六条》，刻意压制总理衙门的权限，不让总理衙门凌驾于礼部之上。为了维持礼部的地位，咸丰皇帝要求各国照会先咨行礼部，再转咨总理衙门，并坚持总理衙门凡有交涉事务，必须咨行礼部，明定礼部仍是清政府主管对外交涉事务的机关，总理衙门不过是"羁縻诸夷"的临时机构。同时，咸丰皇帝让三口通商大臣、五口通商大臣负责对外交涉的实际运作，作为对外交涉的第一线。

当三口、五口通商大臣无法处理时，再由总理衙门出面，可知总理衙门只供顾问，没有直接管辖的权力。

由此可知，咸丰皇帝刻意贬抑总理衙门的目的，即不愿承认英、法等国是"敌体之国"的事实，力图维持原有交涉体制，坚持"朝贡礼"仍是"宾礼体制"的唯一方案，证明"宾礼体制"的正当性。而且，当各省督抚遇有涉外事务时，必须依循旧制，先奏军机处，再由军机处转咨总理衙门，等于保留"督抚外交"的旧例。咸丰皇帝裁抑总理衙门的结果是，让总理衙门的法定权力不足，全赖王大臣的个人能力决定其影响力的大小。例如，恭亲王奕訢主管总理衙门期间，可指挥军机处、六部、地方督抚互相配合，总理衙门便能发挥很大的功用。但当奕訢被迫下台后，慈禧太后采取"分而治之"的办法，让接管总理衙门的王大臣不能兼领军机处，使总理衙门难以发挥作用，对外交涉的实权逐渐移转到北洋通商大臣李鸿章手上。

天津开港后，英、美等国使节不愿与五口通商大臣接洽，往往径赴天津，要求与总理衙门直接交涉，使三口通商大臣的作用更显重要。尤其是三口通商大臣负责审核外国来华者的身份与目的，如同北京的看门人，间接减少了总理衙门面对外使的压力。三口通商大臣虽可充当总理衙门与各国公使之间的压力阀，但无法指挥地方官配合行动，间接促成天津教案。天津教案发生后，清政府裁撤三口通商大臣，并仿照南洋通商大臣之例，改由直隶总督兼任北洋通商大臣。不过，两江总督兼任南洋通商大臣、直隶总督兼任北洋通商大臣的办法，却让总理衙门、通商大臣的位阶更加暧昧，无法驾驭南、北洋通商大臣。

外国公使本以为总理衙门的设立，可让清政府接受欧美各国的国际惯例，有助于中外往来的发展，但后来发现总理衙门没有决策权，也没有足够的议事空间，转向北洋通商大臣办理交涉。对外国公使来说，与北洋大臣交涉，反而能比总理衙门更快地解决问题。而南洋通商大臣管辖的范围太大，无法遍顾其他省份的通商、交涉事务，这让南洋通商大臣不比北洋通商大臣的重要性。长久下来，清政府对外交涉的重心，逐渐由南洋通商大臣、总理衙门，转移到北洋通商大臣的手上。由此可知，北洋通商大臣渐夺总理衙门交涉权的原因，除了慈禧太后特别信任李鸿章的能力之外，还有外国公使信任李鸿章的影响力，遂使北洋大臣成为清政府对外交涉之枢纽，形成"北京讨论，天津决定"的局面。

　　无论是总理衙门，或南、北洋大臣，皆无法直接命令各省督抚、将军配合行动，只能请旨办理，由皇帝下旨指示。若地方督抚不认同总理衙门的方案，可直接向皇帝请奏，甚至反驳总理衙门的方案，自行其是。由于总理衙门、南北洋大臣的权责不明、位阶暧昧，清政府的涉外体制出现了空白地带，中央与地方往往互相钳制，如同多头马车，未必能统一行动。由此可知，清政府虽因应"公使驻京"一款，设立总理衙门，专责对外交涉之事，也设立五口、三口通商大臣，管理各口岸的通商、交涉事务，但限于"宾礼体制"的成例，礼部在名义上仍是清政府涉外体制的主管机构，总理衙门的权力仍受到军机处、礼部、户部的牵制，也无法指挥五口、三口通商大臣及各省督抚、将军。总理衙门的权限太低，只能靠主管总理衙门的王大臣，暗中协商各部院配合，否则总理衙门很难发挥作用，自然无法满足外国公使的期待，更不可与欧美各国的外交部相比拟。

第三章
客礼概念的应用

　　宾礼的仪礼次序，即宾礼仪式的礼仪顺序及相关细节，包含站立、下跪、揖拜、趋行等动作，都代表了不同的象征性意义，并依据行动者的身份，安排不同的路线、动作、配乐、祝词等整套礼仪仪式。① 通过这些仪式的表现，行动者得确定自身身份和位阶，从而建构以"名分"为基础的礼仪秩序，是为"名分秩序"。② 正因为宾礼的仪礼次序事关名分秩序的规则，也关涉清帝国对外交涉的体制，故清政府格外重视各种礼仪的细节。因此，《北京条约》签订后，咸丰皇帝决意暂不回京，命令恭亲王奕䜣再行交涉，不愿履行"国书亲递"条款，也不愿让这些外国公使有机会要求觐见皇帝、亲递国书。

---

① 来保编《钦定大清通礼》卷四三《宾礼》，第 4 页 a~5 页 a。例如，《钦定大清通礼·宾礼》规定贡使觐见皇帝时，须以"朝觐进贡"的名义，进行奉表文、进方物、行三跪九叩礼等举措，确定双方的君臣名分。当皇帝与属藩君长确立君臣名分后，两国便构成了宗主—属藩的宗藩关系。宾礼的仪礼次序，可见本书第一章第一节，不赘述。
② 王开玺：《清代的外交礼仪之争与文化传统》，《北京师范大学学报》（社会科学版）2008 年第 2 期，第 60~67 页；张启雄：《国际秩序原理の葛藤—中韩宗藩關係をめぐる袁世凯の名分秩序觀》，山室信一编《日本·中國·朝鮮間の相互認識と誤解の表象》，京都大学人文科学研究所，1998，第 40~43 页。

　　同治皇帝亲政后，因外国公使强烈要求，觐见皇帝的问题无法
再拖延。经过中外双方对觐见礼问题的争论，同治十二年（1873）制
订的"外国公使觐见礼"呈现一种不中不西的状态，可说是总理衙
门权衡现实局势后，由"客礼"衍生的产物，亦是"宾礼体制"的
变体。过去学界对此多以为是中国不再坚持"天朝体制"、融入国际
社会的重要步骤。① 如芮玛丽以为，通过公使请觐之举，中英双方不
再困于觐见礼问题，互相妥协，找到一折中的方案。② 王开玺、曹雯
则以为，经过中外觐礼的争论后，中国传统封藩体制发生了"质"
的变化，西方诸国不再被当作属国，中国原有的"天朝体制"将走
向崩解。③ 何伟亚指出，威妥玛等人欲通过觐礼问题构建中国的新秩
序，让总理衙门接受欧洲外交的惯例，承认中国不再是独尊的地
位。④ 当然，外国公使的压力确实是清政府改易觐见礼的重要因素。
但笔者以为，总理衙门重新诠释"敌体"与"客礼"，不只是为了与
外国公使做口舌之争，其真正的对话对象乃是中国官员与传统士绅。

　　如第一章所述，清代宾礼不只有"朝贡礼"的主要模式，也有
"客礼"的弹性方案。自乾隆皇帝平定西疆后，清政府重回"朝贡
礼"的单一方案，"客礼"遂不为人提起。⑤ 同治朝（1862~1874）是
清政府再次承认在"天下秩序"之外，尚有"敌体之国"的重要时
期。⑥ 当"朝贡礼"无法执行时，总理衙门重新提出"客礼"的概

----

① 王开玺：《试论同治朝外国公使觐见清帝的礼仪之争》，《湘潭大学社会科学学
　　报》2003 年第 5 期，第 43~47 页；远波：《同治帝接见外国使臣的前前后后》，
　　《紫禁城》1995 年第 2 期，第 5~7 页；曹雯：《清末外国公使の謁見問題に関す
　　る一考察——咸豊・同治期を中心に》，《社会文化史学》第 44 期，2003 年 1 月，
　　第 49~72 页。
② 芮玛丽：《同治中兴：中国保守主义的最后抵抗（1862~1874）》，房德龄等译，
　　中国社会科学出版社，2002，第 326、342~343 页。
③ 王开玺：《清代外交礼仪的交涉与论争》，第 517~521 页；曹雯：《清朝对外体制
　　研究》，社会科学文献出版社，2010，第 247~248 页。
④ 何伟亚：《英国的课业：19 世纪中国的帝国主义教程》，第 70、159~161 页。
⑤ 敌体与客礼的概念，详见本书第一章第二节的讨论；对俄交涉的先例，见第一章
　　第三节的讨论。
⑥ 余英时：《历史与思想》，联经出版事业公司，1978，第 52~53 页。

念，让"客礼"与"朝贡礼"同时并行。因此，"宾礼"不再只是"朝贡礼"的单一方案，让总理衙门有了"优待外使"的空间，也使"鞠躬礼"同样可以"客礼"之名，纳入"宾礼体制"的仪礼次序。如此一来，清政府仍可自圆其说，不但不会损害国体，反而是同治皇帝优礼外使的表现，不会损伤皇帝的绝对权威。

通过"客礼"的再诠释，总理衙门便有了外国公使不行"跪拜礼"的理由，并可保持皇帝的独尊地位，维护了"天下秩序"的正当性基础。若从这个角度来思考，同治十二年的觐礼之争就有必要重新讨论，不能只从外国公使行"鞠躬礼"的结果，就推断"宾礼"将被西式礼仪取代，或视作"天朝体制"崩解的标志。若我们观察总理衙门事前的准备，分析保守派的反对及与各国公使讨论觐见礼的过程，便可知"外国公使觐见礼"虽不按照"宾礼"的行礼仪式，但还是通过仪式的安排，隐然区别中外、华夷、君臣的名分，表现出"名分礼秩"的等差位阶。因此，本章将讨论"外国公使觐见礼"的事前准备和制订过程，了解传统宾礼与西式礼仪的冲突点，并分析总理衙门如何弥合传统宾礼与西式礼仪的落差，遂能理解总理衙门如何再诠释"客礼"及其对"宾礼体制"的影响。

一　总署对"敌体"的建构

咸丰十一年（1861），英、法、俄国公使陆续进驻北京，[1] 并根据

---

[1] 宝鋆编《筹办夷务始末（同治朝）》卷一，第 1 号，第 1~2 页，咸丰十一年七月十八日奕䜣等奏与布路斯国议定通商条约情形折；卷二，第 58 号，第 71~72 页，咸丰十一年十月二十九日奕䜣等奏御极建元照会各国已来照覆折。当时清帝国虽与普鲁士签订商约，但以中国内乱未定为由，要求普鲁士不得遣使驻京，十年后再议。后经英、法两使的协调，奕䜣同意缩短期限，让普鲁士五年后再请驻京之事。因此《天津条约》虽有遣使驻京之款，但未完全落实。同样情况亦可见比利时、葡萄牙签订商约之例。总理衙门坚持不允公使驻京，只允领事驻口岸，遇有要事，每年可一次进京而已。宝鋆编《筹办夷务始末（同治朝）》卷七，第 255 号，第 304~305 页，同治元年六月二十三日薛焕与比国订约情形折；卷八，第 273 号，第 324 页，同治元年七月十六日奕䜣等奏与大西洋订约情形折。

《中英天津条约》，提出"亲递国书"的要求，但因咸丰皇帝崩于热河（咸丰十一年七月十七日，1861 年 8 月 22 日），公使们未能觐见，国书亦无法呈递。同治皇帝即位后，总理衙门以"幼帝嗣位，两宫垂帘"为由，说明同治皇帝年纪太小，无法接见公使，拒绝公使请觐的要求，[①] 并声明今后若有新公使来华，可向总理衙门呈交国书副本，等同治皇帝亲政后，清政府再处理觐见皇帝、亲递国书之事。由于对华政策的转向，原先执着觐见礼问题的英国，改采合作政策，不但不再执着于请觐递书问题，还支持恭亲王奕䜣的执政，与总理衙门友善往来，帮助清军平定内乱，间接挽救了清政府内外相逼的危局。[②] 法国、俄国、美国、普鲁士等国大都接受英国的合作政策，支持清政府的政权，并通过与清政府签订条约，获得合法的特权和庞大的经济利益。[③]

　　奕䜣等人的缓兵之计难以长久，终需解决"公使请觐"的问题。但总理衙门如何说服同治君臣，又如何让各国驻京公使满意，维持中外和局呢？各国公使觐见同治皇帝前，总理衙门做了许多努力，欲寻得一妥善之道，解决觐礼问题。由于总理衙门重新诠释"客礼"，并通过《聘盟日记》的刊行，让英、法等国被定位为"敌体之国"；既然是敌体之国，就可通融，采用"客礼"，使外国公使不行"跪拜礼"成为可能，并有助于推动外使请觐之事，可获得保守派的谅解。因此，本节围绕督抚奏议的结果、"客礼"概念的再提出及《聘盟日记》的刊行过程进行讨论。

（一）客礼概念的提出

　　同治六年五月（1867 年 6 月），总理衙门考虑到《中英天津条约》

①　宝鋆编《筹办夷务始末（同治朝）》卷五〇，第 1770 号，第 2124 页，同治六年九月十五日总理衙门条说六条。

②　芮玛丽：《同治中兴：中国保守主义的最后抵抗（1862～1874）》，第 30～34 页。宝鋆编《筹办夷务始末（同治朝）》卷一，第 32 号，第 38～39 页，咸丰十一年九月十八日上谕；卷三，第 81 号，第 100～101 页，咸丰十一年十二月二十五日英使卜鲁士照会；卷四，第 112 号，第 140 页，同治元年正月二十七日上谕。高中华：《肃顺与咸丰政局》，齐鲁书社，2005，第 269～273 页。

③　芮玛丽：《同治中兴：中国保守主义的最后抵抗（1862～1874）》，第 42～46 页。

即将满 10 年（同治七年修约），届时英、法、俄国将联合修约，势必再提请觐之事。① 而且法国公使伯洛内（H. de Bellonet）借教案为由，抗议中国皇帝不接见公使，② 并抗议中国官员不优待外国官民，要求清政府惩处那些不办教案的官员，方能维持中外修好的局面。法使伯洛内指出：

> 至今外国钦派大臣，未觐中国皇帝，客登堂不睹主人之面，有两国不睦之象。若咸丰皇帝尚在君位，焉有不依准之理。今外国深知体谅中国，因皇上幼弱，太后垂帘，故久不催问此事。切望廷臣洞明时势，政务之暇，陈中外和好之良模，庶不致皇上到御极之年，方知外国之事难处……且外国相通商之理，乃彼此任便往来，无拘无束；中国亦应如此开广友路，不待外国勉强而失国体……若中外交兵，实清朝自取败损之日也。外国在中国已忍耐几十年，蓄极必发，定有争斗，争斗时期，满所愿欲而已。③

总理衙门虽一一驳斥法使伯洛内的指责，却完全不谈觐见皇帝之事。④ 由于伯洛内的抗议，奕訢等人了解到外使觐见、遣使互驻等难题得尽快处理，否则将授人以柄。因此，针对外国公使提出的请觐、遣使、传教、交通、设栈等要求，总理衙门预拟《条说六条》，⑤ 并发交各省督抚，让各省督抚各抒己见，欲寻得一妥善办法。

总理衙门《条说六条》的第一条即议外使请觐之事。对此，总

---

① 宝鋆编《筹办夷务始末（同治朝）》卷四九，第 1725 号，第 2055～2057 页，同治六年五月十五日奕訢等奏明年五月为重修各国条约之限请饬通商大臣咨送能员以备查询折。

② 茅海建：《近代的尺度：两次鸦片战争军事与外交》，第 237 页。

③ 宝鋆编《筹办夷务始末（同治朝）》卷四三，第 1518 号，第 1822～1825 页，同治五年七月十八日法署使伯落内照会。

④ 宝鋆编《筹办夷务始末（同治朝）》卷四三，第 1519 号，第 1825～1828 页，同治五年七月十八日给法署使伯落内照会。总理衙门发该照会的时间为七月初八日。

⑤ 宝鋆编《筹办夷务始末（同治朝）》卷五〇，第 1770 号，第 2124～2127 页，同治六年九月十五日总理衙门条说六条。

理衙门先提出了"礼"与时变易，未必为定制，再比对康熙皇帝、乾隆皇帝、嘉庆皇帝召见外使的觐见仪式，说明同治朝甫定大乱，国力不如以往，已无法强迫外国公使行"跪拜礼"。最后，总理衙门援引韩愈的论点："诸侯用夷礼则夷之，夷而进于中国则中国之"，解释英、法两国"并未自进于中国，而必以中国之礼绳之，其势有所不能"。① 总理衙门所指的"进"，即归化、内附中国，并暗示英、法两国非中国属国，只能当作"敌体之国"，觐见礼问题须有权宜之策，不能要求外国公使遵守"朝贡礼"，向皇帝行"跪拜礼"。

对外使觐见之事，各省督抚不愿贸然发言，但在总理衙门的催促下，才陆续回奏，共 17 份条说（表 3 - 1）。② 大致归纳 17 份意见书后，结果可分为四类：一是赞同接见外使，不强令外使行"跪拜礼"；二是赞同接见，但觐礼问题须等同治皇帝亲政后再议；三是反对接见外使；四是不表意见，由皇帝决定。赞同接见，但应缓办，由皇帝自定义觐礼的意见最多，可见这些督抚尽可能不表达对觐礼问题的态度。

表 3 - 1　1867 年各省督抚对外使觐见的意见整理

奏启者	收到时间	立场	对请觐的看法
陕甘总督 左宗棠	同治六年十月二十五日	赞同	自古帝王不能胥外国而臣之，于是有均敌之国。既许其均敌矣，自不必以中国礼法苟之，强其从我
两广总督 瑞麟	同治六年十一月十五日	不表意见	今若不候钦奉谕旨，又不学习朝仪，勉强举行，是欲修礼反先失礼……盖洋人素重体面，请其再自审度，或可废然自止也

① 宝鋆编《筹办夷务始末（同治朝）》卷五〇，第 1770 号，第 2124 ~ 2125 页，同治六年九月十五日总理衙门条说六条。

② 表 3 - 1 只录督抚的意见，其他生员或候补官的意见，不予录入。事实上，在督抚回奏的奏疏里，不但有督抚自身的意见，有些也附上当地士绅的意见。如船政大臣沈葆桢便在奏疏里附呈某些官员的意见书，用以表明自己的立场。这些由沈葆桢代递奏疏的中低阶官员分别是吏部主事梁鸣谦、广东候补道叶文澜、福建候补同知黄维煊、福建莆田县学训导吴仲翔、福建闽县举人王葆辰、福建侯官生员林全初。

续表

奏启者	收到时间	立场	对请觐的看法
盛京将军 都兴阿	同治六年 十一月十七日	反对	奴才以为请觐及铜线、铁路二条，似难遽允其请。查外国使臣入觐，朝廷自有一定体制，今各国公使久住京师，要以客礼相待，欲请入觐，是其仪节体制不无奢望
山东巡抚 丁宝桢	同治六年 十一月十九日	反对	彼既不行中国之礼，其桀骜之气自难遽驯，名义之间，关系甚重
署湖广总督 江苏巡抚 李瀚章	同治六年 十一月二十一日	赞同 缓办	似宜下届换约时，我皇上亲政，万几决于圣心，乃准朝见，较为得体
总理船政 前江西巡抚 沈葆桢	同治六年 十一月二十一日	赞同 缓办	今皇上冲龄，皇太后垂帘听政，似宜实告以昼接之礼，应待亲政之年
广东巡抚 蒋益沣	同治六年 十一月二十二日	不表 意见	除请觐、遣使二事，攸关体制，朝廷自有权衡，非臣下所敢擅拟
两江总督 曾国藩	同治六年 十一月二十三日	赞同 缓办	拟请俟皇上亲政之后，准其入觐，其仪节临时酌定，既为敌国使臣，不必强以所难，庶可昭坦白而示优容
福州将军 英桂	同治六年 十一月二十五日	赞同 缓办	臣维洋人请觐一条，外夷进于中国，自应示以怀柔……倘再坚辞固请，亦惟有允俟我皇上亲政后，再当请旨遵行
江西巡抚 刘坤一	同治六年 十一月二十五日	赞同 缓办	臣愚以为请觐、遣使，事属虚名，姑约缓期，洋人当不固执
三口通商 大臣崇厚	同治六年 十一月二十六日	赞同 缓办	奴才以为苟非隐忧实害，与其待彼力争而后许，莫若我顺机而俯从，虽属创行之典，仍垂格外之恩。惟许之中，必裁以限制，其使臣入觐之仪，必应妥议；入觐之期，必待皇上亲政之时，彼亦无所再用其饶舌
闽浙总督 吴棠	同治六年 十二月初三日	赞同 缓办	惟现在两宫皇太后垂帘听政，皇上冲龄在位，诸多未便。如其坚请不已，惟有设法开导，许俟皇上亲政以后，再行请旨定夺，借事羁縻
湖广总督 李鸿章	同治六年 十二月初六日	赞同 缓办	彼若坚请，似宜正告之曰：我皇上冲龄践阼，皇太后两宫听政，即中国王大臣，尚且隔帘奏事，与外国君主临朝体制各别……如必求觐，须待我皇上亲政后，再为奏请举行，届时自出圣裁，若格外示以优容，或无不可

奏启者	收到时间	立场	对请觐的看法
浙江巡抚马新贻	同治六年十二月初六日	反对缓办	今但一准入觐,则凡所请乞,稍有不得总理衙门与封疆大吏者,即可呈乞入觐,请旨定夺,天颜咫尺,有断不可不慎其始者。现在皇太后垂帝听政,应仍从前说,俟皇上亲秉大政,再为妥议
福建巡抚李福泰	同治六年十二月初六日	赞同缓办	惟请觐为国体攸关……或酌拟适中之礼,或约缓举行之期,权宜变通,暂事羁縻,庶几免滋决裂
署江苏巡抚湖北巡抚郭柏荫	同治六年十二月初六日	缓办	应俟采访明确,于下届修约时,另行妥议请旨
署直隶总督官文	同治六年十二月二十二日	反对	今各国乃以阻其入觐,谓不以客礼相待,不知觐乃臣礼,非客礼也……今夷既未能进于中国,而中国转自变其礼以委屈相从,奴才窃未见其可也

资料来源:宝鋆编《筹办夷务始末(同治朝)》卷五一,第 1794 号,第 2153～2154 页,同治六年十月二十五日左宗棠条说;卷五二,第 1813 号,第 2181 页,同治六年十一月十五日瑞麟条说;第 1814 号,第 2183 页,同治六年十一月十七日都兴阿奏议覆修约事宜折;第 1818 号,第 2186～2187 页,同治六年十一月十九日丁宝桢奏议覆修约事宜折;第 1821 号,第 2191 页,同治六年十一月二十一日李瀚章条说;卷五三,第 1823 号,第 2197 页,同治六年十一月二十一日沈葆桢条说;第 1832 号,第 2220 页,同治六年十一月二十二日蒋益沣条说;卷五四,第 1833 号,第 2227 页,同治六年十一月二十三日曾国藩奏议覆修约事宜折;第 1835 号,第 2230 页,同治六年十一月二十五日英桂奏议覆修约事宜;第 1836 号,第 2234 页,同治六年十一月二十五日刘坤一奏议覆修约事宜;第 1838 号,第 2237～2238 页,同治六年十一月二十六日崇厚条说;卷五五,第 1847 号,第 2252 页,同治六年十二月初三日吴棠条说;第 1850 号,第 2259 页,同治六年十二月初六日李鸿章条说;第 1852 号,第 2270 页,同治六年十二月初六日马新贻奏议覆修约事宜折;第 1853 号,第 2273 页,同治六年十二月初六日李福泰奏议覆修约事宜折;第 1858 号,第 2279 页,同治六年十二月初六日郭柏荫条说;卷五六,第 1866 号,第 2291～2292 页,同治六年十二月二十二日官文条说。

这些意见书里,只有陕甘总督左宗棠(1812～1885)赞成总理衙门的看法,还主张立即接见外国公使,不必因觐见礼问题而拒见。左宗棠援引《礼记》中"礼从宜,使从俗"的说法,又以"敌体"为立论,强调英、法两国即敌体之国,故不须拘于"跪拜礼"的限制,可以"鞠躬礼"觐见皇帝。

自古帝王不能胥外国而臣之，于是有均敌之国。既许其均敌矣，自不必以中国礼法苛之，强其从我。泰西各国，与中国远隔重洋，本非属国……窃思彼以见其国主之礼入觐，在彼所争者，中外均敌，不甘以属国自居，非有他也，似不妨允其所请。①

左宗棠的"敌体"之论，即援引"不臣之国"的论点，并指出泰西各国远隔重洋，与中国只有通商关系，本来就不是中国的属国，不必用"朝贡礼"约束泰西各国。英国虽曾遣使入觐，但当时的觐见仪节已不可考，况且，泰西各国并无"跪拜礼"的仪节，故中国应承认"中外均敌"的事实，不必要求外国公使行"跪拜礼"。不过，左宗棠仍要求各国国书不可由外国公使亲递，须由中国官员代递，并建议只有呈递国书时，外使可免除"跪拜礼"；若为了其他事请觐的话，外使仍须行"跪拜礼"，避免外使频繁请觐的问题。

大多数的督抚赞同接见，却主张缓办，不愿论及觐礼的问题。这些督抚不愿议礼的原因实有必要讨论。如署湖广总督李瀚章（1821～1899）认为，接见外使是必然的趋势，但非天子不可议礼，人臣者不得置喙，觐礼问题必须等同治皇帝亲政后，再由同治皇帝准其请觐，决定外使觐见的仪节。考虑到外国公使的压力，李瀚章也建议总理衙门折中中西礼仪，制订新的外国公使觐见礼，并建议将外国公使排入纠仪御史②之列，这样就可不拜不跪，作为日后中国遣使外国、觐见外国君主的觐礼方案。若外使行礼失仪，仍由主

① 宝鋆编《筹办夷务始末（同治朝）》卷五一，第 1794 号，第 2153～2154 页，同治六年十月二十五日左宗棠条说。

② 赵尔巽：《清史稿》卷八八《礼七》，第 2621 页："纠仪御史立西檐下东向者二人，丹陛、丹墀东西相向者各四人，东西班末八人，鸣赞官立殿檐者四人，陛、墀皆如之"，可知纠仪御史的职权是纠察失仪者，故采东西相向，面向众官员，不需跪拜。

管朝仪的鸿胪寺、太常寺纠举，并通告各国，不准该国使节再行请觐。①

两江总督曾国藩虽同样主张缓办，却为外国公使不行"跪拜礼"之事提供了理论基础。曾国藩指出，对待敌国不可比照属国，并援引康熙十五年（1676）款接俄使尼果赖及中国与俄国长期互市之事，主张中国待俄国之礼实为敌国之礼。②

> 伏查康熙十五年，圣祖仁皇帝召见俄人尼果赛事，其时仪节无可深考。然当日与俄罗斯议界通市，实系以敌国之礼待之，与以属藩之礼待高丽者迥不相同。道光、咸丰以来，待英、法、美三国，皆仿康熙待俄国之例，视同敌体……拟请俟皇上亲政之后，准其入觐，其仪节临时酌定，既为敌国使臣，不必强以所难，庶可昭坦白而示优容。③

此外，曾国藩也指出，与英国、法国、美国签订条约后，中国与这些国家通商往来，自然可仿照俄国的案例，将这些国家视同敌体之国，这样就不应比照属国，要求外使行"跪拜礼"。

不同于左宗棠、曾国藩的"敌体"之论，三口通商大臣崇厚将中国对外交往的方式分为"朝贡"和"聘问"两种模式，并说明"聘问"自春秋时期早已存在，与当今泰西诸国彼此争雄之势差可比拟。

---

① 宝鋆编《筹办夷务始末（同治朝）》卷五二，第 1821 号，第 2191 页，同治六年十一月二十一日李瀚章条说："似宜下届换约时，我皇上亲政，万几决于圣心，乃准朝见，较为得体……总理衙门拟权其适中者用之，最为妥当，即使不拜不跪，亦不过等立仗之马而已，在圣度宽弘，固无不可容纳者，且正可为中国遣使外洋地步。或就华洋斟酌各半，定与外国使臣入觐之礼，中国设或遣使往聘，礼亦如之。仍由鸿胪寺、太常寺纠仪，不得稍有屑越，傥或违节失敬，中国即以告各国，不准该使二次入觐，或亦肃朝仪之一端也。"

② 俄使尼果赖使华之事，详见第一章第三节；或参考北京师范大学清史研究小组《一六八九年的中俄尼布楚条约》，第 138～140 页。

③ 宝鋆编《筹办夷务始末（同治朝）》卷五四，第 1833 号，第 2226～2227 页，同治六年十一月二十三日曾国藩奏议覆修约事宜折。

自古中国与外邦交际，其道有二：一则曰朝贡；一则曰聘问……奴才以为苟非隐忧实害，与其待彼力争而后许，莫若我顺机而俯从，虽属创行之典，仍垂格外之恩。惟许之之中，必裁以限制，其使臣入觐之仪，必应妥议；入觐之期，必待皇上亲政之时，彼亦无所再用其饶舌。但既非朝聘，又无贡品，似未便与我朝越南、琉球、缅甸修贡诸邦，议数年一贡同例，且可以杜其后此之烦渎也。①

崇厚也依据自身与外人交涉的经验，以为请觐之事是泰西诸国阴夺中国利权的借口，遂建议总理衙门不如允许外使请觐，改易觐礼，曲示怀柔。而且，崇厚指出，若总理衙门不愿外使频频请觐，同样可以"敌体之国"为由，让外使不得比照贡使依贡期请觐的待遇，避免外使频繁请觐的问题。

大多数的督抚同样担心瞻觐失仪，让外使轻视中国，或担心一开恶例，无法再拒绝外使请觐。② 如湖广总督李鸿章主张缓办"公使请觐"之事，指出《中英天津条约》第三款早有明文规定，外国公使觐见皇帝时，不行"有碍国体之礼"，故中国无法要求外国公使行"跪拜礼"。同时，李鸿章也认为，觐礼问题非人臣有权讨论，应由皇帝下旨，特降异典，以示优容。对觐见礼问题，李鸿章建议外国公使排在纠仪御史、侍班文武之列，可不拜不跪，随众俯仰，这样既满足外使不行"跪拜礼"的要求，也无损皇帝的权威，中外双方皆保有体面。李鸿章也指出，中西礼节各有不同，外使应入境随俗，与中国官民同行"跪拜礼"。若外使不愿随班觐见，坚持单独召对，总理衙门以入境随俗为由，应要求外使行"跪拜礼"，否则取消请觐

---

① 宝鋆编《筹办夷务始末（同治朝）》卷五四，第 1838 号，第 2237～2238 页，同治六年十一月二十六日崇厚条说。

② 宝鋆编《筹办夷务始末（同治朝）》卷五四，第 1835 号，第 2230 页，同治六年十一月二十五日英桂奏议覆修约事宜折；卷五五，第 1853 号，第 2273 页，同治六年十一月初六日李福泰奏议覆修约事宜折。

之事。①

在 17 位督抚之中，仍有 4 人反对请觐，坚持外使行"跪拜礼"。他们所持理由有二：一是外使不行"跪拜礼"，便无法以中国礼法，约束外使请觐的言行。若外使在御前失礼，总理衙门如何诘问，才不会与外国决裂？还不如防患于未然，以两宫垂帘为由，婉拒请觐之事。② 二是不接受泰西诸国是"敌体"的说法，亦不认同总理衙门对"客礼"的说法，坚持外国公使如同属国贡使，必须向皇帝行"跪拜礼"。如署直隶总督官文（1798~1871，满洲正白旗）便反驳总理衙门的权宜之策，并援引《礼记·曲礼》的解释，指出"觐"乃臣属之礼，未有请觐而不行跪拜礼者。泰西诸国既以"敌体"自居，便不可请觐。若外国公使欲请觐，就得行"跪拜礼"，中国怎可自变觐礼，委屈相从？

> 奴才查觐者，诸侯见天子之礼，所以考礼正刑一德，以尊于天子也。《曲礼》曰："天子当宁而立，诸侯北面而见天子曰觐。"……今各国乃以阻其入觐，谓不以客礼相待，不知觐乃臣礼，非客礼也。既以客自居，而反欲行中国之臣礼……如谓并非属国，不能改从中国仪制，不知觐即中国仪制，未有非属国而觐，即未有觐而不行跪拜礼者，且未有诸侯不自来而使其臣来觐者。孔子作《春秋》，诸侯用夷礼则夷之，夷而进于中国则中国之。今夷既未能进于中国，而中国转自变其礼以委屈相从，奴才窃未见其可也。③

官文将"觐"定义为诸侯见天子之礼，等于将"觐礼"与"君臣名分"联结为一体，也将"客礼"与"敌体之国"联结为一体。

---

① 宝鋆编《筹办夷务始末（同治朝）》卷五五，第 1850 号，第 2259 页，同治六年十一月初六日李鸿章条说。
② 宝鋆编《筹办夷务始末（同治朝）》卷五二，第 1818 号，第 2186~2187 页，同治六年十一月十九日丁宝桢奏议覆修约事宜折。
③ 宝鋆编《筹办夷务始末（同治朝）》卷五五，第 1866 号，第 2291~2292 页，同治六年十二月二十二日官文条说。

若按官文的逻辑，自称为"客"者，即不是属国，便不得请觐，亦不可以"客礼"为由，而不行"跪拜礼"。官文的说法，虽反对请觐之事，但明确了"觐"和"客"二字的适用对象，厘清了自宋代以来"客礼"与"觐礼"混用的灰色地带，让"客礼"有独立发展的空间，不再只是"朝贡礼"的特殊仪节，还跳脱出"君臣名分"的限制，让"客礼"回溯两汉时期的定义，成为款接敌国的礼仪。①

此外，沈葆桢（1820~1879）附录的6份奏议也不容小觑。这6份奏议，全出自福建船政局任职的低阶官员，他们皆有参与洋务的经验。② 这些低阶官员多赞成请觐之事，但对觐见礼的看法却各有不同：或建议"彼用夷礼，我自用朝章"；③ 或建议"诏其愿行之礼以为礼"；④ 或建议皇帝赐以中国顶戴，再由礼部教导中国礼法，让外

---

① 关于两汉时期对"客礼"的定义及宋代以降混用的问题，详见第一章第二节第二小节。

② 由沈葆桢代递奏疏的低阶官员多是福州船政局的主要干部，亦是沈葆桢推动新政的左右手。辛元欧：《船政文化及其源流》，http：//www. czwh. org. cn/newshow. asp？id = 564，2010 年 10 月 25 日访问；徐晓望：《闽都文化与近代中西文化交流》，http：//fass. net. cn/fassnews/erji01. asp？ NewsID = 3949，2010 年 10 月 22 日访问。因此，讨论 6 附录奏议前，有必要简单介绍一下这些低阶官员的来历。吏部主事梁鸣谦为咸丰九年进士，同治六年被聘为船政局幕府幕僚，负责翻译新式机器设备和零件说明书，是沈葆桢的重要幕僚，与沈葆桢关系密切。《梁鸣谦故居》，http：//www. sfqx. gov. cn/mrgj/943. jhtml，2010 年 10 月 24 日访问。广东候补道叶文澜，福建同安县厦门人。年少弃学，游历海外，通南洋语言，为沈葆桢建福州船政局，担任船政监工。后获丁日昌、左宗棠赏识，着手基隆煤矿的开采事宜，又委任陕甘路粮台，积功升道员加布政使衔。《（民国）厦门市志》，方志出版社，1999，第 644 页。福建候补同知黄维煊，浙江鄞县人，官至台湾海防同知，特用知府。赠太常寺卿。《黄维煊诗》，http：//www. zhsc. net/Item/28936. aspx，2010 年 10 月 25 日访问。福建莆田县学训导吴仲翔，福建候官人，咸丰五年举人，同治六年被荐入船政局，办理文案，后擢船政提调等职，并总办水陆师学堂事务。福建闽县举人王葆辰，福建候官人，咸丰九年举人，官至马江船政总监。《王葆辰》，http：//www. fjscw. net/bencandy. php？ fid － 55 － id － 878 － page － 1. htm，2010 年 10 月 24 日访问。福建候官生员林全初生平不详。

③ 宝鋆编《筹办夷务始末（同治朝）》卷五三，第 1824 号，第 2202 页，同治六年十一月二十一日附呈吏部主事梁鸣谦条说。

④ 宝鋆编《筹办夷务始末（同治朝）》卷五三，第 1828 号，第 2210 页，同治六年十一月二十一日附呈福建闽县举人王葆辰条说。

使仿照朝鲜、琉球贡使之例，行"跪拜礼"。① 由此可见，这些士人不是不了解"鞠躬礼"的仪式，也不是全主张"跪拜礼"，只是着眼于位阶问题，指出"中外对等"只限于两国君主之间。若外国君主亲来访华，中国自待以宾主之礼。外国公使为外国君主之臣，岂可不拜中国皇帝。若不愿跪拜中国皇帝，等于无视君臣之分，无异于蔑视本国君主。

从同治六年的督抚奏议，可知各省督抚都体认到"公使请觐"之事已不可避免，但对觐见礼问题的意见不同，大多建议缓办，仍不赞同总理衙门变更觐礼的权宜方案。不过，经由这次的督抚奏议，总理衙门承认泰西诸国是"敌体之国"的事实，并提出"客礼"的概念，重申"宾礼"可随时势的需要有所改易，故外国公使不一定只能行"跪拜礼"。同时，总理衙门、曾国藩援引康熙朝接待俄使之事，证明"敌体"与"客礼"确实存在，说明清帝国不只有等差位阶的宗藩关系，亦可包容对等位阶的交聘关系。换言之，总理衙门借"敌体"与"客礼"的说法，重新安排欧美各国在"天下秩序"的位置，也让"跪拜礼"与"鞠躬礼"之间衍出一弹性空间。如此，"公使请觐"的觐见礼问题，才能有"权其适中"的可能性。

（二）《聘盟日记》的刊行

《伊台斯笔记》即荷兰商人伊兹勃兰特·伊台斯（Eberhard Isbrand Ides, 1657～1708）充任俄皇特使，出使中国的游历笔记。当时，伊台斯使节团不但受康熙皇帝的礼遇，也成功交涉了中俄通商事宜，让俄国商队得在北京、黑龙江那瓮城、蒙古库伦等处互市通商，颇为俄人所重。② 第一章第三节已说明伊台斯使团的北京之行，在此不

---

① 宝鋆编《筹办夷务始末（同治朝）》卷五三，第 1825 号，第 2203 页，同治六年十一月二十一日附呈广东候补道叶文澜条说；第 1827 号，第 2207 页，同治六年十一月二十一日附呈福建莆田县学训导吴仲翔条说。

② 加斯东·加恩：《彼得大帝时期的俄中关系史（1689～1730 年）》，江载华、郑永泰合译，商务印书馆，1980，第 63～73 页。

再赘述。① 《伊台斯笔记》在 1704 年（康熙四十三年）于荷兰阿姆斯特丹出版，而随行秘书勃兰德游历中国的笔记也在 1698 年（康熙三十七年）于德国汉堡出版。② 两书历述伊台斯使团从莫斯科至北京的沿途见闻，并记下康熙皇帝与使团的互动，颇为欧洲学者重视，转译成英、德、法、俄等国文字，成为欧洲学者了解 17 世纪末东方地理学、中亚民族志及中俄往来的入门书之一。③

为什么恭亲王等人选择了《伊台斯笔记》进行翻译，并定名为《聘盟日记》？蔡鸿生指出，奕䜣选译《聘盟日记》的动机，只是重温康雍乾盛世的旧梦。④ 对蔡鸿生的说法，笔者有不同的主张，以为欲解释恭亲王选译《聘盟日记》的动机，必须先考虑两个背景：一是清政府欲集思广益，遂下令各省督抚表达意见，却众说纷纭，未获结果；二是在外国公使的压力下，总理衙门必须尽快解决"外国公使觐见礼"问题。若从这两个背景来考虑，本书将重新讨论奕䜣选译《聘盟日记》的动机，并考订《聘盟日记》的内容及《聘盟日记》对晚清士人的影响，从而分析总理衙门刊行《聘盟日记》的目的。

同治八年（1869），恭亲王奕䜣委托俄人柏麟节译《伊台斯笔记》，俄文版《伊台斯笔记》翻译完成后，由同文馆另名为《聘盟日记》，⑤ 先于 1872 年收入总理衙门编定的清档《觐事备

---

① 李齐芳：《中俄关系史》，联经出版事业公司，2000，第 66～75 页；陈维新：《清代对俄外交礼仪体制及藩属归属交涉（1644～1861）》，第 105～110 页。

② 伊兹勃兰特·伊台斯、亚当·勃兰德：《俄国使团使华笔记（1692～1695）》，第 20～26、44 页。

③ 蔡鸿生：《俄罗斯馆纪事》，中华书局，2006，第 110 页。

④ 蔡鸿生：《俄罗斯馆纪事》，第 113 页。蔡鸿生指出，当时方略馆移交的 10 箱俄文书籍中，实有更具经世意义的《俄兵军装器械图式集》等书，但总理衙门却不翻译，遂有此批评。

⑤ 伊兹勃兰特·伊台斯等撰《俄国使团使华笔记（1692～1695）》，第 323～324 页；蔡鸿生：《俄罗斯馆纪事》，第 110～111 页。俄文版 1789 年由俄人诺维科夫（Novikov）转译。

查》，①再由丁韪良负责刊于《中西闻见录》② 中，广为流传，使中国官民得以了解伊台斯使节团访华的经过及其待遇，成为日后讨论"公使请觐"的历史依据。《中西闻见录》停刊后，《聘盟日记》并未消失，被收入王锡祺（1855 ~ 1913）编辑的《小方壶斋舆地丛钞》，作为中外往来的案例之一。③《聘盟日记》译者柏麟，在中国官方档案和《俄罗斯馆学生译名录》中记为"柏林"。④ 据俄方记载，柏麟的真实姓名，应为波波夫（Афанасий Ферапонтович Попов, 1828 ~ 1870）。波波夫先后就学喀山大学、彼得堡大学，⑤ 成绩优异，遂成为第 14 届俄国驻北京布道团随班学生。抵达北京后，波波夫担任俄国驻北京使团的翻译官，后经俄国公使巴留捷克（Лев Фёдорович Баллюзек, 1822 ~ 1879）推荐，得担任同文馆俄文教习。⑥ 而丁韪良是同文馆的负责人，被誉为"中国通"。⑦ 由此可知，《聘盟日记》的译者和刊者皆是同文馆的外国客卿，⑧ 可见奕䜣对同文馆的支持及其与在京洋人的密切关系。

《聘盟日记》的主要内容是伊台斯使节团在北京的活动，大

① 中国第一历史档案馆：《康熙三十二年俄罗斯商人义选思〈聘盟日记〉》，《历史档案》2004 年第 4 期，第 15 ~ 19 页。

② 《中西闻见录》自同治十一年七月（1872 年 8 月）至光绪元年七月（1875 年 8 月）共刊印 36 期。《中西闻见录》仿西国报纸，由广学会散发，设有天文、地理、物理、化学、医学及各国近事等栏目，颇有影响。停刊后，丁韪良删选各期，1877 年编成四卷本的《中西闻见选编》。段海龙：《〈中西闻见录〉研究》，硕士学位论文，内蒙古师范大学，2006，第 12 ~ 21 页。

③ 雅兰布：《聘盟日记》，王锡祺辑《小方壶斋舆地丛钞》第三秩，广文书局，1991，第 1823 ~ 1829 页。

④ 肖玉秋：《俄国传教团与清代中俄文化交流》，天津人民出版社，2009，第 280 页。

⑤ 阎国栋：《喀山大学与十九世纪俄国汉学》，《汉学研究通讯》第 20 卷第 1 期，2001 年 2 月，第 51 ~ 52、57 页。

⑥ 宝鋆编《筹办夷务始末（同治朝）》卷一五，第 563 号，第 656 页，同治二年三月十九日奕䜣等奏同文馆添开法俄文馆折。

⑦ 丁韪良：《花甲忆记：一位美国传教士眼中的晚清帝国》，沈弘等译，广西师范大学出版社，2004，第 198 ~ 214 页。

⑧ 丁韪良：《同文馆》，傅任敢译，《教育杂志》第 27 卷第 4 期，1937 年，第 215 ~ 231 页。

致相当于俄国使团正使伊台斯出使中国游记第 14、15 章及第 16
章前半部。蔡鸿生指出，《聘盟日记》的译者波波夫（柏麟）不
但补正伊台斯的误记，还批注了西方宗教的各门宗派，可见译者
的慎重。同文馆也参照英文版《伊台斯笔记》，增补俄文版《伊
台斯笔记》删去的"波兰"国名。①不过，波波夫未能利用清政
府的档案，校对当时耶稣会教士的汉名，只用音译，难以判读，
如法国传教士张诚（Jean-Fran ois Gerbillon，1654～1707）被译为
"热尔必良"，葡萄牙传教士徐日升（Thomas Pereira，1645～1708）
被译为"波马斯"，无法对应官方档案，增加了阅读上的困难。②
而《聘盟日记》有三种版本：一是作者以"雅兰布"为名的
《聘盟日记》，收入王锡祺编辑的《小方壶斋舆地丛钞》第 3 秩，
本文为做区别，简称小方壶斋版；二是不著撰者的《聘盟日
记》，收入陈其元（1811～1881）《庸闲斋笔记》，其内容与小方
壶斋版相同，应是陈其元抄录《中西闻见录》之作；三是收入
1872 年总理衙门编定的清档《觐事备查》，已由《历史档案》
杂志刊载于《康熙三十二年俄罗斯商人义迭思〈聘盟日记〉》一
文，本文简称清档版。第三种清档版与小方壶斋版的叙事内容相
同，但叙事时间完全不同。因此，本节先考证《聘盟日记》各
版本的时间，再考证伊台斯使节团的北京经历，进而厘清伊台斯
使节团访华的真实情况。为了厘清《聘盟日记》小方壶斋版与
清档版的时间先后与叙事真伪，本书参照由俄国使团正使伊台斯
与副使勃兰德各自撰写，后于 1967 年北京师范学院俄语翻译组
合编翻译的《俄国使团使华笔记》，并旁以《俄中两国外交文献
汇编（1619～1792 年）》佐证，汇整四书记事，整理成表 3 - 2，
用以考证《聘盟日记》两版本的时间，厘清伊台斯使节团访华
的真实情况。

---

① 蔡鸿生：《俄罗斯馆纪事》，第 111 页。
② 蔡鸿生：《俄罗斯馆纪事》，第 110 页。

表 3 - 2 　《聘盟日记》各版本时间考订整理

事　件	聘盟日记（小方壶斋版）	聘盟日记（清档版）	俄国使团使华笔记（伊台斯日记译本）	俄中两国外交文献汇编
使团进京	康熙三十一年九月二十五日（1692 年 11 月 3 日）	康熙三十二年十月二十四日（1693 年 11 月 21 日）	1693 年 11 月 3 日	1693 年 11 月 3 日
递书,得赐宴	康熙三十一年九月二十八日（1692 年 11 月 6 日）	康熙三十二年十月二十七日（1693 年 11 月 24 日）	1693 年 11 月 14 日	1693 年 11 月 14 日
通知觐见时间	康熙三十一年十月初五日（1692 年 11 月 12 日）	康熙三十二年十一月初三日（1693 年 11 月 29 日）	1693 年 11 月 16 日	未记
入觐皇帝,赐宴	康熙三十一年十月初六日（1692 年 11 月 13 日）	康熙三十二年十一月初四日（1693 年 11 月 30 日）	1693 年 11 月 17 日	1693 年 11 月 17 日
第二次赐宴（未谒见皇帝）	康熙三十一年十月初十日（1692 年 11 月 17 日）	康熙三十二年十一月初八日（1693 年 12 月 4 日）	1693 年 11 月 18 日	未记
第三、四次赐宴（未谒见皇帝）	未记	未记	1693 年 11 月 28 日 1693 年 12 月 9 日	未记
冬至,出席大朝	未记	未记	1693 年 12 月 12 日	未记
索额图请宴	康熙三十一年十月十一日（1692 年 11 月 18 日）	康熙三十二年十一月初九日（1693 年 12 月 5 日）	1693 年 12 月 18 日	未记
呈交俄国训令	未记	未记	1693 年 12 月 28 日	1693 年 12 月 28 日
第五至八次赐宴（未谒见皇帝）	未记	未记	1693 年 12 月 29 日 1694 年 1 月 7 日 1694 年 1 月 17 日 1694 年 1 月 26 日	未记
游历北京	日期未记,仅记为石老爷陪同游览	日期未记,仅记为石老爷陪同游览	1694 年 1 月 14 日	未记
拜访耶稣会士	不详,约在正月期间	不详,约在正月期间	1694 年 1 月 27 日	
入朝辞行获赏赐	不详,约在正月期间	不详,约在正月期间	1694 年 2 月 16 日	1694 年 2 月 16 日

续表

事　件	聘盟日记（小方壶斋版）	聘盟日记（清档版）	俄国使团使华笔记（伊台斯日记译本）	俄中两国外交文献汇编
使团离京	康熙三十三年二月初八日（1694年3月3日）	康熙三十二年二月初八日（1693年3月14日）	1694年2月19日	1694年2月19日
使团抵长城	康熙三十三年二月十四日（1694年3月9日）	康熙三十二年二月十四日（1693年3月20日）	1694年2月底	未记

資料来源：雅兰布：《聘盟日记》，第1823～1829页；中国第一历史档案馆：《康熙三十二年俄罗斯商人义选思〈聘盟日记〉》，第15～19页；伊兹勃兰特·伊台斯等撰《俄国使团使华笔记（1692～1695）》，第194～224、307～311页；尼古拉·班蒂什－卡缅斯基编著《俄中两国外交文献汇编（1619～1792年）》，第91～95页。

　　从表3－2的整理可知《聘盟日记》虽有两种版本，但事件发生时间却与《俄国使团使华笔记》及《俄中两国外交文献汇编》两书的记事时间对不起来，颇多出入。首先，《聘盟日记》（小方壶斋版）记1692年3月3日伊台斯使节团自莫斯科起程，[1] 终至北京，共花去一年八个月，但到京时间却记为1692年11月3日，可见所记的进京时间有误。第二，从伊台斯的记事，可知伊台斯使节团在北京停留时间仅数月，不可能长达一年之久。[2] 第三，《俄中两国外交文献汇编》与《俄国使团使华笔记》皆将离京时间记为1694年2月19日，[3] 但《聘盟日记》（小方壶斋版）却记为康熙三十三年二月初八日（1694年3月3日），而清档版记为康熙三十二年二月初八日（1693年3月14日），竟早于该书记录的进京时间（1693年11月21日），

---

[1]　伊兹勃兰特·伊台斯等撰《俄国使团使华笔记（1692～1695）》，第8页。

[2]　中国第一历史档案馆：《康熙三十二年俄罗斯商人义选思〈聘盟日记〉》，第15页；尼古拉·班蒂什－卡缅斯基编著《俄中两国外交文献汇编（1619～1792年）》，第91页。

[3]　尼古拉·班蒂什－卡缅斯基编著《俄中两国外交文献汇编（1619～1792年）》，第93～94页。

可知《聘盟日记》小方壶斋版与清档版的离京时间皆有误。① 总之，《聘盟日记》两种版本的时间序列皆有错谬，或有未记之事，而《俄国使团使华笔记》的记事时间皆符合《俄中两国外交文献汇编》的档案资料，甚至在记事上更为详尽，因此，若欲研究伊台斯使节团之活动，应以《俄国使团使华笔记》的记事与时间为准，② 所以伊台斯使节团进京时间实为康熙三十二年十月初六日（1693 年 11 月 3 日），离京时间则是康熙三十三年正月二十六日（1694 年 2 月 19 日）。而《聘盟日记》两版本之所以时间错误，笔者以为可能有三种原因：一是《聘盟日记》的刊刻失误；二是外文教习波波夫的误译；三是 1789 年《伊台斯笔记》由荷兰文译成俄文时，荷兰历转换俄历时已有时间差，再由同文馆翻译成中文版时，俄历时间再转换为中国阴历，遂造成时间转换的错乱。然笔者未能得见《伊台斯笔记》荷兰版原书，亦未能见到相关俄文档案，此问题暂时存疑，有待日后进一步查证。

接着，讨论《聘盟日记》的主要记事，其内容有几项重点：一是俄使伊台斯等人进京的日期与路线；二是伊台斯等人在北京的市井见闻；三是康熙皇帝接见使团的实况；四是清政府接待俄使的规格；五是使团觐见时，在紫禁城沿途所见的宫殿建筑与殿内摆设；六是康熙皇帝与俄使赐宴、俄国使团辞行及紫禁城布置的附图。《聘盟日记》特别着重于伊台斯觐见康熙皇帝、举行内廷赐宴、理藩院请宴及使团辞行的情况，相当生动，间接反映了康熙朝北京城的风俗物情。③

由于理藩院主管俄国事务，遂负责伊台斯使团的活动，保证使节团的安全。进入北京后，伊台斯使节团连同哥萨克护卫队、随团

---

① 雅兰布：《聘盟日记》，第 1828 页；中国第一历史档案馆：《康熙三十二年俄罗斯商人义选思〈聘盟日记〉》，第 19 页；伊兹勃兰特·伊台斯等撰《俄国使团使华笔记（1692~1695）》，第 37 页；加斯东·加恩：《彼得大帝时期的俄中关系史（1689~1730 年）》，第 69 页。

② 伊兹勃兰特·伊台斯等撰《俄国使团使华笔记（1692~1695）》，第 307~311 页。

③ 邓之诚：《骨董琐记》卷三，中国书店，1991，第 80 页。

商人，被安排在俄罗斯馆（南会同馆）住宿。① 实际负责款接俄国使团的官员，即签订《尼布楚条约》（1689）的领侍卫内大臣索额图（1636～1703，满洲正黄旗），② 可知索额图接待伊台斯等人，乃为了与伊台斯讨论中俄通商的细节，解决中俄边界、俄商在京贸易、俄国使团人数等问题。根据《聘盟日记》的记载，伊台斯使节团抵达北京后，理藩院便依据接待蒙古使者之例，赏赐酒宴，③ 并令伊台斯先出示俄国国书，贡献礼品，再由内大臣索额图转交康熙皇帝。④ 当时由索额图等五名官员做东道主，与伊台斯等人共宴，传达觐事，而索额图还在私宅设宴款待，遣人带伊台斯等人游历北京。⑤

从副使勃兰德的记载可知，理藩院坚持伊台斯觐见皇帝前先出示国书和礼品。伊台斯等人不愿答应，理藩院随即关闭了俄罗斯馆，不发给食物，并以断绝通商关系威胁伊台斯等人。⑥《俄中两国外交文献汇编》同样记录了伊台斯呈交俄国国书的过程，更记有理藩院不满俄国国书未符中国表文格式，竟将沙皇称号摆在中国皇帝之前，威胁退回国书，让伊台斯感到不安。⑦ 但详查《聘盟日记》各版本，不但没有记录理藩院与伊台斯的递书争执，也没有说明伊台斯以何

---

① 雅兰布：《聘盟日记》，第 1823 页；J. K. Fairbank & Ssü-yu Têng, "On the Ch'ing Tributary System," *Harvard Journal of Asiatic Studies*, 6：2*（Cambridge, 1941）, pp. 136－137. 费正清与邓嗣禹认为，会同四译馆即指蛮夷戎狄四夷会集，予以接待之处。费氏对会同四译馆之解释，实有隐射中国是天朝中心之暗示。

② 北京师范大学清史研究小组：《一六八九年的中俄尼布楚条约》，第 347～351、362～365 页。

③ 雅兰布：《聘盟日记》，第 1823 页。《聘盟日记》记设宴处的地面上，铺有花罽等毛织品，将伊台斯等人延坐其上。从地上铺有花罽，诸位官员坐于其上，可知接待俄使不是按礼部接待朝鲜贡使的方式，而是按接待蒙古使者等外藩的方式。

④ 伊兹勃兰特·伊台斯等撰《俄国使团使华笔记（1692～1695）》，第 206～207 页。

⑤ 雅兰布：《聘盟日记》，第 1823、1825～1826 页。索额图传达觐见日期时，也要求伊台斯亲奉俄国国书。"愿贵使臣飨此宴，即为我皇恩优渥之据。再候数日，旨下时，须亲奉国书，预备召见。"

⑥ 伊兹勃兰特·伊台斯等撰《俄国使团使华笔记（1692～1695）》，第 204、310 页。

⑦ 尼古拉·班蒂什－卡缅斯基编著《俄中两国外交文献汇编（1619～1792 年）》，第 91～92 页。

种方式觐见皇帝、递交国书，只写有"余按泰西礼，携我大皇帝国书"一语。① 事实上，俄国国书早在伊台斯觐见康熙皇帝前已呈至理藩院查核，故《聘盟日记》记伊台斯"按泰西礼，携我大皇帝国书"之事，明显有误。

根据《聘盟日记》的记载，理藩院派出三名官员，迎接伊台斯等人入宫。从这些官员的官服补服"有团龙、狮、虎、仙鹤各像，皆金线绣制"，② 可知前来迎接的官员有宗室王公、二品武官、四品武官及一品文官。③ 使节团骑马进城，至下马碑下马，步行进入紫禁城。进入紫禁城后，伊台斯等人稍事休息，等了四五个小时后，"见玉阶千官，蟒衣绣服，光彩夺目"。④ 从康熙君臣皆盘膝坐在地毯上，伊台斯勉强盘膝坐下的说法，可知康熙君臣依照满洲礼接待伊台斯等人，又可从满洲礼的安排，推知当时召见地点可能在保和殿。⑤ 因为保和殿多用以接待外藩、招待蒙古王公，故款以满洲礼节，遂有康熙君臣皆盘膝而坐之场景。⑥

《聘盟日记》接下来的记述又出现错误：《聘盟日记》记有中国官员带三名耶稣会士入殿，耶稣会士在宝座前跪下，向康熙皇帝行"跪拜礼"。⑦ 行礼毕后，耶稣会士立于宝座左侧，负责口译的通事

---

① 雅兰布：《聘盟日记》，第 1823 页。

② 雅兰布：《聘盟日记》，第 1823 页。

③ 郭松义等：《清朝典制》，吉林文史出版社，1994，第 116、118 页。王公的团龙补服有多种类别，属王公贵族专用：皇子，龙褂为石青色，绣五爪正面金龙四团，前后两肩各一团，间以五彩云纹；亲王，绣五爪龙四团，前后为正龙，两肩为行龙；郡王，绣有行龙四团，前后两肩各一；贝勒，绣四爪正蟒二团，前后各一；贝子，绣五爪行蟒二团，前后各一。但因伊台斯对团龙补服无详细描述，故无法判别王公的品级。此外，绣虎补服者，有四品武官与二等侍卫，无法判别。

④ 雅兰布：《聘盟日记》，第 1823 页。

⑤ 雅兰布：《聘盟日记》，第 1824 页。伊兹勃兰特·伊台斯等撰《俄国使团使华笔记（1692～1695）》，第 208～209、211 页。

⑥ 章乃炜、王蔼人：《清宫述闻》（正续编合编本），紫禁城出版社，2009，第 177～189 页。

⑦ 雅兰布：《聘盟日记》，第 1824 页。法国耶稣会士李明曾仔细描述耶稣会士行跪拜礼的情形，见李明《中国近事报道》，郭强等译，大象出版社，2004，第 52 页。

立于伊台斯等人前方。① 康熙皇帝先通过索额图问话，问候俄国沙皇，② 再由耶稣会士张诚代为翻译，询问伊台斯等人许多问题，探查俄国与欧洲各国的国情。③ 问毕，康熙皇帝赐酒、赐茶，由索额图转递伊台斯，伊台斯等人"照西洋礼谢"。④ 根据《俄国使团使华笔记》的记载，可知《聘盟日记》将 11 月 17 日觐见皇帝后的赐宴场景，误植为 11 月 18 日赐宴的情况。实际上，11 月 18 日，康熙皇帝已出京游猎，并未在场，故由索额图代为款待。⑤ 11 月 28 日的赐宴，康熙皇帝同样也不在现场，仍由索额图陪同伊台斯等人观赏戏剧、杂技、离宫胜景。⑥ 由此可知，《聘盟日记》详细记述的宴会场景、问话内容及觐见仪式皆发生在 11 月 17 日，而康熙皇帝召见的次数也未像《聘盟日记》说的那么多。

康熙三十三年正月期间，康熙皇帝下旨，命伊台斯等人进宫辞行。召见当日，伊台斯等人先在朝房等候传见，再被引入太和殿，坐在百官之中。⑦ 比起前两次，第三次的召见更为正式，整体摆设也比先前更金碧辉煌。⑧ 康熙皇帝入座后，中国官员与伊台斯等人皆行三跪九叩礼。传旨者立于宝座右阶，伊台斯等人坐于玉阶左下

---

① 中国第一历史档案馆：《康熙三十二年俄罗斯商人义选思〈聘盟日记〉》，第 19 页；陈其元：《庸闲斋笔记》卷五，第 126 页。据《聘盟日记》（清档版）与《庸闲斋笔记》补出，《聘盟日记》（王锡祺版）未见三幅附图。

② 雅兰布：《聘盟日记》，第 1824 页。

③ 雅兰布：《聘盟日记》，第 1824 页。康熙皇帝发问的问题如：从莫斯科到北京需花费多少时间？使用何种交通工具？莫斯科又离波兰、法郎西（法国）、意达礼（意大利）、大西洋（葡萄牙）、荷兰诸国多少里数？

④ 雅兰布：《聘盟日记》，第 1823 ~ 1824 页；伊兹勃兰特·伊台斯撰《俄国使团使华笔记（1692 ~ 1695）》，第 210 页。《聘盟日记》记为"赐之，余照西洋礼谢"。查《俄国使团使华笔记》，应为"鞠躬礼"。

⑤ 伊兹勃兰特·伊台斯等撰《俄国使团使华笔记（1692 ~ 1695）》，第 208 ~ 215 页。

⑥ 伊兹勃兰特·伊台斯等撰《俄国使团使华笔记（1692 ~ 1695）》，第 310 页；雅兰布：《聘盟日记》，第 1825 页。

⑦ 雅兰布：《聘盟日记》，第 1827 页；伊兹勃兰特·伊台斯等撰《俄国使团使华笔记（1692 ~ 1695）》，第 219 页。

⑧ 雅兰布：《聘盟日记》，第 1826 页。

方。① 伊台斯得到特许，得向前一丈处，立于两名满洲王公之间，其他随员则留在原地。② 伊台斯等人离京后，清政府派兵沿途护送使团，并由驿馆供应住宿和酒食，直到蒙古地界为止。③

根据先前的考订，可知《聘盟日记》时间混乱，尤其递书、觐见及辞见仪式多语焉不详，前后矛盾。第一，《聘盟日记》只提到伊台斯获赐坐、赐茶的细节，并以"鞠躬礼"回礼，却不提觐见皇帝时，伊台斯究竟行何种礼仪，向皇帝表示敬意。④ 然而，根据副使勃兰德的记载，在 1693 年 12 月 12 日举行冬至大朝会、觐见康熙皇帝时，伊台斯虽获得皇帝亲手赐茶的殊荣，但伊台斯等人仍与中国官员一样行"跪拜礼"。⑤ 第二，比对《俄国使团使华笔记》等书后，可知《聘盟日记》省略理藩院曾要求伊台斯先递书再觐见之事，也略去理藩院封闭俄罗斯馆的冲突，只提到俄国使团未出中国国境前，使团的所有供给都由理藩院负责。第三，根据《俄中两国外交文献汇编》的使团访华报告，可知清政府仍以招待贡使的惯例，接待伊台斯使节团，但在递书、觐礼及赐宴等仪式上，弹性处理，不全按贡使入觐的成例，表示优待伊台斯使节团。⑥ 综合上述三点，可知《聘盟日记》全篇不提伊台斯等人以何种身份入觐，也未提伊台斯曾以三跪九叩礼觐见康熙皇帝之事，并将理藩院限制伊台斯使团之事隐去不叙，只强调康熙皇帝对伊台斯使团的和善态度、觐见仪节上的种种优待及丰厚的赏赐。或可推论说，《聘盟日记》叙事内容实有深意，不单纯是转译错误或漏记使团行程的问题而已。《聘盟日记》之所以刻意强调康熙皇帝优待俄使之故事，乃为了让总理衙门在

---

① 中国第一历史档案馆：《康熙三十二年俄罗斯商人义迭思〈聘盟日记〉》，第 19 页；陈其元：《庸闲斋笔记》卷五，第 127 页。
② 雅兰布：《聘盟日记》，第 1827 页。
③ 雅兰布：《聘盟日记》，第 1828～1829 页。
④ 雅兰布：《聘盟日记》，第 1827 页。
⑤ 伊兹勃兰特·伊台斯等撰《俄国使团使华笔记（1692～1695）》，第 223 页。
⑥ 尼古拉·班蒂什－卡缅斯基编著《俄中两国外交文献汇编（1619～1792 年）》，第 92 页。

"外国公使觐见礼"的问题上能有更多的转圜空间，并援引为用，作为清政府优待外国公使的依据。

前文指出，总理衙门听从赫德（Robert Hart，1835～1911）等人的建议，赞同外使请觐，并主张觐见礼仪折中中西礼节，适应时势的需求。但如何折中"跪拜礼"与"鞠躬礼"，又如何寻得历史先例，用以说服保守派人士，皆成为总理衙门的难题。面对多位督抚的质疑，总理衙门却借《聘盟日记》的刊印，重提康熙皇帝接见俄使伊台斯的故事，① 借以说明康熙皇帝格外优容俄国使团，不强求俄使行跪拜礼，等于视俄国为"敌体之国"。由此可见，总理衙门刊印《聘盟日记》，并非为了重温康乾盛世的旧梦，可能是援引康熙年间款接俄使的成例，证明"敌体之国"可对等相待，给予优待。

《聘盟日记》的刊行，让总理衙门可根据康熙朝的历史先例，将欧美各国定位为"敌体之国"，反驳保守派坚持"跪拜礼"的论点，逐渐在廷议上赢得优势。同时它的刊行也多少影响了晚清士人对外使请觐的看法。例如，当时担任青浦知县的陈其元，② 无意间从《中西闻见录》上读到《聘盟日记》一文，大受感动，竟将《聘盟日记》全文收录于自撰的《庸闲斋笔记》，用以缅怀康熙盛世的荣光。

> 今余于《中西见闻录》[按：陈其元误记，应为《中西闻见录》]内，得俄文馆翻译该国使臣义兹柏阿朗特义迷思[按：伊台斯]所著《聘盟日记》一册，具见彼时使臣之恭顺，及敬仰我朝之意。因备录之，可与张公之书[按：张鹏翮（1688～1745）《使俄罗斯日记》]并传也。所有抬写、空格示敬之处，悉照原书，俾不失本来面目，亦以见外国尊崇中国，无分彼此，所谓"四海九州岛，悉主悉臣"尔。③

① 陈其元：《庸闲斋笔记》卷五，第118页。
② 陈其元等修《（光绪）青浦县志》第一册，成文出版社，1970年清光绪五年刻本，《青浦县志序》；陈其元：《庸闲斋笔记》，《前言》，第1～2页。
③ 陈其元：《庸闲斋笔记》卷五，第117～118页。

陈其元引据俄使进京的记载，表明外国尊崇中国之意，并引用唐代韩愈（768～824）所作的《平淮西碑》："四海九州岛，罔有内外，悉主悉臣"，[1] 暗示中国虽经挫折，但将自强中兴，重振声威，慑服中外，使其皆遵君臣名分，服中国宾礼。由此可知，陈其元大受感动的原因，与总理衙门刊印的动机差异甚大，各有不同的着重点。不过，从陈其元从《中西闻见录》抄录《聘盟日记》的举动，可知总理衙门翻译、刊印《聘盟日记》的努力并没有白费，至少在士人群体中达到了宣传的效果，让俄使进京入觐之事可作为清政府制订外国公使觐见礼的历史依据之一。

二　中国使节团对西礼的尝试

签订《天津条约》之前，清帝国只有派遣敕使的先例，没有平等往来的友邦。即便是康熙朝的图理琛使团和雍正朝的托时使团、德新使团赴俄国报聘之事，只被当作特例，甚至清政府对这些出使活动讳莫如深，刻意抹去与俄国对等往来的官方记载。[2] 可是，欧美各国视为理所当然的外交惯例，强调各国平等的原则，[3] 完全不同于"天下秩序"的等差原则，自然让清政府无法接受。因此，当外国公使要求清政府履行《天津条约》的"互派使节"[4] 条款时，清政府相当为难，颇有疑虑。例如江西巡抚刘坤一（1830～1902）便以为，中国若遵行条约，遣使驻外，无异是"以柱石重臣弃之绝域，令得挟以为质"。[5]

---

① 韩愈：《平淮西碑》，董诰等编《全唐文》卷五六一，第5675页a。
② 李齐芳：《中俄关系史》，第126～137页。图理琛、托时、德新使团赴俄之事见第一章第三节。
③ 鲁毅、黄金祺等：《外交学概论》，世界知识出版社，2003，第67～69、75～77页。欧美国家的外交惯例，如互派使节、互设使馆、互向国家元首呈递国书，强调各国的平等地位，用以体现一国主权的正当性与独立性。
④ 田涛主编《清朝条约全集》卷一，第198页。
⑤ 宝鋆编《筹办夷务始末（同治朝）》卷四一，第1441号，第1723页，同治五年四月十六日刘坤一奏议覆奕䜣等英国呈递议论折。

长久以来，英国一直想与清帝国建立平等的外交关系，希望清政府接受欧美惯行的"国际法"，将中国纳入国际社会的行列。① 例如，海关总税务司赫德的《局外旁观论》② 和英国参赞威妥玛的《新议略论》③ 皆建议清政府尽快改变与外国往来的形式，并遣使出国，与欧美各国互通声气，增进中外双方的友谊，否则欧美各国将视中国为局外者，自然不会依"国际法"友善对待中国。威妥玛指出：

> 盖泰西诸国，素以相派大臣为尽来往之礼，亦同礼者联为局中，不同礼者视为局外。中华果愿一体互派，其益有二：如今中国独立，不与邻邦相交，各国未免心寒，能与相通，庶可易寒为热。④

当总理衙门将赫德等人的建议发交各省督抚讨论时，大多数督抚虽赞同改革，但不愿参照西法，坚持从传统中寻求先例，并建议先派一使节团访问外国，考察外国国情，再评估清政府遣使驻外的可行性。⑤

清政府派员赴外考察，始于同治五年（1866）清政府任命斌椿（生卒年不详，满人）等人赴欧洲各国游历的行动。这次非正式的游历行动，可说是中国放眼观世界的初次尝试，也是中国官员以西礼出访外国的先例。正是有了斌椿访问团的经验，清政府才决定遣使出

---

① 何伟亚：《英国的课业：19 世纪中国的帝国主义教程》，第 159～161 页。
② 宝鋆编《筹办夷务始末（同治朝）》卷四〇，第 1404 号，第 1666～1673 页，同治五年二月十六日总税务司赫德局外旁观折。同治四年九月十八日为实际递折日。赫德：《赫德日记（1863～1866）：赫德与中国早期现代化》，陈绛译，中国海关出版社，2005，第 424 页，1865 年 10 月 28 日。
③ 宝鋆编《筹办夷务始末（同治朝）》卷四〇，第 1407 号，第 1674～1683 页，同治五年二月十六日英参赞威妥玛新议略论。
④ 宝鋆编《筹办夷务始末（同治朝）》卷四〇，第 1407 号，第 1679 页，同治五年二月十六日英参赞威妥玛新议略论。
⑤ 袁伟时：《晚清大变局中的思潮与人物》，海天出版社，1992，第 142～149 页。

国，并由美国卸任公使蒲安臣（Anson Burlingame，1820～1870）充任中国客卿，携总署章京志刚（生卒年不详，满洲镶蓝旗）、孙家毂（生卒年不详，咸丰六年进士）等人，历访欧美各国。① 从斌椿访问团、蒲安臣使节团出使访外，或可推测总理衙门试图援用"交聘"的概念，② 承认中外双方对等的事实，表明中国与欧美各国"敌体抗礼"，故可用"客礼"、"报聘"的形式，达到礼尚往来的目的。

（一）斌椿访问团的先行经验

同治四年九月（1865 年 10 月），海关总税务司赫德欲回国完婚，向总理衙门请假，并提议可顺道带中国官员、同文馆学生前往欧陆各国游历。③ 于是总理衙门决定派遣总署章京出国见识，收集外国情报。不料，总署章京多是进士出身，自矜身份，竟无人愿意前往。经赫德的推荐，恭亲王等人选定在赫德手下工作的斌椿，④ 率领四名随员，组成一非正式的使节团。同治五年正月初六日（1866 年 2 月 20日），总理衙门奏准赏斌椿三品衔，率领同文馆八品官凤仪、张德彝（原名德明，1847～1918，汉军镶黄旗）、笔帖式广英（生卒年不详，汉军正黄旗）及同文馆学生彦慧赴欧洲游历，⑤ 命令他们详记沿途见闻，供

---

① 王开玺：《清代外交礼仪的交涉与论争》，第 474～481 页。
② 蔡宗宪：《中古前期的交聘与南北互动》，稻乡出版社，2008，第 5～24 页。蔡宗宪将交聘分为三类。一是周王朝封建体系下的交聘。周天子为天下共主，诸侯互相交聘。二是分裂局势下的交聘。大一统王朝崩溃后，割据政权间相互遣使，三国与五代十国属之。三是外患临境下的交聘。中国王朝势衰，无法使外国势力称藩朝贡，改以敌国之礼交聘，如南北朝、宋辽金时期的国交关系。赵尔巽：《清史稿》卷二一二《交聘年表一》，第 8781 页。
③ 赫德：《赫德日记（1863～1866）：赫德与中国早期现代化》，第 404 页，1865 年9 月 7 日；第 418 页，1865 年 10 月 13 日；第 434～435 页，1865 年 12 月 22 日。
④ 赫德：《赫德日记（1863～1866）：赫德与中国早期现代化》，第 434～435 页，1865 年 12 月 22 日；第 443 页，1866 年 1 月 28 日；第 446 页，1866 年 2 月 4 日；1866 年 2 月 20 日。
⑤ 宝鋆编《筹办夷务始末（同治朝）》卷三九，第 1372 号，第 1621～1622 页，同治五年正月初六日奕䜣等奏派同文馆学生三名随赫德前往英国游览折；赫德：《赫德日记（1863～1866）：赫德与中国早期现代化》，第 447 页，1866 年 3 月 2 日。

总理衙门参考。①

斌椿访问团抵达欧陆后，便与赫德分开行动，自行前往欧洲各国游历。赫德虽未同行，但负责在幕后筹划，并借各国驻京公使之力，与欧洲各国政府接洽妥当，让斌椿一行人顺利完成任务。② 抵达英国后，斌椿连日拜会各国驻英公使，并获邀请，参加韦尔斯亲王主持的宫廷舞会，③ 可见赫德事先已有安排，斌椿一行人方能顺利受邀。然而，斌椿的《乘槎笔记》虽未记述觐见维多利亚女王（Queen Victoria, 1819~1901）的细节，但可根据使团随员张德彝的《航海述奇》，了解斌椿等人觐见维多利亚女王的情况。张德彝指出：

> 申刻，君主邀入正宫……下车入正门……后由包腊引入内门，见君主着青衣，服长裙，年逾四旬，风姿不减……君主立，明等［张德彝等人］亦立。问斌大臣云：来此远路，尚安妥否？在本国曾住几日？并言：两国从此和好，自应永息干戈等语。④

值得注意的是，斌椿觐见英国女王时，并未用"鞠躬礼"，亦未以"跪拜礼"觐见，仅是立谈而已。⑤ 不过，斌椿虽未向英国女王

---

① 斌椿：《乘槎笔记》，钟叔河主编《走向世界丛书》第一册，第91页，同治五年正月初八日；宝鋆编《筹办夷务始末（同治朝）》卷四六，第1630号，第1958~1959页，同治五年十一月二十一日奕䜣等奏斌椿等出洋游历现已回京撰有日记钞录呈览折。

② 斌椿：《乘槎笔记》，第110页，同治五年三月二十六日、同治五年三月二十七日；第112页，同治五年四月初五日；第114页，同治五年四月十五日、同治五年四月十六日。

③ 张德彝：《航海述奇》，钟叔河主编《走向世界丛书》第一册，第524~525页，同治五年四月二十三日；斌椿：《乘槎笔记》，第116~117页，同治五年四月二十三日。

④ 张德彝：《航海述奇》，第526页，同治五年四月二十四日。

⑤ 斌椿：《乘槎笔记》，第117页，同治五年四月二十四日；丁韪良：《花甲忆记：一位美国传教士眼中的晚清帝国》，第253~254页。斌椿觐见英王仅有"入门数重，至内宫。君王向门立，予入门侧立称谢"，再对照张德彝记事，可知斌椿未行鞠躬礼。

行"鞠躬礼",但从张德彝的记载:"明等见英国大臣召对时,鞠躬免冠,握君主之手而嗅之,是为敬君",① 可知斌椿等人看过英国官员向女王行"鞠躬礼"的情形。可以说,这次觐见英国女王的经验,乃是中国官员见识西礼的初体验。

随后出访欧陆各国时,斌椿等人又陆续拜会各国外交部,并获得荷兰总理、丹麦总理、瑞典国王、俄国大臣、普鲁士王后、比利时国王的召见,同样是立谈,但不脱帽,以示区别。

> [瑞典国王]　其君臣相见,无山呼跪拜礼,只垂手免冠而已。明等相见亦如之,只不脱帽。②
>
> [比利时国王]　俄而大臣四员迎入内庭,谒见其王……时王后、王弟并四五女臣,皆侍于侧,与明等立谈。③

斌椿访问团只用一年,便将与清政府缔约的 10 个国家全数"报聘"。斌椿访问团的性质虽似游历,但作为清政府首次访问欧洲各国的初体验,遂成为蒲安臣使节团的先例,并在督抚们讨论出使之事时,多被援引为例,意义可谓重大。④

斌椿访问团回国前,各省督抚大多反对遣使外国之事。例如,浙江巡抚马新贻(1821~1870)认为,英人要求中国派官驻外,根本心怀鬼胎,企图提高各国驻京公使的地位,逐步把持中国国政。⑤ 同治六年(1867),总理衙门奏请各省督抚各抒己见,讨论请觐皇帝、

① 张德彝:《航海述奇》,第 526 页,同治五年四月二十四日。
② 张德彝:《航海述奇》,第 546 页,同治五年五月二十九日。
③ 张德彝:《航海述奇》,第 568 页,同治五年六月二十日。
④ 马士:《中华帝国对外关系史》卷二,第 205~206 页。马士认为斌椿等人的出访,既未使人们对中国产生良好的印象,也未能真正欣赏西方事务,故批评斌椿使团的结果是失败的。若以马士的标准来看,斌椿访问团可说是失败的,但笔者认为,斌椿访问团的意义在于中国开始"尝试"以旧体制加入国际社会,并谋求传统宾礼与西式礼仪的接合,而不是"改变"中国原有的政治体制。
⑤ 宝鋆编《筹办夷务始末(同治朝)》卷四五,第 1603 号,第 1925 页,同治五年十月二十一日马新贻奏议奕訢等英国呈递论议折。

遣使互驻、设置铜线、铺设铁路等问题。[1] 总理衙门说明过去清政府不派使驻外，乃因清政府没有赴外国应办之事，而且中外礼节不同，语言文字尚未通晓，很难与外国政府沟通。由于清政府不清楚外国情形，担心若贸然遣使，中国使节可能被外国政府狎侮，贻羞域外，甚至可能像中行说（生卒年不详，汉文帝派往匈奴出使和亲的宦官）投降外国，卖国求荣，故总理衙门多有顾忌。[2] 但斌椿访问团的出访报告，让军机大臣文祥（1818～1876）等人改变了态度，认为遣使出洋已是必行之事，不如化被动为主动，借遣使出国了解欧美各国的政俗人情。如此，总理衙门就能根据这些情报，因国制宜，决定外交政策的方向，并可直通各国政府，避免公使转述的口误，减少各国驻京公使片面施压中国的压力。

（二）《出使条规》与蒲安臣使节团

适逢美国公使蒲安臣任满，准备返国，总理衙门设宴欢送。席间，恭亲王、文祥等人向蒲安臣提出请求，希望蒲安臣充当中国特使，代为出使欧美各国。[3] 从奕䜣与蒲安臣的对话，可知奕䜣相当欣赏蒲安臣，蒲安臣也愿意协助清政府走向世界，[4] 遂接受

---

[1] 宝鋆编《筹办夷务始末（同治朝）》卷五〇，第 1767 号，第 2119～2121 页，同治六年九月十五日奕䜣等奏豫筹修约请饬各将军督抚各抒所见折。

[2] 宝鋆编《筹办夷务始末（同治朝）》卷五〇，第 1770 号，第 2125 页，同治六年九月十五日总理衙门条说六条："顾中国出使外国，其难有二：一则远涉重洋，人多畏阻，水陆跋涉，寓馆用度，费尤不赀，且分驻既多，筹款亦属不易；一则语言文字尚未通晓，仍须倚恃翻译，未免为难。况为守兼优、才堪专对者，本难其选，若不得奇人，贸然前往，或至狎而见侮，转足贻羞海外，误我事机，甚或勉强派遣，至如中行说之为患于汉，尤不可不虑。"

[3] 丁韪良：《花甲忆记：一位美国传教士眼中的晚清帝国》，第 254 页。

[4] 《美国外交文件》，1865 年，第 447 页，转引自卿汝楫《美国侵华史》卷二，三联书店，1956，第 74～75 页："奕䜣：今与我们最真实的友人作别，我们不能不深以为憾。我不能不问，你是不是非离开我们不可？是不是奉贵政府命返国？蒲安臣：我是暂时返国一行。奕䜣：这就好了，我们可以等待你重来。贵国大总统有第二任。你也应该有第二任。正如古书所说：衣不厌新，人不厌旧。……蒲安臣：也许在我离京期间，我能赞你作有效的帮助，如同我在京一样。"

总理衙门的委托，同意以"中国特使"的名义，率领中国官员访问欧美各国。① 同治六年十月二十三日（1867 年 11 月 18 日），清政府授命蒲安臣为"办理各国中外交涉事务使臣"，② 并颁给木质汉、洋文合璧的关防，以资取信外国。

为了节制蒲安臣的行动，总理衙门派遣总办章京志刚与章京孙家毂，伴随蒲安臣出使欧美各国，③ 并授命二人为"办理各国中外交涉事务大臣"，均加二品顶戴，与蒲安臣的名位相等，亦发给木质满、汉文合璧的关防，可随时奏事，确保机密。④ 同时，为了保持列强势力平衡，不得罪英国和法国，总理衙门再度聘请曾随同斌椿访问团的英国驻京使馆翻译柏卓安（John M. Brown）、海关税务司法籍职员德善（E. de Champs），⑤ 分任使节团的左协理、右协理，并带去三十多名中国随员、翻译、同文馆学生。

"使才难求"看似是清政府无法遣使的原因，但让清政府迟疑不决的真正原因，可能是中国使节团如何觐见外国君主的问题。对清政府而言，这个问题实与外国公使觐见清帝的礼仪问题互为表里。由于总理衙门尚未制订"外国公使觐见礼"，也没有历史先例可供遵行，中国使节团如何觐见外国君主的问题同样会影响"外国公使觐见礼"的制订。若中国专使以"跪拜礼"觐见外国君主，中国将失国体；若中国专使以"鞠躬礼"觐见外国君主，将遭各国驻京公使援引为用，比照办理，到时清政府无法再坚持"跪拜礼"的方案。

① 丁韪良：《花甲忆记：一位美国传教士眼中的晚清帝国》，第 254～255 页；马士：《中华帝国对外关系史》卷二，第 206 页。
② 宝鋆编《筹办夷务始末（同治朝）》卷五一，第 1796 号，第 2159～2160 页，同治六年十月二十六日奕䜣等奏拟请蒲安臣代办遣使外国折。
③ 志刚：《初使泰西记》卷一，钟叔河主编《走向世界丛书》第一册，第 249 页，同治六年十二月初二日。
④ 方浚师：《退一步斋文集》卷四，沈云龙编《近代中国史料丛刊》第三九六册，文海出版社，1969，第 20～21 页。
⑤ 广西师范大学出版社编《中美往来照会集（1846～1931）》第三册，广西师范大学出版社，2006，第 91 号，第 129～130 页，同治六年十一月十二日特派美国蒲大臣本衙门志孙二大臣为钦差前往有约各国办理中外交涉事务。

换言之，清政府若遣使驻外，虽能改善与欧美各国的关系，却让觐礼问题无法解决，势将同意外使行"鞠躬礼"的要求。

为了解决"遣使"与"请觐"互相冲突的难题，总理衙门才会请托蒲安臣担任特使，让清政府收到遣使出洋的实际利益。① 正因为蒲安臣是美国人，总理衙门只要以"客卿"之名，任命为中国特使，这样蒲安臣代表中国面见各国元首时，自然依循欧美各国通用的"鞠躬礼"，各国元首也不会要求蒲安臣行"跪拜礼"，折辱中国体面。是故，总理衙门任命蒲安臣之举，不但解决了"使才难求"的问题，也回避了中西礼仪不同的矛盾，"用中国人为使，诚不免为难；用外国人为使，则概不为难"。② 不过，总理衙门对蒲安臣使节团的规划，仅视为试办性质，只给一年时间，故不是常驻各国的驻外公使。③ 一旦各国驻京公使要求比照蒲安臣使节团，以"鞠躬礼"觐见皇帝，总理衙门仍有遁词，可向各国公使解释蒲安臣使节团只是特例，不是正式的中国公使，作为拒绝的理由。

为了防范蒲安臣与外国勾结，出卖中国利权，清政府以《中英天津条约》为范本，④ 颁给《出使条规八条》（简称《出使条规》），⑤ 要求蒲安臣训练中国随行人员；遇有碍国体之处，蒲安臣可行礼如仪，但中国官员概免行礼，或回避不见；遇有要事，蒲安臣不可擅自决定，必须请示总理衙门，再行决议。⑥ 不过，即使有《出使条规》，但总理衙门对蒲安臣仍不放心，授予志刚、孙家穀上奏权，暗

---

① 丁韪良：《花甲忆记：一位美国传教士眼中的晚清帝国》，第 255 页。

② 宝鋆编《筹办夷务始末（同治朝）》卷五一，第 1796 号，第 2160 页，同治六年十月二十六日奕䜣等奏拟请蒲安臣代办遣使外国折。

③ 宝鋆编《筹办夷务始末（同治朝）》卷五一，第 1796 号，第 2160 页，同治六年十月二十六日奕䜣等奏拟请蒲安臣代办遣使外国折。

④ 贾桢编《筹办夷务始末（咸丰朝）》卷二八，第 1076 号，第 1023 页，咸丰八年五月二十三日中英天津条约。

⑤ 李定一：《中美早期外交史》，第 459~461 页；王开玺：《清代外交礼仪的交涉与论争》，第 479 页。

⑥ 宝鋆编《筹办夷务始末（同治朝）》卷五二，第 1800 号，第 2167~2168 页，同治六年十一月初一日给蒲安臣出使条规八条。

中节制蒲安臣，避免蒲安臣与外国私订条约。[①] 同时，总理衙门考虑各国驻京公使可能又提起"亲递国书"的要求，故命令蒲安臣不需亲自呈递中国国书，只需将国书交由各国外交部官员代递，就算完结，并事先向各国驻京公使声明，各国若有国书，可交由蒲安臣转递，或寄给该国驻京公使转呈总理衙门，避免各国公使又重提"亲递国书"之事。[②]

为了安定国内舆情，总理衙门再针对觐礼问题，要求蒲安臣注意中西礼仪的差异，尽量不要让中国使员面见外国元首或官员，避免行礼不同的尴尬。若中外官员不期而遇，总理衙门也要求蒲安臣代为解释，让中外双方皆免行礼，等"外国公使觐见礼"的方案议定后，再比照办理。此外，总理衙门也说明，蒲安臣无须推辞各国优待使节的待遇，但必须向欧美各国声明，蒲安臣的出使礼节，只是特例，并重申西式礼仪与中国体制不同，中国不会援照办理，中国国体也绝不更改。[③] 从两宫皇太后召见志刚、孙家毅的过程，可知清政府非常在意中国官员以何种礼仪面见外国元首。

> ［皇太后］问：到外国见其君主不见？
> ［志刚］奏对：见与不见，在各国君主，但奴才等断不先自求见。[④]

换言之，从中国国书不亲递、不令中国官员面见外国元首、中外双方皆免行礼等事，可知总理衙门制定《出使条规》的原则，即

---

① 宝鋆编《筹办夷务始末（同治朝）》卷五一，第1796号，第2159~2160页，同治六年十月二十六日奕䜣等奏拟请蒲安臣代办遣使外国折。
② 宝鋆编《筹办夷务始末（同治朝）》卷五四，第1843号，第2248~2249页，同治六年十一月二十九日奕䜣等奏咨会蒲安臣递国书二事折。总理衙门比照英国、比利时公使不亲递国书，只录出国书原文送阅总理衙门的办法。
③ 宝鋆编《筹办夷务始末（同治朝）》卷五四，第1844号，第2249页，同治六年十一月二十九日给蒲安臣咨会。
④ 志刚：《初使泰西记》卷一，第250页，同治六年十二月初十日。

依照清政府与各国公使的互动方式，尽量让蒲安臣使节团遵守"宾礼"的限制，不逸出清政府可接受的范围，也避免让各国公使得到质疑清政府的理由。

根据 1815 年维也纳会议《关于外交人员等级的章程》，欧美各国虽不反对非派遣国国籍者充任使节，但通常不接受本国人作为第三国派往本国的使节。① 为了支持清政府遣使出国之举，美国国务卿西华德（William H. Seward，1801～1872）同意蒲安臣担任中国特使，并希望得到蒲安臣的帮助，处理《中美天津条约》的修约事宜，解决美国急需华工的问题。②

由于西华德的协助，蒲安臣使节团得前往白宫，面见美国总统约翰逊（Andrew Johnson，1808～1875）。但蒲安臣、志刚等人却违反了《出使条规》回避面见和亲递国书的规定，不但向美国总统行"三鞠躬礼"，还由蒲安臣向美国总统呈递中国国书。对蒲安臣等人，美国总统一一握手回礼，还同意同治皇帝亲政后，再与清政府商议"外国公使觐见礼"问题，让志刚等人相当高兴。③ 随后，按照欧美各国的外交惯例，蒲安臣也带着志刚等人逐一拜会美国政府外交部首长和各国驻美公使，并参加美国政府举行的招待会，表示友好之意。④

---

① 鲁毅、黄金祺：《外交学概论》，第 103 页。1815 年的维也纳会议通过《关于外交人员等级的章程》，规定常驻外交代表等级，划分为大使、公使、代办三级，解决外交代表位阶不一的问题，并接受只要出使国同意，非本国人可担任外交代表。1961 年《维也纳外交关系公约》更详细规定：外交人员原则上应属派遣国国籍。若委派属驻在国国籍的人担任外交官，须经驻在国的同意，驻在国亦可随时予以撤销。对第三国公民充当外交官，驻在国可保留同样的权利。这些人如充任外交人员，只有在执行公务时才享有某些外交特权和豁免权。《维也纳外交关系公约》：http：//www. csil. org. tw/documents/Vienna% 20diplomatic% 20relation. htm，2010 年 10 月 28 日访问。
② Tyler Dennett, *Americans in Eastern Asia: A Critical Study of United States' Policy in the Far East in the Nineteenth Century* (New York: Barnes & Noble, 1922), p. 379；李定一：《中美早期外交史》，三民书局，1985，第 467～468 页；志刚：《初使泰西记》卷一，第 269 页，同治七年闰四月十三日；宝鋆编《筹办夷务始末（同治朝）》卷六九，第 2214 号，第 2791 页，同治八年十月初三日使臣志刚孙家穀折。
③ 志刚：《初使泰西记》卷一，第 269 页，同治七年闰四月十六日。
④ 志刚：《初使泰西记》卷一，第 270 页，同治七年闰四月二十日。

使节团旅美期间，蒲安臣以"世界大使"之姿，四处演说，在美国各地引起轰动。① 同时，蒲安臣与国务卿华尔特（Elihu Benjamin Washburne，1816~1887）签订《中美续增条约》（又称《蒲安臣条约》），再由总理衙门批准生效，一举解决修约和华工问题。② 蒲安臣虽违反了总理衙门的限制，自行与美国政府重新议约，但蒲安臣签订的《中美续增条约》无疑是中国首次以主权国家身份签订的平等条约，并获得美国不干涉中国内政的保证，缓解了英国借修约为由，进一步干涉中国内政的危机。③

蒲安臣使团 1868 年到达英国伦敦后，却因为"扬州教案"的发生，④ 英国朝野对蒲安臣使团的反应十分冷淡。⑤ 当时英国朝野激愤，军舰已到南京示威，英国媒体甚至批评英国公使普鲁斯的"合作政策"未获实效，要求英国政府出兵惩戒中国。⑥ 正是在这样紧张

---

① 张德彝：《欧美环游记》，钟叔河主编《走向世界丛书》第一册，第 673 页，同治七年五月二十九日；李定一：《中美早期外交史》，第 462 页。

② 广西师范大学出版社编《中美往来照会集（1846~1931）》第三册，第 153 号，第 218~219 页，同治八年正月二十四日中美议定于美京都订期换约；第 184 号，第 259~260 页，同治八年十月十九日关于互换美中续立条约照会。志刚：《初使泰西记》卷一，第 271~275 页，同治七年五月初九日；宝鋆编《筹办夷务始末（同治朝）》卷六九，第 2212 号，第 2789~2790 页，同治八年十月初三日奕䜣等奏蒲安臣等在美续订条约请派员互换折。根据《蒲安臣条约》，中美两国得设领、护侨、移民、游历、贸易、办学、宗教自由等权利，尤其是保障华人劳工可在美国居住、工作、信仰自由的权利。不过，虽有条约保护华人权益，但因华工问题日益纷杂，美国各界仍歧视华人，甚至禁止华人移民美国。刘华：《华侨国籍问题与中国国籍立法》，广东人民出版社，2004，第 37、41~46 页。

③ 李定一：《中美早期外交史》，第 469~474 页。宝鋆编《筹办夷务始末（同治朝）》卷六三，第 2042 号，第 2521 页，同治七年十二月二十一日英使阿礼国节略；卷六八，第 2184 号，第 2749 页，同治八年九月十九日英使阿礼国节略；第 2185 号，第 2750 页，同治八年九月十九日英大臣给蒲安臣照会。

④ 马士：《中华帝国对外关系史》卷二，第 248~250 页。

⑤ 马士：《中华帝国对外关系史》卷二，第 215 页。

⑥ 志刚：《初使泰西记》卷二，第 299~300 页，同治七年九月二十日。法国天主教育婴堂连续死去 40 多名婴儿，英国传教士强行购地建造教堂，引发了民众不满，造成数万民众焚烧教堂、打伤传教士的"扬州教案"。英国驻上海领事麦华陀借故调遣军舰开赴南京，胁逼两江总督曾国藩严处相关官员与闹事民众。总理衙门与英国驻华公使阿礼国交涉不果后，命令蒲安臣使团乘访英之机，直接与英政府交涉，避免中英两国开战。

的气氛下，蒲安臣使节团遭到漠视，一直未获英国政府的接待，只好滞留伦敦，等待消息。直到 10 月 1 日（抵达伦敦 12 天后），方得会见英国外交大臣史坦利（Edward Henry Stanley，1826~1893）。又等了一个多月，蒲安臣等人才得见维多利亚女王，可见英国政府对蒲安臣使节团的冷淡态度。11 月 20 日（同治七年十月初七日），英国外交部安排外交大臣史坦利带领蒲安臣使节团前往温莎城堡（Windsor Castle，伦敦以西 32 公里），谒见维多利亚女王。谒见女王时，蒲安臣、志刚等人皆向女王行"三鞠躬礼"，再由蒲安臣亲递中国国书，转达中英两国亲善之意。①

　　访英期间，蒲安臣使节团做了很大的努力，试图缓解英国官民对"扬州教案"的不满情绪。蒲安臣先向总理衙门报告英国女王接见过程，再说明美国仍维持"合作政策"，并建议总理衙门据条约向英国政府力争，尽量约束中国官民，才能不受外人挟制。② 同时，蒲安臣向英国政府重提"合作政策"，并随时向英国官绅解释教案缘由，保证清政府将尽快解决"扬州教案"，希望英国政府能节制英国驻华公使的权限，不要随意干涉中国内政。③ 由于蒲安臣使团的努力，英国外交大臣克拉兰顿爵士（George William Frederick Villiers，4th Earl of Clarendon，1800~1870）不再追究"扬州教案"，发表声明，尊重中国自主之权，并命令英国驻京公使及领事们配合总理衙门，不得随意调动军舰，制造不必要的外交冲突。④ 可以说，蒲安臣使团的交涉，让英国政府重回"合作政策"的路线，愿意尊重中国主权和司法权，也让清政府体会到遣使出访的好处，"实西国通行之公法，即可执此以平洋人之心矣"，"庶不挠于局外，而可捍灾患于无形矣"。⑤

---

① 张德彝：《欧美环游记》，第 714 页，同治七年十月初七日。
② 志刚：《初使泰西记》卷二，第 300~302 页，同治七年十月初七日。
③ 李定一：《中美早期外交史》，第 458、470~471、478~481 页。
④ 志刚：《初使泰西记》卷二，第 302~304 页，同治七年十一月初一日；马士：《中华帝国对外关系史》卷二，第 215~216 页。
⑤ 志刚：《初使泰西记》卷二，第 305 页，同治七年十一月二十日。《初使泰西记》日期有误，见李定一《中美早期外交史》第 479 页注 49 之考证。

抵达巴黎后，蒲安臣使节团遭到刁难。法国外交部屡诘问中国皇帝不召见公使、亲接国书的原因，蒲安臣等人难以解释。而法国皇帝拿破仑三世（Napoleon Ⅲ，1808～1873）迎接蒲安臣使节团入宫觐见时，刻意减去军事仪仗，不让法兵在路旁列队欢迎，可见法国政府不满清政府不接见公使之事，于是刁难蒲安臣使节团，刻意降低接待规格。同治七年十二月十二日（1869年1月24日），拿破仑三世在罗浮宫接见蒲安臣使节团，亲接中国国书。从志刚的记载，可知使节团觐见法皇的行礼方式，以及呈递国书后使节如何退出皇宫。

> 是日，有陪伴官三员，乘官车御军至寓，接至其宫门下车，至其朝会之所，有司礼官俟，传知礼节。再进，为朝见各国使臣之所。届时传进。正面设两位，阶三级，旁列卫士，国军立于三级下。司礼官胪传带见。使臣依次三进步，每步一鞠躬。协理恭赍国书，立于三使臣后……语毕，协理将国书恭交使者传于蒲使，亲递于法君那波仑第三［拿破仑三世］亲接。礼毕，退三步，每步一鞠躬而出。复由司礼官带至君后处，进退如前。仪礼毕，由陪伴官乘原车送归寓馆。①

由此可知，法国官员先至旅馆迎接蒲安臣等人，乘马车行至罗浮宫门下车。蒲安臣等人入殿后，依次行"三鞠躬礼"，再递交中国国书，由拿破仑三世亲接国书，问候中国皇帝。最后蒲安臣等人再行"三鞠躬礼"退出宫殿，由法国官员送归旅馆。值得注意的是，与拿破仑三世会见的同时，蒲安臣趁机提出"合作政策"。拿破仑三世虽不赞同，但因英国已表明"对华合作"的态度，只好敷衍蒲安臣，一直不给肯定的答复。② 法国政府不愿发表与中国合作的声明，也没有签订具体的协定，反而让法国驻京公使罗淑亚（Julien de

---

① 志刚：《初使泰西记》卷二，第308～309页，同治七年十二月十二日。
② 郑曦原编《帝国的回忆：〈纽约时报〉晚清观察记》，第292～293页。

Rochechouart, 1831~1879）自带兵船，向中国催办教案，明显不愿配合英国"对华合作"的政策。① 蒲安臣等人一无所获，只好转往瑞典等国。

访问瑞典、丹麦、荷兰后，蒲安臣使团转往柏林，在普鲁士滞留 40 多天，才前往俄国。② 蒲安臣使节团抵达柏林后，很快就获得普鲁士国王威廉一世（Wilhelm I, 1797~1888）的接见。比起法皇拿破仑三世，普王威廉一世更礼遇蒲安臣使节团。例如，迎接蒲安臣使节团入宫时，沿途列军兵，安排仪仗，实优于法国的接待规格。威廉一世亲接国书后，与王后立送使团出宫，③ 并八次约见使团人员，或赐席宴饮，或赠票观剧，或茶叙参观，可见普鲁士结好中国的意图。④ 蒲安臣也拜访普鲁士首相俾斯麦（Otto von Bismarck, 1815~1898），希望欧美各国能支持清政府，协助改革。当时俾斯麦正准备出兵法国，无暇东顾，当然愿意向清政府表示善意，故声明普鲁士完全尊重中国自主，愿协助中国步向富强。⑤ 显然，普鲁士优待蒲安臣使团的结果，让志刚等人推崇备至，以为普鲁士是对华亲善之国，可协助中国进行改革。⑥

离开柏林后，蒲安臣使节团转往俄国圣彼得堡。一到俄境，蒲安臣便忙着拜访俄国外交大臣库尔查科夫，进行会谈。⑦ 同治八年正

① 李定一：《中美早期外交史》，第 481~482 页；马士：《中华帝国对外关系史》卷二，第 257~258 页。

② 志刚：《初使泰西记》卷三，第 325 页，同治八年八月十六日（前往瑞典）；第325 页，同治八年八月十七日（路过比利时）；第 326 页，八月十九日（抵丹麦）；第 326 页，八月二十一日（抵瑞典）；第 326 页，八月二十六日（抵荷兰）；第 330 页，十月十五日（转往普鲁士）；第 331 页，十月十七日（抵达柏林）。

③ 志刚：《初使泰西记》卷三，第 331 页，同治八年十月二十九日。

④ 孙家穀：《使西书略》，钟叔河主编《走向世界丛书》第一册，第 382 页；志刚：《初使泰西记》卷三，第 332 页，同治八年十一月初二日、初六日、十六日、二十二日。

⑤ 志刚：《初使泰西记》卷三，第 336 页，同治八年十二月二十七日。

⑥ 志刚：《初使泰西记》卷三，第 335 页，同治八年十二月二十六日；第 336 页，同治八年十二月二十七日。

⑦ 志刚：《初使泰西记》卷三，第 337 页，同治九年正月初七日。

月十七日（1869 年 2 月 27 日），蒲安臣使节团面见俄国沙皇亚历山大
二世（Aleksandr Nikolayevich，1818~1881）时，同样用"鞠躬礼"行礼，
呈递国书。① 俄国沙皇亲接国书，设宴饮馔，却大谈美俄亲善，完全
不回答中俄领土纠纷、陆路通商、新疆变乱等问题。俄国沙皇的敷
衍态度让蒲安臣大为尴尬，十分焦虑，竟一病不起，逝于俄国。② 蒲
安臣病故的消息，引起许多国家的注意，纷纷表示哀悼。③ 为了感谢
蒲安臣的"鞠躬尽瘁"，清政府特旨加恩，赏给蒲安臣一品衔，又颁
发恤银一万两，交给蒲安臣的遗孀，④ 并命令志刚改任团长，督同协
理柏卓安、德善继续出访比利时、意大利、西班牙等国。最后，使
团完成出使 11 个国家的任务，于同治九年十月二十六日（1870 年 11
月 18 日）抵达北京。⑤

当志刚率领的使节团访问比利时、意大利及西班牙时，仍未遵
照总理衙门的《出使条规》，同样向这些国家的国王行"鞠躬礼"
致敬，亲递国书。⑥ 值得注意的是，志刚等人行"鞠躬礼"的动机
究竟为何？如果是蒲安臣授命志刚等人违反《出使条规》，强迫他
们行"鞠躬礼"、亲递国书等事，那蒲安臣去世后，志刚自然可改
弦易辙，遵照总理衙门《出使条规》的指示，但为什么志刚却不这
样做？从志刚与外国访客的问答中，可窥见志刚的想法。志刚以

① 志刚：《初使泰西记》卷三，第 337 页，同治九年正月十七日。
② 马士：《中华帝国对外关系史》卷二，第 217 页；志刚：《初使泰西记》卷三，第
339 页，同治九年正月十八日："盖蒲使长于海面商政，而至俄国，则与中国毗连
陆地将万数千里，而又各处情形办法非一，恐办法稍差，失颜于中国；措语未
当，贻笑于俄人。乃日夜焦急，致病势有加无已，于［二月］二十四日身故。"
③ 志刚：《初使泰西记》卷三，第 346 页，同治九年三月二十五日；第 347 页，同
治九年三月二十八日；第 352~353 页，同治九年四月初七日。
④ 宝鋆编《筹办夷务始末（同治朝）》卷七二，第 2306 号，第 2900~2901 页，同
治九年四月初十日奕訢等奏美使蒲安臣病故现筹办情形折；广西师范大学出版社
编《中美往来照会集（1846~1931）》第三册，第 198 号，第 287~288 页，同治
九年四月十八日对中国褒奖蒲大臣优恤其眷属事照覆致谢。
⑤ 志刚：《初使泰西记》卷四，第 379 页，同治九年十月二十六日。
⑥ 志刚：《初使泰西记》卷四，第 352 页，同治九年四月初七日；第 358 页，同治
九年五月十一日；第 364 页，同治九年七月初十日。

为，中国之所以为中国，不在中国的地理位置，而是中国以礼立国，行中庸之道。因此，志刚强调《礼记》："礼从宜，使从俗"，[①]以为使者应入境随俗，因地制宜，即持中庸之道，方符合中国礼法的原则。[②]

> 前在西国，客问使者曰："地球上无之而非国也，中国之说何谓也？"使者晓之曰："……中国者，非形势居处之谓也。我中国自伏羲画卦以来，尧、舜、禹、汤、文、武、周公、孔、孟所传，以致于今四千年，皆中道也；非若印度之佛言空，犹太之耶稣言爱，波斯之拜火，麻哈摩之清真，日本之新德，此大地上之彰明较著者……则所谓中国者，固由历圣相传中道之国也。而后凡有国者，不得争此中字矣"。[③]

由此可见，志刚等人不遵《出使条规》，即依据《礼记》，以为礼宜从俗，使者可因地制宜，对外国君主行"鞠躬礼"，忽略中西礼仪的礼秩问题，弥合中西礼不同的矛盾。

总理衙门并不了解蒲安臣的外交理念，无法从旁协助，就连同行出使的孙家毅也无法理解，颇有微词，[④]竟以为蒲安臣欣羡巴黎的繁华，才会滞留巴黎，延误行程。由此可知，同行的中国使员不一定能理解蒲安臣的做法，也很难认识到"使节外交"的真意。对蒲安臣使节团的成果，各界褒贬不一。例如，马士（Hosea Ballou Morse）以为，蒲安臣使节团的出使，虽有助于清政府对外交涉的发

---

① 志刚：《初使泰西记》卷二，第310页，同治七年十二月十二日。
② 志刚：《初使泰西记》卷二，第290页，同治七年七月十二日。志刚自举一例，说明中西礼节不同，但为人臣者身处异邦，也应恪守君臣之礼："早晨，使者率同事公服向上行三跪九叩首礼，恭庆慈安皇太后万寿圣节。蒲使闻之，约至客厅晤谈。言中国礼节，虽远方亦不敢急忽，甚合道理云云。是西国之晓道理者，未尝不慕中国之礼义也。"
③ 志刚：《初使泰西记》卷四，第376页，同治九年九月十五日。
④ 孙家毅：《使西书略》，第381页。

展，但未真正改变中国人的封闭观念，故批评蒲安臣白费工夫、失败收场。① 但大多数学者仍赞赏蒲安臣"对华合作"的理念，② 以为蒲安臣使节团的出使，多少影响了美国、英国的态度，有助于清政府解决因修约、教案、觐事引起的外交冲突。③

姑且不论西方学者如何评价蒲安臣使节团，但蒲安臣使节团的出使，确实对中国传统对外交涉体制造成了某种影响，分析如下。第一，总理衙门虽得到美国、英国"对华合作"的保证，但因蒲安臣没有遵守《出使条规》，让志刚、孙家穀等人以"鞠躬礼"面见各国元首，也向各国元首亲递国书，让"公使请觐"之事陷入进退两难的局面。志刚等人返国之前，英国驻京公使阿礼国（Rutherford Alcock, 1809 ~ 1897）已经以蒲安臣未言明中国无报施之礼为由，要求总理衙门比照蒲安臣面见英国女王的方式，制订"外国公使觐见礼"的相关仪节。④ 阿礼国也威胁总理衙门，若清政府再不同意"公使请觐"，就表示中国不愿以"客礼"相待，将不排除以武力强迫的可能性。

> 前年蒲大臣出使时，贵衙门既有咨会，应一律照会各国钦差大臣。蒲大臣到各国时，亦应豫为言明。乃蒲大臣并未宣之于口，蒲大臣在外国行觐见之仪，未言中国无报施之礼。如此大事，中国本系理所应为，自无俟外国相强。各国出境大臣，阻其入觐，即为不以客礼相待。⑤

---

① 马士：《中华帝国对外关系史》卷二，第218页。
② 李定一：《中美早期外交史》，第465、470~476、481~486页。
③ John Watson Foster, *American Diplomacy in the Orient* (New York: Da Capo Press, 1970), p. 267; Tyler Dennett, *Americans in Eastern Asia: A Critical Study of United States' Policy in the Far East in the Nineteenth Century*, p. 388; Frederick Wells Williams, *Anson Burlingame and the First Chinese Mission to Foreign Powers* (New York: Scribner's, 1912), pp. 254 – 271.
④ 宝鋆编《筹办夷务始末（同治朝）》卷六八，第2187号，第2754页，同治八年九月十九日英使阿礼国节略。
⑤ 宝鋆编《筹办夷务始末（同治朝）》卷六八，第2190号，第2757页，同治八年九月十九日英使阿礼国照会。

对阿礼国的质疑，总理衙门无法辩驳，只能以同治皇帝尚未亲政为由，敷衍阿礼国，暂且拖延。①

第二，经过斌椿访问团的尝试后，清政府官员的态度明显转变（见表3-3）。对遣使出国之事，多数督抚不再反对，多持赞同意见，以为遣使有益于中国，可压抑各国公使的气焰。例如，陕甘总督左宗棠指出，遣使出国可打探欧美各国的情况，遏阻各国驻京公使的专横。② 署湖广总督李瀚章认为，欧美各国既为敌体，自然可行"交聘"，并引据《春秋》的"王臣下聘诸侯"之礼，赞同清政府遣使赴欧美各国聘问，查探外国虚实，与外国政府直接交涉。③ 不过，虽大多数督抚赞同遣使，但仍有人持反对意见，如马新贻以为"遣使驻外"之事只是洋人干涉内政的借口，清政府不应自堕陷阱。若有交涉之事，可仿照斌椿访问团之例，有事再出使外国。④ 因此，总理衙门囿于各种困难（担心外人挟制、外语人才不足、经费不足等问题），始终没有派出正式的驻外使节（同治九年发生天津教案，法国驻津领事丰大业被杀，崇厚赴法道歉，属专使性质），落实"遣使驻外"之事。直到光绪元年（1875）发生"马嘉理案"，清政府迫于英使威妥玛的压力，⑤才任命郭嵩焘（1818~1891）组成使节团，援引同治九年的崇厚出使事，赴英国道歉，并趁势留驻英国，成为清政府遣使驻外的首例。⑥

---

① 宝鋆编《筹办夷务始末（同治朝）》卷六八，第2189号，第2756页，同治八年九月十九日给英使阿礼国节略。

② 宝鋆编《筹办夷务始末（同治朝）》卷五一，第1794号，第2154页，同治六年十月二十五日左宗棠条说。

③ 宝鋆编《筹办夷务始末（同治朝）》卷五二，第1821号，第2191~2192页，同治六年十一月二十一日李瀚章条说。

④ 宝鋆编《筹办夷务始末（同治朝）》卷五五，第1852号，第2270~2271页，同治六年十二月初六日马新贻奏议覆修约事宜折。

⑤ 吴汝纶编《李鸿章全集·译署函稿》卷三，海南出版社，1997，《译威使送来洋文节略》，第45页b，光绪元年七月十三日。关于"马嘉理案"，并非本书重点，不赘述，可参看王绳祖的研究。Shen-tsu Wang, *The Margary Affair and the Chefoo Agreement*, London；New York：Oxford University Press, 1940.

⑥ 汪荣祖：《走向世界的挫折：郭嵩焘与道咸同光时代》，中华书局，2006，第178~186页。

表 3－3　1867 年各省督抚对遣使外国的意见整理

奏启者	收到时间	立场	对遣使外国的看法
陕甘总督 左宗棠	同治六年 十月二十五日	赞同	正赖遣使一节,以诇各国之情伪,而戢公使之专横……其使臣则五年一派,即从此项人才内挑派,假使持节(51/2154-2155)
两广总督 瑞麟	同治六年 十一月十五日	缓办	不得奇人,不独贻羞外国,更防失我事机……现未得人自难照行,俟果得人再议兴办(52/2181)
盛京将军 都兴阿	同治六年 十一月十七日	不表意见	
山东巡抚 丁宝桢	同治六年 十一月十九日	赞同	查两国和好,通使往来,原属可行……必操守清廉胆识兼优者方得入选(52/2187)
署湖广总督 江苏巡抚 李瀚章	同治六年 十一月二十一日	赞同	一则借以觇其虚实,察其动静;一则考究外臣在中国苛求诘责之事,是否出自该国主之意。似宜择中国读书明理、有操守而又通晓外洋语言文字者数人(52/2192)
总理船政 前江西巡抚 沈葆桢	同治六年 十一月二十一日	反对	臣以为此议可拒则拒之,否则暂出权宜可也,但不可视为抚局之关键耳(53/2198)
广东巡抚 蒋益沣	同治六年 十一月二十二日	不表意见	除请觐、遣使二事,攸关体制,朝廷自有权衡,非臣下所敢擅拟(53/2220)
两江总督 曾国藩	同治六年 十一月二十三日	赞同	遣使一节,中外既已通好,彼此往来,亦属常事……似应令中外大臣,留心物色可使绝人员(54/2227)
福州将军 英桂	同治六年 十一月二十五日	赞同	今议遣使,不过修好,余事不能擅专,须先约明,庶免晓渎……不必假以事权,亦毋须令其专驻(54/2231)
江西巡抚 刘坤一	同治六年 十一月二十五日	赞同缓办	臣愚以为请觐、遣使,事属虚名,姑约缓期,洋人当不固执(54/2234)
三口通商 大臣崇厚	同治六年 十一月二十六日	赞同缓办	今宜允之,或期诸军务肃清,或待诸度支稍裕,计非数年以后不可。至我使臣到彼,尚有交阅谕旨一节,其谒见彼君主之仪,亦应先为议定(54/2238-2239)
闽浙总督 吴棠	同治六年 十二月初三日	赞同缓办	现在既敦和好,则礼尚往来,在各国之要求,似亦近理……唯有遴选得人,再为议及也(55/2252-2253)

续表

奏启者	收到时间	立场	对遣使外国的看法
湖广总督 李鸿章	同治六年 十二月初六日	赞同 缓办	此次权宜试办，以开风气之先，将来使回，如查看有效，另筹久远章程，自不宜常令外国人充当（55/2260）
浙江巡抚 马新贻	同治六年 十二月初六日	反对	遣使一节，洋人非真讲往来之礼也……其患不可言喻，似难遽行允准。如万不可却，闻上年斌椿带学生凤仪等前往各国，尚能不辱朝命，似可仿照……而要不可有秉政大员、代国大臣住京各名目（55/2270 - 2271）
福建巡抚 李福泰	同治六年 十二月初六日	赞同	彼以使来，我以使往，更于国体无碍。果能选择得人，查探彼国之虚实，宣布我国之事理，中外之气不隔，于通商大局必有裨益，诚如明谕，未可视为缓图也（55/2276）
署江苏巡抚 湖北巡抚 郭柏荫	同治六年 十二月初六日	赞同	中外既已通和，互相遣使，所以通彼此知情……其外臣未经入觐以前，中国使臣亦不与彼国君主相见（55/2279 - 2280）
署直隶总督 官文	同治六年 十二月二十二日	反对	奴才窃以为即使遣使，遇该国使臣倔强，未必遂能向其本国加以诘责，亦不能必彼不复倔强，此则非遣使所能制也（56/2292）

资料来源：宝鋆编《筹办夷务始末（同治朝）》卷五一，第 1794 号，第 2154～2155 页，同治六年十月二十五日左宗棠条说；卷五二，第 1813 号，第 2181 页，同治六年十一月十五日瑞麟条说；第 1814 号，第 2183 页，同治六年十一月十七日都兴阿奏议覆修约事宜折；第 1818 号，第 2187 页，同治六年十一月十九日丁宝桢奏议覆修约事宜折；第 1821 号，第 2192 页，同治六年十一月二十一日李瀚章条说；卷五三，第 1823 号，第 2198 页，同治六年十一月二十一日沈葆桢条说；第 1832 号，第 2220 页，同治六年十一月二十二日蒋益沣条说；卷五四，第 1833 号，第 2227 页，同治六年十一月二十三日曾国藩奏议覆修约事宜折；第 1835 号，第 2231 页，同治六年十一月二十五日英桂奏议覆修约事宜；第 1836 号，第 2234 页，同治六年十一月二十五日刘坤一奏议覆修约事宜；第 1838 号，第 2238～2239 页，同治六年十一月二十六日崇厚条说；卷五五，第 1847 号，第 2252～2253 页，同治六年十二月初三日吴棠条说；第 1850 号，第 2260 页，同治六年十二月初六日李鸿章条说；第 1852 号，第 2270～2271 页，同治六年十二月初六日马新贻奏议覆修约事宜折；第 1856 号，第 2276 页，同治六年十二月初六日李福泰条说；第 1858 号，第 2279～2280 页，同治六年十二月初六日郭柏荫条说；卷五六，第 1866 号，第 2292 页，同治六年十二月二十二日官文条说。

三　优礼外人：三揖礼和五鞠躬礼的制订

根据清代祖制，年幼皇帝完婚后即算成年，便可行亲政大典，正式理政。[①] 于是1872年同治皇帝大婚后，两宫太后撤帘归政，[②] 皇权重回皇帝手上。同治十二年正月二十六日（1873年2月23日），同治皇帝下诏亲政，举行大典，[③] 让总理衙门拖延"公使请觐"的理由不再存在。正月二十七日（2月24日），俄、德、美、英、法五国公使联衔照会总理衙门，请求觐见皇帝，欲祝贺亲政，否则有失职之愆。[④] 在五国公使的照会里，不只要求清政府履行"公使请觐"的条款，也提到"钦差蒲大臣等，所至各国皆以敌体相见。彼时所有各国召见礼节，谅志、孙二大臣必行遵为覆奏"，[⑤] 试图援引蒲安臣以"鞠躬礼"觐见欧美各国元首为例，要求总理衙门比照办理。

---

① 顺治皇帝6岁即位，顺治八年亲政，同年八月行大婚礼，年方14岁。康熙皇帝8岁即位，康熙四年九月行大婚礼，康熙六年七月行亲政礼，康熙八年铲除鳌拜，亲理政事，掌握实权。同治皇帝6岁即位，却拖至同治十一年九月十五日方举行大婚礼。同治十二年正月二十六日行亲政大典。高阳：《清朝的皇帝》上册，远景出版社，1987，第151、284页；下册，第1056~1057页。刘耿生编著《同治事典》，远流出版有限公司，2005，第310~311页。陈捷先：《慈禧写真》，远流出版有限公司，2010，第117~118页。

② 中国第一历史档案馆、文化部恭王府管理中心编《清宫恭王府档案总汇：奕訢密档》第七册，国家图书馆出版社，2008，第185~188页，同治十一年十月二十二日恭亲王奕訢等奏，原件档号：3/82/4676/71，中国第一历史档案馆藏。

③ 台北"故宫博物院"：《内阁部院档诏书：同治亲政诏》，档案号：301000037，同治十二年正月二十六日。同治亲政诏书原件见台北"故宫博物院"典藏精选网站：http://www.npm.gov.tw/zh - tw/collection/selections _ 02.htm? docno = 211&catno = 11，2010年11月17日访问。

④ 宝鋆编《筹办夷务始末（同治朝）》卷八九，第2904号，第3603页，同治十二年三月十八日英法俄美德照会。据总理衙门档案，可知各国公使早在同治十一年六月时，以皇帝即将大婚为由，要求觐见，并声称若不朝觐，等于侮辱各国尊严，希望中国尽快举行。《总理各国衙门事务文件·约章》，中研院近史所藏，档案号：01 - 21 - 055 - 02 - 001，《北洋大臣咨送新闻纸据江海关呈送新闻纸内载有各国请觐一事由》，第1页，同治十一年六月初四日北洋大臣李鸿章致总署咨文。

⑤ 宝鋆编《筹办夷务始末（同治朝）》卷八九，第2908号，第3609页，同治十二年三月十八日总理衙门与各国公使往来节略。

对五国公使的请觐要求，总理衙门无法再拒绝，只好借口总理衙门大臣文祥患病，无法与各国公使面商，请五国公使暂且等候。① 总理衙门为难的关键，在于《中英天津条约》载有明文：

> 大英钦差大臣，作为代国秉权大员，觐见大清皇上时，遇有碍于国体之礼，是不可行。惟大英君主每有派员前往泰西各与国拜国主之礼，亦拜大清皇上，以昭画一肃敬。②

因此，总理衙门无法要求各国公使以"跪拜礼"觐见皇帝，③ 否则就有违约之嫌。但总理衙门又不能更定觐礼，同意各国公使行"鞠躬礼"，否则将遭言官攻击。总理衙门进退两难，必须寻得一妥善方案，让公使团既能顺利觐见，也能平息保守派的反对舆论。

根据同治六年督抚奏议的请觐条说，总理衙门本想用李鸿章的方案，即举行常朝、御门听政时，④ 让各国公使排入纠仪御史之列，随众俯仰，免跪免拜，形似"鞠躬礼"，就算完成觐见仪式。⑤ 若按照李鸿章的方案，公使团可免跪免拜，让各国公使如愿以偿，不会再纠缠"跪拜礼"与"鞠躬礼"的差异。同时，外国公使若混在赞礼执事人员当中，如执臣礼，便可堵住保守派的悠悠之口。李鸿章

---

① 宝鋆编《筹办夷务始末（同治朝）》卷八九，第 2905 号，第 3603 页，同治十二年三月十八日英法俄美德照会。

② 田涛主编《清朝条约全集》卷一，第 198 页。

③ 陈湛绮主编《晚清外交会晤并外务密启档案汇编》第七册，全国图书馆文献缩微复制中心，2008，第 3019～3020 页，同治十二年三月三十日总理衙门致北洋通商大臣李鸿章。

④ 赵尔巽：《清史稿》卷八八《礼七》，第 2622～2625 页；郭松义等：《清朝典制》，第 83～85 页。常朝为处理日常政务的例行制度。天命年间定五日一视朝，崇德年间定每月初五、十五、二十五日视朝，群臣行一叩礼。顺治八年定制每月初五、十五、二十五日御太和殿视朝，得入殿奏事者行三跪九叩礼，不需奏事者在午门外行礼。外藩王以下、公台吉以上来朝，以及蒙古喀尔喀、厄鲁特等部落进贡官员也在常朝日进殿行礼。

⑤ 宝鋆编《筹办夷务始末（同治朝）》卷五五，第 1850 号，第 2259 页，同治六年十二月初六日李鸿章条说。

的方案近似取巧，却能回避各国公使是否为天子之臣的问题，不会动摇"天下秩序"的正当性基础。可是，崇厚却反对这样的方案，[①]指出蒲安臣使节团早有先例，很难再让公使团接受这样的安排，[②]而"朝会仪"自有定制，公使团怎可混在纠仪御史之列，届时将会得罪保守派与公使团，落得两面不讨好的下场。总理衙门只好放弃李鸿章的方案，另想办法。

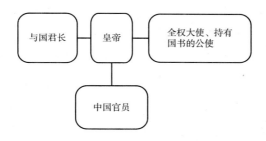

图 3 - 1　外国公使的与国平行概念

说明：垂直线为臣属关系，横线为平行关系。从图中可知，外国公使的与国概念＝外国君主及手持国书的公使。既然国交平行，中国与欧美各国地位平等，外国公使呈递国书时，认为自身即代表国家主权，应与中国皇帝位阶平行，故不愿行跪拜礼。

同治十二年二月初七日（1873 年 3 月 5 日），五国公使团第二次照会总理衙门，请确定觐见日期、地点及觐礼方案，[③]并提出三项声明：一是先据《天津条约》与《万国公法》，说明公使向皇帝亲递国书是两国修好之明证，请觐之事不可再拖。二是欧美诸国是中国

①　宝鋆编《筹办夷务始末（同治朝）》卷八五，第 2771 号，第 3436 页，同治十年正月二十三日崇厚与法国总理外部大臣等往来照会函二十一件；第 2774 号，第 3442 页，同治十年正月二十三日上谕。崇厚本为三口通商大臣，为天津教案之事赴法谢罪。回国后，崇厚着在总理衙门行走。
②　汤仁泽：《经世悲欢：崇厚传（1826～1893）》，上海社会科学院出版社，2009，第 174～183 页；崇厚述、衡永编《鹤槎年谱》，北京图书馆出版社，1998，第 25～26 页。
③　中国第一历史档案馆、文化部恭王府管理中心编《清宫恭王府档案总汇：奕訢密档》第七册，第 273 页，同治十二年三月十八日恭亲王奕訢等奏。原件档号：3/164/7807/53，中国第一历史档案馆藏。

的与国，地位平等，不可比之属国。外国公使是一国主权的代表，绝不向同治皇帝行"跪拜礼"。三是若清政府为请觐之事与各国公使冲突，政局不稳，将影响"剿平回变"的进度。①

值得注意的是，五国公使团批评总理衙门误会了"平行往来"的意义，使中外双方无法在觐礼问题上达成共识，屡生龃龉。

> 若觐见之礼，中国以为难者在于节文，而外国见他国君上之礼节，中国于其中恐有未晰之处，容为面陈。中国以为外国使臣，既奉有代本国之权，前往某国，料想应与某国之君平行，焉有斯理。②

公使团指出，总理衙门误以为外国君主与中国皇帝地位平等，而外国公使是外国君主之臣，竟推论外国公使应向皇帝行臣属之礼。因此，公使团提出觐礼方案：一是皇帝接见公使时，可坐立自便，不必依照欧美惯例，采站立受礼；二是皇帝可自行决定是否赐坐、赐茶、赐酒，公使不主动要求；三是公使觐见时，只请安奏贺，不会论及公务，但若皇帝主动问起，公使可决定回答与否。③

对五国公使团的照会，总理衙门声明"公使请觐"之事，乃皇

---

① 宝鋆编《筹办夷务始末（同治朝）》卷八九，第 2908 号，第 3606 页，同治十二年三月十八日总理衙门与各国公使往来节略。《筹办夷务始末（同治朝）》与《清代档案史料丛编》抄录的《军机处档案》字句有些不同，但大体相同，不影响阐述的意义。中国第一历史档案馆编《清代档案史料丛编》第 13 辑，中华书局，1990，第 439 页："现在各国怀疑，寸衷未能安慰，固因条约中尚有未尽守之处，尤因中国形似格拒远人，为此疑虑未得冰释。惟伺各国使臣一奉召见，则据此可知中国于西国与外夷，友邦与属国，实为分晰明辨……若失好外国，则内地之难，当必加倍。"此处的内地之难，应指陕甘回变。云南回变已于同治十一年平定，杜文秀服毒自杀，起义失败。
② 宝鋆编《筹办夷务始末（同治朝）》卷八九，第 2908 号，第 3606 页，同治十二年三月十八日总理衙门与各国公使往来节略。
③ 宝鋆编《筹办夷务始末（同治朝）》卷八九，第 2908 号，第 3606 页，同治十二年三月十八日总理衙门与各国公使往来节略。

帝优待各国使臣之礼，应由清政府自行举办，不劳各国公使指手画脚。总理衙门也声明，清政府不是不愿意举行"公使请觐"，只是需要与公使团商量，拟出一无碍于中国体制、公使团亦可接受的觐见礼方案。此外，总理衙门也批评公使照会的"平行之说"看似解释，实则威迫清政府接受公使团的方案，并以康熙朝的中俄关系反驳公使团对"与国"的解释。

> 其实中国从前非无与国也，即如俄国与中国久为友邦，当时觐见，载在典册，人人知之。傥如各大臣今日所云，将谓当日中国之待俄国，非与国耶？否则今日泰西各国，又视中国为非与国耶……如中国康熙年间使臣至俄，俄国亦未尝见，迄今二百年和好如初，中国从不疑其相拒，可为明证。①

总理衙门以俄使觐见为例，表示清政府自有款接与国使者的办法，并根据图理琛赴俄国报聘的前例（见第一章第三节），指出当时的俄国女皇并未接见图理琛，同样不影响中俄两国的友谊，可见公使照会的说法不全真实，迹近逼迫。

五国公使团很快地递出第三次照会，逐一反驳总理衙门的说法，指出志刚、孙家毂皆是中国官员，为何与蒲安臣同样向外国君主行"鞠躬礼"？当时总理衙门未曾抗议，如今却有不同的说法？况且，总理衙门曾默许公使请觐之事，② 但现在为何又推翻前议，要求公使

---

① 宝鋆编《筹办夷务始末（同治朝）》卷八九，第 2908 号，第 3607~3608 页，同治十二年三月十八日总理衙门与各国公使往来节略；中国第一历史档案馆编《清代档案史料丛编》第 13 辑，第 440 页。比对两书后，内容相同。

② 中国第一历史档案馆编《清代档案史料丛编》第 13 辑，第 441 页。据《清代档案史料丛编》第 13 辑抄录的《军机处档案》，可知同治十二年正月二十日由董恂、崇纶、夏家镐三人向德国驻京公使李福斯递交中国国书。但《筹办夷务始末（同治朝）》却以为"董崇夏"为一个人人名，实有误。宝鋆编《筹办夷务始末（同治朝）》卷八九，第 2908 号，第 3609 页，同治十二年三月十八日总理衙门与各国公使往来节略。

团行"跪拜礼"，否则就不可请觐？① 经过一连串的诘问，公使团不解总理衙门的转变，反复声明各国公使是各国元首的代表，应与中国皇帝平行，非其臣属，绝不可行"跪拜礼"。不过，为了能顺利觐见皇帝，公使团也有退让，只要清政府不坚持"跪拜礼"的觐礼方案，公使团可斟酌变更"外国于其本国之礼"。②

针对公使团的第三次照会，恭亲王奕䜣先澄清中国并未将外国视为属国，更无意折辱各国公使。接着，奕䜣再指出蒲安臣出使之初，总理衙门曾事先声明"中外礼节不同，中国无论何时，国体总不能改"，"中国不能援照办理"。③ 况且，外国公使团既在中国，应照中国之礼，方符合"礼宜从俗"的习惯。最后，奕䜣更批评公使团明知"跪拜礼"攸关中国国体，却坚持不行"跪拜礼"，所谓的"友谊岂非虚话"。④ 因此，奕䜣希望公使团能权衡利弊，体谅清政府、总理衙门及自己的难处，尽量折中"跪拜礼"与"鞠躬礼"的仪式，不致损伤中外双方的体面。

对公使团的照会，奕䜣虽振振有词，但已无法推托"公使请觐"之事，只好向同治皇帝奏请，并委婉说明外使不行"跪拜礼"的困难，并称公使团已有退让，愿意行"五鞠躬礼"。若再不同意请觐，

① 宝鋆编《筹办夷务始末（同治朝）》卷八九，第 2908 号，第 3609 页，同治十二年三月十八日总理衙门与各国公使往来节略："总署以使臣不跪，碍于中国体制。使臣以凡自主之国，派使进禀，其觐见之礼，总须示众，俾晓来使之本国，系与中国平行，非其下属，总署更以中国若依外国将见上礼节更易，则中华国体必为百姓轻视，而本署亦必被人讥刺。"
② 宝鋆编《筹办夷务始末（同治朝）》卷八九，第 2908 号，第 3610 页，同治十二年三月十八日总理衙门与各国公使往来节略："至下跪一节，中华果能通融改易，则外国于其本国之礼，亦可酌议变更。中华若仍以使臣必须下跪，则再为晤谈，似未免徒费日时矣。"中国第一历史档案馆编《清代档案史料丛编》第 13 辑，第 441～442 页。《军机处档案》与《筹办夷务始末（同治朝）》字句有异，但意思不变，不赘引。
③ 宝鋆编《筹办夷务始末（同治朝）》卷八九，第 2908 号，第 3610 页，同治十二年三月十八日总理衙门与各国公使往来节略。
④ 宝鋆编《筹办夷务始末（同治朝）》卷八九，第 2908 号，第 3610 页，同治十二年三月十八日总理衙门与各国公使往来节略。

可能授人以柄，重演联军之祸，恳求皇帝允许请觐之事。[①] 正当总理衙门焦头烂额之际，负责监察礼部的翰林院编修吴大澂（1835～1902）、山东道监察御史吴鸿恩（同治元年进士）、大理寺少卿王家璧（1814～1883）、江南道监察御史王昕（同治元年进士）、浙江道监察御史边宝泉（？～1898，汉军镶红旗）、河南道监察御史吴可读（1811～1879）先后上疏，分别提出对觐礼问题的看法。除了王家璧、吴可读赞同外使行"鞠躬礼"之外，其余四人皆主张"跪拜礼"，但与同治六年督抚们反对公使请觐的态度相比，在这四名反对者的言谈中，已有"泰西礼仪"的概念，[②] 甚至提出了看似可行的觐见礼方案。[③] 例如，吴鸿恩建议仿照赐宴外藩的办法："皇上御太和殿，特派亲王大学士带领该国使臣入殿中行拜跪礼，皇上将国书授亲王大学士，亲王大学士转递该国使臣，随即退出"。[④] 由此可见，所谓"保守派"的意见，并不全是顽固不化，亦与现实政治的局势相呼应。

奇怪的是，对吴大澂与吴鸿恩的意见，同治皇帝未有旨意，也不下廷议讨论，反而抄发寄给直隶总督兼北洋通商大臣李鸿章，命令李鸿章拟订办法。[⑤] 早在同治六年总署预筹修约时，李鸿章已主张

① 中国第一历史档案馆编《清代档案史料丛编》第 13 辑，第 444～445 页。
② 宝鋆编《筹办夷务始末（同治朝）》卷八九，第 2912 号，第 3613～3614 页，同治十二年三月十九日吴大澂奏洋人恳请觐见未可允准以绝觊觎之萌折。
③ 翰林院编修吴大澂、山东道监察御史吴鸿恩递折时间为四月初五日。大理寺少卿王家璧递折时间为四月二十九日。江南道监察御史王昕、浙江道监察御史边宝泉递折时间为五月初三日，河南道监察御史吴可读递折时间为五月二十五日。托津纂修《钦定大清会典（嘉庆朝）》卷五四《都察院》，第 2527 页。递折时间见宝鋆编《筹办夷务始末（同治朝）》卷九○，第 2938 号，第 3641 页，同治十二年五月二十日奕訢等奏请将李鸿章折片饬交会议片："臣等查王昕、边宝泉所奏，与业由李鸿章议覆之吴大澂、吴鸿恩折大致相同，并与咸丰十年前众论相同。而王家璧所奏，则与李鸿章折相同。"
④ 宝鋆编《筹办夷务始末（同治朝）》卷八九，第 2918 号，第 3619 页，同治十二年三月二十八日吴鸿恩又奏洋人请觐请仿赐宴外藩酌定礼节片。
⑤ 宝鋆编《筹办夷务始末（同治朝）》卷八九，第 2919 号，第 3620 页，同治十二年三月二十八日廷寄。

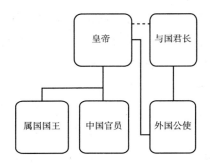

图 3 - 2　清政府的与国平行概念

说明：垂直线为臣属关系，虚横线为平行关系。从图中可知，清政府的与国是指与国君长。国交平行，是指与国君长与皇帝位阶平行。外国公使为与国君长的臣属，同样得向皇帝行臣属之礼，故主张公使须行跪拜礼。

变通觐礼、优容外使的方案。① 李鸿章升任直隶总督兼北洋通商大臣后，成为清政府对外交涉的第一线代表，深深体会到"公使请觐"的重要性。因此，同治皇帝亲政之前，李鸿章已与法、俄、德国公使商议，② 并两度进京面见两宫太后、奕䜣、文祥等人，讨论请觐之事。③ 对吴大澂等人的反对意见，李鸿章批评吴大澂等人

---

① 宝鋆编《筹办夷务始末（同治朝）》卷五五，第 1850 号，第 2259 页，同治六年十二月初六日李鸿章条说。另可见本章第一节第一小节的讨论。

② 同治十一年（1872），法国公使热福里（L. de Geofrog）、俄国公使倭良嘎里（A. Vlangaly）及德国公使李福斯（H. Von Rehfues）途经天津。受总理衙门妥托，李鸿章与法、俄、德国公使进行会谈，故了解外国公使团对请觐之事的立场。吴汝纶编《李鸿章全集·译署函稿》卷一《议法使缓递国书》，第 35 页 b，同治十一年七月三十日；卷一《议公使请觐并驳领事驻京》，第 36 页 b ~ 37 页 a，同治十一年八月初八日。Kwang-ching Liu, "Li Hung-chang in Chihli: The Emergence of A Policy, 1870 - 1875," in Albert Feuerwerker, Rhoads Murphy and Mary Wright eds., *Approaches to Modern Chinese History* (Berkeley: University of California Press, 1967), p. 75.

③ 同治十二月正月，李鸿章蒙两宫召对，陈述对外使入觐的看法。对此，李鸿章曾函告友人，"各使求觐甚力，总署欲令跪拜如仪，乃又不肯自违该国体例，朝廷念其恭谨无他意，或故许之"，并进京向恭亲王奕䜣陈述己见，希望总理衙门能妥善处置。吴汝纶编《李鸿章全集·朋僚函稿》卷一三《复孙竹堂观察》，第 3 页 b ~ 4 页 a，同治十二年三月二十六日。

"倡为迁论",① 建议总理衙门尽快处理，避免引起不必要的冲突，平息清议的反对意见。

对公使请觐之事，李鸿章援引康熙、乾隆、嘉庆三朝外国使节的觐见礼不同的故事，指出古今国势消长，彼强我弱，应与时变礼，中国必须顺应时势，变通觐见礼仪，不需坚持"跪拜礼"的方案。

> 我朝康熙、乾隆年间，均有召见西洋使臣之事……我犹得律以升殿受表之常仪。然而嘉庆二十一年，英吉利来朝，已不能行三跪九叩礼……厥后道光、咸丰年间，各国互立条约，钤用御宝，俨然为敌体平行之国。既许为敌国，自未便以属国之礼相待。②

再借孔子、孟子、朱熹的言论，指出交邻国、驭臣下本是两事，不可混同视之。交邻国即与国，必须对等相待，而"跪拜礼"是君臣之礼，表现上下位阶。交邻国既不是天子之臣，自不需行"跪拜礼"。

> 圣贤持论，交邻国与驭臣下，原是截然两义，朝廷礼法严肃，中国臣庶所不容丝毫僭越者，非必概责诸万里外向未臣服之洋人。且礼与时变通，我朝向有待属国一定之礼，而无待与国一定之礼。③

李鸿章也指出，若中国贸然拒绝请觐之事，各国公使可能恼羞成

① 吴汝纶编《李鸿章全集·朋僚函稿》卷一三《复孙竹堂观察》，第4页a，同治十二年三月二十六日。
② 宝鋆编《筹办夷务始末（同治朝）》卷九〇，第2923号，第3624~3625页，同治十二年四月初五日李鸿章奏请斟酌时势权宜变通以定洋人觐见礼仪折。
③ 宝鋆编《筹办夷务始末（同治朝）》卷九〇，第2923号，第3626页，同治十二年四月初五日李鸿章奏请斟酌时势权宜变通以定洋人觐见礼仪折。

怒，不但有口舌之争，甚至会威胁开战，以力迫之。到时，总理衙门再准外使不行"跪拜礼"，反而更伤中国的体面。① 因此，李鸿章根据《万国公法》，建议"如能屈一足，略与中国请安相等，即不跪拜，较为顺眼"，② 并事先与公使团议定外使入觐的条件，"各国使臣来京，只准一见，不准再见；只准各使同见一次，不准一国单班求见"，③ 事先防范外使可能频繁请觐之弊，也让中外双方皆不再苦于觐礼之争。

除了请觐问题之外，李鸿章还接待日本特命全权大使副岛种臣（そえじま たねおみ，1828～1905），交换《清日修好条规》，并交涉台湾原住民杀害琉球渔民的"牡丹社事件"，④ 提醒日本不要挟大欺小，强迫朝鲜开港通商。⑤ 李鸿章原本打算行合纵之计，与副岛种臣联手，让各国公使团对觐见礼问题有所让步。⑥ 未料，李鸿章的如意算盘并不顺利，日本大使副岛种臣反而比五国公使团更注意"公使请觐"的觐见礼问题。副岛种臣坚持日本已改从西制，绝不能接受"跪拜礼"的方案，并认为日本作为中国与国，"应仿中国春秋时邻国聘问仪注"。⑦ 副岛也强调自己是全权大使，位阶高于公使，故觐

① 宝鋆编《筹办夷务始末（同治朝）》卷九〇，第 2923 号，第 3625 页，同治十二年四月初五日李鸿章奏请斟酌时势权宜变通以定洋人觐见礼仪折。

② 吴汝纶编《李鸿章全集·朋僚函稿》卷一三《复孙竹堂观察》，第 3 页 b，同治十二年三月二十六日。

③ 宝鋆编《筹办夷务始末（同治朝）》卷九〇，第 2923 号，第 3625 页，同治十二年四月初五日李鸿章奏请斟酌时势权宜变通以定洋人觐见礼仪折。

④ 吴汝纶编《李鸿章全集·译署函稿》卷一《述副岛论外交》，第 45 页 a，同治十二年四月初七日。

⑤ 徐中约：《中国近代史》上册，计秋枫等译，香港中文大学出版社，2008，第 323～325 页；Robert K. Sakai, "The RyuKyu Islands as Fief of Satsuma," in John K. Fairbank ed., *The Chinese World Order: Traditional China's Foreign Relations* (Cambridge: Harvard University Press, 1968), pp. 112 – 134；斎藤司良：《副島種臣の渡清》，《淡江日本論叢》第 10 期，2001 年 6 月，第 520～539 页。

⑥ 吴汝纶编《李鸿章全集·朋僚函稿》卷一三《复孙竹堂观察》，第 4 页 a，同治十二年三月二十六日。

⑦ 《各使请觐抄案》，全国公共图书馆古籍文献编委会编《晚清洋务运动事类汇钞》中册，全国图书馆文献缩微复制中心，1999，《抄孙道上伯相禀》，第 774 页，同治十二年五月初四日。

见皇帝时，其顺序不能排在各国公使之后，要求总理衙门设法周旋，否则将决裂归国。① 除此之外，日本大使副岛还向法国公使抱怨，质疑"五鞠躬礼"的依据，主张中国不应只照本国礼制，罔顾他国权利，更不可作为日后中国接待外国公使之原则。②

值得注意的是，副岛以自己是全权大使、身份高于各国公使为由，要求单班、先觐皇帝，等于否定了李鸿章提出的"各国同见"方案。③ 负责实际交涉的天津海关道孙士达，④ 向副岛强调"时"的重要性，指出款待外使之礼可依时势不同，随时变更，并引据《万国公法》："一等使臣系代君行事，然款待礼制随时变迁，不能拘于一致"，⑤ 反驳全权大使的觐见礼全由受使国决定是否"率从简便，与二、三等使臣同例"。⑥ 而中国自有制度，外国公使不可擅加干涉。因此，对日本大使副岛的要求，孙士达主张中国接待外国使者，不

---

① 《各使请觐抄案》，《抄孙道上伯相禀》，第 776 页，同治十二年五月初四日；曹雯：《清朝对外体制研究》，第 255～257 页。

② 吴汝纶编《李鸿章全集·译署函稿》卷一《述副岛论外交》，第 43 页 b～45 页 b，同治十二年四月初七日；外务省编《日本外交文书：明治期》第九册，日本国际连合协会，1949～1963，卷六，第 88 号，《付记自四月一日至五月三十日"使清日记"》，第 146 页，明治六年五月三十日副岛全權ヨリ三条太政大臣等宛。由《使清日记》的同治六年五月十九日条记事，可知日使种岛拜会各国公使时，趁机挑拨，欲推翻总理衙门原本"五鞠躬礼"的方案。

③ 孙士达与日使的交涉情况，详见曹雯《清朝对外体制研究》，第 255～258 页。本书不赘述，只讨论孙士达如何反驳副岛的要求。

④ 《清穆宗实录》卷五九，中华书局，1986，第 153 页 b，同治二年二月丙午："查孙竹堂即孙士达。所得官阶。系由前督庆祺所保。"孙竹堂即孙士达，出身寒微，先后入曾国藩、李鸿章幕府，尤擅长办洋务交涉，官至天津海道。孙伯绳曾辑录孙士达上呈曾国藩、李鸿章等书函数十件，编为《孙竹堂观察书牍辑要》（1923 年、1933 年线装抄本）。

⑤ 《各使请觐抄案》，《抄孙道上伯相禀》，第 775 页，同治十二年五月初四日。孙士达引据之文略短，原文见惠顿《万国公法》卷三，丁韪良译，中国政法大学出版社，2003，第 144 页："第一等使臣系代君行事，其余三等系代国行事。第一等使臣应以君礼款待，一若其君亲来者。律例虽如是云云，然款待礼制随时变迁，不能拘于一致。"

⑥ 《各使请觐抄案》，《抄孙道上伯相禀》，第 775 页，同治十二年五月初四日。孙士达引据之文略短，原文见惠顿《万国公法》卷三第 148 页："今则私睹、公见，率从简便，概以内朝延见，与二、三等国使同例。"

分等次，皆以"客礼"相待，让副岛不得以全权大使的身份，要求清政府给予特殊待遇。

李鸿章大赞孙士达处事灵敏，也赞同孙士达的说法，认为"礼"随时势不同而有变易，如今夷狄之君既不能行中国之礼，中国当以礼怀柔，正如《周礼·象胥》注疏："以时入宾，则协其礼"。[①] 因此，李鸿章建议总理衙门，可依"时"的需要，允许外国公使向皇帝行"鞠躬礼"，作为怀柔的手段。换言之，李鸿章主张"宾礼"具有可变性，并根据《周礼·象胥》，指出"以礼和合之"，才是"宾礼"的主要精神，故建议总理衙门可视国情不同，款接外使的礼仪应有调整，不必坚持"朝贡礼"的方案，强迫外国公使行"跪拜礼"。此外，碍于英、法、美国兵船已至上海附近，李鸿章命令孙士达私下提醒奕䜣、文祥等人，应以大局为重，挽留日本大使，劝副岛接受"同一不跪，自无庸另班分起"[②] 的方案，千万不可任由中日两国走向决裂。[③]

"公使请觐"之事虽不下廷议，但已泄露风声，负责监察礼部的言官有权议礼，却反对总理衙门变更觐礼。所幸，被誉为清流中坚的大理寺少卿王家璧却赞同李鸿章的说法，以为圣王柔远之道是"嘉善而矜不能"，[④] 清政府只要能折中中西礼仪的差

---

① 吴汝纶编《李鸿章全集·朋僚函稿》卷一三《复孙竹堂观察》，第 6 页 a，同治十二年五月初六日。李鸿章的原话出自《周礼注疏》，见郑玄注、贾公彦疏《周礼注疏》卷三八，《重刊宋本十三经注疏》，《象胥》，第 581 页 b："象胥，掌蛮夷闽貉戎狄之国使，掌传王之言而谕说焉。以和亲之谓，蕃国之臣来眺聘者。"

② 吴汝纶编《李鸿章全集·朋僚函稿》卷一三《复孙竹堂观察》，第 6 页 a，同治十二年五月初六日。

③ 吴汝纶编《李鸿章全集·朋僚函稿》卷一三《复孙竹堂观察》，第 6 页 a，同治十二年五月初六日；《各使请觐抄案》，《抄孙道上伯相禀》，第 776 页，同治十二年五月初四日。从孙士达回报李鸿章的内容，可知当时孙士达协助奕䜣、文祥与副岛交涉，而奕䜣与文祥都认为副岛为人阴鸷，必须小心提防，故在谈话时，奕䜣相当注意措辞，文祥体弱病衰，亦不做主，多由孙士达在旁帮腔。

④ 宝鋆编《筹办夷务始末（同治朝）》卷九〇，第 2931 号，第 3632 页，同治十二年四月二十九日王家璧奏外国使臣朝觐礼仪折。王家璧为李鸿藻的门生，立

异，并仿照"摈者"的古礼，将这些外使呈递的国书转译传达，仍符合"宾礼"，无损中国国体。因此，王家璧建议的觐礼方案，一是每逢大朝会，皇帝御太和殿受贺时，各国公使可同班廷见，或排入属国贡使之列，或由总理衙门王大臣派员带领，在百官仪仗外观看"朝会礼"，待大朝会结束，公使团再一同觐见皇帝。二是不需行"跪拜礼"，随意听之。能行"跪拜礼"者，奖赐礼服。[1]三是带领公使团觐见时，两旁须有人夹持，恐防生变。[2]

对总理衙门而言，王家璧的奏折可说是一道防火墙。有了王家璧的支持，不但能减少保守派的阻力，言官也不会再大放厥词，随意批评总理衙门。[3] 为了避免"公使请觐"再起波澜，总理衙门很快拟订了《觐见节略》，[4] 并与英、俄、法三国公使开会讨论。双方意见整理如表 3-4 所示。

场保守，但着眼大局，并从怀柔远人的角度立论，主张优礼外国使臣，赞同鞠躬礼。同治十二年王家璧的论点与同治九年天津教案发生时的论点一致，故王家璧的两份奏折，虽持保守立场，却与李鸿章论点相近。这点让我们不得不重新考虑保守派与洋务派之间的界限是否真的泾渭分明，或者只是后人贴的标签而已。宝鋆编《筹办夷务始末（同治朝）》卷七九，第 2579 号，第 3185 页，同治九年闰十月二十六日王家璧奏设防所以保约请谕各国毋疑折。

① 宝鋆编《筹办夷务始末（同治朝）》卷九〇，第 2931 号，第 3633 页，同治十二年四月二十九日王家璧奏外国使臣朝觐礼仪折。

② 宝鋆编《筹办夷务始末（同治朝）》卷九〇，第 2932 号，第 3633~3634 页，同治十二年四月二十九日王家璧又奏洋人觐见时宜使人夹持折。

③ 《各使请觐抄案》，《抄孙道上伯相禀》，第 776 页，同治十二年五月初四日。

④ 《各使请觐抄案》，《抄孙道上伯相禀》，第 776 页，同治十二年五月初四日；魏秀梅：《文祥在清代后期政局中的重要性》，《台湾师大历史学报》第 32 期，2004 年 6 月，第 128~129 页。据孙士达写给李鸿章的信函，可知觐事交涉的决策者实为文祥，其他总理衙门大臣皆袖手旁观。孙士达不认同文祥的处置，还批评文祥不容旁人参赞，动辄得咎，让总理衙门焦头烂额，失去驾驭外使的机会。《各使请觐抄案》，《抄孙道上伯相禀》，第 800~801 页，同治十二年六月初一日。

表 3 - 4　1873 年总署与外使画押议事意见整理

议　题	公使团代表（英使威妥玛、俄使倭良嘎哩、法使热福理）	总理衙门	结论
中外礼节不同，如有碍于国体之处不得勉强	跪见是不能行……此条如作罢论，以下始可商议，且跪见一层，以后无论照会信函及彼此议论均可不提（第 777 页）	作为罢论与否，本大臣等所不能知。现既奉旨妥议具奏，将来入奏后，行则不必再议，不行更无可议（第 777 页）	再议
各国宪任头等钦差，奉有本国国书者，觐见中国大皇帝，其余不在此列	现在我三国均非头等钦差，亦与觐见之礼无碍。盖因不分几等，凡有恭奉国君之书到各国后，均当请觐，如无国君之书而有本国总理衙门之书不在此列。署事及代办者均无国书（第 777～778 页）		合意
觐见大典不宜轻举，应照此次节略所言，五国钦差同见之例为率，仍敬候大皇帝特旨遵行	嗣后来驻中国大臣，大皇帝自无不见，惟见的时候应候谕旨遵行，是否如此讲法……既已言明，未便自取定准之权（第 778 页）	如有应行请觐之大臣，迟早均应恭候谕旨，不能一人随时请觐……诸大臣既如此说，将来迟早自有听候旨意办理（第 778 页）	合意
觐见礼节应先期演习			合意
觐见处所及时间		敬候大皇帝谕旨遵行（第 779 页）	合意
中国现无驻扎各国大臣，不得以有施无报责我中国，中国将来即有大臣出使，奉有国书，见与不见仍听各国之便	中国使臣如非奉有国书，不能请见（第 779 页）	中国所重，并不在此，所谓听各国之便也（第 779 页）	合意
德国李大臣因病回国……嗣后觐事如与各大臣议定，未知李大臣有无异议	觐见一节四国大臣定议，凡泰西各国大臣必能均无异议（第 779 页）		合意

　　资料来源：《各使请觐抄案》，《总署与各使画押议单》，第 777～779 页；宝鋆编《筹办夷务始末（同治朝）》卷九〇，第 2942 号，第 3645～3646 页，同治十二年五月二十日画押问答节略。

最后，中外双方谈妥了几项条件：第一，不论使节等级，只要奉有国书者就可觐见皇帝；已交给总理衙门的各国国书，将发还各国公使；与国书姓名不符者，在交给国书时说明缘由即可，各国公使不必再要求各国政府寄送新国书。第二，公使团必须等待皇帝下诏，再一同引见，不能随请随见。第三，觐见皇帝前，各国公使须事先演练，避免御前失礼。第四，由皇帝决定觐见地点与时间，公使不得有异议。第五，公使不得借请觐之事，要求清政府遣使驻外，也不得要求清政府比照办理，让中国使节觐见各国元首。第六，德国公使因病回国，对这次所议之事，德方不得再有异议。中外双方都有共识后，总理衙门同意外国公使团行"五鞠躬礼"，免行"跪拜礼"，[①] 而公使团行"五鞠躬礼"时，皇帝可"坐立自便"，不必像欧美诸国元首须站立受礼，也不必从公使手上亲接国书。[②] 值得注意的是，总理衙门对外宣称，所有觐见仪式"均为君恩"，免行"跪拜礼"乃为了优礼外国公使而已。总理衙门奏请同治皇帝批准"公使请觐"之事时，同治皇帝显然很不满意，责怪文祥办理不善，竟让公使肆意要求。[③]

对于日本大使副岛的觐见礼方案，总理衙门以"贵国与中国本系同文之国"为由，要求副岛行"跪拜礼"。但副岛不愿接受，反而以子之矛攻子之盾，同样着眼"时"的意义，借以反驳总理衙门的说法。[④] 副岛以为，天下大局与时变迁，遣使、接使之礼皆可变通，

① 宝鋆编《筹办夷务始末（同治朝）》卷九〇，第2938号，第3641页，同治十二年五月二十日奕䜣等奏请将李鸿章折片饬交会议片："至李鸿章折内所称各国使臣来京，止准一见，不准再见，止准同见，不准单见一节，其愈简愈妙之意，与臣等无异。"
② 宝鋆编《筹办夷务始末（同治朝）》卷九〇，第2941号，第3643页，同治十二年五月二十日给各国使臣简明节略。
③ 《各使请觐抄案》，《孙道上伯相禀》，第793页，同治十二年五月二十日；第800页，同治十二年六月初一日。茅海建：《近代的尺度：两次鸦片战争军事与外交》，第247页。
④ 外务省编《日本外交文书：明治期》第九册，卷六，第88号，《付记自四月一日至五月三十日"使清日记"》，第147~148页，明治六年五月三十日副岛全権

并解释"礼宜从俗"一语，即宾主尽欢、两无不敬之意，[1] 故"礼"之真义在于两国交好。况且，两国聘问不属君臣伦，乃属朋友伦，中国应对等相待。"鞠躬礼"或"跪拜礼"应由遣使者决定，不由接使者决定；接使者只能决定是否接见和接见地点。副岛指出：

> 今夫诸国之遣使、接使，是即朋友之交。固当信爱，其权其利，讵容侵越。故其觐见也，立礼跪礼，宜由遣使者之权。其延见也，公朝便殿，一听接使者之意。若纷纷然，互争礼数，是岂朋友之道哉。予恐祸乱之祸，或从此生矣。[2]

副岛也借总理衙门的说法，指出日本与中国自古交邻聘问，又是同文之国，自不可与各国公使同样行"五鞠躬礼"，也不能比照属国贡使行"跪拜礼"，应根据周代诸侯往来的"聘礼"，让日本大使向皇帝行"三揖礼"。[3]

总理衙门不愿接受"三揖礼"的方案，并着眼"君臣名分"立论，指出副岛虽为全权大使，但只是代君而来，应以崇敬其君主的仪节，同样向中国皇帝致敬。若副岛不行"跪拜礼"，就必须行"五

ヨリ三条太政大臣等宛；曹雯：《清朝对外体制研究》，第259～260页。曹雯指出，孙士达建议的单班觐见，并未得到总理衙门的认可，沈桂芬却预拟日使行跪拜礼的草稿，让副岛以为受骗，心生不满，欲负气归国。但笔者以为，依照沈桂芬与李鸿藻的紧张关系，自不愿因拟致日使照会，而被北派的言官们抓到攻击的把柄。由此推论，沈桂芬故意忽视孙士达的草案，遵从"跪拜礼"的成例，从而让总理衙门与日使副岛的谈判陷入濒临破裂的窘境。

[1] 《各使请觐抄案》，《大日本钦差头等全权大臣总理外务大臣副岛为照复事明治六年六月一日准贵王大臣等照会》，第785页，同治十二年五月初八日。

[2] 外务省编《日本外交文书：明治期》第九册，卷六，第88号，《付记自四月一日至五月三十日"使清日记"》，第148页，明治六年五月三十日副岛全權ヨリ三条太政大臣等宛。该语出自《使清日记》明治六年五月二十五日记事。

[3] 外务省编《日本外交文书：明治期》第九册，卷六，第88号，《付记自四月一日至五月三十日"使清日记"》，第148页，明治六年五月三十日副岛全權ヨリ三条太政大臣等宛；《各使请觐抄案》，《大日本钦差头等全权大臣总理外务大臣副岛为照复事明治六年六月一日准贵王大臣等照会》，第785页，同治十二年五月初八日。

鞠躬礼"，总理衙门无法再重新议礼。① 对此，日使副岛退而求其次，同意行"五鞠躬礼"，但总理衙门必须答应自己能单班觐见。总理衙门接受副岛的条件，让副岛"与西洋各大臣同日分班展觐，以昭优待"，② 并向皇帝报告换约已毕及请求日使副岛单班觐见之事。③ 但日本大使副岛仍不满意，主张大使级别高于公使，总理衙门应安排日本大使"单班先见"，不可落于欧美公使之后。恭亲王奕訢颇不以为然，还嘲讽副岛，军机大臣宝鋆又随声附和，在旁鼓噪，副岛颇感难堪。④ 双方不欢而散。

不顾日本大使副岛的抗议，奕訢仍将副岛与公使团并案办理，⑤ 并定于五月二十八日（1873 年 6 月 22 日）在紫光阁接见各国公使团。⑥ 紫光阁建于明代正德年间（1505～1521），初名为"平台"，位于中南海的西苑，用以校阅宫廷禁军的弓马武功。⑦ 明亡后，顺治朝废平台，改建紫光阁，康熙朝重修，用以校阅射骑，举行武举殿试。乾隆

① 《各使请觐抄案》，《三次照会东使堂稿》，第 788 页，同治十二年五月十二日。

② 《各使请觐抄案》，《拟致东使照会》，第 789 页，同治十二年五月十二日。

③ 中国第一历史档案馆、文化部恭王府管理中心编《清宫恭王府档案总汇：奕訢密档》第七册，国家图书馆出版社，2008，第 293～294 页，同治十二年五月十四日日本使臣副岛种臣等于换约后来京谒见情形，原档档号：4/250/6，藏于明清档案馆。奕訢在回报朝廷的奏折里，完全不提日使副岛的种种要求，反而说副岛词气恭谨，可见奕訢不愿让觐事横生枝节，无法成礼。

④ 《各使请觐抄案》，《孙竹堂观察禀李中堂函》，第 790～791 页，同治十二年五月十六日："文堂始闻副嶋矫强，欲允单班先见，职道复言，洞悉副嶋衷情所争，在单班不在后先，如西使后见，又恐不服饶舌，并将探出副嶋口气，近与西使不甚浃洽……是日两点钟，恭邸率同崇、宝、毛、崇堂回拜副嶋。恭邸随口讥诮，宝堂同声附和……副嶋虽未抗犯，颇觉难堪，不欢而散是役也。"

⑤ 宝鋆编《筹办夷务始末（同治朝）》卷九〇，第 2952 号，第 3652 页，同治十二年五月二十一日奕訢等奏日本使臣觐见事宜请与西洋各使臣并案办理折；《各使请觐抄案》，《孙道上伯相禀》，第 794 页，同治十二年五月二十四日。

⑥ 《各使请觐抄案》，《孙道上伯相禀》，第 794 页，同治十二年五月二十四日；宝鋆编《筹办夷务始末（同治朝）》卷九一，第 2959 号，第 3659 页，同治十二年六月初七日奕訢等奏德使因病回国不能觐见将庆贺之意代为转奏片。总理衙门原定五月二十八日召见各国公使，但因威妥玛的抗议，反复辩论，只好延期至六月初五日召见。

⑦ 高阳：《明朝的皇帝》上册，学生书局，2000，第 362 页。

二十五年（1760），改葺新阁，放置平定准噶尔部的五十功臣画像，用以献俘，陈设军器，定为藩属觐见之处。[①] 按清朝典制，每年正月期间，皇帝须在中南海丰泽园赐宴，招待外藩和蒙古王公，但紫光阁建好后，外藩设宴就移往紫光阁，成为定例（见图 3-3）。[②] 大学士文祥原先提议在永定门外二十里的南苑接见外国公使。[③] 但南苑太过荒凉，不足以展现天朝威仪，遂改在紫光阁，隐寓天朝对属国、天子对夷狄的暗示。[④] 在总理衙门刻意的安排下，公使团虽可以"五鞠躬礼"觐见皇帝，但被视为"夷狄"、"外藩"的身份，仍不脱"客礼"的优待之意。

总理衙门拟订觐礼节略如下：第一，规定服装配件。各国公使穿着各国正式官服，不可佩刀剑入殿。第二，限制翻译官人数。只允许德国翻译官璧斯玛（Karl Bismarck）一人入觐。[⑤] 第三，规划入宫路线与人数。各国公使在福华门下马、轿，总理衙门大臣代为向导，一同步行至时应宫（紫光阁北处，时应宫东为福华门）后，稍事休息，享用茶点。当同治皇帝移驾至紫光阁后殿时，总理衙门大臣再带各国公使及一名翻译官，由西阶进紫光阁，站于靠西一门之处。各国公使的随员不得进入福华门内，需在福华门外的朝房等候。第四，规定捧呈国书的方式。当各国公使致辞后，将国书各自陈放黄案（一张盖有黄布的大桌子）之上，由总理衙门大臣转交恭亲王奕䜣，再

---

① 昆冈等编《钦定大清会典事例（光绪朝）》卷五〇九《朝贡》，第 2 页 a～18 页 b；卷五一九《燕礼》，第 6 页 a～6 页 b。李文：《中南海的紫光阁》，《北京档案》1994 年第 5 期，第 44 页。

② 高士奇：《金鳌退食笔记》，《景印文渊阁四库全书》第五八八册，台湾商务印书馆，1983 年据台北"故宫博物院"藏本影印；万青黎等修《（光绪）顺天府志》，《地方志人物传记资料丛刊（华北卷）》，北京图书馆出版社，2002 年据清光绪十二年刻本影印，《京师志二》，第 32 页；远波：《同治帝接见外国使臣的前前后后》，第 6 页。乾隆四十一年后，紫光阁也用于悬挂功臣图像、功勋赞文及各式战役图。新中国成立后，国务院总理周恩来重修紫光阁，紫光阁又成为中国元首接见外宾的重要场所。而丰泽园则作为国家主席毛泽东在中南海的居所。

③ 吴汝纶编《李鸿章全集·朋僚函稿》卷一五《复孙竹堂观察》，第 3 页 b，同治十二年三月二十六日。

④ 王开玺：《清代外交礼仪的交涉与论争》，第 520、591～592 页。

⑤ 茅海建：《近代的尺度：两次鸦片战争军事与外交》，第 249 页。

图 3 - 3　清代姚文翰绘紫光阁赐宴图

　　说明：乾隆二十六年（1761）正月，乾隆皇帝在紫光阁设庆功宴，款待满汉文武大臣、蒙古王公及西征准部的将士。此图描绘了当时宴庆的宏大场面，会场设在紫光阁前方的空地，用黄色帷帐围住。乾隆皇帝面南而坐，靠近皇帝入席者为地位显赫的王公贵族，两侧分置小案，赴宴者席地而坐进餐。会场设有中和韶乐、蒙古乐队及仪仗乐队。
　　来源：http：//www. soomal. com/pic/20100003897. htm，2010 年 10 月 1 日访问。该图现藏台北"故宫博物院"。
　　参考资料：王子初：《中国音乐考古学》，福建教育出版社，2005，第 447～448 页。

由奕䜣捧至御案（御座前的桌子）前。皇帝览毕后，各国国书再交由军机大臣文祥接捧，放置御座旁的黄案上。皇帝温语慰问各国公使，再由恭亲王转转传各国公使。第五，行"五鞠躬礼"的顺序。各国公使自入门致辞报名时，行一鞠躬；正面面对皇帝，再行一鞠躬；捧国书至黄案前，再行一鞠躬；放国书至黄案上，再行一鞠躬；临退出殿前，再行一鞠躬，共行五次一鞠躬，是为"五鞠躬礼"。第六，公使退殿的安排。各国公使由紫光阁西阶出殿，仍由总理衙门大臣偕至时应宫，稍坐歇息，再步行出福华门，公使再各自返回使馆。①

---

　　①　《各使请觐抄案》，《孙道上伯相禀附东西使臣觐见礼单》，第 797 页，同治十二年五月二十五日。

五月二十二日（1873 年 6 月 16 日），总理衙门照会日本大使副岛，说明由俄、美、英、法、荷五国公使头班觐见，副岛为次班，分别觐见。五月二十三日（6 月 17 日），举行演礼，让六国公使先参观西苑，再行演练觐见礼仪。但副岛不满次班觐见的安排，让"公使请觐"之事又起波澜。演礼过后，副岛面晤文祥，拟一《日本接待国使仪》，① 申明外国公使见日本天皇只需行"三鞠躬礼"、天皇见外使须起立受礼及天皇亲接外国国书答礼三项，并批评总理衙门的觐见礼方案，故要求先班觐见，亲递国书，否则将束装归国。② 英国公使威妥玛同样不满谕旨内有"使臣"字样，怀疑清政府有意将公使混为贡使看待，遂要求总理衙门删去"使臣"字样。经文祥驳斥后，威妥玛虽勉强接受，但不满觐见地点不在紫禁城的正殿（太和殿），不符合欧美各国元首在正殿接见外使的外交惯例，故不愿在紫光阁觐见皇帝，也不愿在福华门外下轿、下马，更抱怨公使不带刀剑、不带翻译、不亲递国书等项。③ 最后，威妥玛要求各国国书若由王大臣转递的话，至少王大臣不可以"跪拜礼"的方式呈递各国国书，否则有损各国体面。④

对英使威妥玛的抗议，孙士达先援引丁韪良翻译的《万国公法》，申明"使臣"二字并无问题，责怪威妥玛无端污蔑清政府的用心，甚是无礼。⑤ 孙士达也指出，威妥玛曾答应只要清政府不要求公使团行"跪拜礼"，无论总理衙门有什么条件，英方都愿意将就，为

---

① 《各使请觐抄案》，《日本接待国使仪》，第 781 页。
② 吴汝纶编《李鸿章全集·朋僚函稿》卷一三《复李雨亭制军》，第 10 页 b，同治十二年六月初一日。《各使请觐抄案》，《孙道上伯相禀》，第 794 页，同治十二年五月二十四日；第 795 页，同治十二年五月二十五。外务省编《日本外交文书：明治期》第九册，卷六，第 95 号，《付记自五月三十一日至六月二十九日"使清日记"》，第 174～177 页，明治六年六月二十九日副岛全権ヨリ三条太政大臣等宛。原件自出《使清日记》明治六年六月十七日、六月二十日记事。
③ 吴汝纶编《李鸿章全集·朋僚函稿》卷一三《复李雨亭制军》，第 10 页 b，同治十二年六月初一日。
④ 《各使请觐抄案》，《孙道上伯相禀》，第 794 页，同治十二年五月二十四日。
⑤ 《各使请觐抄案》，《孙道上伯相禀》，第 796 页，同治十二年五月二十五日。

何现在威妥玛却反悔，诸多挑剔，分明是得寸进尺。而且，为了"公使请觐"之事，清政府已曲意迁就，若再退让的话，清政府等于承认中国不是自主之国，将被各国轻视。[①] 此外，孙士达也驳斥日本大使副岛的抗议，指出欧美各国的官员觐见国君时，进殿退殿各行三鞠躬，总数应是"六鞠躬礼"。[②] 总理衙门只要求"五鞠躬礼"，已较欧美各国的通行礼节还少一鞠躬，但各国公使却不提醒总理衙门，根本是故意欺瞒，毫无诚意可言。[③]

对孙士达的反驳，日本翻译官郑永宁（1829～1897）无言以对。但总理衙门态度转趋强硬的消息，很快传到俄、法两国公使耳中。[④] 为了不让"公使请觐"之事破局，法国公使热福理（Francois Louis Henri de Geofroy, 1822～?）通过崇厚的引介，与文祥重新讨论，不再提先前的种种要求，只希望各国国书奉置黄案后，不必由王大臣捧呈，皇帝只需示意已收到各国国书，即可成礼。[⑤] 至于各国公使自带译官、入内觐见一节，文祥决定通融，增加翻译官的人数，遂允许日本翻译官郑永宁及两名外国翻译官（璧斯玛、德微亚）入殿觐见。[⑥] 可是，日本大使副岛仍以拒见归国，威胁总理衙门，也不愿再赴总理衙门交涉，[⑦] 改由日本副使柳原前光（やなぎわら さきみつ，1850～

---

① 《各使请觐抄案》，《孙道上伯相禀》，第 796 页，同治十二年五月二十五日："东、西使臣必强中国事事听命，直视中国为属国耶。"

② 《各使请觐抄案》，《日本接待国使仪》，第 781 页。从日本接待各国公使的仪节来看，日使副岛、译官郑永宁应知公使见日本天皇有六鞠躬，"国使甫进，望上一揖，又进数步一揖，及上御前又一揖，乃立……国使谢出，揖而后退，如进时揖数"。此外，从日本岩仓使节团赴欧美各国出使，亦回报呈递国书的情况，可见当时国际社会的递书通礼乃是六鞠躬礼，采公使三进、三退的方式进行。外务省编《日本外交文书：明治期》第九册，卷六，第 19 号，《付記明治五年十一月二十六日岩倉大使等佛国大統領へ謁見次第書》，第 16 页，明治六年一月三日岩倉大使等ヨリ三条太政大臣宛。

③ 《各使请觐抄案》，《孙道上伯相禀》，第 796 页，同治十二年五月二十五日。

④ 《各使请觐抄案》，《孙道上伯相禀》，第 796 页，同治十二年五月二十五日。

⑤ 《各使请觐抄案》，《孙道上伯相禀》，第 796 页，同治十二年五月二十五日。

⑥ 《各使请觐抄案》，《孙道上伯相禀》，第 796 页，同治十二年五月二十五日。

⑦ 《各使请觐抄案》，《孙道上伯相禀》，第 798 页，同治十二年五月二十七日。

1894）代替副岛赴总理衙门交涉。但柳原前光交涉时，却提出澳门归属何国、朝鲜与中国关系及日本欲兴兵问罪台湾生蕃三项问题。对此，孙士达认为，副岛提出诸多要求，就是想借"公使请觐"之事，挟制总理衙门，实包藏祸心，欲侵扰朝鲜、台湾，建议总理衙门尽早防范日本。①

为了不让副岛再有挟制的借口，孙士达建议总理衙门同意副岛的要求，让副岛无法再挑拨公使团，破解东、西诸使相互勾结的危局。② 因此，文祥决定安抚副岛，"先成东事，其西事失助易就"，同意日使先一班觐见，行"三揖礼"，亦可佩带刀剑。③ 文祥也同意法国公使的要求，改为各国国书置于黄案后，不再由恭亲王奕䜣转呈。④ 正因为总理衙门满足了日本大使、法国公使的要求，公使团无法推翻原有的觐礼方案，"议走紫光阁西阶正门"的新方案自然无须

---

① 陈湛绮主编《晚清外交会晤并外务密启档案汇编》第七册，第 3041～3044 页，同治十二年六月初十日总理衙门致北洋大臣李鸿章。《各使请觐抄案》，《孙道上伯相禀》，第 798 页，同治十二年五月二十七日。外务省编《日本外交文书：明治期》第九册，卷六，第 95 号，《付记自五月三十一日至六月二十九日"使清日记"》，第 177～179 页，明治六年六月二十九日副岛全權ヨリ三条太政大臣等宛。原件出自《使清日记》明治六年六月二十一日记事。曹雯：《清朝对外体制研究》，第 268～269 页。曹雯指出，为了琉球问题，副岛种臣刻意派副使柳原与总理衙门争辩，既可宣扬日本立场，又可不与总理衙门发生冲突，避免与中国谈判破裂。关于台湾原住民击杀琉球渔民，日本派兵入侵台湾南部，以及中日互争琉球，强迫朝鲜订约等事，非本书重点，可参考张启雄《日清互換條約において琉球の帰属は決定されたか：一八七四年の台湾事件に関する日清交渉の再検討》，《沖縄文化研究》第 19 期，1992 年 9 月，第 95～129 页；林子候：《同光年间中日、台湾琉球之纠葛》，《台北文献》第 66 期，1983 年 12 月，第 31～56 页；西里喜行：《清末中琉日関係史の研究》，京都大学学术出版会，2005，第 289～292 页；英修道：《外交史论集》，庆应义塾大学法学研究会，1976，第 3～40、67～98 页；石井孝：《明治初期の日本と東アジア》，有邻堂，1982，第 3～192 页。

② 《各使请觐抄案》，《孙道上伯相禀》，第 800 页，同治十二年六月初一日。

③ 文祥虽同意副岛的要求，但副岛与俄使已暗中勾结，竟推翻前议，使孙士达不得不诘问日本译官郑永宁，并说服郑永宁代为斡旋，不应再反悔。由于孙士达的力争，郑永宁代为劝说副岛。副岛权衡利害之后，决定同意总理衙门的方案，不再与之争辩。《各使请觐抄案》，《孙道上伯相禀》，第 800 页，同治十二年六月初一日。

④ 《各使请觐抄案》，《孙道上伯相禀》，第 800 页，同治十二年六月初一日。

再去讨论。

至此，长达近五个月的觐礼之争终于达成了协议，双方都同意了最后的觐礼方案：第一，日本大使先班独见，行"三揖礼"，其余五国公使一组，次班合见，行"五鞠躬礼"。第二，各国国书放在黄案上，废去恭亲王代呈国书的仪式，但同治皇帝须回答"国书已接收"等语，并温言慰问各国公使。第三，允许各国公使佩带刀剑入殿。第四，放宽翻译官人数。日本大使配用郑永宁为翻译官，五国公使配用德国人璧斯玛、法国人德微亚（Jean Gabriel Deveria, 1844～1899）为翻译官。[1] 第五，觐见日期定在六月初五日（6月29日），觐见地点仍在紫光阁。[2]

同治十二年六月初五日（1873年6月29日）凌晨五点半钟，日本大使副岛种臣、俄国公使倭良嘎哩（Genreal A. Vlangaly）、美国公使镂斐迪（Fredrick Ferdinand Low, 1828～1894）、英国公使威妥玛、法国公使热福理、荷兰公使费果荪（Jan Helenus Ferguson, 1826～1908）先在俄国公使馆集合，再由总理衙门大臣成林、崇厚引导，[3] 往皇城福华门前进。各国公使在福华门下马、下轿，步行进入西苑，其余使馆随员只能在福华门外的朝房等候，不得进入福华门。随后，由文祥、沈桂芬（1818～1881）、董恂（1810～1892）出迎，带领公使团到时应宫，等候召见，并由文祥等人接待，款待茶点。八点半钟，皇帝移驾紫

---

[1] 德国公使李福斯原本要谒见同治皇帝，但当时因病返国，无法参加觐见。后来，署德国公使和立本欲请同觐，但文祥以和立本无国书为由，拒绝德使请觐。德方无人出席，故由翻译官璧斯玛充当五国公使团的翻译官，代替德使出席。《各使请觐抄案》，《孙道上伯相禀》，第798页，同治十二年五月二十七日。

[2] 《各使请觐抄案》，《孙道上伯相禀附西使礼单》，第803页，同治十二年六月初三日；陈捷先：《慈禧写真》，第124～125页。陈捷先以为总理衙门刻意选在六月初五日，即外使不办公的礼拜日，但笔者以为，当时中国没有星期制的概念，总理衙门是否刻意而为，仍有待商榷。

[3] 外务省编《日本外交文书：明治期》第九册，卷六，第95号，《付记自五月三十一日至六月二十九日"使清日记"》，第184页，明治六年六月二十九日副岛全權ヨリ三条太政大臣等宛。原件出自《使清日记》明治六年六月二十九日记事，可知由总署大臣成林迎接日使，崇厚迎接西使。

光阁后殿后，公使团被带至紫光阁附近等候，由恭亲王奕䜣接待。①
九点钟（巳刻）准时举行请觐仪式。同治皇帝先单独召见日本大使副
岛种臣，② 再召见五国公使，并依据先后使华日期，让五国公使依序
进入紫光阁内殿。如总理衙门所拟礼单，公使团入殿、递书、退出
时，分别行五次"鞠躬礼"。③ 等四国公使退出后，法国公使独留，
呈上法国总统对天津教案的国书。④ 请觐递书的仪式就算完成。

　　当时，同治皇帝的左右两侧，各由恭亲王奕䜣、博德勒噶台亲
王伯彦讷谟祜（1836～1891）随侍，而丹墀之下、殿内两侧各立有御
前大臣、军机大臣、六部堂官、总理衙门大臣，仪仗威武，气氛凝
重。⑤ 待公使团递书完毕后，先由俄使倭良嘎哩代表致辞，向皇帝表
达祝贺，⑥ 再由璧斯玛翻译为汉语，最后由奕䜣翻译为满洲语。⑦ 回
复五国公使时，同治皇帝同样说满洲语，再由奕䜣转译汉语，向五
国公使宣达。值得注意的是，总理衙门安排多语转译，正是根据第
一章所提及《仪礼·觐礼》的"天子—摈者—诸侯"模式，即比照
皇帝与贡使不直接对谈，皆由礼部尚书转述，再由通事代译的方式。
恭亲王奕䜣充当"摈者"，转译为满洲语的动作，使同治皇帝不需直
接与外国公使交谈，便可区隔皇帝与外国公使的君臣身份，凸显中

①　William Woodville Rockhill, *Diplomatic Audiences at the Court of China* (London:
　　Luzac, 1905), pp. 43 - 44.

②　外务省编《日本外交文书：明治期》第九册，卷六，第 95 号，《付记自五月三十
　　一日至六月二十九日"使清日记"》，第 184 页，明治六年六月二十九日副岛全権
　　ヨリ三条太政大臣等宛。

③　《各使请觐抄案》，《照录上海翻译新闻纸》，第 814 页，同治十二年六月下旬。

④　外务省编《日本外交文书：明治期》第九册，卷六，第 95 号，《付记自五月三十
　　一日至六月二十九日"使清日记"》，第 185 页，明治六年六月二十九日副岛全権
　　ヨリ三条太政大臣等宛。

⑤　外务省编《日本外交文书：明治期》第九册，卷六，第 95 号，《付记自五月三十
　　一日至六月二十九日"使清日记"》，第 184～185 页，明治六年六月二十九日副
　　岛全権ヨリ三条太政大臣等宛。

⑥　《各使请觐抄案》，《照录各国致词》，第 809 页。五国公使团致辞时，特别提到愿
　　同治皇帝效法康熙皇帝，准西洋技艺传入中国，并与西洋各国和平相处，可见其
　　对中国的期待。

⑦　《各使请觐抄案》，《照录上海翻译新闻纸》，第 814 页，同治十二年六月下旬。

外双方的等差位阶。同治皇帝虽问候五国公使与外国元首的近况，但态度冷淡，还要求公使团若有要事，可与总理衙门妥商，暗示"不欲人多扰之意"。①

清政府虽无法阻止"公使请觐"，也无法要求外使行"跪拜礼"，但在整个请觐仪式的安排上，总理衙门仍维护了皇帝的至尊地位，也通过"客礼"概念，将外国公使行"鞠躬礼"之举，解释为皇帝优礼外人的手段，维护了"宾礼体制"的正当性。② 再从觐见过程的记述，可知外国公使虽成功觐见了同治皇帝，但请觐之事只是形式上的演练，并未达到中外修好的目的，让五国公使相当失望，动摇了"对华合作"的信心。③ 尤其在总理衙门的安排下，公使团最在意的"平行往来"一款，却变成皇帝怀柔远人，"以客礼待之"的表现。例如，觐见地点在紫光阁，竟是藩部或属国呈表献俘之处，让五国公使感觉受骗，甚是不满。④ 又如，总理衙门限制翻译人数、呈递国书、进殿方式等仪节，都让外国公使难以理解。⑤ 因此，觐见结束后，五国公使团竟以皇帝未在宫内设宴为由，谢绝总理衙门的邀宴，不愿接受宴请藩属的级别，可见公使团不满的情绪。⑥

从整个觐见过程的结果来论，受益者只有日本大使副岛种臣，

---

① 《各使请觐抄案》，《照录上海翻译新闻纸》，第815页，同治十二年六月下旬。

② 王开玺：《清代外交礼仪的交涉与论争》，第517~518页。

③ 芮玛丽：《同治中兴：中国保守主义的最后抵抗（1862~1874）》，第326、342~343页。芮玛丽以为觐见礼已顺利举行，但从上述讨论可知，这次觐礼问题仍引起了不小的冲突，只是外国公使团仍未放弃对华合作政策，不便发作，再加上同治皇帝突然崩逝，外使团无法再有讨论，故围绕觐礼的外交冲突暂时隐入台面之下。

④ 《各使请觐抄案》，《照录上海翻译新闻纸》，第815页，同治十二年六月下旬。

⑤ 外国公使团不满总理衙门的安排，一是入觐时，外使不准带各自的翻译官；二是呈递国书不是亲手交给皇帝，而是放置在御座旁的黄案上；三是外使由左门出入，而不是由正门出入。王开玺：《清代外交礼仪的交涉与论争》，第517、591~592页；王开玺：《同治朝觐见礼仪的解决及现实的思考》，《中州学刊》2003年第5期，第122页。

⑥ 外务省编《日本外交文书：明治期》第九册，卷六，第95号，《付记自五月三十一日至六月二十九日"使清日记"》，第185~186页，明治六年六月二十九日副岛全權ヨリ三条太政大臣等宛。

不但说服总理衙门只需行"三揖礼"，也比五国公使先班独见，[①] 在各国公使面前赢得面子，间接提升了日本的国家地位。同时，通过请觐之事，日本大使副岛得挑拨五国公使，挟制总理衙门，从而获得了实质的利益，不但与清政府签订《日清修好条规》，[②] 还向总理衙门表达了日本对朝鲜、澳门及台湾的立场，为日本进占夺得先机。[③]

> 迨其来京，于议办觐见未就时，设言辞行，询及三事：一高丽政治，中国是否与闻。一澳门通商，是否由中国主持。一即台湾生番是否由中国管束。本处正拟驳辨，而觐事已成，副岛种臣欢然而去。[④]

于是觐见仪式结束后，副岛得意洋洋，欣然参加总理衙门举行的宴会。[⑤] 不过，围绕"外国公使觐见礼"的争议尚未完结，英、

① 外务省编《日本外交文书：明治期》第九册，卷六，第95号，《付记自五月三十一日至六月二十九日"使清日记"》，第184～185页，明治六年六月二十九日副岛全権ヨリ三条太政大臣等宛。
② 布和：《李鸿章と日清修好条规の成立：1870年代初めの清国对日政策の再検討》，《桜花学園大学人文学部研究紀要》第5期，2003年3月，第201～210页。
③ 陈湛绮主编《晚清外交会晤并外务密启档案汇编》第七册，第3082～3085页，同治十三年二月初八日总理衙门致南、北洋大臣、闽浙总督、福州将军等。该条史料时间有误，据总理衙门各大臣的签发，以及信件内容的时间推算，正确发信时间应为"三月初八日"。张启雄：《日清互換條約において琉球の帰屬は決定されたか：一八七四年の台湾事件に関する日清交渉の再検討》，第98～102页。张启雄比较了《日清互換条约》与《互換凭单》文字，指出牡丹社事件中，中日两国对琉球人的身份隶属解释不同，而明治政府提出片面说辞，主张"日本国属（难）民＝琉球人"，企图借此影响琉球的归属问题，同时也误导许多西方学者未再深入理解，不加批判就相信日本政府的片面说法，因而认为清政府支付日本赔偿金之举，等于舍弃中琉宗藩关系。对此，张启雄提出严正的批判，可供参考。
④ 陈湛绮主编《晚清外交会晤并外务密启档案汇编》第七册，第3082～3083页，同治十三年二月初八日总理衙门致南北洋大臣、闽浙总督、福州将军等。
⑤ 《各使请觐抄案》，《孙道上伯相禀》，第809页，同治十二年六月初五日；《照录上海翻译新闻纸》，第815页，同治十二年六月下旬。

法、俄国公使皆不满意同治十二年的觐礼方案，欲再行请觐，达成
"平行往来"的目的。① 但因同治皇帝突然崩逝，外国公使们不得不
暂时忍让，只好留待光绪皇帝（1871～1908，1875～1908 在位）亲政之
时，再行讨论。

小　结

由于《中英天津条约》第三款的限制，用于贡使的"朝贡礼"
无法套用于外国公使身上，总理衙门有必要调整"宾礼体制"，否则
将动摇皇帝作为天下之主的正当性基础。为了解决公使请觐的问题，
总理衙门做了许多努力。首先，总理衙门主张"礼"与时变易，未
必为定制，为"客礼"提供了礼学上的依据。其次，总理衙门征询
各省督抚的意见，欲寻得更多的支持，并重新解释"诸侯用夷礼则
夷之，夷而进于中国则中国之"观点，强调英、法等国非中国属国，
而是"敌体之国"，等于中国的与国。最后，总理衙门译刊《聘盟日
记》，援引康熙朝款待俄国使者，"敌体"与"客礼"的历史先例，
证明"客礼"并非新创，乃是款待与国的礼仪方案。如此一来，"客
礼"的对等原则，成为清政府在"朝贡礼"之外的另一种选择，并
切割"跪拜礼"与"国体"的关系，让"客礼"不只成为优礼外人
的手段，也能维护"宾礼体制"的正当性基础。

除了征询各省督抚、刊行《聘盟日记》之外，总理衙门还听取
赫德的建议，先派出斌椿访问团赴欧陆各国，再委托蒲安臣担任中
国特使，作为清政府遣使驻外的尝试，也开创了中国使节以西礼出
访的先例。斌椿访问团的性质虽似游历，但多次在督抚奏议中被援

---

① 中国第一历史档案馆、文化部恭王府管理中心编《清宫恭王府档案总汇：奕䜣密
档》第七册，第 400～412 页，同治十三年三月十九日俄国新任驻京使臣布策恳
请照例觐见，原档档号：4/161/13，藏于明清档案馆。茅海建：《近代的尺度：
两次鸦片战争军事与外交》，第 250 页。王开玺：《清代外交礼仪的交涉与论争》，
第 517～520 页。

引成文，并成为蒲安臣使节团遣使访外的先例。值得注意的是，斌椿觐见英国女王时，并未用"鞠躬礼"，亦未以"跪拜礼"觐见，仅是立谈而已。可是，蒲安臣使节团出使欧美各国时，却违反总理衙门的《出使条规》，向外国君主行"鞠躬礼"、亲递中国国书，使总理衙门很难再坚持"跪拜礼"的方案。值得注意的是，蒲安臣病逝后，志刚等人并未依循《出使条规》的规定，仍向出访国家的元首行"鞠躬礼"、呈递国书。究其原因，志刚依据《礼记》"礼从宜，使从俗"，使者出使在外，应随外国风俗，行"鞠躬礼"，遂可忽略"西礼"与"宾礼"对等不对等的问题，也让中西礼的制礼原则有了弥合的空间。

由于《中英天津条约》的限制，总理衙门无法强求外国公使向皇帝行"跪拜礼"，但觐见地点、行进路线、问答转译等都显示清政府"以客礼待之"的暗示，让中国官民仍以为"公使请觐"之事如同礼部接待属国贡使，外国公使得行"鞠躬礼"，不过是皇帝特给优礼、怀柔远人而已。例如，当时上海某报纸（按：《字林西报》）报导"公使请觐"时，[1] 评论外国公使枉费心机，就算争得以"鞠躬礼"觐见皇帝，实际上仍未突破"宾礼"的限制，还是被当作贡使对待。

> 至于此次所议仪节，诚为妥协。独觐见地方及上谕，未免如贡使行礼古例，其寔俺洋人要执不以贡使看待，究竟被中国争胜也。[2]

除了报纸的评论之外，笔记小说也以"公使请觐"之事为故事，

---

① 上海申报馆编《申报》第五册，上海书局，1982～1987年据上海图书馆藏原报影印，第666号，《西使人觐遗论》，第1页，同治十三年五月十八日："去年英九月内上海字林新闻纸于报内译录华人记述西国各钦使于同治十二年六月六日引见一事，其文系得自何人，固未知悉，惟录之欲博西人一笑耳。"《申报》资料来源应是上海《字林西报》。
② 《各使请觐抄案》，《照录上海翻译新闻纸》，第815页，同治十二年六月下旬。

加油添醋，极尽丑化外国公使的言行。例如，平步青（1832～1896）的《霞外捃屑》讪笑外国公使觐见皇帝时，竟慑于皇帝神威，"浑身发战，不能卒读"，"其次者则奉书屡次坠地，而不能开声"，① 甚至无法行走，只能让人搀扶出殿。《霞外捃屑》该条笔记多有错谬，夸大不实，但作为一个流传的文本，从中可窥见当时中国地方社会对"公使请觐"的想象，亦可推论皇帝的权威仍在，并未因公使们不行跪拜礼有所减弱，反而因皇帝优待外使，符合儒家对仁君的标准，使传统士大夫无法批评总理衙门更定觐礼，甚至还能自我满足，达到精神上的胜利。总之，在总理衙门的安排下，五国公使虽得行"鞠躬礼"，但仍屈居下风，无法达到"平行往来"的目的。因此可以说，总理衙门重提"客礼"的策略相当成功，不但让保守派人士无法阻碍请觐之事，也能在外国公使的压力下，巧妙地维持"宾礼体制"，保全了皇帝的至尊地位。

① 平步青：《霞外捃屑》卷二，《续修四库全书·子部杂家类》第一一六三册，上海古籍出版社，2002，《各国使臣觐见》，第428～429页。

第四章
客礼概念的再应用

　　以同治十二年"公使请觐"为契机，清政府将欧美各国和日本定位为对等往来的"与国"，并重新提出"客礼"的概念，将"宾礼体制"一分为二，可以"朝贡礼"约束属藩，而"客礼"则用以款接与国。因此，总理衙门将各国公使行"五鞠躬礼"解释为皇帝怀柔远人的优礼，维护了"宾礼体制"的正当性。可是，"客礼"的概念究竟有多大的作用？可否说服中国官民，获得各国公使的认同？当清政府面对外交冲突时，"客礼"是否也随"时势"调整？"客礼"的最后底线又是什么？这些问题，都是本章欲讨论的重点。

　　延续第三章对"公使请觐"的讨论，本章第一节接着讨论中国官民是否接受总理衙门提出的"客礼"概念，又如何评论"外国公使觐见礼"的方案，如何理解外国公使改行"鞠躬礼"、不行"跪拜礼"之事。是故，笔者选择阅报者众、影响较大的《申报》（*Shun Pao*），整理《申报》对同治十二年、光绪十七年（1891）"公使请觐"的报导，并分析《申报》对"外国公使觐见礼"的评论，借以说明"客礼"具有自行修补的弹性。不过，同治十二年的"公使请觐"只规定皇帝与公使的往来仪节，并不是清政府对外交涉仪节的全部。第二章曾提到，地方督抚和南、北洋通商大臣仍是清政府对外交涉的第一线负责人。遇有对外交涉之事，地方官员不得不与外国领事、传教士接洽，故清政府同样得规范中外双方往来的仪节，避免礼仪上的纷争。因此，本章第二节将讨论《中外往来仪式节略》

的制订，说明总理衙门仍试图借由"客礼"概念，规定外国官民的身份、位阶及相应的往来仪节。

又，据第三章的讨论，各国公使很不满意同治十二年制订的"外国公使觐见礼"方案，但因1875年同治皇帝崩逝，两宫太后再度垂帘听政，外国公使也无法再请觐递书，只能搁置"外国公使觐见礼"的问题。光绪皇帝亲政后，外国公使团势必请觐递书，觐见礼问题又重新浮上水面，成为中外双方交涉的焦点。比起同治朝的中兴局面，光绪朝的败象渐露，使光绪君臣面对外国公使时的压力更大，无法再坚持同治十二年的觐礼方案，还得接受外国公使的要求，将觐见地点一变再变。而德国亨利亲王（Albert Wilhelm Heinrich, 1862～1929）的觐见礼仪，更显示了光绪皇帝将变革"宾礼体制"的意图。因此，本章第三节、第四节将针对光绪十七年至光绪二十四年（1898）的觐礼问题，讨论各国公使为何又重提"外国公使觐见礼"的问题，而清政府如何根据"客礼"概念拟订新的觐礼方案，并分析光绪皇帝的觐礼改革将如何影响"客礼"的概念。

一 比较《申报》对外使觐见的看法

正如前述"公使请觐"的分析，可知总理衙门引据"客礼"概念，制订"外国公使觐见礼"，但通过这些仪式的安排，仍区分了皇帝与外国公使的君臣身份。因此，《字林西报》（North China Daily News）、《霞外捃屑》评论"公使请觐"时，不但不认为是清政府的失败，反而以为是贡使朝觐皇帝的另一种形式。① 可是，这些说法真的代表晚清社会的舆论吗？"客礼"概念能否影响中国官民的想法？民间有

---

① 《各使请觐抄案》，全国公共图书馆古籍文献编委会编《晚清洋务运动事类汇钞》中册，全国图书馆文献缩微复制中心，1999，《照录上海翻译新闻纸》，第815页，同治十二年六月下旬；平步青：《霞外捃屑》卷二，《续修四库全书·子部杂家类》第一一六三册，上海古籍出版社，2002，《各国使臣觐见》，第428～429页。

没有其他的意见？为了了解中国官民对"公使请觐"的看法，本节将整理《申报》对同治十二年、光绪十七年"公使请觐"的报导与评论，并分析士人对"跪拜礼"与"鞠躬礼"的看法，进而探讨"客礼"概念能否为中国官民接受的问题。

　　综观晚清社会的报刊，大多是外国人经营的商业报，但这些报刊的读者却是中国官员、地方士绅、买办商人等群体，而负责主笔写稿者，也多有功名，具有半官员的身份，欲借报刊针砭时弊，宣传新知，让官民通晓外情，可知这些报刊不全是营利取向，实有浓厚的政治倾向，对中国官绅有某种程度的影响力。①其中以《申报》最为人注目。《申报》的消息来源甚广，常常转引《邸报》、《宫门抄》及其他外文报纸，报导许多政治事件和人事消息，并发表相关事件的评论，颇受中国官民重视。② 因此，《申报》销售量越来越大，甚至一度成为"报纸"的同义词。③ 由此可知，《申报》确实能代表某部分士绅的看法，也可发挥某种程度的舆论力量，故本书选择《申报》，用以观察中国官民对"公使请觐"及"外国公使觐见礼"的看法，并比较总理衙门的论点（详见第三章第一节），便可发现清政府的官方说法与《申报》的评论有许多雷同之处。

　　同治十一年三月二十三日（1872 年 4 月 30 日），《申报》创刊于上海，是近代中国出版时间最长、销售量最可观的华文报纸。④《申报》

---

① 陈玉申：《晚清报业史》，山东画报出版社，2003，第 32 ~ 46 页。
② 上海申报馆编《申报》第七册，上海书局，1982 ~ 1987 年据上海图书馆藏原报影印，第 1060 号，《论中国选用西国各事》，第 345 页，光绪元年九月初十日："然言不言在本报，而听不听仍在中国，用不用则在君相也，岂因本馆一新闻纸竟有如此之力量欤？亦未免太重视新闻纸也。"从这段评论来看，《申报》以倒反法的笔法，反驳当时保守人士的批评。此外，从申报馆屡与官府发生冲突，可见《申报》的报导确有影响力，故清政府才会在申报馆门口张贴告示，不愿《申报》刊发太多政治消息。徐载平、徐瑞芳：《清末四十年申报史料》，新华出版社，1988，第 90 ~ 95 页。
③ 戈公振：《中国报学史》，上海书店，1990，第 78 ~ 79 页；张静庐：《中国的新闻记者与新闻纸》，上海书店，1991，第 14 ~ 16 页。
④ 徐载平、徐瑞芳：《清末四十年申报史料》，第 1、73 页；张静庐：《中国的新闻记者与新闻纸》，第 16 页；戈公振：《中国报学史》，第 78 页；宋军：《申报的兴衰》，上海社会科学院出版社，1996，第 18 ~ 20 页。

由英商安纳斯脱·美查（Ernest Major）创办,但美查只负责提供资金、疏通管道,实际业务则由总主笔蒋芷湘（本名蒋其章,同治九年举人、光绪三年进士）、钱昕伯（浙江吴兴人,曾考中生员）负责。① 值得注意的是,《申报》虽由英商美查创办,但《申报》的总主笔仍以传统士绅的角度,评论时事,未必全同于西文报纸的论点,也不为英国政府发言。② 例如,当时有人批评《申报》只求盈利,一味夸助西人。为此,英商美查连续两日撰文,刊发头版,向中国民众说明《申报》办报的立场。

　　若本馆之开馆,余愿直言不讳焉。原因谋业所开者耳,但本馆即不敢自夸,惟照义所开,亦愿自伸其不忘义之怀也。所卖之报张,皆属卖与华人,故依恃者惟华人,于西人犹何依恃乎。③

　　可见《申报》虽由英商创办,但其立场并不崇洋,而其论点仍根植于江苏、浙江士绅的传统价值观。④

　　对"公使请觐"之事,《申报》很早就注意事态发展,经常转

① 徐珂:《清稗类钞》第八册,中华书局,2003,《日报月报旬报星期报之始》,第3773页;徐载平、徐瑞芳:《清末四十年申报史料》,第24~25页;朱保炯、谢沛霖编《明清进士题名碑录索引》下册,上海古籍出版社,2004,第2837页;邵志择:《〈申报〉第一任主笔蒋芷湘考略》,http://xwsxh.pku.edu.cn/third.asp?id=133,2011年2月27日访问。

② 徐载平、徐瑞芳:《清末四十年申报史料》,第1、3、8~9、18~21、24~25页;Roberta Wue, "The Profits of Philanthropy: Relief Aid, Shenbao, and the Art World in Later Nineteenth-Century Shanghai," *Late Imperial China*, 25 (2004): 187-211。

③ 《申报》第七册,第1011号,《论本馆作报本意》,第349页,光绪元年九月十三日。

④ 徐载平、徐瑞芳:《清末四十年申报史料》,第26~32页;徐珂:《清稗类钞》第一册,《误以赔款为抚恤》,第458页:"然吾国公私文书,则每每讳赔偿为抚恤。中日甲午开战,吴大澂奉命督师,书生言兵,檄文中历叙天朝深仁厚泽,柔远有经,而于道光壬寅、光绪甲申两次战事之赔款,谓系中国战胜外夷,抚恤远人,恩威并用之至意。此文传至沪,《申报》首先登载,继由各西报译登。英、法领事即致书诘问,谓赔款约章俱在,何得肆为侮评。卒由苏松太道复书道歉而事始寝。"由此可见,《申报》的主笔者皆是中国传统士人,虽在上海任职,但对中外交涉的看法仍不脱原有的传统价值观。如以战败赔款为例,《申报》讳败为胜,又以赔款为抚恤金,引起英、法驻上海领事的不满。

载清政府抄发的《京报》、《邸报》，① 英商在上海发行的英文报纸
《字林西报》，② 在香港发行的中文报纸《华字日报》（《德臣西报》中
文版）③ 的觐事消息。除了注意觐事消息之外，《申报》也根据特定
人士的来信，评论"公使请觐"之事。姑且不论这些报导是否属
实，但从这些报导的数量（23 篇），可知《申报》相当重视"公使
请觐"之事。这些报导的刊发时间，主要集中在同治十二年，但同
治十二年的报导多属消息类，较少评论，同治十三年的报导虽少，
但评论较为深入，可用以比较清政府的官方论点，观察其异同之
处。

对当时的中国官民来说，外国公使主动请觐皇帝，可说是前所
未闻的奇事，自然相当感兴趣。因此，《申报》注意"公使请觐"
的发展，频频向人打探清政府的动态，并注意外文报纸有否最新消
息，得以转载。同样的，英国官民也非常关心"公使请觐"之事，
以为这件事的成功，就是中英平等的开端，可改变中国对外交涉的
"宾礼体制"。或许是亟欲确定"公使请觐"之事的原因，伦敦坊间
多有风闻，而英国的报纸竟未加确认，误用一居留天津的英国民众
提供的情报，使英国报纸皆误会请觐之事已拍板定案，甚至赞为英
国对华外交的大胜利。④ 由此可知，中、英两国官民都关心"公使
觐"之事，也重视公使觐见时的觐见礼问题，以为觐见礼问题关系
到国家体面。

---

① 陈玉申：《晚清报业史》，第 287 页；戈公振：《中国报学史》，第 34～35、41～
42 页；徐珂：《清稗类钞》第八册，《日报月报旬报星期报之始》，第 3772 页：
"京师报房、宫门抄、谕折汇存，谓之京报，军机密件仍多缺略。"

② 陈玉申：《晚清报业史》，第 34～35 页；戈公振：《中国报学史》，第 76、78、
87 页。

③ 《华字日报》1872 年 4 月 17 日创刊于香港，前身为《中外新闻七日报》，即 1871
年创立的《德臣西报》（The China Mail）之中文专页。《华字日报》每周六出版，
为《德臣西报》副主笔陈霭庭所办。戈公振：《中国报学史》，第 76～77 页；陈
鸣：《香港报业史稿》，华光报业有限公司，2005，第 39～40、93～103 页。

④ 《申报》第二册，第 331 号，《西报误传朝觐消息》，第 481 页，同治十二年五月
初三日。

相较于英国报纸的乐观态度，《申报》的主笔们却不这样乐观，反而注意北京城内纷传的外国公使因请觐不成欲下旗离京等谣言。① 为此，《申报》还派人私下探查各国驻京公使馆的动态，代为澄清这些谣言，并说明"公使请觐"虽势在必行，但为了觐见礼问题，可能得再延迟两三个月，才能折中中西礼节，让中外双方都能满意，务求不伤中华国体，亦不辱外使尊严，否则有可能激起大乱。②

表 4 - 1 《申报》对同治十二年外使觐见的报导整理

时间	刊号	标题	类别	来源	报导要点
同治十二年五月初三日	331	西报误传朝觐消息	消息	英国新闻纸馆	本馆申报月余前因风传误以为允准而录入报内……该馆知其事属乌有(2/481)
五月初十日	337	京师西人来信	消息	京师西人书信	京师内谣传法国使臣欲反旆出京，有谓湾泊大沽之美国兵舰被禁，不使出海各语不等。然泰西各使署内均不知此事……吾意此役总须缓缓而成，恐非可即日望成矣(2/505)
六月初一日	355	西使觐见已准	消息	邸报	夫此事议之久矣，其礼节之当从中礼，抑从西礼，想必有折衷至当，俾我中华不致有伤国体，该西使亦不致有辱君命者(2/577)
六月初二日	356	西友论觐见事	评论	西友	西友论觐见一事，则云李伯相久已力拒，不欲允行……然此事有二道焉。一则以怀柔之道，宜加亲睦，使之瞻仰天颜……一则以羁縻之道，宜示尊严，使之趋跄阙廷，以目睹尊君亲上之规，以克尽服教畏神之礼，此国家之远谋也(2/581)

① 《申报》第二册，第337号，《京师西人来信》，第505页，同治十二年五月初十日："京师内谣传法国使臣欲反旆出京，有谓湾泊大沽之美国兵舰被禁，不使出海各语不等。然泰西各使署内均不知此事。"
② 《申报》第二册，第355号，《西使觐见已准》，第577页，同治十二年六月初一日。

续表

时间	刊号	标题	类别	来源	报导要点
六月初八日	361	述西友论觐见事	消息	西字新报	顷阅西字新报，知各国在京钦使准于二十八日入觐，实属一时盛事……今则海外数万里之国均遣臣入觐，诚心奏请至再至三，总以得允为荣，皇帝鉴其精诚，是以赐见，岂非亘古以来未有之盛事哉……今蒙皇帝允准，是亦各国大臣之大幸矣(3/5)
六月初八日	361	翻译天津邮寄西字新报四则	转载消息	西字新报	顷阅西字新报，知各国在京钦使准于二十八日入觐，此事传闻已久……先是传闻者谓，皇帝久欲接见，各国钦使常以此为问王大臣。众以各国钦使不肯叩头之礼为对。上曰，何妨也。据此似久拒陛见之行，皆各大臣意也。现闻二十八日皇帝接见各国使臣于殿廷，其行礼也，许以五次稽首云(3/5)
六月初九日	362	书西字日报后	评论	西字新报	阅西字新报知京都传闻各西国在京大臣准以新礼陛见，而东洋不在此例，似另有别议矣……盖东臣既在国君前叩头，岂有不在大皇帝前，一例叩头之礼耶？是西臣之陛见尚无定典，而东臣之陛见已有成礼矣。虽东洋国内均改西制，而至中国又翻覆行之，或曰东洋此举是见吾西使不速成其事，故伊等先行之，是说也未免有挑衅之意焉(3/9)
六月初十日	363	书西报论称使臣二字后	评论	西字新报京报	西字新报论朝见之事曰：今也，朝见之事定矣，且使不行叩头等礼而又引见，是已免吾曲身也。惟京报告示一件，只用使臣称呼，不称各国钦差，是与进贡之琉球、高丽、暹罗等国相同，未免轻吾西洋各国也……今中国不用敌体称呼，实使人难以快悦也……西报所言如此，持乎子闻而辩之曰：甚矣。处世行事之难也，人各有心，不能强同，凡事如此，何论称谓，我以为荣，彼以为辱，我以为尊，彼以为衰，比比然也。然孔子曰：惟名与器不可假人。凡此称谓之闻，知名之所攸关也，安得不斟酌慎重以出之哉(3/13–14)
六月十一日	364	译西报述西使觐见事宜	转载消息	西报	闻西使之朝见已定二十八日之夜间两点钟时候，行引见之礼也，西人皆甚异之，谓于伊等各钦使实难以为待漏之计，盖不知宜先睡而按时以起耶，抑将睡后始行复睡耶。又闻所衣何服尚未议定，且各钦使先欲带进从官，而朝廷不许，又不许各使各带一通事也，特命一日耳曼翻译官为诸使者之象寄(3/17)

时间	刊号	标题	类别	来源	报导要点
六月十四日	367	译西字报述各钦使已经觐见事	转载消息	西字日报	顷阅西字日报知西使朝觐一事已于本月初五日早晨九点钟时,相引入朝,亲见大皇帝,并递各国国书,上阅之,天颜甚喜……惟见时仍各服其国之朝衣,仍各行其国之大礼(3/25)
六月廿七日	377	记东西各使朝见事	评论	西报	以京内纷传东洋与中国不和之言,闻于市也……西国各使皆曰:东洋之使实能臣也,我等皆不能逮。以时势揆之,若非东使适来,则各使朝见之事,恐尚未能定云。西报所述如此,于以见礼之不可无也……我皇帝谅其行礼之心,特赐引见,愈以成其行礼之典,而各使臣安有不欣悦,各国君安得不始终以礼相和哉(3/69)
六月廿九日	379	译西友详论觐见事	转载评论	西报	兹各西使之觐事,吾译西报而细言之……又云此事各使臣虽行西礼,然天颜咫尺,各使臣恭敬之容更有甚于觐其国君者,而华人犹曰:西使既来中国,则宜以中礼觐见,方为恭敬。吾曰:国之机事,惟皇上与人臣知之。近十余年,而世事一变,泰西均为和好之国,且有向来未至中华之国,亦且与之和好……故从前中国使臣之至各国行礼,惟从其便,决不相强,彼此通商和好之国,安有中使往见各国之君,而西使在京转不一觐皇上,有是理乎?今蒙皇上引见各使,不责以中国之仪,而听行西国之礼,不诚为能柔远人之圣主哉(3/77)
闰六月初一日	380	京都杂闻	消息	京都来信	京都来信云:泰西诸使臣与总理外务各大臣其和好之谊,更胜昔日矣。西人之内又传闻中西以觐见之举,将有彼此愈加亲近之势……然则以大局论,正未可高枕也(3/81)
闰六月初五日	383	书译西报各使觐见事后	评论	西报	夫觐见之人、觐见之地、觐见之议与言,西报均已细述……日前申报所译西使引见一事,后半寔非西报所言,且其言亦尚未能细曲折,故作此以代答其意,俾知夫中国所以优待各使者,并非无因而然也(3/93)
闰六月初十日	388	天津西字日报	转载消息	西字日报	天津来西报云:前者大沽口多设炮台……然以今揆度之,殆因东洋事务,致有此种举动也。又曰:吾西人今得明二事焉。一则中国与东洋,盖几几有两君相见,不以玉帛而以干戈之势。二则知西使觐见之役,皆成于东臣琐意西马之力也。此皆西友揣测之词,因异而译之,以谂夫明烛事机者(3/113)

续表

时间	刊号	标题	类别	来源	报导要点
闰六月十七日	394	记英制军赞成觐见并督闽时轶事	转载消息	香港华字日报	前录日本公使陈请陛见一事，于未成议时，有前任闽浙总督英君桂特往见李珍将军……按英公具经济才向，久任兼圻督职，于中西交涉事件无不备见怀柔，以是皆得远人之心，颂其德者，口碑载道(3/137)
同治十三年四月十四日	638	论朝觐之同异	评论	西字新报 京报	西字新报传云：前临过年之节，经驻扎京师英法两钦差请总理外务大臣恭亲王引见奏贺，而恭王未尝从其请焉。西报论之曰：英国与中国立约，钦差以西礼觐见，已有明条……西人之言如是，不知以中西两礼互相有异于朝仪未免有不便举行之处，是以是大事而不须觐见耳，并非如泰西各国朝见之礼大同而小异。故于年节，可于本臣一例而引见也……所望于西人不可以泰西各国朝内之常，而较量于中华朝廷之典耳(4/487)
四月十七日	640	俄国使臣入觐	消息	京信	顷接京信知俄国新授驻京钦差布君于本月初五日循例觐见……俱在紫光阁觐见礼成……诚见中华朝廷优礼使臣，永敦和好之盛意也(4/495)
五月十八日	666	西使入觐遗论	评论	字林西报	去年英九月内上海字林新闻纸于报内译录华人记述西国各钦使于同治十二年六月六日引见一事，其文系得自何人，固未知悉，惟录之欲得西人一笑耳……但此种记述殊为不宜……反谓此事既附入京报，则固有涉于中国国家之事，而中国国家特设法遗笑外国之使臣，亦非交邻之正道也(5/1)
十月三十日	803	西使陛见考	评论		近日中西和好，为薄海内外一时之盛。去年中朝皇上亲政伊始，泰西各国使臣皆与陛见……顾历考来朝者只附近中国藩属，而泰西诸国不与焉。泰西使臣来朝，始自公历一千五百一十七年时葡萄牙国管理该国印度属土总督博泵排也士……今上始廷见各国使臣，为中西辑睦，一时之盛举云。按西使觐见一节，自皇上亲政后妥议准行，厥后卑路之暗公使援例吁请，亦经准行，此后泰西使臣之觐见者当源源不绝矣(5/551)
十一月廿七日	826	论中西风俗之异	评论		中西风俗之异尚多迥不相侔之处矣，先以其上下之各异者，而论中国彼此相见无不行跪拜之仪，况下之于上乎(6/9)

续表

时间	刊号	标题	类别	来源	报导要点
十二月十二日	839	美公使论觐见礼节	评论		中国自与欧洲及亚墨利加洲通商后,凡各国使臣来者靡不欲瞻仰天颜,以为荣幸……美国之新公使名鸭华厘者,前抵京师,即由总理衙门恭请入觐,惟论及朝仪一节,在总理大臣谓须照日本哦古坡与柳原前光行拜跪礼。美国新公使曰:此礼亦何不可行,特使臣奉命出疆,亦即国体所系,苟欧洲各公使曾行此礼,则我自当惟命是从。苟彼国使臣皆非拜跪而独于吾身先行之,则敝邦将何以齿于列国乎。若日本者本为亚洲之国,正不得援以例我国也。于是仍照泰西公使入觐礼,于十月二十一日引见云(6/61)
光绪元年七月廿五日	1021	论中西礼刑不同	评论		中西各邦国家之事,其彼此大相径庭者,莫如礼刑二事,中国则失之太繁,西国则失之太简……前岁东西两洋遣使来贺,因议跪拜之礼,迁延日久,后蒙穆庙大度包容,俯允所请,东西之臣无不感悦……盖亦深知中国之礼繁而难行,故任西人以就简,庶免彼此有失礼之处也(7/189)

资料来源:上海申报馆编《申报》第二册,第 481、505、577、581 页;第三册,第 5、9、13～14、17、25、69、77、81、93、113、137 页;第四册,第 487、495 页;第五册,第 1、551 页;第六册,第 9、61 页;第七册,第 189 页。

从表 4 - 1 整理的消息来源,可知《申报》尚未连接上清政府的官方通道,外国商民提供的信息也未必准确,更不具有实时性。[1] 例如,《申报》误以为李鸿章是清政府拒绝请觐的幕后黑手,并评论说皇帝为了羁縻外人,才同意外使入觐,瞻仰天颜,见识中国礼法。[2] 而《申报》也转译《西字新报》,[3] 报导觐见日期已定在五月二十八

---

[1]　正确觐见时间是六月初五日,但《申报》直到六月十三日方从《西字新报》得知六月初五日公使已觐见之事。

[2]　《申报》第二册,第 356 号,《西友论觐见事》,第 581 页,同治十二年六月初二日。

[3]　《西字新报》非一实际报纸,乃指英文报纸,或称西字日报、西字报、西报。但从发刊地是天津来看,再验证发行时间,可能是天津得到的《字林西报》,而不是 1894 年创刊的《京津泰晤士报》。戈公振:《中国报学史》,第 90 页。

日（1873 年 6 月 22 日），并指出各国公使因不肯行"跪拜礼"，总署王大臣（恭亲王奕訢）本想停止请觐之事，但因皇帝优礼外人，恩准外使行"鞠躬礼"，方能顺利解决"公使请觐"之事。① 由此可知，《申报》和在华外国人士，认为总理衙门和北洋大臣李鸿章才是阻碍"公使请觐"的最大阻力，但同治皇帝并没有拒见公使的想法，故不拘"朝贡礼"的成例，特允外国公使行"鞠躬礼"。《申报》强调皇帝特赐恩典，优容外国公使行"五鞠躬礼"的说法，将西洋诸国定位为"永为通商之邦"，②让同治皇帝仍是"天下秩序"的顶点，并通过皇帝赐恩的举动，忽略清政府曾签订《天津条约》的事实，切断了跪拜仪式、朝贡礼及中华国体三者间的关连性。③ 不过，《申报》虽强调同治皇帝免除"跪拜礼"的恩典，却赞同"公使请觐"将有助中外和谊，并称赞西洋诸国是协助中国改革的"和好之国"。④ 由此可知，《申报》并未提出"敌国"或"平等之国"等说法，但将西洋诸国定位为"永为通商之邦"，即有经济往来，但没有政治上的主从关系者。尤其从《申报》对"使臣"称谓的解释，得知《申报》虽未将外国公使看作属藩贡使，但对西洋诸国的定位相当模糊，并以春秋时代的"交聘"为例，闪避西洋诸国与中国的位阶问题。⑤当时，《西字新报》批评清政府在《京报》里用"使臣"称呼各国公使，等于暗示各国公使是贡使身份，并以为清政

---

① 《申报》第三册，第 361 号，《述西友论觐见事》，第 5 页，同治十二年六月初八日。
② 《申报》第三册，第 361 号，《述西友论觐见事》，第 5 页，同治十二年六月初八日。
③ 《申报》第三册，第 361 号，《翻译天津邮寄西字新报四则》，第 5 页，同治十二年六月初八日。
④ 《申报》第三册，第 379 号，《译西友群论觐见事》，第 77 页，同治十二年六月廿九日："近十余年，而世事一变，泰西均为和好之国，且有向来未至中华之国，亦且与之和好，或取其法，或译其书，或用其器，或遣使外国以通和，或遣令子弟就学。"
⑤ 《申报》第三册，第 363 号，《书西报论称使臣二字后》，第 13 页，同治十二年六月初十日。

府若不用与"敌体"相应的称谓称呼各国公使的话，等于将西洋诸国视为琉球、朝鲜等属国。① 对此，《申报》先说明中国向来看重"名"、"器"，格外注意双方的称谓，但中西双方的价值观未必相同，才会对"使臣"二字的意义有不同的理解，以致误会丛生。

《申报》依据《仪礼》立论，以春秋时期的诸侯、大夫、士之间的交聘为例，指出"交聘"不同于天子遣使或诸侯遣使朝觐，往来双方没有主从关系，不同于君臣之分。

同时，《申报》也为清政府辩护，指出清政府称公使为"使臣"，只是尊重皇帝而已，并不是指公使是属国贡使（陪臣），更不是指各国政府是中国的属国。而欧美各国皆是"天朝友邦"，称公使为"使臣"，不但是尊崇皇帝，也是公使尊敬本国君主的表现。

> 天子遣臣于各国，则曰天使，因其为天子所使也。诸侯朝于天子，自称曰臣。诸侯使大夫朝于天子，自称曰陪臣，以其不敢与国君相敌也……是天朝友邦，其称使臣也同。盖使臣者者，谓某国所使之臣也，人固可称为使臣，己亦可称为使臣，尊其君之所使，故系之曰臣，尊所使之国君，故意谓之曰臣。②

由此可知，《申报》反驳《西字新报》的说法，批评外国官民不明白中国对待属国和与国的区别，望文生义，自然误认为清政府有轻视之意。对此，《申报》申明中国"断不以语言文字欺外国也"，③ 并解释"天使"、"贡使"、"使臣"的区别，指出中国遣使至属国，其使者称"天使"；属国遣使至中国，其使者称"贡使"，

---

① 《申报》第三册，第363号，《书西报论称使臣二字后》，第13页，同治十二年六月初十日。
② 《申报》第三册，第363号，《书西报论称使臣二字后》，第13页，同治十二年六月初十日。
③ 《申报》第三册，第363号，《书西报论称使臣二字后》，第14页，同治十二年六月初十日。

两者皆与"使臣"毫不相干，纯属误会而已。

　　对中外双方争执觐见礼的原因，《申报》解释为中西风俗不同，指出在"礼"和"刑"两方面，"中国则失之太繁，西国则失之太简"，于是中外双方难以谋合，屡有冲突。[①]《申报》也批评清政府太重视"名分秩序"[②]的结果，往往徒事虚文，隔绝下情，实不利于中国社会的发展。反观欧美各国，因不重视君臣之分，反而可通达上下之情，故《申报》赞许欧美风俗"犹有三代之风"。[③] 由此可知，《申报》着眼"中西礼俗之异"，强调中国和欧美各国各有优点，[④] 中国只要能打破成法，移风易俗，并学习欧美各国的船坚炮利，让聪明之士不再困于科举，农民不再困于节气，工商不再困于微本，中国将重新振兴，迎头赶上欧美各国。[⑤]

　　《申报》对日本的态度显然不同，尤不满日本大使副岛种臣引起的觐礼争议。《申报》批评日使副岛先以日本改行西制为由，不愿行"跪拜礼"，又暗中勾结西使，并以日本军舰已停泊天津附近，威胁清政府，[⑥] 使北京城内风传中日将有战事的谣言。[⑦]《申报》也转引外文报纸，详述日使副岛与总理衙门交涉的经过，并批评日使副岛"既不肯跪见，亦不肯依五揖常礼，请以三揖为觐见之礼"。[⑧] 对此，《申报》

---

① 《申报》第七册，第 1021 号，《论中西礼刑不同》，第 189 页，光绪元年七月廿五日。

② 关于名分秩序论的解释，可见张启雄《外蒙主权归属交涉（1911～1916）》，中研院近代史研究所，1995，第 12～14 页；张启雄：《中华世界秩序原理的源起：近代中国外交纷争中的古典文化价值》，第 106～107、129～130 页。张启雄教授指出，西洋国际法秩序原理是法治主义，"中华世界帝国"国际秩序原理是礼治主义，故"名分"乃是礼治主义的根本。

③ 《申报》第六册，第 826 号，《论中西风俗之异》，第 9 页，同治十三年十一月廿七日。古代中国上下之分尚不如现今严谨，但至宋、明两代以后，上下之分愈趋严格，即使是属员见长官，亦得长跪奏事。

④ 《申报》第七册，第 936 号，《中西异同论》，第 9 页，光绪元年六月初一日。

⑤ 《申报》第六册，第 826 号，《论中西风俗之异》，第 9 页，同治十三年十一月廿七日；第 837 号，《书英国葛公使论中国事后》，第 53 页。

⑥ 《申报》第三册，第 362 号，《书西字日报后》，第 9 页，同治十二年六月初九日。

⑦ 《申报》第三册，第 388 号，《天津西字日报》，第 113 页，同治十二年闰六月初十日。

⑧ 《申报》第三册，第 377 号，《记东西各使朝见事》，第 69 页，同治十二年六月廿七日。

引用《孟子》对"王霸之辨"的解释,[1] 批评日使副岛存心挑衅,炫耀武力,如霸者行霸术,不如中国以德服人,[2] 使各国公使心悦诚服。对日使副岛得行"三揖礼"之事,《申报》解释为"东使以礼自达,亦礼也",并将清政府同意的原因,归美于"我皇帝谅其行礼之心,特赐引见"。[3] 总之,经《申报》的再诠释,原本日使咄咄逼人的场景,变成同治皇帝体恤日使,符合"以德服人"的理想。

此外,《申报》选录香港《华字日报》同治十二年闰六月初七日(1873 年 7 月 30 日)的报导,记述前闽浙总督英桂赞同外使觐见,又与美人李仙得(《华字日报》记为李珍,有误,应为美国驻厦门领事李仙得,Charles W. Le Gendre,1830 ~ 1899)相交甚深,遂出面斡旋日使觐见的争执,让觐礼之争顺利解决。[4] 从这篇报导的内容,可发现某些问题值得讨论。第一,《华字日报》的记述明显有误。查同治六年(1867)的督抚奏议(见本书第三章表 3 - 1),英桂的主张是缓办请觐,并未有赞同觐见之语。[5]《申报》亦未查核资料,直接转录《华字日报》的报导,可知当时《申报》尚未接通清政府内部的信息通道,以致转载失误。第二,对《申报》的撰者、读者来说,所谓的开明督抚,就是可与外人相处融洽,并平息地方绅民与外人的冲突,[6] 可见对外交

---

① 台湾开明书店:《断句十三经·孟子》,台湾开明书店,1991,《公孙丑上》,第 10 页;张启雄:《中华世界秩序原理的源起:近代中国外交纷争中的古典文化价值》,第 110、117 ~ 118、130 ~ 133、141 ~ 143 页。张启雄指出,孟子经改造后,让商汤、文王以霸行王的范例,变为尊王贱霸的观念,更升华为王道思想,强调以德服人,以华治夷。由此可知,《申报》以为副岛如霸者行霸术,实轻视副岛以力服人,明显低于中国以德服人的王道思想。

② 《申报》第三册,第 362 号,《书西字日报后》,第 9 页,同治十二年六月初九日。

③ 《申报》第三册,第 377 号,《记东西各使朝见事》,第 69 页,同治十二年六月廿七日。

④ 《申报》第三册,第 394 号,《记英制军赞成觐见并督闽时轶事》,第 137 页,同治十二年闰六月十七日。

⑤ 宝鋆编《筹办夷务始末(同治朝)》卷五四,第 1835 号,同治六年十一月二十五日英桂奏议覆修约事宜折。

⑥ 《申报》第三册,第 394 号,《记英制军赞成觐见并督闽时轶事》,第 137 页,同治十二年闰六月十七日。

涉事务已是地方督抚不可不面对的首要问题，更甚于对地方事务的处理。第三，从这篇报导可知，日使副岛的请觐得遂，多少受到李仙得的指点，① 并通过李仙得的引介，日使副岛可能请当时担任兵部尚书的英桂暗中帮忙，② 让总理衙门接受副岛提出的觐见礼方案。

　　"公使请觐"虽已成礼，但各国公使仍不满意，认为清政府并未真正做到"平行往来"。例如，同治十三年正月，各国公使团因临阴历过年，要求觐见皇帝，却遭总理衙门驳回。③ 对此，《西字新报》批评清政府从未像欧美各国一样，在假日节庆邀请各国公使，面见外国君主，并指出中国官员皆可朝贺，唯独各国公使不得觐见，故建议清政府应一体优礼，允许"公使请觐"。④《申报》为清政府辩护，反驳说中、西礼仪本有差异，不可一概而论，并认为新年朝觐的"大朝仪"，⑤ 中国官员皆行三跪九叩礼，若让各国公使行"五鞠躬礼"，"于朝仪未免不便举行"。⑥ 况且，总理衙门原本就声明，非遇有大事或递交国书者，各国公使不得随意请觐，再举总理衙门允许俄国新任公使呈递国书之例，⑦ 证明没有为难各国公使之意，希望"西人不可以泰西各国朝内之常，而较量于中华朝廷之典"。⑧

① 李理、赵国辉：《李仙得与第一次日本侵台》，《近代史研究》2007 年第 3 期，第 101～103、106～107 页。
② 清国史馆：《英桂事迹册》，台北"故宫博物院"藏，档案号：传包 702002419 号；赵尔巽：《清史稿》卷一九二《部院大臣年表八》，第 6950～6951 页。
③《申报》第四册，第 638 号，《论朝觐之同异》，第 487 页，同治十三年四月十四日。
④《申报》第四册，第 638 号，《论朝觐之同异》，第 487 页，同治十三年四月十四日。
⑤ 赵尔巽：《清史稿》卷八八《礼七》，第 2621～2622 页。
⑥《申报》第四册，第 638 号，《论朝觐之同异》，第 487 页，同治十三年四月十四日。
⑦《申报》第四册，第 640 号，《俄国使臣入觐》，第 495 页，同治十三年四月十七日。
⑧《申报》第四册，第 638 号，《论朝觐之同异》，第 487 页，同治十三年四月十四日。

除此之外，《申报》特意摘录同治十二年九月《字林西报》的报导，并郑重澄清，斥为不经之谈。当时，《字林西报》译录某位华人记述的外使觐见之事，内容荒诞不经，觐见时间与相关仪节皆有错误，只是充作笑谈。

> 去年英九月内上海字林新闻纸于报内译录华人记述西国各钦使于同治十二年六月六日［有误，应为六月初五日］引见一事，其文系得自何人，固未知悉，惟录之欲博西人一笑耳。其略曰：……皇上已登位，各使臣在陛下作俯首状，并不磕头，于阶前置一黄色几，由使臣挨次而上，于几前口诵国书，其先诵者仅及数句，忽浑身颤动，遂中止而不能卒读……于是使臣仍照先议，将献其国书，□不谓心怯倒地，起而复跌者数次，竟未能出一言也。恭亲王因不自禁，于朝内大笑，声称胆怯，且令左右扶之下陛，而使臣仍不能行动，惟伏地呼吸挥汗而已，其余使臣皆见而摇首，亦不知出何辞焉。①

根据第三章第三节的讨论，《字林西报》的这则报导，很明显是凭空想象的伪作，欲借"公使请觐"之事，证明皇帝有神灵护卫，各国公使不敌皇帝的神威，才会君前失仪，无法成礼。这则伪造的报导，虽荒谬不经，却传达了当时中国士人看待请觐的态度，整理如下。

第一，各国公使虽据《天津条约》，得行"鞠躬礼"方案，但在这篇报导的叙述下，公使准备递书时，竟"心怯倒地，起而复跌者数次"，② 如同向皇帝行"跪拜礼"，间接弥补了读者们对外国公使只行"鞠躬礼"的遗憾。

第二，该篇报导假借奕䜣之口，嘲讽公使御前失礼，③ 借以说明

---

① 《申报》第五册，第666号，《西使入觐遗论》，第1页，同治十三年五月十八日。
② 《申报》第五册，第666号，《西使入觐遗论》，第1页，同治十三年五月十八日。
③ 《申报》第五册，第666号，《西使入觐遗论》，第1页，同治十三年五月十八日。

皇帝贵为天子，自有神灵护卫，与外国君主不可相比，故清政府不能同意公使团随时请觐的要求。

第三，第三章提到的平步青《霞外捃屑》所记"外使觐见"的内容，几乎同于这篇报导。①由此可知，平步青的记述很可能是根据《京报》或《字林西报》的报导，不完全是平步青个人的想象。

第四，《申报》大力驳斥这篇报导，以为"此种记述殊为不宜"，并指出各国公使皆气度雍容，不可能因觐见皇帝而御前失仪，引人讪笑。《申报》还批评《京报》竟收录这篇不实报导，让总理衙门也采用了这篇报导，甚至还将这篇报导收录在官方档案的《各使请觐案》。②《京报》误收这篇报导的结果，可能让内地官民信以为真，甚至有某位知县竟另行刊刻这篇报导，还发给属下，嘲讽外国传教士。因此，《申报》评论说，《字林西报》的报导本是笑谈，但《京报》却不加查证，将其刊发，甚为不妥，可能会让各国公使误会"中国国家特设法遗笑外国之使臣，亦非交邻之正道也"，③故建议清政府立即查办谣言的来源，避免与外使发生不必要的冲突。后来，《申报》的顾虑果然成真。英国公使威妥玛、美国公使卫廉士（S. Wells Williams）、德国署理公使和立本（Helleben von）、法国公使热福理、俄国署理公使凯阳德（A. Koyander）皆向总理衙门抗议，指出这些报导丑化各国公使，让公使团沦为笑柄，并要求清政府尽快查禁、销毁这些报导、揭帖，否则就是有意

---

① 平步青：《霞外捃屑》卷二《各国使臣觐见》，第 428～429 页："癸酉［同治十二年］秋都门谦益长号，传来时事一纸云……皇上登宝座，使臣行六鞠躬礼［有误，应为五鞠躬礼］，不跪，阶前设黄案，使以次立读国书。居首者读至数句，即浑身发战，不能卒读……其次者则奉书屡欲坠地，而不能开声。经恭亲王当众嘲笑草鸡毛，令人掖之下阶，不能动步，坐地汗喘，十二人摇头私语，不知所云。延之就宴，亦不能赴宴，仓皇散出。"

② 《各使请觐抄案》，《照录上海翻译新闻纸》，第 815 页，同治十二年六月下旬。

③ 《申报》第五册，第 666 号，《西使入觐遗论》，第 1 页，同治十三年五月十八日。

侮辱各国。①

　　由此可知，"公使请觐"的风波虽已结束，但《申报》对"外国公使觐见礼"的讨论仍未结束，尤其《申报》讨论的重点已从公使团是否行"跪拜礼"，转移到公使团行"鞠躬礼"的正当性。例如，《申报》重新考证外使觐见的故事，并考订外国使团入京费用与皇帝的赏赐清单，证明清政府一向厚待使团，符合怀柔远人之道。《申报》也指出俄国使者觐见康熙皇帝、葡萄牙使者觐见雍正皇帝时，皆向皇帝行"跪拜礼"；但英国专使马戛尔尼觐见乾隆皇帝时，觐见礼仪已不再是"跪拜礼"，变为"屈一足，呈上礼物，皇上大悦"。② 因此，《申报》认为"外国公使觐见礼"可因时制礼，不全是"跪拜礼"。幸好，现在同治皇帝大施皇恩，允准外使觐见，"为中西辑睦一时之盛举"。③

　　此外，《申报》借美国新任公使之口，说明美国不是亚洲国家，可依西洋诸国之例，向皇帝行"鞠躬礼"。④ 由此可知，时人依照出使国的地理位置，将"外国公使觐见礼"分为中礼、西礼两种方案，并推论欧美各国与中国的风俗不同，但因皇帝优礼外人，故允许欧美各国公使依照泰西之礼，不行"跪拜礼"；但位处亚洲的日本，与

① 《总理各国事务衙门档案·一般交涉》，档案号：01 - 34 - 007 - 03 - 025，《函述汉口奸人刊刻各国觐见小本私书抄录原文请设策挽救由》，同治十二年十月二十四日英国公使威妥玛致总署函，中研院近史所藏；档案号：01 - 34 - 007 - 03 - 026，《函述汉口奸人刊刻各国觐见小本私书抄录原文请设策挽救由》，同治十二年十月二十四日美国副使卫廉士致总署函，中研院近史所藏；档案号：01 - 34 - 007 - 03 - 027，《函述前各国觐见一事因各省有无名揭帖请消弭由》，同治十二年十月二十四日德国署使和立本致总署函，中研院近史所藏；档案号：01 - 34 - 007 - 03 - 028，《函述前各国觐见一事因各省有无名揭帖请消弥由》，同治十二年十月二十四日法国公使热福理致总署函，中研院近史所藏；档案号：01 - 34 - 007 - 03 - 029，《函述前各国觐见一事因各省有无名揭帖请消弥由》，同治十二年十月二十四日俄国署使凯阳德致总署函，中研院近史所藏。
② 《申报》第五册，第 803 号，《西使陛见考》，第 551 页，同治十三年十月三十日。
③ 《申报》第五册，第 803 号，《西使陛见考》，第 551 页，同治十三年十月三十日。
④ 《申报》第六册，第 839 号，《美公使论觐见礼节》，第 61 页，同治十三年十二月十二日。

中国同文同俗，应依照中国礼节，行"跪拜礼"。根据第三章第三节的考察，可知日本大使副岛种臣不但没有行"跪拜礼"，还胜过欧美公使，获得先班觐见、行"三揖礼"的待遇，更签订《中日修好条规》，取得侵台夺琉的口实，成果丰硕。①

如前所述，《申报》曾针对觐礼问题，批评日本诡行霸道，遂争得"三揖礼"方案。② 若真如此，就不得不去思索另一个问题。为何《申报》明知副岛种臣以"三揖礼"觐见皇帝，却有副岛种臣、柳原前光行"跪拜礼"的报导？《申报》指出，日本乃亚洲之国，不得援以泰西之例，③ 应依中国礼节，向皇帝行"跪拜礼"。而且，日本和中国同文同俗，君臣名分严谨，不似泰西诸国的君臣关系。况且，日本曾受中国册封，④ 当然不可比照"敌体"，与欧美各国公使一样行"鞠躬礼"。因此，《申报》认为，适用"客礼"的对象只限欧美各国，⑤ 日本公使应依据"朝贡礼"的成例，向皇帝行"跪拜礼"，才有日使副岛、柳原行"跪拜礼"的报导，⑥ 无视日使副岛行"三揖礼"的事实。

总之，根据《申报》对"公使请觐"的报导，可见《申报》与总理衙门同样将外国公使行"五鞠躬礼"，解释为皇帝优礼外人的"客礼"，证明中国以德服人、不强人所难。同时，《申报》借"客礼"的概念，赞同中国可因时制礼，使"跪拜礼"与"鞠躬礼"不再是绝对性的对立，只是相对性的分立。因此，外国公使虽行"五鞠躬礼"，但在《申报》的解释下，却变成皇帝施恩的表现，反而加强了皇帝作为天子的权威。但《申报》却反对日本使者行"鞠躬

① 曹雯：《清朝对外体制研究》，第 267、271 页。
② 《申报》第三册，第 377 号，《记东西各使朝见事》，第 69 页，同治十二年六月廿七日。
③ 《申报》第六册，第 839 号，《美公使论觐见礼节》，第 61 页，同治十三年十二月十二日。
④ 堀敏一：《中国と古代東アジア世界》，岩波书店，1993，第 130~135 页。
⑤ 《申报》第六册，第 826 号，《论中西风俗之异》，第 9 页，同治十三年十一月廿七日。
⑥ 《申报》第六册，第 839 号，《美公使论觐见礼节》，第 61 页，同治十三年十二月十二日。

礼",并以为日本与中国同文同俗,不能比照"敌体",也不能适用"客礼"。由此可见,《申报》仍视日本为中国臣属,遂有许多攻击日使副岛的报导。

表4-2　《申报》对光绪十七年外使觐见的报导整理

时间	刊号	标题	类别	来源	报导要点
光绪十六年十一月初六日	6345	恭读十一月初一日电传上谕谨注	消息	电传上谕	十一月初一日电传上谕……兹朕亲裁大政,已阅两年,在京各国使臣宜应觐见,允仿照同治十二年成案,并增定岁见之期,以昭优礼……着于明年正月由总理各国事务衙门奏请定期觐见,即于次日在该衙门设宴款待,嗣后每岁正月照此举行,续到使臣按年觐见(37/1079)
光绪十七年正月十四日	6405	论所以怀柔远人之道	评论		我朝统驭中外,一视同仁,凡年班来者必联之,以情待之,以礼厚之,以饩赉之,使之怀德感恩(38/255)
正月廿二日	6413	觐见述闻	消息	谕旨传说	兹闻在京各国使臣金议觐见仪节不必援照同治十二年觐见成案……迭经辩论,而各国使臣不欲在紫光阁觐见,欲在大内觐见,传说如此,姑照登之。窃恐珠盘修好,玉敦襄仪,典礼何等郑重,衮衮诸公必有以折衷至当也(38/299)
正月廿五日	6416	入觐龙光	消息	都门电信	惟闻外间传述谓各使臣不欲在紫光阁觐见……昨日接都门电信,敬悉圣上定于今日午初二刻在紫光阁召见,各国使臣逖听之余,仰建朝廷讲信修好,自有隆规,开阊阖于九天,萃衣冠于万国,诚煌煌乎盛轨也,岂不懿哉(38/317)
正月廿六日	6417	论敬使以固邦交	评论		我中国自与泰西诸国立约互市……力矫从前闭关自守之陋习,而使臣亦得聘问之……不能如西国之时时接见,脱略仪文也,惟其不桓觐见……而传述各使以紫光阁为召见外藩之地,恐亵使命,欲在大内觐见……紫光阁虽为召见外藩之地,然此次定时召见,出自特旨,典礼何等严肃,自不必以轻亵为嫌。况同治年间既在紫光阁召见,此次踵而行之,在中国既恪守旧章,在各国亦率循罔替,岂有訾议于其间哉。要之,敬使以礼,不以地(38/321)

时间	刊号	标题	类别	来源	报导要点
二月初五日	6425	觐见盛仪	消息		此次觐见者计德英俄法美日比和日本义奥等国正署公使、参赞、翻译官等三十二人……窃意我中国自海禁一开，至今日无不以一视同仁为念。今而优怀远人，谊美情殷，非仅可以固和局，且可以昭雅量也（38/369）
二月初九日	6429	玉阶仙仗（六）	消息		查同治十二年成案，外国使臣觐见日应咨由善扑营，于头二等布库中，择身体魁梧者六十名前往紫光阁，以昭拱卫……谕令查照成案办理（38/391）
二月初九日	6429	玉阶仙仗（八）	消息		总署函致各国使臣略谓：觐见后遵旨于正月二十六日十二点钟时，在署设筵款待，是日均穿公服，即希贵大臣赏临，其随同觐见之参赞、翻译各员均亦与宴（38/391）
二月十一日	6431	觐见述余	消息	京友	谨按五洲各国定章，凡派驻与国之人臣，以年月之久近，分次序之后先。各国派驻中华之大臣，以德国钦差为最久，故此次觐见，即以德国巴大臣为领袖，一并表出，以见率由旧章，并非僭越也（38/403）
二月十二日	6432	觐使臣以通情好论	评论		至本朝而大反乎前代之所为，凡事必由亲裁，绝无假手于人之处，而会同四译馆则有馆，理藩院则有院。岁时召见蒙古以及各属藩王并其使臣，优之以礼，接之以仪，示之以恩，喻之以信……然此藩服皆在要荒之列，久已为不侵不叛之臣，非敌国之比也。自开海禁以来，与泰西各国及日本通商立约，海东西咸为与国……窃以为此一见也，不仅铺张大典，扬诩盛仪而已，最关紧要者则自有此见，而日后中外上下之情皆从乎通，而不从乎塞，此则尤为中外所共庆者矣（38/409）
二月十二日	6432	筵前诵答	消息		皇上于前月二十五日御紫光阁召见各国使臣，后总理衙门王大臣恪遵前奉谕旨，着于觐见之次日，就总理各国事务衙门设宴款待……遂于二十六日宴待如仪（38/409）

续表

时间	刊号	标题	类别	来源	报导要点
三月廿六日	6476	察看交涉事宜疏	转录	薛福成奏疏	皇上亲政以来，各使未觐天颜，似有薄待之意，不无私议，屡见英法新闻纸中，将来不免合力固请，似亦当筹所以应之也(38/673)
五月初一日	6510	追纪西使陛见盛典	评论		吾观于泰西使臣陛见一节，而知今昔情形事不同而意同也……驻英薛叔耘星使，早已洞若观火矣……即今岁观见西使一事，皆由薛星使先为豫筹，以开其端(38/877)

资料来源:《申报》第三七册，第 1079 页；第三八册，第 255、299、317、321、369、391、403、409、673、877 页。

由于光绪皇帝尚未亲政，由两宫皇太后垂帘听政，公使不得请觐，又因日本侵台、"马嘉理案"、法国夺越、英国占缅相继发生，故《申报》讨论的焦点转移至"属藩"与中国的关系。[①] 直至光绪十六年（1890）光绪皇帝准备亲政时，《申报》才又讨论"公使请觐"的问题。相较同治十二年的外使请觐，《申报》对光绪十七年外使请觐的反应并不激烈，可能是因光绪十七年仍仿照同治十二年的觐见礼方案。不过，《申报》仍批评了公使团欲在"大内观见"的要求，试分析之。

第一，据《申报》的报导，可知总理衙门规范了"公使请觐"之事，准许各国公使今后得在每年正月定期请觐，向皇帝贺岁，并在觐见的第二天，由总理衙门设宴，款待各国公使。[②] 比起同治十二年时剑拔弩张的气氛，光绪十七年的请觐氛围已有改善，也可见总

---

① 《申报》相关讨论甚多，因不涉觐事，本书不讨论，详见徐载平、徐瑞芳《清末四十年申报史料》，第 125～157 页；吴仁棠：《清末〈申报〉的社论：政治层面评析（1872～1905）》，硕士学位论文，"中国文化大学"史学研究所，1992；贺玲：《琉球事件中的中国社会关于宗藩体制的舆论——以〈申报〉为主要考察对象》，硕士学位论文，华东师范大学，2004；丁彩霞：《甲午战前〈申报〉保朝策略述论（1881～1893）》，硕士学位论文，华东师范大学，2007。

② 《申报》第三七册，第 6345 号，《恭读十一月初一日电传上谕谨注》，第 1079 页，光绪十六年十一月初六日。

理衙门预作筹备、先声夺人的意图。对此，《申报》肯定清政府修好睦邻的用心，① 并回顾过去海道未通，来华朝觐者只有周边属藩；如今海道已通，与中国均势"敌体之国"众多，故《申报》强调中国必须重视交邻之道，即"我朝统驭中外，一视同仁，凡年班来者必联之，以情待之，以礼厚之，以饩赉之，使之怀德感恩"。②

　　第二，对各国公使不愿援照同治十二年的成案，《申报》显然是赞同总理衙门的说法，以为"公使请觐"应照同治十二年的成案办理，不可轻议更张。③ 同时，《申报》反驳各国公使的疑虑，指出紫光阁虽是清政府召见外藩之地，但此番召见，乃出于皇帝特旨，更准其定期召见，怎会有轻慢公使之意。《申报》也指出，总理衙门选在紫光阁觐见，不过是延续同治十二年的成案，并说明中国敬重各国公使在于"礼"，不在于"地"。为了公使的请觐要求，皇帝不但亲御紫光阁，总理衙门也准备筵宴款待，"敬使之礼已尽"，不可谓"紫光阁可见外藩，而不可以见友邦使臣"。④

　　第三，关于光绪十七年的请觐过程，详见后文，暂不赘述。但从《申报》对光绪十七年"公使请觐"的报导，比起同治十二年的报导，更为实时，也更为详尽，⑤ 可知《申报》已接通清政府的情报网络，故不用再像过去引据大量的外国报纸，也不需要再通过外国商民，打探清政府与外国公使的动态。

　　第四，《申报》大为赞同光绪十七年的请觐方案，还强调"公使请觐"的必要性，更明白陈述《申报》的立场，以为清政府可借

---

① 《申报》第三七册，第 6345 号，《恭读十一月初一日电传上谕谨注》，第 1079 页，光绪十六年十一月初六日。

② 《申报》第三八册，第 6405 号，《论所以怀柔远人之道》，第 255 页，光绪十七年正月十四日。

③ 《申报》第三八册，第 6413 号，《觐见述闻》，第 299 页，光绪十七年正月廿二日；第 6416 号，《入觐龙光》，第 317 页，光绪十七年正月廿五日。

④ 《申报》第三八册，第 6417 号，《论敬使以固邦交》，第 321 页，光绪十七年正月廿六日。

⑤ 《申报》第三八册，第 6425 号，《觐见盛仪》，第 369 页，光绪十七年二月初五日。

"公使请觐"之事，优礼外人，巩固中外和局，还能凸显中国款待公使的雅量。① 从《申报》强调"优"字，可推知《申报》虽表明中国对待外国皆一视同仁，但仍将"公使请觐"之事视为特殊状况，以示优待外使、怀柔远人之意。

第五，《申报》赞同"公使请觐"的必要性，还节录中国驻英公使薛福成（1838～1894）的奏疏，② 说明"公使请觐"原本是欧美各国的外交惯例，主张光绪皇帝应召见公使，便可修好中外关系。③不过，《申报》仍遵循"客礼"的原则，区分属藩、与国的不同，并将属藩、与国分开讨论，在名分上不容混淆。④《申报》先考察中国重视君臣名分，华夷之分甚严，再指出清政府的涉外体制多有弹性，分别以礼部、理藩院约束属国、外藩，市恩昭信，使属藩"久为不侵不叛之臣"。⑤ 而日本、欧美各国与中国立约通商，即是"与国"，故行"交邻之道"，与各国遣使聘问，并准许各国公使定期觐见，通中外上下之情。⑥

第六，比较《申报》对同治十二年、光绪十七年"公使请觐"的相关讨论，可知《申报》有三项明显的改变。其一，《申报》始终强调"公使请觐"的必要性，建议皇帝随时召见外国公

① 《申报》第三八册，第6425号，《觐见盛仪》，第369页，光绪十七年二月初五日："窃意我中国自海禁一开，至今日无不以一视同仁为念。今而优怀远人，谊美情殷，非仅可以固和局，且可以昭雅量也。"

② 《申报》第三八册，第6476号，《察看交涉事宜疏》，第673页，光绪十七年三月廿六日。

③ 《申报》第三八册，第6510号，《追纪西使陛见盛典》，第877页，光绪十七年五月初一日。

④ 关于华夷秩序的问题，详见张启雄《中华世界秩序原理的源起：近代中国外交纷争中的古典文化价值》，第108～112、128～129页；何芳川：《"华夷秩序"论》，《北京大学学报》（哲学社会科学版）1998年第6期，第30～45页。

⑤ 《申报》第三八册，第6432号，《觐使臣以通情好论》，第409页，光绪十七年二月十二日。

⑥ 《申报》第三八册，第6432号，《觐使臣以通情好论》，第409页，光绪十七年二月十二日："自开海禁以来，与泰西各国及日本通商立约，海东西咸为与国，共辑邦交……窃以为此一见也，不仅铺张大典，扬诩盛仪而已，最关紧要者则自有此见，而日后中外上下之情皆从乎通，而不从乎塞，此则尤为中外所共庆者矣。"

使，确保和局。不过，《申报》仍认为"外国公使觐见礼"的制订，乃因时制礼，属特殊礼仪。正因为同治、光绪皇帝尊重中西礼俗的不同，才优礼外人，允许公使行"五鞠躬礼"。因此，《申报》同意总理衙门的意见，以为应依循同治十二年的觐见礼方案，反对公使"在大内觐见"的要求。由此可知，《申报》对"公使请觐"的讨论，仍延续"客礼"的概念，强调皇帝加恩、特赐优礼，尚未脱离传统宾礼的思考模式。其二，由于中国属国琉球、越南、缅甸相继丧失，①《申报》更强调中国与属藩的宗藩关系，并将外藩、属国比成"久为不侵不叛之臣"，② 强化清帝国各部的关联性。其三，《申报》扩大对"与国"的认定，承认日本与中国势均力敌，故将日本、欧美各国同列"与国"，皆可待以"客礼"。总之，《申报》依循"客礼"概念，不但赞同总理衙门的觐见礼方案，将"外国公使觐见礼"解释为皇帝优礼外人的表现，仍维持皇帝的至尊地位，并同样强调"时"的重要性，以为中国对外关系可随现实需要，相应调整，避免"宾礼体系"崩解的危机。

二　中外往来的仪节问题

通过"公使请觐"之事，总理衙门制订了"外国公使觐见礼"

---

① 关于属藩丧失的问题与讨论，与本书无关，不赘述。中研院近代史研究所：《中法越南交涉档》第四册，中研院近代史研究所，1962，第 1192 号，第 2230～2234 页；龙章：《越南与中法战争》，台湾商务印书馆，1996，第 273～278、280～282 页；邵循正：《中法越南关系始末》，河北教育出版社，2000，第 242～264 页；孙宏年：《清代中越宗藩关系研究》，黑龙江教育出版社，2006，第 47～56 页；吕士朋：《清光绪朝之中越关系》，《东海大学历史学报》第 16 期，1975 年 6 月，第 35～80 页；王彦威、王亮编《清季外交史料》卷六七，沈云龙主编《近代中国史料丛刊三编》第 13 册，1985，第 3 页 b，光绪十二年五月十三日旨著曾纪泽与英议存缅祀电；周彦宏：《英国侵略缅甸与中缅朝贡关系的变化》，硕士学位论文，东北师范大学历史系，2006，第 8～10、14～19 页。

② 《申报》第三八册，第 6432 号，《觐使臣以通情好论》，第 409 页，光绪十七年二月十二日。

的相关仪节，但尚未规范各国驻华领事和中国官员的往来仪节。正
因为中外双方没有明文规范官员间的往来仪节，中外官员多自行其
是，但时间一久，各国领事和地方官员都感到困扰。对各国领事来
说，当领事欲谒见总督、巡抚时，往往碍于礼节问题，无法面见地
方督抚，只能与道员、知府或洋务局交涉。对地方官员来说，各国
领事每借口礼仪问题，误会中国官员有意轻视，要求道台、知府等
官员赔礼道歉，让这些官员不胜其扰。直到"马嘉理案"发生后，
中英双方签订《烟台条约》，其中有"优待往来各节"一款，① 遂在
光绪六年（1880）制订《中外往来仪式节略》，让中外官员不再因礼
仪问题互生龃龉。

　　《烟台条约》签订前，中外官员的往来仪节没有明文规定。
《中英江宁条约》虽有"平行往来"一款，但只规定中英两国的
主管官员以"照会"往来；英国属员向中国主管官员则以"申
陈"字样。中国官员回复英方时，用"札行"字样；两国属员必
当以"平行照会"往来。至于外国商民向中国官员行文时，因
官、民身份不同，故用"奏明"字样，不得假借外国政府的官方
名义，擅自向中国官员行文。

　　　　议定英国住［驻］中国之总管大员与中国大臣，无论京内
　　京外者，有文书来往，用照会字样。英国属员用申陈字样。大
　　臣批覆用札行字样。两国属员往来必当平行照会。若两国商贾
　　上达官宪，不在议内，仍用奏明字样。②

　　"平行往来"一款规定了中英文书往来的方式，却未明确列出发
文者和受文者的官衔、品阶及文书称谓。因此，行文单位不明的问
题让中外官员无法比照办理，或沿用旧例，或因人而异，未能真正

---

① 田涛主编《清朝条约全集》卷二，第 629 页。
② 田涛主编《清朝条约全集》卷一，第 57 页。

落实"平行往来"规定。

比起《江宁条约》，《望厦条约》规定得更为清楚。《望厦条约》明定外国官民的身份，可分为公使、领事、商民三等级，并要求中美两国官员往来时，不得互索礼物，更进一步规定中美双方文书往来的等级、用词及其交涉的态度。

> 嗣后中国大臣与合众国大臣公文往来，应照平行之礼，用照会字样。领事等官与中国地方官公文往来，亦用照会字样。申报大宪用申陈字样。若平民禀报官宪，仍用禀呈字样，均不得欺藐不恭，有伤公谊，至两国均不得互相征索礼物。[①]

《望厦条约》约文里的"大宪"，即指清政府的总督（正二品，加尚书衔者正一品）或巡抚（从二品，加侍郎衔者正二品），也是清帝国的地方最高长官。[②] 此一条款，明定外国公使行文总督、巡抚时，用"照会"字样，表示公使与督抚平行往来；外国领事行文总督、巡抚时，用"申陈"字样，表示外国领事的位阶，低于清政府的总督、巡抚，故用下属行文上司（下行上文）的公文类别。不过，《望厦条约》只解决了外国公使、领事行文督抚的文书问题，却未参照清政府的职官品级，没有说明与外国领事交涉的"地方官"究竟是布政使（从二品）、道台（正四品）、知府（从四品）、知州（从五品），还是知县（正七品），[③] 使中外官员往来时，仍有模糊地带，只好因人权变、因地制宜，无法完全依约办理。[④]

咸丰八年（1858）重修《中美和好条约》（又称《中美天津条约》）

① 田涛主编《清朝条约全集》卷一，第96页。
② 刘子扬：《清代地方官制考》，紫禁城出版社，1988，第61～62、66～67、71～72页。
③ 刘子扬：《清代地方官制考》，第81、94～95、97、105、110～111页。
④ 黄刚：《中美使领关系建制史（1786～1994）》，台湾商务印书馆，1995，第38～39页。

的第四款，确定了美国公使得与内阁大学士、两广总督、闽浙总督、两江总督平行文移。美方欲递交照会时，可由各省督抚照例代奏，或交提塘驿站（传递谕旨、奏报的驿站）递送清政府。[①] 同时，《中美和好条约》第十款也处理了地方官与美国领事往来的问题，规定美国领事得与清政府的道台、知府平行，解决了中外地方官相见礼的问题；并禁止美国领事欺凌中国官民；而美国商民与中国官民冲突时，须向本国领事提出申诉，不得率性而为。[②] 此外，鉴于中英两国因广州入城的冲突，《中美和好条约》第八款也规定外国公使会晤地方督抚前，双方必先酌定地点。中方官员不可借故推辞，美方官员也不可频繁请见。[③]

随后，《中英天津条约》第五款要求皇帝须任命内阁大学士或尚书，代表皇帝，负责与英国公使文移、会晤，所有仪节必须遵守"平行往来"的原则。[④]《中英天津条约》第七款也进一步规定中外官员的地方交涉问题。

> 领事官、署领事官与道台同品，副领事官、署副领事及翻译官与知府同品，视公务应需，衙署相见，会晤文移均用平礼。[⑤]

外国领事与正四品的道员同品阶，副领事官、翻译官与从四品的知府同品阶，所有往来仪节必须平行，不得有尊卑之分。由此可见，《中英天津条约》第七款依据外国驻使制度，将派驻中国的外国官员，比对中国地方官的品级，使中外双方官员的品级更加明确，落实"平行往来"的条款，达到中英两国地位平等的

---

① 田涛主编《清朝条约全集》卷一，第 176 页。
② 田涛主编《清朝条约全集》卷一，第 177 页。
③ 田涛主编《清朝条约全集》卷一，第 176 页。
④ 田涛主编《清朝条约全集》卷一，第 199 页。
⑤ 田涛主编《清朝条约全集》卷一，第 199 页。

目的。①

《中英天津条约》第五十一款要求中国各官署的公文，不得用"夷"字称英国官民。② 对这项规定，夏燮（1800～1875）批评英国不懂"夷"的原意，才会误会"夷"是贬低英人的用词。夏燮援引《说文解字》中"夷从大，从弓，大人持弓也"、"东夷有君子，不死之国"③ 等义，澄清"夷"字毫无贬抑之意，反而是赞许外洋之国"正以其国有君子，多寿考，而锡以嘉名"。④ 夏燮虽自成一说，但在英国专使额尔金、翻译官威妥玛等人看来，用"夷"字称呼英国官民，等于贬低英国地位，蔑视英国官民皆是野蛮之人，⑤ 故坚持写入《中英天津条约》之内，不让咸丰君臣获得精神上的胜利。

清政府虽不愿接受英方的要求，但形势比人强，不得不同意这些条款。《中美和好条约》虽强调中外双方互相尊重，但外国领事仍旧自行其是，欺侮地方官。对此，大学士桂良根据《中美和好条约》、《中英天津条约》，要求英、法、美国驻京公使约束领事官，不得借故生事，无视中国官员。同时，桂良建议英、法、美国公使，依照中外官员的品级，另外制定一往来章程，并规范公文上的称谓用语，防范外国领事随意诬赖，指责地方官款接不周。

> 盖向来领事官屡于关碍和好事件，不禀本国上司，无情无理，胶执己见，恃强妄为，实于和好大有窒碍……又如中国官宪，本未轻慢领事，而领事官每指为轻慢，则品级一层，尤当明定章程，以杜争议。查三国条约，领事官与道台同品。又查法国条约，大宪与中国京外大宪俱用照会，二管官员与中国省

---

① 何伟亚：《英国的课业：19世纪中国的帝国主义教程》，第75页。
② 田涛主编《清朝条约全集》卷一，第203页。
③ 夏燮：《中西纪事》卷一六，岳麓书社，1988，第207页。
④ 夏燮：《中西纪事》卷一六，第207页。
⑤ 何伟亚：《英国的课业：19世纪中国的帝国主义教程》，第61页。

中大宪公文往来，用申陈，中国大宪用札行，两国平等官，照相并之礼等语。援照此意，领事官既与道台同品，总领事应与藩臬同品，如此定明，方免争端，得臻妥协。①

桂良的建议，约定了中外往来的办法，但真正落实到地方交涉时，仍有争议。例如，同治二年（1863），美国驻上海领事西华（George F. Seward, 1840～1910）升为总领事。美国驻京公使蒲安臣依约照会总理衙门，并请总理衙门咨行江苏巡抚李鸿章知晓此事。②总理衙门引据咸丰八年《大学士桂良等致美国公使列卫廉照会》，③向李鸿章说明"总领事应与藩臬同品"的原则，④表示美国驻上海领事西华的位阶，只同于布政使、按察使，低于巡抚。因此，美国总领事西华行文江苏巡抚李鸿章时，只能用"申陈"字样，不得用"照会"。

可是，美国总领事西华却无视过去的约定，竟致函李鸿章："本总领事自升任之后，所有往来公文，除总理衙门外，其各省督抚，均应用照会平行之礼"。⑤对西华的说法，李鸿章引据《中美和好条约》加以驳覆，再次说明总领事品阶低于巡抚，不得用"照会"字样。

外国总领事，应与中国藩臬同品，善后条约内早有明文……中国巡抚之职，即条约所指省垣大宪，与外国全权大臣

---

① 中研院近史所：《中美关系史料：嘉庆、道光、咸丰朝》，中研院近代史研究所，1968，第449号，第313页，咸丰八年九月三十日大学士桂良等致美使列卫廉照会。

② 中研院近史所：《中美关系史料：同治朝》上册，中研院近代史研究所，1968，第156号，第132页，同治二年十一月廿五日总署收美使蒲安臣照会。

③ 中研院近史所：《中美关系史料：嘉庆、道光、咸丰朝》，第449号，第313页，咸丰八年九月三十日大学士桂良等致美使列卫廉照会。

④ 中研院近史所：《中美关系史料：同治朝》上册，第132页，同治二年十一月廿九日总署给美使蒲安臣照会。

⑤ 席裕福纂《皇朝政典类纂》卷四八七，成文出版社，1969年据清光绪二十九年刊本影印，《外交二十三》，第13页a。

同品，未便与领事平行……就论总领事之职，既与中国藩臬同品，则与各省督抚亦断无照会之理。①

从李鸿章与西华的争执，可知《江宁条约》或《天津条约》虽重视"平行往来"之款，但只注意到清政府与各国公使的"平行往来"，尚未顾及中下层官员往来的问题，也没有明文规范外国领事与地方官往来的仪节。因此，过去这些不成文的规定，真正实施到地方上时，中外双方多自行其是，各自解释，使地方官款待外国领事的仪节问题暧昧不明，很难获得共识。②

光绪元年（1875），英国公使威妥玛要求清政府调查"马嘉理案"，否则英方将不参加古巴华工问题的会议。③同时，威妥玛再申诉中外往来的种种不便，指出"各国驻京公使除与总署商议交涉事件，此外，各衙门官员毫无往来，殊太冷落"，④并批评清政府表面上遵守"平行往来"一款，但实际上未能优待外国公使，也未能真正落实"平行往来"。因此，在"马嘉理案"之外，威妥玛又提出四项要求，其中包括履行《天津条约》第四款，⑤要求总

---

① 中研院近史所：《中美关系史料：同治朝》上册，第 145~146 页，同治三年正月廿三日总署收上海通商大臣江苏巡抚李鸿章文。
② 宝鋆编《筹办夷务始末（同治朝）》卷八五，第 2764 号，第 3419 页，同治十一年正月二十一日奕䜣等奏请恪遵条约以礼相待外国官民并照约征收关税折。如湖北广济县有洋人因公事与知县理论，但地方官却声称向未见过条约等语，使英国公使威妥玛向总理衙门抗议中国官民每待外国官民轻慢，甚至有官员包庇华商积欠洋商财务之事。不过，中外官员往来礼仪的冲突有时出于地方领事故意违反约定。例如，同治九年英国驻汉口领事坚佐治要求湖广总督李鸿章开中门迎接，但李鸿章拒绝，只让坚佐治走左门，即属吏见长官的相见礼，引起英国公使威妥玛抗议。《总理各国事务衙门档案·各国使领》，档案号：01-15-010-03-010，《坚领事辩论相见礼节一案现据威使函知抄录来往信件知照由》，同治九年三月二十七日总署致湖广总督李鸿章文，中研院近史所藏。
③ Great Britain, Foreign Office, China, Confidential Print, F. O. 405/17（1870-1878），"Mr. Wade to the Prince of Kung", 1875.3.15, p. 96.
④ 吴汝纶编《李鸿章全集·译署函稿》卷三《述威使要求六事》，第 34 页 b，光绪元年七月初九日。
⑤ 田涛主编《清朝条约全集》卷一，第 198 页。

理衙门疏通管道，让各国公使与清政府的部院大臣随时交际，以敦睦谊。①总理衙门认为，清政府已尽量履行《天津条约》，但因中外礼俗不同，无法要求官员与公使交际，短时间内不宜立刻讨论优待公使之事。②

威妥玛威胁将离京回国，要求总理衙门发给护照，以便英方派员到云南，并同意派员观审、护送探测队等事。③ 随后，威妥玛先赴上海，滞留四个月后，再转赴天津，与北洋通商大臣李鸿章进行一个多月的会谈。④ 一开始的会谈并不顺利。由于北洋通商衙门"司阍者开门稍缓"，威妥玛以为有意轻视，悻然离去。⑤ 后来，与李鸿章会谈时，威妥玛语气激动，认为清政府不但要查办"马嘉理案"，还必须与英方商定中国官员与外国公使、领事、商民交涉的仪节，甚至公然批评总理衙门办事因循，难以沟通。

> 自咸丰十一年到今，中国所办之事，越办越不是，就像一个小孩子活到十五、六岁，倒变成一岁了……不但云南一事，内外各处官与官商与民交涉各样规矩情形，俱要认真整顿改变……总署向来遇事总云：从容商办。究是一件不办，今日骗我，明日敷衍我，以后我断不能受骗了。中国办事那一件是照条约的，如今若没有一个改变的实据，和局就要裂了……中国

① Great Britain, F. O. 405/17 (1870 – 1878), "Minutes of Interview with the Chinese Ministers," 1875. 3. 19, pp. 98 – 99.

② Great Britain, F. O. 405/17, "Minute of Interview with Chinese Ministers," 1875. 3. 20, pp. 103 – 104.

③ Great Britain, F. O. 405/17, "Minute of Interview with Chinese Ministers," 1875. 3. 28, pp. 114 – 115.

④ 吴汝纶编《李鸿章全集·译署函稿》第六册，卷三《与英翻译正使梅辉立晤谈节略》，第 28 页 a，光绪元年六月二十九日。Great Britain, F. O. 405/21, "Sir T. Wade to the Earl of Derby," 1877. 7. 14, p. 125；F. O. 405/19, "Mr. Wade to the Earl of Derby," 1875. 8. 13, p. 5.

⑤ 吴汝纶编《李鸿章全集·译署函稿》卷三《论滇案》，第 29 页 b，光绪元年七月初四日。

改变一切要紧，尤在用人，非先换总署几个人不可。①

由于威妥玛的态度强硬，可能会归国绝交，李鸿章建议总理衙门先安抚威妥玛，防止中英决裂。但威妥玛提出的六点要求，事关重大，李鸿章不敢全盘接受。② 其中关于公使与各部院大臣往来问题，李鸿章表示，清政府本来就没有禁止中外官员往来，只要威妥玛同意各国公使不会趁机商议公事的约定，清政府就能同意各国公使与各部院大臣往来的条件。③

与李鸿章第二次会晤时，威妥玛表达了自己对总理衙门的不信任感，④ 还指责清政府未依条约，优待公使，并以同治十二年请觐之事及自己曾被旗丁用棍殴伤为例，⑤ 将许多不方便之处，都归咎于中国官员有意轻慢公使。威妥玛更批评中国官民根本不接纳外国公使、领事，"可见深恨洋人，实由官宪并无认真和好之意，是以百姓窥透，胆敢无礼。嗣我向总署查问，亦是含糊了事"。⑥ 因此，威妥玛

① 吴汝纶编《李鸿章全集·译署函稿》卷三《与英国威使问答节略》，第 32 页 a～33 页 a，光绪元年七月初三日。

② 吴汝纶编《李鸿章全集·译署函稿》卷三《述威使要求六事》，第 35 页 a，光绪元年七月初九日。

③ 吴汝纶编《李鸿章全集·译署函稿》卷三《述威使要求六事》，第 35 页 a，光绪元年七月初九日。

④ 吴汝纶编《李鸿章全集·译署函稿》卷三《与英国威使问答节略》，第 37 页 b，光绪元年七月初十日。威妥玛原话是："中堂办事是相信的，但总署到此时尚无一实语，我实不敢信。"

⑤ 关于威妥玛被旗丁殴伤之事，详见宝鋆编《筹办夷务始末（同治朝）》卷八五，第 2765 号，第 3420 页，同治十一年正月二十一日奕訢等又奏英使借端生衅暂从其请将奏折发钞并抬写大英国等字片；第 2766 号，第 3422 页，同治十一年正月二十一日英使威妥玛照会。另外，威妥玛与李鸿章商议时，曾提出四项质疑，怀疑中国无修好之意：一是既然两国和好，各部院大臣为何不相往来；二是同治十二年公使请觐，商议多日，却要各国公使行跪拜礼，后虽定议免跪拜礼，但却无法再觐见皇帝；三是同治十二年同治皇帝大婚时，本准各国公使前往道贺，但又派人通知各国公使馆，不准西人在外行走；四是各国公使为何不准行走神武门夹道。吴汝纶编《李鸿章全集·译署函稿》卷三《与英国威使问答节略》，第 38 页 a～39 页 a，光绪元年七月初十日。

⑥ 吴汝纶编《李鸿章全集·译署函稿》卷三《与英国威使问答节略》，第 38 页 b～39 页 a，光绪元年七月初十日。

要求清政府必须改变对外交涉的方式，照约请觐，遣使各国，各国公使可与各部院大臣往来，真正落实请觐、遣使、面会中国官员等事，方可证明清政府的诚意。① 最后，威妥玛还威胁李鸿章，若总理衙门不同意所有要求，将返回英国，下旗决裂。②

马嘉理（Augustus Raymond Margary，1846~1875）被杀的消息传回英国后，英国报纸充斥着不实的报导，竟误传李鸿章不愿见英使威妥玛，还令人挡在门外，让英国舆论哗然，开始出现主战的声音。③ 为了不让"马嘉理案"引起更激烈的外交冲突，李鸿章向总理衙门分析得失，认为遣使赴英、谕旨发钞及国名抬写等事皆属枝节，并不失国体，不妨迁就。④ 李鸿章也以中西体制不同为由，劝威妥玛不要再坚持上谕内抬写"英国"字样，否则中英双方将陷入僵局，无法收拾。

> 今派使臣，又准发钞，是以平行相待之理，晓示臣民。中国文义于平行处，向无抬写之理。若改抬写，是欲改中华文理。譬如日本便用西服，制度可改，文字终不能易。此我中国文理，自古皆然，虽千百年以后，亦难改变。⑤

由此可知，在上谕内抬写"英国"字样，乃总理衙门无法接受

---

① 王彦威、王亮编《清季外交史料》卷三，第10页a，光绪元年七月二十八日照译英使威妥玛致李鸿章洋文节略。

② 吴汝纶编《李鸿章全集·译署函稿》卷三《与英国威使问答节略》，第39页b，光绪元年七月初十日。威妥玛原话："不依我的意思，我一定绝交，不当钦差，格参赞一定不往云南观审了。"

③ 陈霞飞主编《中国海关密档：赫德、金登干函电汇编（1874~1907）》卷一，中华书局，1990，第187件，第291页，金登干致赫德A/31函电，伦敦，1895年9月3日。

④ 吴汝纶编《李鸿章全集·译署函稿》卷三《请酌允威使一二事》，第40页b，光绪元年七月十三日；卷四《议酌威使各节》，第2页a，光绪元年八月初一日。

⑤ 吴汝纶编《李鸿章全集·译署函稿》卷四《偕丁中丞与英国梅正使晤谈节略》，第15页b，光绪元年八月初七日。

的底线。一旦在上谕内抬写"英国"，等于让皇帝亲口承认英国与中国平起平坐，将动摇皇帝的至尊地位，"宾礼体制"也无法再用"客礼"解释中国与外国的政治关系。因此，李鸿章坚不同意这项要求，威妥玛只好搁置不论。

此外，威妥玛欲一并解决中外官员往来的仪节问题，并指出各国公使只能到官署做公事上的拜谒，不能向中国官员行私事上的拜访，甚至连总署大臣的私宅也未曾登门拜访。因此，威妥玛要求清政府准许皇亲国戚和各部院大臣与各国公使往来，不得借口拒见。

> 各国驻京公使通例，凡皇亲国戚及京朝大臣俱准往来，以礼相接。中国看不起外国，是以不相往来，和好如何能久。①

李鸿章婉拒威妥玛的要求，并向威妥玛说明，中国对外交涉之事归总理衙门处理，与其他京官无关，而中国官场向有"人臣无外交"之例，② 其他官员不便与各国公使有私交。况且，中外官员间的交往与否，和"马嘉理案"毫无关系，不应混为一谈。③

由于总理衙门同意考虑威妥玛所提的三项条件（公使与中国部院大臣往来、修订贸易税则及云南边界通商），④ 威妥玛遂返回北京，并派翻

---

① 吴汝纶编《李鸿章全集·译署函稿》卷四《偕丁中丞与英国威使晤谈节略》，第7页a，光绪元年七月三十日。
② 伊桑阿等修《大清会典（康熙朝）》卷七二，第2页a~2页b；允禄等修《大清会典（雍正朝）》卷一〇四，第1页b~2页a。
③ 王彦威、王亮编《清季外交史料》卷三，第11页a~11页b，光绪元年七月二十八日照译英使威妥玛节略。
④ 李鸿章在天津与威妥玛暂议"马嘉理案"的处置：由皇帝明降谕旨发钞各省；谕旨内应责问云南巡抚岑毓英；清政府应遣使赴英解释"马嘉理案"；清政府派员护送外国官民。吴汝纶编《李鸿章全集·译署函稿》卷三《请酌允威使一二事》，第40页a~41页b，光绪元年七月十三日；《论滇案不宜决裂》，第47页a，光绪元年七月二十四日；卷四《议酌允威使各节》，第1页a~2页a，光绪元年八月初一日。王彦威、王亮编《清季外交史料》卷三，第14页b~15页a，光绪元年七月二十八日总署奏请派驻英国公使片；第17页b~18页a，光绪元年八月初一日直督李鸿章等奏恳将前派出使英国及责问岑毓英谕旨酌量明发折。

译官梅辉立（W. F. Mayers, 1831～1878）继续与总理衙门交涉。① 不过，总理衙门虽同意中国各部院大臣与外国官员交往，但以为"中外体制不能无异，而恭敬之心实无不同"，② 故不同意将遣使赴英的上谕发钞各省，亦未在上谕里抬写"英国"二字。对此，梅辉立指责此即表示中国为尊，英国为卑，欲视英国为属藩，坚持抬写"英国"字样，或撤回上谕。③ 梅辉立指出：

> 总以前奉上谕内，英国二字并未抬写，是以该国为卑，以中国为尊，使中外见之，视彼为中国藩属，要请明降谕旨，将英国字样抬写，或将前奉上谕撤回，谓此层最关紧要，如不能允许，他无可议。④

总理衙门拒绝威妥玛的要求，并指出只有国书可抬写外国国名，而皇帝的谕旨专谕中国官民，乃中国国体所在，按例不需抬写外国国名和国君。于是清政府宁可决裂，也绝不愿抬写"英国"字样，或收回已颁布的上谕。⑤

威妥玛见总理衙门不愿迁就，再威胁自己将出京南下，并撤回在北京、天津、牛庄的英国官民，表示与总理衙门的谈判破裂。总理衙门虽努力劝说，但威妥玛不愿妥协，还向奕诉表示清政府若不满自己的交涉，可直接遣使向英国政府抗议。⑥ 文祥致信给威妥玛，

---

① Great Britain, F. O. 405/21, "Sir T. Wade to the Earl of Derby," 1877. 7. 14, p. 125.
② 王彦威、王亮编《清季外交史料》卷二，第29页b，光绪元年七月二十二日总署覆英使中外体制不能无异照会。
③ Great Britain, F. O. 405/19, "Memorandum by Mr. Mayers of Visit to the Yamen," 1875. 9. 13, p. 125.
④ 王彦威、王亮编《清季外交史料》卷四，第7页a，光绪元年十月初七日总署奏马嘉理案与英使往来辩论情形折。
⑤ 王彦威、王亮编《清季外交史料》卷四，第7页a，光绪元年十月初七日总署奏马嘉理案与英使往来辩论情形折。
⑥ Great Britain, F. O. 405/19, "Mr. Wade to the Prince of Kung," 1875. 9. 24, pp. 142－144.

说明清政府无法接受所有条件的原因，并指出威妥玛无视中国的政治体制，欲强加欧美各国的外交惯例，清政府虽不得不勉强接受，但最终将破坏中外友谊，未必真的对英国有利。

　　　实际上，外国人不宜强迫中国改变其政治体制，以符合西方成例。何况中国素来重视条约所课与义务。若不问举措可否实行，只因外国强加压力，中国虽不得不勉强接受，但其结果必将导致中外失和。因此，宁愿目前就表示中国无法实行，也不愿将来因无法办理，中国遭背言之谤。①

　　不管威妥玛如何逼迫，总理衙门只同意商订优待使臣、修改内地税则及云南边界通商三项条件。② 正当总理衙门与威妥玛僵持不下之际，李鸿章来京述职，居中转圜，使中英双方的紧张情势得以缓解。但总理衙门仍不同意将责问岑毓英（1829~1889）的上谕发钞各省，威妥玛见无法挟制，只好作罢，转而要求总理衙门同意中国官员有责任保护持有护照之人，并准许中外大臣往来，制订相关办法，让各省官员有例可循，不敢轻视外国官员。③

　　总理衙门虽不同意威妥玛拿问岑毓英的要求，但为了表示中国亲善的诚意，恭亲王奕䜣奏请在光绪二年正月（1876年2月）先与各国公使拟定拜年日期，再咨照各部院大臣共赴总理衙门，与总署官员一同接见前来贺年的各国公使，并与各国公使商定回拜的日期，由各部院大臣亲自回拜公使们。④ 奕䜣奏请的这项方案，间接

① Great Britain, F. O. 405/19, "Memorandum from the Grand Secretary Wensiang to Mr. Wade," 1875. 9. 23, p. 141.

② 王彦威、王亮编《清季外交史料》卷三，第25页a~25页b，光绪元年八月二十九日总署奏陈中外交际往来情形请旨明白宣示折；卷四，第7页b~9页a，光绪元年十月初七日总署奏马嘉理案与英使往来辩论情形折。

③ 王彦威、王亮编《清季外交史料》卷四，第7页b、8页b~9页a，光绪元年十月初七日总署奏马嘉理案与英使往来辩论情形折。

④ 王彦威、王亮编《清季外交史料》卷四，第28页b~29页a，光绪元年十二月初十日总署奏各国驻京使臣新年拟与各部院大臣互相道贺片。

扩大了中国官员与各国公使往来的范围，让各部院大臣也必须应酬各国公使。可以说，总理衙门间接响应了威妥玛的要求，欲表明中国礼尚往来，不轻慢外人的态度。但威妥玛仍不领情，反而抱怨总理衙门敷衍了事，"国家所办各事，俱是面上和好，即如总理衙门，此时王爷不常见面，文中堂常请病假，其余各大臣又不出主意，无可商量"，① 再度要求清政府不要一味敷衍，否则将离京决裂。

事实上，威妥玛期望的"优待公使"，不只是各国公使可与各部院大臣往来，还要求公使可随时请觐皇帝、会晤近支王公，可游历宫廷禁地。② 对威妥玛的要求，总理衙门只同意各国公使可与各部院大臣来往，并以为其他两项要求有碍国体，无法照办，令李鸿章尽量争取。③ 在李鸿章的转圜之下，威妥玛同意目前暂不谈公使请觐，但"必须设一善法，真有格外优待之处，威大人得有体面，便可甘心"。④ 威妥玛要求清政府，只要由光绪皇帝明发谕旨致意，并派部院大臣赴英国宣述谕旨，英国便同意议结"马嘉理案"。⑤ 总理衙门拒绝威妥玛的方案，李鸿章只好仿照西例，召开酒会，并邀请俄、德、美、法、日、奥国公使，一同劝说威妥玛。⑥

威妥玛坚持"优待公使"一款，乃是试图改变清政府对外交涉的惯例。

---

① 吴汝纶编《李鸿章全集·译署函稿》卷四《与英国梅正使福副使问答节略》，第46 页 a，光绪二年三月十四日。

② 王彦威、王亮编《清季外交史料》卷六，第 31 页 a～31 页 b，光绪二年六月二十五日总署奏遵议李鸿章赴烟台会商滇案预筹办法。

③ 王彦威、王亮编《清季外交史料》卷六，第 31 页 a～31 页 b，光绪二年六月二十五日总署奏遵议李鸿章赴烟台会商滇案预筹办法。

④ 吴汝纶编《李鸿章全集·译署函稿》卷五《与英国梅正使问答节略》，第 25 页 a，光绪二年闰五月初一日。

⑤ 吴汝纶编《李鸿章全集·译署函稿》卷五《与英国梅正使问答节略》，第 25 页 a～25 页 b，光绪二年闰五月初一日。

⑥ 吴汝纶编《李鸿章全集·译署函稿》卷六《与英国威使叙谈节略》，第 11 页 b，光绪二年七月十二日；《燕会酬应说话》，第 12 页 b～13 页 b，光绪二年七月十二日。

　　威使云：我在中国当了七年驻京大臣，受尽文中堂［文祥］磨折呕气已多。今文中堂去世，又有沈中堂［沈桂芬］办事，也是一样路数，无非薄待洋人，欺瞒哄骗，不免有种种爽约之处。外省如闽督，藐视洋官，南洋沈制台［沈葆桢］于梅正使［梅辉立］往晤时，事事不受商量，十八省官员大约皆一般见识。我想若要改变，除非照咸丰十年办法，英兵打到京城，那时若可改心。此案若问真正罪人，不是野番，不是李珍国，也不是岑抚台［岑毓英］，只是中国军机处。①

　　由此可知，威妥玛欲借拿问云南巡抚岑毓英之举，打压督抚的气焰，让督抚不敢蔑视外国领事，解决中外地方官的往来问题。② 后来，《中英烟台条约》签订（光绪二年七月二十六日，1876 年 9 月 13 日），"马嘉理案"获得解决，威妥玛亦如愿以偿，于是放弃了原先坚持的请觐皇帝、王公接见及禁地游历三项要求。③

　　在《中英烟台条约》里，威妥玛特别针对"优待往来"一款，欲另立章程，要求总理衙门与各国公使共同商订礼节，一同讨论中外官员往来、会晤及文移往返等事，避免再生争议。④ 由此可知，"优待公使"一款尚未议妥，仍成为英使牵制总理衙门的借口。尤其

---

① 吴汝纶编《李鸿章全集·译署函稿》卷六《与英国威使问答节略》，第 8 页 b，光绪二年七月十一日。
② 军机处：《英翻译官马嘉理在滇被戕案》，故宫博物院编《文献丛编》上册，第 625 页，光绪二年四月初八日英钦差威妥玛知照滇案马君毙命原属偶附歧节中国京外大吏坚执外攘之议为巨案之源照会；第 626 页，光绪二年四月二十日英钦差威妥玛知照关于滇案之李钦差折内所具各词及滇省提案碍难视为妥协照会。王彦威、王亮编《清季外交史料》卷六，第 32 页 a ~ 32 页 b，光绪二年六月二十五日总署奏遵议李鸿章赴烟台会商滇案预筹办法；卷七，第 32 页 b，光绪二年八月初八日英使致总署关于英人命盗案件派员观审一节请见覆照会。
③ 吴汝纶编《李鸿章全集·译署函稿》卷六《烟台定议结案》，第 24 页 a ~ 24 页 b，光绪二年七月二十七日。
④ 田涛主编《清朝条约全集》卷二，第 629 页。

是外国公使得到观审权，① 让公使得干涉地方官治民的司法权，也得借礼仪问题制造事端。例如，光绪六年（1880），美国公使便借观审座位为由，向总理衙门提出抗议，指出美国驻汉口领事观审时，道台衙门不给平等座位，即中国不按客礼相待。

> 何［何天爵］译与三使听毕云：据三位钦差说，不写原告之官员，可以为公平定案及座位等句，贵衙门是何意思？中堂［沈桂芬］云：观审总有座位，只照烟台条款写，似较简净。何云：汉口旗昌洋行案，领事到道台衙门观审，道台不给平等座位，不按客礼相待，以致此案至今尚未完结。今若不写清楚，将来仍是辩论。②

因此，总理衙门必须处理中外官员往来问题，避免外使借故生事。总理衙门与英使威妥玛反复讨论后，终在光绪六年十月二十二日（1880 年 11 月 24 日）拟订《中外往来仪式节略》，③ 并抄录咨行南北洋通商大臣、各省督抚，作为中外官员往来的依据。

《中外往来仪式节略》针对中外官员过去交涉时常见的问题，规范了相关的仪式，让中外官员皆有所本，不再为礼仪问题产生冲突。第一，《中外往来仪式节略》针对中国官员不常接见外使的问题，规

---

① 吴汝纶编《李鸿章全集·译署函稿》卷六《威使拟作折底节略》，第 26 页 b，光绪二年七月二十七日；田涛主编《清朝条约全集》卷二，第 629 页。外国公使、领事的观审权即 "凡内地各省地方或通商口岸，有关系英人命盗案件，议由英国大臣派员前往该处观审"。当中国官员审判与英国商民有关的案件时，英国官员有权在旁观审，并有权要求重审、参与辩论，比过去领事裁判权更为确实，让外国领事可干预中国官员的司法权。何志辉：《清末民事诉讼法制现代化背景研究》，陈刚主编《中国民事诉讼法制百年进程（清末时期·第一卷）》，中国法制出版社，2004，第 95～96 页。

② 陈湛绮主编《晚清外交会晤并外务密启档案汇编》第二册，第 767 页，光绪六年十月十二日两点钟美国公使帅腓德、安吉立、笛锐克偕参赞何天爵来署。

③ 《总理衙门致英国照会节录·中外往来仪式节略》，王铁崖《中外旧约章汇编》第一册，三联书店，1957，第 377 页，1880 年 11 月 13 日（光绪六年十月十一日）。

定今后有交涉时，地方官员应随时准见，不得借口推托。① 至于地方官接见领事的礼仪，改行"客礼"，即采官员相见的"宾主之礼"，不再按照品级的高低，而有礼仪上的差别。② 同时，《中外往来仪式节略》也规定地方督抚接见外国领事时，不可待如属员，一律以"宾主之礼"相待，以示优待，③ 但款待礼仪须隐示品阶高低，不能"平行往来"。第二，地方督抚行文属员的公文，向用朱笔圈点，但督抚行文外国领事时，不得用朱笔圈点，表示中外相敌、不相统属之意。④第三，《中外往来仪式节略》依据过去《中美和好条约》等条文，整理中外往来、交涉的公文格式，并规范公文用语、直接称谓、间接称谓及书信用语，⑤务求行文平移，不得有上下相属之意。若有寻常公务，外国领事应照会道台，再由道台转申督抚，督抚可照旧札行道台，再由道台照会领事，避免文书往来的尊卑问题。若遇有要事，可通融外国领事以照会形式，径自行文督抚。⑥

总理衙门拟订《中外往来仪式节略》后，又陆续依据地方实际情况，规定中外交往仪式的细节及公文往来的格式，⑦ 详见表 4 - 3 的整理。由于议定过程太细琐，本书不再赘述，仅整理四个特点。第一，中外官员会晤前，先遣人送信，定明拜谒日期、地点。拜谒

---

① 席裕福纂《皇朝政典类纂》卷四八七《外交二十三》，第 11 页 b。
② 席裕福纂《皇朝政典类纂》卷四八七《外交二十三》，第 12 页 a。《中外往来仪式节略》说明改用"宾主之礼"的原因，即中外不相属，故不依品级高低，行等差礼秩，改用宾主之礼，以示优待，亦隐示领事与督抚品阶不同，实不平行之意。原文如下："原按领事见督抚大吏，所谓以宾礼相待者，盖以本分，非平行。中外又不相辖属，故用宾礼，以示优待，亦隐示别乎平行之意。"
③ 席裕福纂《皇朝政典类纂》卷四八七《外交二十三》，第 11 页 b。
④ 席裕福纂《皇朝政典类纂》卷四八七《外交二十三》，第 12 页 a。
⑤ 所谓"直接称谓用语"，即发文者行文受文者，如何称呼受文者，又如何自称。所谓"间接称谓用语"，即发文者行文受文者，文中提及第三者（机关或个人）时，如何称呼第三者。吕新昌编著《最新应用文汇编》，台湾商务印书馆，1996，第 148、154 ~ 155 页。
⑥ 席裕福纂《皇朝政典类纂》卷四八七《外交二十三》，第 11 页 b ~ 12 页 a。
⑦ 席裕福纂《皇朝政典类纂》卷四八七《外交二十三》，第 12 页 a ~ 12 页 b。

者不用属官见上司的"名帖"，只用平辈用的"名片"。① 遇有庆贺、大典、年节、令辰时，中外官员皆送"名片"，不用"名帖"，以示中外平等。第二，中外官员会晤时，不行"官员相见礼"，② 只拱手为礼，或行西式的握手礼。迎接、坐起、辞行等礼仪，仍以"敌体"为原则，采宾主对等的"相见礼"。③ 第三，外国官员过境，地方官须派人保护，但不可支付水陆运费，也不可供应饮食、住宿。若过境的外国官员要求谒见，地方官自当准见，以"客礼"相待。若外国官员未要求谒见，地方官亦不需回礼。④ 第四，优待各地的外国传教士。外国主教应视同外国领事官。若有要事，主教可用"申陈"，行文督抚、将军。当民教兴讼时，外国传教士用"禀"、"呈"字样，行文知府、知县，但公文封套须盖有驻省鉴牧防记，再由洋务局转呈地方官。若地方官无暇接见，教士不得径上公堂。中国地方官须比照与外国领事往来仪节，接待传教士，以示优待。⑤

---

① 古人贺年用刺，后用名帖，名帖书写官职或郡里，或称姓名，作为求见者的介绍文书，或与人联系的便信。名帖主要用于属官求见长官（用青绫底壳），或门生拜见师长（用红绫底壳），官位越小，名帖越大，书写的字体也越大，表示对长官的敬意。名片的出现，晚于名帖，用于官阶相近的私人交际。黄浚：《花随人圣庵摭忆》中册，《具刺贺年与名片贺年》，第 409～410 页。徐珂：《清稗类钞》第一册，《琉球贡使》，第 427 页；第四册，《名帖》，第 1710 页；第五册，《谒客》，第 2189 页。

② 赵尔巽：《清史稿》卷九一《礼十》，第 2684 页。从"京官相见礼"或"直省文武官相见礼"，可知中国官员的相见礼，乃按照品阶高低，决定入门、座位、拜揖、送客等仪式。属官见长官的相见礼，随着自身与拜见者的品阶，各自有不同的安排。例如，布政使、按察使、道台见督抚，督抚只在堂后的屏门内迎接。司道虽行跪拜礼，但由督抚虚扶，司道得免跪拜，但司道仍须三揖，督抚再答拜。双方落座时，督抚正坐，司道旁坐。司道辞行时，督抚只送至屏门外，司道行三揖。待督抚入门后，司道再行三揖，始出。由此可见，属官见长官的相见礼，与宾主对等的仪式大有不同，并借由迎客、座位、拜揖、送客等细节，特别显见上下尊卑之分。

③ 赵尔巽：《清史稿》卷九一《礼十》，第 2683 页。若宾主的品阶相等，主人在大门内迎客，让客先升西阶入厅，主人由东阶后入。入厅后，宾主皆北面再拜。为示尊宾之意，主人让宾客面向西、正坐，主人面东而坐。受茶，宾揖，主答揖。宾欲辞行，主人送至大门之外，见宾升轿乘马后，才退回大门内。

④ 席裕福纂《皇朝政典类纂》卷四八七《外交二十三》，第 12 页 b。

⑤ 席裕福纂《皇朝政典类纂》卷四八七《外交二十三》，第 12 页 a；昆冈：《（光绪朝）大清会典事例》卷一二二〇《总理各国事务衙门交涉·教士仪节》，第 1130 页 a～1130 页 b。

表 4 – 3　《中外往来仪式节略》的公文称谓整理

外国官民	中国官员	文书类别	直接称谓	间接称谓	备注
公使署公使	大学士、尚书、总督、巡抚、通商大臣	照会	贵大臣	总领事	1. 总督自称本部堂、本大臣。巡抚自称本部院、本大臣。道台自称本道、本大臣。道台谦称敝道，不称兄弟。
总领事	总督、巡抚	禀	贵领事	某大臣	2. 函首的启事敬词用"启"。
	布政使、按察使	照会			
领事署领事	总督、巡抚（第 53 页）	禀	贵领事	某大臣	3. 函末问候语用"顺颂"、"日祉"或"升祺"，不得用"请安"字样。
	道员（第 89 页）、同知（第 94 页）	照会			
	洋务局（第 266 页）	函			4. 下款不列名，书名另具，别夹名片一纸外封。
副领事	知府	照会	贵领事	某大臣	
翻译官	知府	照会	贵翻译	某大老爷	
水师兵官			贵提督	某大臣	5. 凡设堂传教，务将租据呈领事，领事照会地方官，查明盖印送还，再行兴工。（《档案汇编》，第 173、271 页）
总税务司	总督、巡抚	照会			
各口税务司	总督、巡抚	禀			
	道员（第 95 页）、同知（第 115 页）	照会			
传教士	知府、厅、州、县	禀、函	贵教士某某先生某老爷	主教某某教士某某先生某/老爷	6. 主教车马仆从俱照中国士人之例。（《会典事例》，第 1130a 页）
外国人士	督抚、道府、厅州县	禀			

资料来源：席裕福纂《皇朝政典类纂》卷四八七《外交二十三》，第 11 页 b ~ 12 页 a。陈湛绮主编《清末民初通商口岸档案汇编》第一册，全国图书馆文献缩微复制中心，2009，《福建通商总局造送同治九年福厦台湾各口与洋人交涉案》，第 53、89、94、95、115 页；《福建全省洋务总局洋务交涉案》，第 173、271 页。昆冈：《（光绪朝）大清会典事例》卷一二二〇《总理各国事务衙门交涉·教士仪节》，第 1130 页 a ~ 1130 页 b。

从这些往来仪式的整理，可知外国领事和外国传教士的地位皆大大提升。即使贵为督抚，仍得以"客礼"优待外国领事，不得视为属吏。外国传教士也得到若干特权，如同外国派驻各府县的外交官员，可通过驻省鉴牧、洋务局与中国地方官直接交涉，得干预地方政务，让民教冲突更为激烈。不过，清政府虽颁布《中外往来仪式节略》，令各省督抚照章办理，但很快就遭到督抚的质疑，或以为不合实际，要求变通，或借口领事失礼，不愿接见领事。本书列举数例，可知清政府的规定是一回事，但真正落实到地方时，常常又生出其他争端。

例一，《中外往来仪式节略》颁布后不久，两广总督张树声（1824～1884）便指出《中外往来仪式节略》规定"遇有寻常公务，领事即可照旧照会道台，由道台转申督抚，督抚即可照旧札行道台，由道台照会领事"一款，① 无法适用于广州的情况。于是，张树声建议总理衙门，变通广州官员与外国领事的往来仪节，可由领事径申督抚，不必全由道员转申，否则无法实时应付广州繁多的商务交涉，也无法让外国官民满意，势必再有龃龉。②

例二，《中外往来仪式节略》虽制订完成，但总理衙门无法掌握所有细节，于是致信直隶、两广、湖广总督，巡抚及将军，询问他们到任后，是否先拜领事，或领事先来谒见的细节。③ 直隶总督李鸿章回报说，各国驻津领事先派人持"名帖"往还，旋来谒见，督抚再行答拜。④ 由此可知，李鸿章的做法，仍区别督抚高于领事的位阶，故外国驻津领事应比照属员，先递送"名帖"，再商定时间，谒见李鸿章。两广总督张之洞（1837～1909）的做法相同，并从"名分秩序"的角度，向总理衙门说明督抚不宜先拜领事的理由。

> 领事职分较卑，外洋官制视为杂役，去彼国有职掌之地方官远甚，去中国督抚亦自远甚……粤省从无领事责望大吏先拜之事，即省城司道亦无先拜者，至今皆然。粤省如此，他省可

---

① 席裕福纂《皇朝政典类纂》卷四八七《外交二十三》，第 11 页 b～12 页 a。

② 王彦威、王亮编《清季外交史料》卷二五，第 20 页 b～21 页 b，光绪七年三月十五日粤督张树声奏拟订中外交涉行文仪式以资遵守片。

③ 王彦威、王亮编《清季外交史料》卷八〇，第 14 页 a，光绪十五年四月十一日总署致直鄂粤督抚将军询先拜领事抑先来谒电。

④ 王彦威、王亮编《清季外交史料》卷八〇，第 14 页 a，光绪十五年四月十一日直督李鸿章致总署领事差帖往还后来谒始答拜电。

知，况督抚为大吏、地主，彼为侨寓、专管商务之员，理自不宜先拜。①

张之洞指出，外国领事职分较卑，形同杂役，督抚为地方最高长官，又是主方，领事只是侨寓中国的外国官员，专办通商事务而已，岂能与领军治民的督抚平起平坐！因此，外国领事应当先拜谒督抚，没有督抚先拜见领事的道理。

例三，法国驻广州领事法兰亭（J. Hte. Frandin）抗议两广总督张之洞在中法交战期间，曾下令驱离法国教士、查封教堂物业，② 要求张之洞赔偿法国所有损失。③ 张之洞不愿赔偿，还向总理衙门表示，自己不愿接见法国驻天津署领事白藻泰（Georges Gaston Servan de Bezaure），除非法国驻京公使戈可当（M. G. Gogordan, 1849~1904）先撤回教堂赔偿的要求。④ 为了避免冲突，总理衙门建议张之洞尽快接见白藻泰，⑤ 但张之洞仍置若罔闻，不肯接见，让戈可当非常不满，频频向总理衙门抗议。即便如此，总理衙门仍无法强迫张之洞听命行事，戈可当只好不了了之。⑥

由此可知，《中外往来仪式节略》规定当外国领事遇有事件时，

① 王彦威、王亮编《清季外交史料》卷八〇，第16页b~17页a，光绪十五年四月十三日粤省张之洞致总署督抚将军例不先拜领事电。当时中法两国因越南问题开战，张之洞怀疑法国传教士通风报信，故以中法开战为由，驱逐法国传教士。
② 王彦威、王亮编《清季外交史料》卷六〇，第3页b~5页a，光绪十一年七月初二日粤督张之洞奏抚戢教民片。
③ 王彦威、王亮编《清季外交史料》卷六六，第14页b~15页a，光绪十二年四月初五日粤督张之洞致总署法领索赔教堂损失请坚拒电。
④ 王彦威、王亮编《清季外交史料》卷六六，第15页a~15页b，光绪十二年四月十三日粤督张之洞致总署法领事到粤勿提教堂赔款电。张之洞也提到，若法国定要索偿，总理衙门可据《万国公法》，先向法国求偿广东各口因战事损失的388万两，再谈赔偿教堂之事。
⑤ 王彦威、王亮编《清季外交史料》卷六六，第15页b~16页a，光绪十二年四月十四日总署致张之洞请坦然接见白领事最为得体电。
⑥ 王彦威、王亮编《清季外交史料》卷六九，第3页a~3页b，光绪十二年十二月初六日总署奏张之洞不见法领事致滋借口请令接见折。

地方官应随时准见，不得借口推托，① 但实际上地方督抚见不见领事，总理衙门未必能完全控制，主要视督抚的个人意志。《中外往来仪式节略》虽规范了中外官员往来的相关仪节，但似乎不能彻底落实，总理衙门只能要求地方督抚配合。若地方督抚不愿配合，总理衙门也无权惩戒督抚，只能再三劝说。这样的情况，让各国公使往往徒呼奈何、自行了结，无法实现优待公使、平等往来的愿望。

三　觐见地点的隐喻：从紫光阁到文华殿

根据第三章的考察，可知公使团不满意总理衙门拟订的"外国公使觐见礼"，但因同治皇帝崩逝，请觐之事戛然而止，"外国公使觐见礼"也无从再议。碍于两宫垂帘的成例，公使们无法请觐，但重新拟订觐见礼仪的声音未曾消失。如第二节提及，英国公使威妥玛便提出公使随时请觐的要求。② 直到光绪皇帝亲政，外国公使团再次要求皇帝随时召见公使，并重拟"外国公使觐见礼"，尤其是觐见地点必须改变，使觐礼之争再度发生。也就是说，在《辛丑和约》签订之前，"外国公使觐见礼"的仪节又经历三次变化，但与同治请觐不同的是，光绪君臣不再像过去那样被动，而是鉴于时势的需要，主动更定觐礼方案，让外国公使无法借故生事。

光绪皇帝大婚后，即将亲政，清政府又将面对"公使请觐"的问题。对此，英国《泰晤士报》批评皇帝已亲政多日，却尚未接见外国公使，未免有失"优待公使"的约定，并责怪中国驻英公使薛福成未将英国厚待中国公使之事回报本国，故清政府才会怠慢各国公使。③

① 席裕福纂《皇朝政典类纂》卷四八七《外交二十三》，第11页b。
② 王彦威、王亮编《清季外交史料》卷六，第31页a~31页b，光绪二年六月二十五日总署奏遵议李鸿章赴烟台会商滇案预筹办法。
③ 薛福成：《出使公牍·奏疏》书函卷三，沈云龙主编《近代中国史料丛刊》第八〇九册，文海出版社，1972，《论接见外国使臣书》，第1页b，光绪十六年七月初六日。

因此，出使英法比意大臣薛福成致信总理衙门，回报英国官民相当在意"公使请觐"之事，建议总理衙门预作准备，先发制人，免生事端，[①] 并说明欧美各国的外交惯例：驻外公使一到任后，出使国的君主必接见慰劳，以示优待；而驻外公使觐见时，并不言及公事，只行"鞠躬礼"、问候出使国君主，就算成礼。

> 再查外洋各国风气，交际与交涉截然判为两事……惟其厚交际，故可严于交涉。凡各国使臣初到一国驻扎之时，其君主无不接见，慰劳数语，以示优待。使臣鞠躬而退，并不言及公事，此西国之通例也。[②]

同时，薛福成指出，今各国公使因未觐皇帝，常私下议论，多有不满，又以英使威妥玛借故请觐、多有挟制为例，认为实利比虚礼更为重要，不应只顾国家体面，而忽略了国家利权。

> 今闻各国驻京公使，以未蒙晋接，不无私议。万一合辞来请，我若深闭固拒，相形之下，似觉情谊恝然。然昔年英使威妥玛借未许觐见为辞，颇于烟台条款多所要挟，夫靳虚礼而受实损，非计之得也。[③]

因此，薛福成建议总理衙门援引同治十二年的成案，比照办理，并由皇帝降旨，准许外国公使自行决定"中礼"或"西礼"。就算外国公使全行"西礼"，但因皇帝已允许外国公使各听其便，清政府仍无损体制，保全国体。

> 臣愚以为今日有同治十二年间成案可循，不妨援照办理……若

---

① 薛福成：《出使公牍·奏疏》书函卷三《论接见外国使臣书》，第2页a，光绪十六年七月初六日。

② 薛福成：《出使公牍·奏疏》奏疏卷上，《豫筹各国使臣合请觐见片》，第16页a，光绪十六年七月初六日。

③ 薛福成：《出使公牍·奏疏》奏疏卷上，《豫筹各国使臣合请觐见片》，第16页a~16页b，光绪十六年七月初六日。

论礼节，可于召见各使臣之先，敕下总理衙门，告以如愿行中礼，或愿行西礼，各听其便。如是，则彼虽自行西例，仍于体制无损。①

薛福成也援引了历史先例，指出雍正皇帝、乾隆皇帝曾特许外国使节以西礼觐见，如今清政府可稽查成案，仿行雍正、乾隆朝的先例，并作为"外国公使觐见礼"的根据。

又闻雍正年间，罗马教王遣使到京，世宗宪皇帝允行西礼。乾隆五十八年，英国遣使马戛尔尼来华，亦奉高宗纯皇帝特旨，准行西礼，赐以筵宴。未知礼部等衙门是否有案可稽，似亦足备考证。②

薛福成引据的两个例子，一是葡萄牙麦德乐（Alexandre Metello de Sousa e Menez es）使节团，③ 二是英国马戛尔尼使节团。④ 据此，薛福成指出雍正、乾隆皇帝皆允行"西礼"，证明过去外国使节访华时，

① 薛福成：《出使公牍·奏疏》奏疏卷上，《豫筹各国使臣合请觐见片》，第16页b，光绪十六年七月初六日。《清史稿》亦节录了薛福成的奏疏，用以说明外国公使觐见礼的制订，但经与薛福成原折比较后，可知《清史稿》过于简略，多略去主词，不易理解，故用《出使公牍·奏疏》的原文。赵尔巽：《清史稿》卷九一《礼志十》，第2680～2681页。

② 薛福成：《出使公牍·奏疏》奏疏卷上，《豫筹各国使臣合请觐见片》，第16页b～17页a，光绪十六年七月初六日。《清史稿》未录此段引文，有失薛福成的原意。

③ 康熙年间曾与罗马教廷发生"礼仪之争"，康熙皇帝支持耶稣会士，明令外国传教士必须签下切结，保证脱离教廷，效忠皇帝。为此，罗马教皇本笃十三世派人携教皇书信，与葡萄牙使臣麦德乐一同来华，希望雍正皇帝准许外国传教士在中国传教。根据黄启臣的研究，可知麦德乐等人朝觐皇帝时，行"跪拜礼"，但麦德乐也得到特许，可向皇帝亲递国书，并未由中国官员转递。可见黄启臣《麦德乐使华与中葡关系》，《行政》1998年第2期，第515页；《康熙与罗马使节关系文书》，故宫博物院编《文献丛编》，第13件，第8页b（总页171）。

④ 何伟亚：《怀柔远人：马嘎尔尼使华的中英礼仪冲突》，第177～182页；黄一农：《印象与真相——清朝中英两国的觐礼之争》，《中央研究院历史语言研究所集刊》第78卷第1期，2007年3月，第35～106页。何伟亚对马戛尔尼觐见仪式的描述模糊，而黄一农指出马戛尔尼的觐见礼仪是双膝下跪三次，每次三俯首深鞠躬，但不叩头；呈递国书时，单膝跪地，亲手将国书交给皇帝，但免去吻手礼。

未必全行"中礼"。①

　　薛福成的奏疏，只列出葡萄牙使团、英国使团的两项成例。但在《薛福成日记》里，薛福成再详细考察了外国使节以"西礼"觐见的过程，并强调外国传教士南怀仁（Ferdinand Verbiest, 1623～1688）在清政府任职、追赠之事，颇受康熙皇帝爱护。② 而且，对罗马教皇本笃十三世（Pope Benedict XIII, 1649～1730），薛福成则降格称呼为"罗马教王"。③ 由此可知，薛福成强调南怀仁与康熙皇帝的君臣关系，而雍正皇帝高于"罗马教王"的位阶，同样有君臣关系。但因南怀仁、教王使节、马戛尔尼是外国人士，故皇帝特赐优礼，准行"西礼"。由此可知，薛福成仍根据"客礼"概念，强调恩出于上、优礼外人的面向，而薛福成建议"中礼、西礼各听其便"④ 的主张，实际上仍遵循"名分秩序"的原则，从传统中找寻外国公使行"西礼"的历史先例。

---

①　根据黄启臣、黄一农的考据，麦德乐、马戛尔尼呈递国书时，雍正、乾隆皇帝皆亲手接过国书，并不像属藩贡使，由礼部官员预先收缴表文。昆冈：《钦定大清会典事例》卷五〇五，第 1 页 a～1 页 b；钱实甫：《清代的外交机关》，第 25～26 页。

②　康熙皇帝对南怀仁相当爱护，二人关系十分密切，远超过君臣关系。南怀仁记述自己随同康熙外出巡视时，不但常随左右，还可骑康熙皇帝的马，和康熙皇帝同船渡河。南怀仁：《鞑靼旅行记》，杜文凯编《清代西人见闻录》，薛虹译，中国人民大学出版社，1985，第 71、75、78～81 页。康熙皇帝对其他的传教士也有殊礼，与一般中国官员不同。根据马国贤的回忆，外国传教士见康熙皇帝时，除非是年节大礼，如皇帝生日或正月初一，须行三跪九叩礼，其他时候，传教士就只跪一次。马国贤：《清廷十三年：马国贤在华回忆录》，李天纲译，上海古籍出版社，2008，第 42、43 页。

③　康熙皇帝与罗马教皇书信往来时，清政府一直要求罗马教廷把"教皇"翻译为"教化王"，并表示罗马教皇位阶低于康熙皇帝，故罗马教皇不得称"皇"，只可称"教化王"。《康熙与罗马使节关系文书》，故宫博物院编《文献丛编》，第 3件，第 1 页 b（总页 168）；第 6 件，第 2 页 b（总页 168）。

④　薛福成：《出使公牍·奏疏》奏疏卷上，《豫筹各国使臣合请觐见片》，第 16 页b，光绪十六年七月初六日。《清史稿》亦节录了薛福成的奏疏，用以说明外国公使觐见礼的制订，但经与薛福成原折比较后，可知《清史稿》过于简略，多略去主词，不易理解，故用《出使公牍·奏疏》原文。赵尔巽：《清史稿》卷九一《礼志十》，第 2680～2681 页。

考康熙年间，南怀仁官钦天监，后赠工部侍郎，凡内廷召见，圣祖皆许其侍立，不行拜跪礼。雍正年间，教王遣使到京，世宗许行西礼，且与之握手。乾隆五十八年，英国遣使马格理〔马戛尔尼〕来华，礼臣与汉礼节，彼此觐见英主之礼为言，仍愿演习礼式。礼臣据以双请，奉高宗特旨，准行西礼。筵宴日，上亲赐以卮酒……英人皆载之笔记，谓拜跪之礼万不能遵，故咸丰中条约载明遇有碍于国体之礼，断不可行，即指此也。①

值得注意的是，《薛福成日记》的这条记事，后来收入《清史稿·礼志》，作为"外国公使觐见礼"的前言，用以强调"客礼"自古有之，不必拘泥"跪拜礼"。

康熙初，外洋始入贡，中朝款接，稍异藩服。南怀仁官钦天监，赠工部侍郎，凡内廷召见，并许侍立，不行拜跪礼。雍正间，罗马教皇遣使来京，世宗许行西礼，且与握手。乾隆季叶，英使马格理〔马戛尔尼〕入觐，礼臣与议仪式，彼以觐见英王为言，特旨允行西礼。②

比照《薛福成日记》与《清史稿》的引文，可知《清史稿》虽在文字上稍作修改，使之通顺，③ 但其语意与《薛福成日记》已完全不同。《清史稿》强调外洋诸国"稍异藩服"，模糊外国使节的臣属身份，还将薛福成原文的"罗马教王"抬高为"罗马教皇"，并省略乾隆君臣与马戛尔尼使节团发生觐礼冲突之事，直接以乾隆皇帝特旨允行西礼作为中英双方讨论觐见仪式之结果。可以说，《清史稿》比《薛福成日记》的用词更显对等，有违《薛福成日记》这条记事的原意。

---

① 薛福成：《薛福成日记》下册，吉林文史出版社，2004，第562页，光绪十六年七月初六日。
② 赵尔巽：《清史稿》卷九一《礼志十》，第2679页。
③ 《薛福成日记》中"礼臣与汉礼节，彼此觐见英主之礼为言"一句，文句不通，可能是排版错误，《清史稿·礼志十》："礼臣与议礼节，彼以觐见英主之礼为言"较为合理，此句应以《清史稿》所录为准。

由于薛福成的建议，光绪君臣预作防范。一开始光绪皇帝就颁布谕旨，说明光绪十七年的觐见礼方案将延续同治十二年的成案，[①]间接驳回德国公使巴兰德（Max von Brandt, 1835～1915）另选他处觐见的要求。同时，为了响应公使随时请觐的要求，光绪皇帝也明定每年正月皆定期举行"公使请觐"，增加觐见的次数。觐见次日，由总理衙门设宴款待。若遇有节庆，总理衙门亦可奏请，赐宴外使。

> 兹朕亲裁大政，已阅二年。在京各国使臣，谊应觐见，允宜仿照同治十二年成案，并增定岁见之期，以昭优礼。所有各国驻京实任、署任各使臣，着于明年正月，由总理各国事务衙门，奏请定期觐见。即于次月［按：据《军机处录副奏折》，应为"次日"，实录有误］，在该衙门设燕款待。嗣后每岁正月，均照此举行。续到使臣，按年觐见。至国有大庆，中外胪欢，并着该衙门届时奏请筵燕。[②]

由于总理衙门早做安排，抢得先机，光绪十七年觐见礼仪大致上仍依循同治十二年的成案办理。不过，总理衙门也主动调整过去颇受争议的几项仪式，据《翁同龢日记》和《薛福成日记》，可知光绪十七年的觐见礼方案共有六项变更。[③] 比较如下。

第一，过去成案是新任公使须携有国书，方可请觐；这次请觐已允许未带国书的新任公使逢新年正月再行请觐。[④] 第二，过去成案是五国公使共推一人递书致辞，皇帝答谕时，由恭亲王作为摈者，代为转译；这次请觐准有国书者可各自致辞，无国书者公推一人致辞。每位公使致辞时，光绪皇帝皆答谕，仍旧由庆郡王奕劻

① 《清德宗实录》卷二九一，中华书局，1986，第870页b～871页a，光绪十六年十一月丁卯条。
② 《清德宗实录》卷二九一，第870页b～871页a，光绪十六年十一月丁卯条。
③ 翁同龢：《翁同龢日记》第五册，第2427～2428页，光绪十七年正月廿五日；薛福成：《薛福成日记》下册，第662～663页，光绪十七年二月二十日。《翁同龢日记》记为公使行七鞠躬礼，有误。据《薛福成日记》所述，应为五鞠躬礼。
④ 《清德宗实录》卷二九一，第870页b～871页a，光绪十六年十一月丁卯条。

（1838～1917）代为转译，维持"天子—摈者—诸侯"的模式。① 第三，过去成案仅同意三名翻译官入殿；这次请觐允许14国公使各带一名翻译官，觐见人数激增到32人。第四，过去成案不许比利时、意大利等小国公使入觐；这次请觐皆准入觐。② 第五，过去成案只认国书不认人；这次请觐依外洋贺岁之例，无国书的署理公使、参赞亦可入觐。③ 第六，过去成案设有御案、黄案，各国国书须放置黄案上，再由恭亲王捧交皇帝；这次请觐撤去黄案，各国公使可更靠近御座，但仍旧由御前大臣转递各国国书，再将国书放置御案上。④

对光绪十七年的"外国公使觐见礼"，薛福成赞许总理衙门的努力："此次礼节，务使西人容易成礼，不致失仪，断不强以万不能行之事"。⑤ 可是，对巴德兰更改觐见地点的要求，总理衙门始终坚持在紫光阁举行请觐。因此，觐见后不久，德使巴兰德再度提出抗议，认为紫光阁是清政府招待外藩王公、属国贡使之处，不应作为召见各国公使之处，必须另选地点。若总理衙门不愿改易觐见地点，就是视各国公使如同贡使，违反"平行往来"的规定。其他公使也附和巴兰德的说法，让总理衙门不得不向皇帝奏请，说明各国公使已体察中国体制不同，妥协皇帝不需亲接国书，只求将觐见地点另指他处。光绪皇帝倒是爽快，允许所请。⑥ 因此，总理衙门将觐见地点改在承光殿，并向巴兰德解释，承光殿从未朝见臣工，亦未接待外藩、贡使，最为适宜。

① 翁同龢：《翁同龢日记》第五册，第2427页，光绪十七年正月廿五日。
② 薛福成：《薛福成日记》下册，第662页，光绪十七年二月二十日。
③ 薛福成：《薛福成日记》下册，第663页，光绪十七年二月二十日；第628～629页，光绪十七年三月十九日。王开玺：《清代外交礼仪的交涉与论争》，第591页。
④ 翁同龢：《翁同龢日记》第五册，第2428页，光绪十七年正月廿五日；薛福成：《薛福成日记》下册，第628～629页，光绪十七年三月十九日。
⑤ 薛福成：《薛福成日记》下册，第663页，光绪十七年二月二十日。
⑥ 王彦威、王亮编《清季外交史料》卷八四，第32页b～33页a，光绪十七年九月十八日总署奏使臣觐见恳求另定处所据实代陈折。

今日尚有一事要告诉巴大人，前月俄国喀大人到京，请代奏觐见，我们即告以春间与巴大人议定画押礼节单，并秋间奥国毕大人请觐，因前在紫光阁系筵宴藩属之地，巴大人与各国皆有嫌疑，本衙门是以据情恳请，奉旨在承光殿觐见，此系从未朝见臣工、延见藩属之地，最为妥当。①

总理衙门选择承光殿，乃因承光殿地处北海，不在紫禁城的建筑群内，与当初文祥等人选择紫光阁实有异曲同工之妙。对德使巴兰德要求改易觐见地点之事，薛福成批评"此系各使无理取闹"，并指出承光殿不但外藩未至，连中国官员亦不能经常入内，认为总理衙门将觐见地点移至承光殿，"已属格外优待，曲示怀柔"。②

为了安排光绪十八年的贺年觐见，总理衙门也请德国公使巴兰德速与其他公使敲定觐见时间，并向各国公使事先声明，总理衙门已接受公使团的建议，将觐见地点改在承光殿，希望公使团不要再反悔，不然清政府将停止公使请觐贺年之事，届时就不是清政府的责任，公使团也不可责怪清政府不遵条约，不优待公使。

喀大人［俄使喀希尼］照复亦如此说，本衙门始行请旨，定初十觐见，而喀大人迟至初八日晚闲［间］，始有照会云：现奉外部回电，可援成案，将国书副本送总署代呈。其时法国李大臣［法使李梅］亦因病照请改期，本署只好奏请停止……喀大人以为我的意思与巴大人不同，颇有废弃前次画押单之意……此事专候巴大人与各国大臣商定，给我们一信，然后请旨，仍在承光殿觐见，

---

① 陈湛绮编《晚清外交会晤并外务密启档案汇编》第五册，第2002~2003页，光绪十七年十二月初五日两点钟德使巴兰德偕参赞师特恩博、翻译葛尔士来署。
② 薛福成：《出使公牍·奏疏》书函卷三《论驻京各使觐见书（辛卯）》，第40页a，光绪十七年二月十九日。从"辛卯"可知为光绪十七年，但当时尚未议定承光殿的地点，并比对《薛福成日记》光绪十七年十一月二十日的记事，可知《论驻京各使觐见书（辛卯）》时间有误，薛福成上奏时间或许是光绪十八年或光绪十七年十二月，存疑待考。薛福成：《薛福成日记》下册，第674页，光绪十七年十一月二十日。

否则停止。勿谓中国不优待，此系各国使臣自紊章程。①

从上述对话，再比照《薛福成日记》的记载，可知先前俄、法、奥三国公使原本订于光绪十七年十一月初十日（1891 年 12 月 10 日）在承光殿觐见递书，但因俄国公使喀希尼（Артур Павлович Кассини，1835～1919）援引雍正五年（1727）俄国特使萨瓦在太和殿觐见之故事，② 以为总理衙门选在承光殿递书，不符合欧美各国在正殿接见公使的惯例，着实有碍国体，故不愿接受总理衙门的方案。因此，法国公使李梅托病，俄使喀希尼则威胁总理衙门，俄国将另选地点，不让中国驻俄大臣与他国公使一同觐见俄国沙皇，借以贬低中国的地位。③ 最后，法、俄两使拒绝入觐，以示抗议，俄使更拒递俄国国书，只送交国书副本。总理衙门仍不理会，让奥国公使单独入觐递书。④

正因为俄、法两使有拒见的恶例，总理衙门担心俄、法两使又反对承光殿入觐，才会要求德使巴兰德事先疏通公使团的意见，不要再有拒见之事。对俄使喀希尼不愿在承光殿入觐的要求，军机处先发电中国驻俄公使许景澄（1845～1900），令他根据西例，向俄国外部质问俄使喀希尼的行为，已违反"国际法"的规定，岂有外国公

---

① 陈湛绮编《晚清外交会晤并外务密启档案汇编》第五册，第 2002～2005 页，光绪十七年十二月初五日两点钟德使巴兰德借参赞师特恩博、翻译葛尔士来署。

② 陈维新：《清代对俄外交礼仪体制及藩属归属交涉（1644～1861）》，博士学位论文，"中国文化大学"政治学研究所，2005，第 124～125 页。据陈维新指出，俄使萨瓦仍被清政府视为贡使，要求行跪拜礼。萨瓦本不愿行跪拜礼，但考虑到俄国的在华贸易利益，不得不让步，遂行跪拜礼。

③ 《总理各国事务衙门档案·边防界务》，档案号：01 - 17 - 047 - 01 - 017，《此次觐见若在承光殿举行则将来中国代表在俄国觐见时其他地点与礼仪亦将与他国代表不同》，中研院近史所藏，光绪十七年十月俄国公使照会总署。中国第一历史档案馆编《清代军机处电报档汇编》第六册，中国人民大学出版社，2005，第 1850 号，第 774 页，光绪十七年十一月十一日发出使俄国大臣许景澄电。薛福成：《薛福成日记》下册，第 700 页，光绪十八年二月初七日。

④ 奥国公使在承光殿的觐见过程，如同光绪十七年成案，即公使可带翻译官、殿中未置黄案、国书由王大臣代递、仍行五鞠躬礼等项。详见薛福成《薛福成日记》下册，第 674～675 页，光绪十七年十一月二十日。

使择地请见的道理。① 总理衙门也以中国对待"与国"皆一视同仁
为由，向俄使喀希尼解释："中国使臣但以国君所在为重，决不择
地，而中国之待外使，确系一律，不能一国独薄"，② 并商请德使巴
兰德代为劝说，让喀希尼孤掌难鸣，不再纠缠觐见地点的问题。
后来，经巴兰德居中转圜，俄、法两使不甘被排除在外，允诺出
席，总算确定了光绪十八年正月贺年的觐见时间、地点及人数。
不过，由于受到了俄使喀希尼的影响，德使巴兰德也向总理衙门
表示，希望光绪十九年的正月贺年，能改在紫禁城内觐见，不要
再在承光殿觐见。

德使巴兰德认为，皇帝既然居住在紫禁城，各国公使自然应在
紫禁城觐见，并询问总理衙门选在承光殿的原因，莫非是不愿让各
国公使在紫禁城觐见，才会选在北海的承光殿。总理衙门巧妙地避
答巴兰德的问题，而是向巴兰德解释说，贺年时在何处觐见，端视
皇帝居住在哪个宫殿，由皇帝自行决定觐见地点；身为臣属者，只
能听命，不容重议。更何况，若按照巴兰德的逻辑，皇帝现居西
苑，位居西苑团城的承光殿，自可视同大内，当然可选在承光殿
觐见。

[巴使] 刻下觐见之事已定。答以：我们候巴大人复信，即
我们出使薛、许大臣来电云：俄国、法国均随同巴大人一律办
理。巴又云：今年仍在承光殿，即再一年亦可，以后总要商量
在大内才好。答以：此事，我们万不敢定，总要皇上定在何处，
即在何处，况且皇上现住西苑，不能说承光殿不是大内。巴云：
总要在大皇帝所住宫殿内才好。答以：大皇帝所住宫殿，连我
们满汉臣工都不能到，巴大人既愿通融，总要不提地方才好，

---

① 中国第一历史档案馆编《清代军机处电报档汇编》第六册，第 1850 号，第 775
　　页，光绪十七年十一月十一日发出使俄国大臣许景澄电。
② 中国第一历史档案馆编《清代军机处电报档汇编》第六册，第 1850 号，第 774
　　页，光绪十七年十一月十一日发出使俄国大臣许景澄电。

看皇上住何处，即在何处宫殿觐见。①

　　总理衙门的理由似冠冕堂皇，掩盖了选在承光殿的真正意图，让巴兰德无从反驳，只能推说各国外部皆重视"公使请觐"之事，就算自己能接受这些理由，其他公使未必能认同，仍需与其他公使合议，自己做不了主。

　　巴云：此事，我甚愿照办，无如各国使臣不愿。答以：各国使臣还不是由巴大人主持。巴云：我不能一人主持，但此事总宜早办才好，迟了便觉可惜，现在各国外部均有信来询问。②

　　对巴兰德的推托，总理衙门并不全采信，反而向巴兰德抱怨，法国公使不愿与奥国公使同在承光殿觐见，只为难总理衙门，希望巴兰德能说服法使，让请觐之事无分大、小国，划一制礼，一同举行，否则中国只是平白得罪法国、奥国，甚为困扰。总理衙门指出：

　　答以：去年承光殿举办觐见之礼，奥国使臣甚为喜悦。法国使臣乃云：不能与奥国同一样办理。此话太无理，法国是大国，奥国亦不是小国，如何不愿与奥国同样？巴云：此话只可作闲谈。答以：原是闲谈。③

　　从上述俄使拒见抗议，及法使欲排除奥使同觐的讨论，可知各

① 陈湛绮编《晚清外交会晤并外务密启档案汇编》第五册，第2014~2016页，光绪十八年三月初四日两点钟德国巴使偕翻译葛尔士来署。
② 陈湛绮编《晚清外交会晤并外务密启档案汇编》第五册，第2016页，光绪十八年三月初四日两点钟德国巴使偕翻译葛尔士来署。
③ 陈湛绮编《晚清外交会晤并外务密启档案汇编》第五册，第2016~2017页，光绪十八年三月初四日两点钟德国巴使偕翻译葛尔士来署。

国公使未必团结一致，而欧洲局势亦反映在"公使请觐"之事中。早在 1879 年 7 月，德国与奥匈帝国结成"德奥同盟"（Zweibund），后因奥国与俄国相争波斯尼亚、黑塞哥维那，德国不得不选择同为日耳曼民族的奥国，放弃与俄国的"三皇同盟"（Three Emperors' League），并视俄国为日耳曼民族的假想敌。德国外交政策的转变，让法国有机可乘，遂与俄国结盟，合力抵抗德奥同盟。[①] 因此，从俄使、法使为难巴兰德，不愿敲定觐见时间，再从法使不愿在承光殿与奥使同觐，可知承光殿的地点之争，其咎不在中国，也不是像薛福成所说"洋使好事挑剔，日甚一日"，[②] 而是德、俄、法、奥四国公使借承光殿的地点问题，互相角力，争一短长。正因为欧洲局势的微妙关系，总理衙门得到"以夷制夷"的机会，可借俄使之力，牵制德使，或借德使之力，牵制法使，取得一微妙的平衡。[③]

正因为公使团互相牵制，不能联手逼迫总理衙门同意在大内觐见的要求，总理衙门得驳回俄国公使"内廷首殿"的要求，公使团也勉强接受在承光殿觐见的方案。可是，当时任职总理衙门的张荫桓（1837～1900）已预见承光殿方案始终不是长久之计，日后必有争执，非得在大内觐见，公使团才能满意。据薛福成的看法，以为总理衙门照会俄使之文，词句暧昧，文意不清，容易引起公使的怀疑，"公使请觐"之事将有扞格。

> 张樵野副宪来信云："……德使阅署中与俄使照会，谓西例国君能在某处接见本国臣工，他国使者亦可于是处请见，若专定一地，余均不准到，则使臣之体制已乖；又行宫接见，本属

---

① Nicholas Mansergh, *The Coming of the First World War*: *A Study in the European Balance*, *1878 - 1914* (London, New York: Longmans Greenand co., 1949), pp. 34 - 35; R. J. W. Evans & Hartmut Pogge von Strandmann, *The Coming of the First World War* (Oxford: Clarendon Press; New York: Oxford University Press, 1988), pp. 57 - 59.

② 薛福成：《薛福成日记》下册，第 674 页，光绪十七年十一月十七日。

③ 中国第一历史档案馆编《清代军机处电报档汇编》第六册，第 1850 号，第 775 页，光绪十七年十一月十一日发出使俄国大臣许景澄电。

权宜，今中国欲永在承光殿，各使所以必争云云。"署文有将来各使仍在承光殿之语，"将来"二字，洋文本有两解。署意但言"以后"，各使译作"永远"，此其所以致扞格也。①

张荫桓指称的"使臣之体制已乖"，即各国公使已不行"跪拜礼"，再在太和殿觐见皇帝的话，外国公使不再是与国臣属，而是与皇帝平起平坐，就无法表示皇帝施恩远人，优待外使，到时"客礼"再无作用。若按照"客礼"的逻辑，一旦外国公使得在太和殿入觐，等于与皇帝以"敌体"相待，外国公使就不再是外国君主的"使臣"。这样一来，"客礼"与"朝贡礼"之间的灰色地带将不存在，皇帝不再是"天下秩序"的顶点，② 而以"天下秩序"构成的"宾礼体制"势必崩解。

法国新任公使施阿兰（Augste Gerard）来华，按例应在承光殿呈递国书，但施阿兰却向庆亲王奕劻抗议，以为承光殿位在西苑，不在大内，遂不愿入觐递书。③ 奕劻不理会法使施阿兰的抗议，张荫桓更直接驳斥法使的拒见行为："法国派尔来，尔愿尽使者之职便递国书，尔不愿尽职，听之而已"。④ 不过，中、法双方都不愿弄得太僵，总理衙门仍派张荫桓与之辩论。法使坚执前说，甚至向张荫桓保证，只要皇帝准在大内觐见，自己愿行"跪拜礼"。张荫桓并不相信法使的说法，⑤ 于是先向法使索求国书副本，并引据"未递国书不能拜客"的公法通例，指出清政府格外优待，没有计较施阿兰未递国书

---

① 薛福成：《薛福成日记》下册，第714页，光绪十八年四月初十日。
② 张启雄：《中华世界秩序原理的源起：近代中国外交纷争中的古典文化价值》，第106、112～114、122、142页。
③ 施阿兰：《使华记：1893～1897》，袁传璋、郑永慧译，商务印书馆，1989，第11、17页。
④ 张荫桓：《张荫桓日记》，上海书店出版社，2004，第471页，光绪二十年三月十九日。
⑤ 张荫桓：《张荫桓日记》，第472页，光绪二十年三月二十五日："恐非由衷之言"。

却可拜客办事①之事，希望施阿兰不再纠缠觐见地点的问题。②

法使施阿兰只好先呈递国书副本，再提出要求，希望总理衙门能允许自己向皇帝亲递国书。③ 据施阿兰的回忆，当时只有俄国公使、西班牙公使支持自己的提议，一同要求清政府安排新的"外国公使觐见礼"，④ 可知法使的要求并非偶然，乃出于俄使喀希尼的唆使，于是施阿兰屡引用雍正五年俄使萨瓦之故事，向总理衙门要求在紫禁城正殿举行请觐递书的仪式。⑤ 不久后，中国和日本因朝鲜问题发生冲突。⑥ 当时，欧美各国不愿破坏东亚的局势，极力调停，避免中、日两国发生战争，并由法国公使施阿兰负责调解中日冲突，但调停失败，甲午战争爆发。⑦ 未料，傲视东亚的北洋舰队竟全军覆没，在朝鲜半岛的清军也兵败如山倒，总理衙门只好准备议和，并重新起用恭亲王奕䜣，负责督办军务处，收拾中日议和的烂摊子。⑧

为了寻求欧美各国的帮助，奕䜣只好答应法使施阿兰的要求，借

---

① 张荫桓根据《万国公法》的规定，指出公使出使外国必先递交国书，若公使未递交国书，就等于没有得到出使国的认可，不可处理公务，也不可拜访出使国的官员。惠顿：《万国公法》，丁韪良译，中国政法大学出版社，2003，第146页："国使如不寄信凭，则不能以使臣之礼仪权利归之。"
② 张荫桓：《张荫桓日记》，第472页，光绪二十年三月二十五日。
③ 施阿兰：《使华记：1893~1897》，第17页。
④ 施阿兰：《使华记：1893~1897》，第17页。
⑤ 张荫桓：《张荫桓日记》，第471页，光绪二十年三月十九日。
⑥ 甲午战争非本书重点，不赘述，详见梁嘉彬《李鸿章与中日甲午战争》（上），《大陆杂志》第51卷第4期，1975年10月，第1~32页；林子候：《甲午战争前夕中日韩三国之动向》，大人物书店，2001；陈鹏仁：《从甲午战争到中日战争》，台北"国史馆"，1997。
⑦ 中国第一历史档案馆编《清代军机处电报档汇编》第八册，第571号，第564页，光绪二十年五月十八日收北洋大臣李鸿章电；施阿兰：《使华记：1893~1897》，第27~28页。
⑧ 王彦威、王亮编《清季外交史料》卷九九，第8页a，光绪二十年十月初五日旨着奕䜣督办军务并筹办巡防奕劻荣禄长麟帮办军务。因中日战事，清政府为便利指挥，于军机处外另设督办军务处，恭亲王奕䜣重回中枢，庆亲王奕劻仍掌总理衙门。甲午战争之细节，不赘述，详见戚其章《走近甲午》，天津古籍出版社，2006；王家俭：《李鸿章与北洋舰队：近代中国创建海军的失败与教训》，国立编译馆，2000。

以换得法国、俄国的支持。^① 深受皇帝信任的志锐（1852～1911，珍妃堂兄），也建议皇帝，觐见地点的问题虽然重要，但事急从权，或在文华殿，或在武英殿，择一处觐见，甚至还建议皇帝干脆同意各国公使在乾清宫觐见。^② 由此可见，迫于当时军情紧急，清政府可选择的空间甚少，光绪皇帝只好同意奕䜣的建议，由法使、俄使及总理衙门共同讨论觐见地点，^③ 最后决定选在文华殿。^④ 而且，法使施阿兰也趁机改变了公使进出宫殿的路线。原先在紫光阁觐见时，各国公使皆是由西阶升、西门入、西门出、西阶下（贡使入殿的路径），后改承光殿觐见时，各国公使则改由东门入、东门出（宾客出入主人屋的路径）。^⑤ 但在文华殿觐见时，各国公使可从中阶升、中门入、东门出、东阶下，^⑥ 特享状元传胪的优礼，表示其身份远非一般臣属，仅逊于皇帝而已。

值得注意的是，即使战事纷扰之际，光绪二十年的觐见礼方案也未全照欧美各国的外交礼仪。^⑦ 光绪皇帝仍以坐姿，接受各国国

---

① 中国第一历史档案馆编《清代军机处电报档汇编》第一一册，第99号，第149页，光绪二十年十月十一日收出使法国大臣龚照瑗电。在龚照瑗的电报里，报告法国政府为了法使施阿兰觐见优待之事，愿意尽力调停，支持中国。故恭亲王奕䜣不得不答允施阿兰的要求，在紫禁城内择一宫殿，作为各国公使觐见之地。

② 军机处：《光绪军机处事由档录要》，北京大学编《北京大学图书馆藏稿本丛书》第一六册，天津古籍出版社，1991，第166页，光绪二十年十月初三日；中国第一历史档案馆编《光绪朝朱批奏折·外交》第112辑，中华书局，1996，第767～768页。

③ 施阿兰：《使华记：1893～1897》，第33～36页。

④ 文华殿位居东华门内，协和门东，南向，乃是皇帝开经筵之处所。据施阿兰的回忆，"这座宫殿是文华殿——盛开文学之花的宫殿"，可知当时公使团很清楚文华殿的位置及作用。施阿兰：《使华记：1893～1897》，第36页。

⑤ 《各使请觐抄案》，《孙道上伯相禀附东西使臣觐见礼单》，第797页，同治十二年五月二十五日。薛福成：《薛福成日记》下册，第662～663页，光绪十七年二月二十日；第674～675页，光绪十七年十一月二十日；第781页，光绪十八年十二月廿七日。

⑥ 翁同龢：《翁同龢日记》第五册，第2750页，光绪二十年十月十五日。

⑦ 此次相关仪节，详见军机处《军机处档·光绪二十年十月十五日各国使臣呈递国书礼节单》，《文献丛编》上册，第533页；军机处：《军机处档·光绪二十年十月十五日各国使臣呈递国书礼节单》，章乃炜等编《清宫述闻》上册，紫禁城出版社，2009，第211页。比较两书后，其内容皆同。

书，并由庆亲王奕劻代递，再放置御案上，皇帝未亲接各国国书。
而且，光绪皇帝仍以满语答谕，再由恭亲王奕䜣转译为汉语。① 也就
是说，恭亲王奕䜣、庆亲王奕劻仍扮演着"傧者"的角色，尽量以
"傧者"的种种行动，区别出皇帝与公使们的君臣身份和尊卑位阶。
再从《军机处档》和《奕䜣秘档》所记的《觐见礼节单》，② 可推测
各国公使改行"七鞠躬礼"，很可能是公使团为了在文华殿觐见所做
出的让步。对光绪君臣来说，"七鞠躬礼"不但高于同治十二年的
"五鞠躬礼"方案，也比欧美各国惯行的"六鞠躬礼"更显尊荣，
所以才接受在文华殿觐见的要求。③

　　虽说如此，施阿兰等人仍相当满意，认为这次觐见打破了中国
保守落后的硬壳，开启了中外关系的新纪元。施阿兰回忆说：

　　　　这次觐见本身标志了西方同中国关系史上的一个新纪元。
　　这是破天荒第一遭，让君主神圣不可接近和不可仰望的信条
　　（直到那天为止，中国礼仪使它带上偶像崇拜的性质），被纯粹
　　的外交仪式所代替。这次觐见，不但在中国官场上产生很深的
　　影响，即使外侨也有十分深刻的印象。④

---

① 翁同龢：《翁同龢日记》第五册，第 2750 页，光绪二十年十月十五日；施阿兰：
　　《使华记：1893~1897》，第 36 页。
② 军机处：《军机处档·光绪二十年十月十五日各国使臣呈递国书礼节单》，《文献
　　丛编》上册，第 533 页；中国第一历史档案馆、文化部恭王府管理中心编《清宫
　　恭王府档案总汇：奕䜣密档》第一〇册，第 20~21 页，光绪二十年十二月二十
　　六日恭亲王奕䜣等奏请定各国使臣觐见贺年日期。原件档案号：3/164/7813/23，
　　中国第一历史档案馆藏。过去的同治十二年和光绪十七、十八、十九年成案，公
　　使团皆行五鞠躬礼。但从觐见贺年礼单来看，可知，光绪二十年十月贺岁觐见及
　　光绪二十一年正月贺年觐见，公使团皆行七鞠躬礼。
③ 据《军机处档》可知，外使入殿一鞠躬，向前行数步一鞠躬，至龙柱一鞠躬，国
　　书陈案上一鞠躬，转译汉语传宣听毕一鞠躬，退后数步一鞠躬，出殿一鞠躬，共
　　行七鞠躬。军机处：《军机处档·光绪二十年十月十五日各国使臣呈递国书礼节
　　单》，《文献丛编》上册，第 533 页。关于欧美惯行的六鞠躬礼，可见专使大臣那
　　桐觐见明治天皇时，进退各三鞠躬的过程。那桐：《那桐日记（1890~1925）》上
　　册，新华出版社，2006，第 392~393 页，光绪二十七年八月初一日。
④ 施阿兰：《使华记：1893~1897》，第 36 页。

　　然而，随《申报》附赠的《点石斋画报》（见图 4 - 1），却描绘了完全不同面貌的请觐典礼，并评论各国公使得入觐贺寿，全出于皇帝"优待之恩"。由此可见，清政府虽不得不同意各国公使在文华殿觐见，但中国官民仍以为是皇帝恩赐的特殊待遇。根据前文的分析，可知《点石斋画报》的记述有真有假。时间、地点、参与者及公使行"鞠躬礼"四事，《点石斋画报》皆记述正确。但《点石斋画报》却以为慈禧太后（1835 ~ 1908）与光绪皇帝共同接见各国公使，而太后座位安置在皇帝座位后方，如同垂帘之制。① 事实上，慈禧太后根本没有参与这次贺寿觐见，更没有安置"黄缎龙凤绣幔"及"皇太后龙座"，这些全出自民间报人的想象。

　　由外国传教士创办的《万国公报》（*The Chinese Globe Magazine*），经复刊后，遂作为广学会（Christian Literature Society for China）的机关报，自然比《点石斋画报》更具政治意味。② 《万国公报》先指出"公使请觐"是万国通行的常例，批评中国皇帝过去一直拒见各国公使，让各国公使多有不满，鄙视中国如蛮荒之国。《万国公报》再指出，皇帝虽允许在紫光阁、承光殿召见，但因觐见地点颇为暧昧，似乎暗示各国公使皆皇帝臣属，让各国公使备受委屈。如今，公使觐见的地点移至紫禁城的文华殿，暂时平息了公使团的不满，但各国公使仍感觉被排挤在外，欲再改易地点。

　　　　既而召见之于紫光阁，则谓类于献俘之辱。改而至承光殿。又有不许入大内之怨。今移于文华殿，虽未闻别滋异议，而终觉有外视之嫌。③

① 张奇明主编《点石斋画报》第三三册，上海画报出版社，2001 年大可堂版，《西使观光》，第 83 页，光绪二十年十月十五日。

② 赖光临：《中国近代报人与报业》，台湾商务印书馆，1988，第 23 ~ 24、26 ~ 41 页。

③ 林乐知：《险语对下之中》，钱钟书主编、李天纲编校《万国公报文选》，三联书店，1998，第 344 页。《险语对》分七次连载，此选自《万国公报》第八二、八七册，分别刊于光绪二十一年十月和光绪二十二年三月。

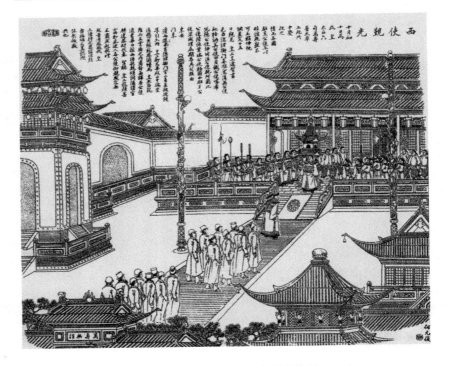

图 4 - 1　光绪皇帝召见各国公使图

　　图片内文："十月初十日为我皇太后六旬万寿，普天率土既共申庆祝之情。而各国驻京公使亦以睦谊既敦，不可不稍伸忱悃，爰定十五日觐见皇上，呈递贺书。先由总理衙门奏准，然后英公使欧格讷、美公使田贝、俄公使喀希呢、德公使绅珂、法公使施阿兰、比公使陆弥业、瑞公使柏固、西班牙公使梁威理，届期各具公服，由东安门东边而进，早有总理衙门官二员在彼迎候，导引入内。皇上御文华殿，正中端坐，后悬黄缎龙凤绣幔，为皇太后龙座所在。堂廉之内，肃静无哗。各公使递书毕，口操西语，敬致颂词，翻译官转达恭邸代奏圣听。皇上龙颜甚霁，和气迎人。各公使仰睹盛容，无不肃然起敬，礼成告退，咸感我皇上优待之恩，欢欣鼓舞，称颂不置。懿欤休哉，诚盛典也。"

　　资料来源：张奇明主编《点石斋画报》第三三册，上海画报出版社，2001 年据大可堂版，《西使觐光》，第 83 页，光绪二十年十月十五日。

　　最后，《万国公报》建议皇帝在太和殿或乾清宫召见外国公使，并同意各国公使行"鞠躬礼"，"其余仪注与廷臣大略相同"，[1] 不分内外，如此才能巩固邦交，避免各国公使猜疑。由此可知，"外国公

---

　　[1]　林乐知：《险语对下之中》，第 344 页。

使觐见礼"虽改在文华殿举行,但外国公使仍不满意,以为公使必在太和殿或乾清宫觐见,方算是"平行往来"的落实。

四 客礼概念的极限

茅海建教授指出,光绪皇帝欲摆脱"天朝观"的束缚,并借由礼仪变革,主动调适了对外观念,但光绪皇帝的努力,却遭总理衙门、军机处阻碍,最终失败,无法褪去天朝的外衣。[①] 王开玺教授则指出光绪皇帝欲西化觐礼,却不为慈禧太后、军机处及总理衙门接受。[②] 上述二文,对光绪皇帝变革礼仪之事多有肯定,并批评慈禧太后和保守官员的阻碍,使觐见礼仪无法过渡到欧美各国惯行的外交仪式。根据这些研究成果,本节将着眼德国亨利亲王的接待问题,讨论光绪皇帝对"外国公使觐见礼"的看法,并讨论官员们反对的原因,进而分析"客礼"概念的极限。

中日甲午战后,中国惨败,日本一跃而为东亚强国,打破了原先东亚的平衡局势。[③] 中国的衰弱,让各国强划势力范围,引发瓜分风潮,遂有新一波鼓吹变法的声音。[④] 例如陈虬(1851~1903)《治平通议》,倡议变法,建议"更服制"、"简礼节"等事。[⑤] 又如汤震(1856~1917)《危言》,同样也提出简化觐礼,免去叩头的建议。[⑥] 由此可知,觐礼更定的动力不完全来自外国公使的压迫,同样也有

① 茅海建:《戊戌变法史事考》,生活·读书·新知三联书店,2005,第413~462页。
② 王开玺:《清代外交礼仪的交涉与论争》,第600~615页。
③ 川岛真:《近代国家への摸索》,岩波书店,2010,第9~26页;梁嘉彬:《李鸿章与中日甲午战争》(下),《大陆杂志》第51卷第5期,1975年11月,第23~50页;林子候:《试论甲午战争在近代史上的重要性》,《台湾风物》第27卷第2期,1977年6月,第1~10页。
④ 梁启超:《戊戌政变记》,中国史学会主编《戊戌变法》第一册,上海人民出版社,1954,第250页;康有为:《康有为未刊稿》,中国史学会主编《戊戌变法》第一册,第423页。
⑤ 陈虬:《治平通议》,中国史学会主编《戊戌变法》第一册,第227页。
⑥ 汤震:《危言》卷四,《晚清四部丛刊第二编》子部第六二册,文听阁图书,2010年据光绪十六年刻本影印,第37页a。

中国内部的思想推动，以为"外国公使觐见礼"宜采西礼，不必为礼仪问题，与各国公使互生龃龉。

甲午战争后，外国公使对觐礼问题的要求变得更为严苛，甚至不遵守总理衙门拟订的《觐见礼节单》。例如，光绪二十三年正月二十五日（1897 年 2 月 26 日），总理衙门照例安排贺年觐见，邀请各国使臣在文华殿入觐。当行礼结束，各国公使陆续出殿时，法国公使施阿兰及其随员竟径由文华殿中门退出，执礼大臣欲纠正公使，场面一时混乱。① 觐见次日（2 月 27 日），德国公使海靖（E. Heyking）也借题发挥，指责执礼大臣敬信（1832～1907，满洲正白旗）用手拉扯他的衣袖，要求他由文华殿左门退出，不可随法使施阿兰由文华殿中门退出。海靖自认受辱，要求敬信当面道歉，否则不参加总理衙门举行的公使宴会。② 总理衙门虽向海靖解释，还请美国公使田贝（C. Denby）出面说情，但海靖不愿接受，德国使团也没人出席宴会。③ 最后，张荫桓带着敬信前往德国使馆，正式道歉，海靖才罢休。④ 由此可见，随着中国实力日衰，总理衙门能交涉的空间越来越小，甚至连"公使请觐"的行礼秩序都很难维持。

光绪皇帝注意到中国外交与交涉仪节的问题，故坚持派遣专使祝贺俄皇即位，希望与欧美各国多有往来。⑤若干迹象显示，光绪皇帝受甲午战败的刺激，⑥可能和那些主张维新的士人们一样，也对

---

① 据前文考订，可知文华殿觐见的路线，各国公使可从中阶升，中门入，东门出，东阶下。因此，法使施阿兰坚持由中门退出，是为失礼。

② 周惠民：《从〈四个世界角落的日记〉看伊丽莎白·海靖的中国经验》，《辅仁历史学报》第 22 期，2009 年 1 月，第 106～108 页；翁同龢：《翁同龢日记》第六册，第 2977 页，光绪二十三年正月廿六日。

③ 翁同龢：《翁同龢日记》第六册，第 2978 页，光绪二十三年正月廿六日。

④ 翁同龢：《翁同龢日记》第六册，第 2978 页，光绪二十三年正月廿九日。

⑤ 翁同龢：《翁同龢日记》第五册，第 2749 页，光绪二十年十月十四日。据翁同龢记，皇帝欲在公使觐见时，赐下宝星，并派专使祝贺俄皇，但军机处及总理衙门皆不以为然，竟引皇帝震怒，表示此二事必行。

⑥ 翁同龢：《翁同龢日记》第五册，第 2777 页，光绪二十一年正月十六日。据翁同龢记，甲午战败，中国使者又遭日本挫辱等事，给予光绪皇帝莫大刺激，甚至在廷议时，光绪皇帝竟声泪并发，让众臣不知所措。

"外国公使觐见礼"之事抱着同样的想法。例如，光绪二十四年正月，按例行公使贺年，公使欲"以舆马入禁门"，[1] 光绪皇帝认为可以曲从，但遭官员们劝阻，"臣谓不待请而先予，恐亦非礼也"。[2] 而且，公使团未遵照礼节单，径由文华殿中门退出时，皇帝也未计较，总理衙门只好默认。

与此同时，总理衙门正与德使海靖交涉胶济租界、筑铁路、教士被杀等事，[3] 并为德皇威廉二世（Wilhelm II von Deutschland, 1859 ~ 1941）之弟亨利亲王来华游历的问题[4]头疼不已，授意中国驻德公使许景澄详查西方礼制，[5]欲拟订一妥善礼仪，安排皇帝与亨利亲王的

① 翁同龢：《翁同龢日记》第六册，第3093页，光绪二十四年正月廿三日。所谓的"以舆马入禁门"乃是美国公使等照会清政府，要求在东华门内乘舆。众臣之所以反对，乃因清朝礼制，凡臣属人入宫，皆须在长安门、西华门、东华门外的下马石碑下轿、下马，王贝勒贝子皆骑马入禁门，至景运门下骑。唯有赏紫禁城骑马、乘轿者，或一、二品以上且年过60岁者，许乘肩舆入宫。吴振棫：《养吉斋丛录》卷二二，中华书局，1997，第288、290页；徐珂：《清稗类钞》第一册，《朝马肩舆之赐》，第317页。

② 翁同龢：《翁同龢日记》第六册，第3093页，光绪二十四年正月廿三日。

③ 中国第一历史档案馆编《清代军机处电报档汇编》第一九册，第4号，第13~15页，光绪二十四年正月初五日收湖广总督张之洞电；第5号，第16页，光绪二十四年正月初五日收山东巡抚张汝梅电；第7号，第18页，光绪二十四年正月初六日收出使德国大臣吕海寰电；第28号，第56~57页，光绪二十四年正月二十八日收出使德国大臣吕海寰电。

④ 中国第一历史档案馆编《清代军机处电报档汇编》第一八册，第180号，第365页，光绪二十三年十二月初五日收出使德国大臣许景澄电："光绪二十三年十二月初五日己刻，顷赴外部称，奉德主之命云，总署愿接待王弟，极欢喜，并致谢。至德国按理商请兼为中国利益之事，愿速议成。王弟新正廿一抵香港，以后程期尚未定。"许景澄在电文中，除了说明亨利亲王预计抵达香港之日期，也写有德皇威廉二世欣喜总署接待之事，表明胶州湾及德国教士被杀案应迅速了结。许景澄的报告透露了亨利亲王来华，虽未必有利于中德交涉，但对总理衙门来说，不啻一个机会，自然不能不慎重拟订接待亲王之礼。

⑤ 王彦威、王亮辑《清季外交史料》卷一二九，第22页a，光绪二十四年二月初七日；中国第一历史档案馆编《清代军机处电报档汇编》第一九册，第36号，第71页，光绪二十四年二月初七收出使大臣许景澄电。许景澄回报总署的方案，实依据西礼，远远高于德国领事要求的规格。许景澄拟订迎接亲王的方案如下：派提督、副将、都司三员先迎，再由本国亲王迎于车站，同车送至下榻处。君主以客礼延见亲王，并偕同至外殿内，由本国亲王宴请其从僚。亲王出外，皆由提督陪乘。辞行礼仪，如迎接礼。

会面。许景澄依据欧洲惯例，说明亨利亲王乃德皇之弟，"各国皆待以不臣之礼"，① 并建议总理衙门参酌中西礼制，慎重款待。但德国公使、领事却要求超规格的待遇，让总理衙门及各地接待的督抚非常为难。如德国驻上海领事要求两江总督刘坤一亲自迎送亨利亲王，刘坤一以为事关体制，当场拒绝德国领事的要求，并举出过去只派道员接待俄国亲王的先例，如今派布政使接待德国亲王，已比过去优待，遂拒绝所请。②

王开玺教授指出，清政府按许景澄的方案接待了亨利亲王。③ 但根据《军机处电报档汇编》，可知亨利亲王入境广东时，仍以接待俄国亲王的方案，并无另外准备。④ 再从江苏巡抚奎俊（瓜尔佳氏，满洲正白旗）的电报中，可知刘坤一未亲自迎送亨利亲王，仍由江苏布政使聂缉规（1855～1911）、上海道台蔡钧出面款待。⑤ 许景澄也说明各国接待亲王的仪节，本无定例，端视两国君主交谊深浅，并指出中国礼制不同于西礼，又与欧洲各国国情不同，未必能划一办理，应早定礼节，通知各国公使，避免争执。⑥ 由此可知，王开玺教授的说法有待商榷，而地方官员接待亨利亲王的方式亦有差异，未必能一

---

① 《总理各国事务衙门档案·胶澳档案》，档案号：01-26-003-01-043，《德亲王有入觐之说请预定仪节》，第1页，光绪二十四年正月二十七日出使德国大臣许景澄致总署函，中研院近史所藏。
② 中国第一历史档案馆编《清代军机处电报档汇编》第一九册，第20号，第45～46页，光绪二十四年正月十八日收两江总督刘坤一电。
③ 王开玺：《清代外交礼仪的交涉与论争》，第601页。
④ 中国第一历史档案馆编《清代军机处电报档汇编》第一九册，第54号，第97页，光绪二十四年二月二十一日收两广总督谭钟麟电。
⑤ 中国第一历史档案馆编《清代军机处电报档汇编》第一九册，第21号，第21页，光绪二十四年正月二十一日收江苏巡抚奎俊电；第37号，第72页，光绪二十四年二月初九日收江苏巡抚奎俊电。
⑥ 中国第一历史档案馆编《清代军机处电报档汇编》第一九册，第39号，第74～75页，光绪二十四年二月十一日收出使大臣许景澄电："加考西礼，据金楷理询德礼友云：向无章程专书。惟主国亦有遣亲王至陆境或舟次迎送，视两君交谊为衡，系情况已具微电。至泰西君主尚有设宴及答拜等事，此由西礼宽简，或各国宗藩多姻娅故云。查中西礼制悬殊，德藩尚未明言赴京，拟请核办后，通行各驻使，冀免临事争论。备酌。"

概处理。①

　　光绪皇帝相当关心亨利亲王来华之事，屡向张荫桓询问接待之仪，② 还主动提出"以舆马入禁门"的办法，但因户部尚书、协办大学士翁同龢（1830～1904）反对才作罢。③ 除了亨利亲王的车马是否入禁门的讨论之外，德使海靖还坚持"亲王与皇帝握手"、"中方回拜"二端。④ 但不管海靖如何要求，翁同龢、庆亲王奕劻等人坚不同意，而觐见地点亦不愿择在紫禁城内。⑤ 当时，光绪皇帝听从张荫桓的意见，已倾向西化觐礼，"有欲尽用西礼之语"，⑥ 甚至提出新的觐见方案，拟在毓庆宫觐见，⑦ 还有"开前星门，于东配殿赐食，准其乘轿入东华门"等仪式，⑧ 让翁同龢等人大感惊骇。皇帝拟出的方案，自然遭到了军机处诸位大臣的反对，如翁同龢便提出五项理由，反对亨利亲王在毓庆宫觐见，⑨ 让光绪皇帝怒斥翁同龢："谓尔

① 如江苏接待的方案便与广东不同，见中国第一历史档案馆编《清代军机处电报档汇编》第一九册，第93号，第161～162页，光绪二十四年三月十一日收江苏巡抚奎俊电；第104号，第179页，光绪二十四年三月二十日收江海关道电。而天津接待的方案又与江苏不同，德使海靖多有干预，让军机处致电北洋大臣，转达德使的要求，安排接待仪式及人选。见中国第一历史档案馆编《清代军机处电报档汇编》第一九册，第107号，第184页，光绪二十四年三月二十一日发北洋大臣王文韶电。
② 张荫桓：《张荫桓日记》，第520页，光绪二十四年三月初二日；第522页，光绪二十四年三月十二日。
③ 翁同龢：《翁同龢日记》第六册，第3093页，光绪二十四年正月廿三日。
④ 翁同龢：《翁同龢日记》第六册，第3093页，光绪二十四年正月廿三日。
⑤ 翁同龢：《翁同龢日记》第六册，第3106～3107页，光绪二十四年三月初八日。
⑥ 翁同龢：《翁同龢日记》第六册，第3108页，光绪二十四年三月十三日。
⑦ 茅海建：《戊戌变法史事考》，第417页。据茅海建指出，康熙朝毓庆宫为太子寝宫；嘉庆初年，乾隆退位为太上皇，嘉庆皇帝不敢僭越，仍住毓庆宫。光绪皇帝以毓庆宫作为书房。因此，毓庆宫的地位，远非文华殿可比。
⑧ 翁同龢：《翁同龢日记》第六册，第3108页，光绪二十四年三月十三日。
⑨ 翁同龢：《翁同龢日记》第六册，第3108～3109页，光绪二十四年三月十三日。翁同龢提出的五项理由如下：一是毓庆宫前殿东间，供孝静皇后御容，不能辟中间为过道；二是毓庆宫配殿狭窄，无法容纳这么多人；三是亨利亲王的随员无容纳之处；四是前星门近百年未开启，框木沉陷，难以开启；五是准亨利亲王乘轿入东华门，实不合礼制。

总不以为然，试问尔条陈者能行乎？否乎"。①

　　相对于翁同龢的极力反对，慈禧太后、恭亲王奕䜣对觐见地点问题的态度，显得柔软许多。太后同意在紫禁城或颐和园召见，而恭亲王则以为在乾清宫召见也未尝不可。② 由此可知，觐见地点的决定，与礼制未必有太大关系，却反映出帝后争权的问题。据《驿舍探幽录》所录张荫桓之自述，可知慈禧太后相当注意亨利亲王的觐见仪节。而光绪皇帝欲在毓庆宫见亨利亲王的动机，可能不是担心亨利亲王觐见慈禧太后，而是不愿让慈禧太后接见亨利亲王，更不愿在颐和园让太后与自己同见亲王，有损皇帝威严。

　　　　旋又奏明太后，太后闻奏，因欲先见德藩，我奏以外国使臣入觐，理宜先见皇上，太后谕谓德藩此来，并无国书，与使臣不同，皇上亦可在我处同见，见时令走廊子，不赐坐。当时将此谕奏知皇上……至是闻太后欲与同见，意颇不怿。③

　　正因为多了这层考虑，清政府一直无法决定地点。三月十七日（4月7日），慈禧太后传下懿旨，决定在颐和园召见亨利亲王，④并接受张荫桓的建议，太后先在乐寿堂召见亨利亲王，不赐座位，皇帝在玉澜堂召见，仍赐坐、赐食。⑤

　　光绪帝虽遵从太后的懿旨，改在颐和园召见，却对张荫桓表示"争小节而吃大亏"⑥ 之语，可见皇帝并不满意这样的方案。茅海建指出，颐和园的乐寿堂是慈禧太后的寝宫，玉澜堂则是光绪皇帝的寝宫。照理来说，召见亨利亲王，应在颐和园的正殿仁寿殿。但在

---

① 翁同龢：《翁同龢日记》第六册，第3109页，光绪二十四年三月十三日。
② 翁同龢：《翁同龢日记》第六册，第3109页，光绪二十四年三月十三日。
③ 王庆保、曹景郕：《驿舍探幽录》，收入张荫桓《张荫桓日记》，第571页。
④ 中国第一历史档案馆编《清宫恭王府档案总汇：奕䜣密档》第一〇册，第812号，第242页，光绪二十四年三月十七日恭亲王奕䜣等奏德国亲王觐见礼节。原档档号：3/162/7725/33，藏于中国第一历史档案馆。
⑤ 翁同龢：《翁同龢日记》第六册，第3110~3111页，光绪二十四年三月十八日。
⑥ 张荫桓：《张荫桓日记》，第522页，光绪二十四年三月十四日。

仁寿殿举行的话，皇帝、太后将共同召见，太后、皇帝将无法区分
尊卑，容易让外使误会，以为重回垂帘体制；若采太后、皇帝单独
召见，太后退出、皇帝进殿的行动，又显得突兀，恐有贻笑外邦之
虞。① 因此，张荫桓考虑到这些问题，才会向慈禧太后建议在乐寿
堂、玉澜堂分别召见，各自处理接见礼仪。

　　太后、皇帝分见的觐见礼方案，皆由张荫桓预拟相关仪节，虽
获得太后和皇帝的同意，但李鸿章却提醒张荫桓不应独揽其事，否
则可能会遭到"和世泰之愆"。② 李鸿章所说的"和世泰之愆"，即
指嘉庆二十一年（1816）英国使节阿美士德来华时，理藩院尚书和世
泰（？～1851）负责接待，却未对阿美士德说明"跪拜礼"的仪节，
而阿美士德拒见之事，让嘉庆皇帝大怒，将和世泰等人皆交部议处，
黜降贬谪。③ 由此可知，李鸿章已预见亨利亲王入觐的礼仪问题，可
能让张荫桓卷入帝后党争的旋涡，④ 故暗示张荫桓不应独任此事。当
时，张荫桓并不在意，⑤ 直到押解新疆的途中，张荫桓再回想这些
话，方知李鸿章的深意。⑥

　　对亨利亲王觐见礼的方案，总理衙门以为该方案相当优待，⑦ 但
德使海靖并不满意，反复要求慈禧太后接见亨利亲王时，应赐坐，

① 茅海建：《戊戌变法史事考》，第418页。
② 张荫桓：《张荫桓日记》，第526页，光绪二十四年闰三月初九日。
③ 军机处：《清嘉庆二十一年英使来聘案》，故宫博物院编《文献丛编》上册，第354页，嘉庆二十一年闰六月和世泰穆克登额奏俟英使抵通州后再行剀切宣示折；第358页，嘉庆二十一年七月初六日和世泰等奏带领英吉利贡使演礼情形折；第360页，嘉庆二十一年七月初七日上谕；第361页，嘉庆二十一年七月初八日上谕。
④ 林文仁：《派系分合与晚清政治：以"帝后党争"为中心的探讨》，中国社会科学出版社，2005，第418、420页。
⑤ 从张荫桓向光绪皇帝谈及李鸿章之论，可知张荫桓并未将李鸿章的劝言放在心上。张荫桓：《张荫桓日记》，第526页，光绪二十四年闰三月初十日。
⑥ 王庆保、曹景郕：《驿舍探幽录》，第571页。张荫桓自述德藩觐见事，使廷臣不悦者众，"屡有传言，谓我见好外国，借为要重之地，并有谓我窥测意旨，离间两宫，冤哉"。
⑦ 吕海寰：《吕海寰往来电函录稿》，沈云龙编《近代中国史料丛刊三编》第五七三册，文海出版社，1990，第59～60页，光绪二十四年闰三月二十日收总署电。

不应立见。① 但慈禧太后坚持亨利亲王立见，若海靖再坚持赐坐，只好取消入觐之事。② 为此，张荫桓多次与海靖协商，但海靖一直不给确信，表示必须等亨利亲王一行人抵达马家堡（位于北京丰台区，清末时为铁路总站）时再给回复。③ 后来，直到总理衙门准备取消觐见太后的安排，海靖只好妥协，同意亨利亲王立见太后。④

亨利亲王抵达马家堡后，由庆亲王奕劻、大学士李鸿章、总理衙门大臣张荫桓、荫昌（1859~1928，满洲正白旗）负责迎接，并备有亲王专用的黄襻绿轿，⑤ 供亨利亲王乘坐，德方随员则乘坐绿轿，以示优待。⑥据翁同龢、张荫桓的记载，觐见当日，亨利亲王乘黄襻绿轿，直入宫门，⑦ 德国卫兵也跟着进入颐和园。翁同龢喝叱无效，只好向德国翻译官福兰格（Otto Franke，1863~1946）抗议，要求德国卫兵退出园区。⑧ 但亨利亲王以德兵将列队致敬皇帝为由，让德国卫兵得以留下，被带到南配殿阶下排立。由于这件小冲突，亨利亲王

---

① 翁同龢：《翁同龢日记》第六册，第3118页，光绪二十四年闰三月初十日；第3120页，光绪二十四年闰三月十七日。据翁同龢记，德使海靖第一次到署面议时间为闰三月初九日，第二次是照会总署，时间为闰三月十七日。

② 翁同龢：《翁同龢日记》第六册，第3118页，光绪二十四年闰三月初十日；第3120页，光绪二十四年闰三月十七日。

③ 张荫桓：《张荫桓日记》，第527页，光绪二十四年闰三月十七日；第528页，光绪二十四年闰三月二十日。翁同龢：《翁同龢日记》第六册，第3121页，光绪二十四年闰三月十八日。

④ 张荫桓：《张荫桓日记》，第529页，光绪二十四年闰三月二十四日；翁同龢：《翁同龢日记》第六册，第3123页，光绪二十四年闰三月廿四日。

⑤ 徐珂：《清稗类钞》第一三册，《八轿》，第6117~6118页；福格：《听雨丛谈》卷三，中华书局，1997，第56页；周馥：《醇亲王巡阅北洋海防日记》，李德龙等编《历代日记丛钞》第一一八册，学苑出版社，2006年据1938年刻本影印，第387页。据三书整理可知，京官无论品阶，皆不可乘八轿；督抚、学政、将军等如遇大典时，偶乘绿呢八人抬之轿。而绿呢黄襻则是亲王专用，不得为官员用。

⑥ 中国第一历史档案馆编《清代军机处电报档汇编》第一九册，第180号，第298~299页，光绪二十四年闰三月二十二日收北洋大臣王文韶电。

⑦ 东宫门为离乐寿堂、玉澜堂最近的宫门，故推测亨利亲王由东宫门进园。颐和园全图见华夏五千年网站《清北京西郊园林》，http://www.bbshuaxia.cn/peking/fengjing/451.html，2011年2月15日访问。

⑧ 翁同龢：《翁同龢日记》第六册，第3123页，光绪二十四年闰三月廿五日。

"面为之赪"，① 可见当时气氛之尴尬。

争议许久的立见太后一款，亨利亲王也如约履行，未出什么差错。② 但《清史稿》记述"各国亲王觐见仪"时，内容疏漏，更未记亨利亲王曾觐见太后之事。

> 各国亲王觐见仪，始光绪二十四年。德国亲王亨利入觐，帝幸颐和园，御仁寿殿，亨利公服入，递国书，帝慰劳之。既，亨利欲觐皇太后，帝奉懿旨代见。③

《清史稿》的错误有四：第一，《清史稿》以为觐见地点在仁寿殿；实际上，觐见地点先在乐寿堂，后在玉澜堂。④ 第二，《清史稿》未提及亨利亲王觐见太后之事，反而说是皇帝奉懿旨，代替太后召见。第三，《清史稿》以为亨利亲王觐见的目的是递交国书，实则未递国书。第四，《清史稿》未提及亨利亲王乘轿、直入颐和园宫门，也未提到皇帝馈赠宝星，更没有记皇帝立见、赐坐及与亨利亲王握手等事，反而着重记述亨利亲王的行礼过程、递书仪式及鞠躬次数。

实际上，亨利亲王觐见皇帝时，有几项仪式不同于过去接见外国公使的成例，必须特别说明。⑤ 首先是皇帝立受鞠躬，并与之握手，赐坐亲王。⑥ 据翁同龢、张荫桓所记，亨利亲王一入玉澜堂后，仍行"七鞠躬礼"。⑦ 光绪皇帝则站立受礼，未像过去那样坐着受

---

① 张荫桓：《张荫桓日记》，第 530 页，光绪二十四年闰三月二十五日。
② 张荫桓：《张荫桓日记》，第 530 页，光绪二十四年闰三月二十五日。此外，茅海建据清宫《日记账》档案，记有太后与亨利亲王的对谈，详见茅海建《戊戌变法史事考》，第 421 页。
③ 赵尔巽：《清史稿》卷九一《礼十》，第 2681 页。
④ 翁同龢：《翁同龢日记》第六册，第 3110~3111 页，光绪二十四年三月十八日。
⑤ 中国第一历史档案馆编《清宫恭王府档案总汇：奕䜣密档》第一〇册，第 812 号，第 243~244 页，附件一德国亲王觐见礼节清单。原档档号：3/162/7725/34，藏于中国第一历史档案馆。
⑥ 张荫桓：《张荫桓日记》，第 530 页，光绪二十四年闰三月二十五日；翁同龢：《翁同龢日记》第六册，第 3123 页，光绪二十四年闰三月廿五日。
⑦ 赵尔巽：《清史稿》卷九一《礼十》，第 2681 页。

礼。其余德国随员亦进入玉澜堂，皆依次鞠躬，在旁侍立，翁同龢
等人在玉澜堂外檐下等候，乾清门侍卫（戈什）则环侍玉澜堂内外。

其次，皇帝首次采问答式对话。① 过去召见外国公使时，皇帝用
满洲语答谕，再由总理王大臣转译为汉语，各国翻译官再行转译外
国语，让公使知晓。从《张荫桓日记》可知，光绪皇帝首次采用问
答式的对话，② 但据《翁同龢日记》所记，皇帝与亨利亲王的这番
对话，仍以皇帝告庆亲王奕劻，由庆亲王奕劻告荫昌，再由荫昌转
译给德国翻译官，③ 可知"摈者"的仪式尚存，皇帝并未与亨利亲
王直接问答。而且，奕劻、荫昌承旨时，仅单膝下跪，不似过去双
膝下跪，或行"跪拜礼"，表示在接见外使的场合，中国官员的觐礼
已有简化，改行"请安礼"。④ 荫昌告德方翻译时，方改为立谈，凸
显中国官员面对中西礼制不同的对应方法。

再次，一体招待外国随员，不再像过去那样，将随员挡在殿外。

---

① 茅海建指出，根据军机处《随手档》，可知光绪皇帝召见时的口敕乃由张荫桓代
拟。茅海建：《戊戌变法史事考》，第 419 页："张荫桓谨拟德国亲王觐见时皇上
口敕：贵亲王何时在柏林起程？贵国大皇帝好？贵亲王此行经历几处口岸？何时
到中国境？我已吩咐沿途督抚加意接待，究能周到否？听说光绪五年贵亲王到过
上海，现在贵国商务比前数年更旺了。我两国向来友好，此次贵亲王来见，我甚
欢喜。就怕中国与欧洲政俗不同，接待不周，还要原谅为好。"但据张荫桓记，
仅提及离开柏林、经过几国海口、何时抵达中国及督抚接待情况，最后一大段并
未询问，可能未提及光绪五年之事，故茅海建指出"'就怕中国与欧洲政俗不同，
接待不周，还要原谅为好'一语，本属道歉用语，从某种意义上也可以理解为对
清朝礼制并无信心的自我辩解"之说法，实有待商榷，该句原意更近于表示谦
虚、示好，不见得是用于道歉。
② 张荫桓：《张荫桓日记》，第 530 页，光绪二十四年闰三月二十五日。
③ 翁同龢：《翁同龢日记》第六册，第 3123 页，光绪二十四年闰三月廿五日。
④ 徐珂：《清稗类钞》第二册，《请安》，第 489～490 页；李宝臣：《礼不远人：
走进明清京师礼制文化》，中华书局，2008，第 118～119、231～232 页。请
安之礼，始于辽代，历金、元皆然，明代犹未尽革。请安礼非满、蒙二族独
有，汉族亦有行请安礼，尤盛于北方。清代男子行请安礼，行于宫廷者：先
立正，掸下左、右袖口，称颂臣某某恭请皇上圣安，紧接着左脚前移半步、
下屈，右膝下跪，右手下垂至足跗之节，上身前倾、低头。请安语毕，抬右
腿、起左脚，起身立正，并折回左、右袖口，礼毕。女子行请安礼，多请双
安，以两手抚两膝，同时屈膝，上身挺直，不得摇摆，目光亦须平视，即
肃礼。

觐见结束后，庆亲王奕劻带亨利亲王等人至南配殿用宴。但德国随员
们却坚持侍立，不肯退出殿外。翁同龢等人只好添设座位，一体招
待。[①] 对德国随员的用餐情形，翁同龢在日记里记为"饮食衎衎"
一语，[②] 透露出翁同龢鄙夷德兵的态度。原本宫中赐食，重在恩赏，
进食只是摆摆样子，但德方随员竟认真吃喝，甚是欢乐，故翁同龢
用"饮食衎衎"形容其用餐情况，以示不屑德国随员的失礼行为。

其余是检阅德国兵队，赠送宝星；游赏颐和园；以西式料理款
待德方。宴会结束后，光绪帝步行至南配殿，慰问亨利亲王，并当
面赠送宝星（头等第二宝星）。[③] 为表感谢，亨利亲王引请光绪帝检阅
德国卫队，德兵仪容威武，[④] 给光绪皇帝留下深刻的印象。后来，奕
劻、张荫桓引领亨利亲王一行人，参观颐和园。[⑤] 值得注意的是，当
天晚上，庆亲王设宴，所备餐点皆是西餐，为张荫桓一手主持，负
责料理的厨子亦是张荫桓的家厨。[⑥] 同时，宴会中还有向总税务司赫
德借来的洋乐，完全是西洋国宴的形式，"德亲王极口称谢，海靖亦
以为意外之喜"，[⑦] 可见德方相当满意。

张荫桓拟订的觐见礼方案，让光绪皇帝大为满意，也让亨利亲
王倍感优待。[⑧] 但两宫分见的安排，不但让帝后相争的冲突浮上水
面，也让太后认定张荫桓支持皇帝，遂视张荫桓为眼中钉，欲除之

① 翁同龢：《翁同龢日记》第六册，第 3123 页，光绪二十四年闰三月廿五日。
② 饮食衎衎，即和乐貌。
③ 关于宝星制作及赠予德皇之事，不赘述，详见茅海建《戊戌变法史事考》，第
　428～437 页。
④ 翁同龢记为"拔刀禹步"。禹步有二义，一是跛行，二是道士作法的步伐。德国
　带队官应踏正步，却被翁同龢形容为道士作法，可见其轻蔑态度。
⑤ 张荫桓：《张荫桓日记》，第 531 页，光绪二十四年闰三月二十五日。
⑥ 翁同龢：《翁同龢日记》第六册，第 3124 页，光绪二十四年闰三月廿五日。据翁
　同龢记，在承泽园设宴款待亨利亲王，皆张荫桓操办，势必得罪内务府和宫中宦
　官，乃因宫中赐宴向由内务府操办，张荫桓代为处理，使内务府少了一项大发利
　市的财源。
⑦ 张荫桓：《张荫桓日记》，第 531 页，光绪二十四年闰三月二十五日。
⑧ 中国第一历史档案馆编《清代军机处电报档汇编》第一九册，第 193 号，第 321
　页，光绪二十四年四月初二日收出使德国大臣吕海寰电。

而后快。

> 张答曰：先前太后待我恩遇甚隆，自我为道员至卿贰，
> 太后每次召见，皆卷帘见，必赏饭……自我议日本商约，及
> 去岁出洋回朝，今岁德藩入觐，太后、皇上各有意见，渐疑
> 我从中离间，初不料太后一翻脸，竟如此厉害，尚不知得保
> 首领否？①

张荫桓一手操办的觐礼方案，多依据西式外交礼仪，让许多官
员不以为然，批评张荫桓欲挟外国以自重。而张荫桓建议皇帝引入
西礼之举，也让后党怀疑张荫桓欲离间太后、皇帝，激成冲突。可
以说，亨利亲王觐见礼触动了后党的神经，张荫桓也卷入帝后相争
的风暴，落得流放赐死的下场。②

亨利亲王的觐见问题虽完美落幕，但太后已怀疑皇帝礼遇亨利
亲王的动机，频频插手干预。例如，当亨利亲王欲致谢皇帝、回赠
黑鹰勋章时，③ 光绪皇帝本打算提早回宫，准备在紫禁城内接见。但
慈禧太后直接传下懿旨，命皇帝在西苑的勤政殿接见亨利亲王。④ 太
后本支持变法，但皇帝倚重张荫桓等人修改觐见礼仪的结果，竟使
帝后党争激烈化。⑤

从慈禧太后频频干预亨利亲王觐见地点的举动，或可以说，慈禧太后

---

① 王庆保、曹景郕：《驿舍探幽录》，第 572 页。
② 王庆保、曹景郕：《驿舍探幽录》，第 571、573 页；刘体智：《异辞录》卷三，中
　华书局，1997，《张荫桓揽权》，第 173 页。
③ 张荫桓：《张荫桓日记》，第 533 页，光绪二十四年四月初三日。
④ 茅海建：《戊戌变法史事考》，第 423～424 页；翁同龢：《翁同龢日记》第六册，
　第 3127 页，光绪二十四年四月初四日。慈禧太后选择勤政殿的原因，即勤政殿
　是皇帝居住在西苑时的办公场所，用以接见臣僚，如颐和园的仁寿殿，但属离
　宫，不像在紫禁城那样正式，不必遵行许多宫中仪制。
⑤ 徐凌霄、徐一士：《凌霄一士随笔》，山西古籍出版社，1997，第 472～474 页：
　"自翁同龢黜后，大臣抗命者皆阴恃太后。然太后先年原喜变法，此时因不得干
　政，激而阴结顽固诸老，实不过为权力之计耳……盖深为变法之不易进行，其症
　结在母子不和，而光绪帝虽英明勇往，而力实不足以抗西后。"

可能不满皇帝倾向西礼,才直接下旨,阻止皇帝同意亨利亲王在紫禁城觐见。对太后的警告,光绪皇帝并未收敛,① 反而变本加厉。例如,光绪皇帝召见俄国公使巴布罗福（A. I. Pavlov）、法国公使毕盛(S. J. M. Pichon)时,直接以汉语宣谕,不再遵行 "摈者转译" 的形式,又自佩法国总统所赠的宝星,还命令上海道台蔡钧特制宝星,欲赠送德皇。② 从种种迹象看来,光绪皇帝已决心引入西法,达到彻底改革的目的。

四月二十三日（6月11日）,光绪皇帝颁布《明定国是诏》,③ 开始推动新政,却引起众臣议论纷纷, "以旧章必应墨守,新法必当摒除"。④ 为了排除众论,光绪皇帝命令梁启超（1873~1929）、康有为（1858~1927）进入总理衙门,⑤ 并以罢斥翁同龢、内调王文韶(1830~1908) 任军机大臣、外调荣禄（1836~1903）任直隶总督兼北洋大臣三项条件,换取太后的支持。⑥ 同时,为了得到各国公使的声援,光绪皇帝欲变通 "外国公使觐见礼" 方案,遂命总理衙门参酌中西体制,重新拟订 "外国公使觐见礼"。⑦ 对此,总理衙门诸大臣指出中西礼俗不同,似难强同西礼,但迫于皇帝的压力,仍制订了新的

---

① 翁同龢:《翁同龢日记》第六册,第3128页,光绪二十四年四月初八日;萧公权:《翁同龢与戊戌变法》,杨肃献译,联经出版事业公司,1988,第71~97、109页。

② 茅海建教授研究其详,不赘述,详见茅海建《戊戌变法史事考》,第424~435页。

③ 中国第一历史档案馆编《光绪宣统两朝上谕档》第二四册,广西师范大学出版社,1996,第519号,第177~178页,光绪二十四年四月二十三日。

④ 张荫桓:《张荫桓日记》,第537页,光绪二十四年四月二十三日。

⑤ 中国第一历史档案馆编《光绪宣统两朝上谕档》第二四册,第525号,第179页,光绪二十四年四月二十五日;第549号,第183页,光绪二十四年四月二十八日;苏继祖:《清廷戊戌朝变记》,广西师范大学出版社,2008,第12页。因缺乏资料佐证,无法了解康有为、梁启超在总理衙门的作为,但知总理衙门是皇帝与康有为的中介机构。

⑥ 中国第一历史档案馆编《光绪宣统两朝上谕档》第二四册,第538号,第182页,光绪二十四年四月二十七日;第539号,第182页,光绪二十四年四月二十七日。林文仁:《派系分合与晚清政治:以 "帝后党争" 为中心的探讨》,第427~430页。

⑦ 王彦威、王亮编《清季外交史料》卷一三二,第9页a,光绪二十四年五月十三日总署奏遵议款接外宾参酌中西体制详定章程折。据《清季外交史料》所记,皇帝下令时间为四月二十七日,正是罢黜翁同龢及调王文韶、荣禄的那一日。

"外国公使觐见礼"方案。[①]

总理衙门拟订《款待外宾章程》如下。第一，改建一王公旧邸，作为国宾馆，并照西式建筑装修，由清政府供应所需，以备各国君后、亲王、王子旅居。第二，若有外国君后来华，皇帝在紫禁城，或在西苑，设宴款待；若外国亲王来华，仍照款接亨利亲王的成案办理，无须再议。[②] 第三，若各国头等公使携有国书，专为致贺者，皇太后、皇帝皆准接见。第四，若各国公使未携国书，仅做交涉者，由皇帝坐受国书，直接问答，不必再经总理王大臣转译；如是头等公使，皇帝立受国书，以示优待。第五，若外国公使欲请觐太后，由总理衙门恭请太后懿旨，并由御前大臣与总理衙门大臣带领进殿，行"鞠躬礼"，太后仅坐受外使行礼。[③] 第六，今后礼部不再开送礼节单，由总理衙门仿照西例，将召见日期、服色等事项，编册分送各国公使馆。[④]

光绪皇帝虽想推动变法，但拟订《款待外宾章程》之事，引发了多数官员和满洲亲贵的不满，让皇帝陷于孤立，难以推动新政。这些官员以为皇帝欲仿照西礼，更定中国礼法，等于自坏祖宗家法。[⑤] 直隶总督兼北洋大臣荣禄更不满皇帝撇开军机处，竟一意孤行，遂指责皇帝不似人君。

> 近日皇上大为任性胡闹，我不能与之共事，极思出京。你们听前日因德藩〔亨利亲王〕来京，已闹了多日，且〔皇上〕曰："我向不拘细节，你们竟知在无味虚面上用心，到了大节割地赔

---

① 林文仁：《派系分合与晚清政治：以"帝后党争"为中心的探讨》，第 452～453 页。据林文仁的研究，可知光绪皇帝以总理衙门为新政的推动者，再利用康有为等人，积极推动制度局，暗夺军机处权力，最后暗示张荫桓是皇帝在总署的代理人，架空奕劻的权力。

② 王彦威、王亮编《清季外交史料》卷一三二，第 10 页 a，光绪二十四年五月十三日总署奏遵议款接外宾参酌中西体制详定章程折。

③ 王彦威、王亮编《清季外交史料》卷一三二，第 10 页 a～10 页 b，光绪二十四年五月十三日总署奏遵议款接外宾参酌中西体制详定章程折。

④ 王彦威、王亮编《清季外交史料》卷一三二，第 10 页 b～11 页 a，光绪二十四年五月十三日总署奏遵议款接外宾参酌中西体制详定章程折。

⑤ 苏继祖：《清廷戊戌朝变记》，第 14 页。

款事，即一筹莫展。你们嫌我讲西法，我将要改变西法，汝等其奈我何"云云。此等话象话乎？何足以治天下也？配作皇上乎？①

由于《款待外宾章程》明定总理衙门专责对外交涉事务，礼部不必再拟礼节单，动摇礼部管理外国事务的名分，将让"宾礼体制"出现问题。在这样的情况下，光绪皇帝与礼部官员间的冲突日渐尖锐，竟下旨罢废礼部六位堂官，②让北京纷传皇帝欲改衣冠、剪发辫的谣言。

> 案皇上变法以来，欲行各事，曾未闻有议改衣冠之说。即上书者，亦不过言去拜跪、免忌讳、开议院、用客卿。取法泰西者，此为至极者，亦不曾闻有易衣冠、废礼乐之议论，何至京中遍传皇上将改衣冠、剪辫发绝无影响之谣？③

原先支持皇帝变法的慈禧太后，眼见皇帝罢废礼部六堂官，怀疑皇帝欲仿效日本，彻底西化，并借外国公使之力，挟外国以自重，抗衡太后的权威。北京纷传礼制将变的谣言，再加上礼部六堂官全遭罢免之事，可能让慈禧太后、荣禄等人深感皇帝推动的变法已走得太远，难以控制，遂引发后党的危机感，间接造成"戊戌政变"的恶果。更糟的是，若光绪皇帝引西礼、改觐礼，对保守派来说，等于"用夷变夏"，将生出华夷之辨的难题，也会动摇王化思想的基础。皇帝欲引西礼、改革觐礼的作为，等于否定"客礼"以德服人、怀柔远人的假设，让清政府无法再用皇帝优礼外人的解释，合理化外国公使行"鞠躬礼"之举。如此一来，"客礼"用于"与国"的对等原则不再有弹性空间，也将解构皇帝作为"天下秩序"顶端的正当性。

---

① 苏继祖：《清廷戊戌朝变记》，第 31 页。查《荣文忠公集》未见此语，难以佐证这段话的真伪，但可知荣禄不满光绪的起因，即对亨利亲王的觐礼方案不以为然。荣禄：《荣文忠公集》，抄本，藏于中国社会科学院近代史研究所资料室，图书登录号：336766。

② 《清德宗实录》卷四二四，第 560 页 b～561 页 a，光绪二十四年七月丁卯条。

③ 苏继祖：《清廷戊戌朝变记》，第 22 页。

小　结

　　"客礼"本是主客之间的礼仪，[①] 采对等位阶，可用于不臣之国。[②] 据第三章的讨论，总理衙门利用"客礼"的对等原则，将欧美各国定位为"敌体"，而各国公使就是皇帝的"客臣"，皇帝可给予优待，待以"客礼"，让各国公使不必像属藩贡使行"跪拜礼"。这样一来，清政府便可回避外国公使是否为皇帝臣属，并解释外国公使何以不行"跪拜礼"的问题。而"客礼"的对等原则，让皇帝与各国君主如同主客，看似平等，却可维护皇帝权威，况也不违反"平行往来"的条款。那么，中国官民是否接受"客礼"的说法，又如何看待外国公使行"鞠躬礼"之事？

　　比较同治十二年、光绪十七年《申报》对"公使请觐"的评论后，可知中国官民对"公使请觐"的态度已有改变，逐渐接受日本、欧美各国皆是"与国"的事实，也能理解外国公使行"五鞠躬礼"的觐见礼方案。同时，《申报》不再激烈反对"公使请觐"之事，反而注意属藩接连丧失的危机，刻意将"与国"和"属藩"分开讨论，强调中国与属藩的宗藩关系，并建议清政府多接见各国公使，尽力修好睦邻，方能保全和局。本章分析《申报》对同治请觐、光绪请觐的评论后，可知《申报》频频为清政府辩护，并依据总理衙门提出的"客礼"概念，同样将公使行"五鞠躬礼"之事，解释为皇帝优礼外人的表现。由此可见，"客礼"概念能主动适应现实，具有自行修复的弹性。

　　为了解决"马嘉理案"的中英冲突，总理衙门不得不同意英使

---

　　① 郑玄注，孔颖达疏《礼记注疏》卷六三《聘义》，第 1～3 页。
　　② 徐美莉：《中国古代的客礼》，《孔子研究》2008 年第 4 期，第 97～104 页；蔡幸娟：《北魏时期南北朝降人待遇——客礼研究》，《成功大学历史学报》第 15 期，1989 年 3 月，第 351～408 页；蔡宗宪：《中古前期的交聘与南北互动》，稻乡出版社，2009，第 60～61 页。

威妥玛的要求，共同制订《中外往来仪式节略》，规范地方官、外国领事及传教士的往来仪节，回应威妥玛欲落实"平行往来"的要求。《中外往来仪式节略》确实让外国领事和传教士提升了地位，但从清政府的角度来看，《中外往来仪式节略》仍依据"客礼"的对等原则，并将外国公使、领事、翻译官、传教士等外国人士，纳入"京官相见礼"和"直省文武官相见礼"的宾礼规范，让这些外国官民能依据清政府的职官品阶，对应往来，不会逾越失礼。此外，《中外往来仪式节略》也不尽是独厚外人、牵制地方官的工具。从第二节的三个案例，可知地方交涉的状况相当复杂，其往来仪节往往因人、因事、因时而异，未必能彻底落实。

随着清政府对外交涉的处境日益严峻，清政府无法再坚持同治十二年的成案，但因薛福成的建议，总理衙门得主动调整，使光绪十七年的"公使请觐"仍维持了在紫光阁接见公使的方案。后来，总理衙门主动将觐见地点移至承光殿，避免公使团又提出在紫禁城觐见的要求。各国公使虽不满意，但因德、奥与俄、法公使的对抗关系，双方各怀鬼胎，互相牵制，让总理衙门得到"以夷制夷"的空间，暂时解决了觐见地点的问题。后来，清政府因甲午战争的惨败，不得不委托法、俄公使代为转圜，只好同意他们的要求，将觐见地点移至紫禁城的文华殿。

过去论光绪朝觐礼之争的研究，只偏重觐见地点的变更，忽略行礼仪节的变化，未能了解双方妥协的底线，以致太过强调外国公使的压迫，误以为觐见地点的改易，乃是清政府无力对抗外国公使的明证。但从法国公使施阿兰的回忆录，可知"七鞠躬礼"正是清政府同意各国公使在文华殿觐见的交换条件，并保留"皇帝坐受国书"、"王大臣转译"及"国书放置御案"的原有形式。"七鞠躬礼"的改变，让清政府仍可利用"客礼"，强调皇帝优礼外使，才准其入宫觐见，而公使受皇帝感化，遂行"七鞠躬礼"向皇帝致敬。

从清政府面临内忧外患的大背景来看，光绪二十四年的亨利亲王觐见礼，不单纯是礼仪问题，还涉及对德外交、挽回利权的问题，更隐含帝后的权力斗争。张荫桓很早就认识到"客礼"的空间有限，建议光绪皇帝引据欧美各国的外交礼仪，制订亨利亲王觐见礼，故光绪皇帝坐见亨利亲王，并与之握手，检阅德国卫兵，并授意总理衙门可在款待仪式上，参用洋乐、西宴。这次觐见显然相当成功，让光绪皇帝决心变更"外国公使觐见礼"的成例，争取外国公使的支持。因此，光绪皇帝不顾总理衙门的反对，强迫总理衙门制定《款待外宾章程》，其仪节几乎全同于西式外交礼仪。

　　然而，皇帝欲引进西法、更改觐礼的举动，让太后猜疑皇帝的动机，而《款待外宾章程》的制定，引发多数京官的敌视，也让北京城风传皇帝欲易衣冠、剪发辫的谣言，更否定了礼部主管清帝国对外交涉事宜的名分，势将破坏"宾礼体制"的交涉惯例。后来，戊戌政变发生，太后重掌政权，《款待外宾章程》便遭罢废，一切重回旧制。清政府虽未抛弃"客礼"概念，但光绪皇帝依据西礼制定《款待外宾章程》的做法，等于"用夷变夏"，否定"客礼"以德服人的假设，让清政府很难再用优礼外人的解释，合理化各国公使在文华殿行"七鞠躬礼"之举，也会动摇皇帝作为"天下秩序"顶端的正当性基础。那么，随着"客礼"的弹性空间渐小，优礼外人的说法还有多少作用、清政府如何应对等问题，将在下一章加以分析讨论。

第五章
宾礼的变与不变

　　戊戌政变后,光绪皇帝被软禁,形同傀儡,慈禧太后重掌政权,尽废新政,对外政策转趋保守。[1] 光绪二十五、二十六年之间(1899～1900),山东、直隶、河南各地大旱,拳团迭起,清政府难以尽剿。庄亲王载勋(1854～1901)、端郡王载漪(1856～1922)等人不满各国公使团干涉皇储问题,[2] 建议慈禧太后采取抚拳政策,并放纵拳民攻击外国教士、商人,破坏教堂、铁路、电线,借以压制公使团的气焰。[3] 各国公使团不满清政府的抚拳政策,屡发照会,表示各国将调兵进京,保护使馆。[4] 中外双方本无开战之意,但猜疑已深,互不信任。为了自保,慈禧太后动员义和团的力量,向各国宣战,

---

[1] 恽毓鼎:《崇陵传信录》,中华书局,2007,第60页;茅海建:《戊戌变法史事考》,第149～155、161～162页。过去多以为政变具体时间在八月初六日,但茅海建指出,政变是由七月十九日光绪皇帝未先请示慈禧太后,独断决定罢废礼部六堂官所致。罢废礼部六堂官的影响,详见本书第四章第四节。

[2] 荣禄:《荣文忠公集》卷四,第5页a～5页b,荣禄致袁世凯信;第7页a～8页b,荣禄致袁世凯信。

[3] 佐藤公彦:《义和团的起源及其运动:中国民众 Nationalism 的诞生》,宋军译,中国社会科学出版社,2007,第528、533～535、714～717页;相蓝欣:《义和团战争的起源》,华东师范大学出版社,2003,第169～175、212～227、262、358～361页。

[4] 北京大学历史系、中国近代史教研室编《义和团运动史料丛编(二)》,中华书局,1964,第28～29页;坂野正高:《近代中国政治外交史》,第392～393页。当各国兵舰云集天津,公使团又施以强大压力时,清政府怀疑公使团的目的,甚至担心各国政府欲借拳乱为由,派遣兵舰,意在瓜分中国、转移政权。

却将中国拖入一场毫无胜算的战争之中。①中外开战的结果，清军兵败，两宫出逃，只好签订《辛丑和约》。至此，清政府不得不改变涉外体制，也被迫更定"外国公使觐见礼"。

过去的研究多认为《辛丑和约》的签订，让"外国公使觐见礼"改成"三鞠躬礼"，意味着清政府已放弃"宾礼体制"，而外务部的成立也代表着"天下秩序"的崩溃。② 诚如斯言，《辛丑和约》签订后，清政府不得不与外国公使亲善，以争取各国政府的支持，③尤其是《辛丑和约》规定清政府应裁废总理衙门，成立外务部，并重新拟订"外国公使觐见礼"，礼遇外国公使，不得拒绝其请觐递书的要求。然而，涉外体制的新变化，真的会让大清帝国的"宾礼体制"就此崩解？或有新形式的转化，得保留"名分秩序"的制礼原则？本章从《和议大纲》的协议过程，醇亲王载沣（1883～1951）拒绝使团随员向德皇行"跪拜礼"，以及太后、宫眷与公使夫人的交际三事，说明清政府仍将这些礼仪的改变视为特例，向臣民宣称是优礼外使、怀柔远人之举。清政府的自圆其说，是否有其效用？清政府如何证明这些优待外使的仪式，只是形式问题，并不涉及"天下秩序"的层面，借以维护皇帝作为天子的正当性基础？

一　客礼概念下的觐见礼更定

清政府虽向各国宣战，却无力抵抗联军的攻击，慈禧太后只好

---

① 戴玄之：《义和团研究》，文海出版社，1967，第104～108页；林华国：《历史的真相：义和团运动的史实及其再认识》，天津古籍出版社，2002，第113～174页；村松祐次：《義和團の研究》，岩南堂书店，1976；柯文：《历史三调：作为事件、经历和神话的义和团》，杜继东译，江苏人民出版社，2000，第38～45、75～81页；周锡瑞：《义和团运动的起源》，张俊义等译，江苏人民出版社，2005，第295～297页。

② 马士：《中华帝国对外关系史》卷三，第388页；王开玺：《清代外交礼仪的交涉与论争》，第700页；何伟亚：《英国的课业：19世纪中国的帝国主义教程》，第264～281页。

③ 小野川秀美：《晚清政治思想研究》，黄福庆等译，时报文化出版公司，1985，第304～307页。

带着皇帝，仓促出走，弃京西逃。① 联军占领北京后，各国军队分区治理，并以剿灭拳民为由，到处烧杀，极尽残暴。② 此时，滞留北京的大学士昆冈（1836～1907）等人拜托海关总税务司赫德，向各国公使团求情，让和议尽快展开。③对公使团来说，联军无法长期占据北京，也不可能瓜分中国，势必与清政府展开谈判。④不过，公使团怀疑全权大臣李鸿章早就勾结俄国，不愿承认李鸿章的全权资格，要求清政府改派庆亲王奕劻，担任全权代表，李鸿章来或不来皆可。⑤对此，李鸿章探知各国利害不同，互相猜忌，未必愿意让自己全权负责议和事宜，还不如奏请朝廷（清政府已避至西安，称西安行在）同意公使团的要求，改由奕劻主办，并由自己、大学士荣禄、两江总督刘坤一、湖广总督张之洞协办，尽快与各国公使团开议。⑥

由于各国对华利益不同，公使团对如何处置中国的问题，一时间无法达成共识。因此，当奕劻抵达北京后，各国公使仍拒绝会谈，并

---

① 吴永：《庚子西狩丛谈》卷三，广西师范大学出版社，2008，第38～40、70～72页。
② 瓦德西：《瓦德西拳乱笔记》，王光祈译，中华书局，2009，第50～51页，1900年10月17日之报告；第54～58页，1900年10月22日之报告；第62～63页，1900年10月26日之报告；第76～77页，1900年11月12日之报告。扑笛南姆·威尔：《庚子使馆被围记》，沈云龙编《近代中国史料丛刊》第七三二册，陈贻先、陈冷汰译，文海出版社，1972，第217～260页。《庚子使馆被围记》有两种页码，采文海编辑的总页码。
③ 赫德：《这些从秦国来——中国问题论集》，叶凤美译，天津古籍出版社，2005，第58～59页；那桐：《那桐日记（1890～1925）》上册，第350页，光绪二十六年七月廿三日。
④ 扑笛南姆·威尔：《庚子使馆被围记》，第269页。
⑤ 王彦威、王亮编《清季外交史料》卷一四四，第5页a～5页b，光绪二十六年七月二十二日全权大臣李鸿章致总署据李盛铎电须派重臣与联军总统言和电；《清德宗实录》卷四六八，中华书局，1986，第135页a～135页b，光绪二十六年八月辛未："大学士昆冈等奏，銮舆西狩后，臣等于二十七日晤税务司赫德。据云：各国并无害国伤民之意，如有大臣出头商办，定可转危为安。庆亲王奕劻在总署多年，各国最为信服，愿与早日商议和局。迟则恐有他变，谨合词吁恳请迅饬回京。"
⑥ 《清德宗实录》卷四六八，第135页b～137页a，光绪二十六年八月壬申；第140页b，光绪二十六年八月丙子。

要求清政府先惩办引起拳祸的罪魁，或等到两宫回銮后，再开和议。① 只有俄国公使释出善意，不但承认奕劻、李鸿章的全权资格，还不顾其他公使的反对，将俄国军队撤至天津，希望清政府承认俄国在东北所获的利益。② 慈禧太后担心公使团可能视其为祸首，趁机逼令归政皇帝，故不愿同意奕劻、李鸿章等人吁请回銮的建议。③ 对此，刘坤一、张之洞建议清政府主动补救，尽快惩办祸首，务求早开和议。④

俄国派兵赴华之初，曾与法、德、英、奥、美、日政府通电，提出四项原则，稳定中国的混乱局面：第一，支持列强间的协定；第二，保持中国的传统国家体制；第三，避免出现瓜分中国的所有状况；第四，列强共同努力，恢复中国合法的中央政府。⑤ 各国政府虽同意这四项原则，但未必相信俄国的诚意，再加上俄国对满洲的野心，更让各国公使暗自提防，不敢轻信。不过，各国公使虽因利害不同，意见纷歧，但仍有共同之处，即重惩清政府围攻使馆之罪，并趁机解决过去无法处理的问题，其中包括了长期争议的"外国公使觐见礼"问题，试图让清政府接受欧美国家的外交惯例。⑥

① 瓦德西：《瓦德西拳乱笔记》，王光祈译，第 15 页，1900 年 8 月 25 日柏林威廉皇帝来电；第 23 页，1900 年 9 月 21 日柏林威廉皇帝来电。扑笛南姆·威尔：《庚子使馆被围记》，第 261、263 页。八咏楼主人编《西巡回銮始末记》卷三《李相入京议和记》，第 151～152 页。除了俄使表示友善之外，其他公使皆相当强硬，如意使萨尔瓦葛（Salvago Baggi）曾对李鸿章说："此何时那？既已一败涂地，至此尚欲议和耶？惟有凛遵各国所示而已"，故李鸿章自嘲说自己不是全权大臣，只是画诺大臣。

② 戴玄之：《义和团研究》，第 172～173 页。

③ 吴永：《庚子西狩丛谈》卷四，第 149～150 页。

④ 中国第一历史档案馆编《清代军机处电报档汇编》第二○册，中国人民大学出版社，2005，第 242～247 页，光绪二十六年九月二十二日收两江总督刘坤一湖广总督张之洞电；第 252～253 页，光绪二十六年九月二十六日收出使德国大臣吕海寰电；第 258～259 页，光绪二十六年九月二十八日收出使英义比大臣罗丰禄电。

⑤ 张容初译《红旗杂志有关中国交涉史料选译》，生活·读书·新知三联书店，1957，第 238 页，1900 年 8 月 12 日（二十五日）于圣彼得堡。

⑥ 八咏楼主人编《西巡回銮始末记》卷三《李相入京议和记》，第 153 页；王树增：《1901——一个帝国的背影》，海南出版社，2004，第 526～527 页。王树增指出，英、德两国为了不让俄国如愿以偿，紧急达成两项协定，即维持中国领土，不予瓜分，并自由开放中国沿海口岸的通商活动。

　　为此，公使团起草了《和议大纲》，并作为议和的原则，与奕劻等人开始谈判，酌商细节。① 同时，公使团也警告奕劻等人，若清政府不接受《和议大纲》，联军不但不会撤兵，还当作中国拒绝停战的表现，联军将挥兵西进。公使团拟订的《和议大纲》共12款，主要内容如下：第一，清政府应派遣专使，分赴德国、日本谢罪。第二，严惩祸首，而外国官民被害之城镇，五年内不得举行科考。第三，赔偿各国损失，抚恤死难者，并在被拳民毁损的外国人坟茔处，建立铭碑，表示歉意。第四，外国军队可在使馆区驻兵，中国官民不得在使馆区居住，保护使馆的安全。第五，削平大沽炮台，各国得在大沽至北京一带驻兵。第六，各省若有伤害外国官民的案件，地方官应立即弹压，否则革职，永不叙用。第七，酌定商约，重议通商税则。第八，重组总理衙门，提高涉外机构在清政府的地位，并重议"外国公使觐见礼"的仪节。②

　　从公使团对奕劻等人的警告，再从《和议大纲》的内容，可知各国公使团的目标即重惩清政府，并限制军火输入，解除京津一带的武备，确保清政府再无反击的能力。③ 据《西巡回銮始末记》记载，可知刘坤一、张之洞对《和议大纲》各款的考虑不同。④ 刘坤一以为，遣使谢罪、更改觐礼两款尚可接受，但绝对不能同意惩办祸首、禁运军火、赔偿费用、外国驻兵、重议商约等款，并建议全权大臣奕劻等人在交涉时，拟增约束教士权力一款，避免日后又发

① 黄嘉谟主编《中美关系史料：光绪朝》第七册，中央研究院近代史研究所，1988，第4086号，第2738～2740页，光绪二十六年十月二十九日总署收英使萨道义等会定条款；八咏楼主人编《西巡回銮始末记》卷三《李相入京议和记》，第153页。据《西巡回銮始末记》所记英使窦纳乐态度强硬，坚持奕劻、李鸿章必须无条件接受公使团拟订的《和议大纲》，否则绝不开和议，亦不作撤兵之说。
② 中国第一历史档案馆编《清代军机处电报档汇编》第二〇册，第374～376页，光绪二十六年十一月初四日收庆亲王奕劻直隶总督李鸿章电；八咏楼主人编《西巡回銮始末记》卷四《通行专约拟底稿》，第187～191页。
③ 菅野正：《清末日中関係史の研究》，汲古书院，2002，第300～333页。
④ 八咏楼主人编《西巡回銮始末记》卷四《通行专约拟底稿》，第191～192页。

生教案。[①] 与刘坤一的务实相比，张之洞虽同意《和议大纲》可从权答允，但极力反对禁运军火和更改觐礼两款。张之洞以为，这两款有碍中国政治体制，也变相侵夺中国自主之权，并执着觐见礼问题，指出各国公使可能借觐见之机，当面向皇帝要求增改条约，故建议奕劻、李鸿章等人全力争取，酌量删减。[②] 对此，李鸿章批评张之洞不脱书生习气，[③] 以为觐礼问题只是"二十年前拘执之见，未可施诸于今日也"，[④] 并隐讽清政府不体谅全权代表的困难，也不明白目前只有尽快议和缔约，才能保全中国元气。

　　为了让联军全数撤出，奕劻、李鸿章等人只能同意《和议大纲》，但要求公使团再讨论军火输入、赔款办法、教案善后、商约修改及觐礼问题等款，希望能争取到一些转圜空间。[⑤] 等到奕劻、李鸿章等人大致谈妥《和议大纲》12 款的祸首、赔款问题后，[⑥] "外国公使觐见礼"的问题才列入中外双方讨论的议程。光绪二十七年三月初一日（1901 年 4 月 19 日），由西班牙公使葛络干（B. J. de Cologan）领

① 吴汝纶编《李鸿章全集·电稿》卷三〇《江督刘来电》，第 19 页 a ~ 19 页 b，光绪二十六年十一月十二日。

② 吴汝纶编《李鸿章全集·电稿》卷三〇《鄂督张来电》，第 19 页 b ~ 21 页 a，光绪二十六年十一月十三日。中国第一历史档案馆编《清代军机处电报档汇编》第二〇册，第 384 页，光绪二十六年十一月初九日收湖广总督张之洞电；第 387 ~ 389 页，光绪二十六年十一月初十日收湖广总督张之洞电。

③ 吴汝纶编《李鸿章全集·电稿》卷三〇《寄西安行在军机处》，第 23 页 b，光绪二十六年十一月十四日。

④ 八咏楼主人编《西巡回銮始末记》卷四《通行专约拟底稿》，第 192 页。

⑤ 王彦威、王亮编《清季外交史料》卷一四五，第 2 页 b ~ 4 页 b，光绪二十六年十一月二十日奕劻李鸿章致各使议和条款遵旨画押请撤驻兵照会。《和议大纲》送给奕劻等人的时间是十一月初三日。

⑥ 中国第一历史档案馆编《清代军机处电报档汇编》第二〇册，第 120 页，光绪二十六年九月二十九日收会办商务大臣盛宣怀电；第 273 ~ 274 页，光绪二十六年十月初一日收出使日本大臣李盛铎；第 280 页，光绪二十六年十月初三日收庆亲王奕劻等电；第 288 ~ 291 页，光绪二十六年十月初四日收两江总督刘坤一湖广总督张之洞电；第 407 页，光绪二十六年十一月二十六日收会办商务大臣盛宣怀电；第二一册，第 9 页，光绪二十七年正月初三日收庆亲王奕劻等电。王彦威、王亮编《清季外交史料》卷一四六，第 1 页 a ~ 2 页 a，光绪二十七年正月初四日各使致全权大臣奕劻李鸿章请旨惩办罪魁照会。孙瑞芹译《德国外交档案：

衔，照会奕劻、李鸿章等人，提出公使团共同商议出的觐礼方案，要求清政府改变"外国公使觐见礼"，以符合欧美国家的惯例。公使团提出的觐礼方案如下：第一，觐见地点应在紫禁城正殿。各国公使会同请觐时，觐见地点在太和殿；若单独请觐时，则在乾清宫召见。第二，外使呈递国书时，清政府的接待仪节应有区别，必须优于日常请觐的仪节。清政府应派出御舆（十六人抬的黄轿）迎接公使，[①] 并派遣侍卫，随行保护入宫。公使乘坐的舆轿，由中门入紫禁城，直至乾清宫外阶前降舆。觐见结束后，公使得再乘御舆，由清政府派员送归。当公使呈递国书时，皇帝必须亲手接收。第三，觐见结束后，清政府应在乾清宫设宴，皇帝也必须入席，与公使一同宴游，以示敬重。[②]

　　公使团提出的新方案，即以欧美国家接待公使的习惯，要求清政府比照办理，并解决多年争执不下的"外国公使觐见礼"问题，以挫清政府的尊严。如前所述，清政府先前将欧美各国定位为"敌体之国"，与之对等往来，外国公使就变成皇帝的"客臣"，皇帝便能待以"客礼"，让外国公使可不受中国礼法约束，这样才有外国公使行"鞠躬礼"的空间。但若清政府接受公使团的新方案，让外国

　　　　有关中国交涉史料选译》第二卷，商务印书馆，1960，第4692号，第174～176页，1900年12月13日驻北京公使穆默上帝国首相布洛夫伯爵公文甲152号。为了保留中国的体面，同意由清政府主动惩办，公使团则派员监视行刑，而庄亲王等宗室大臣不需绑赴刑场，明正典刑，可赐令自尽，或发配边疆。另外，从《瓦德西拳乱笔记》可知，经赫德的斡旋，再加上英国、俄国暗中劲劝，各国公使同意减少赔款数量，以免损害各国在华的商业利益。对此，瓦德西批评公使团"外交无能、政治短见"。瓦德西：《瓦德西拳乱笔记》，第252页，1901年4月13日；第272页，1901年5月12日；第275页，1901年5月13日；第291页，1901年5月26日。

①　视场合不同，御舆的规格亦有不同，分为金辇、礼辇、步舆、轻步舆。金辇用于皇帝行祭祀天地、社稷等大祀出巡，礼辇为皇帝祭祀日月、文庙、耕耤等中祀出巡之用，步舆为皇帝出入常御之用，轻步舆则是行幸地方之用。四者虽规格不同，但相同点是黄色。详见允禄《皇朝礼器图式》卷一一，广陵书社，2005，《卤簿二》，第545～549页。

②　《总理各国事务衙门档案·辛丑议约》，档案号：01-14-032-05-001，《请更改觐见礼节由》，光绪二十七年三月初一日日本公使葛照会，中研院近史所藏；席裕福、沈师徐辑《皇朝政典类纂》卷四八七，沈云龙编《近代中国史料丛刊续编》第八七一至九二〇册，文海出版社，1982年据清光绪二十九年刊本影印，《外交二十三》，第3页b～4页a。

公使乘御舆、入中门、共飨宴，等于承认皇帝与各国公使平起平坐，外国公使就不再是皇帝的"客臣"，那么"客礼"就不再有暧昧的空间，也无异于"宾礼体制"不再能约束外国。[1]更糟的是，若按照"名分秩序"的原则，一旦公使得与皇帝平起平坐，中国皇帝与各国元首也不再是对等地位，皇帝反而屈居各国元首之下。当然，清政府不能接受君臣逆位的情况，自然无法同意公使团的新方案。奕劻、李鸿章等人颇感为难，只好回绝公使团的要求。

为了改变公使团的意向，李鸿章与负责觐礼更定的美国公使柔克义（William Woodville Rockhill，1854～1914）、日本公使小村寿太郎（こむら じゅたろう，1855～1911）反复磋商，希望能修改公使团的觐礼方案，并拒绝接受使臣会同觐见必在太和殿，使臣呈递国书时须派御舆迎接，在宫殿阶前降舆、升舆，在乾清宫设宴时皇帝躬亲入座等四项仪节。[2]首先，对公使团在太和殿觐见一款，奕劻等人指出，公使团要求在太和殿觐见，只是想纠正过去不在正殿觐见的旧例而已。太和殿向来是皇帝受百官朝贺之处，王公大臣皆依品级高低，依序站立，行三跪九叩礼。[3]若公使团选在太和殿觐见，势必受中国礼制的束缚，多有不便。因此，奕劻等人建议公使团撤回太和殿觐见的要求，改在他处会同觐见。[4] 其次，对

---

① 张启雄：《中华世界秩序原理的源起：近代中国外交纷争中的古典文化价值》，第122页。张启雄教授指出，"若以亲疏、远近、礼法、臣从的图式，用以表现宗藩关系的话，即亲近＝法治＝内臣，疏远＝礼治＝外臣，极疏远＝礼＝客臣，完全疏远＝不治＝不臣"。根据张启雄的研究成果，可知外国公使若不再是皇帝的"客臣"，即表示外国不在"宾礼体制"之内，"宾礼"也无法管束外国公使，"客礼"也不再能解释外国公使不行跪拜礼之事。

② 席裕福、沈师徐辑《皇朝政典类纂》卷四八七《外交二十三》，第4页a。

③ 陈康祺：《郎潜纪闻·初笔》卷六，中华书局，1997，第137页："太和殿墀品级山，镌正一品至九品，文左武右，合正从计之，为行四，为数三十有六。恭遇皇上升殿，科道官立山旁纠仪，谓之站山子。"

④ 《总理各国事务衙门档案·辛丑议约》，档案号：01－14－032－05－002，《辩驳觐见礼节由》，第1页，光绪二十七年三月初一日致日本公使葛说帖，中研院近史所藏："查太和殿为我皇上受贺之地，王公大臣均设品级，体制森严。我皇上亦须朝衣朝冠，礼节纷繁，诸多不便。诸国全权大臣会同入觐，意不过欲在正殿而已。除太和殿外，正殿尚多，似可无须拘泥。"

乘坐御舆一款，奕劻等人据法文版照会，指出法文版解释"御舆"二字，只指由内务府派遣乘舆，而不是指皇帝的乘舆。公使团应根据法文版照会的解释，改正汉文版照会的"御舆"字样，不得要求清政府派御舆，迎接公使，避免争议。① 再次，对公使团在乾清宫阶前降舆一款，奕劻等人先向公使团解释中国向有人臣不得坐轿、骑马入宫的禁例，中国官员无论品级高低，皆得在东华门下轿。② 唯有得到皇帝特恩，赏赐紫禁城坐轿或紫禁城骑马者，方可乘轿、骑马入宫。即便是尊贵如恭亲王奕䜣、醇亲王奕譞（1840～1891），只不过允其乘轿至景运门而已，绝没有人臣能坐轿、骑马直达乾清宫的前例。同时，李鸿章也以自身经历为例，指出欧美各国虽允许公使乘车入宫，但未曾听过有乘车至宫殿阶前之事。因此，奕劻等人指出，中国与欧美各国的礼制本就不同，无法比照办理，希望公使团收回在乾清宫阶前下轿之说。③ 最后，对在乾清宫设宴一款，奕劻等人并不直接反对，只推说等以后设宴款待时，再商议细节，目前暂置不论。④

值得注意的是，奕劻、李鸿章等人在这份照会里，不只声称清政府无法接受这四款仪节，要求与公使团继续协商，还为"外国公

① 《总理各国事务衙门档案·辛丑议约》，档案号：01-14-032-05-002，《辩驳觐见礼节由》，第1~2页，光绪二十七年三月初一日致日国公使葛说帖，中研院近史所藏："昨经询明，法文内系由内务府派舆，并非皇上乘舆。汉文内御舆字样，自应改正。"

② 吴振棫：《养吉斋丛录》卷二二，中华书局，2005，第288页。

③ 《总理各国事务衙门档案·辛丑议约》，档案号：01-14-032-05-002，《辩驳觐见礼节由》，第2页，光绪二十七年三月初一日致日国公使葛说帖："查向来各王公大臣进内至乾清宫，均于东华门外下轿。近年只有恭忠亲王、醇贤亲王得至景运门外下轿，以皇叔与本生皇考之尊，不过如此。宫殿阶前降舆升舆，实于中国体制有碍，且此节与欧美各国并无可以比拟之处，各国均坐马车，断无马车可至宫殿阶前之理。本大臣前曾奉使历聘诸邦，一切情形均曾目睹，不在宫殿阶前下轿。按之各国使臣下车处所，并无相形见绌之处，此节应请再商。"

④ 《总理各国事务衙门档案·辛丑议约》，档案号：01-14-032-05-002，《辩驳觐见礼节由》，第3页，光绪二十七年三月初一日致日国公使葛说帖，中研院近史所藏。

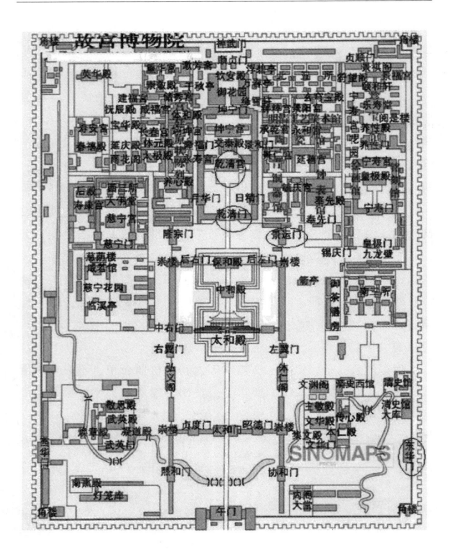

图 5－1 紫禁城各宫门分布图

说明：图中圈起之处，即降舆争议的东华门、景运门、乾清门、乾清宫四处地点。

资料来源：李守力：《紫禁城平面图》，http://huiyijs.blog.163.com/blog/static/
82274482006930646789 5/；北京故宫博物院：《故宫博物院总平面图》，http://
www.dpm.org.cn/www_oldweb/China/F/totalmap.html，2011 年 3 月 10 日访问。

使觐见礼"的讨论定出主调，向公使团保证清政府新拟订的觐见仪节，必优礼各国公使，绝不损及中外双方的平行体制。

> 以上四节，皆就本王大臣之意，视为再须商议之端。总之，无论如何，中国优礼各国钦差，断不至于彼此两国平行体制有所轩轾。①

对此，何伟亚认为，奕劻等人借由比照恭亲王、醇亲王的仪节，即清政府试图将列强揽入满洲皇族之列，要与列强结为亲戚和盟友，对抗越来越仇视清政府的中国民众。② 笔者以为，何伟亚"拟亲属关系"的解释，并未理解中国的"宾礼体制"。实际上，从这份照会的内容，可知奕劻、李鸿章等人仍试着维持"礼有等差"和"优礼外使"的"客礼"概念，减轻"外国公使觐见礼"带来的冲击，让皇帝仍可维持"天下之主"的崇高地位。

经过多日的磋商，公使团放弃了"在太和殿觐见"和"在乾清宫设宴"二款，但坚持两项仪节：清政府须派皇帝专用的黄轿迎接公使，并在乾清宫阶前降舆、升舆。③ 从中外双方对觐见仪节的讨论，可知清政府仍坚持"礼有等差"的原则，只愿同意外国公使用亲王、郡王专用的八人抬绿轿。④ 全权大臣奕劻指出：

---

① 《总理各国事务衙门档案·辛丑议约》，档案号：01 - 14 - 032 - 05 - 003，《驳复觐见礼节》，第 3 页，光绪二十七年三月十一日给日国公使葛照会，中研院近史所藏。

② 何伟亚：《英国的课业：19 世纪中国的帝国主义教程》，第 281 页。

③ 《总理各国事务衙门档案·辛丑议约》，档案号：01 - 14 - 032 - 05 - 004，《觐见宫殿可照改余仍执前请由》，第 1 ~ 2 页，光绪二十七年三月二十三日国公使葛照会，中研院近史所藏；席裕福、沈师徐辑《皇朝政典类纂》卷四八七《外交二十三》，第 4 页 a。

④ 李宝臣：《礼不远人：走进明清京师礼制文化》，第 227 页。仪制上，亲王、亲王世子、郡王、郡王世子可乘八人轿，轿用绿色。但因用轿花费颇高，故在实际使用时，亲王、郡王通常乘四人轿或骑马、坐车。

如轿色一节，我中国只有皇帝所乘之轿用黄，诸王公大臣皆用绿。各国公使入觐时，由内务府备派绿呢大轿迎送，已足以昭隆重。若乘坐黄轿，俨然帝制，未免骇人听闻，即本王大臣亦未便据来文转奏。[1]

对降舆地点的问题，奕劻等人也提出了另一种替代方案，即比照王公大臣特赏紫禁城乘肩舆（椅轿）之例，允许公使可在东华门改坐椅轿，直至景运门下轿，再步行入乾清宫觐见。[2] 可是，公使团不愿接受李鸿章的建议，仍坚持乘坐黄轿、在乾清宫阶前降舆两款。[3] 为了改变公使团的意愿，李鸿章建议仿照光绪二十四年（1898）款待德国亨利亲王的仪节方案（参见第四章第四节），由皇帝特赐黄襻装饰的绿轿，迎接公使，并在景运门下轿，给予亲王级的最高待遇。[4]

刘坤一、张之洞皆反对接受公使团的觐礼方案，并认为公使团的方案已脱出"客礼"的极限，更逾越君臣名分，违反"宾礼体制"的重要原则——礼有等差。如果现在允许公使团乘坐黄轿、在乾清宫阶前降舆的话，等以后有外国君主、太子、亲王来华游历时，清政府能以何种礼仪接待？又如何显出位阶尊卑？到时，清政府将失礼外国，势必又有争议。

公使虽待以客卿，究是人臣。若国君游历来华，又将何以

---

[1] 《总理各国事务衙门档案·辛丑议约》，档案号：01-14-032-05-005，《再驳觐见礼节》，第1页，光绪二十七年三月二十四日给日国公使葛照会，中研院近史所藏。

[2] 《总理各国事务衙门档案·辛丑议约》，档案号：01-14-032-05-005，《再驳觐见礼节》，第2页，光绪二十七年三月二十四日给日国公使葛照会，中研院近史所藏。

[3] 《总理各国事务衙门档案·辛丑议约》，档案号：01-14-032-05-006，《觐见礼节仍执前议由》，第1页，光绪二十七年四月十五日日国公使葛照会，中研院近史所藏。

[4] 《总理各国事务衙门档案·辛丑议约》，档案号：01-14-032-05-007，《觐见礼节通融办理请转商见复由》，第1~2页，光绪二十七年五月初九日给日国公使葛照会，中研院近史所藏。

待之？且各使与各国太子、亲王礼节亦有等差，即黄轿亦不应乘坐。各使不顾中国仪注，独不为本国留体制乎？此节无论如何，万不可许。①

因此，他们反对公使乘坐皇帝专用的黄轿，并援引西例，说明外国君主接见公使时，未必全用君主自乘之车，前往迎接。唯当公使持有国书时，君主才会派出自乘之车，借以反驳公使团的主张。同时，刘坤一等人也提出了替代方案，可由上驷院准备数匹良马，再对外声称是皇帝御用的马匹。若遇有公使入觐的典礼，清政府便利用这些马匹，迎接公使。② 如此，既满足外使的虚荣心，不再坚持乘坐黄轿，亦能维持宾礼的"等差原则"，不致逾越犯上。

清政府采纳刘坤一、张之洞的意见，命令奕劻、李鸿章设法转圜，务必取消公使乘坐黄轿一款。作为交换条件，清政府也有退让，准奕劻等人同意乾清门阶前降舆之款。可是，李鸿章则以为，乘坐黄轿和乾清宫降舆两款，皆攸关体制，不可轻言退让。目前公使团已同意改坐特赐黄襷的绿轿，但仍坚持在乾清宫降舆一款，清政府同意公使团在乾清门外降舆，公使团应能接受，批准新的"外国公使觐见礼"方案。③ 李鸿章也引用与俄国公使密谈的内容，建议清政

---

① 北京故宫博物院编《义和团档案史料》，沈云龙编《近代中国史料丛刊续编》第三六一册，文海出版社，1977，第1225页，光绪二十七年五月十五日两江总督刘坤一等电。

② 北京故宫博物院编《义和团档案史料》，第1225页，光绪二十七年五月十五日两江总督刘坤一等电："窃思各使骄盈通索，不过欲泄其攻馆之忿。查外国之待公使，遇有大典礼，则国君必遣其自坐之车，前往迎迓，此各使所以借口也。然各国君向无黄轿，故其国臣民不以为异，行之中国，实骇物听，恐因此忽生事端。此时以宜筹一抵制之法。或令上驷院备良马数匹，即称为御用之马。遇各使有大典礼觐见之时，即用此项马匹前往迎迓，平日则否，抑或别与优异。总以阻其黄轿诣宫为断，恳饬全权设法婉商，以存国体。"

③ 吴汝纶编《李鸿章全集·电稿》卷三八《寄西安行在军机处》，第26页a～26页b，光绪二十七年五月二十日："昨据照覆，绿轿黄襷可允行，仍请在乾清门降舆。本拟再与辩争，仍令在景运门下轿，明知彼必不允，但以事关朝廷体制，未敢轻易通融。兹来电既云，可许乾清门外檐下降舆，实足以示优异。拟即照覆，允准奏结，指日回銮，各国必请觐见，此款宜早定议为妥。"

府将西苑的仪鸾殿，① 改建洋房，用以招待外使，并照西礼接待，公使团便可不入紫禁城，不必再争论降舆地点的问题，亦可保全中国的体面。

> 鸿章前游欧美各国宫殿，虽极崇隆，皆由小门出入，外臣皆直抵门前降舆，中朝规制阔阔，故以为不便。有一国使密称，若将仪鸾殿已毁基址，改建洋房，一切照西式办理，专为接见外臣，各使必无争论。所言亦甚有见，姑备一说候采择。②

李鸿章的建议被清政府接纳，准在仪鸾殿原址兴建洋房，作为外使觐见之所。③ 后来，两宫回銮后，清政府在仪鸾殿的原址，大兴土木，改建一栋俄式洋楼，专作为慈禧太后招待外国公使、公使夫人的处所，间接达到公使免赴乾清宫觐见的目的。④

几经交涉后，奕劻等人总算得到美国公使、日本公使的谅解，愿意为清政府代为转圜。美国公使、日本公使提出妥协的条件，要求清政府同意绿轿必须搭配黄襻，至乾清门外降舆。⑤ 可是，清政府

---

① 瓦德西：《瓦德西拳乱笔记》，第 256～259 页，1901 年 4 月 20 日之报告。瓦德西指称的北京冬宫，即光绪十三年修建于西苑的仪鸾殿。瓦德西的军队入京后，遂以仪鸾殿作为联军总司令部。但在 1901 年 4 月 17 日夜间因铁炉延烧起火，弥漫一片，德军参谋长史华兹（Schwarzhoff）陆军少将不及逃出，惨遭烧死。仪鸾殿主要部分皆被焚毁，而联军大本营并未搬出。后又重修，即现在的怀仁堂。那桐：《那桐日记（1890～1925）》上册，第 520 页，光绪三十年十月廿六日；张小锐：《慈禧与仪鸾殿》，《紫禁城》2005 年第 6 期，第 134 页。

② 吴汝纶编《李鸿章全集·电稿》卷三八《寄西安行在军机处》，第 26 页 b，光绪二十七年五月二十日。

③ 吴汝纶编《李鸿章全集·电稿》卷三九《盛宗丞转西安来电》，第 3 页 a～3 页 b，光绪二十七年五月二十二日。

④ 《清德宗实录》卷五四二，第 199 页 a，光绪三十一年二月戊申；那桐：《那桐日记（1890～1925）》上册，第 530 页，光绪三十一年二月初八日；张小锐：《慈禧与仪鸾殿》，第 132～135 页。

⑤ 《总理各国事务衙门档案·辛丑议约》，档案号：01－14－032－05－008，《觐见礼节五月初九日文内新开两端今将诸国全权之意奉达由》，第 1 页，光绪二十七年五月十七日日国公使葛照会，中研院近史所藏；席裕福、沈师徐辑《皇朝政典类纂》卷四八七《外交二十三》，第 4 页 a～4 页 b。

看到公使团有意妥协，又改变主意，指示奕劻等人挽回乾清门外降舆一款，并援引恭亲王、醇亲王在景运门降舆的前例，欲以景运门为界线，作为公使降舆、换轿的地点。

　　昨电所云，可许乾清门外檐下降舆，亦万不得已之办法。若在景运门外下轿，实较得体。即不然，或在景运门外，换坐椅轿，至乾清门阶前下轿。专仗大力斡旋，必能有济。①

由此可知，清政府拟订的新方案虽比照亲王仪节，但试图将各国公使的身份，定位为皇帝的"客臣"，以符合"宾礼"的等差原则。接到清政府的命令后，奕劻、李鸿章只好重新照会公使团，说明新的降舆方案，已高于恭亲王、醇亲王能享受的仪节，并以近似哀求的口吻，请公使团体谅自己的立场，不再为难，及早定议。

　　若能依前次所拟，在景运门下轿，则益见诸国全权大臣肯加体谅，不令本王大臣为难之厚意，更深欣感。倘仍不以为然，本王大臣曲加通融，或在景运门外换坐椅轿，至乾清门阶前下轿。此中国王公大臣向所不准行者，亦足见优待使臣之礼。②

鉴于两宫不愿回銮的僵局，公使团想尽快稳定中国局面，不愿再拖延下去，只好接受奕劻等人的新方案。于是中外双方议定在景运门外降舆，再坐椅轿，至乾清门下轿。③　奕劻、李鸿章力争

① 吴汝纶编《李鸿章全集·电稿》卷三九《盛宗丞转西安来电》，第 3 页 a，光绪二十七年五月二十二日。
② 《总理各国事务衙门档案·辛丑议约》，档案号：01-14-032-05-009，《驳复觐见时下轿处所再为曲加通融转商速复由》，第 1 页，光绪二十七年五月二十五日给日国公使葛照会，中研院近史所藏。
③ 《总理各国事务衙门档案·辛丑议约》，档案号：01-14-032-05-010，《照复五月二十五日来文所拟下轿一节诸国大臣视以为然由》，第 1 页，光绪二十七年六月初十日国公使葛照会，中研院近史所藏；席裕福、沈师徐辑《皇朝政典类纂》卷四八七《外交二十三》，第 4 页 b。

的结果，终使中国略留体面，不致有公使坐御舆直至乾清宫的情形。

　　经过数个月的磋商，奕劻、李鸿章等人终于挽回在太和殿觐见、乘坐黄轿、乾清宫阶前降舆三款仪节，总算保留了"宾礼"的"等差原则"，亦维护了皇帝与公使的君臣分际，外国公使仍是"客臣"的身份，不致出现以臣僭君、以下犯上的危机。①《辛丑和约》议定后，其中附件十九，即新拟的"外国公使觐见礼"，其仪节整理如下：第一，无论各国公使会同或单独请觐，觐见地点皆在紫禁城的乾清宫。第二，各国公使觐见时，乘黄襻绿轿，由东华门入宫，在景运门换乘椅轿，至乾清门阶前下轿，再步行至乾清宫内，觐见皇帝。第三，每当有新公使呈递国书时，皇帝必须派遣官员、兵队、黄襻绿轿前往使馆，迎接公使。第四，唯有呈递国书时，公使得手持国书，乘黄襻绿轿，由午门入宫，经各宫殿中门，直至乾清门外降舆。觐见结束后，公使不再从乾清宫中门退出，并得在乾清门外坐椅轿，直至景运门外，再换乘黄襻绿轿。第五，皇帝必须亲手接收各国国书，不得由臣下代呈。第六，若皇帝主动款宴各国公使，应在大内设宴，皇帝亦躬亲入座。第七，优礼公使的各项仪节，保证绝不违反中外双方的平行体制。②

　　两宫回銮的途中，光绪皇帝便以奉皇太后懿旨为由，颁布上谕，欲择日在乾清宫接见各国公使，并异于过去的惯例，准许各国公使夫人在宁寿宫觐见太后。③对回銮后的首次觐见，光绪君臣都非常慎重，但英国公使却主张公使应先递国书，再行请觐，无疑是浇了清

----

①　席裕福、沈师徐辑《皇朝政典类纂》卷四八七《外交二十三》，第4页b。
②　田涛主编《清朝条约全集》卷二，第1139~1140页；王彦威、王亮《清季外交史料》卷一四七，第3页b~4页a，光绪二十七年六月初十日各国使臣觐见礼节说帖。值得注意的是《辛丑和约》法文本有"不伤害任何一方的威望"之语，但中文本内无此字句，仅写"断不至与彼此两国平行体制有所不同"。
③　北京故宫博物院编《义和团档案史料》，第1342页，光绪二十七年十一月二十二日上谕；王彦威、王亮编《清季外交史料》卷一五〇，第7页a~7页b，光绪二十七年十一月二十二日谕奉懿旨定期觐见各国公使及公使夫人。

政府一桶冷水。① 不过，在慈禧太后的授意下，新成立的外务部很快做了响应，②拟订在光绪二十七年十二月十三日（1902 年 1 月 22 日），由德、英、法、俄、日本五国公使先班入觐，呈递国书；大西洋国（葡萄牙）公使则后班觐见。同时，外务部再拟订十二月十九日（1902年 1 月 28 日），各国公使在乾清宫会同觐见皇帝，十二月二十三日（1902 年 2 月 1 日），各国公使夫人在宁寿宫觐见太后。③

　　十二月十三日与十九日的觐见仪节，自然全照《辛丑和约》附件十九的"外国公使觐见礼"方案，但有几项值得注意的重点：首先，十二月十三日的觐礼方案，因公使呈递国书的缘故，觐见仪节优于十九日的接待规格。其次，从十三日的觐礼方案，可知公使们乘坐的黄襻绿轿，可由大清门（1912 年改称中华门，1954 年拆除）进入内城，一直乘坐至天安门外，换坐椅轿，再坐椅轿走紫禁城的中道，通过紫禁城的午门、太和门、中左门、后左门，至乾清门外下轿，后由外务部官员引至上书房暂歇，再由乾清宫中门入殿。再次，准备呈递国书的五国公使，向光绪皇帝依次行"三鞠躬礼"，④再递交国书。皇帝立受国书，亲手接收，

① 《总理各国事务衙门档案·辛丑议约》，档案号：01 - 14 - 032 - 05 - 017，《必先递国书始能会同各使觐见由》，第 1 页，光绪二十七年十一月二十七日英国参赞甘函，中研院近史所藏。

② 王彦威、王亮编《清季外交史料》卷一四八，第 26 页 b ~ 29 页 b，光绪二十七年六月二十九日政务处大臣奕劻等奏遵议外务部应设司员额缺俸给章程折；蔡振丰：《晚清外务部之研究》，硕士学位论文，中兴大学历史研究所，2004，第 35 ~ 40、43、54 ~ 55 页。《辛丑和约》第十二款规定将总理各国事务衙门改组为外务部，班列六部之上。外务部成立后，由和会司专司各国使臣觐见、会晤、请赏宝星、奏派使臣、更换领事等项，明确了外务部与礼部的权责，避免了过去总理衙门权责不分的情况。

③ 北京故宫博物院编《义和团档案史料》，第 1345 页，光绪二十七年十二月初七日军机处交片；第 1345 ~ 1346 页，光绪二十七年十二月初九日军机处交片。公使会同觐见之时，原本拟订在十二月十八日召见各国公使，但后来又改为十二月十九日。

④ 据光绪二十八年五月十六日接见美国水师提督娄哲思的礼节单，可知入觐者分别在乾清宫中门、进殿数步、纳陛阶前三处，各行一鞠躬礼，共三鞠躬礼。黄嘉谟主编《中美关系史料：光绪朝》第五册，第 4685 号，第 3161 页，光绪二十八年五月十六日外务部致美使康格照会附觐见礼节单。

不再将各国国书放在御案之上。① 最后，依据外务部拟订的《觐见礼单》，各国公使觐见结束后，应由乾清宫殿左门侧身退出，再至上书房，稍作歇息。但各国公使却违反规定，径从乾清门中门退出，并乘椅轿至景运门外，再换乘黄襻绿轿，返回公使馆。公使团的翻译官、武官同样可觐见皇帝，但其款待礼节低于公使享有的规格，只允许这些使馆从员坐椅轿至东华门外，再步行入乾清宫。②

　　反观十九日的觐礼方案，只是例行觐见，清政府的接待规格也稍降低。12 国公使皆乘黄襻绿轿，由东华门入宫，再至景运门外换椅轿，至乾清门外下轿，再步行入乾清宫觐见。特别的是，这次觐见由慈禧太后与光绪皇帝同见 12 国公使，而太后坐陛阶之上，皇帝坐在陛阶之下的宝座，借以凸显两宫的尊卑地位。③除此之外，公使致贺词后，皇帝、太后皆有答敕，尤其慈禧太后还慰问公使们受害的情形，让公使们大出意外。

　　　　皇太后谕曰：今日各使臣觐见，予心甚为欣悦。贵大臣等
　　去年在京受惊者，予心尤为抱歉。此后中西各国必重敦睦谊，
　　日加亲密，并愿贵大臣等驻京吉祥如意，同享升平之福。④

　　不过，从十三日的觐见过程来看，皇帝虽有答敕，但仍因循旧

---

① 广西师范大学出版社编《中美往来照会集（1846～1931）》第九册，第 307 号，第 407 页，光绪二十七年十二月十三日照录各国使臣会同觐见答敕。
② 王开玺：《清代外交礼仪的交涉与论争》，第 701 页。王书这段史料同样转引自秦国经《清代外国使臣觐见礼节》，《故宫博物院院刊》1992 年第 2 期，第 37～38 页。而秦国经注出史料来源为中国第一历史档案馆藏外务部档案第1315 号。
③ 广西师范大学出版社编《中美往来照会集（1846～1931）》第九册，第 309 号，第 408～409 页，光绪二十七年十二月十九日各使臣觐见两宫面谕；那桐：《那桐日记（1890～1925）》上册，第 412 页，光绪二十七年十二月十九日。
④ 广西师范大学出版社编《中美往来照会集（1846～1931）》第九册，第 309 号，第 409 页，光绪二十七年十二月十九日各使臣觐见两宫面谕。

例，以满语回复，再由庆亲王奕劻转译为汉语。① 而十九日的觐见过程，太后虽有答敕，却未亲口宣谕，只是让奕劻接过答敕，再由庆亲王向外国公使转述。① 此外，原本《辛丑和约》规定在紫禁城赐宴款待一款，也有不同之处。例如，由大学士荣禄在东华门外宴请各国公使，备加款待；或由庆亲王在府邸设宴，备肴精美，招待各国公使和翻译官，并商请总税务司赫德、传教士、外务部各员一同陪席，宾客尽欢。② 清政府对外态度的改变，让各国公使相当满意，以为皇帝抛弃陈旧的仪式，"终于顺从了文明国家的国际惯例"。③

《申报》虽详细列出《辛丑和约》的 12 款条文，却不评论外国公使呈递国书、会同觐见、贺年觐见等觐礼更定之事，④ 甚至将公使夫人觐见太后之事，当作中外同欢的证明，强调中外双方将和衷共

---

① 根据《申报》报导，可知光绪二十七年十二月十三日英使等人呈递国书时，仍由庆亲王代转皇帝答敕。《申报》第七〇册，第 10355 号，《外臣奏对》，第 251 页，光绪二十八年正月十一日。

① 据康格夫人《北京信札》对觐见过程的描述，可推测太后回复的答敕，同样由庆亲王接过，代为转达给各国公使们。康格夫人的说法，也获得《申报》的印证。萨拉·康格：《北京信札——特别是关于慈禧太后和中国妇女》，沈春蕾等译，南京出版社，2006，《致我们的女儿》，第 184 页，1902 年 3 月 14 日；《申报》第七〇册，第 10374 号，《群纪各国使臣命妇觐见》，第 365 页，光绪二十八年正月三十日。

② 《申报》第七〇册，第 10372 号，《中外联欢》，第 353 页，光绪二十八年正月廿八日；第 10403 号，《亲藩宴客》，第 559 页，光绪二十八年二月廿九日；第七一册，第 10478 号，《中外联欢》，第 349 页，光绪二十八年五月十六日。

③ 何伟亚：《英国的课业：19 世纪中国的帝国主义教程》，第 281 页。

④ 《申报》第六九册，第 10245 号，《续登中外和约十二款译汉全文》，第 335 页，光绪二十七年九月十四日；第 10282 号，《议和全权大臣奏陈各国使臣觐见礼节折稿》，第 563 页，光绪二十七年十月廿一日；第七〇册，第 10335 号，《入觐有期》，第 133 页，光绪二十七年十二月十四日；第 10336 号，《万国来见》，第 139 页，光绪二十七年十二月十五日；第 10342 号，《外臣燕见》，第 175 页，光绪二十七年十二月十一日；第 10355 号，《外臣奏对》，第 251 页，光绪二十八年正月十一日；第 10359 号，《使臣朝贺》，第 275 页，光绪二十八年正月十五日；第 10368 号，《贺岁礼成》，第 329 页，光绪二十八年正月廿四日。

济，维持和局。① 比较同治年间《申报》批评"公使请觐"的激烈态度，这时的《申报》不但没有批评的声音，反而将清政府频繁接见公使、公使夫人，定调为中外捐嫌的表现。甚至还称赞"外国公使觐见礼"的新仪节"实以尊国体"。① 不过，《申报》只能代表一部分人的声音，也有若干士人抱持不同的看法，无法接受地方官员隆重款待"外夷"之举。如山西举人刘大鹏（1857～1942）指出：

> 玠儿于去日午后诣晋祠，遇邑令在公馆迎法国夷酋，设馔相待，酋乘绿纬肩舆，一到公馆，放炮三声，鼓乐部鼓吹，结彩挂红，如迎上宪仪……晋抚檄路州县官迎谒，待仇如宾，殊令人诧异。②

对清政府优礼外人的举动，刘大鹏深感不满，并批评地方官不分华夷，竟待仇如宾，甚至比照迎接巡抚的仪节，接待法国官员，故有"中国渐成洋世界"的感伤。

二　醇亲王使德的觐见礼问题

载沣是醇亲王奕𫍽的第五子，也是光绪皇帝的异母弟，时称"小醇亲王"。③ 在《和议大纲》第一款，公使团要求清政府派亲王，

---

① 《申报》第七〇册，第10338号，《同觐慈颜》，第151页，光绪二十七年十二月十七日；第10346号，《中外辑和》，第199页，光绪二十七年十二月廿五日；第10356号，《纪各国使臣命妇入觐事》，第257页，光绪二十八年正月十二日；第10362号，《翟苑蒙恩》，第293页，光绪二十八年正月十八日；第10374号，《群纪各国使臣命妇觐见》，第365页，光绪二十八年正月三十日。
① 《申报》第三九册，第10287号，《书议和全权大臣奏各国使臣觐见礼节折稿》，第593页，光绪二十七年十月廿六日。
② 刘大鹏：《退想斋日记》，乔志强标注，山西人民出版社，1990，第107页，光绪二十八年正月二十一日。
③ 柳白：《历史上的载沣》，中国工人出版社，2007；凌冰：《爱新觉罗·载沣——清末监国摄政王》，文化艺术出版社，1988，第7、10页。

担任专使、赴德国柏林，"代表中国皇帝、国家惭悔至意"。① 同时，皇帝应下诏旨，在克林德（Klemens Freiherr von Ketteler, 1853～1900）遇害处立碑铭字，表示惋惜。② 清政府同意该款，准许照办。③ 对专使人选的问题，德国公使穆默（M. A. Mudd von Schwarzenstein）派人向奕劻表示，联军司令瓦德西（Alfred Graf von Waldersee）、德皇威廉二世（Wilhelm II von Deutschland, 1859～1941）皆属意醇亲王载沣，希望由载沣充当专使，前往德国，履行《和议大纲》第一款的规定。④

　　在德国公使的授意下，奕劻、李鸿章只好奏请清政府，由载沣担任专使，率领张翼（生卒年不详，直隶通州人，监生出身）、荫昌等人，向德皇呈递中国国书，表示歉意。⑤ 另一方面，德国外部也向中国出

---

① 黄嘉谟主编《中美关系史料：光绪朝》第四册，第4086号，第2739页，光绪二十六年十月二十九日总署收英使萨道义等会定条款。《和议大纲》第一款写为"代表中国皇帝、国家惭悔至意"，但《辛丑和约》第一款则写为"代表大清国大皇帝暨国家惋惜之意"。从"惭悔"到"惋惜"的字句改动，可知李鸿章等人挽回中国体面甚多，让皇帝不是戴罪之身。田涛主编《清朝条约全集》卷二《辛丑各国和约》，第1126页。

② 中国第一历史档案馆编《清代军机处电报档汇编》第二〇册，第374～376页，光绪二十六年十一月初四日收庆亲王奕劻直隶总督李鸿章电；王林：《1900年德国驻华公使克林德被杀真相》，《义和团运动100周年国际学术讨论会论文集》，山东大学出版社，2002，第1236～1242页；伯尔尼德·马丁：《德国驻北京外交官克林德的遇刺和义和团战争的升级》，《义和团运动100周年国际学术讨论会论文集》，第1223～1235页。

③ 王彦威、王亮编《清季外交史料》卷一四五，第2页b，光绪二十六年十一月二十日奕劻李鸿章致各使议和条款遵旨画押请撤驻兵照会。

④ 田涛主编《清朝条约全集》卷二，第1130页，光绪二十六年十一月二十四日；《总理各国事务衙门档案·辛丑议约》，档案号：01-14-027-02-001，《现议各款办妥条约画押后方愿接待专使醇亲王由》，光绪二十六年十二月初五日德国公使穆默照会，中研院近史所藏；中国第一历史档案馆编《清代军机处电报档汇编》第二一册，第78～79页，光绪二十七年正月十六日收奕劻李鸿章电。

⑤ 中国第一历史档案馆编《清代军机处电报档汇编》第二一册，第78～79页，光绪二十七年正月十六日收奕劻李鸿章电；李志武：《载沣使德述论》，《华南农业大学学报》（社会科学版）2003年第1期，第87页。据李志武统计，载沣使德团共42人，主要团员有头等参赞梁诚，二等参赞麦信坚，三等参赞刘宗桂，随员象贤、曾广、尚希曾及德国总兵李希德等人。丁山辑《醇亲王使德往来文电选》，北京首都博物馆馆藏，光绪二十七年五月十七日。写作期间，获周惠民教授惠赠中德交涉的相关资料，特此致谢。

使德国大臣吕海寰（1842～1927）释出善意，并表明德国政府绝不刁难中国专使，"届时当以优礼接待，从此两国重联旧好，友谊复敦"。[①] 由于德方希望醇亲王担任专使，故在《辛丑和约》签订以前，清政府已任命载沣为头等专使大臣，命其赴德递书、赔罪道歉。[②]

为了配合德皇的行程，德国公使穆默、出使德国大臣吕海寰频频催促，希望醇亲王一行人免赴西安辞行，尽快起程。[③] 由于醇亲王载沣是皇帝的异母弟，身份贵重，又是清政府派遣亲王出使的首例，各国公使相当重视载沣出使德国之事。[④] 如美国、日本、比利时、意大利公使先后邀请载沣，保证本国政府将优礼相待，希望载沣使节团能顺道参访。是故，载沣等人也订了回程参访这些国家的计划，

---

① 吕海寰：《庚子海外纪事》卷三，沈云龙编《近代中国史料丛刊》第四六册，文海出版社，1966，第61页b，光绪二十七年四月十三日。《庚子海外纪事》实为吕海寰整理醇亲王使德的外务报告书，其内容亦比官方档案更为翔实，值得采信。《总理各国事务衙门档案·辛丑议约》，档案号：01-14-027-02-074，《函述醇邸到德与外部辩论礼节并接见呈递国书日期各节希代回堂由》，第7～20页，光绪二十七年十月初一日出使德国大臣吕海寰致外务部函，中研院近史所藏。

② 中国第一历史档案馆编《清代军机处电报档汇编》第二二册，第70～71页，光绪二十七年四月十八日收奕劻李鸿章电；第89～90页，光绪二十七年四月二十一日收奕劻李鸿章电。从该条史料可知，奕劻等人特别向清政府报告"道歉二字似不必用"等语，并在拟定的国书内，将克林德之死定调为"被戕殒命"，故派遣专使表达皇帝惭悔之意，望和议早成，生灵无恙。《总理各国事务衙门档案·辛丑议约》，档案号：01-14-027-02-005，《醇邸来闻德主有饬备皇宫驻节意醇邸如有饬海备办事祈电示送德储分宫礼物能否带来由》，光绪二十七年四月二十六日出使德国大臣吕海寰致总署电，中研院近史所藏；档案号：01-14-027-02-013，《择于本月初十日开用木质关防》，光绪二十七年五月初十日醇亲王致总署文，中研院近史所藏。

③ 中国第一历史档案馆编《清代军机处电报档汇编》第二二册，第70～71页，光绪二十七年四月十八日收奕劻李鸿章电；《总理各国事务衙门档案·辛丑议约》，档案号：01-14-027-02-007，《醇邸来德日期德皇谕西九月二号接见由》，光绪二十七年四月二十八日出使德国大臣吕海寰致总署电，中研院近史所藏；档案号：01-14-027-02-008，《德皇于七月二十日接待醇邸希及早备办由》，光绪二十七年四月二十八日德国公使穆默致总署照会，中研院近史所藏。

④ 郑曦原编《帝国的回忆：〈纽约时报〉晚清观察记》，第345～346页，《醇亲王将启程赴欧谢罪》，1901年6月26日。

准备游历这些国家，增广见闻。① 光绪二十七年五月二十七日（1901年7月12日），载沣等人离开北京，先至大沽，再转往上海，改搭德国轮船，于六月初五日（7月20日）离境。②

载沣使节团出发后，吕海寰立刻与德国外部商议，欲确定载沣使节团访德的行程表。当时，德国外部大臣李和芬（O. F. von Richthofen）虽请假不在，但副大臣米尔伯西（Otto von Mühlberg）建议醇亲王载沣来访的时间最好在公历8月底左右。这样的话，载沣等人便可在9月2日（光绪二十七年七月二十日）与德皇同行，校阅德军练操。③ 至于载沣使节团下榻的地点，吕海寰向米尔伯西确认德皇是否安排载沣使节团住在德国皇宫，并说明载沣使节团可暂居德国皇宫，但希望递书仪式结束后，载沣使节团能另居他处。米尔伯西同意这项要求，表示行礼过后，载沣等人便可移居宫外。④ 此外，吕海寰也声明载沣使节团将在德国进行考察，希望德国外部预作安排，派员照顾。米尔伯西同意载沣使节团的考察行程，并说明德皇已派人代办使节团的交通事宜。⑤

---

① 《总理各国事务衙门档案·辛丑议约》，档案号：01-14-027-02-014，《具奏酌带随员又附奏美使邀往该国一行各折片抄录知照由》，第3页，光绪二十七年五月初十日醇亲王致总署文，中研院近史所藏；档案号：01-14-027-02-038，《接本国电复醇王差竣赴比会晤定当优礼迎候请查照由》，光绪二十七年五月二十四日比国公使致总署照会，中研院近史所藏。中国第一历史档案馆编《清代军机处电报档汇编》第二二册，第164页，光绪二十七年五月二十日收奕劻李鸿章电；第189页，光绪二十七年六月初八日收庆亲王奕劻电。
② 爱新觉罗·载沣：《醇亲王使德日记》，庄建平主编《近代史资料文库》第三卷，上海书店出版社，2009，第360页，光绪二十七年五月二十七日；第362页，六月初五日。中国第一历史档案馆编《清代军机处电报档汇编》第二二册，第173页，光绪二十七年五月二十三日收庆亲王奕劻电。李学通：《醇亲王载沣使德史实考》，《历史档案》1990年第2期，第134~135页。与载沣使节团同船出发的，还有德国驻暹逻三等公使及280名返乡德兵。
③ 吕海寰：《庚子海外纪事》卷三，第63页b~64页a，光绪二十七年四月二十一日。
④ 吕海寰：《庚子海外纪事》卷三，第64页a，光绪二十七年四月二十一日。
⑤ 吕海寰：《庚子海外纪事》卷三，第64页a~64页b，光绪二十七年四月二十一日。

　　德国外部却一直避谈醇亲王觐见德皇的礼仪问题，① 直到吕海寰
准备赴折奴阿（Genoa，今意大利的热那亚）迎接载沣使团的前一日（七
月初四日，1901 年 8 月 17 日），德国外部才说明载沣使团觐见德皇之
前，德国政府只将使团当作游客，不会给特殊待遇，也无法派车队
迎接使团。吕海寰感觉有异，反复逼问米尔伯西，米尔伯西才透露
德皇已自定义载沣使团的觐见礼仪，外部无从置喙。而德皇拟订的
觐见方案，竟安排德皇坐受中国国书，明显违反欧美国家的外交惯
例。② 吕海寰抗议德皇处置不当，并说明清政府已更改“外国公使觐
见礼”，质疑德皇的觐见礼方案究竟有何根据。

　　吕海寰指出，过去中国皇帝坐受公使递书之事，素为欧美国家
诟病。如今中国皇帝也采用西式礼仪，为何德皇反而不从西礼，自
定义坐受国书的仪式，用以折辱中国专使。米尔伯西却反驳说，德
皇自定义的觐见方案不容更改，况且中国专使赴德，本为道歉而来，
其身份不可比照一般公使，觐见礼节也不能比照欧美的外交惯例。③
由于米尔伯西语意坚决，吕海寰只好探问德国外部如何安排觐见地
点及随觐人数。对此，米尔伯西说明觐见地点不在德国皇宫的正厅
（白厅），只在正厅相近之厅，并规定使团随员不得全数入觐，身份太
低者不得入觐。最后，米尔伯西转告吕海寰，德皇已预定载沣使团
在 8 月 27 日（七月十四日）入觐递书，8 月 28 日与德皇同阅德军演
习。④

　　由于德国外部的态度强硬，吕海寰只好致电外务部，希望请德

---

① 吕海寰：《庚子海外纪事》卷三，第 67 页 a，光绪二十七年五月十六日；第 68 页
　 b，光绪二十七年六月十六日。《总理各国事务衙门档案·辛丑议约》，档案号：
　 01 - 14 - 027 - 02 - 074，《函述醇邸到德与外部辩论礼节并接见呈递国书日期各
　 节希代回堂由》，第 1～2 页，光绪二十七年十月初一日出使德国大臣吕海寰致外
　 务部函，中研院近史所藏。
② 吕海寰：《庚子海外纪事》卷三，第 69 页 b，光绪二十七年七月初四日；小池求：
　《一九〇一年のドイツへの清朝“謝罪使”の派遣：“謝罪使”観と謁見儀礼問
　 題を中心に》，《史學雜誌》第 118 卷第 9 期，2009 年 9 月，第 1621～1622 页。
③ 吕海寰：《庚子海外纪事》卷三，第 69 页 b～70 页 a，光绪二十七年七月初四日。
④ 吕海寰：《庚子海外纪事》卷三，第 70 页 a～70 页 b，光绪二十七年七月初四日。

国公使穆默代为协调，并派中国驻德使馆参赞赓音泰（生卒年不详，同文馆学生出身）探明德皇的觐见方案，再与德国外部进行交涉。吕海寰也赶紧向载沣报告，建议载沣使节团见机行事，不必急赴德国。[1] 被委以重任的赓音泰很快探明了德皇的觐见礼方案，发现德方不但安排德皇坐受国书，还要求载沣使团的随员们向德皇行"跪拜礼"。吕海寰向米尔伯西抗议使团随员行"跪拜礼"的安排，并说明使团随员只是当差人员，与一般臣属不同，故见到中国皇帝时不需行"跪拜礼"，只需行"请安礼"。[2]

吕海寰以中国的"请安礼"为据，[3] 反对德方的觐见礼方案，主张使团随员的任务是出使办差，不是觐见德皇，自然不必向德皇行"跪拜礼"。[4] 吕海寰的说法，近似诡辩。米尔伯西不愿与之争论，直接挑明使团随员行"跪拜礼"之事乃德皇命令，不容置辩。米尔伯西也重提克林德之死，让德皇震怒，决心折辱中国使团，甚至有"必须中国派一钦差至我面前磕头，方算了事"[5] 之语。不过，米尔伯西也透露，德国官员虽曾劝阻德皇，但都无济于事，只好委屈载沣使节团，让使团随员向德皇行"跪拜礼"。[6]

米尔伯西虽挑明德皇的意图，但吕海寰仍重申当差人员的差别，并指出"跪拜礼"不是中国臣民觐见皇帝的常礼，只用于特旨召见、升官谢恩等引见者。平日在内廷当差的臣属，只需向皇帝行"请安礼"。吕海寰也指出，中国皇帝对克林德之死深表遗憾，所以才派醇

---

① 中国第一历史档案馆编《清代军机处电报档汇编》第二二册，第289页，光绪二十七年七月十一日收出使德国大臣吕海寰电。

② 小池求：《一九〇一年のドイツへの清朝"謝罪使"の派遣："謝罪使"観と謁見儀礼問題を中心に》，第1622～1623页。

③ 徐珂：《清稗类钞》第二册，第489～490页。

④ 吕海寰：《庚子海外纪事》卷三，第71页b，光绪二十七年七月初六日："今早赓音泰晤礼官，提及醇邸递书礼节，醇邸系三鞠躬礼，随从人等行叩头礼。现请贵大臣代为奏请德皇，叩头之礼似可免去。所有随从人等系当差人员，即见我中国大皇帝亦不叩头。"

⑤ 吕海寰：《庚子海外纪事》卷三，第71页b，光绪二十七年七月初六日。

⑥ 吕海寰：《庚子海外纪事》卷三，第71页b～72页a，光绪二十七年七月初六日。

亲王载沣携书道歉。但德皇却迁怒载沣使节团，强令使团随员行"跪拜礼"，完全不符合欧美各国款待使节应有的礼节。① 吕海寰虽努力抗辩，但德国外部仍不愿代奏。无奈之下，吕海寰只好向德国外部透露使团头等参赞荫昌将担任中国出使德国大臣，若德皇逼迫使团随员行"跪拜礼"，等荫昌出使德国后，又有何颜面去面对各国驻德公使？如此，德方若坚持使团随员行"跪拜礼"的做法，不但有损中国体面，德国亦招来恶评，徒引各国讪笑。②

吕海寰再以荫昌曾任亨利亲王的翻译官为例，说明荫昌当年随亨利亲王觐见光绪皇帝时，便因其作为翻译官，是为当差人员，故不需行"跪拜礼"。

> 醇邸此来贵国，既以客礼相待，其随从人等亦即贵国之客。若令行叩头礼，似与待客之礼不符。况参随人等，不过跟随醇王当差，将来翻译颂词，岂有叩头后跪诵之礼。即如参赞中之翻译传话，非荫昌不能胜任，既令荫昌作翻译之事，岂有再令其叩头之礼。况汉理西王〔按：亨利亲王〕前往中国时，荫昌曾作翻译官，其见我大皇帝亦不叩头。以中国之臣子见中国之大皇帝，因系当差人员，亦无叩头之礼。③

按照吕海寰的说法，荫昌因充当使团的翻译官，又是清政府内定的出使德国大臣，绝不可向德皇行"跪拜礼"。既然荫昌不需行礼，使团的其他随员也应一并办理，免行"跪拜礼"。可是，德国外部驳斥吕海寰的说法，坚持载沣使节团出使德国的目的是谢罪道歉，

---

① 吕海寰：《庚子海外纪事》卷三，第 72 页 a，光绪二十七年七月初六日："中国臣下见君，有因特旨召见者、有因升官谢恩者，觐见时均须叩首。此外在内廷当差，并无每日叩首之礼，我大皇帝已特派醇亲王来德谢过，且有国书，似可言归于好，不必再存芥蒂，况此次随从之人，并与此事无涉，强令其叩头服礼，于理亦似不顺。"

② 吕海寰：《庚子海外纪事》卷三，第 73 页 a，光绪二十七年七月初六日。

③ 吕海寰：《庚子海外纪事》卷三，第 72 页 b，光绪二十七年七月初六日。

不得比照欧美常例办理，故不愿为吕海寰代奏，坚持由吕海寰自行与德国礼官爱伦布交涉。①

从德国礼官爱伦布之处，吕海寰得知德皇拟订的觐见礼方案，其特殊之处在于：第一，醇亲王呈递国书时，行"三鞠躬礼"，德皇坐受中国国书；第二，使团参赞可随同入觐，但行"跪拜礼"，进退皆限制步数，尤其是退出厅殿时，不准转身掉背，必须倒退而行，依序退出。② 吕海寰认为，德皇坐受国书一节最难接受，必须先争；而随觐者行"跪拜礼"一节，可另作打算。因此，吕海寰以光绪皇帝优礼亨利亲王为例，要求德皇礼遇醇亲王。③ 爱伦布仍以专使谢罪为由，不适用公使递书的仪节，故德皇坐受国书，方能显出中国谢罪的诚意。④

至于使团随员行"跪拜礼"一节，爱伦布以皇帝与德皇平等为由，中国臣属觐见德皇，如同觐见中国皇帝，自当向德皇行"跪拜礼"。对爱伦布的理由，吕海寰逐一反驳，指出中西礼节虽有不同，但各国公使觐见皇帝，一向依照西式礼节，向皇帝行"鞠躬礼"。德皇强令使团随员行"跪拜礼"，日后各国公使觐见皇帝时，是否应该行"跪拜礼"？过去西方各国总批评中国坚持行"跪拜礼"的不当，为何德皇却要求载沣使团行"跪拜礼"？⑤ 对吕海寰的诘问，爱伦布无法答辩，只好重申载沣使节团本为向德皇谢罪而来，当行谢罪

---

① 吕海寰：《庚子海外纪事》卷三，第73页a~73页b，光绪二十七年七月初六日。据铃木智夫的研究，可知德国礼官应为德皇身边的近侍，大礼官为侍从长，而礼官处乃指近侍的执务室。铃木智夫：《近代中国と西洋国际社会》，汲古书院，2007，第213页。

② 吕海寰：《庚子海外纪事》卷三，第74页a，光绪二十七年七月初七日。

③ 《总理各国事务衙门档案·辛丑议约》，档案号：01－14－027－02－074，《函述醇邸到德与外部辩论礼节并接见呈递国书日期各节希代回堂由》，第2~3页，光绪二十七年十月初一日出使德国大臣吕海寰致外务部函，中研院近史所藏；吕海寰：《庚子海外纪事》卷三，第74页a，光绪二十七年七月初七日。

④ 吕海寰：《庚子海外纪事》卷三，第74页b，光绪二十七年七月初七日。爱伦布也以李鸿章递书为例，指出李鸿章递书时，德皇同样坐受中国国书，随后再优待李鸿章，中国无不满之意。既然李鸿章可接受，如今醇亲王自然也可比照办理。

⑤ 吕海寰：《庚子海外纪事》卷三，第75页a，光绪二十七年七月初七日。

之事。但德皇尊重载沣的亲王身份，才没让载沣行"跪拜礼"，只由使团随员代行"跪拜礼"，已格外优待，断难再改。爱伦布指出：

> 如中国改照西礼，则日后统行西礼。此时尚未更改，即难援照西礼。况醇王既来赔礼，应实做赔礼之事。因王爷位尊，不令跪拜，令参赞跪拜是代王爷行礼，已属格外从权。此礼已经德皇议定，断难更改。[①]

针对德国外部主张使团谢罪的说法，吕海寰逐一反驳，指出中国派专使道歉，不等于德国有权侮辱。尤其醇亲王载沣是中国皇帝的代表，其地位与德皇平等，原本就不应向德皇行"跪拜礼"，更没有由使团参赞代醇亲王行礼的道理。[②] 同时，吕海寰也说明使团随员与义和团毫无关系，不当受辱，而随员作为当差之人，原本就不必向皇帝行"跪拜礼"，自然也不用向德皇行"跪拜礼"。[③] 最后，德国礼官爱伦布终于软化态度，愿意代奏德皇，让使团参赞荫昌免行"跪拜礼"，但爱伦布也表明自己无力改变德皇的意志，建议吕海寰再与德国外部交涉。[④]

吕海寰的电报传来后，奕劻、李鸿章等人都感到意外，并以为德皇有意欺辱专使，[⑤] 一旦载沣使节团遵行德方的安排，等于自甘受辱，中国国体将大受损害。因此，奕劻等人建议吕海寰先争使团随

---

① 吕海寰：《庚子海外纪事》卷三，第75页a～75页b，光绪二十七年七月初七日。
② 吕海寰：《庚子海外纪事》卷三，第75页b，光绪二十七年七月初七日。
③ 吕海寰：《庚子海外纪事》卷三，第75页b～76页a，光绪二十七年七月初七日；《总理各国事务衙门档案·辛丑议约》，档案号：01-14-027-02-074，《函述醇邸到德与外部辩论礼节并接见呈递国书日期各节希代回堂由》，第3页，光绪二十七年十月初一日出使德国大臣吕海寰致外务部函，中研院近史所藏。
④ 吕海寰：《庚子海外纪事》卷三，第76页a，光绪二十七年七月初七日。
⑤ 中国第一历史档案馆编《清代军机处电报档汇编》第二二册，第291页，光绪二十七年七月十二日收刘坤一张之洞电。

员行"跪拜礼"一款，而德皇坐受国书一款可暂置不论（吕海寰更重视坐受国书一款）。

> 鱼阳电均悉，德皇坐受国书姑置不论，其令参赞等叩首，为欧洲向来所无，未免有意欺辱，国体有关，断难迁就。此次我朝廷特简近支亲王派充专使往，德廷正宜弃嫌修好、优礼接待，何得如此违礼相欺，殊出意料之外。①

同时，奕劻等人也指示吕海寰，若德皇不改觐见礼方案的话，到时使团只由荫昌代表，伴随醇亲王载沣一同入觐。其他随员可称病推辞，或留滞他国，等待通知，并做好最坏打算，以去就争，表示中国绝不受辱。② 至于"坐受国书"一款，奕劻等人建议缓递国书，设法力争，并转托英、美、日三国代为调停，欲借助三国的力量，试着让德皇取消原有的觐见礼方案。③

从《醇亲王使德日记》可知载沣一行人在七月十二日（1901年8月25日）抵达瑞士与德国交界的巴塞尔（Basel，载沣记为巴在尔）后，便不再前行入境。载沣也命令赓音泰转告德国外部，自己忽感不适，亟须调养，必须延后入觐日期。④ 从奕劻、李鸿章致吕海寰的电文看，载沣显然是装病滞留，欲争取时间，让德国公使穆默代为斡旋，

---

① 吕海寰：《庚子海外纪事》卷二，第62页a，光绪二十七年七月初十日夜收全权大臣庆亲王李傅相电。

② 吕海寰：《庚子海外纪事》卷二，第62页a~62页b，光绪二十七年七月初十日夜收全权大臣庆亲王李傅相电："除已请穆使电达该国政府转圜外，如彼仍坚执，只好由执事转告醇邸，止带荫昌一人往见，张翼可令称病，其余各参赞等，均令先赴别国等候，亦不得已之办法，否则国书可以缓递。最不能忍此大辱，以后各员等将何颜再赴别国乎？穆使电能否挽回，仍望大力辩争，勿稍松劲"。

③ 中国第一历史档案馆《清代军机处电报档汇编》第二二册，第291页，光绪二十七年七月十二日收刘坤一张之洞电；第295~296页，光绪二十七年七月十四日收奕劻李鸿章电；吕海寰：《庚子海外纪事》卷二，第63页a，光绪二十七年七月十三日收军机处电；铃木智夫：《近代中国と西洋国际社会》，第231页。

④ 爱新觉罗·载沣：《醇亲王使德日记》，第370页，光绪二十七年七月十二日。

向德国外部求情。① 载沣称病后，先派出随团的德国军官李希德（Major Richter，曾任天津水师学堂总教习）赴柏林，向德国官员关说，再令吕海寰、荫昌、赓音泰商讨对策，尽快与德国外部交涉，确定载沣使节团的觐见礼问题。② 可是，德国外部的态度强硬，德国公使穆默也强调中国必须遵守《和议大纲》第一款，无条件接受德皇的方案，表明中国的诚意。③ 甚至还有传言说，德皇要求吕海寰与载沣使节团一同行"跪拜礼"，让吕海寰倍感屈辱，甚为愤怒。④

　　幸好，赓音泰辗转托人，见到德国外部官员克勒梅，终于成功说服克勒梅。克勒梅愿意考虑吕海寰的方案，将"跪拜礼"折中为"请安礼"，并居中联络，商请德国宰相毕鲁（Bernhard Heinrich Karl Martin von Bülow，1849~1929）代为求情，为中德两国保留体面。

　　　克勒梅云："礼节德皇既定，现欲更改，是不顾德皇面子，贵参赞亦当思及"。赓音泰谓："贵部须顾德皇面子，使馆亦须顾中国皇帝面子，故此事不能照办。醇邸所带参随各员，如有一人行跪拜礼，即中国一国无体面"。驳论再三，克勒梅语意稍松，即谓："据

---

① 吕海寰：《庚子海外纪事》卷二，第62页b，光绪二十七年七月初十日收全权大臣庆亲王奕劻李傅相电；中国第一历史档案馆编《清代军机处电报档汇编》第二二册，第274页，光绪二十七年七月初九日收出使德国大臣吕海寰电；《总理各国事务衙门档案·辛丑议约》，档案号：01-14-027-02-067，《赴电已读当授赓音泰机宜设法挽回但盼穆使肯助由》，光绪二十七年七月十二日出使德国大臣吕海寰致外务部电，中研院近史所藏。

② 爱新觉罗·载沣：《醇亲王使德日记》，第370页，光绪二十七年七月十二日、十五日、十八日；吕海寰：《庚子海外纪事》卷二，第62页b，收醇亲王电；小池求：《一九〇一年のドイツへの清朝"謝罪使"の派遣："謝罪使"観と謁見儀礼問題を中心に》，第1625~1626页。关于李希德的经历，详见孙立峰、范云《晚清德式军事学堂的兴办及其教育特色》，《河北师范大学学报》（教育科学版）第9卷第2期，2007年3月，第62页。

③ 中国第一历史档案馆编《清代军机处电报档汇编》第二二册，第305~306页，光绪二十七年七月十七日收奕劻李鸿章电。

④ 《总理各国事务衙门档案·辛丑议约》，档案号：01-14-027-02-074，《函述醇邸到德与外部辩论礼节并接见呈递国书日期各节希代回堂由》，第3页，光绪二十七年十月初一日出使德国大臣吕海寰致外务部函，中研院近史所藏。

司员看来，贵国有请安之礼，折中办法，改为请安，以留德皇面子。然此系属私意，未知德皇能否俯就，须求宰相毕鲁转圜"。①

对这个好消息，载沣虽有疑虑，但为了顾全大局，使节团只好准备启程，避免与德国决裂。②

清政府的立场比全权大臣奕劻等人更显软弱。清政府虽要求吕海寰继续与德国外部协商，能争一分是一分，尽量保全中国体面，但也暗示吕海寰做好最坏打算，准备全盘接受德皇的觐见礼方案。同时，清政府要求吕海寰须向德国外部说明这次使团随员行"跪拜礼"，只是特例，以后德国外部不得援以为例，再要求中国使员行"跪拜礼"。

> 现在正联邦交，各国皆重情谊，即坚托各公使出为调停，并与穆使婉切商议，托其转圜。一面电知吕使与德外部再行磋磨，总以磨得一分是一分，如实在不能挽回，应与照会，议明此次专使原为道歉，姑为通融酌允，以后仍按照各国通行之礼，不得援此次为例。③

随即，吕海寰等人交涉失败，德方拒绝改行"请安礼"，坚持使团随员行"跪拜礼"，而转托各国代为协调的请求，也没有明确回复，看来只能接受德国的方案了。④ 因此，载沣接受奕劻、李鸿章的

---

① 《总理各国事务衙门档案·辛丑议约》，档案号：01-14-027-02-074，《函述醇邸到德与外部辩论礼节并接见呈递国书日期各节希代回堂由》，第4~5页，光绪二十七年十月初一日出使德国大臣吕海寰致外务部函，中研院近史所藏。

② 吕海寰：《庚子海外纪事》卷二，第63页b，光绪二十七年七月十三日收醇亲王电；吴汝纶编《李鸿章全集·电稿》卷四〇《寄西安行在军机处》，第17页a~17页b，光绪二十七年七月十七日午刻；中国第一历史档案馆编《清代军机处电报档汇编》第二二册，第308页，光绪二十七年七月十七日收奕劻李鸿章电。根据《庚子海外纪事》，此处作"七月十三日收醇亲王电"，但另据《清代军机处电报档汇编》，可知请安礼之事乃七月十二日载沣面晤吕海寰的谈话，故决定请旨办理。

③ 吴汝纶编《李鸿章全集·电稿》卷四〇《盛宗丞转西安来电》，第22页a，光绪二十七年七月十九日。

④ 吴汝纶编《李鸿章全集·电稿》卷四〇《寄西安行在军机处》，第19页a，光绪二十七年七月十六日申刻；《寄西安行在军机处》，第20页b，光绪二十七年七月十八日。

建议，同意"坐受国书"一款，并由赓音泰、金楷理（Carl Traugott Kreyer, 1839~1914）随同入觐，负责传译。使团随员张翼、荫昌等人皆不入觐，借故回避，以免受辱。①

德皇要求中国使团随员行"跪拜礼"的消息揭露后，各国政府开始关注其后续发展，德国国内的舆论亦不以为然，各报馆皆纷纷议论。② 再加上曾担任德国驻天津领事的司根德（Edwin Seckendorff, 1854~1933）也向德皇说明，中国人非常重视体面，若强逼中国官员行"跪拜礼"，中国官员可能自杀明志，到时将引发德国内外的非议。③ 因此，司根德建议德皇不要因小失大，最好收回成命，让德皇似有让步之意。同时，赓音泰、李希德向德国外部交涉的结果，也渐渐显出成效，使德皇同意载沣使团的随员不需行"跪拜礼"，但还保留"德皇坐收国书"一款。④ 随即，德国驻巴赛尔领事艾士威面晤载沣，说明德皇已免除中国使员行"跪拜礼"一款，并要求载沣只带荫昌入觐，俱行"鞠躬礼"，其余随员不需随同入觐。⑤ 至此，有关中国使员行"跪拜礼"的争议，总算解决。

使团的觐见礼问题既已解决，载沣等人遂连夜搭车，赶赴波茨

---

① 吴汝纶编《李鸿章全集·电稿》卷四〇《寄德国巴在尔交醇邸》，第20页b~21页a，光绪二十七年七月十八日；吕海寰：《庚子海外纪事》卷二，第64页a~64页b，光绪二十七年七月十九日收醇亲王电。

② 小池求：《一九〇一年のドイツへの清朝"謝罪使"の派遣："謝罪使"観と謁見儀礼問題を中心に》，第1629~1632页。

③ 《总理各国事务衙门档案·辛丑议约》，档案号：01-14-027-02-074，《函述醇邸到德与外部辩论礼节并接见呈递国书日期各节希代回堂由》，第5、6页，光绪二十七年十月初一日出使德国大臣吕海寰致外务部函，中研院近史所藏。

④ 吴汝纶编《李鸿章全集·电稿》卷四〇《寄西安行在军机处》，第19页a，光绪二十七年七月十六日申刻；《盛宗丞转西安来电》，第20页a，光绪二十七年七月十八日。中国第一历史档案馆编《清代军机处电报档汇编》第二二册，第308页，光绪二十七年七月十七日收奕劻李鸿章电。

⑤ 爱新觉罗·载沣：《醇亲王使德日记》，第370页，光绪二十七年七月二十日；吕海寰：《庚子海外纪事》卷二，第64页a~64页b，收醇亲王电；吴汝纶编《李鸿章全集·电稿》卷四〇《盛宗丞转柏林吕使来电》，第23页a，光绪二十七年七月二十二日；中国第一历史档案馆编《清代军机处电报档汇编》第二二册，第326页，光绪二十七年七月廿三日收出使德国大臣吕海寰电。

坦（Potsdam）。德国外部的接待规格甚高，不同于先前的方案，可见德皇对待载沣使节团的态度已有改变，遂依循欧美国家的外交礼节，接待载沣使节团。[①] 七月二十二日（1901 年 9 月 4 日）上午 10 时，载沣先与张翼、荫昌按西式丧礼仪式，持一花圈，赴德国太后墓致祭献花。中午 12 时，载沣率同荫昌等随员，携赍国书，赴德国新宫（Neue Palais）觐见德皇威廉二世。[②] 这场递书仪式，只有载沣与荫昌允获觐见，得进内殿（Muschel-saal，大谒见室），其余 6 名随员皆在外殿等候。载沣向德皇行"三鞠躬礼"，呈递国书，宣读颂词；荫昌负责翻译，与载沣同行"三鞠躬礼"。[③]

德皇坐着接受载沣等人行"三鞠躬礼"，再由德国官员转递中国国书，如同过去同治、光绪皇帝坐受国书的仪节，可见德皇有意嘲讽的心态。而且，德皇也重提克林德之死，还批评中国官兵不遵公法，中国皇帝未尽管理之责，才有克林德被杀的悲剧。[④] 对德皇的批评，载沣等人无言以对，气氛一度尴尬。不过，递书仪式结束后，德皇仍派兵护送载沣等人，返回奥莲格理行宫（Schloss Sanssouci，即普鲁士旧皇宫，今忘忧宫），[⑤] 并亲往行宫，答拜载沣，表示回礼。这次回

---

① 爱新觉罗·载沣:《醇亲王使德日记》，第 370 页，光绪二十七年七月二十日、七月二十一日；吴汝纶编《李鸿章全集·电稿》卷四〇《盛宗丞转柏林吕使来电》，第 23 页 b，光绪二十七年七月二十三日。载沣等人抵达波茨坦后，德皇派有礼官迎候，并备有朝车，护送载沣等人前往奥莲格理行宫。

② 爱新觉罗·载沣:《醇亲王使德日记》，第 370 页，光绪二十七年七月二十二日。

③ 《总理各国事务衙门档案·辛丑议约》，档案号：01-14-027-02-076，《译录颂答各词清单由》，第 3 页，光绪二十七年十月十四日醇亲王致外务部文，中研院近史所藏。

④ 《总理各国事务衙门档案·辛丑议约》，档案号：01-14-027-02-076，《译录颂答各词清单由》，第 3 页，光绪二十七年十月十四日醇亲王致外务部文，中研院近史所藏。

⑤ 爱新觉罗·载沣:《醇亲王使德日记》，第 370~371 页，光绪二十七年七月二十二日；吴汝纶编《李鸿章全集·电稿》卷四〇《寄西安行在军机处》，第 27 页 a~27 页 b，光绪二十七年七月二十四日未刻；《盛宗丞转柏林吕使来电》，第 27 页 b，光绪二十七年七月二十四日；中国第一历史档案馆编《清代军机处电报档汇编》第二二册，第 328 页，光绪二十七年七月廿四日收出使德国大臣吕海寰电。

拜，德皇的态度甚为友善，与载沣坐谈良久，并约定七月二十三日（9月5日），一同校阅德军练操。① 载沣等人虽未争回"坐受国书"一款，但因德皇款接殷勤，也算是不辱中国国体，遂电告李鸿章："所有一切均赖国家鸿福，俱臻妥协，堪慰宸念。"②

载沣等人觐见德皇后，仍在德国停留多日，先后参访了德国各处炮厂、矿场、电机厂、船厂、武备学堂等地。③ 可是，当载沣欲离开德国，准备参访其他国家时，德国外部却提出抗议，要求载沣使节团只可访问美国、日本，不能访问同属欧洲的英国、意大利、比利时，并透露德皇不满载沣使团的访问行程，未必会收下载沣使节团带来的礼物。④ 更糟的是，英国、意大利两国大概不愿得罪德皇，皆借故拖延，不再邀访载沣使节团，让载沣进退两难，颇为尴尬。⑤ 载沣只好回报德国外部从中阻碍之事，并请外务部向英、意、比国驻华公使解释使节团未能前往英、意、比三国参访的原因。⑥

载沣回报的电文里，特别注明"万勿宣示该外部阻行之意"一语，① 希望外务部千万不要透露使节团未能成行的真正理由，避免遭各

---

① 爱新觉罗·载沣：《醇亲王使德日记》，第371页，光绪二十七年七月二十二日；吴汝纶编《李鸿章全集·电稿》卷四〇《寄西安行在军机处》，第27页b，光绪二十七年七月二十四日未刻；中国第一历史档案馆编《清代军机处电报档汇编》第二二册，第334~336页，光绪二十七年七月廿六日收奕劻李鸿章电。
② 吴汝纶编《李鸿章全集·电稿》卷四〇《寄西安行在军机处》，第27页b，光绪二十七年七月二十四日未刻。
③ 王家俭：《德意志帝国对于晚清军事现代化的影响》，《台湾师范大学历史学报》第27期，1999年6月，第79~92页。
④ 吴汝纶编《李鸿章全集·电稿》卷四〇《寄西安行在军机处》，第31页b，光绪二十七年八月初四日午刻："沣奉命本为德国专使，自递书后，虽德皇款接优渥，但因前节未免犹有介怀，屡晤外部，据称：除美、日与彼无涉，若往欧洲英、意、比，有违专诚之恉，该皇深不谓然，收礼至今尚在游移未定。"
⑤ 中国第一历史档案馆编《清代军机处电报档汇编》第二二册，第360~361页，光绪二十七年八月初六日收奕劻李鸿章电。
⑥ 吴汝纶编《李鸿章全集·电稿》卷四〇《寄西安行在军机处》，第31页b，光绪二十七年八月初四日午刻。
① 吴汝纶编《李鸿章全集·电稿》卷四〇《寄西安行在军机处》，第31页b，光绪二十七年八月初四日午刻。

国公使嘲笑。再从张翼、荫昌回报清政府的电文，可知载沣使节团更改行程，正是因为顾忌德皇的感受，不愿再起争端，才借口载沣水土不服，准备回国完婚等理由，自作遁词，婉拒英、意、比驻京公使的邀请。

> 德皇不愿醇邸游历英、义、比国，其意甚坚，惟罢游必须出自中国之意，勿露因德阻止，望以醇邸现因微疴，兼有冬月归候回銮，请旨完姻，迟恐误期为说，婉辞在京公使为祷。①

不过，载沣预定在回程顺道访问美国、日本，但慈禧太后考虑到载沣访问其他国家时，可能会遇到同样的觐见礼问题，而且载沣的特殊身份，也会吸引外国媒体的注意，让光绪皇帝增添声势。为了避免各国公使借词发挥，干预中国内政，要求太后还政，慈禧太后命令载沣即日起程，不必再赴美国、日本。② 载沣使团只好收拾行囊，取消赴美国、日本参访的行程，直接返回中国，并在九月二十三日（11月3日）抵达上海，十月初二日（11月12日）抵天津，十月初六日（11月16日）抵北京，结束专使谢罪的任务。③

对载沣使节团受到的待遇，英国各报多批评德皇的处置不当。④因此，中国出使英法大臣罗丰禄（1850~1901）回报外务部时，便以

---

① 吴汝纶编《李鸿章全集·电稿》卷四〇《张京堂等自德来电》，第31页b~32页a，光绪二十七年八月初四日。

② 《清德宗实录》卷四八六，第425页b，光绪二十七年八月己亥："钦奉慈禧端佑康颐昭豫庄诚寿恭钦献崇熙皇太后懿旨，载沣江电览悉，此行本为德国专使，该亲王现有水土不服之证……着即启程回华，以慰远系，美、日、意、比各国使事，暂从缓议，此时均毋庸前往"；吴汝纶编《李鸿章全集·电稿》卷四〇《寄英美日本各驻使》，第33页a，光绪二十七年八月初七日午刻。

③ 《总理各国事务衙门档案·辛丑议约》，档案号：01-14-027-02-073，《醇邸十七启节十九附搭巴宴船回华由》，光绪二十七年八月十九日出使德国大臣吕海寰致外务部电，中研院近史所藏；爱新觉罗·载沣：《醇亲王使德日记》，第378页，光绪二十七年八月十九日；第379页，光绪二十七年九月二十三日、十月初二日；第380页，光绪二十七年十月初六日。

④ 小池求：《一九〇一年のドイツへの清朝"謝罪使"の派遣："謝罪使"観と謁見儀礼問題を中心に》，第1632~1633页。

为德皇因受到外国舆论的压力，才会自作转圜，取消原来的觐见礼
方案。同时，罗丰禄也转述英国报纸的评论，说明载沣使节团坚拒
德皇的觐见方案，并无不妥，反而是维护中国自主的正确之举。① 另
一方面，醇亲王使德受辱的消息传回中国后，时论多以德皇为非，
并赞许载沣忍辱负重，完成使命，成功与德国修好，还保全了中国
的体面。② 士人刘体智（1879～1963）在《异辞录》中记述德皇强求
醇亲王行一跪三叩礼，并作为国际公法不适用于弱国之例。

> 公法惟行于势均力敌之国，弱小之于强大，不适用也……
> 醇邸抵柏林，德主强其行一跪三叩之礼。醇邸以电请命，政府
> 无如何，勖以善体上意而已。西俗以跪拜为背教，受人跪拜亦
> 如之，德国舆论大不谓然。外部密戒吾国使臣，力拒不允，仍
> 行三鞠躬之礼，幸未辱命。③

《异辞录》的记述显有错误，误以为德皇要求醇亲王行一跪三叩
礼，也误会德国外部才是挽回德皇心意的助力，并批评清政府毫无
办法，一味屈从，称赞载沣使团力拒不允，保全国体。由此可见，
当时士人对德皇侮辱使团的无奈及对清政府无法协助使团的不满。④

---

① 中国第一历史档案馆编《清代军机处电报档汇编》第二二册，第341页，光绪二十七年七月廿七日收出使英国大臣罗丰禄电："罗使敬电称筱电旨，业经钦遵称理，德主先自转圜，各洋报均以中国坚拒为至当云。"
② 《申报》第六九册，第1195号，《醇王赴德》，第25页，光绪二十七年七月廿三日；第1197号，《醇邸觐见德皇述电》，第37页，光绪二十七年七月廿五日。
③ 刘体智：《异辞录》卷三，中华书局，1999，《醇亲王赴柏林谢罪》，第189～190页。
④ 刘声木：《苌楚斋随笔续笔三笔四笔五笔·三笔》卷四，中华书局，1998，《醇亲王使德情形》，第558～559页："［德皇］恶我国乱民诛其公使，故意留难，必欲令醇亲王及参赞随员等，行中国拜跪礼，以为耻辱。醇亲王无法抵抗，相持未决，不得已，电告政府请示。旋奉考钦显皇后懿旨，已有'时事艰难，不可拘泥成法，有失邦交'之谕。未几，德国人民闻德皇之言，大哗，德议院反抗尤力。议院议员曾密属我国参赞：醇亲王暂缓觐见，不可遽欲答应，并须力拒，如有事端，议院愿为后盾。卒能使德皇戢其野心，仍照例来使臣故事行礼"。刘声木为刘体智的兄长，与刘体智相同，也注意到醇亲王使德的礼仪问题。但刘声木同样也误以为德皇要求醇亲王及其随员行跪拜礼，但不同的是刘声木认为德皇改变心意，乃因德国议会支持载沣使团，并称赞德国朝野上下皆公正不阿，循直道而行。

三　客礼的再转换：礼宾概念的形成

当全权大臣奕劻、李鸿章还在与各国公使团交涉时，张之洞也邀请英国驻汉口领事，解释清政府从未指使义和团攻击使馆，并保证慈禧太后对外国没有敌意，更曾招待外国公使夫人，与之结成朋友。[①] 张之洞将慈禧太后描绘成开明的统治者，但为了阻止中国被瓜分、保护中国的利权，才开始不信任外国人，让不肖人士有机可乘，发生义和团的不幸事件。[②] 张之洞的解释，未必能尽改慈禧太后以往的形象，但至少让各国政府不再将慈禧太后视为祸首，认同其统治权的合法性（Legitimacy）。[③] 换言之，慈禧太后的统治权，很大程度上取决于各国公使团是否认同，而各国公使团不追究祸首问题的真正原因，即确保自身在华的利益。

为了收拾民心、亲善外国，慈禧太后推动自上而下的改革，训练新军，废除科举，仿行立宪。[④] 甚至还突破礼制的限制，屡召见各国公使和公使夫人，向外国公使表明清政府改革的诚意。[⑤] 然而，这些新体制和礼仪的变化，让清政府立即面临一个困难的抉择：如何将讲求平等的西式外交礼仪，融入"礼有等差"的"宾礼体制"？或将"宾礼体制"改换成以"国际法"为主的外交体制？不管如何抉择，清

---

① 胡滨译《英国蓝皮书有关义和团运动资料选译》，第 138 件，第 360～361 页，1900 年 10 月 6 日代总领事法磊斯致索尔兹伯理侯爵函（11 月 15 日收到）。

② 胡滨译《英国蓝皮书有关义和团运动资料选译》，第 138 件，第 361 页，1900 年 10 月 6 日代总领事法磊斯致索尔兹伯理侯爵函（11 月 15 日收到）。

③ 胡滨译《英国蓝皮书有关义和团运动资料选译》，第 138 件，第 362 页，1900 年 10 月 6 日代总领事法磊斯致索尔兹伯理侯爵函（11 月 15 日收到）。

④ 亨廷顿：《变动社会的政治秩序》，张岱云等译，上海译文出版社，1989，第 169 页。亨廷顿把慈禧太后推行新政作为传统中国政治革新和权力集中化的例子。

⑤ 刘禺生：《世载堂杂忆》，中华书局，1997，第 109 页；李刚：《大清帝国最后十年：清末新政始末》，当代中国出版社，2008，第 40～61、92～172 页；郑曦原编《帝国的回忆：〈纽约时报〉晚清观察记》，第 162～163 页，《清国独裁者慈禧逝世，北京政令令人关注》，1908 年 11 月 16 日。

政府面对外国的强大压力，必须改变"宾礼体制"，争取外国公使的支持，方能维持清政府的合法性政权；但吊诡的是，清政府若想讨好外国公使，就得落实"平行往来"的要求，抛弃"宾礼体制"的惯例，如此一来，将动摇"名分秩序"的原则，同样会造成"天下秩序"的崩解，动摇皇权的正当性基础。面对"宾礼体制"变与不变的两难，再加上西方列强的压力，清政府真正能转圜的空间不大，究竟该如何改变，才能维持外交与内政的稳定？其最后底线又是什么？这些问题，都是本节欲研究的课题。

（一）　与各国公使夫人的交往

两宫回銮的途中，光绪皇帝颁布上谕，以奉皇太后懿旨为由，准许各国公使夫人在宁寿宫觐见皇太后。① 而负责回銮事宜的吴永（1865～1936）虽深受慈禧太后的宠信，但听说太后准备接见各国公使夫人之事后，便批评清政府过去一直与外国公使争论觐见礼的方案，现在却对外国公使唯命是从，刻意笼络，甚至还准许各国公使夫人入觐太后、皇帝。因此，吴永认为，觐见礼节演变至此，可以说是清政府自取其辱，"受罚不受敬，真不值矣"。②

事实上，光绪二十七年十二月二十三日公使夫人入觐太后之事，不是首创之例。早在光绪二十四年十一月初一日（1898 年 12 月 13 日），慈禧太后曾以自己的寿诞为名义，召见英、美、德、荷、日、法、俄国公使和公使夫人为其祝寿，并通过与皇帝同见七国公使及夫人之举，对外宣示第三次垂帘的政权转移。不过，当时的召见地点设在北海的承光殿，并不是按照光绪二十年议定的"外国公使觐

---

① 北京故宫博物院编《义和团档案史料》，第 1342 页，光绪二十七年十一月二十二日上谕；王彦威、王亮编《清季外交史料》卷一五〇，第 7 页 a～7 页 b，光绪二十七年十一月二十二日谕奉懿旨定期觐见各国公使及公使夫人。
② 吴永：《庚子西狩丛谈》卷五，第 202 页："觐见礼节，历来不知曾费几许争论。此番和议，亦列为重要条件，反复磋磨，颇滋唇舌。此等节目，本无矜持之必要，乃前此看得十分郑重，无论如何不肯将就。此刻乃终于惟命是听，更格外要好，添出夫人一道礼数。受罚不受敬，真不值矣"。

见礼",在紫禁城的文华殿召见,故这次召见不算是正式的官方交际,只属于非正式的联谊活动。① 不同于光绪二十四年的召见性质,光绪二十七年的太后召见各国公使夫人之举,乃由皇帝奉太后懿旨,正式颁下诏书,属正式的官方交际。②

第一节曾提及,光绪二十七年十二月十九日(1902 年 1 月 28 日),奥、英、美、德等 12 国公使会同入觐的特殊之处,即由慈禧太后与皇帝在乾清宫同见各国公使,③ 而太后坐陛阶之上的御座,皇帝有时坐陛阶之下,有时侍立在旁。④ 太后和皇帝的座位安排,等于向各国公使表示,慈禧太后仍紧握实权。此后,除了公使递书之外,凡有外国亲王、公使、军官、传教士入觐,皆由太后、皇帝在乾清宫同时接见。⑤ 当太后巡幸颐和园时,皇帝需随同驻跸,觐见地点便在仁寿殿,同样由太后、皇帝同见外宾。⑥ 太后、皇帝同见外宾的情况,一直持续至他们先后崩逝为止。

外国公使夫人得正式进入紫禁城,觐见皇帝、太后,乃属创例,有必要说明。对公使夫人的觐见仪节,过去的研究未见《觐见礼

---

① 萨拉·康格:《北京信札》,《致妹妹》,第 36 ~ 37 页,1899 年 1 月 8 日。康格夫人虽未说在承光殿觐见,但从其内容可知在北海召见,又在静心斋乘坐小火车进入北海团城,而团城较具规模的建筑,则是过去用以接见各国公使的承光殿,故推论康格夫人应在承光殿觐见。虽说如此,美国公使夫人康格仍感到相当愉快,并以为"中国闭关锁国几个世纪,现在终于打开了大门"。

② 《清德宗实录》卷四九〇,第 479 页 a,光绪二十七年十一月甲申。

③ 中国第一历史档案馆编《光绪帝起居注》第一三册,广西师范大学出版社,2007,第 264 页,光绪二十七年十二月十三日乙巳;第 269 页,光绪二十七年十二月十九日辛亥;那桐:《那桐日记(1890 ~ 1925)》上册,第 41 页,光绪二十七年十二月十三日。

④ 萨拉·康格:《北京信札》,《致我们的女儿》,第 182 页,1902 年 3 月 14 日。

⑤ 案例甚多,仅举数条。《清德宗实录》卷四九八,第 575 页 b ~ 576 页 a,光绪二十八年四月壬辰;卷四九九,第 592 页 b,光绪二十八年五月庚申朔;第 499 页,第 602 页 a,光绪二十八年五月戊寅;卷五〇一,第 623 页 a,光绪二十八年六月庚戌;卷五〇六,第 682 页 a,光绪二十八年十月丁亥朔;卷五〇八,第 707 页 b,光绪二十八年十一月戊寅;卷五一一,第 739 页 b ~ 740 页 a,光绪二十九年正月乙丑;卷五一一,第 741 页 a,光绪二十九年正月戊辰。

⑥ 《清德宗实录》卷五三四,第 117 页 a,光绪三十年八月辛未:"上奉慈禧端佑康颐昭豫庄诚寿恭钦献崇熙皇太后御仁寿殿。美国使臣嘎厘纳暨水师提督克雷内觐见。"

单》，故无法详细说明外国公使夫人的觐见礼方案，[①] 但从《中美往来照会集》收录的《觐见礼单》，可整理公使夫人的觐见仪式。而入觐者之一的美国公使夫人康格（Sarah Pike Conger）也记下当时的觐见过程。同时，负责接待的王文韶、那桐皆有记述，《申报》也有相关报导，[②] 有助于还原当时的情况。光绪二十七年十二月二十三日，由奥国公使齐干（M. M. Czikann von Wahlborn）率领 13 名公使夫人、7 名孩童、10 名翻译官入觐太后。[③] 公使夫人只可乘轿至东华门，并未比照各国公使可乘轿至景运门的待遇。[④] 随后，公使夫人换坐椅轿，经上驷院、锡庆门，进皇极门内，方才下轿。翻译官的款待规格较低，只乘轿至东华门，再换椅轿，至上驷院前就下椅轿，只能步行进入宁寿宫。[⑤]

　　奥国公使和各国公使夫人先在宁寿宫的东配房暂歇候传、享用茶点。等慈禧太后坐定后，这些入觐者进入宁寿宫后寝的养性殿，觐见太后和皇帝。从《王文韶日记》和《北京信札》，可知当时入觐太后者，不分男、女，先行"三鞠躬礼"，再由美国公使夫人代表致辞，依次觐见太后、皇帝。[⑥] 对公使夫人的入觐，慈禧太后同样表示"欢联中外"之意，并特别问候曾入觐过的康格夫人。[⑦] 不过，太后答复各国公使夫人时，并未亲口宣谕，只由庆亲王奕劻跪领敕

①　王开玺：《清代外交礼仪的交涉与论争》，第 702 ~ 703 页。王开玺仅以赫德兰《一个美国人眼中的晚清宫廷》充作史料，对公使夫人的觐见过程只概略说明，无法清楚说明清政府如何安排公使夫人觐见礼。

②　《申报》第七〇册，第 10356 号，《纪各国使臣命妇入觐事》，第 257 页，光绪二十八年正月十二日。

③　中国第一历史档案馆编《光绪帝起居注》第一三册，第 275 页，光绪二十七年十二月二十三日乙卯。

④　田涛主编《清朝条约全集》卷二，第 1139 ~ 1140 页。

⑤　广西师范大学出版社编《中美往来照会集（1846 ~ 1931）》第九册，第 312 号，第 411 页，光绪二十七年十二月二十三日各国使臣夫人觐见单；萨拉·康格：《北京信札》，《致我们的女儿》，第 182 页，1902 年 3 月 14 日。

⑥　萨拉·康格：《北京信札》，《致我们的女儿》，第 182 ~ 183 页，1902 年 3 月 14 日。

⑦　广西师范大学出版社编《中美往来照会集（1846 ~ 1931）》第九册，第 311 号，第 410 页，光绪二十七年十二月二十三日恭录各国使臣夫人觐见皇太后答敕；萨拉·康格：《北京信札》，《致我们的女儿》，第 184 页，1902 年 3 月 14 日。

书，再将敕书转交翻译官张德彝（1847～1918）宣读。① 随后，太后与每位女士、孩童握手，表示答礼。皇帝也与每位公使夫人握手，但不与孩童握手，以示皇帝身份。②

觐见结束后，各国公使夫人被领到另一处，举行非正式的招待会，不像光绪二十四年那样，典礼一结束后，公使夫人立刻被送出宫外。在招待会上，慈禧太后与公使夫人自由谈话，表明自己对义和团事件的歉意，保证中国将与外国修好，并赠送礼物给每个入觐者，让入觐者都感到荣幸。③ 此外，在宁寿宫的乐寿堂也备有宴席，分男、女宾两处，个别款待。④ 男宾一处，由光绪皇帝充作主人，并令王文韶、那桐陪宴，⑤ 招待奥国公使及各国翻译官。而女宾一处，由慈禧太后充作主人，并令皇后、荣寿固伦公主（1854～1924，恭亲王奕䜣长女）等宫眷陪宴，负责招待 13 位公使夫人和 7 名孩童。⑥

根据康格夫人的记述，当时在乐寿堂举行的宴会上，备有三张长桌。太后坐在长桌的尽头，康格夫人坐在太后的右边。⑦ 不过，外

---

① 萨拉·康格：《北京信札》，《致我们的女儿》，第 184 页，1902 年 3 月 14 日；《申报》第七〇册，第 10374 号，《群纪各国使臣命妇觐见》，第 365 页，光绪二十八年正月三十日。

② 萨拉·康格：《北京信札》，《致我们的女儿》，第 184 页，1902 年 3 月 14 日。

③ 萨拉·康格：《北京信札》，《致我们的女儿》，第 184 页，1902 年 3 月 14 日；《申报》第七〇册，第 10374 号，《群纪各国使臣命妇觐见》，第 365 页，光绪二十八年正月三十日。

④ 曾纪泽：《曾纪泽日记》中册，岳麓书店，1998，第 812 页，光绪四年十一月初三日："余答以内人应先登岸拜候，惟中西礼节不同，不能拜男宾，尤不能同宴。"由此可知，男女分开宴请，乃清政府有意为之，严男女之防。

⑤ 那桐：《那桐日记（1890～1925）》上册，第 413 页，光绪二十七年十二月二十三日；王文韶：《王文韶日记》，第 1057 页，光绪二十七年十二月二十三日。

⑥ 外使夫人本为 13 名，但充当翻译的美国妇女来克亦一同接受太后款待，故为 14 名女士。《申报》第七〇册，第 10356 号，《纪各国使臣命妇入觐事》，第 257 页，光绪二十八年正月十二日。

⑦ 萨拉·康格：《北京信札》，《致我们的女儿》，第 184 页，1902 年 3 月 14 日。按康格夫人的说法："长桌的尽头有一个空座位，就在我的左边……她走到空座位前，端起酒杯，我们也举起酒杯。她把她的酒杯放在我的左手上"，由此可知，慈禧太后的座位应在康格夫人的左边，即康格夫人坐在慈禧太后的右边。

务部置办的宴席，不用西餐，准备的是中菜，[①] 并沿用过去礼部招待贡使的惯例，采用满席，一人一份，一份有二十四道菜肴。[②] 同时，外务部也备有筷、刀、叉等餐具，方便外宾使用。[③] 用餐之前，慈禧太后先举杯敬酒，表达中外和睦之意，再亲自为每位夫人分置糕点，以示亲善。对其他宫眷，太后同样分置糕点，但宫眷们则"鞠躬致谢，伸出双手去接太后赏赐的食物"。[④] 由此可见，宫眷仍遵守了宫廷礼制，以示尊卑位阶，但宫眷向太后致谢的仪式并不是"鞠躬礼"，而是行满洲女子最为崇敬的"肃礼"，[⑤] 可知康格夫人的记述不可尽信，仍应比照当时的宫廷礼仪，才能理解太后款待公使夫人的特殊之处。

按照宫廷礼制，当太后进膳时，皇帝、宫眷们只能站立陪侍。但在这次宴会里，经外国公使夫人的请求，宫眷们也被允许入座，与各国公使夫人同桌进餐、享受茶点。[①] 虽无官方档案的记载解释宫眷们被允许同桌用餐的原因，但根据赫德兰夫人（Hedlund）及《清稗类钞》的记述，或可推论宫眷免礼入座，又与公使夫人同桌的举动，乃慈禧太后有意为之，不愿让外人批评中国野蛮，礼制落后。

---

① 《申报》第七〇册，第 10374 号，《详纪各国使臣命妇觐见》，第 365 页，光绪二十八年正月三十日；徐珂：《清稗类钞》第一一册，《外务部有余厨子》，第 5284 页。从这条记述可知，李鸿章本安排一外国厨师，欲准备西餐，但因余厨子贿赂庆亲王奕劻，代为说情，故仍用外务部的厨子，安排中菜宴客。

② 何新华：《威仪天下——清代外交礼仪及其变革》，上海社会科学院出版社，2011，第 68～70 页。据礼部招待朝鲜、荷兰、安南、琉球、苏禄等贡使的筵宴规格，何新华指出清政府专门招待贡使的宴席主要是满席。满席的布菜方式与汉席不同，满席采一人一份，汉席通常是合菜共食。另可见李宝臣《礼不远人：走进明清京师礼制文化》，第 163～165 页。据李宝臣研究，菜品数量与等级分三档：上八八、中八八和下六六。上八八即三八二十四道菜，可知宴请外国公使夫人乃采上八八满席。

③ 徐珂：《清稗类钞》第一册，《宫廷燕享外宾》，第 462 页："每客计有二十四品，箸之外尚有刀叉。"

④ 萨拉·康格：《北京信札》，《致我们的女儿》，第 185 页，1902 年 3 月 14 日。

⑤ 肃礼即请安礼。徐珂：《清稗类钞》第二册，《请安》，第 489～490 页；李宝臣：《礼不远人：走进明清京师礼制文化》，第 232 页。

① 萨拉·康格：《北京信札》，《致我们的女儿》，第 185 页，1902 年 3 月 14 日；赫德兰：《一个美国人眼中的晚清宫廷》，第 43 页。

席为满式，与汉式异。汉俗，置菜于桌，随意食之，满式略同欧洲，客各一份，每座各置桃式银碟，中储杏仁、瓜子、蜜饯、果子，每客计有二十四品，箸之外尚有刀叉。某日，孝钦后饭毕，太监请宫眷陪外宾密司卡用膳，桌旁设椅，为从来未有之举，宫人皆大惊。既探知孝钦之意，恐外人不知中国宫廷礼节，将笑我为野蛮，故令宫眷坐食也。①

宴会结束后，各国公使夫人被护送出宫，宾主尽欢。但有许多西方媒体认为这些礼物太过贵重，批判这些公使夫人竟接受慈禧太后的馈赠，等于接受了清政府的贿赂。② 这些舆论压力，让各国公使团认为慈禧太后别有用心，也担心中国民众会将外国公使团误会成贡使团，故要求清政府不要再赠送礼物给公使夫人们。③

对在宁寿宫款接各国公使夫人之事，王文韶以为是"千古未有之创举"，并对这次奉派照料使团的差使，自满于"躬逢其盛"，不无得意之感。

是日皇太后御养性殿，觐见各国使臣夫人及参随眷属共十三人、子女七人，计八国。前期奉派诣宁寿宫照料一切，赐宴乐寿堂，分男女两处，两宫亲加慰劳。男系领衔公使奥国齐干及各国翻译各眷属，由齐带领也。申初竣事，此乃千古未有之创举，可谓躬逢其盛矣。④

清政府将各国公使及其夫人入觐之事，当作对外修好的重要手段，并为了促成此事，争取好感，不惜曲意徇之，更改宫廷礼

① 徐珂：《清稗类钞》第一册，《宫廷燕享外宾》，第462页。
② 萨拉·康格：《北京信札》，《致我们的女儿》，第185～186页，1902年3月14日。
③ 萨拉·康格：《北京信札》，《致女儿劳拉》，第186～187页，1902年3月16日。
④ 王文韶：《王文韶日记》，第1057页，光绪二十七年十二月二十三日。

仪。由此可知，当初吴永预见清政府"受罚不受敬"的担忧，[1]
果然成真。再据当时侍奉太后的宫女何荣儿之回忆，[2]可知慈禧
太后才是清政府改变对外态度的幕后推手。

> 自从西安回来后，老太后对洋人就变了脾气了，不是当初
> 见了洋人，让洋人硬磕头的时候了，是学会了见了洋人的公使
> 夫人笑着脸，拉拉手了。[3]

从何荣儿的记述，可知慈禧太后招待外国公使、公使夫人的举
动，带有强烈的政治动机，而不是像康格夫人所说，因太后诚心悔
过，才会优待公使、公使夫人。[4]为了结交各国公使和公使夫人们，
慈禧太后刻意改变形象，主动召见外宾，致力结交公使团，并将自
己打扮成一时被臣下蒙蔽的老国母，换取公使团对义和团事件的谅
解，支持清政府的政权。

> 老太后变了，要当菩萨了。在各公使夫人面前，推儿媳妇
> 下井［指珍妃落井之事］的凶恶相，有多么不好？必须妆扮成慈
> 祥和善的老国母，才能见外国夫人。那就要唱出鬼推磨了，于
> 是在崔玉贵身上做文章……其实撵一个太监不值得兴师动众，
> 不是为了崔玉贵，而是为了老太后，让各国公使都有耳闻。[5]

---

① 吴永：《庚子西狩丛谈》卷五，第202页。
② 何荣儿贴身服侍慈禧太后八年，颇受太后喜爱，太后亲为其指婚；出京西逃时，
　太后也带着何荣儿随侍在侧，又从何荣儿对宫廷礼仪、生活、饮食、节庆的描
　述，可知何荣儿的说法颇具可信度，不是凭空臆测的野史。编者金易，本名王锡
　璠，原北京二中老师，与其夫人沈义羚一同记录何荣儿的口述，编成《宫女谈往
　录》，后由台湾智库出版社出版，题为《我在慈禧身边的日子：宫女谈往录》。
③ 何荣儿口述，金易、沈义羚著《我在慈禧身边的日子：宫女谈往录》，智库出版社，
　2001，第287页。此段引文为何荣儿回忆崔玉贵谈慈禧太后赶他出宫的原因。
④ 萨拉·康格：《北京信札》，《致我们的女儿》，第185页，1902年3月14日；
　《致女儿劳拉》，第187页，1902年3月16日。
⑤ 何荣儿口述，金易、沈义羚著《我在慈禧身边的日子：宫女谈往录》，第448～
　449页。

　　对慈禧太后的热情招待，康格夫人也想召开午餐会，回请这些宫眷们，便由美国公使康格出面，向外务部发函邀请。经太后允准，应邀者有太后养女荣寿公主、恭亲王的孙女、皇后的妹妹，庆亲王的两位夫人、三个女儿、寡居的儿媳及一名翻译人员，共 11 人。[①]康格夫人也邀请了美国使员和武官的眷属们，还邀请美国女传教士加蒂尔夫人担任翻译，同样也是 11 人。[②] 不过，真正来到美国公使馆的人数远不止这些。每位宫眷都带了随侍的官员、士兵、太监、女仆、轿夫，共带了 481 人之多，让康格夫人讶异这些宫眷的排场。[③]

图 5 – 2　宫眷受邀于美国公使馆的合照

资料来源：萨拉·康格：《北京信札》，第 190 页，摄于 1903 年 12 月 26 日。

　　美国公使馆准备的餐点是西式料理，必须使用刀、叉等物。中国的宫眷虽不懂如何使用刀叉，但经康格夫人实际操作后，宫眷们很快找到诀窍，让康格夫人颇感惊讶。[④] 随侍宫眷的女官、宫女和太

① 萨拉·康格：《北京信札》，《致女儿劳拉》，第 187 页，1902 年 3 月 16 日。
② 萨拉·康格：《北京信札》，《致女儿劳拉》，第 188 页，1902 年 3 月 16 日。
③ 萨拉·康格：《北京信札》，《致女儿劳拉》，第 188、189 页，1902 年 3 月 16 日。
④ 萨拉·康格：《北京信札》，《致女儿劳拉》，第 189 页，1902 年 3 月 16 日。

监们，皆不得入座，只能在旁侍立，随时待命。① 宴会结束后不久，太后再度回请康格夫人等 11 人，并增邀日本公使夫人进宫同乐。值得注意的是，这次的聚餐，康格夫人也仿照中国礼节，带了近 100 名仆役，借以彰显公使夫人的身份、地位，确实有与宫眷们互别苗头的意涵。② 被外国舆论批评的礼物问题，太后也做了调整，不再公开馈赠昂贵首饰，而是由宫中派人致赠，直接将礼物送往美国、日本公使馆，尽量不引人注意。③

对康格夫人得到太后的青睐，外国记者相当感兴趣，于是通过美国女传教医师慕懋德（Miss Maud A. Mackey，1872～1957），转递信件，笔访康格夫人。④从慕懋德转来的信件内容，可知这位外国女记者旅居朝鲜，准备将康格夫人的经历撰文回报本国报社。对康格夫人的午餐会及太后接见的经过，这名记者列出了六项提问，并在信末说明自己对清政府的观点，也表示自己不认同康格夫人亲华的言行。⑤对这些提问，康格夫人先批评新闻界经常误导他人，并保证慈禧太后对义和团事件确有歉意，也说明美国公使馆举办午餐会后，公使夫人们与宫眷们建立了友谊，中外双方已有正常的社交往来。⑥最后，康格夫人表明自己的立场，相信慈禧太后及中国官员将采取正确的行动，并呼吁外国人应选择原谅，接受中国的友谊。

　　　　外国人与中国人的交往历史悠久而错综复杂。外国人怎能先批评他人呢？这不是单一方向的联系。如果愿意与中国成为朋友，所有的国家都需要忏悔、原谅并耐心工作。他们在《议

①　萨拉·康格：《北京信札》，《致女儿劳拉》，第 188、189 页，1902 年 3 月 16 日。
②　萨拉·康格：《北京信札》，《致女儿劳拉》，第 189 页，1902 年 3 月 16 日；第 192 页，1902 年 3 月 25 日。
③　萨拉·康格：《北京信札》，《致女儿劳拉》，第 192、193 页，1902 年 3 月 25 日。
④　萨拉·康格：《北京信札》，《慕懋德来信》，第 193 页，1902 年 5 月 9 日。
⑤　萨拉·康格：《北京信札》，《慕懋德来信》，第 194 页，1902 年 5 月 9 日。
⑥　萨拉·康格：《北京信札》，《致慕懋德信》，第 195 页，1902 年 5 月 10 日。

和大纲》中做出了他们会成为朋友的承诺。希望中国与所有国家都会证明他们的诚意。①

由此可见，慈禧太后的亲善之举，确有成效，让康格夫人为之着迷，也让公使团相信清政府亲善外国的诚意。②

随后，慈禧太后陆续召见公使夫人，分别在 1902 年 9 月、12 月 28 日，皆属私人会见，不算是正式觐见。③ 从《北京信札》的内容可知，康格夫人似深受慈禧太后宠信，仿佛是慈禧太后的外交发言人。如康格夫人建议太后允许美国女画师卡尔（Miss Katherine A. Carl，1858 ~ 1938）入宫，为其作画，并将太后的画像送往美国圣路易博览会展览，改变美国民众对慈禧太后的印象。④ 康格夫人的诸多请求，慈禧太后都慨然允诺，似乎很认同康格夫人的意见，但根据德龄和赫德兰夫人的记述，可知慈禧太后并不喜欢这些要求，也不喜欢外国宗教与礼仪，只是迫于现实，不得不有所妥协。⑤

与各国公使夫人往来频繁后，接待外宾的宫廷礼仪也渐染西风。除了允许宫眷同座之外，餐桌摆设、餐点安排及陪侍礼节等细节，也都有变化。⑥ 首先，刚开始设宴接待公使夫人时，餐桌摆设原本用颜色十分艳丽的漆布，并摆放各种中式糕点。可是，宫眷们拜访过美国公使馆后，宫中的餐桌便改铺雪白桌布，也改摆艳色鲜花，不再摆放糕点。其次，宴席的餐点原本只有中式菜肴，但后来也备置

---

① 萨拉·康格：《北京信札》，《致慕懋德信》，第 196 页，1902 年 5 月 10 日。
② 赫德兰：《一个美国人眼中的晚清宫廷》，第 46 页。
③ 萨拉·康格：《北京信札》，《致我们的女儿劳拉》，第 196 页，1902 年 10 月 3 日；《致我们的女儿》，第 201、202 页，1903 年 1 月 9 日。
④ 萨拉·康格：《北京信札》，《致爱女劳拉》，第 204 页，1903 年 6 月 20 日；王玲：《光绪年间美国女画家卡尔为慈禧画像史料》，《历史档案》2003 年第 3 期，第 61 ~ 68 页。
⑤ 赫德兰：《一个美国人眼中的晚清宫廷》，第 45 ~ 46 页。
⑥ 赫德兰：《一个美国人眼中的晚清宫廷》，第 44 页。

西餐，变成中、西餐点并置的情况。再次，陪侍太后的翻译官转译外人言语时，原本应跪着回话，但根据容龄（1882～1973）的记述，可知陪侍的翻译官也不需跪拜，只需站着回话，避免尴尬。① 不过，前几次觐见时，慈禧太后都和各国公使夫人一同进餐、茶叙，但因公使夫人往往当面索求，甚至有偷窃宫中宝物的行径，太后后来只好避开共同进餐的场合，改由宫眷们陪同公使夫人进餐。② 此外，太后接见公使夫人们的地点，后多在颐和园的仁寿殿，③ 或在西苑的海晏堂，尽量不在紫禁城内举行。④

　　为了建立亲善外人的形象，慈禧太后频频召见外国公使、公使夫人，又提高接待外宾的规格，争取公使团的支持，甚至能粉饰太平，保持内政的稳定。⑤ 可是，慈禧太后刻意将外使觐见、举行宴会、游览颐和园等事，定位为中外联谊之用，并当作个人的交际，大方赐予入觐者财物、女红、首饰等装饰品，却不准这些外宾们谈论公事，或涉及外交的实际事务。例如，日俄战争发生时，日本公使夫人欲私见太后，争取清政府支持日本。慈禧太后虽对日本公使夫人礼遇有加，却暗示当时负责翻译的容龄，回避有关日俄战争的话题，不愿在日本公使夫人面前表明自己对日俄交战的态度，避免

---

① 萨拉·康格：《北京信札》，《致我们的女儿》，第 185 页，1902 年 3 月 14 日。
② 赫德兰：《一个美国人眼中的晚清宫廷》，第 44～45 页。
③ 萨拉·康格：《北京信札》，《致我们的女儿劳拉》，第 196～199 页，1902 年 10 月 3 日。黄嘉谟主编《中美关系史料：光绪朝》第五册，第 5339 号，第 3550～3351 页，光绪二十九年五月十八日外务部致美使康格照会附觐见礼单。《清德宗实录》卷五〇五，第 665 页 a，光绪二十八年九月己未；卷五一四，794 页 b，光绪二十九年四月庚子；卷五二八，第 38 页 a，光绪三十年三月甲辰；卷五三五，第 123 页 b，光绪三十年九月甲申；卷五四四，第 229 页 a，光绪三十一年四月乙卯；卷五九〇，第 802 页 b，光绪三十四年四月庚午。
④ 《清德宗实录》卷五四二，第 199 页 a，光绪三十一年二月戊申；卷五五七，第 378 页 a，光绪三十二年三月辛未；卷五七一，第 556 页 a，光绪三十三年三月乙巳。徐珂：《清稗类钞》第一册，《海宴堂宴外宾》，第 462 页。徐珂记为海宴堂，笔误，应为海晏堂。
⑤ 曹汝霖：《一生之回忆》，春秋杂志社，1966，第 55～56 页；《申报》第七一册，第 10539 号，《山东洋务局核议地方官接待外人礼节详文》，第 765 页，光绪二十八年七月十八日。

中国卷入战争的旋涡。① 慈禧太后虽致力结交公使团，但无法阻止公使团威逼清政府的情况，只能走一步算一步，尽量保住中国的利权。②

（二）转向礼宾的尝试

1. 礼宾之考证

"礼宾"一词，早在《周礼》、《礼记》中就已出现，意指天子特别礼遇诸侯、乡老及乡大夫。如《周礼·大宰》将"礼宾"列为天子统驭万民的八法之一。③ 天子礼遇的对象是诸侯，借由礼仪的举行，划分位阶，确定名分，却能不伤和气，体现尊尊亲亲之意。再据《礼记·聘义》对"君亲礼宾"的解释，即通过主国设宴，主君亲执醴酒，敬待他国来聘的宾客们，并亲自举行飨礼、食礼、燕礼，表明宾主君臣之义。④ 由此可知，"礼宾"不但有天子施以礼遇之意，也可当作受到国君优待的贵宾，并说明国君礼遇他国使者，亲自执礼，借由各种典礼的举行，履行宾主之道，亦彰显君臣之义。除了解释为天子礼遇的贵宾之外，"礼宾"也用在政治制度的职官名称，如唐代、宋代设置的礼宾院，及辽代设置的礼宾使司，用以款待四夷蕃客，实现"外蕃朝觐"的君臣关系。⑤由此可知

---

① 容龄：《清宫琐记》，《行走紫禁城：清宫二年生活实录》，第 267～269 页；《申报》第七一册，第 10481 号，《赐宴使臣》，第 367 页，光绪二十八年五月十九日。

② 黄鸿寿：《清史纪事本末》下册，三民书局，1973，卷六九《复诏变法》，第518 页。

③ 台湾开明书店：《断句十三经·周礼》，《大宰》，第 3 页。

④ 台湾开明书店：《断句十三经·礼记》，《聘义》，第 132 页；王文锦译解《礼记译解》下册，中华书局，2008，《聘义》，第 944～945 页。

⑤ 任爽：《唐朝典章制度》，吉林文史出版社，2002，第 105～107、260 页。张希清等：《宋朝典制》，吉林文史出版社，1997，第 48～49、54 页。脱脱：《宋史》卷一六二《职官志五》，第 3903 页；徐松辑《宋会要辑稿》第八册，中华书局，1957，《于阗》，蕃夷四之一六，第 7721 页。脱脱：《辽史》卷五六，鼎文书局，1980，《职官志六》，第 3311 页 c；赵德义、汪兴明主编《中国历代官称职典》，第 238 页。陈述、朱子方主编《辽会要》卷五，第 235～245 页；卷九，第 466页；卷二四，第 1032、1035 页。

"礼宾"虽有礼遇宾客之意，但款接对象皆是中国的诸侯或属藩，与中国皇帝有君臣关系，可知"礼宾"执行的礼节即"宾礼体制"的"朝贡礼"，并借由礼遇来朝者，凸显往来双方的不对等关系。

元、明两代的对外关系，虽不用"礼宾"一词，但乾隆五十年（1785）成书的《续通典》中再次出现"礼宾"的用法，并以"礼宾"一词解释宋、辽、金三朝互相交聘的对等关系。[①]《续通典》分开处理宋、辽、金、元四朝的交聘关系，并将外蕃来朝、皇帝册封等礼节归入"藩国朝聘"，再将宋、辽、金、元代的互聘礼节归入"信节"一类。

> 惟是参其义例，有可以类相从，如藩国朝聘，本兼中外而言。唐五季以后，每朝外蕃之朝会，与夫宋辽金元之交际、仪文、品节，可据史书，以核其实，定朝宁之位，简缯异文存先代之后，丰杀异制，以及国信勘契之通达，金符使节之往来，义实本于古之信节，可据以推广杜典之义也。[②]

从《续通典》的体例说明可知，过去的"诸侯朝聘"之礼可应用在外蕃朝觐，讲究君臣关系与主从位阶，即"朝贡礼"。而宋、辽、金、元的交聘仪节，则比附"诸侯遣使来聘"之礼，讲究对等关系与主客位阶，即"客礼"。故知"礼宾"一词，不再用于"朝贡礼"，乃用于宋、辽、金、元四个政权的对等往来。

Protocol 一词，源自希腊文 Protos 或 Kolla，或拉丁文 Protocollum，本义是"黏合"，后专指国内外公文书的协议文书。[③] 1815 年的维也纳会议，正式规定各国使节的等级，并确立了欧洲诸国往来的平等

---

① 《续通典》卷六九，台湾商务印书馆，1987，《宾礼一》，第 1547 页 a。
② 《续通典》卷六九《宾礼一》，第 1547 页 a。
③ 沈默：《外交礼仪典范：外交礼节与外交公文程序》，作者自印，中央图书供应社经销，1968，第 1~2 页。

原则。① 至此，Protocol 一词，被用作对主要条约的补充文书，也被用作记载外交官权利、义务、特权及豁免书的文书，于是 Protocol 也引申为两国往来的外交礼仪，用以表示两国的平等地位。② 欧美各国传入的 Protocol 被译作"礼宾"，即指"外交礼仪"。晚清中国官民虽通过日本的转译，吸收欧美各国的新学说、新名词，但日本明治政府（1868～1912）将西式外交礼仪译为"外交仪礼"，或直译为"プロトコル"，③ 与中国的用词不同。由此可知，"礼宾"的译法并非从日本传入，更可能是中国套用过去的既有名词，但"礼宾"一词的实质内容，已变为西式外交礼仪，不再是"朝贡礼"和"客礼"。

清室退位（1912 年 2 月 12 日）后，北洋政府外交部设交际司，并在交际司之下分设国书、礼仪、接待、勋章四科。④1928年北伐成功后，国民政府外交部废交际司，改由总务司交际科负责对外接待事宜，可见其不受重视、地位不高、事务不繁之情况。⑤在抗战时期，国民政府对外往来增多，尤其与美国的关系最为密切。为了提高接待外使单位的层级，也为了去除军事委员会交际科做事敷衍、成效不彰的弊病，⑥国民政府收拢各单位接待外使的权力，在外交部新设礼宾司，负责接待外使、外

---

① 惠顿：《万国公法》，第 126 页；王绳祖等：《国际关系史》第二卷，世界知识出版社，1995，第 13～14 页。

② 基尚·拉纳：《21 世纪的大使（从全权到首席执行）》，肖欢容、后显慧译，北京大学出版社，2008，第 41～47 页；鲁毅、黄金祺等：《外交学概论》，第 236 页；沈默：《外交礼仪典范：外交礼节与外交公文程序》，第 1～2 页。

③ 外务省编《国際儀礼に関する12 章—プロトコール早わかり》，世界の動き社，1981，第 195 页；友田二郎：《国際儀礼とエチケット》，学生社，2001，第 1～5 页。

④ 钱实甫：《北洋政府时期的政治制度》上册，中华书局，1984，第 119 页。

⑤ 《中国外交年鉴（1933 年）》，张研、孙燕京主编《民国史料丛刊》第九三八册，大象出版社，2009，第 352 页。

⑥ 《蒋中正总统文物档·交拟稿件》，档案号：002000000919A，《蒋中正致国民政府军事委员会商主任》，民国三十年十月四日，台北"国史馆"藏。

宾。①中华人民共和国成立后，外交部亦设有礼宾司，负责接待外宾，颁发国书、证书，特权豁免等事务。② 无论是中华民国外交部的礼宾司，还是中华人民共和国外交部的礼宾司，皆英译为 Department of Protocol，并将 Protocol 中译为"礼宾"，③ 意谓招待他国元首、官员、外交人员的交际礼仪、往来规则，及有权享受的特权。④

　　经由上述对"礼宾"的考证，可知"礼宾"有三种意义：不对等位阶的朝贡礼、对等位阶的客礼、平等位阶的西式外交礼仪。不管是"朝贡礼"还是"客礼"，皆出自中国原本的"宾礼"概念，只有第三种意义是由西洋诸国移植来的概念，其讲究平等位阶的本质，不同于"宾礼"的制礼原则。为了分析从"宾礼"到"礼宾"制礼原则之变化，并讨论西式外交礼仪如何影响清政府制定"外国公使觐见礼"的问题，本书将"礼宾"定义为 Protocol，即讲究平等位阶的西式外交礼仪，用以讨论清政府如何在制度与观念上引入西方主权国家（Sovereign State）之间的平等外交，将讲究位阶的"宾礼"转换成西式外交礼仪，并礼遇各国公使、领事、教士，稳定中外交谊，争取外国政府的支持。通过中西礼仪的异质比较，才能分析"宾礼"的变化，了解晚清"宾礼体制"如何转化成西式外交礼仪

---

① 中华民国外交部本由总务司掌外交礼仪之责，但在民国三十二年（1943）七月十日新设礼宾司，主管外交礼仪。刘达人、谢孟圜：《中华民国外交行政史略》，台北"国史馆"，2000，第54～55页；《外交部档·机票定座单签证》，档案号：020000039579A，《外交部致军事委员会》，第3～4页，民国三十二年十二月二十八日，台北"国史馆"藏；《国民政府年鉴（第二回）》，张研、孙燕京主编《民国史料丛刊》第九三三册，第107页。

② 中华人民共和国外交部：《中华人民共和国外交部组织机构》，http://www.fmprc.gov.cn/chn/pds/wjb/zzjg/；"中华民国外交部"：《中华民国外交部组织机构》，http://www.mofa.gov.tw/webapp/lp.asp? ctNode = 1414&CtUnit = 68&BaseDSD = 50&mp = 1，2011 年 4 月 18 日访问。

③ "中华民国外交部"：《礼仪双语词汇对照表》，http://www.mofa.gov.tw/webapp/upload/bilingual/Protocol.pdf，2011 年 4 月 18 日访问；沈默：《外交礼仪典范：外交礼节与外交公文程序》，第5页。

④ 金正昆：《外交学》，中国人民大学出版社，2004，第200页；陈志敏等：《当代外交学》，北京大学出版社，2008，第52页。

的过程，进而从"变"中看出"不变"的意义。

2. 改行西式礼仪

本书所定义的"礼宾"，即西式外交礼仪，根据第一节所述，各国公使呈递国书的觐见礼方案，明显优于一般公使请觐的方案。从各国公使呈递国书的觐见礼方案，可见全权大臣李鸿章等人与各国公使团互相角力又互相妥协的面向。

在《和议大纲》的交涉过程中，各国公使取得在乾清宫入觐、进退各行"三鞠躬礼"、乘黄襻绿轿、皇帝须立受外国国书的权利。何伟亚指出，公使特意讲究呈递国书的礼节，"其目的是要把传统的帝国活动再疆界化，是要在清朝礼仪形式上写下另外一种觐见礼节"。[①] 然而，各国公使虽试图将皇帝"去神圣化"，让清政府舍弃"宾礼体制"，接受以西洋各国为主的国际体系，但考虑到清政府统治的正当性，[②] 公使团也不愿过度折辱皇帝，避免清政府的垮台。因此，李鸿章等人仍有转圜空间，挽回了在太和殿入觐、乘坐黄轿及乾清宫阶前降舆三款，维护了皇帝作为"天子"的至尊地位。

清政府虽不得不接受公使团的要求，但仍坚持各国公使是皇帝的"客臣"，并通过公使行礼的礼仪细节，区别皇帝与公使的君臣身份，让外国公使仍是皇帝的"客臣"，维持皇帝与公使的等差位阶，试图将外国公使纳入"宾礼体制"的约束。不过，各国公使可能看穿了清政府的意图，也可能是为了追求欧洲君主与皇帝的平等地位，于光绪二十八年五月（1902 年 6 月）呈递国书后，竟违反《觐见礼单》的规定，[③] 擅自从乾清宫中门退出，表示他们手持国书时，就是欧美各国元首的代表，可与皇帝平起平坐，并故意违反清政府用以彰显"君臣名分"的礼仪细节，消弭中外双方不对等位阶的问题，不再满足于行"三鞠躬礼"。

---

① 何伟亚：《英国的课业：19 世纪中国的帝国主义教程》，第 277 页。

② 何伟亚：《英国的课业：19 世纪中国的帝国主义教程》，第 274、278 页。

③ 黄嘉谟主编《中美关系史料：光绪朝》第五册，第 4685 号，第 3161 页，光绪二十八年五月十六日外务部致美使康格照会附觐见礼节单。

　　当中外双方讨论《和议大纲》时，各国公使不只提出"外国公使
觐见礼"的问题，也要求清政府"将总理各国事务衙门，按照诸国酌
定，改为外务部，班列六部之前"，① 于是《辛丑和约》签订以前，
清政府已设立外务部（光绪二十七年六月初九日，1901 年 7 月 24 日）。②
外务部成立后，在仪节上尽量礼遇外国公使，并利用"国际法"的
外交手段，竭力维护中国主权和国家利权，还试着收回过去缔约、
修约时让出的利权。③ 不过，在外国公使、领事与中国官员往来的问
题上，外务部仍试着维持过去的交涉惯例，但不再像过去那样用"名
分秩序"的解释，改用"国际法"规定，借以反驳外国公使的要求。

　　例如，光绪二十八年，商约大臣吕海寰、盛宣怀（1844～1916）
与各国公使重订商约时，④ 美国公使认为各国公使应可行文各省将
军、督抚、办事大臣，但吕海寰等人引据"国际法"的规定，指出
各国驻美公使的意见，同样由外交部转行美国各州政府，中国自然
比照办理，故各国公使应先行文外务部，再由外务部行文各省官员。
因此，美国公使只好放弃，并删去第一款的条文，改为中美两国互
相优待公使等语，以示平等。

　　　第一款曰驻使体制。美使原送约文，声明驻使可以行文各
　　省将军、督抚、驻扎大臣；驳以美国向由外部转行，中国亦系

————————

① 田涛主编《清朝条约全集》卷二，第 1129 页。订约时间是光绪二十七年七月二
十五日，即 1901 年 9 月 7 日。
② 中国第一历史档案馆编《清代军机处电报档汇编》第二二册，第 70～71 页，光
绪二十七年四月十八日收奕劻李鸿章电；《外务部档·驻美使馆保存档案》，档案
号：02-23-001-01，《总理衙门改外务部》，光绪二十七年六月初九日，中研
院近史所藏；蔡振丰：《晚清外务部之研究》，第 39～41 页。
③ 修约问题非本书重点，不赘述，可参见川岛真《中国近代外交的形成》，名古屋
大学出版会，2004，第 227～233 页；李育民：《中国废约史》，中华书局，2005，
第 132～220 页；唐启华：《清季官方修约观念与实践之研究》，《国立政治大学历
史学报》第 26 期，2006 年 11 月，第 129～168 页。
④ 田涛主编《清朝条约全集》卷二，第 1155～1158 页。各国商约以《中英续议通
商行船条约》为主，但各国提出的条件略有不同，商品税则也不相同，不赘述。

由外务部咨转，不能两歧，驳令删去，改为中国驻使为美国优待，是以美使驻京，中国亦一律优待，以昭平允。①

同时，针对美国驻华领事的权限问题，吕海寰等人也援引"国际法"，声明外务部有权拒绝美方派出的领事人选，或美方不符合"国际法"的规定时，外务部同样可拒绝美方人选，限制领事的权力，借以挽回主权。

> 第二款曰领事权限。报施一如驻使，而声明美国领事按例委派，外务部按照公例认许，如所派不妥，或与公例不合，我即可不认，冀以挽回主权。②

此外，外务部也利用"国际法"解决驻扎西藏大臣唐绍仪（1862～1938）与印度总督的相见礼问题，认为印度总督不可用印度土王礼款待中国专使，并要求印度总督依据欧美各国的外交惯例，交涉双方皆居平等位阶，甚至据以诘问英国公使，要求英国政府依据"国际法"，解决中印双方的礼仪问题。查办西藏大臣张荫棠（1864～1937）指出：

> 查前议约，唐大臣视印督。寇登殿高座，以见印度土王礼见唐使。唐出，颇不悦。唐交欢陆军大帅史治纽，议院及报纸皆斥寇无礼于华使，始稍优待。请私询各国驻京使，照欧美例，平等国驻使并专使见印督，应接待以何礼。密电知，并向英使声明，以免有失国体。③

---

① 赵尔巽：《清史稿》卷一五六《邦交四》，第4593页。
② 赵尔巽：《清史稿》卷一五六《邦交四》，第4593页。
③ 《外务部档·西藏档》，档案号：02-16-003-04-021，《印督据见前使希商定相见礼节由》，光绪三十三年六月二十七日外务部收查办西藏大臣张荫棠电，中研院近史所藏。

　　由此可知，清政府不再用"相见礼"的仪式，将印度总督比对中国官员的位阶，亦不再根据"名分秩序"去制订中印双方的礼仪。

　　在外国公使的压力下，光绪皇帝对过去的教案问题曾颁布上谕，要求地方官修好睦邻，保护外国官民；若再有戕害外国官民之事，该地督抚、两司各官必须立刻弹压、惩办，否则一律罢黜，永不录用，亦不得借报效他省之名，再图开复官职。

　　　　远人来华，或通商，以懋迁有无；或游历，以增长学识。即传教之士，亦以劝人为善为本，梯山航海，备极艰辛。我中国既称礼义之邦，宜尽宾主之谊……遇有各国官民入境，务须切实照料、保护。傥有不逞之徒，假托义愤，陵虐戕害洋人，立即驰往弹压，获犯惩办，不得稍涉玩延。如或漫无觉察，甚至有意纵容酿成巨案，或另有违约之行，不实时弹压犯事之人，不立行惩办者，将该管督抚文武大吏及地方有司各官，一概革职永不叙用，不准投效他省，希图开复。[1]

　　对此，安徽巡抚王之春（1842～1906）应诏进奏，提出变法四策，尤看重外交一策，并拟出四个办法，其中一个办法即建议各省地方官将外国传教士视如宾客，善加款待，如此方能和睦相处。

　　　　一外交宜加讲求，俾中外辑睦，借弭衅端也。首宜正名，增设外部，即由总署改设……四饬地方官，平日以礼宾接教士，遇事剀切相商，不得逞气忿争，不得躲闪退让。其教士之秉公持正，历有年所者，应由地方官详明督抚奏请，量给职衔，或赏给宝星，以示盛励，庶睦谊益敦，而一切交涉均无棘

――――――――――――
[1]　《清德宗实录》卷四七六，第 277 页 b～278 页 a，光绪二十六年十二月庚戌条。

手之虞也。①

　　王之春提出的外交策显示在义和团变乱后礼遇外人的范围扩大，连传教士都被纳入清政府必须优礼的范围，甚至可授官职、赏宝星，试图以此拉拢传教士，消弭地方交涉的隐忧。

　　王之春"以礼宾接教士"的办法，不只是响应皇帝的上谕，还试图解决过去地方官与外国传教士的往来问题。过去清政府虽制定了《中外往来仪式节略》，但地方官为了要求外国传教士遵守这些仪节，双方屡生龃龉，② 甚至发展成中外冲突的案件。因此，王之春"以礼宾接教士"的方案，不再刻意区别地方官与传教士的官民身份，也不再沿用《中外往来仪式节略》规定的"相见礼"，③ 反而建议清政府，要求地方官随时准见，并可奏报朝廷，赏给教士官衔，或赏给宝星。不过，地方官礼遇传教士的办法，未必能遏止传教士的气焰，故吕海寰等人借与各国公使议定商约的机会，向美国公使说明中国将礼遇传教士，但重申传教士在中国的特权应有限制，并在条约中写明外国传教士不可干预中国官员治理华民之权，而中国教民应遵守中国律法，若有犯法，不得因信教而不追究其罪责。④

---

① 王之春：《应诏陈言疏》，王延熙、王树敏辑《皇清道咸同光奏议》卷六下，文海出版社，1969 年据光绪二十八年上海久敬斋石印本，第 9 页 a。

② 相似案件甚多，仅举一例。光绪二十四年教士要求会审教案，但山东巡抚张汝梅不愿接受，教士通过公使馆向总署提出抗议。张汝梅虽引用《中外往来仪式节略》反驳教士的要求，但不被教士接受。《总理各国事务衙门档案·颁发各国条约》，档案号：01－21－030－06－001，《请将条约中游历传教洋人与地方官相见礼》，第 2、4 页，光绪二十四年八月初五日山东巡抚张汝梅致总署文，中研院近史所藏。

③ 席裕福纂《皇朝政典类纂》卷四八七《外交二十三》，第 12 页 a；昆岗：《（光绪朝）大清会典事例》卷一二二〇《总理各国事务衙门交涉·教士仪节》，第 1130页 a～1130 页 b。《中外往来仪式节略》之仪节，详见第四章第二节的讨论及表4－3 的整理。

④ 赵尔巽编《清史稿》卷一五六《邦交四》，第 4595 页。见《中美续议通商行船条约》第十四款。

　　根据外务部所藏档案，可知各国公使与清政府最后一次商议中外礼仪问题，即光绪皇帝、慈禧太后先后崩逝（1908 年 11 月 14 日、11 月 15 日），[①] 各国政府派遣专使前来吊唁之时。对各国派来吊唁太后、皇帝的专使，外务部派员接待，租赁六国饭店，以供各国专使下榻。清政府大致上仍以《辛丑和约》附件十九的方案，安排各国专使呈递国书的仪节（见本章第一节），还派员带各国专使游览颐和园、北京各处，及谒见太后、皇帝梓宫，并在景山东门外搭建外宾棚，让各国专使向梓宫鞠躬致敬，与中国官员一同步送梓宫。最后，各国专使向监国摄政王行"鞠躬礼"，再由外务部、摄政王载沣设宴款待，回谢专使。[②] 各国驻华公使、领事也依据西礼，各国使馆悬挂半旗。27 日，外国使员皆在左臂佩戴黑纱，并在地安门内、西四牌楼大街设置布棚，供外国官民在路旁列队，向太后、皇帝梓宫行礼。[③]

　　中国驻外公使也遵行西礼，向出使各驻在国政府照会中国国丧之事，并向公使团领袖使说明中国驻外使节须为帝后服丧，丧期内不赴外交活动。[④] 从中国驻荷兰大臣陆征祥（1872～1949）回报外务部的信件，可知当时陆征祥已遵从西式外交礼仪，先向荷兰政府报告光绪皇帝、慈禧太后崩逝的消息，再命令中国使馆降半旗，中国使员皆佩戴黑纱，并在报纸上刊登讣闻，公告中国皇帝、太后崩逝的消息，而中国使馆的信封、信纸、名片皆用白纸黑边，向驻在国表示中国遇

---

① 张謇：《张謇全集·日记》，江苏古籍出版社，1994，第 607 页，光绪三十四年十月二十二日："见报载：皇上二十一日酉刻大行。稍有知识者，无不疑眩哀痛"；第 607 页，光绪三十四年十月二十三日："报言，皇太后以二十二日未刻大行"。

② 张元济主编《外交报汇编》第二册，国家图书馆出版社，2009，《接待各国专使事宜》，第 375～376 页。

③ 刘锦藻：《清朝续文献通考》卷一八五，台湾商务印书馆，1987，《王礼考十六》，第 9313 页 b～9414 页 a；张元济主编《外交报汇编》第二册，《接待各国专使事宜》，第 376 页。

④ 《外务部档·出使设领》，档案号：02－12－042－03－030，第 1～2 页，光绪三十四年十一月初六日外务部收出使日本李大臣出使日本胡大臣信，中研院近史所藏；档案号：02－12－026－01－017，第 1～4 页，光绪三十四年十二月初三日外务部收驻和陆大臣信，中研院近史所藏。

有国丧。① 同时，按照"皇帝丧仪"的规定，陆征祥也在使馆正厅设太后、皇帝神位，举哀行礼，中国使员皆改素服（丧服）、摘冠缨、食斋菜、不奏乐、停宴会、用蓝印，为太后、皇帝服丧。②

> 十月二十一、二十二两日电悉大行皇帝、大行皇太后相继升遐，不胜悲恸，祥等即日成服，在署正厅设位行礼，遵定二十七日署外升悬半旗，加黑旒，并照海牙向例，登报讣闻，以期周知。是日和外部，亲到致唁，女主暨太后均遣礼官申唁，各驻使亦相继来署留片，领袖使来唁时，并询大殡日期，俾通告各驻使同升半旗，以志哀忱……倘在二十七日素服内定期接见，业与领袖使商定办法，仍拟礼服往谒，惟不穿花衣，左袖加素纱三寸……惟二十七个月不宴会一节，则为期稍长，使臣在外，不宜与君国宫廷隔绝过久，现已酌定，除主国宫廷典礼外，期年［一年］不请客、不作乐、不赴宴会，以示经权并用之意。③

特别的是，陆征祥根据西式外交礼仪，向外务部说明自己与使馆馆员无法遵照"皇帝丧仪"守丧27个月，必须权宜办理，让中国驻外使员只守丧一年，尽早参与外交活动，否则将失礼外国政府，徒引纠纷。而且，陆征祥也向外务部报告，荷兰女王将接见各国公使，自己作为中国驻荷兰大臣，当然不可避见女王，亦不能穿素服入谒女王，故有必要变通为太后、皇帝守丧的服制。因此，当中国驻荷兰使团谒见荷兰女王时，使团随员只穿礼服、佩戴黑纱，入谒女王，这样既符合西礼的惯例，也可为太后、皇帝守制服丧。由此

① 沈默：《外交礼仪典范：外交礼节与外交公文程序》，第 16～17 页；《外务部档·出使设领》，档案号：02－12－026－01－017，第 3 页，光绪三十四年十二月初三日外务部收驻和陆大臣信，中研院近史所藏。
② 赵尔巽：《清史稿》卷九二《礼十一》，第 2690～2697 页。
③ 《外务部档·出使设领》，档案号：02－12－026－01－017，第 1～3 页，光绪三十四年十二月初三日外务部收驻和陆大臣信，中研院近史所藏。

可知，当时的外务部与中国驻外使员皆以西礼为据，行西式外交礼仪，与外国政府交际。

中国官民如何看待西式礼仪，如何接受这些西式礼仪用于中国各种礼制之中？士人陈其元指出，清政府一开始派遣专使、游历欧美时，中国使员多诧异西式礼仪的简略，甚至语带不屑，以为亲吻后妃乃亵渎之举，不肯相从。

> 孙稼生观察家谷游历各国还，言外国仪文简略，见国王只须磬折致敬，无所谓拜跪也。独布国以新战胜故，于礼节大为增加。其贵臣谓观察曰："我国仪文繁重，见皇帝须三虾腰"。然亦不过三磬折，而已谓为繁缛矣。每到一国，必见其后妃，大都以接唇为礼。观察告以中国以是为亵狎，不肯从，彼亦不强也。在法国，偶于街市闲步，忽传言曰："皇帝来矣。"人皆旁立摘帽，皇帝步行，一狗在前，一公主在后，别无从者，更无论仪卫矣。皇帝见众人之摘帽，亦以手稍掀其帽为答礼然，疾趋而去。[1]

不过，陈其元也列举自己与各国（日本、奥国、英国、西班牙、俄国）驻上海领事往来的经验，指出这些外国领事虽艳羡中国文教、食物、衣冠之华美，但遇有交涉之事时，便撇开私人交谊，只重国家利益，攘臂相争，不达目的，绝不罢休。

> 余在上海与各国领事官互相往还，皆各尽其礼……俄罗斯国之代理领事官聂鼎者，自言："到中国十五年，未尝归去，喜读中国书，《论语》、《孟子》略皆上口，觉甚有意味。"等语。此则几几乎有用夏变夷之道矣。大抵各国领事等官久在内地，与中国官交际谈燕，颇有中外一家气象。第一

---

[1]   陈其元：《庸闲斋笔记》卷三，中华书局，2007，《中西礼俗之异点》，第65页。

涉及利字，则必攘臂而争，无交情之可论；惟以理折之，以不遵和约责之，虽强项亦无他说。即使故为狡辩，终必为俯就戎索也。①

因此，陈其元认为，与外国公使、领事交涉时，中国官员不可依恃私人交际，也不可用礼遇优待的仪节希图改变外使的心意。中国官员只能根据条约，据理力争，才能驳回这些外使的要求，避免损失。

陈其元的《庸闲斋笔记》刊于同治十三年（1874）。当时，中国与外国往来尚少，仍无法接受西式礼仪，如陈其元引据孙家穀游历欧美各国的经验时，便以为西式礼仪过于简略，其仪文不足以彰显君主的权位。但到了光绪年间，中国与外国往来日益频繁，士人对西式礼仪的看法，亦有改变。某些士人体认中西体制不同，未必有优劣之分，并以为"礼"可因时制宜，中国不需执着于"跪拜礼"。例如，郑观应（1842～1922）考据历代觐礼的更定，指出三代以上君臣坐而论道，而泰西各国臣民见君上，只行"三鞠躬礼"，于是郑观应赞许"西礼之暗合乎中国古礼之遗意者也"。② 例二，光绪二十三年（1897）编成的《时务通考》便说明英、俄、法、德、西班牙、瑞典等国的觐见、服制、宝星、庆典、巡视、和会、两君相见礼等仪节，③ 以为欧美各国的西式外交礼仪，可供清政府参酌，更定"外国公使觐见礼"，避免中外礼仪的冲突。例三，高凤谦（1870～1936）更明白指出清政府应变通礼制，废除"跪拜礼"，否则中国自主之权难以恢复。

西人崇奉基督礼拜，而外无跪礼，故无论何国交际均不以

---

① 陈其元：《庸闲斋笔记》卷三《中西礼俗之异点》，第66页。
② 郑观应：《典礼上》，陈忠倚辑《皇朝经世文三编》卷三八，文海出版社，1972年据光绪二十四年刊本影印，《礼政一》，第16页a。
③ 杞庐主人：《时务通考》卷八，《续修四库丛书·子部》第一二五六册，上海古籍出版社，1997年据清光绪二十三年点石斋石印本影印，《礼制》，第57～72页。

拜跪为敬。今吾朝臣引西人入觐，则吾人拜稽，而西人鞠躬也。
吾部民与西人质讼，则吾人长跪，而西人挺立也。损国威，挫
民气，即此亦甚不便者。西人寓中国，有司不得管辖，原以法
律不同，国势又弱，故失吾自主之权，亦因拜跪之礼，西人万
不能堪。中国不变拜跪，自主之权断难一朝而复也。①

换言之，在《辛丑和约》签订前，中国官民已有变革礼制的声
音，并以为中国应仿照泰西各国，简化礼节，拉近官、绅、民之间
的尊卑位阶，疏通沟通的渠道，如此将有助于变法的推动。② 尤其是
亨利亲王觐见光绪皇帝之事，让士人体认到"客礼"已无法再满足
外国公使，认为清政府应改从"西俗"，视外国公使如"敌体"，对
等往来，否则各国公使仍会要求更定"外国公使觐见礼"方案。

德藩亨利亲王来游，非聘也，西法可以礼，可以不。礼之，
宜如亲王例，与国君相为宾主，舆卫用帝制。在中国为前所未
有，《会典》不载。枢垣、译署聚议，久之乃定……宴毕游园，
上往相遇，以示答礼，乃旷典也。外人意犹不满。庚子和约成，
外邦大使均待以敌体，渐染西俗矣。③

《辛丑和约》签订后，清政府与外人交往更为频繁，但张元济
（1867～1959）等人主编的《外交报》，虽对内主张立宪，对外主张维
护主权，却将外国公使觐见太后、皇帝之举，只解释为"优礼外人"
而已，④ 并避谈"外国公使觐见礼"的相关仪节，可见《外交报》

① 高凤谦：《论拜跪之礼不可行于今》，麦仲华编《皇朝经世文新编》，文海出版
社，1972 年据光绪二十四年刊本影印，卷新编三，第 19 页 a～19b 页。
② 郑观应：《典礼下》，陈忠倚辑《皇朝经世文三编》卷三八《礼政一》，第 17 页 a。
③ 刘体智：《异辞录》卷三《迎接亨利亲王典礼》，第 176 页。
④ 张元济主编《外交报汇编》第二一册，《外臣入觐》，第 75 页；《礼遇外人》，第 122
页；《优礼外人》，第 172 页；《优礼外人》，第 238 页；《优礼日本亲王》，第 378 页。

的官方色彩，亦可见清政府在表面上仍努力维护皇帝的"天子"地位。不过，民间对西式礼仪的看法，显然与官方说法有所不同，纷纷出现中国应改变传统礼制的声音。如孙宝瑄（1874~1924）《忘山庐日记》便根据《泰西礼俗新编》，以为欧美诸国的吉、凶、婚礼"从容中道"，符合天理人情，故建议中国官民仿行西礼，并赞许西礼与中国古礼相应，犹有三代之遗风。

> 连日观刘芝生译《泰西礼俗新编》，如读我国之《曲礼》、《内则》、《少仪》及《仪礼》等书，蓦然于远西文明之化，何殊我国三代之遗。所谓风俗礼教，周旋揖让，言貌动止，皆有一定之规则。而从容中道，合乎天而不违乎人，使人叹美，使人企仰！[1]

与此相应的结果，即光绪三十三年（1907）清政府设立礼学馆，欲以《周礼》为纲、西礼为目，更定礼制，并改革宾礼、学礼、军礼及民间礼俗，使这些礼仪能因时制宜，符合现实的需求。[2] 不过，清政府虽成立礼学馆，但根据内阁侍读学士甘大璋（生卒年不详，四川人）的奏疏，可知礼学馆功能不彰，失去清政府原先设立礼学馆的本意，更无法将中国礼教融入新修的宪法。[3] 而且，清政府推行新政

---

① 孙宝瑄：《忘山庐日记》下册，上海古籍出版社，1983，第861~862页，光绪三十二年四月十三日。
② 《清德宗实录》卷五七五，第602页b~603页a，光绪三十三年六月辛酉；罗检秋：《学术调融与晚清礼学的活力》，《近代史研究》2007年第5期，第42~58页。
③ 《宣统政纪》卷八，中华书局，1986，第145页b~146页a，宣统元年二月壬戌："良以礼教为中国数千年立国之本，将欲规定宪法，必先修明礼教，始能据礼以为宪法之范围……礼为根本法，宪为循用法，律为防禁法。现闻礼学馆但主纂书，不明修礼。宪政馆但知步趋日本，不识中国数千年相承伦教之重，哲学之微与国故民风之关系。法律馆专赖所聘洋员，录其已成之法律，与我国伦教官制礼俗民情，动多凿枘。该三馆为议法之权衡。即为立政之基础。岂可听其草率从事，又听其各不相谋，致修礼成无用之册，订律有非礼之条，即编成宪法，势必视为不能实行之具文。"

的同时，礼部负责的业务渐被其他新设机关侵夺，其地位大为下降。[①] 因此，宣统三年六月二十五日（1911 年 7 月 20 日），清政府废除礼部，改设典礼院，礼部原有行政事务皆划归其他衙门管理，典礼院只专务典礼、册封、祭祀、宴会等事。[②] 至此，清政府的"宾礼体制"才算完全结束，所有涉外仪节不再根据"宾礼"，改由西式外交礼仪取而代之，成为中国政府以"礼宾"接待外使、外宾的开始。

小　结

过去多将外务部的成立视为天朝的终结，而清政府允许外国公使行"三鞠躬礼"、舆轿进宫、坐轿至乾清门等仪式，也被当作"宾礼体制"的崩溃。诚如斯言，但中外双方讨论"外国公使觐见礼"的过程，醇亲王使德谢罪的觐礼之争，及慈禧太后款接各国公使夫人三事，或可提供另一种观点，重新检讨"宾礼体制"的存废问题。

公使团趁签订《辛丑和约》的机会，欲解决多年来"外国公使觐见礼"的问题。但公使团提出的觐见礼方案，在仪制上比照皇帝享有的规格。若按照"名分秩序"的原则，清政府若同意公使团的要求，就意味着皇帝与公使平起平坐，这样皇帝就沦为外国君主的"客臣"，不能再维持"天子"的至尊地位，将动摇皇权的正当性基础。因此，全权大臣奕劻、李鸿章坚不允行，回绝公使团的觐见礼方案。各国公使虽想坚持原来的方案，将皇帝彻底"去神圣化"，但为了维持清政府的统治基础，又不可过度折辱皇帝，遂接受奕劻、李鸿章等人的方案。对奕劻、李鸿章等人来说，只要能挽回在太和

---

① 上海商务印书馆编译所编《大清新法令（1901～1911）》卷一一，王兰瓶、马冬梅点校，商务印书馆，2010，第 357 页，内阁会奏酌拟典礼院官制折并单。如礼部负责的教育事务，改归学部；赐食外藩王公的事务，也改归理藩部。

② 《宣统政记》卷五六，第 1009 页 b，宣统三年六月辛卯条；《外务部档·驻美使馆保存档案》，档案号：02－23－003－13，《典礼院官制案》，宣统三年闰六月初二日，中研院近史所藏。

殿觐见、乘坐黄轿、乾清宫阶前降舆三节，便保全了皇帝的至尊地位，也让外国公使仍是皇帝的"客臣"，不致出现以臣僭君、以下犯上的危机。可以说，各国公使呈递国书的觐见礼方案，正是奕劻、李鸿章等人与各国公使团互相角力又互相妥协的产物。

由于德国公使克林德之死，醇亲王载沣担任专使赴德谢罪，履行《和议大纲》的第一款。德国外部一直不愿说明载沣使节团的觐见礼方案，后来才透露德皇自定义坐受国书、中国专使载沣行"鞠躬礼"、使团随员行"跪拜礼"、载沣使团不在德国皇宫的正厅入觐等仪节。吕海寰批评德皇存心侮辱中国，但德国外部坚持载沣使节团赴德的目的只是谢罪赔礼，自不得比照欧美各国的出使礼节。吕海寰虽引用当差人员只行"请安礼"，但仍无法改变德皇的意志，中德双方争辩不下，载沣使团只好滞留巴塞尔。幸好，德皇的觐见礼方案经报纸揭露后，引起德国舆论的批评，德国官员也建议德皇见好就收，不可强逼中国使员行"跪拜礼"，德皇只好让步，保留"坐收国书"一款。德皇侮辱载沣使团的消息传回中国后，许多士人对德皇失礼非常愤怒，尤其不满清政府的无能，并批评所谓的"公法"只适用于欧美强国，像中国这样的弱国，只能任人鱼肉，毫无外交可言。

为了表示中国与外国修好的诚意，太后、皇帝回京后，立即召见各国公使、公使夫人，并大致上遵守《辛丑和约》附件十九的规定，让各国公使大感满意，深感中外关系已达一新里程碑。不过，从外国公使觐见皇帝、太后的情况，可知清政府为了暗示皇帝与公使的君臣身份，要求公使团递交国书后，从乾清宫左门退出，并延用"天子—摈者—诸侯"的形式，显示清政府只接受皇帝与各国君主平等，但对外国公使仍视为皇帝的"客臣"，尽量在礼仪形式上维持皇帝作为"天子"的至尊地位。另一方面，各国公使为了实现皇帝与欧洲君主平等的目的，不愿接受清政府的安排，擅自从乾清宫中门退出，表示他们手持国书时，就是欧美各国元首的代表，可与皇帝平起平坐。

为了拉拢公使团的支持，慈禧太后不惜更改宫中礼节，准许外国公使夫人入宫觐见太后、皇帝，设宴款待，还赠送贵重的礼物，并允许宫眷与公使夫人往来交际，建立私人情谊。光绪二十七年以后的入觐仪式频繁举行，不只是公使、公使夫人可以入觐太后、皇帝，甚至连外国军官、传教士都能获准入觐，皆由太后和皇帝在紫禁城的乾清宫，或颐和园的仁寿宫，或西苑的海晏堂，同时接见。但这些外宾的入觐活动，只被当作私人交谊，不可谈论公事，或涉及外交事务。慈禧太后款待外宾的这些活动，虽让公使团支持清政府的政权，但无法阻止公使团侵夺中国利权的情况，只能由外务部根据"国际法"，严守条约的规定，尽量保住中国的利权。

外务部设立后，在仪节上尽量礼遇外国公使，不再像过去那样用"名分秩序"解释中外往来礼节，并依据"国际法"，竭力维护中国主权，甚至反过来要求英国公使遵行平等国交，避免印度总督矮化中国驻藏大臣。关于地方交涉问题，清政府很难再坚持《中外往来仪式节略》，反而要求地方官随时准见教士，甚至还有人建议赏给官衔、宝星，笼络教士。但这些优礼外人的办法，无法限制外国官民的在华特权，故吕海寰等人利用条约，约束外国官民的行动。此外，从各国派使吊唁之事，可见清政府仍遵守《辛丑和约》附件十九的规定，安排各国专使呈递国书的仪节，并接受各国公使依照西式外交礼仪，为慈禧太后、光绪皇帝吊唁送葬。同时，中国驻外公使虽遵行"皇帝丧仪"的规定，但更多是依照西式外交礼仪，权宜处理中国使员守丧之制。由此可知，《辛丑和约》签订后，清政府虽在形式上维持皇帝的至尊地位，但对外交涉的相关仪节已改行西式外交礼仪，并借由"国际法"的惯例，以条约为手段，约束外国官民的行动，以挽回中国的利权。

至于中国官民对西式礼仪的看法，本书也做了讨论。根据陈其元的《庸闲斋笔记》，可知同治朝士人多以西式礼仪为怪异，但陈其元已体认到中国官员只能依靠条约，据理力争，否则无法驳回外国公使、领事的要求。到了光绪年间，士人对西式礼仪的看法，亦有改变，以为西礼有三代之遗风，更有人指出清政府应变通礼制，废除"跪拜礼"，否则难以恢复中国自主之权。与此相应的结果，清政府乃设立礼学馆，并参酌中西礼制，改革宾礼、学礼、军礼及民间礼俗的仪节，可知"西礼中用"已是不可避免的趋势。同时，随着清政府推行新政，礼部原本负责的业务渐被其他机构取代，地位大降。清政府后来重订官制时，干脆废除礼部，改设典礼院，只负责一般典礼事务，不再是对外交涉的机构。至此，清政府的"宾礼体制"才算完全结束，"宾礼"走入历史，中国不再依据"名分秩序"，改用"国际法"，作为与欧美各国交涉的原则，所有涉外仪节皆行西式外交礼仪，成为中国政府改行"礼宾"的开端。

结　论

"礼"是儒家思想的基础，也是中国传统政治文化的根本原则。正如顾炎武（1613～1682）的亡国、亡天下之辨。顾炎武指出，中国可改朝换代、易姓为王，但不管政权如何更替，"礼"仍是传统中国最重要的价值原则。

> 有亡国有亡天下。亡国与亡天下奚辨？曰，易姓改号，谓之亡国。仁义充塞，而至于率兽食人，人将相食，谓之亡天下。魏晋人之清谈，何以亡天下？是孟子所谓杨墨之言，至于使天下无父无君而入于禽兽者也。[1]

所谓"天下"之意，并不是中国自认普天之下唯我独尊的表现，而是指"礼"行于普天之下，社会秩序、人情伦理皆井然有序之意。若中国放弃以"礼"为中心的儒家思想，道德伦理再也不能规范每个人的行动，"天下"将秩序大乱，人们亦不知仁义，沦为禽兽。由此可知，"礼"不只是仪式的表现层次，也是传统中国社会的运作原则，更是传统中国政治的权力基础。

除了中国本土之外，由"礼"建构的秩序原理，同样适用于中国与周边诸国的关系，此即"天下秩序"。在"天下秩序"中，皇

---

[1]　顾炎武：《日知录集释》卷13，黄汝成集释，台湾中华书局，1981，《正始》，第5页a。

帝作为"天命"所归的"天子",就必须以个人的恩德,施行德政,教化万民,并实践用夏变夷、羁縻四夷的王化理想,让四方蛮夷向化,融入"天下"之中。"宾礼"正是建构"天下秩序"的媒介,四方蛮夷只要奉表文、进方物,获得皇帝的册封,便成为皇帝的外臣,进入"天下秩序"之中。[①] 正因为传统中国将政治权力与文化价值观融为一体,使中国只有四夷来朝的思想,与周边诸国往往是不对等的主从关系,[②] 并建构了中国与周边诸国的朝贡制度,及中国边区的羁縻府州、土司、藩部等制度。[③] 但比较儒家学者对"宾礼"的解释后,可知"宾礼"的制礼原则有二:一是不对等位阶的"朝贡礼",二是对等位阶的"客礼"。[④] 当中国强大时,与周边诸国是不对等位阶;当中国衰弱不振时,与周边诸国则采对等往来,允行"不臣之礼",[⑤] 但可借优礼外人的说法,维护皇帝作为"天子"的独尊地位。

清帝国为满族政权,不能像洪武皇帝那样标榜"驱逐胡虏,恢复中华",[⑥] 只能从文化的角度,界定"华"、"夷"、"天下"的范围,使清政府的"天下秩序"更具有弹性。[⑦] 例如,比较《大清通礼》与《清史稿》对"宾礼"的解释,可知清政府对"华"、"夷"

---

① 张启雄:《外蒙主权归属交涉(1911～1916)》,中研院近史所,1995,第9～19页;王立诚:《中国近代外交制度史》,甘肃人民出版社,1991,第2、7～9页。

② 蒋廷黻:《中国近代史大纲》,江苏教育出版社,2006,第4～5页;坂野正高:《近代中国政治外交史》,第64～65页。

③ 许倬云:《万古江河:中国历史文化的转折与开展》,中华书局,2006,第195页。

④ 从汉宣帝对待呼韩邪单于的例子,可知中国政教不及者,便是"敌体",可与中国对等往来,而敌国君主可行"客礼",不必尽行君臣之礼。见第一章第二节第二小节的讨论。

⑤ 班固:《汉书》卷七八,鼎文书局,1981,《萧望之传》,第3282页。

⑥ 《明太祖实录》卷二六,中研院历史语言研究所,1966,第402页,吴元年十月丙寅;吴晗:《朱元璋传》,百花文艺出版社,2001,第168页。

⑦ 萧敏如:《从华夷到中西:清代〈春秋〉学华夷观研究》,花木兰文化出版社,2009;罗志田:《民族主义与近代中国思想》,东大图书公司,1998,第32～34、83～90页。

的认定，采文化上的定义，并据双方势力消长，变动藩部、属藩、外国的认定标准，① 故清帝国的"边界"实有伸缩的空间，不是固定不变的。尤其从清帝国与周边诸国的往来关系，可知"朝贡礼"是清政府对待周边国家的主要原则，而"客礼"则是清政府用于不称臣纳贡者的权宜之计。② 后来，乾隆皇帝虽摒弃"客礼"，重回"朝贡礼"的单一路线，但用"互市制度"弥补了"天下秩序"的缺憾。由此可知，清代宾礼实有适应现实的弹性空间，这点可由清初与俄国往来情况得到印证。③

　　从"宾礼"的礼仪演绎，可知这些仪式的制定，虽大致根据《仪礼·觐礼》，彰显主客双方的身份和位阶，④ 但在款待外藩王公、属国国王、属国贡使的方式上却有内外之别、尊卑之分。清政府格外优待蒙古王公，其位阶同于内亲王，高于属藩国王，并在接待的仪节上，也凸显蒙古王公的身份不同于一般的臣属，蒙古王公可获得清帝亲自赏宴、赐酒、赐坐的优礼。同时，这些特殊待遇，也用于俄国使节团。为了解决准噶尔问题，康熙皇帝、雍正皇帝多以"客礼"款接俄国使节团，⑤ 解决中俄双方的觐礼之争。后来，当外国公使要求觐见同治皇帝时，左宗棠、曾国藩等人便援引康熙、雍正年间接待俄国使者之例，作为中国和"与国"对等往来的先例，⑥

---

① 如清帝国与喀尔喀蒙古互动的考察，可见第一章第一节表 1 - 1。

② 郑玄注，孔颖达疏《礼记注疏》卷六三《聘义》，第 1 ~ 3 页；徐美莉：《中国古代的客礼》，《孔子研究》2008 年第 4 期，第 97 ~ 104 页。

③ 陈维新：《清代对俄外交礼仪体制及藩属归属交涉（1644 ~ 1861）》，博士学位论文，"中国文化大学"政治学研究所，2005，第 65 ~ 148 页。

④ 关于清代宾礼的仪式，可见表 1 - 2、1 - 3、1 - 4、1 - 5 之整理。李无未：《中国历代宾礼》，北京图书馆出版社，1998，第 1 ~ 3 页；何伟亚：《怀柔远人：马嘎尔尼使华的中英礼仪冲突》，第 121 ~ 122 页。

⑤ 昭梿：《啸亭杂录·续录》卷二《本朝待外国得体》，第 431 页；陈康祺：《郎潜纪闻·初笔》卷一〇《国初与俄罗斯立约不强之修表纳贡》，第 222 页。

⑥ 宝鋆编《筹办夷务始末（同治朝）》卷五一，第 1794 号，第 2153 ~ 2154 页，同治六年十月二十五日左宗棠条说；卷五四，第 1833 号，第 2226 ~ 2227 页，同治六年十一月二十三日曾国藩奏议覆修约事宜折；卷九〇，第 2923 号，第 3626 页，同治十二年四月初五日李鸿章奏请斟酌时势权宜变通以定洋人觐见礼仪折。

并依据皇帝特别恩准贡使入殿、赐坐、赐茶、赏食的第三方案，作为同治君臣拟订"外国公使觐见礼"的基本原则。

当"宾礼体制"并行"朝贡礼"、"客礼"时，清帝国对外政策的弹性空间较大，可考虑敌我力量的强弱，再决定行"朝贡礼"还是"客礼"。当乾隆皇帝解决北疆问题后，遂摒弃"客礼"，只承认"朝贡礼"是"宾礼体制"的唯一方案。① 同时，清政府借"互市制度"，作为"朝贡礼"的补充方案。对不愿称臣、进表、纳贡的外洋诸国，清政府将之列为"化外"的"互市国"，只允许通商关系，不允许这些外来者与清政府有政治上的往来，这样就不需改动"宾礼体制"，并通过"互市国"的规范，将外洋之国归入"天下秩序"，解决外洋诸国不称臣纳贡的问题。

《天津条约》规定的"公使驻京"、"亲递国书"等事，对欧美各国实属平常，但对清政府来说，却变成无法接受的难题。若清政府接受这些要求，就等于承认"朝贡礼"无法适用于英、法、美、俄四国，将破坏"宾礼体制"的普遍性，也会动摇"天下秩序"的正当性基础。因此，《天津条约》签订后，桂良等人仍试图挽回"公使驻京"一款，无意履行。② 后来，英法联军攻下北京，清政府迫于情势，只好履行《天津条约》，同意"公使驻京"一款，并承认英、法、俄、美四国的"与国"身份，但咸丰皇帝仍不允诺"亲递国书"的要求，③ 不愿接见外国公使。由于英国政府重新调整对华政策，英国公使普鲁斯决定搁置"亲递国书"一款，④ 请觐递书的风

---

① 李齐芳：《清雍正皇帝两次遣使赴俄之谜——十八世纪中叶中俄关系之一幕》，《中央研究院近代史研究所集刊》第 13 期，1984 年 6 月，第 39~62 页；柳泽明：《1768 年の"キャフタ条約追加条項"をめぐる清とロシアの交渉について》，《東洋史研究》第 62 卷第 3 期，2003，第 18~33 页。

② 贾桢编《筹办夷务始末（咸丰朝）》卷二七，第 1055 号，第 982 页，咸丰八年五月十八日桂良等奏对外不可战者五端折；卫三畏：《中国总论》，第 1056~1058 页。

③ 中国第一历史档案馆编《咸丰同治两朝上谕档》第一〇册，第 1774 号，第 611 页，咸丰十年十月初一日。

④ 矢野仁一：《近世支那外交史》，弘文堂书房，1940，第 597~598 页。

波才暂告结束。直到同治皇帝亲政后，"外国公使觐见礼"的问题才再度引发争议。

　　清政府虽设立总理各国事务衙门，改变原有的对外交涉体制，但从总理各国事务衙门、五口通商大臣、三口通商大臣的职权与运作，可知清政府的涉外体制仍不脱"督抚外交"的旧框架，无法满足外国公使对"平行往来"的期待。尤其是咸丰皇帝刻意压制总理衙门的权限，让总理衙门只是临时机构，仍由礼部总管清帝国对外交涉。[①] 咸丰皇帝压制总理衙门的原因，即坚持"朝贡礼"仍是"宾礼"的唯一方案，不愿改变"宾礼体制"原有的运作机制。[②] 可是，限于《天津条约》的约束，咸丰皇帝就算尽力维持"朝贡礼"的运作形式，仍是徒劳，清政府无法再用"朝贡礼"规范外国公使。在不损及皇帝权威的前提下，总理衙门必须另筹办法，让中国官民接受外国公使不行"跪拜礼"的情况。

　　为了履行《天津条约》里"亲递国书"的条款，总理衙门只能同意公使请觐的要求，但主张"礼"与时变易，不用拘泥"朝贡礼"的成例，[③] 还征求地方督抚的意见，承认欧美诸国是"敌体"，清政府可对等往来。总理衙门也借《聘盟日记》的刊刻，强调康熙皇帝赐坐、赐果、赐茶、赐酒，俄国使者伊台斯以"西洋礼"谢恩的细节，[④] 提供"客礼"的历史依据，合理化外国公使行"鞠躬礼"的方案。总理衙门重新诠释"敌体"与"客礼"的目的，即通过"客礼"与"朝贡礼"并行，承认欧美各国为敌体之国，让"宾礼

---

①　贾桢编《筹办夷务始末（咸丰朝）》卷七二，第 2753 号，第 2691～2692 页，咸丰十年十二月初十日上谕；第 2754 号，第 2693 页，廷寄。

②　台北"故宫博物院"编《宫中档咸丰朝奏折》第二八辑，台北"故宫博物院"，1990，馆藏号：510－740，第 433 页下～435 页下，咸丰十年十二月十三日；李兆祥：《近代中国外交转型的初步展开（1861～1900）》，中国社会科学出版社，2008，第 90 页。

③　宝鋆编《筹办夷务始末（同治朝）》卷五○，第 1770 号，第 2124～2125 页，同治六年九月十五日总理衙门条说六条。

④　雅兰布：《聘盟日记》，第 1824 页；伊兹勃兰特·伊台斯等撰《俄国使团使华笔记（1692～1695）》，第 210 页。

体制"具有自行修复的弹性。如此,清政府可援引"客礼",作为
"外国公使觐见礼"的制礼原则,并借"优礼外人"的名义,允许
外国公使行"鞠躬礼",让清政府能自圆其说,不会破坏"天下秩
序"的正当性。

清政府虽援引"客礼",制订了"外国公使觐见礼",但中外双
方仍为了"名分"的问题,争执不已。在外国公使的压力下,清政
府仍坚持中外关系是对等往来,以为皇帝与外国元首居对等位阶,
故外国公使应向皇帝行臣礼,不得与皇帝平起平坐。但外国公使认
为,中外关系是平等往来,公使乃国家元首的代表,自然不可向皇
帝行臣礼。可以说,总理衙门虽利用"客礼"的暧昧性,得将外国
公使行"鞠躬礼"之事,重新诠释为皇帝优礼外人,成功解决了
"外国公使觐见礼"的问题,也暂时解决了公使是否为皇帝臣属的问
题,但"客礼"的暧昧不明,也让中外双方都有了各自诠释的空间,
使"外国公使觐见礼"始终是中外往来的冲突点。

经考察"外国公使觐见礼"的更定过程,可知外国公使行
"鞠躬礼"之事,并不代表清政府接受了西式外交礼仪。借由
"客礼"概念的再提出,"鞠躬礼"与"跪拜礼"已不是问题之所
在。清政府利用觐见地点、行进路线、问答转译、国书呈递的安
排,凸显皇帝与公使的君臣之分,外国公使被套上了"客臣"的
名分,并暗示"外国公使觐见礼"只是皇帝优待外使的手段,遂
保有皇帝作为"天子"的独尊地位,借以安排欧美各国在"天下
秩序"的位置。由此可知,清政府为了"外国公使觐见礼"的问
题,做了许多努力,其用意即让外国公使接受"名分秩序"的原
则,并以"天下秩序"包容欧美各国与中国的对等关系,稳固皇
权的正当性基础。

同治十二年"外国公使觐见礼"的交涉,总理衙门虽允许外国
公使行"鞠躬礼",但借由"客礼"的再提出,使同治年间的"公
使请觐"并未动摇"宾礼体制",反而将"外国公使觐见礼"纳入
"宾礼体制",维持了"天下秩序"的正当性。特别的是,从总理衙门

与日本大使副岛种臣的辩论，可知日本虽已改从西制，但日本与中国
交涉时，仍未完全抛开"名分秩序"的原则，故日使副岛先以西式外
交惯例，主张"大使"的身份高于"公使"，要求比各国公使先班觐
见，再引据春秋时期的诸侯交聘，要求向皇帝行"三揖礼"，以有别
于欧美各国公使的"五鞠躬礼"。或许可以说，相较于清政府面对
"国际法"的左支右绌，日使副岛显然更懂得利用"国际法"与"宾
礼"的灰色地带，借"公使请觐"之事，挟制总理衙门，让清政府几
乎没有回旋的空间，只好同意副岛提出的觐礼方案。

　　比较同治十二年与光绪十七年《申报》对"公使请觐"的报
导，其解释与总理衙门的说法大致雷同，可知总理衙门提出的"客
礼"概念，更多赋予了"外国公使觐见礼"皇帝施恩、优礼外人的
意义，"公使请觐"遂能顺利举行，"外国公使觐见礼"也能得到部
分士人的认同。不过，同治、光绪两朝的《申报》，对日本、欧美诸
国的政治身份，各有不同看法。同治十二年《申报》不谈《天津条
约》等条款的限制，仍将西洋诸国定位为"永为通商之邦"，① 以为
西洋诸国"岂有干预中国政事之理，但求通商之事"，② 暗示西洋诸
国如同过去的互市国，借以回避西洋诸国与中国的政治关系。《申
报》主张西洋诸国适用"客礼"，不必强行"跪拜礼"，③ 并强调皇
帝恩赐的特殊性，让"鞠躬礼"不再是否定"朝贡礼"的仪式，反
而被纳入"宾礼体制"众多仪式的一环，成为皇帝施恩远人的优待
之举，让同治皇帝仍是"天下秩序"的顶点。④ 此外，同治十二年
《申报》强调日本是亚洲之国，引据日本与中国同文同俗、曾受中国

① 《申报》第三册，第361号，《述西友论觐见事》，第5页，同治十二年六月初八日。
② 《申报》第三册，第361号，《述西友论觐见事》，第5页，同治十二年六月初八日。
③ 《申报》第六册，第826号，《论中西风俗之异》，第9页，同治十三年十一月廿七日。
④ 《申报》第三册，第361号，《翻译天津邮寄西字新报四则》，第5页，同治十二年六月初八日。

册封之故事，主张日使副岛应行"跪拜礼"，不得适用异文异俗的西式礼仪。因此，《申报》大肆批评日使副岛诡行霸术，有挑衅中国之意，甚至还先后矛盾，刊出日使副岛等人向同治皇帝行"跪拜礼"的报导。

相较于同治十二年的觐事报导，光绪十七年《申报》不再纠结于"外国公使觐见礼"的仪节问题，并承认西洋诸国和日本皆为中国"与国"，不再将其视为"通商之邦"或"同文同俗之国"，可见光绪朝的传统士人已接受"客礼"的说法，对外态度不但不像同治朝那样暧昧，更能接受这些国家与中国对等往来，而且还强调中国对新疆、蒙古等地的直接统治权，及中国与朝鲜的主从关系，借以强化清帝国对外藩、属国的控制力，不愿落人口实，重蹈丧失琉球、越南的覆辙。不过，光绪年间的中国士人虽接受中国与外国对等往来的现实，但仍强调"客礼"的特殊性，维持皇帝的至尊地位，并认为清政府不必恪守成例，其对外关系可依"时势"的变化相应调整，避免利权的丧失。

表面上，《中外往来仪式节略》的制定，[①] 看似落实了英使威妥玛追求的"平行往来"，提升了外国领事和传教士的地位，但实际上，同样延续了"客礼"的思考脉络，作为皇帝怀柔远人的表现，并依照"名分秩序"对应中外双方官员的身份、品阶，其款接礼节则对应"京官相见礼"和"直省文武官相见礼"。[②] 由此可见，清政府也利用"客礼"概念，作为中外往来仪节的制礼原则，即中外官员的往来仪式可以"优礼外人"为名义稍作变通。但在变通仪式的同时，清政府也可坚持"宾礼"的等差原则，明定中外官员的身份、位阶及其相应仪节，[③] 试图让外国驻华官员能按照"名分秩序"，遵守中国的礼法。不过，《中外往来仪式节略》虽已规范了中外官

①　田涛主编《清朝条约全集》卷二，第629页；《总理衙门致英国照会节录·中外往来仪式节略》，第377页，1880年11月13日（光绪六年十月十一日）。
②　席裕福纂《皇朝政典类纂》卷四八七《外交二十三》，第12页 a～12 页 b。
③　席裕福纂《皇朝政典类纂》卷四八七《外交二十三》，第11页 b。

员往来的相关仪节，但未必能彻底落实。一旦地方督抚不愿配合，总理衙门亦无权惩戒，[1]各国公使往往徒呼奈何，自行了结，与公使团希望"平行往来"的目标仍有差距。

光绪皇帝亲政后，各国公使团要求清政府随时召见外国公使，重新拟订"外国公使觐见礼"，并强调觐见地点必须更改，不可再在紫光阁，觐礼之争再度发生。光绪十七年、十八年、二十年"公使请觐"的觐见礼之争，其仪节皆由总理衙门主动调整，[2] 显示了"客礼"的弹性空间。公使团虽不满意总理衙门的让步，但总理衙门却能利用各国公使团的内部矛盾，[3] 得维持在承光殿觐见的方案。后来，即使清政府亟须欧美各国的调停，也仍坚持不在太和殿觐见的底线，只将觐见地点改在文华殿，[4] 让各国公使进出宫殿时，特享状元传胪的待遇。[5] 不过，作为在紫禁城请觐递书的交换条件，各国公使团同意将"五鞠躬礼"增至"七鞠躬礼"。[6] 由于"鞠躬礼"提高了行礼次数，让清政府能利用"七鞠躬礼"向中国臣民解释：因各国公使崇敬皇帝，皇帝遂恩赐在紫禁城召见。换言之，在"客礼"概念下，各国公使始终被当作天子的"客臣"，无法与皇帝平起平坐。[7]

---

① 王彦威、王亮编《清季外交史料》卷六六，第15页b~16页a，光绪十二年四月十四日总署致张之洞请坦然接见白领事最为得体电。

② 陈湛绮编《晚清外交会晤并外务密启档案汇编》第五册，第2002~2003页，光绪十七年十二月初五日两点钟德使巴兰德偕参赞师特恩博、翻译葛尔士来署。

③ 中国第一历史档案馆编《清代军机处电报档汇编》第六册，第1850号，第775页，光绪十七年十一月十一日发出使俄国大臣许景澄电。

④ 中国第一历史档案馆编《清代军机处电报档汇编》第十一册，第99号，第149页，光绪二十年十月十一日收出使法国大臣龚照瑗电；施阿兰：《使华记：1893~1897》，第33~36页。

⑤ 翁同龢：《翁同龢日记》第五册，第2750页，光绪二十年十月十五日。

⑥ 军机处：《军机处档·光绪二十年十月十五日各国使臣呈递国书礼节单》，《文献丛编》上册，第533页。

⑦ 现时，在外交拜访场合，外国公使仍不完全与国务院总理平起平坐，仍有大国、小国之别，位阶高低之分。但这样的安排不是出自"名分秩序"的考虑，而是依据西方外交礼仪的使节位阶、待遇等规定，故中外双方不会有孰为君孰为臣的冲突。两者的行动看似相同，但其象征意义和思想基础完全不相同。

甲午战争后，各国瓜分之势起，清政府的外交处境更为艰困。为此，光绪皇帝欲推动变法，并改革清政府对外交涉的惯例，让光绪二十四年亨利亲王觐见礼的问题不只是礼仪问题，更成为保守派的口实，间接引发了帝后相争的政潮，让觐见礼的问题更形复杂。① 亨利亲王觐见礼的仪节，皆有违先例，让保守派大感惊骇。② 尤其是光绪皇帝欲参酌中西礼制、变更觐见礼的改革，等于承认外国公使不再适用"宾礼"，无异是放弃"宾礼"的普遍性，也让清政府很难再用"客礼"解释"外国公使觐见礼"的特殊性，将动摇"天下秩序"的正当性基础。可以说，光绪皇帝的觐礼改革，虽获得公使团的认同，但在保守派人士看来，如同背弃祖宗，破坏礼法，让慈禧太后得利用礼仪问题，赢得保守派的支持，间接促成戊戌政变的发生。③

八国联军占领北京后，各国公使团趁机提出要求，欲一举解决争论多年的"外国公使觐见礼"问题，其提出的觐见礼方案，即比照欧美国家接待公使的习惯，要求皇帝立受国书，设宴款待，并要求清政府让各国公使皆可享受皇帝舆轿的规格，显示公使与皇帝平起平坐，用以挫败清政府的尊严。④ 对清政府来说，一旦同意公使团的方案，"客礼"再也无法充当"中礼"与"西礼"的缓冲，皇帝与公使的位阶问题也没有灰色地带，必须正视"宾礼体制"与西式外交礼仪的抉择。更糟的是，若根据"名分秩序"的原则，一旦皇帝与公使平起平坐，将降格为外国君主的"客臣"，中国反而变成外国的属藩。因此，全权代表奕劻、李鸿章坚不允行，并成功挽回太和殿觐见、乘坐黄轿、乾清宫阶前降舆三

---

① 张荫桓：《张荫桓日记》，第526页，光绪二十四年闰三月初九日；王庆保：《驿舍探幽录》，收入张荫桓《张荫桓日记》，第571~572页。

② 翁同龢：《翁同龢日记》第六册，第3108页，光绪二十四年三月十三日。

③ 苏继祖：《清廷戊戌朝变记》，第14、31页。

④ 《总理各国事务衙门档案·辛丑议约》，档案号：01-14-032-05-001，《请更改觐见礼节由》，光绪二十七年三月初一日日国公使葛照会，中研院近史所藏。

节，①让外国公使仍是皇帝的"客臣"，不致出现君臣逆位的状况。

　　醇亲王载沣使德的觐见礼问题，同样也引发"宾礼"的合理性危机。为了折辱中国体面，德皇仿照清政府接待外国公使的仪节，拟订载沣使节团的觐见礼方案，并要求载沣使节团的随员向德皇行"跪拜礼"。出使德国大臣吕海寰虽提出了"请安礼"的替代方案，但都无济于事。②幸好，当时德国的舆论批评德皇失礼中国，又有德国官员司根德的劝诫，德皇终于不再坚持中国使员行"跪拜礼"。③不过，载沣使节团在德国受辱之事，让许多士人不满清政府一味软弱，无法保全国体，并批评所谓的"公法"只适用于欧美强国，像中国这样的弱国只能任人鱼肉，毫无外交可言。

　　《辛丑和约》签订后，清政府大致遵守《辛丑和约》附件十九的规定，还主动召见公使、公使夫人，刻意向各国公使团示好，让各国公使相当满意，深感中外关系已达一新里程碑。④从外国公使觐见皇帝、太后的过程，可知清政府最多只接受皇帝与各国元首平等的底线，并通过摈者转译的方式，区隔皇帝与公使的君臣位阶，⑤希

---

① 《总理各国事务衙门档案·辛丑议约》，档案号：01-14-032-05-002，《辩驳觐见礼节由》，第1~2页，光绪二十七年三月初一日致日国公使葛说帖，中研院近史所藏；档案号：01-14-032-05-005，《再驳觐见礼节》，第1~2页，光绪二十七年三月二十四日给日国公使葛照会，中研院近史所藏；档案号：01-14-032-05-007，《觐见礼节通融办理请转商见复由》，第1~2页，光绪二十七年五月初九日给日国公使葛照会，中研院近史所藏。

② 小池求：《一九〇一年のドイツへの清朝"謝罪使"の派遣："謝罪使"観と謁見儀礼問題を中心に》，《史學雜誌》第118卷第9期，2009年9月，第1622~1623頁。

③ 《总理各国事务衙门档案·辛丑议约》，档案号：01-14-027-02-074，《函述醇邸到德与外部辩论礼节并接见呈递国书日期各节希代回堂由》，第5、6页，光绪二十七年十月初一日出使德国大臣吕海寰致外务部函，中研院近史所藏。

④ 广西师范大学出版社编《中美往来照会集（1846~1931）》第九册，第312号，第411页，光绪二十七年十二月二十三日各国使臣夫人觐见单；那桐：《那桐日记（1890~1925）》上册，第413页，光绪二十七年十二月二十三日；萨拉·康格：《北京信札》，《致我们的女儿》，第184页，1902年3月14日。

⑤ 《申报》第七〇册，第10355号，《外臣奏对》，第251页，光绪二十八年正月十一日；第10374号，《群纪各国使臣命妇觐见》，第365页，光绪二十八年正月三十日。萨拉·康格：《北京信札》，《致我们的女儿》，第184页，1902年3月14日。

望能维持皇帝作为"天子"的至尊地位。不过，外务部已不再像过去那样用"名分秩序"解释中外往来礼节，而是依据"国际法"，竭力维护中国主权，甚至反过来要求英国公使遵行平等国交，避免印度总督矮化中国驻藏大臣。由此可知，《辛丑和约》签订后，清政府仍在形式上维持皇帝的权威，[①] 但对外交涉的相关仪节，已改行西式外交礼仪，并借由"国际法"的惯例，利用条约去约束外国官民的行动，以挽回中国的利权。

通过中国官民对西式礼仪的讨论，可知自《辛丑和约》签订后，中国官民对西式礼仪的看法已有根本性的改变。同治年间，士人多以为中礼优于西礼，批评西礼太过简略，不足以彰显君主的权威；但到了光绪年间，若干士人以为西礼有三代之遗风，君臣可通达上下之情，还有人呼吁清政府变通礼制，废除"跪拜礼"，否则难以恢复中国自主之权。以"外国公使觐见礼"为契机，中国官民有机会比较中礼、西礼的差异，开始有接受西礼的思想变化。

外务部以西式外交礼仪作为中国款接公使的仪节后，传统士人已不再反对，反而以为是中外修好的办法。与此相应的结果是，清政府新设礼学馆，试图改革宾礼、学礼、军礼及民间礼俗，并废除礼部，改设典礼院，只负责一般典礼事务。至此，清政府的"宾礼体制"才算是完全结束。可惜的是，清政府虽参酌中西礼制，欲制定中国的新礼制，但因宣统皇帝（1906～1967，1908～1912在位）很快就退位让国，这些努力也半途而废，戛然而止，让我们无从了解清政府将如何在中礼、西礼之间，保留"天下秩序"的理念，维护皇权的正当性。

通过对"外国公使觐见礼"的考察，我们得知从"宾礼"到"礼

---

① 例如《外交报》和《申报》仍将外国公使觐见之事视为皇帝优待外人的表现。张元济主编《外交报汇编》第二一册《外臣入觐》，第75页；《礼遇外人》，第122页；《优礼外人》，第172页；《优礼外人》，第238页；《优礼日本亲王》，第378页。《申报》第七〇册，第10335号，《入觐有期》，第133页，光绪二十七年十二月十四日；第10336号，《万国来见》，第139页，光绪二十七年十二月十五日；第10342号，《外臣燕见》，第175页，光绪二十七年十二月廿一日。

宾"的改变并非一蹴而成的，也不是全出于外国公使的逼迫。清政府
面对外来刺激时，并不是一味委曲求全，全盘接受西方的制度，而是
中国内部自有其转换的机制。经本书对"朝贡礼"过渡到"客礼"的
讨论，可知礼仪的改变不只是外在形式上的变革，更有内在观念的调
整。当"朝贡礼"不行于西洋诸国后，清政府从历史先例中寻得一传
统的符号，用以重组新的涉外体制。因此，清政府援引了"客礼"概
念，作为中礼与西礼的过渡礼仪，也是"天下秩序"与"国际法关
系"的思想衔接，让清政府仍可维护皇帝作为"天子"的权威。

在国力日衰的情况下，清政府维持"天下秩序"的努力终究徒
劳，逐渐了解到"天下秩序"无法包容中国与欧美各国的关系，而
"名分秩序"的等差原则也很难用来约束外国官民的行动，往往让清
政府与外国公使屡生龃龉，其冲突集中在"外国公使觐见礼"的仪
节问题。可以说，中外争执"外国公使觐见礼"的肇因，不在"跪
拜礼"的行礼与否，而在于清政府拟订"外国公使觐见礼"的制礼
原则，即皇帝是"天下秩序"的顶点，而中国则是"天下秩序"的
单一核心，这自然与"国际法"的主权平等观格格不入，难以融合。

《辛丑和约》签订后，清政府改用西式礼仪款接各国公使，从外务
部接待外国公使、中国公使与外国往来的例子，可知清政府无法再以
"天下秩序"包容欧美各国与中国的关系，"西礼中用"已是不可避免的
趋势。是故，外务部不再将"名分秩序"作为涉外礼仪的制礼原则，并
去除了"外国公使觐见礼"的象征意义，让"宾礼"逐渐走入历史。不
过，"宾礼"的礼仪形式虽不再保留，但在思想上仍保留了等差原则与
名分观念，并深深影响了民国以后的外交思想，如上国与主国之分，正
统与伪政权的名分之争。这可从中国现代外交史的研究成果得到佐证。①
本书限于时间断限，无法兼论，有待日后再做探讨。

---

① 张启雄：《外蒙主权归属交涉（1911~1916）》，第 124~125、191~235、270~
303 页；"蒙藏委员会"影印《民国以来中央对蒙藏的政政》，台北"蒙藏委员
会"，1971，第 27~36、38~42 页；冯明珠：《近代中英西藏与川藏边情》，台北
"故宫博物院"，1996，第 307~456 页。

征引书目

（一）档案史料

1. 《内阁部院档诏书：同治亲政诏》，档案号：301000037，同治十二年正月二十六日，台北"故宫博物院"藏。

2. 《外务部档·出使设领》，档案号：02-12-026-01-017，光绪三十四年十二月初三日外务部收驻和陆大臣信，中研院近代史研究所藏。

3. 《外务部档·出使设领》，档案号：02-12-042-03-030，光绪三十四年十一月初六日外务部收出使日本李大臣出使日本胡大臣信，中研院近代史研究所藏。

4. 《外务部档·西藏档》，档案号：02-16-003-04-021，《印督据见前使希商定相见礼节由》，光绪三十三年六月二十七日外务部收查办西藏大臣张荫棠电，中研院近代史研究所藏。

5. 《外务部档·驻美使馆保存档案》，档案号：02-23-001-01，《总理衙门改外务部》，光绪二十七年六月初九日，中研院近代史研究所藏。

6. 《外务部档·驻美使馆保存档案》，档案号：02-23-003-13，《典礼院官制案》，宣统三年闰六月初二日，中研院近代史研究所藏。

7. 《外交部·外交杂卷》，档案号：020000034502A，台北"国史馆"藏。

8. 《外交部·礼宾司贺函杂卷》，档案号：020000005676A，台北"国史馆"藏。

9. 《外交部·礼宾司贺函杂卷》，档案号：020000005677A，台北"国史馆"藏。

10. 《外交部·机票定座单签证》，档案号：020000039579A，台北"国史馆"藏。

11. 《外交部·驻外使领馆报告》，档案号：020000034541A，台北"国史馆"藏。

12. 《总理各国事务衙门档案》，档案号：01-12-016-01，德人领他国护照经公使领事指明中国官仍不予盖印德义各国自发教士护照，光绪十四年九月，中研院近代史研究所藏。

13. 《总理各国事务衙门档案》，档案号：01-12-028-04-030，法国司达尼一名前往正定护照盖印由，同治元年九月二十四日，中研院近代史研究所藏。

14. 《总理各国事务衙门档案》，档案号：01-21-009-02-004，布使欲来驻京未届年限不应遽给护照，同治三年三月十八日，中研院近代史研究所藏。

15. 《总理各国事务衙门档案·一般交涉》，档案号：01-34-007-03-025，《函述汉口奸人刊刻各国觐见小本私书抄录原文请设策挽救由》，同治十二年十月二十四日英国公使威妥玛致总署函，中研院近代史研究所藏。

16. 《总理各国事务衙门档案·一般交涉》，档案号：01-34-007-03-026，《函述汉口奸人刊刻各国觐见小本私书抄录原文请设策挽救由》，同治十二年十月二十四日美国副使卫廉士致总署函，中研院近代史研究所藏。

17. 《总理各国事务衙门档案·一般交涉》，档案号：01-34-007-03-027，《函述前各国觐见一事因各省有无名揭帖请消弭由》，

同治十二年十月二十四日德国署使和立本致总署函，中研院近代
史研究所藏。

18. 《总理各国事务衙门档案·一般交涉》，档案号：01 - 34 - 007 -
03 - 028，《函述前各国觐见一事因各省有无名揭帖请消弥由》，
同治十二年十月二十四日法国公使热福理致总署函，中研院近代
史研究所藏。

19. 《总理各国事务衙门档案·一般交涉》，档案号：01 - 34 - 007 -
03 - 029，《函述前各国觐见一事因各省有无名揭帖请消弥由》，
同治十二年十月二十四日俄国署使凯阳德致总署函，中研院近代
史研究所藏。

20. 《总理各国事务衙门档案·边防界务》，档案号：01 - 17 - 047 -
01 - 017，中研院近代史研究所藏。

21. 《总理各国事务衙门档案·各国使领》，档案号：01 - 15 - 010 -
03 - 010，《坚领事辩论相见礼节一案现据威使函知抄录来往信件
知照由》，同治九年三月二十七日总署致湖广总督李鸿章文，中
研院近代史研究所藏。

22. 《总理各国事务衙门档案·条约》，档案号：01 - 21 - 055 - 02 -
001，《北洋大臣咨送新闻纸据江海关呈送新闻纸内载有各国请
觐一事由》，同治十一年六月初四日北洋大臣李鸿章致总署咨
文，中研院近代史研究所藏。

23. 《总理各国事务衙门档案·辛丑议约》，档案号：01 - 14 - 027 -
02 - 01 - 75，中研院近代史研究所藏。

24. 《总理各国事务衙门档案·辛丑议约》，档案号：01 - 14 - 032 -
05 - 001 - 018，中研院近代史研究所藏。

25. 《总理各国事务衙门档案·颁发各国条约》，档案号：01 - 21 -
030 - 06 - 001，《请将条约中游历传教洋人与地方官相见礼》，
光绪二十四年八月初五日山东巡抚张汝梅致总署文，中研院近代
史研究所藏。

26. 《总理各国事务衙门档案·胶澳档案》，档案号：01 - 26 - 003 -

01－043，中研院近代史研究所藏。

27. 《蒋中正总统文物档·交拟稿件》，档案号：002000000919A，《蒋中正致国民政府军事委员会商主任》，民国三十年十月四日，台北"国史馆"藏。

28. Great Britain, Foreign Office, Embassy and Consular Archives, China, Papers in the Chinese Language（F. O. 682）.

29. Great Britian, Foreign Office, China, Confidential Print, 1848－1937（F. O. 405）.

30. 赤崎桢幹：《琉客谭记》，档号：ル0501250，早稻田大学图书馆藏。

31. 荣禄：《荣文忠公集》，抄本，图书登录号：336766，中国社会科学院近代史研究所资料室藏。

32. 《礼志·宾礼》，档案号：206000243，清史馆本，台北"故宫博物院"藏。

33. 《大清国礼志·宾礼志》，档案号：206000218，清国史馆本，台北"故宫博物院"藏。

34. 《大清国礼志·宾礼志》，档案号：206000219，清国史馆本，台北"故宫博物院"藏。

35. 《大清国礼志·宾礼志》，档案号：206000309，清国史馆本，台北"故宫博物院"藏。

36. 《传包 702002419 号》，清国史馆档，台北"故宫博物院"藏。

（二）出版史料

1. 中研院近代史研究所：《中美关系史料：光绪朝》，中研院近代史研究所，1988。

2. 中研院近代史研究所：《中美关系史料：同治朝》，中研院近代史研究所，1968。

3. 中研院近代史研究所：《中美关系史料：嘉庆、道光、咸丰朝》，中研院近代史研究所，1968。

4. 中研院近代史研究所编《四国新档》，中研院近代史研究所，1986。

5. 《中国外交年鉴（1933年）》，张研、孙燕京主编《民国史料丛刊》第938册，大象出版社，2009。

6. 《国民政府年鉴（第二回）》，张研、孙燕京主编《民国史料丛刊》第933册，大象出版社，2009。

7. 《清实录》，中华书局，1986。

8. 丁韪良：《中国觉醒：国家地理、历史与炮火硝烟中的变革》，沈弘译，世界图书出版公司，2010。

9. 丁韪良：《花甲忆记：一位美国传教士眼中的晚清帝国》，沈弘等译，广西师范大学出版社，2004。

10. 于敏中等编《钦定日下旧闻考》，北京古籍出版社，1983。

11. 万青黎等修《（光绪）顺天府志》，《地方志人物传记资料丛刊（华北卷）》，北京图书馆出版社，2002年据清光绪十二年刻本影印。

12. 上海大学法学院等编《钦定理藩院则例》，天津古籍出版社，1998年据光绪十六年版本。

13. 上海申报馆编《申报》，上海书局，1982～1987年据上海图书馆藏原报影印。

14. 上海商务印书馆编译所编纂《大清新法令（1901～1911）》，王兰瓶、马冬梅点校，商务印书馆，2010。

15. 广西师范大学出版社编《中美往来照会集（1846～1931）》，广西师范大学出版社，2006。

16. 卫三畏：《中国总论》，陈俱译，上海古籍出版社，2005。

17. 马国贤：《清廷十三年：马国贤在华回忆录》，李天纲译，上海古籍出版社，2008。

18. 王之春：《清朝柔远记》，中华书局，1989。

19. 王文韶：《王文韶日记》，袁英光整理，中华书局，1989。

20. 王延熙、王树敏辑《皇清道咸同光奏议》，沈云龙编《近代中国史料丛刊》第 331 册，文海出版社，1969。

21. 王钟翰：《清史列传》，中华书局，1987。

22. 王彦威、王亮编《清季外交史料》，沈云龙编《近代中国史料丛刊三编》第 11～17 册，文海出版社，1985。

23. 王韬：《弢园文录外编》，上海书店出版社，2002。

24. 天津市档案馆编《三口通商大臣致津海关税务司札文选编》，天津人民出版社，1992。

25. 瓦德西：《瓦德西拳乱笔记》，王光祈译，中华书局，2009。

26. 《（光绪朝）清会典事例》，中华书局，1991 年据光绪二十五年石印本影印。

27. 中国史学会编《义和团》，上海人民出版社，1957。

28. 中国史学会编《洋务运动》，上海人民出版社，1961。

29. 中国史学会编《第二次鸦片战争》，上海人民出版社，1978。

30. 中国社会科学院历史研究所编《清史资料》，中华书局，1980。

31. 中国社会科学院近代史研究所编《义和团史料》，中国社会科学出版社，1982。

32. 中国第一历史档案馆、文化部恭王府管理中心编《清宫恭王府档案总汇：奕䜣密档》，国家图书馆出版社，2008。

33. 中国第一历史档案馆编《戊戌变法档案史料》，中华书局，1962。

34. 中国第一历史档案馆编《光绪帝起居注》，广西师范大学出版社，2007。

35. 中国第一历史档案馆编《光绪宣统两朝上谕档》，广西师范大学出版社，1996。

36. 中国第一历史档案馆编《光绪朝朱批奏折·外交》，中华书局，1996。

37. 中国第一历史档案馆编《英使马戛尔尼访华档案史料汇编》，国际文化出版公司，1996。

38. 中国第一历史档案馆编《咸丰同治两朝上谕档》，广西师范大学出版社，1998。

39. 中国第一历史档案馆编《清代军机处电报档汇编》，中国人民大学出版社，2005。

40. 中国第一历史档案馆编《清代档案史料丛编》第13辑，中华书局，1990。

41. 中国第一历史档案馆编《清初内国史院满文档案译编》，光明日报出版社，1989。

42. 中国第一历史档案馆编《雍正朝满文朱批奏折全译》，黄山书社，1998。

43. 中国第一历史档案馆整理《康熙起居注》，中华书局，1984。

44. 文庆等编《筹办夷务始末（道光朝）》，沈云龙编《近代中国史料丛刊》第551册，文海出版社，1970。

45. 方浚师：《退一步斋文集》，沈云龙编《近代中国史料丛刊》第396册，文海出版社，1969。

46. 允禄等修《大清会典（雍正朝）》，沈云龙编《近代中国史料丛刊三编》第761～790册，文海出版社，1994～1995。

47. 允禄等修《皇朝礼器图式》，广陵书社，2005。

48. 扑笛南姆·威尔：《庚子使馆被围记》，沈云龙编《近代中国史料丛刊》第732册，陈贻先、陈冷汰译，文海出版社，1972。

49. 布立赛：《1860：圆明园大劫难》，高发明等译，浙江古籍出版社，2005。

50. 平步青：《霞外捃屑》，《续修四库全书·子部杂家类》第1163册，上海古籍出版社，2002。

51. 北京大学历史系中国近代史教研室编《义和团运动史料丛编》，中华书局，1964。

52. 申时行等修《大明会典》，广陵书社，2007。

53. 外务省：《日本外交文书：明治期》，日本国际连合协会，1949～1963。

54. 包文汉整理《清朝藩部要略稿本》，黑龙江教育出版社，1997。

55. 尼古拉·班蒂什－卡缅斯基编著《俄中两国外交文献汇编（1619～1792）》，中国人民大学俄语教研室译，商务印书馆，1982。

56. 台湾开明书店：《断句十三经》，台湾开明书店，1991。

57. 托津编《钦定理藩院则例》，《故宫珍本丛刊》第 299～300 册，海南出版社，2001 年据清道光二十二年官刻本影印。

58. 托津纂修《钦定大清会典（嘉庆朝）》，沈云龙编《近代中国史料丛刊三编》第 64～69 册，文海出版社，1987。

59. 托津纂修《钦定大清会典事例（嘉庆朝）》，沈云龙编《近代中国史料丛刊三编》第 70 册，文海出版社，1987。

60. 朴容大：《增补文献备考》，古典刊行会，1958。

61. 权赫秀：《近代中韩关系史料选编》，世界知识出版社，2008。

62. 吕海寰：《吕海寰往来电函录稿》，沈云龙编《近代中国史料丛刊三编》第 573～575 册，文海出版社，1990。

63. 吕海寰：《吕海寰奏稿》，沈云龙编《近代中国史料丛刊三编》第 571～572 册，文海出版社，1990。

64. 吕海寰：《庚子海外纪事》，沈云龙编《近代中国史料丛刊》第 46 册，文海出版社，1966。

65. 朱寿朋编《光绪朝东华录》，中华书局，1958。

66. 朱保炯、谢沛霖编《明清进士题名碑录索引》，上海古籍出版社，2004。

67. 仲芳氏：《庚子记事》，中华书局，1978。

68. 伊兹勃兰特·伊台斯、亚当·勃兰德：《俄国使团使华笔记（1962～1965）》，北京师范学院俄语翻译组译，商务印书馆，1980。

69. 伊桑阿纂修《大清会典（康熙朝）》，《近代中国史料丛刊三编》第 711～730 册，文海出版社，1992～1993 年据清康熙二十九年序刊本景印。

70. 庄吉发译《清代准噶尔史料初编》，文史哲出版社，1983。

71. 庄建平主编《近代史资料文库》，上海书店出版社，2009。

72. 刘大鹏：《退想斋日记》，乔志强标注，山西人民出版社，1990。

73. 刘民声等编《十七世纪沙俄侵略黑龙江流域史资料》，黑龙江教育出版社，1992。

74. 刘声木：《苌楚斋随笔续笔三笔四笔五笔》，中华书局，1998。

75. 刘体智：《异辞录》，中华书局，1997。

76. 刘昫：《旧唐书》，鼎文书局，1981。

77. 刘锦藻：《清朝续文献通考》，台湾商务印书馆，1987。

78. 江繁：《四译馆考》，《四库全书存目丛书·史部政书类》第 272 册，庄严文化出版公司，1996。

79. 汤震：《危言》，《晚清四部丛刊第二编》子部第 62 册，文听阁图书，2010 年据光绪十六年刻本影印。

80. 军机处：《光绪军机处事由档录要》，北京大学编《北京大学图书馆藏稿本丛书》第 16 册，天津古籍出版社，1991。

81. 许指严：《十叶野闻》，中华书局，2007。

82. 许景澄：《许文肃公日记》，《历代日记丛钞》第 106 册，学苑出版社，2006 年据清光绪间铅印本。

83. 那桐：《那桐日记（1890～1925）》，新华出版社，2006。

84. 孙学雷、刘家平主编《国家图书馆藏清代孤本外交档案》，全国图书馆文献缩微复制中心，2003。

85. 孙宝瑄：《忘山庐日记》，上海古籍出版社，1983。

86. 孙家穀：《使西书略》，钟叔河主编《走向世界丛书》第一册，岳麓书社，2008。

87. 孙瑞芹译《德国外交档案：有关中国交涉史料选译》，商务印书馆，1960。

88. 麦仲华编《皇朝经世文新编》，沈云龙编《近代中国史料丛刊》第 771 册，文海出版社，1972。

89. 志刚：《初使泰西记》，钟叔河主编《走向世界丛书》第一册，岳麓书社，2008。

90. 苏轼：《苏轼文集》，孔凡礼点校，中华书局，1986。

91. 杜文凯编《清代西人见闻录》，中国人民大学出版社，1985。

92. 杜佑：《通典》，王文锦校，中华书局，1988。

93. 杜春和等编《荣禄存札》，齐鲁书社，1986。

94. 杞庐主人等撰《时务通考》，《续修四库丛书·子部》第 1254～
    1259 册，上海古籍出版社，1997 年据上海辞书出版社图书馆藏
    清光绪二十三年点石斋石印本影印。

95. 李希圣：《庚子国变记》，中国史学会编《义和团（一）》，上海
    人民出版社，1957。

96. 李明：《中国近事报道》，郭强等译，大象出版社，2004。

97. 李春光主编《清代名人轶事辑览》，中国社会科学出版社，
    2005。

98. 李星沅：《李星沅日记》，袁英光、童浩整理，中华书局，1987。

99. 李鸿章著，吴汝纶编《李鸿章全集》，安徽教育出版社，2008。

100. 李鸿章著，吴汝纶编《李鸿章全集》，海南出版社，1997。

101. 来保：《钦定大清通礼》，台湾商务印书馆，1983 年据台北"故
     宫博物院"藏文渊阁四库全书影印。

102. 吴永：《庚子西狩丛谈》，广西师范大学出版社，2008。

103. 吴振棫：《养吉斋丛录》，中华书局，1997。

104. 何休：《春秋公羊注疏》，《重刊宋本十三经注疏》，艺文印书
     馆，1965。

105. 何荣儿口述，金易、沈义羚著《我在慈禧身边的日子：宫女谈
     往录》，智库出版公司，2001。

106. 何秋涛：《朔方备乘》，文海出版社，1964。

107. 何晏集解，邢昺疏《论语注疏》，《重刊宋本十三经注疏》，艺
     文印书馆，1965。

108. 佐佐木正哉编《鸦片战争之研究（资料篇）》，文海出版社，
     1983。

109. 佐佐木正哉编《鸦片战争前中英交涉文书》，文海出版社，1976。

110. 佐佐木正哉编《鴉片戰爭後の中英抗爭（資料篇稿)》，近代中国研究委员会，1964。

111. 《津案纪略》，《北京大学图书馆馆藏稿本丛书》第14册，天津古籍出版社，1991。

112. 《戊戌变法档案史料》，文海出版社，1976。

113. 《各使请觐抄案》，全国公共图书馆古籍文献编委会编《晚清洋务运动事类汇钞》，全国图书馆文献缩微复制中心，1999。

114. 应劭：《汉官六种》，孙星衍校集，中华书局，1990。

115. 宋濂：《元史》，鼎文书局，1981。

116. 张元济主编《外交报汇编》，国家图书馆出版社，2009。

117. 张奇明主编《点石斋画报》，上海画报出版社，2001年据大可堂版。

118. 张寿镛：《皇朝掌故汇编》，文海出版社，1964。

119. 张荫桓：《张荫桓日记》，上海书店出版社，2004。

120. 张容初：《红旗杂志有关中国交涉史料选译》，生活·读书·新知三联书店，1957。

121. 张德彝：《航海述奇》，钟叔河主编《走向世界丛书》第一册，岳麓书社，2008。

122. 张謇：《张謇全集》，江苏古籍出版社，1994。

123. 阿德里亚诺·马达罗：《1900年的北京》，向佳谷译，东方出版社，2006。

124. 陈立：《白虎通义疏证》，中华书局，1994。

125. 陈旭麓、顾廷龙、汪熙主编《盛宣怀档案资料选辑七：义和团运动》，上海人民出版社，2001。

126. 陈忠倚辑《皇朝经世文三编》，沈云龙编《近代中国史料丛刊》第751册，文海出版社，1972年据光绪二十四年刊本。

127. 陈其元：《庸闲斋笔记》，中华书局，2007。

128. 陈其元修《（光绪）青浦县志》，成文出版社，1970年据清光绪五年刻本。

129. 陈述、朱子方主编《辽会要》，上海古籍出版社，2009。

130. 陈弢：《同治中兴京外奏议约编》，文海出版社，1967。

131. 陈康祺：《郎潜纪闻》，中华书局，1997。

132. 陈湛绮主编《晚清外交会晤并外务密启档案汇编》，全国图书馆文献缩微复制中心，2008。

133. 陈湛绮主编《清末民初通商口岸档案汇编》，全国图书馆文献缩微复制中心，2009。

134. 陈霞飞主编《中国海关密档：赫德、金登干函电汇编（1874～1907）》，中华书局，1990。

135. 陈夔龙：《梦蕉亭杂记》，山西古籍出版社，1996。

136. 邵懿辰：《礼经通论》，《皇清经解续编》第 18 册，复兴书局，1972 年据南菁书院刊本影印。

137. 林乐知：《万国公报》，华文书局，1968。

138. 昆冈：《（光绪朝）大清会典事例》，中华书局，1991 年据光绪二十五年石印本景印。

139. 昆冈：《钦定大清会典（光绪朝）》，启文出版社，1963 年据光绪二十五年刻本景印。

140. 《仁祖实录》，《朝鲜王朝实录》，国史编纂委员会，1981。

141. 《敕使誊录》，《各司誊录》第 91 册，国史编纂委员会，1997。

142. 图理琛：《满汉异域录校注》，庄吉发译，文史哲出版社，1983。

143. 周家禄：《奥簃朝鲜三种》，沈云龙编《近代中国史料丛刊》第 418～419 册，文海出版社，1969。

144. 周煌辑《琉球国志略》，中华书局，1985。

145. 郑玄注，孔颖达疏《礼记注疏》，《重刊宋本十三经注疏》，艺文印书馆，1965。

146. 宝鋆编《筹办夷务始末（同治朝）》，中华书局，2008。

147. 经莉主编《国家图书馆藏清代孤本外交档案续编》，全国图书馆文献缩微复制中心，2005。

148. 赵云田点校《理藩院则例（乾隆朝）》，中国藏学出版社，2006年据乾隆朝内府抄本。

149. 赵尔巽：《清史稿》，中华书局，1998。

150. 赵翼：《檐曝杂记》，中华书局，1997。

151. 郝建恒等：《历史文献补编：十七世纪中俄关系档选译》，商务印书馆，1989 年据大英帝国博物馆藏书译。

152. 故宫博物院：《宫中档光绪朝奏折》，台北"故宫博物院"，1975。

153. 故宫博物院：《宫中档咸丰朝奏折》，台北"故宫博物院"，1990。

154. 故宫博物院文献馆编《故宫俄文史料》，王之相、刘泽荣译，历史研究编辑部编印，1964。

155. 故宫博物院明清档案部编《清代中俄关系档案史料选编》第一编，中华书局，1981。

156. 故宫博物院明清档案部编《清代中俄关系档案史料选编》第三编，中华书局，1979。

157. 故宫博物院编《义和团档案史料》，沈云龙编《近代中国史料丛刊续编》第 361 册，文海出版社，1977。

158. 故宫博物院编《文献丛编》，台联国风出版社，1964。

159. 故宫博物院编《史料旬刊》，台联国风出版社，1963。

160. 故宫博物院编《清代外交史料：嘉庆朝》，成文出版社，1968。

161. 胡滨：《英国蓝皮书有关义和团运动资料选译》，中华书局，1980。

162. 昭梿：《啸亭杂录·续录》，中华书局，1997。

163. 施阿兰：《使华记：1893～1897》，袁传璋、郑永慧译，商务印书馆，1989。

164. 恽毓鼎：《崇陵传信录》，中华书局，2007。

165. 秦国经、高换婷：《乾隆皇帝与马戛尔尼：英国遣使首次访华实录》，紫禁城出版社，1998。

166. 班固：《白虎通义》，宋联奎辑《关中丛书》第2集，陕西通志馆，1934~1936。

167. 班固：《汉书》，鼎文书局，1981。

168. 贾桢编《筹办夷务始末（咸丰朝）》，中华书局，1979。

169. 夏燮：《中西纪事》，岳麓书社，1988。

170. 顾炎武：《日知录集释》，黄汝成集释，台湾中华书局，1981。

171. 钱仲联主编《清诗纪事》，江苏古籍出版社，1989。

172. 特登额等纂《（道光）钦定礼部则例》，成文出版社，1966年据清道光间刊本景印。

173. 徐一士：《一士类稿·一士谈荟》，书目文献出版社，1984。

174. 徐松辑《宋会要辑稿》，中华书局，1957。

175. 徐珂：《清稗类钞》，中华书局，2003。

176. 刘禺生：《世载堂杂忆》，中华书局，1997。

177. 徐凌霄、徐一士：《凌霄一士随笔》，山西古籍出版社，1997。

178. 翁同龢：《翁同龢日记》，陈义杰整理，中华书局，2006。

179. 席裕福、沈师徐辑《皇朝政典类纂》，沈云龙编《近代中国史料丛刊续编》第871~920册，文海出版社，1982。

180. 黄浚：《花随人圣庵摭忆》，中华书局，2008。

181. 黄鸿寿：《清史纪事本末》，三民书局，1973。

182. 萧奭：《永宪录》，中华书局，1997。

183. 萨拉·康格：《北京信札——特别是关于慈禧太后和中国妇女》，沈春蕾等译，南京出版社，2006。

184. 曹汝霖：《一生之回忆》，香港春秋杂志社，1966。

185. 鄂尔泰、张廷玉等编《国朝宫史》，北京古籍出版社，1987。

186. 崇厚述，衡永编《鹤槎年谱》，北京图书馆出版社，1998。

187. 脱脱：《辽史》，鼎文书局，1980。

188. 脱脱：《宋史》，鼎文书局，1980。

189. 脱脱：《金史》，鼎文书局，1980。

190. 鹿完天：《庚子北京事变纪略》，文海出版社，1972。

191. 《清朝文献通考》，台湾商务印书馆，1987。

192. 《清朝通志》，台湾商务印书馆，1987。

193. 《清朝通典》，台湾商务印书馆，1987。

194. 《续通志》，台湾商务印书馆，1987。

195. 梁廷枏编《粤海关志》，沈云龙编《近代中国史料丛刊续编》第 19 册，文海出版社，1975。

196. 梁启超：《戊戌政变纪事本末》，苏继祖《清廷戊戌朝变记》，广西师范大学出版社，2008。

197. 联合报文化基金会国学文献馆：《清代起居注册：光绪朝》，联经出版事业公司，1987。

198. 联合报文化基金会国学文献馆：《清代起居注册：同治朝》，联经出版事业公司，1983。

199. 联合报文化基金会国学文献馆：《清代起居注册：咸丰朝》，联经出版事业公司，1983。

200. 葛罗：《黄皮书日记》，赵勤华译，中西书局，2011。

201. 董恂：《还读我书室老人手订年谱》，沈云龙编《近代中国史料丛刊》第 282 册，文海出版社，1968。

202. 董诰编《全唐文》，中华书局，1987。

203. 惠顿：《万国公法》，丁韪良译，中国政法大学出版社，2003。

204. 雅兰布：《聘盟日记》，王锡祺辑《小方壶斋舆地丛钞》第三秩，广文书局，1991。

205. 斌椿：《乘槎笔记》，钟叔河主编《走向世界丛书》第一册，岳麓书社，2008。

206. 曾国藩：《曾国藩全集》，李家骧整理，岳麓书社，1994。

207. 容龄：《清宫琐记》，《行走紫禁城：清宫二年生活实录》，慧明文化出版公司，2002。

208. 福格：《听雨丛谈》，中华书局，1997。

209. 赫德：《这些从秦国来——中国问题论集》，叶凤美译，天津古籍出版社，2005。

210. 赫德：《赫德日记（1863~1866）：赫德与中国早期现代化》，中国海关出版社，2005。

211. 赫德兰：《一个美国人眼中的晚清宫廷》，吴自选等译，百花文艺出版社，2002。

212. 樊国梁：《樊国梁日录》，中国社会科学院近代史研究所近代史资料编辑组编《义和团史料》下册，中国社会科学出版社，1982。

213. 德保等纂《钦定礼部则例（乾隆朝）》，蝠池书院出版有限公司，2004。

214. 额尔金、沃尔龙德：《额尔金书信和日记选》，汪洪章等译，中西书局，2011。

215. 薛福成：《出使公牍·奏疏》，沈云龙主编《近代中国史料丛刊》第809册，文海出版社，1972。

216. 薛福成：《薛福成日记》，蔡少卿整理，吉林文史出版社，2004。

217. 戴逸、李文海编《清通鉴》，山西人民出版社，2000。

218. 魏源：《魏源集》，中华书局，1987。

（三）专书

1. 中研院近代史研究所：《清季自强运动研讨会论文集》，中研院近代史研究所，1988。

2. Alain Peyrefitte, *The Collision of Two Civilizations: the British Expedition to China 1792 – 1794*, London: Harvill, 1993.

3. E. V. G. Kiernan, *British Diplomacy in China 1880 to 1885*, Cambridge: Cambridge University Press, 1939.

4. E. W. Edwards, *British Diplomacy and Finance in China, 1895 – 1914*, Oxford: Clarendon Press; New York: Oxford University Press, 1987.

5. Earl Hampton Pritchard, *The Crucial Years of Early Anglo-Chinese Relations 1750 – 1800*, New York: Octagon Books, 1970.

6. Frederick Wells Williams, *Anson Burlingame and the First Chinese Mission to Foreign Powers*, New York: Scribner's, 1912.

7. George Staunton, *An Authentic Account of an Embassy from the King of Great Britain to the Emperor of China: Including Cursory Observations Made, and Information Obtained in Travelling Through that Ancient Empire, and a Small Part of Chinese Tartary*, London: John Stockdale, 1797.

8. Hosea Ballou Morse, *Chronicles of the East India Company Trading to China 1635 – 1834*, Oxford: The Clarendon Press, 1926 – 1929. 另有中译本：马士：《东印度公司对华贸易编年史（1635 ~ 1834)》，中国海关史研究中心等译，中山大学出版社，1991。

9. Hosea Ballou Morse, *The Trade and Administration of the Chinese Empire*, New York: Longmans, Green, 1908. 另有中译本：马士：《中华帝国对外关系史》，张汇文等合译，上海书店出版社，2000。

10. J. L. Cranmer-Byng, *An Embassy to China: Being the Journal Kept by Lord Macartney during His Embassy to the Emperor Ch'ien-Lung, 1793 – 1794*, Hamden Connecticut: Archon Books, 1963.

11. James Louis Hevia, *Cherishing Men from Afar: Qing Guest Ritual and the Macartney Embassy of 1793*, Durham: Duke University Press, 1995.

12. Jing-shen Tao, *Two Sons of Heaven: Studies in Sung-Liao Relations*, Tucson: University of Arizona Press, 1988.

13. John E. Vollmer, *Decoding Dragons: Status Garments in Ch'ing Dynasty China*, Eugene: Museum of Art, University of Oregon, 1983.

14. John E. Wills, *Pepper, Guns, and Parleys: The Dutch East India Company and China, 1622 – 1681*, Cambridge, Mass.: Harvard University Press, 1974.

15. John F. Baddeley, *Russia*, *Mongolia*, *China*, New York: B. Franklin, 1963.

16. John K. Fairbank and Ssü-yu Têng, *Ch'ing Administration*: *Three Studies*, Cambridge: Harvard University Press, 1960.

17. John K. Fairbank, *East Asia*: *The Modern Transformation*, Boston: Houghton Mifflin, 1965.

18. John K. Fairbank, *The Chinese World Order*: *Traditional China's Foreign Relations*, Cambridge: Harvard University Press, 1968. 中译版为费正清编《中国的世界秩序：传统中国的对外关系》，杜继东译，中国社会科学出版社，2010。

19. John K. Fairbank, *Trade and Diplomacy on the China Coast*: *The Opening of the Treaty Ports 1842 – 1854*, Stanford, Calif. : Stanford University Press, 1969.

20. John Lang Rawlinson, *China's Struggle for Naval Development 1839 – 1895*, Cambridge, Mass. : Harvard University Press, 1967.

21. John Watson Foster, *American Diplomacy in the Orient*, New York: Da Capo Press, 1970.

22. Key-Hiuk Kim, *The Last Phase of the East Asian World Order*: *Korea*, *Japan*, *and the Chinese Empire*, *1860 – 1882*, Berkeley: University of California Press, 1980.

23. Lucian W. Pye, *The Spirit of Chinese Politics*: *A Psychocultural Study of the Authority Crisis in Political Development*, Cambridge, MA: Harvard University Press, 1992.

24. M. Bell Catherine, *Ritual*: *Perspectives and Dimensions*, New York: Oxford University Press, 1997.

25. Mansergh, Nicholas, *The Coming of the First World War*: *A Study in the European Balance*, *1878 – 1914*, London, New York: Longmans Greenand Co. , 1949.

26. Melvin Frederick Nelson, *Korea and the Old Orders in Eastern Asia*,

Louisiana: Louisiana State University Press, 1946.

27. Michael Greenberg, *British Trade and the Opening of China 1800 – 1842*, New York: Monthly Review Press, 1979.

28. R. J. W. Evans and Hartmut Pogge von Strandmann, *The Coming of the First World War*, Oxford [England]: Clarendon Press; New York: Oxford University Press, 1988.

29. Raymond W. Chu and Saywell, William G., *Career Patterns in the Ch'ing Dynasty: The Office of Governor-General*, Ann Arbor: Center for Chinese Studies, University of Michigan, 1984.

30. Robert C. Neville, *Ritual and Deference: Extending Chinese Philosophy in a Comparative Context*, Albany, N. Y. : State University of New York Press, 2008.

31. Robert Hart and John King Fairbank ed., *The I. G. in Peking: Letters of Robert Hart, Chinese Maritime Customs, 1868 – 1907*, Cambridge, Mass. : Belknap Press of Harvard University Press, 1975.

32. Robert R. Swartout, *Mandarins, Gunboats, and Power Politics: Owen Nickerson Denny and the International Rivalries in Korea*, Honolulu: Asian Studies Program, University of Hawaii, 1980.

33. Rune Svarverud, *International Law as World Order in Late Imperial China: Translation, Reception and Discourse, 1847 – 1911*, Leiden; Boston: Brill, 2007.

34. S. M. Mêng, *The Tsungli Yamen: Its Organization and Functions*, Cambridge, Mass. : Harvard University Press, 1970.

35. Shmuel N. Eisenstadt, *The Political System of Empire*, New York: Free Press, 1963.

36. Stanley Spector, *Li Hung-Chang and the Huai Army: A Study in Nineteenth-Century Chinese Regionalism*, Seattle: University of Washington Press, 1964.

37. Susan Mann, *Local Merchants and the Chinese Bureaucracy*, *1750 – 1950*, Taipei: Southern Materials Center, 1987.

38. Shen-tsu Wang, *The Margary Affair and the Chefoo Agreement*, London; New York: Oxford University Press, 1940.

39. Tan Chung, *China and the Brave New World: A Study of the Origins of the Opium War（1840 – 1842）*, Durham: Carolina Academic Press, 1978.

40. Ta-tuan Ch'en, *The Chinese World Order: Traditional China's Foreign Relations*, Cambridge: Harvard University Press, 1968.

41. Thomas A. Metzger, *Escape from Predicament: Neo-Confucianism and China's Evolving Political Culture*, New York: Columbia University Press, 1977.

42. Tyler Dennett, *Americans in Eastern Asia: A Critical Study of United States' Policy in the Far East in the Nineteenth Century*, New York: Barnes & Noble, 1922.

43. William Alexander Parsons Martin, *A Cycle of Cathay: Or, China, South and North: with Personal Reminences*, New York: Fleming H. Revell Co., 1897.

44. William Woodville Rockhill, *Diplomatic Audiences at the Court of China*, London: Luzac, 1905.

45. 大谷敏夫：《清代政治思想史研究》，汲古书院，1991。

46. 万明：《中葡早期关系史》，社会科学文献出版社，2001。

47. 小仓和夫：《中国的威信·日本的矜持》，陈鹏仁译，星定石文化，2002。

48. 小野川秀美：《晚清政治思想研究》，黄福庆、林明德译，时报文化，1985。

49. 小野和子编《明末清初の社会と文化》，京都大学人文科学研究所，1996。

50. 山室信一编《日本·中国·朝鲜间の相互認識と誤解の表象》，

京都大学人文科学研究所，1998。

51. 川岛真：《中國近代外交の形成》，名古屋大学出版会，2004。

52. 川岛真：《近代国家への摸索》，岩波书店，2010。

53. 川胜守：《日本近世と東アジア世界》，吉川弘文館，2000。

54. 马士：《中华帝国对外关系史》，张汇文等合译，上海书店出版社，2000。

55. 马庆钰：《告别西西佛斯——中国政治文化分析与展望》，中国社会科学出版社，2002。

56. 马森：《西方的中华帝国观》，杨德山等译，时事出版社，1999。

57. 王子初：《中国音乐考古学》，福建教育出版社，2005。

58. 王开玺：《晚清政治新论》，商务印书馆，2006。

59. 王开玺：《清代外交礼仪的交涉与论争》，人民出版社，2009。

60. 王开玺：《隔膜、冲突与趋同：清代外交礼仪之争透析》，北京师范大学出版社，1999。

61. 王文锦译解《礼记译解》，中华书局，2008。

62. 王玉德等编《明实录类纂：涉外史料卷》，武汉出版社，1991。

63. 王尔敏：《中国近代思想史论》，社会科学文献出版社，2003。

64. 王尔敏：《弱国的外交：面对列强环伺的晚清世局》，广西师范大学出版社，2008。

65. 王立诚：《中国近代外交制度史》，甘肃人民出版社，1991。

66. 王永祥：《戊戌以来的中国政治制度》，南开大学出版社，1991。

67. 王国维：《观堂集林》，中华书局，1961。

68. 王树槐：《外人与戊戌变法》，中研院近代史研究所，1965。

69. 王树槐：《庚子赔款》，中研院近代史研究所，1974。

70. 王树增：《1901：虎口下的中华帝国》，远流出版事业公司，2004。

71. 王玺：《李鸿章与中日订约》，中研院近代史研究所，1981。

72. 王铭铭：《过去的繁荣——一座老城的历史人类学考察》，浙江人民出版社，1999。

73. 王绳祖等：《国际关系史》，世界知识出版社，1995。

74. 王曾才：《清季外交史论集》，台湾商务印书馆，1978。

75. 王瑞傑：《西周礼治文化探论》，花木兰文化出版社，2009。

76. 王静：《中国古代中央客馆制度研究》，黑龙江教育出版社，2002。

77. 夫马进编《中國東アジア外交交流史の研究》，京都大学学术出版会，2007。

78. 友田二郎：《国際儀礼とエチケット》，学生社，2001。

79. 牙含章：《达赖喇嘛传》，人民出版社，1984。

80. 戈公振：《中国报学史》，上海书店，1990。

81. 中山和芳：《ミカドの外交儀礼—明治天皇の時代》，朝日新闻社，2007。

82. 中华文化复兴运动推行委员会主编《中国近代现代史论集》第六编，台湾商务印书馆，1985。

83. 中村哲：《东亚近代史理论的再探讨》，商务印书馆，2002。

84. 中国人民大学清史研究所编《清史编年（咸丰朝)》，中国人民大学出版社，2000。

85. 中国近代经济史资料丛刊编辑委员会：《中国海关与义和团运动》，中华书局，1983。

86. 中国社会科学院近代史研究所编《沙俄侵华史》，人民出版社，1978。

87. 巴赫鲁申：《哥萨克在黑龙江上》，郝建恒、高文风译，商务印书馆，1975。

88. 巴德利：《俄国·蒙古·中国》，吴持哲、吴有刚合译，商务印书馆，1981。

89. 邓之诚：《骨董琐记》，中国书店，1991。

90. 甘怀真：《皇权、礼仪与经典诠释：中国古代政治史研究》，喜玛拉雅基金会，2003。

91. 甘怀真编《东亚历史上的天下与中国概念》，台湾大学出版中心，2007。

92. 艾森斯塔德：《帝国的政治体系》，阎步克译，贵州人民出版社，1992。

93. 左芙蓉：《北京对外文化交流史》，四川出版社，2008。

94. 石之瑜：《近代中国对外关系新论：政治文化与心理分析》，五南图书出版公司，1995。

95. 石井孝：《明治初期的日本と東アジア》，有邻堂；1982。

96. 布克斯盖夫登：《1860 年北京条约》，王瑾等译，商务印书馆，1975。

97. 布迪：《中华帝国的法律》，朱勇译，江苏人民出版社，1993。

98. 龙章：《越南与中法战争》，台湾商务印书馆，1996。

99. 平野聪：《清帝國とチベット問題：多民族統合の成立と瓦解》，名古屋大学出版会，2004。

100. 北京师范大学清史研究小组：《一六八九年的中俄尼布楚条约》，人民出版社，1977。

101. 叶高树：《清朝前期的文化政策》，稻乡出版社，2002。

102. 田涛主编《清朝条约全集》，黑龙江人民出版社，1999。

103. 史远芹：《中国近代政治体制的演变》，中共党史资料出版社，1990。

104. 史景迁：《大汗之国——西方眼中的中国》，阮叔梅译，台湾商务印书馆，2000。

105. 生田美智子：《外交儀礼から見た幕末日露文化交流史——描かれた相互イメージ・表象》，ミネルヴァ书房，2008。

106. 矢野仁一：《近世支那外交史》，弘文堂书房，1940。

107. 付百臣：《中朝历代朝贡制度研究》，吉林人民出版社，2008。

108. 外务省编《国際儀礼に関する12 章—プロトコール早わかり》，世界の動き社，1981。

109. 冯佐哲：《清代政治与中外关系》，中国社会科学出版社，1998。

110. 冯明珠：《近代中英西藏与川藏边情》，台北"故宫博物院"，1996。

111. 加斯东·加恩：《彼得大帝时期的俄中关系史（1689～1730年）》，江载华、郑永泰合译，商务印书馆，1980。

112. 皮瑞洛莫夫、马尔提诺夫：《霸权的华夏帝国：朝贡制度下中国的世界观和外交策略》，林毅夫、林健一合译，前卫出版社，2006。

113. 边土名朝有：《琉球の朝貢貿易》，校仓书房，1998。

114. 边疆政教制度研究会编《清代边政通考》，"蒙藏委员会"，1981。

115. 西里尔·珀尔：《北京的莫理循》，檀东鍟等译，福建教育出版社，2003。

116. 西里喜行：《清末中琉日関係史の研究》，京都大学学术出版会，2005。

117. 西嶋定生：《東アジア世界と冊封体制》，岩波书店，2002。

118. 吕实强：《中国官绅反教的原因》，中研院近代史研究所，1966。

119. 吕新昌编著《最新应用文汇编》，台湾商务印书馆，1996。

120. 朱杰勤编译《中外关系史译丛》第一辑，海洋出版社，1984。

121. 朱雍：《大国病》，中国海关出版社，2009。

122. 朱雍：《不愿打开的中国大门——乾隆时期的中英关系》，江西人民出版社，1989。

123. 任爽：《唐朝典章制度》，吉林文史出版社，2002。

124. 伊东贵之：《思想としての中国近世》，东京大学出版会，2005。

125. 全国政协文史资料研究委员会编《晚清宫廷生活见闻》，中国文史出版社，2000。

126. 全海宗：《中韩关系史论集》，全善姬译，中国社会科学出版社，1997。

127. 庄吉发：《清高宗十全武功研究》，中华书局，1987。

128. 刘广京、朱昌峻编《李鸿章评传——中国近代化的起始》，上海古籍出版社，1995。

129. 刘子扬：《清代地方官制考》，紫禁城出版社，1988。

130. 刘凤翰：《武卫军》，中研院近代史研究所，1978。

131. 刘达人、谢孟圜：《中华民国外交行政史略》，台北"国史馆"，2000。

132. 刘伟：《晚清督抚政治：中央与地方关系研究》，湖北教育出版社，2003。

133. 刘华：《华侨国籍问题与中国国籍立法》，广东人民出版社，2004。

134. 刘伯骥：《春秋会盟政治》，中华丛书编审委员会，1962。

135. 刘耿生编著《同治事典》，远流出版事业公司，2005。

136. 刘潞：《清代皇权与中外文化》，商务印书馆，1998。

137. 齐米特道尔吉耶夫：《蒙古诸部与俄罗斯》，范丽君译，内蒙古人民出版社，2008。

138. 米·约·斯拉德科夫斯基：《俄国各民族与中国贸易经济关系史（1917年以前）》，宿丰林译，社会科学文献出版社，2008。

139. 米镇波：《清代中俄恰克图边境贸易》，南开大学出版社，2003。

140. 池内敏：《大君外交と"武威"：近世日本の国际秩序と朝鲜观》，名古屋大学出版会，2006。

141. 汤仁泽：《经世悲欢：崇厚传（1826~1893）》，上海社会科学院出版社，2009。

142. 安德逊：《英国人眼中的大清王朝》，费振东译，群言出版社，2002。

143. 许倬云：《万古江河：中国历史文化的转折与开展》，中华书局，2006。

144. 孙广德：《晚清传统与西化的争论》，台湾商务印书馆，1982。

145. 孙卫国：《大明旗与小中华意识——朝鲜王朝尊周思明问题研

究（1637～1800）》，商务印书馆，2007。

146. 孙子和：《西藏史事与人物》，台湾商务印书馆，1995。

147. 孙宏年：《清代中越宗藩关系研究》，黑龙江教育出版社，2006。

148. 坂野正高：《中国近代化と馬建忠》，东京大学出版会，1985。

149. 坂野正高：《近代中国外交史研究》，岩波书店，1970。

150. 坂野正高：《近代中国政治外交史》，陈鹏仁译，台湾商务印书馆，2005。

151. 芮玛丽：《同治中兴：中国保守主义的最后抵抗（1862～1874)》，房德龄等译，中国社会科学出版社，2002。

152. 严和平：《清季驻外使馆的建立》，东吴大学中国学术著作奖助委员会，1975。

153. 苏联科学院编《十七世纪俄中关系》，厦门大学外文组译，商务印书馆，1975～1978。

154. 村松祐次：《義和團の研究》，岩南堂书店，1976。

155. 李天纲：《中国礼仪之争：历史、史献和意义》，上海古籍出版社，1998。

156. 李天纲编校《万国公报文选》，三联书店，1998。

157. 李无未：《中国历代宾礼》，北京图书馆出版社，1998。

158. 李无未：《周代朝聘制度研究》，吉林人民出版社，2005。

159. 李云泉：《朝贡制度史论：中国古代对外关系体制研究》，新华出版社，2004。

160. 李玉洁主编《中国早期国家性质》，云龙出版社，2003。

161. 李扬帆：《走出晚清：涉外人物及中国的世界观念之研究》，北京大学出版社，2005。

162. 李光涛：《记明季朝鲜之"丁卯虏祸"与"丙子虏祸"》，中研院历史语言所，1972。

163. 李刚：《大清帝国最后十年：清末新政始末》，当代中国出版社，2008。

164. 李兆祥:《近代中国外交转型的初步展开（1861～1900）》，中国社会科学出版社，2008。

165. 李齐芳:《中俄关系史》，联经出版事业公司，2000。

166. 李国祁:《张之洞的外交政策》，中研院近代史研究所，1970。

167. 李育民:《中国废约史》，中华书局，2005。

168. 李育民:《近代中外关系与政治》，中华书局，2006。

169. 李学勤主编《仪礼注疏》，北京大学出版社，1999。

170. 李宝臣:《礼不远人：走进明清京师礼制文化》，中华书局，2008。

171. 李定一、包遵彭等编《中国近代史论丛》第一辑第五册《自强运动》，正中书局，1981。

172. 李定一:《中美早期外交史》，三民书局，1985。

173. 李细珠:《晚清保守思想的原型——倭仁研究》，社会科学文献出版社，2000。

174. 李恩涵:《近代中国外交史事新研》，台湾商务印书馆，2004。

175. 李鹏年等编著《清代中央国家机关概述》，紫禁城出版社，1989。

176. 杨志刚:《中国礼仪制度研究》，华东师范大学出版社，2001。

177. 杨联陞:《中国制度史研究》，彭刚等译，江苏人民出版社，1998。

178. 肖玉秋:《俄国传教团与清代中俄文化交流》，天津人民出版社，2009。

179. 吴十洲:《两周礼器制度研究》，五南图书出版公司，2004。

180. 吴志攀等编《东亚的价值》，北京大学出版社，2010。

181. 吴相湘:《俄帝侵略中国史》，"国立编译馆"，1976。

182. 吴相湘:《晚清宫廷与人物》，传记文学出版社，1980。

183. 吴相湘:《清宫秘谭》，远东图书公司，1961。

184. 吴晓萍:《宋代外交制度研究》，安徽人民出版社，2006。

185. 吴福环:《清季总理衙门研究》，新疆大学出版社，1995。

186. 何文贤：《文明的冲突与整合：同治中兴时期中外关系重建》，厦门大学出版社，2006。

187. 何伟亚：《怀柔远人：马嘎尔尼使华的中英礼仪冲突》，邓常春译，社会科学文献出版社，2002。

188. 何伟亚：《英国的课业：19 世纪中国的帝国主义教程》，刘天路、邓红风译，社会科学文献出版社，2007。

189. 何新华：《威仪天下——清代外交礼仪及其变革》，上海社会科学院出版社，2011。

190. 佐佐木正哉编《经世文编总目录》，文海出版社，1972。

191. 佐藤公彦：《义和团的起源及其运动：中国民众 Nationalism 的诞生》，宋军等译，中国社会科学出版社，2007。

192. 佐藤慎一：《近代中国の知識人と文明》，东京大学出版会，1996。

193. 余英时：《历史与思想》，联经出版事业公司，1978。

194. 亨廷顿：《变动社会的政治秩序》，张岱云等译，上海译文出版社，1989。

195. 亨特：《旧中国杂记》，沈正邦译，人民出版社，1992。

196. 汪荣祖：《走向世界的挫折：郭嵩焘与道咸同光时代》，中华书局，2006。

197. 沃勒斯坦：《现代世界体系》，尤来寅等译，高等教育出版社，1998~2000。

198. 沈默：《外交礼仪典范：外交礼节与外交公文程序》，作者自印、中央图书供应社经销，1968。

199. 忻剑飞：《世界的中国观》，博远出版有限公司，1993。

200. 宋军：《申报的兴衰》，上海社会科学院出版社，1996。

201. 宋鼎宗：《〈春秋左氏传〉宾礼嘉礼考》，花木兰文化出版社，2009。

202. 宋慧娟：《清代中朝宗藩关系嬗变研究》，吉林大学出版社，2007。

203. 张双智：《清代朝觐制度研究》，学苑出版社，2010。

204. 张永江：《清代藩部研究：以政治变迁为中心》，黑龙江教育出版社，2001。

205. 张芝联、成崇德主编《中英通使二百周年学术讨论会论文集》，中国社会科学出版社，1996。

206. 张存武：《清代中韩关系论文集》，台湾商务印书馆，1987。

207. 张存武：《清韩宗藩贸易（1637～1894）》，中研院近代史研究所，1978。

208. 张廷灏：《不平等条约的研究》，文海出版社，1977。

209. 张希清等：《宋朝典制》，吉林文史出版社，1997。

210. 张启雄：《外蒙主权归属交涉（1911～1916）》，中研院近代史研究所，1995。

211. 张启雄编《琉球认同与归属论争》，中研院东北亚区域研究，2001。

212. 张研：《晚清中国统治格局研究》，知书房出版社，2005。

213. 张静庐：《中国的新闻记者与新闻纸》，上海书店，1991。

214. 陈文石：《明洪武嘉靖间的海禁政策》，台湾大学文学院，1966。

215. 陈玉申：《晚清报业史》，山东画报出版社，2003。

216. 陈戌国：《先秦礼制研究》，湖南教育出版社，1991。

217. 陈刚主编《中国民事诉讼法制百年进程（清末时期·第一卷）》，中国法制出版社，2004。

218. 陈志敏等：《当代外交学》，北京大学出版社，2008。

219. 陈体强：《中国外交行政》，商务印书馆，1945。

220. 陈君静：《大洋彼岸的回声：美国中国史研究历史考察》，中国社会科学出版社，2003。

221. 陈尚胜主编《中国传统对外关系的思想、制度与政策》，山东大学出版社，2007。

222. 陈鸣：《香港报业史稿》，华光报业有限公司，2005。

223. 陈诗启：《中国近代海关史问题初探》，中国展望出版社，1987。

224. 陈复光：《有清一代之中俄关系》，《民国丛书》第二编二八集，上海书店，1990年据国立云南大学文法学院1947年版影印。

225. 陈哲雄：《明清両朝と琉球王國交涉史の研究：琉球國王册封の史實について》，琉球大学史学会，1976。

226. 陈捷：《义和团运动史》，上海书局，1996。

227. 陈捷先：《慈禧写真》，远流出版事业公司，2010。

228. 陈鹏仁：《从甲午战争到中日战争》，台北"国史馆"，1997。

229. 邵循正：《中法越南关系始末》，河北教育出版社，2000。

230. 拉铁摩尔：《中国的亚洲内陆边疆》，唐晓峰译，江苏人民出版社，2005。

231. 茂木敏夫：《変容する近代東アジアの国際秩序》，山川出版社，2007。

232. 英修道：《外交史论集》，庆应义塾大学法学研究会，1976。

233. 茅海建：《天朝的崩溃：鸦片战争再研究》，生活·读书·新知三联书店，2005。

234. 茅海建：《戊戌变法史事考》，生活·读书·新知三联书店，2005。

235. 茅海建：《近代的尺度：两次鸦片战争军事与外交》（增订本），生活·读书·新知三联书店，2011。

236. 林士铉：《清代蒙古与满洲政治文化》，台湾政治大学历史系，2009。

237. 林子候：《甲午战争前夕中日韩三国之动向》，大人物书店，2001。

238. 林文仁：《南北之争与晚清政局：1861~1884（以军机处汉大臣为核心的探讨）》，中国社会科学出版社，2005。

239. 林文仁：《派系分合与晚清政治：以"帝后党争"为中心的探讨》，中国社会科学出版社，2005。

240. 林世明：《义和团事变期间东南互保运动之研究》，台湾商务印书馆，1980。

241. 林代昭：《中国近代政治制度史》，重庆出版社，1988。

242. 林存阳：《三礼馆：清代学术与政治互动的链环》，社会科学文献出版社，2008。

243. 林存阳：《清初的三礼学》，社会科学文献出版社，2002。

244. 林华国：《历史的真相：义和团运动的史实及其再认识》，天津古籍出版社，2002。

245. 松浦章：《明清时代东亚海域的文化交流》，江苏人民出版社，2009。

246. 欧阳璜：《国际礼节与外交仪节》，幼狮文化事业股份有限公司，1997。

247. 岩井茂树编《中国近世社会の秩序形成》，京都大学人文科学研究所，2004。

248. 罗有枝：《清代宫廷礼仪史》，周卫平译，中国人民大学出版社，2009。

249. 罗志田：《民族主义与近代中国思想》，东大图书公司，1998。

250. 罗森邦：《政治文化》，陈鸿瑜译，桂冠出版公司，1991。

251. 冈本隆司、川岛真编《中国近代外交の胎動》，东京大学出版会，2009。

252. 冈本隆司：《近代中国と海關》，名古屋大学出版会，1999。

253. 冈本隆司：《属国と自主のあいだ：近代清韓関係と東アジアの命運》，名古屋大学出版会，2004。

254. 季平子：《从鸦片战争到甲午战争》，云龙出版社，2001。

255. 佩雷菲特：《停滞的帝国——两个世界的撞击》，王国卿等译，三联书店，1995。

256. 金正昆：《外交学》，中国人民大学出版社，2004。

257. 周文柏编《中国礼仪大辞典》，中国人民大学出版社，1992。

258. 周世辅、周文湘：《周礼的政治思想》，东大图书公司，1981。

259. 周锡瑞：《义和团运动的起源》，张俊义等译，江苏人民出版社，

2005。

260. 郑曦原编《帝国的回忆：〈纽约时报〉晚清观察记》，三联书店，2002。

261. 织田万：《清国行政法泛论》，华世出版社，1979。

262. 赵德义、汪兴明主编《中国历代官称辞典》，团结出版社，2000。

263. 柯文：《历史三调：作为事件、经历和神话的义和团》，杜继东译，江苏人民出版社，2000。

264. 柯文：《在中国发现历史——中国中心观在美国的兴起》，林同奇译，中华书局，1989。

265. 相蓝欣：《义和团战争的起源》，华东师范大学出版社，2003。

266. 柳白：《历史上的载沣》，中国工人出版社，2007。

267. 威罗贝：《外人在华的特权和利益》，王绍坊译，生活·读书·新知三联书店，1957。

268. 复旦大学历史系编《近代中国的国家形象与国家认同》，上海古籍出版社，2003。

269. 费正清：《中国：传统与变迁》，张沛等译，世界知识出版社，2001。

270. 费正清：《剑桥中国晚清史：1800～1911》，中国社会科学院历史研究所编译室译，中国社会科学出版社，1994。

271. 姚廷芳：《新闭关时期与英法联军》，三民书局，1982。

272. 娜·费·杰米多娃、弗·斯·米雅斯尼科夫：《在华俄国外交使者（1618～1658）》，黄玫译，社会科学文献出版社，2010。

273. 贺凌虚：《近代中国政治体制论集》，五南图书出版公司，2004。

274. 袁伟时：《晚清大变局中的思潮与人物》，海天出版社，1992。

275. 袁森坡：《康雍乾经营与开发北疆》，中国社会科学出版社，1991。

276. 夏笠：《第二次鸦片战争史》，上海书店出版社，2007。

277. 原田禹雄：《琉球冊封使録を読む》，榕树书林，2006。

278. 顾颉刚：《史林杂识初编》，中华书局，1963。

279. 顾颉刚：《浪口村随笔》，辽宁教育出版社，1998。

280. 顾器重：《租界与中国》，文海出版社，1972。

281. 钱实甫：《中国的外交机关》，生活・读书・新知三联书店，1959。

282. 钱实甫：《北洋政府时期的政治制度》，中华书局，1984。

283. 徐载平、徐瑞芳：《清末四十年申报史料》，新华出版社，1988。

284. 卿汝楫：《美国侵华史》，三联书店，1956。

285. 凌冰：《爱新觉罗・载沣——清末监国摄政王》，文化艺术出版社，1988。

286. 高中华：《肃顺与咸丰政局》，齐鲁书社，2005。

287. 高伟浓：《走向近世的中国与"朝贡"国关系》，广东高等教育出版社，1993。

288. 高阳：《明朝的皇帝》，学生书局，2000。

289. 高阳：《清朝的皇帝》，远景出版社，1987。

290. 高明士：《天下秩序与文化圈的探索：以东亚古代的政治与教育为中心》，上海古籍出版社，2008。

291. 郭廷以：《近代中国史纲》，晓园出版社，1994。

292. 郭廷以：《近代中国史事日志》，正中书局，1963。

293. 郭松义等：《清朝典制》，吉林文史出版社，1994。

294. 唐瑞裕：《清季天津教案研究》，文史哲出版社，1993。

295. 陶晋生：《宋辽关系史》，联经出版事业公司，1983。

296. 理查德兹：《差异的面纱：文学、人类学及艺术中的文化表现》，如一等译，辽宁教育出版社，2003。

297. 堀敏一：《中国と古代東アジア世界》，岩波书店，1993。

298. 基尚・拉纳：《21世纪的大使（从全权到首席执行）》，肖欢容、后显慧译，北京大学出版社，2008。

299. 黄宇和：《两广总督叶名琛》，上海书店出版社，2004。

300. 黄枝连：《东亚的礼义世界：中国封建王朝与朝鲜半岛关系形态论》，中国人民大学出版社，1994。

301. 黄枝连：《亚洲的华夏秩序：中国与亚洲国家关系形态论》，中国人民大学出版社，1992。

302. 黄俊傑编《理想与现实——中国文化新论（思想篇）》，联经出版事业公司，1982。

303. 菅野正：《清末日中関係史の研究》，汲古书院，2002。

304. 萧一山：《清代通史》，台湾商务印书馆，1985。

305. 萧公权：《中国政治思想史》，联经出版事业公司，1982。

306. 萧公权：《翁同龢与戊戌维新》，杨肃献译，联经出版事业公司，1988。

307. 萧敏如：《从华夷到中西：清代〈春秋〉学华夷观研究》，花木兰文化出版社，2009。

308. 曹子西：《北京通史》，中国书店，1994。

309. 曹雯：《清朝对外体制研究》，社会科学文献出版社，2010。

310. 戚其章：《走近甲午》，天津古籍出版社，2006。

311. 章乃炜、王蔼人：《清宫述闻》（正续编合编本），紫禁城出版社，2009。

312. 深泽秀男：《戊戌变法運動史の研究》，国书刊行会，2000。

313. 梁元生：《上海道台——转变社会中之联系人物，1843～1890》，陈同译，上海古籍出版社，2003。

314. 梁伯华：《近代中国外交的巨变：外交制度与中外关系变化的研究》，商务印书馆，1990。

315. 梁嘉彬：《广东十三行考》，商务印书馆，1937。

316. 斯坦利·莱恩－普尔、弗雷德里克·维克多·狄更斯：《巴夏礼在中国》，金莹译，广西师范大学出版社，2008。

317. 葛兆光：《中国思想史》第一卷，复旦大学出版社，1998。

318. 葛兆光：《中国思想史》第二卷，复旦大学出版社，2000。

319. 董守义：《恭亲王奕䜣大传》，辽宁人民出版社，1989。

320. 蒋廷黻：《中国近代史大纲》，江苏教育出版社，2006。

321. 蒋廷黻：《中国近代史研究》，里仁书局，1982。

322. 蒋廷黻：《近代中国外交史资料辑要》，台湾商务印书馆，1978。

323. 植田捷雄编《中国外交文书辞典（清末编)》，国书刊行会，1985。

324. 雅科夫列娃：《1689 年第一个俄中条约》，贝璋衡译，商务印书馆，1973。

325. 傅宗懋：《清代督抚制度》，台湾政治大学，1963。

326. 鲁毅、黄金祺等：《外交学概论》，世界知识出版社，1997。

327. 谢俊美：《政治制度与近代中国》，上海人民出版社，1995。

328. 赖光临：《中国近代报人与报业》，台湾商务印书馆，1988。

329. 路康乐：《满与汉：清末民初的族群关系与政治权利（1861～1928)》，王琴、刘润堂译，中国人民大学出版社，2010。

330. 路遥主编《义和拳运动起源探索》，山东大学出版社，1990。

331. 铃木智夫：《近代中国と西洋国際社会》，汲古书院，2007。

332. 滨下武志：《中国、东亚与全球经济：区域与历史的视角》，王玉茹等译，社会科学文献出版社，2009。

333. 滨下武志：《中国近代经济史研究：清末海关财政与通商口岸市场圈》，朱荫贵等译，江苏人民出版社，2006。

334. 滨下武志：《近代中国的国际契机——朝贡贸易体系与近代亚洲经济圈》，高淑娟等译，中国社会科学出版社，1999。

335. 滨下武志：《東アジア世界の地域ネットワーク》，山川出版社，1999。

336. 滨下武志：《朝貢システムと近代アジア》，岩波书店，1997。

337. 蔡东杰：《李鸿章与清季中国外交》，文津出版社，2001。

338. 蔡宗宪：《中古前期的交聘与南北互动》，稻乡出版社，2009。

339. 蔡鸿生：《俄罗斯馆纪事》，中华书局，2006。

340. 廖一中等编《义和团运动史》，人民出版社，1981。

341. 廖光生：《排外与中国政治》，三民书局，1988。

342. 卫藤沈吉：《近代東アジア国際關係史》，东京大学出版会，2004。

343. 霍布斯邦：《被发明的传统》，陈思文译，猫头鹰出版社，2002。

344. 衡志义主编《清代直隶总督研究》，中国文联出版社，1999。

345. 戴玄之：《义和团研究》，文海出版社，1967。

346. 戴逸：《乾隆帝及其时代》，中国人民大学出版社，1992。

347. 瞿同祖：《清代地方政府》，法律出版社，2003。

（四）已刊论文

1. Chung-li Chang and Stanley Spector, "Guide to the Memorials of Seven Leading Officials of Nineteenth-century China," *University of Washington Publications on Asia*, Seattle: Univesity of Washington Press, 1955.

2. Erik Ringmar, "Liberal Barbarism and the Oriental Sublime: The European Destruction of the Emperor's Summer Palace," *Millennium: Journal of International Studies*, 34: 3 (London, 2006), pp. 917 – 933.

3. Gabriel A. Alomond, "Comparative Political System," *Journal of Politics*, 18: 3 (1956), pp. 391 – 409.

4. J. K. Fairbank and Ssü-yu Têng, "On the Ch'ing Tributary System," *Harvard Journal of Asiatic Studies*, 6: 2 (1941), pp. 135 – 246.

5. J. S. Gregory Morrison, "George Ernest (1862 – 1920)," *Australian Dictionary of Biography*, 10 (1986), pp. 593 – 596.

6. Kwang-ching Liu, "Li Hung-chang in Chihli: The Emergence of a Policy, 1870 – 1875," in Albert Feuerwerker, Rhoads Murphy and Mary Wright eds. , *Approaches to Modern Chinese History*, Berkeley: University of California Press, 1967.

7. Roberta Wue, "The Profits of Philanthropy: Relief Aid, Shenbao, and the Art World in Later Nineteenth-Century Shanghai," *Late Imperial China*, 25 (2004), pp. 187–211.

8. Yuen-sang Leung, "The Shanghai-Tientsin Connection: Li Hung-chang's Political Control over Shanghai during the Late Ch'ing Period," 《汉学研究》, 4：1 (Taipei, 1986), pp. 315–331.

9. 丁韪良撰, 傅任敢译《同文馆记》, 王云五编《教育杂志》第27卷第4期, 1937年, 第215~231页。

10. 于艳红:《木兰秋狩的祭祀活动》,《承德民族师专学报》2003年第3期, 第92~94页。

11. 小池求:《一九〇一年のドイツへの清朝"谢罪使"の派遣:"谢罪使"観と谒见仪礼问题を中心に》,《史學雜誌》第118卷第9期, 2009年9月, 第1620~1643页。

12. 小池求:《视察団としての"谢罪使"——清朝とドイツの政治的思惑を中心に》,《年報地域文化研究》2008年第12期, 第172~194页。

13. 川岛真:《从天朝到中国》, 复旦大学历史系编《近代中国的国家形象与国家认同》, 上海古籍出版社, 2003, 第265~281页。

14. 马庆钰:《近五十年来政治文化研究的回顾》,《北京行政学院学报》2002年第6期, 第25~30页。

15. 王开玺:《马戛尔尼跪谒乾隆帝考析》,《历史档案》1999年第5期, 第90~94页。

16. 王开玺:《天朝中心论与跪拜礼仪》,《河北学刊》2001年第1期, 第117~120页。

17. 王开玺:《中国近代外交礼仪略论》,《外交学院学报》2000年第1期, 第86~92页。

18. 王开玺:《中国近代的外交与外交礼仪》,《史学月刊》2001年第2期, 第66~72页。

19. 王开玺:《戊戌时期清廷觐见礼仪的改革》,《北京社会科学》

1999 年第 3 期，第 128～134 页。

20. 王开玺：《同治朝觐见礼仪的解决及现实的思考》，《中州学刊》
　　 2003 年第 5 期，第 120～125 页。

21. 王开玺：《试论中国跪拜礼仪的废除》，《史学集刊》2004 年第 2
　　 期，第 20～23 页。

22. 王开玺：《试论同治朝外国公使觐见清帝的礼仪之争》，《湘潭大
　　 学社会科学学报》2003 年第 5 期，第 43～47 页。

23. 王开玺：《载沣使德期间的礼仪之争》，《紫禁城》2002 年第 1
　　 期，第 25～29 页。

24. 王开玺：《略论"人臣无外交"思想在近代中国的历史命运》，
　　 《北京师范大学学报》（社会科学版）2009 年第 5 期，第 64～72
　　 页。

25. 王开玺：《清代的外交礼仪之争与文化传统》，《北京师范大学学
　　 报》（社会科学版）2008 年第 2 期，第 60～67 页。

26. 王尔敏：《近代史上的东西南北洋》，《中央研究院近代史研究所
　　 集刊》第 15 期上，1986 年 6 月，第 101～114 页。

27. 王尔敏：《南、北洋大臣之建置及其权力之扩张》，《大陆杂志》
　　 第 20 卷第 5 期，1960 年 6 月，第 20～27 页。

28. 王尔敏：《晚清外交思想的形成》，《中央研究院近代史研究所集
　　 刊》第 1 期，1969 年 8 月，第 19～46 页。

29. 王尔敏：《晚清政治思潮之动向》，《中央研究院近代史研究所集
　　 刊》第 3 期上，1972 年 7 月，第 59～88 页。

30. 王尔敏：《道咸两朝中国朝野之外交知识》，《大陆杂志》第 22
　　 卷第 10 期，1961 年 5 月，第 8～12 页。

31. 王成圣：《晚清最有权势的洋人赫德——空前绝后的外国太子太
　　 保》，《中外杂志》第 20 卷第 3 期，1976 年 9 月，第 58～61 页。

32. 王宏志：《清末首批驻欧使节之派遣》，《大陆杂志》第 44 卷第 6
　　 期，1972 年 6 月，第 9～18 页。

33. 王林：《1900 年德国驻华公使克林德被杀真相》，《义和团运动

100 周年国际学术讨论会论文集》，山东大学出版社，2002，第 1236~1242 页。

34. 王和平：《从中俄外交文书看清前期中俄关系》，《历史档案》2008 年第 3 期，第 51~58 页。

35. 王莲英：《晚清重臣——李鸿藻》，《石家庄经济学院学报》2008 年第 2 期，第 115~119 页。

36. 王家俭：《晚清地方行政现代化的探讨》，《台湾师范大学历史学报》第 8 期，1980 年 5 月，第 181~235 页。

37. 王家俭：《德意志帝国对于晚清军事现代化的影响》，《台湾师范大学历史学报》第 27 期，1999 年 6 月，第 79~92 页。

38. 中国第一历史档案馆：《康熙三十二年俄罗斯商人义迭思〈聘盟日记〉》，《历史档案》2004 年第 4 期，第 15~19 页。

39. 中砂明德：《荷蘭国の朝貢》，夫马进编《中國東アジア外交交流史の研究》，京都大学学术出版会，2007，第 391~423 页。

40. 片冈一忠：《朝賀規定からみた清朝と外藩・朝貢国の関係》，《駒澤史学》第 52 期，1998 年 6 月，第 240~263 页。

41. 乌云高娃：《清四译馆"西洋馆"》，《文化杂志》2004 年冬季刊第 53 期，第 131~140 页。

42. 艾尔曼：《马戛尔尼使团、后现代主义与近代中国史：评周锡瑞对何伟亚著作的批评》，赵刚译，《二十一世纪》第 44 期，1997 年 12 月，第 118~130 页。

43. 石川宽：《近代日朝関係と外交儀礼：天皇と朝鮮国王の交際の検討から》，《史學雜誌》第 108 卷第 1 期，1999 年 1 月，第 39~65 页。

44. 布和：《李鴻章と日清修好条規の成立：1870 年代初めの清国対日政策の再検討》，《桜花学園大学人文学部研究紀要》第 5 期，2003 年 3 月，第 201~210 页。

45. 田涛：《世纪之交中国知识界的国际观念》，《义和团运动 100 周年国际学术讨论会论文集》，山东大学出版社，2002，第 1196~

1210 页。

46. 白永瑞：《东亚地域秩序：超越帝国，走向东亚共同体》，《开放时代》2008 年第 3 期，第 7 ~ 17 页。

47. 毕可思、张顺洪：《通商口岸与马戛尔尼使团》，《近代史研究》1995 年第 1 期，第 44 ~ 61 页。

48. 吕士朋：《清代的理藩院——兼论清代对蒙藏回诸族的统治》，《东海大学历史学报》1977 年第 1 期，第 61 ~ 98 页。

49. 吕士朋：《清光绪朝之中越关系》，《东海大学历史学报》1975 年第 16 期，第 35 ~ 80 页。

50. 伊东贵之：《明清交替与王权论——在东亚视野中考察》，徐洪兴、小岛毅等编《东亚的王权与政治思想》，复旦大学出版社，2009，第 79 ~ 115 页。

51. 全海宗：《中国和外夷——以关禁、海禁为中心》，陈明崇译，《思与言——人文与社会科学杂志》第 15 卷第 5 期，1998 年 1 月，第 34 ~ 36 页。

52. 庄吉发：《清高宗降服廓尔喀始末》，《大陆杂志》第 43 卷第 2 期，1971 年 8 月，第 1 ~ 25 页。

53. 庄吉发：《越南国王阮福映遣使入贡清廷考》，《大陆杂志》第 54 卷第 2 期，1977 年 2 月，第 26 ~ 36 页。

54. 庄吉发：《廓尔喀的崛起及其入侵西藏的原因》，《中国历史学会史学集刊》1981 年第 13 期，第 67 ~ 90 页。

55. 刘凤翰：《荣禄与武卫军》，《中央研究院近代史研究所集刊》第 6 期，1977 年 6 月，第 1 ~ 94 页。

56. 刘光华：《总理衙门设置之前清廷办理对外事务的机关》，《国立政治大学历史学报》第 3 期，1985 年 3 月，第 123 ~ 146 页。

57. 刘纪曜：《鸦片战争期间中国朝野的天朝意像及其衍生的观念、态度与行动（1839 ~ 1842）》，《台湾师范大学历史学报》第 4 期，1976 年 4 月，第 241 ~ 263 页。

58. 刘家驹：《"诸阙朝贡"？——英国首次派遣使臣来华所引起的问

题（下）》，《故宫文物月刊》第 6 卷第 8 期，1988 年 11 月，第 78～87 页。

59. 刘家驹：《"诸阙朝贡"？——英国首次派遣使臣来华所引起的问题（上）》，《故宫文物月刊》第 6 卷第 7 期，1988 年 10 月，第 102～113 页。

60. 池尻陽子：《入関前後における清朝のチベット仏教政策——ダライラマ五世招請活動を中心に》，《満族史研究》第 3 期，2004 年 7 月，第 131～146 页。

61. 许文堂：《十九世纪清越外交关系之演变》，《中央研究院近代史研究所集刊》第 34 期，2000 年 12 月，第 269～319 页。

62. 孙立峰、范云：《晚清德式军事学堂的兴办及其教育特色》，《河北师范大学学报》（教育科学版）2007 年第 2 期，第 60～65 页。

63. 孙会文：《晚清后期变法论者对西方议会政治的认识与态度（1890～1904）》，《台大历史学报》第 3 期，1975 年 5 月，第 221～245 页。

64. 寿宜校跋：《满洲祭礼（下）》，《清代掌故缀录》，三人行出版社，1974，第 10～17 页。

65. 远波：《同治帝接见外国使臣的前前后后》，《紫禁城》1995 年第 2 期，第 5～17 页。

66. 坂内知子：《岩倉使節団とロシア宮廷の謁見儀礼》，《異文化コミュニケーション研究》第 15 期，2003 年，第 83～103 页。

67. 坂野正高：《總理衙門の設立過程》，近代中国研究委員会編《近代中国研究》第一輯，东京大学出版社，1958，第 1～106 页。

68. 苏红彦：《清代蒙古王公年班的特点与作用》，《内蒙古社会科学》（汉文版）2007 年第 1 期，第 65～68 页。

69. 李木妙：《明清之际中国的海外贸易发展——以马戛尔尼使华前的中英贸易为案例》，《新亚学报》第 18 期，1997 年 7 月，第 99～149 页。

70. 李文：《中南海的紫光阁》，《北京档案》1994 年第 5 期，第 44 页。

71. 李齐芳：《清雍正皇帝两次遣使赴俄之谜——十八世纪中叶中俄关系之一幕》，《中央研究院近代史研究所集刊》第 13 期，1984 年 6 月，第 39~62 页。

72. 李志武：《载沣使德述论》，《华南农业大学学报》（社会科学版）2003 年第 1 期，第 86~92 页。

73. 李国祁：《明清两代地方行政制度中道的功能及其演变》，《中央研究院近代史研究所集刊》第 3 期下，1972 年 12 月，第 139~187 页。

74. 李国祁：《明清两代地方行政制度中道的功能及其演变》，《中央研究院近代史研究所集刊》第 3 期上，1972 年 7 月，第 150~158 页。

75. 李学通：《醇亲王载沣使德史实考》，《历史档案》1990 年第 2 期，第 134~136 页。

76. 李恩涵：《中国外交史的研究》，《六十年来的中国近代史研究（上）》，中研院近代史研究所，1988，第 47~72 页。

77. 何本方：《清代户部诸关初探》，《南开学报》（哲学社会科学版）1984 年第 3 期，第 36~43 页。

78. 何芳川：《"华夷秩序"论》，《北京大学学报》（哲学社会科学版）1998 年第 6 期，第 30~45 页。

79. 何烈：《从海关资料看清季对外贸易》，《故宫文献》第 1 卷第 4 期，1970 年 9 月，第 21~31 页。

80. 何新华：《试析古代中国的天下观》，《东南亚研究》2006 年第 1 期，第 52~56 页。

81. 佐佐木扬：《同治年間後期における清朝洋務派の日本論——李鴻章の場合を中心として》，《東洋史研究》第 44 卷第 3 期，1985 年 12 月，第 430~458 页。

82. 伯尔尼德·马丁：《德国驻北京外交官克林德的遇刺和义和团战

争的升级》，《义和团运动 100 周年国际学术讨论会论文集》，山东大学出版社，2002，第 1223～1235 页。

83. 谷渊茂树：《日清開戦をめぐる李鴻章の朝鮮政策——李鴻章の朝鮮認識と日本》，《史学研究》第 253 期，2006 年 8 月，第 43～63 页。

84. 张小锐：《慈禧与仪鸾殿》，《紫禁城》2005 年第 6 期，第 132～135 页。

85. 张文：《论古代中国的国家观与天下观——边境与边界形成的历史坐标》，《中国边疆史地研究》2007 年第 3 期，第 19～26、151 页。

86. 张双智：《论清代前后藏朝觐年班制度》，《西藏研究》2009 年第 5 期，第 16～24 页。

87. 张永江：《论清代的藩部与行省》，《中国边疆史地研究》2001 年第 2 期，第 32～36 页。

88. 张存武：《中国对西方窥伺琉球的反应，1840～1860》，《中央研究院近代史研究所集刊》第 16 期，1987 年 6 月，第 85～110 页。

89. 张存武：《清代中国对朝鲜文化之影响》，《中央研究院近代史研究所集刊》第 4 期下，1974 年 12 月，第 551～600 页。

90. 张存武：《清季中韩关系之变通》，《中央研究院近代史研究所集刊》第 14 期，1985 年 6 月，第 105～126 页。

91. 张存武：《清韩关系（1636～1644）》（下），《故宫文献》第 4 卷第 2 期，1973 年 3 月，第 15～35 页。

92. 张存武：《清韩关系（1636～1644）》（上），《故宫文献》第 4 卷第 1 期，1972 年 12 月，第 15～37 页。

93. 张存武：《清韩封贡关系之制度性分析》，《食货月刊》（复刊）第 1 卷第 4 期，1971 年 7 月，第 201～207 页。

94. 张存武：《韩俄接触与中韩关系，1862～1874》，《中央研究院近代史研究所集刊》第 20 期，1991 年 6 月，第 91～98 页。

95. 张存武：《朝鲜人所知的盛世琉球》，《中央研究院近代史研究所集刊》第 30 期，1998 年 12 月，第 1～28 页。

96. 张存武：《朝鲜对清外交机密费之研究》，《中央研究院近代史研究所集刊》第 5 期，1976 年 6 月，第 409～446 页。

97. 张启雄：《中華世界秩序原理の起源—先秦古典の文化的価值》，伊东贵之译，《中国—社会と文化》第 24 期，2009 年 7 月，第 1～34 页。中译本为：张启雄：《中华世界秩序原理的源起：近代中国外交纷争中的古典文化价值》，吴志攀等编《东亚的价值》，北京大学出版社，2010，第 106～146 页。

98. 张启雄：《日清互换條約において琉球の帰屬は決定されたか：一八七四年の台湾事件に関する日清交渉の再檢討》，《沖繩文化研究》第 19 期，1992 年 9 月，第 95～129 页。

99. 张启雄：《两岸关系理论之建构——"名分秩序论"的研究途径》，包宗和、吴玉山主编《重新检视争辩中的两岸关系理论》，五南图书出版公司，2009，第 115～138 页。

100. 张启雄：《国際秩序原理の葛籐—中韓宗藩關係をめぐる袁世凱の名分秩序觀》，山室信一编《日本・中國・朝鮮間の相互認識と誤解の表象》，京都大学人文科学研究所，1998，第 39～58 頁。

101. 张启雄：《琉球弃明投清的认同转换》，张启雄编《琉球认同与归属论争》，中研院东北亚区域研究会议论文集，2001，第 1～62 页。

102. 张启雄：《新中華世界秩序構想の展開と破綻：李鴻章の再評価に絡めて》，《沖繩文化研究》第 16 期，1992 年 3 月，第 231～253 页。

103. 张顺洪：《了解与行动：英国社会对华的认识与鸦片战争》，《江海学刊》1999 年第 5 期，第 134～139 页。

104. 张顺洪：《马戛尔尼和阿美士德对华评价与态度的比较》，《近代史研究》1992 年第 3 期，第 4～19 页。

105. 张效乾：《明清两代与越南》，《大陆杂志》第 35 卷第 3 期，

1967 年 8 月，第 18～21 页。

106. 张彬村：《明清两朝的海外贸易政策：闭关自守?》，吴剑雄主编《中国海洋发展史论文集》第四辑，中研院中山人文社会科学研究所，1993，第 1～16 页。

107. 张敏：《晚清的洋幕宾》，《历史月刊》第 82 期，1994 年 11 月，第 101～106 页。

108. 张隆溪：《"余论"的余论：何伟亚（James Hevia）〈怀柔远人（Cherishing Men from Afar）〉一文论战之回应》，《二十一世纪》第 65 期，2001 年 6 月，第 90～91 页。

109. 张隆溪：《甚么是"怀柔远人"？正名、考证与后现代式史学》，《二十一世纪》第 45 期，1998 年 2 月，第 56～63 页。

110. 张晶晶：《清代钦差大臣存在原因探析》，《河南大学学报》（社会科学版）2002 年第 3 期，第 68～70 页。

111. 张德昌：《清代鸦片战争前之中西沿海通商》，《清华学报》第 10 卷第 1 期，1935 年，第 97～145 页。

112. 陈方中：《天津教案再探》，《辅仁历史学报》第 11 期，2000 年 6 月，第 137～160 页。

113. 陈威志、石之瑜：《从亚洲认识中国：滨下武志研究"朝贡体系"的启示》，《政治科学论丛》第 39 期，2009 年 3 月，第 55～84 页。

114. 陈慈玉：《十九世纪后半期之中俄茶贸易》，《思与言——人文与社会科学杂志》第 17 卷第 6 期，1980 年 3 月，第 11～25 页。

115. 长谷圭刚：《家定時代将軍のハリス謁見事件——将軍が江戸城内で正式に外国使節を初めて接見》，《歴史読本》第 48 巻第 8 期，2003 年 8 月，第 142～145 页。

116. 茂木敏夫：《中国から見た〈朝貢体制〉——理念と実態、そして近代における再定義》，《アジア文化交流研究》第 1 期，2006 年 3 月，第 217～228 页。

117. 茂木敏夫：《中国における近代国際法の受容——"朝貢と条

約の並存”の諸相》，《東アジア近代史》第 3 期，2000 年 3 月，第 21 ~ 34 页。

118. 范广欣：《“怀柔远人”的另一诠释传统——从郭嵩焘的进路谈起》，《当代》2002 年第 59 期，第 66 ~ 85 页。

119. 林子候：《同光年间中日、台湾琉球之纠葛》，《台北文献》第 66 期，1983 年 12 月，第 31 ~ 56 页。

120. 林文仁：《由沈桂芬与荣禄的斗争看晚清政局》，《历史月刊》第 108 期，1997 年 1 月，第 38 ~ 43 页。

121. 松浦章：《清代琉球國使節・隨員・官生の客死》，《第八回琉中历史关系国际学术会议论文集》，琉球中国关系国际学术会议，2001，第 91 ~ 117 页。

122. 岩井茂树：《十六と十七世紀の中国辺境社会》，小野和子编《明末清初の社会と文化》，京都大学人文科学研究所，1996，第 625 ~ 660 页。

123. 岩井茂树：《十六世紀中国における交易秩序の摸索——互市の現実とその認識》，岩井茂树编《中国近世社会の秩序形成》，京都大学人文科学研究所，2004，第 97 ~ 142 页。

124. 岩井茂树：《清代の互市と“沈黙外交”》，夫马进编《中國東アジア外交交流史の研究》，京都大学学术出版会，2007，第 354 ~ 390 页。

125. 罗志田：《“天朝”怎样开始“崩溃”——鸦片战争的现代诠释》，《近代史研究》1999 年第 3 期，第 13 ~ 28 页。

126. 罗志田：《夷夏之辨与“怀柔远人”的字义》，《二十一世纪》第 49 期，1998 年 10 月，第 138 ~ 145 页。

127. 罗检秋：《学术调融与晚清礼学的活力》，《近代史研究》2007 年第 5 期，第 42 ~ 58、160 ~ 161 页。

128. 冈本隆司：《“洋務”・外交・李鸿章（特集：世界政治の中の中国）》，《现代中国研究》第 20 期，2007 年 3 月，第 1 ~ 16 页。

129. 冈本隆司：《“朝貢”と“互市”と海関》，《史林》2007 年第

5 期，第 749 ~ 771 页。

130. 周惠民：《从〈四个世界角落的日记〉看伊丽莎白·海靖的中国经验》，《辅仁历史学报》第 22 期，2009 年 1 月，第 98 ~ 122 页。

131. 周锡瑞：《后现代式研究：望文生义，方为妥善》，尚杨译，《二十一世纪》第 44 期，1997 年 12 月，第 105 ~ 117 页。

132. 郑永常：《明太祖朝贡贸易体制的建构与挫折》，《新亚学报》2003 年第 22 期，第 457 ~ 498 页。

133. 郑剑顺：《鸦片战争前清政府的对外态度》，《漳州师范学院学报》（哲社版），1998 年第 1 期，第 32 ~ 37、50 页。

134. 宝成关、田毅鹏：《庚子事变与晚清华夷观念的最后崩溃》，《义和团运动 100 周年国际学术讨论会论文集》，山东大学出版社，2002，第 1180 ~ 1196 页。

135. 赵云田：《清代的年班制度》，《故宫博物院院刊》1984 年第 1 期，第 32 ~ 35 页。

136. 赵云田：《清代的围班制度》，《首都师范大学学报》（社会科学版）1984 年第 3 期，第 68 ~ 71 页。

137. 赵启重：《马嘉理案评述》，《吉林师范大学学报》（人文社会科学版）1988 年第 2 期，第 39 ~ 43 页。

138. 赵淑敏：《清代新制海关设置沿革》，《中国历史学会史学集刊》第 10 期，1978 年 5 月，第 189 ~ 198 页。

139. 胡平生：《粤海关志初探》，《史原》1978 年第 8 期，第 195 ~ 233 页。

140. 查时傑：《从越缦堂日记看晚清清议者的特质演变与消长》，《中国历史学会史学集刊》第 6 期，1974 年 5 月，第 225 ~ 250 页。

141. 查时傑：《清光绪朝前期的几个政治团体（1875 ~ 1884）》，《台大历史学报》第 1 期，1974 年 6 月，第 19 ~ 46 页。

142. 柳沢明：《1768 年の"キャフタ条約追加条項"をめぐる清と

ロシアの交渉について》，《東洋史研究》第 62 卷第 3 期，2003 年，第 1~33 頁。中节译本为：柳泽明：《对 1768 年中俄〈恰克图条约附款〉的研究》，陈仲丹译，国家清史编纂委员会编《清史译丛》第八辑，中国人民大学出版社，2010，第 35~39 页。注：日文版的排版有误，该文页 1 为《东洋史研究》总页码 600，页 2 为 599，故不用总页码。

143. 柳沢明：《キャフタ条約への道程——清の通商停止政策とイズマイロフ使節団》，《東洋学報》第 69 卷第 1 + 2 期，1988 年 1 月，第 133~158 頁。

144. 保科季子：《漢儒の外交構想——"夷狄不臣"論を中心に》，夫马进编《中國東アジア外交交流史の研究》，京都大学学术出版会，2007，第 31~51 頁。

145. 费驰：《清代中朝边境互市贸易的演变探析》，《东北师大学报》（哲学社会科学版）2006 年第 3 期，第 76~80 页。

146. 秦国经：《清代外国使臣觐见礼节》，《故宫博物院院刊》第 2 期，1992 年 7 月，第 34~39 页。

147. 索文清：《一九〇八年第十三世达赖喇嘛晋京朝觐考》，《历史研究》2002 年第 3 期，第 76~88、191 页。

148. 徐玉虎：《琉球人对"明清册封使所乘海舶"称谓考》，《国立政治大学历史学报》第 5 期，1987 年 5 月，第 21~56 页。

149. 徐玉虎：《琉球国王七宴中朝册封使考实》，《国立政治大学历史学报》第 6 期，1988 年 9 月，第 53~104 页。

150. 徐玉虎：《清朝册封琉球国王航海针路之考实》，《国立政治大学历史学报》第 1 期，1983 年 3 月，第 115~152 页。

151. 徐美莉：《中国古代的客礼》，《孔子研究》2008 年第 4 期，第 97~104 页。

152. 郭鸣鼎：《海通后鸦片战争前欧洲各国来华之使节及其觐见清帝礼仪问题》，《国际关系学报》第 1 期，1978 年 2 月，第 112~137 页。

153. 唐启华：《清末民初中国对"海牙保合会"之参与（1899～1917)》，《国立政治大学历史学报》第 23 期，2005 年 5 月，第 45～90 页。

154. 唐启华：《清季官方修约观念与实践之研究》，《国立政治大学历史学报》第 26 期，2006 年 11 月，第 129～168 页。

155. 黄一农：《龙与狮对望的世界：以马戛尔尼使团访华后的出版物为例》，《故宫学术季刊》第 21 卷第 2 期，2003 年 12 月，第 265～297 页。

156. 黄一农：《印象与真相——清朝中英两国的觐礼之争》，《中央研究院历史语言研究所集刊》第 78 卷第 1 期，2007 年 3 月，第 35～106 页。

157. 黄旭庆：《乾隆末年对藏传佛教的态度——以廓尔喀入侵西藏一事为例》，《中国边政》第 139 期，1998 年 3 月，第 2～7、22 页。

158. 黄启臣：《麦德乐使华与中葡关系》，《行政》1998 年第 40 期，第 513～520 页。

159. 黄顺力：《略论清代前期沿海地区士人对世界的认识——以闽、粤、浙为例》，《中国社会经济史研究》1998 年第 1 期，第 24～30 页。

160. 黄俊傑：《论东亚儒家经典诠释传统中的两种张力》，《台大历史学报》第 28 期，2001 年 12 月，第 1～22 页。

161. 曹雯：《日本公使觐见同治帝与近代早期的中日交涉》，《江苏社会科学》2008 年第 6 期，第 204～209 页。

162. 曹雯：《清末外国公使の謁見問題に関する一考察——咸豊・同治期を中心に》，《社会文化史学》第 44 期，2003 年 1 月，第 49～72 页。

163. 野见山温：《清雍正朝对露遣使考》，《福冈大学法学论丛》第 6 卷第 1 + 2 期，1961 年 12 月，第 33～77 页。

164. 深泽秋人：《琉球使節の北京滞在期間：清朝との通交期を中

心に》，《沖縄国際大学総合学術研究紀要》第 8 卷第 1 期，
2004 年 12 月，第 65 ~ 85 頁。

165. 梁元生：《清末的天津道与津海关道》，《中央研究院近代史研
究所集刊》第 25 期，1996 年 6 月，第 117 ~ 140 页。

166. 梁嘉彬：《李鸿章与中日甲午战争》（下），《大陆杂志》第 51
卷第 5 期，1975 年 11 月，第 23 ~ 50 页。

167. 梁嘉彬：《李鸿章与中日甲午战争》（上），《大陆杂志》第 51
卷第 4 期，1975 年 10 月，第 1 ~ 32 页。

168. 韩东育：《“国际公法”和“朝贡体系”的遭遇与变容》，《思
想史研究》第 8 期，2008 年 6 月，第 94 ~ 123 页。

169. 韩琦：《姗姗来迟的“西洋消息”——1709 年教皇致康熙信到
达宫廷始末》，《文化杂志》第 55 期，2005 年夏季刊，第 1 ~
14 页。

170. 森川哲雄：《アムルサナをめぐる露清交渉始末》，《九州大学
教養部歴史学・地理学年報》第 7 期，1983 年，第 75 ~ 105 頁。

171. 傅宗懋：《清代总理各国事务衙门与军机处之关系》，《中山学
术文化集刊》第 12 期，1973 年 11 月，第 285 ~ 324 页。

172. 蔡幸娟：《北魏时期南北朝降人待遇——客礼研究》，《成功大
学历史学报》第 15 期，1989 年 3 月，第 351 ~ 408 页。

173. 廖敏淑：《清代の通商秩序と互市——清初から両次アヘン戦
争へ》，冈本隆司、川岛真编《中国近代外交の胎動》，东京大
学出版会，2009，第 23 ~ 43 页。

174. 廖敏淑：《清代对外通商制度》，王建朗、栾景河主编《近代中
国、东亚与世界》（下卷），社会科学文献出版社，2008，第
443 ~ 466 页。

175. 潘光哲：《追索晚清阅读史的一些想法："知识仓库"、"思想资
源"与"概念变迁"》，《新史学》第 16 卷第 3 期，2005 年 9
月，第 137 ~ 170 页。

176. 潘光哲：《晚清士人对英国政治制度的认识（1830 ~ 1856）》，

《国立政治大学历史学报》第 17 期，2000 年，第 147~196 页。

177. 檀上宽：《明朝の対外政策と東アジアの国際秩序——朝貢体制の構造的理解に向けて》，《史林》2009 年第 4 期，第 635~669 页。

178. 魏秀梅：《文祥在清代后期政局中的重要性》，《台湾师大历史学报》第 32 期，2004 年 6 月，第 121~146 页。

179. 斋藤司良：《副島種臣の渡清》，《淡江日本论丛》第 10 期，2001 年 6 月，第 520~539 页。

（五）学位论文

1. Jingmin Zemg, "Scientific Aspects of the Macartney Embassy to China 1792 – 1794: A Comparative Study of English and Chinese Conceptions of Science and Technology in the Seventeenth and Eighteenth Centuries", PhD diss. , University of Newcastle, 1998.

2. Shunhong Zhang, "British Views on China during the Time of Embassies of Lord Macartney and Lord Amherst 1790 – 1820", Ph. D. diss. , University of London, 1990.

3. 丁彩霞：《甲午战前〈申报〉保朝策略述论 (1881~1893)》，硕士学位论文，华东师范大学，2007。

4. 石元蒙：《明清朝贡体制的两种实践 (1840 年前)》，博士学位论文，暨南大学，2004。

5. 吕蒙：《滇案与〈烟台条约〉再研究》，硕士学位论文，贵州师范大学，2008。

6. 吕慎华：《清季袁世凯外交策略之研究》，博士学位论文，台湾中兴大学历史研究所，2007。

7. 刘光华：《中法战争以前总理衙门对外政策之研究 (清咸丰十年至光绪十年)》，博士学位论文，台湾政治大学政治学研究所，1981。

8. 刘春兰：《荣禄与晚清军事》，硕士学位论文，台湾政治大学历史研究所，2002。

9. 赤岭守：《光绪初年琉球与中日两国之关系》，硕士学位论文，台湾大学历史学研究所，1983。

10. 李国蓉：《〈大清会典〉纂修之研究》，硕士学位论文，台北大学人文学院古典文献研究所，2006。

11. 李淑贤：《明代中韩封贡贸易（1401～1591）》，硕士学位论文，台湾师范大学历史研究所，1988。

12. 杨正孝：《清代理藩院之研究》，硕士学位论文，"中国文化学院"民族与华侨研究所，1974。

13. 杨芳：《宗藩体制与晚清外交》，硕士学位论文，山东师范大学，2005。

14. 吴仁棠：《清末〈申报〉的社论：政治层面评析（1872～1905）》，硕士学位论文，"中国文化大学"史学研究所，1992。

15. 吴晓钧：《阿美士德使节团探析——以天朝观之实践为中心》，硕士学位论文，新竹"清华大学"历史所，2008。

16. 何嘉荣：《中英马嘉理案与烟台条约》，硕士学位论文，台湾政治大学外交研究所，1972。

17. 宋慧娟：《清代中朝宗藩关系嬗变研究》，博士学位论文，吉林大学历史系，2005。

18. 陈大端：《清乾隆时代的中琉关系》，硕士学位论文，台湾大学历史学研究所，1954。

19. 陈国栋：《清代前期的粤海关（1683～1842）》，硕士学位论文，台湾大学历史研究所，1980。

20. 陈维新：《清代对俄外交礼仪体制及藩属归属交涉（1644～1861）》，博士学位论文，"中国文化大学"政治学研究所，2005。

21. 陈耀祖：《土司制度之研究》，博士学位论文，台湾政治大学政治研究所，1964。

22. 范桐田：《文祥在清咸同之外交与新政中的地位》，硕士学位论文，台湾政治大学外交研究所，1974。

23. 周彦宏：《英国侵略缅甸与中缅朝贡关系的变化》，硕士学位论文，东北师范大学，2006。

24. 郝延平：《同光新政中的所谓清议：中国晚清的保守主义》，硕士学位论文，台湾大学历史学系，1958。

25. 段海龙：《〈中西闻见录〉研究》，硕士学位论文，内蒙古师范大学，2006。

26. 贺玎：《琉球事件中的中国社会关于宗藩体制的舆论——以〈申报〉为主要考察对象》，硕士学位论文，华东师范大学，2004。

27. 高玮：《晚清三口通商大臣研究——兼论满汉政治关系的变化》，硕士学位论文，中央民族大学，2005。

28. 黄世雄：《蒲安臣使团之研究》，硕士学位论文，"中国文化大学"中美关系研究所，1980。

29. 游逸飞：《四方、天下、郡国——周秦汉天下观的变革与发展》，硕士学位论文，台湾大学历史研究所，2009。

30. 蔡振丰：《晚清外务部之研究》，硕士学位论文，台湾中兴大学历史研究所，2004。

（六）　电子资料

1. 中研院历史语言所：《汉籍电子文献资料库》，中研院历史语言所。

2. 中研院近代史研究所：《近史所档案馆馆藏影像检索系统》，中研院近代史研究所。

3. "中华民国"国际法学会：《维也纳外交关系公约》：http：//www. csil. org. tw/documents/Vienna% 20diplomatic% 20relation. htm，2010 年 1 月 28 日访问。

4. "中华民国外交部"：《中华民国外交部组织机构》：http：//www. mofa. gov. tw/webapp/lp. asp? ctNode = 1414&CtUnit = 68&BaseDSD = 50&mp = 1，2011 年 4 月 18 日访问。

5. "中华民国外交部"：《礼仪双语词汇对照表》：http：//www. mofa. gov. tw/webapp/upload/bilingual/Protocol. pdf，2011 年 4 月 18 日访问。

6. 《王葆辰》，http：//www. fjscw. net/bencandy. php？fid － 55 － id － 878 － page － 1. htm，2010 年 10 月 24 日访问。

7. 《黄维煊诗》，http：//www. zhsc. net/Item/28936. aspx，2010 年 10 月 25 日访问。

8. 《梁鸣谦故居》，http：//www. sfqx. gov. cn/mrgj/943. jhtml，2010 年 10 月 24 日访问。

9. 中华人民共和国外交部：《中华人民共和国外交部组织机构》：http：//www. fmprc. gov. cn/chn/pds/wjb/zzjg/，2011 年 4 月 18 日访问。

10. 中国第一档案馆藏档案：http：//www. lsdag. com/docc/qzml. asp，2010 年 2 月 26 日访问。

11. 北京故宫博物院：《故宫博物院总平面图》：http：//www. dpm. org. cn/www_ oldweb/China/F/totalmap. html，2011 年 3 月 10 日访问。

12. 外务省：《日本外交文书》：http：//www. mofa. go. jp/mofaj/annai/honsho/shiryo/archives/mokuji. html，东京：外交史料馆。

13. 台北"故宫博物院"：《内阁部院档诏书：同治亲政诏》，http：//www. npm. gov. tw/zh － tw/collection/selections_ 02. htm？docno = 211&catno = 11，2010 年 11 月 17 日访问。

14. 台北"故宫博物院"：《明清人物传记资料查询》，台北"故宫博物院"。

15. 台北"故宫博物院"：《清代宫中档奏折及军机处档案折件网络版影像资料库》，台北：汉珍数字图书股份有限公司，2004。

16. 台北"故宫博物院"Soomal 数字多媒体，http：//www. soomal. com/pic/20100003897. htm，2010 年 10 月 1 日访问。

17. 台北"故宫博物院"典藏精选网站：http：//www. npm. gov. tw/

zh – tw/collection/selections ＿ 02. htm？docno ＝ 211&catno ＝ 11，2010.年 11 月 17 日访问。

18. 华夏五千年网站：《清北京西郊园林》，http：//www. bbshuaxia. cn/peking/fengjing/451. html，2011 年 2 月 15 日访问。

19. 李守力：《紫禁城平面图》，http：//huiyijs. blog. 163. com/blog/static/822744820069306467895/，2011 年 3 月 10 日访问。

20. 辛元欧：《船政文化及其源流》，http：//www. czwh. org. cn/newshow. asp？id ＝ 564，2010 年 10 月 25 日访问。

21. 宋君荣：《宋君荣神父北京通信集》，http：//books. google. com/books？id ＝ c – J0WzM61g8C&pg ＝ PR1&dq ＝ Ren% C3% A9e ＋ Simon ＋ ＋ ＋ Antoine ＋ Gaubil&hl ＝ zh – CN&cd ＝ 1 # v ＝ onepage&q&f ＝ false，2011 年 2 月 8 日访问。

22. 邵志择：《〈申报〉第一任主笔蒋芷湘考略》，http：//xwsxh. pku. edu. cn/third. asp？id ＝ 133，2011 年 2 月 27 日访问。

23. 国史编纂委员会：《朝鲜王朝实录》，http：//sillok. history. go. kr/main/main. jsp，首尔：国史编纂委员会。

24. 徐晓望：《闽都文化与近代中西文化交流》，http：//fass. net. cn/fassnews/erji01. asp？NewsID ＝ 3949，2010 年 10 月 22 日访问。

索 引 *

---

* 原则上不列入注释、征引书目中的文献名；关键词按拼音排序。

《东方历史学术文库》稿约

一、凡向本文库提出申请，经评审通过入选的史学专著（25万字以内为宜），均获东方历史研究出版基金全额资助，由社会科学文献出版社出版，并略致薄酬或赠书若干册。

二、收入本文库的史学专著，研究方向为中国古代史、中国近现代史、外国近现代史、中外关系史，包括政治、经济、文化、民族、外交等领域，以近现代为主。

三、入选文库的专著，为有较高学术水平的，或解决重大课题、或确立新观点、或使用新资料、或开拓新领域的专题研究成果，尤欢迎优秀博士论文，但一般希望至少经过一年的修改。总之，文库的学术追求是出精品。

四、入选专著，必须遵守学术著作规范，要有学术史的内容和基本参考书目，引文、数据要准确，注释要规范，一律采取当页脚注。切勿一稿两投。

五、申请书稿，要由两位业内教授级专家的推荐（本文库的评、编委成员不做推荐人），推荐意见力求具体、全面，出版时在封四署推荐人姓名和意见撷要。

六、申请书稿应为已达到出版要求的齐、清、定作品。要求尽可能提供电脑打印稿。书稿要求提供一式两份。除手写稿外，申请书稿、申请表、推荐书均不退。

七、每年3月1～31日为该年度申请受理时间。8月，评审结果通知作者本人。

八、欲申请者，可函索申请表。来函应有书稿基本内容和写作过程、作者履历和学术经历简介，以及联系地址、邮编、电话、传真、电子信箱等内容。

文库编委会地址：北京市西城区北三环中路甲 29 号院 3 号楼华龙大厦 14 层近代史编辑室

邮编：100029

电话：(010) 59367256

E-mail：ssdphzh_ cn@ sohu. com

联系人：王珏

网址：http：//www. ssap. com. cn/orienthistory

注意来函来件请于封面标示：东方历史学术文库编委会收

图书在版编目（CIP）数据

宾礼到礼宾：外使觐见与晚清涉外体制的变化/尤淑君著.
—北京：社会科学文献出版社，2013.11
（东方历史学术文库）
ISBN 978 - 7 - 5097 - 5130 - 5

Ⅰ.①宾…　Ⅱ.①尤…　Ⅲ.①外交礼节 - 研究 - 中国 - 清代
Ⅳ.①D829.11

中国版本图书馆 CIP 数据核字（2013）第 234948 号

·东方历史学术文库·

宾礼到礼宾：外使觐见与晚清涉外体制的变化
————————————————————————————————

著　　者／尤淑君

出 版 人／谢寿光
出 版 者／社会科学文献出版社
地　　址／北京市西城区北三环中路甲 29 号院 3 号楼华龙大厦
邮政编码／100029

责任部门／近代史编辑室　（010）59367256　　　　责任编辑／宋荣欣
电子信箱／jxd@ ssap. cn　　　　　　　　　　　责任校对／李海云
项目统筹／徐思彦　　　　　　　　　　　　　　　责任印制／岳　阳
经　　销／社会科学文献出版社市场营销中心　（010）59367081　　59367089
读者服务／读者服务中心（010）59367028

印　　装／北京季蜂印刷有限公司
开　　本／787mm×1092mm　1/16　　　　　　印　　张／30.75
版　　次／2013 年 11 月第 1 版　　　　　　　　字　　数／426 千字
印　　次／2013 年 11 月第 1 次印刷
书　　号／ISBN 978 - 7 - 5097 - 5130 - 5
定　　价／98.00 元

本书如有破损、缺页、装订错误，请与本社读者服务中心联系更换
▲ 版权所有　翻印必究